史事观览
SHISHI GUANLAN

高武 ◎ 编著

中州古籍出版社
·郑州·

图书在版编目（CIP）数据

史事观览 / 高武编著. —郑州：中州古籍出版社，2018.6
ISBN 978-7-5348-7890-9

Ⅰ.①史… Ⅱ.①高… Ⅲ.①中国历史－通俗读物 Ⅳ.① K209

中国版本图书馆CIP数据核字（2018）第137871号

责任编辑　梁　郁
责任校对　佳　木
装帧设计　贾　悦

出　版　中州古籍出版社
　　　　　地址：河南省郑州市经五路66号
　　　　　邮编：450002
　　　　　电话：0371-65788693
经　销　新华书店
印　刷　河南新华印刷集团有限公司
版　次　2018年8月第1版
印　次　2018年8月第1次印刷
开　本　787毫米×1092毫米　1 / 16
印　张　37.5印张
字　数　840千字
定　价　66.00元

前　言

中华民族的古老历史和它创造出的灿烂文化，在整个人类社会的文明史上都是领先的。在中华文化中，产生了以孔、孟为首的儒家文化，以老、庄为代表的道家文化以及佛教文化。儒、道、释三家合一，形成讲仁爱、重民本、守诚信、崇正义、尚和合、求大同的思想理念，自强不息、敬业乐群、扶危济困、见义勇为、孝老爱幼的传统美德，求同存异、和而不同、文以载道、以文化人、俭约自守、向上向善的人文精神，天下兴亡，匹夫有责的担当意识。中华优秀传统文化强调"伦长大道"，重心性、重伦理、重道德、重修身；劝学、劝善、劝孝、劝恕，在思想上有大智，在理论上有大善，在艺术上有大美，在科学上有大真。这体现出民族文明、民族智慧、民族价值尺度、民族的思维方式和生活方式，构成丰富多彩的中华文化的精神家园。中华儿女无论遇到什么困难，都会从自己的精神家园中找到克服困难和奋勇前进的力量和智慧。

中华民族优秀传统文化对我们生命本源有开启作用，我们应该永远心怀敬畏之心，这是我们列祖列宗流传下来非常宝贵的财富。《诗经》上说："我思古人，实获我心。"我们对故人的思念，要时时印在我们心里，把这一财富传承下来。习近平在中国文联十大、中国作协九大开幕式上讲话中指出："通过对中华优秀传统文化的挖掘和阐发，使中华民族最基本的文化基因同当代中国文化相适应，把跨越时空、超越国界、富有永恒魅力、具有当代价值的文化精神弘扬起来，激活其内在的强大的生命力，为人类提供正确的精神指引。"一个国家成为文化大国才是真正的强国，中华优秀传统文化是我们最深厚的软实力，是我们突出的优势。在经济全球化背景下，作为一个中国人，只有深入全面地了解中华民族的传统文化，才不会数典忘祖。本书既录正史、野史、杂史，又取实录、方志、类书。从经史百家、稗官野史、私家藏书、民国历史、中共党史及资料中采撷珍籍。上自经官大略，下自市井小智，旁及妇女儿童；既有帝王将相，守令县吏、富绅商贾、名儒侠客、僧侣道士，又有农夫雇工，走卒仆役；既有革命领袖、干部、群众，又有科学家、艺术家、作家。文中选择鲜活的最具典型的人物、事件来诠释传统文化精神，展现给读者。读来妙趣横生，引人入胜，使人耳目一新，且寓意丰富，发人深思。观览这些史籍也许能对世人有所补益。

高　武
2018年1月

目 录

上 古

华夏民族的始祖——黄帝 ………………………………… 1
帝尧任贤 …………………………………………………… 1
许由洗耳 …………………………………………………… 2
尧禅让帝位于舜 …………………………………………… 2
帝舜之贤德 ………………………………………………… 2
天下明德自舜帝始 ………………………………………… 3
帝舜教戒 …………………………………………………… 3
禹决九川致四海 …………………………………………… 3
禹下车泣罪 ………………………………………………… 3
九德 ………………………………………………………… 4
太康游畋失位 ……………………………………………… 4
能自得师者王 ……………………………………………… 4
比干谏纣 …………………………………………………… 4
箕子操 ……………………………………………………… 5
泽及枯骨 …………………………………………………… 5
西伯行善 诸侯归心 ……………………………………… 5
圣人之道 …………………………………………………… 6
"六守"用人标准 …………………………………………… 6
丹书受戒 …………………………………………………… 6
周室三母 …………………………………………………… 7
周公释老者之言 …………………………………………… 7
以仁义取胜 ………………………………………………… 8
武王做铭自警 ……………………………………………… 8
武王向俘虏行再拜之礼 …………………………………… 8
箕子论"五事" ……………………………………………… 9
以己身做抵押 ……………………………………………… 9
周公辅政 …………………………………………………… 9
周公制礼乐 ………………………………………………… 9

· 1 ·

《毋逸》《多士》谏成王 ………………………………………… 10
一饭三吐哺 ……………………………………………………… 10
《康诰》三篇 …………………………………………………… 10
《甘棠》赞 ……………………………………………………… 11
防民之口，甚于防川 …………………………………………… 11
周厉王发誓 ……………………………………………………… 11
以亲子殉难 ……………………………………………………… 11
姜后谏宣王 ……………………………………………………… 12
申喜认母 ………………………………………………………… 12

春　秋

曹沫劫桓公 ……………………………………………………… 13
庄公掘黄泉见母 ………………………………………………… 13
大德与大恶 ……………………………………………………… 13
敬姜论劳逸 ……………………………………………………… 14
与美人独处一室 ………………………………………………… 14
季文子相三君而无私积 ………………………………………… 14
正名分 …………………………………………………………… 14
孔子谈孝道 ……………………………………………………… 15
仁德的表现 ……………………………………………………… 15
谈志向 …………………………………………………………… 15
过犹不及 ………………………………………………………… 16
巧言乱德 ………………………………………………………… 16
天下大法只有两条 ……………………………………………… 16
学习和志向其实是一回事 ……………………………………… 16
见贤思齐，见不贤而内省 ……………………………………… 16
孔子见之以细 …………………………………………………… 17
《韶》乐 ………………………………………………………… 17
子张问道 ………………………………………………………… 17
孔子知人 ………………………………………………………… 18
孔子的学问 ……………………………………………………… 18
重外物者心笨拙 ………………………………………………… 18
孔子见温伯雪子不言而知 ……………………………………… 18
专心致志 ………………………………………………………… 18
善养生者 ………………………………………………………… 19
老子赠言孔子 …………………………………………………… 19
孔子学琴 ………………………………………………………… 19

子张问仁	20
朽木不可雕	20
好学	20
怎样提高品德修养	20
六好六弊	20
智者　仁者	21
因人施教	21
己所不欲　勿施于人	21
精神可通达事理	21
孔鲤自满	22
因语言过失而感羞耻	22
仲尼贤德好比日月	22
曾子易箦	22
郈成子不负右宰谷臣	23
公仪休不受鱼	23
不为父受祭祀礼	23
不夺农时　粮食充裕	23
分沟割燕	24
齐桓公不失臣礼	24
可悲的晚年	24
管仲之谏	24
想预知未来　就应读史	25
知我者鲍叔	25
敬畏民众	25
终身之计　莫如树人	25
四维	26
劝勉百姓的根本办法	26
弃名取实	26
三臣乱齐	26
田穰苴治军	27
晏婴匡君	27
邑人的祝愿	27
景公得金壶文	28
和与同之别	28
二桃杀三士	28
晏婴谢绝封赏	29
骚杀身以明晏子之贤	29
车夫感妻言而收敛	29

晏婴赠言曾子	30
晏婴三朝显名	30
席间雅兴	30
隐语谏齐王	30
淳于髡献天鹅	31
以牛为兵	31
不见人只见金	31
齐桓公五往见稷	31
春秋第一相	32
管仲慧眼识英雄	32
华夏为亲	32
晏婴外交,不卑不亢	32
数养马人三罪	33
恤民防"三殃"	33
晋惠公负秦	33
姜氏抬夫归晋	34
退避三舍	34
介之推母子不求赏禄	34
李离自判死刑	35
累卵之危	35
董狐直笔	35
报一饭之恩	35
以勤劳服人	36
孔达担责	36
坚守信用	36
赦免齐臣	37
祁黄羊荐贤	37
祁黄羊请免叔向	37
叔向贺贫	38
师旷论学	38
后世会有精通音律的人	39
鸾徽被沉没于黄河	39
寻宝符	39
赵简子确定继承人	39
结草报恩	40
士为知己者死	40
有道之君的气量	40
楚文王畏后世	41

目 录

轻千乘之国而重一言	41
优孟谏讽楚庄王	41
上善若水	42
不与人争，天下莫能与之争	42
顺应自然不妄为	42
不以兵强天下	42
生死之道	43
重在修身	43
不知为不知	43
终不为大	43
为腹不为目	43
相反相成互相转化	44
致虚守静	44
未雨绸缪　未兆易谋	44
孙叔敖遗嘱受寝丘	44
优孟衣冠	45
伯牙弹琴	45
得道者多助	45
申包胥如秦求援	45
渔翁拒受千金之剑	46
石奢服罪自刎	46
宋宣公知人	46
宋襄公的仁德	46
一碗羊肉汤所引起的	47
子罕视不贪为宝	47
庖丁解牛	47
教子以义方	47
谦让太子位	48
第一个为变法献身的人	48
郑武公灭胡	48
不毁乡校	49
子产为相	49
不以形态傲慢世人	49
伍子胥谏吴王	49
季札为死者赠剑	50
违背了天理	50
忍受耻辱　能屈能伸	50
范蠡急流勇退	51

战 国

富国强兵　不必墨守成规 …… 52
腹醇诛子 …… 52
王后解玉连环 …… 52
列子拒粮 …… 52
孟子以义说惠王 …… 53
什么最重要 …… 53
做一个好人的根本原则 …… 53
人与人的伦常关系 …… 54
国君爱民，民才拥护国君 …… 54
仁者无敌于天下 …… 54
识别人的真实心术 …… 54
人皆有不忍之心 …… 55
与人为善 …… 55
因礼仪欲休妻 …… 55
五十步笑百步 …… 55
小勇与大勇 …… 56
不同的卿大夫 …… 56
自暴自弃 …… 57
人皆可以为尧舜 …… 57
赞颂孔子 …… 57
赞孟母诗 …… 57
武灵王改穿胡服 …… 58
大勇之人 …… 58
蔺相如请秦王击缶 …… 59
触龙说赵太后 …… 59
赵奢理财 …… 60
伙夫救赵王 …… 60
廉颇负荆谢罪 …… 60
赵括之败 …… 61
谢失敬之罪 …… 61
平原君杀美人 …… 61
毛遂讥众 …… 62
敬其在己 …… 62
圣人　贤人　小人 …… 62
为将之道 …… 63

目 录

人有三不祥三困境	63
福莫长于无祸	63
君子善假于物	63
不傲不隐 谨顺其身	64
见善而自存 见不善而自省	64
调理性情	64
言有招祸 行有招辱	64
学为修身	64
庄周终身不仕	65
橘颂	65
兼相爱交相利	65
贵义	66
鬼谷子告诫弟子	66
郑袖蔽楚王残害美人	66
王蠋有贤名	66
燕昭王拜贤	67
淳于髡隐语励齐威王	67
齐威王赏罚	67
人才为宝	67
章子不敢欺父	68
才女钟离春	68
扁鹊行医	69
孟尝君待客如初	69
齐王拜颜触为师	70
孔臧告子琳书	70
冯谖为孟尝君收债	70
战国第一高士鲁仲连	71
白圭经商之道	72
荐贤五项标准	72
翟黄顺上意以显贤者	72
吴起为将	72
魏文侯与虞人期猎	73
公叔座荐卫鞅	73
无言对君王	73
百战百胜之术	73
公子牟谓应侯	74
国家的分量	74
唐雎谓信陵君	74

· 7 ·

不合时宜 …………………………………………………………… 74
郑国渠 ……………………………………………………………… 75
善于反省自己 ……………………………………………………… 75
《说难》 …………………………………………………………… 75
行为高尚受人爱戴 ………………………………………………… 76

秦

卫鞅谏孝公 ………………………………………………………… 77
千人之诺诺　不如一士之谔谔 …………………………………… 77
王者不拒绝民众 …………………………………………………… 77
王翦请赐善田 ……………………………………………………… 78
远交近攻 …………………………………………………………… 78
甘罗十二岁为上卿 ………………………………………………… 78
李斯之谏 …………………………………………………………… 79
毁誉参半 …………………………………………………………… 79
司农耕神徐福 ……………………………………………………… 79
优旃临槛疾呼 ……………………………………………………… 80
优旃含蓄谏二世 …………………………………………………… 80
任氏富而不奢 ……………………………………………………… 80
乌氏经营有方 ……………………………………………………… 81

西 汉

陈胜不可轻 ………………………………………………………… 82
少年劝项王 ………………………………………………………… 82
项羽的霸王之业 …………………………………………………… 82
汉王伤胸而扪足 …………………………………………………… 83
王陵母传语 ………………………………………………………… 83
宽厚大度 …………………………………………………………… 83
汉王不诛项王宗族 ………………………………………………… 83
迟到者斩 …………………………………………………………… 84
御史大夫周苛 ……………………………………………………… 84
高阳酒徒 …………………………………………………………… 84
匹夫之勇 …………………………………………………………… 84
父子为人最亲 ……………………………………………………… 85
田横高风亮节 ……………………………………………………… 85
赦免季布 …………………………………………………………… 86

吴芮不违背正道	86
刘敬出使匈奴	86
萧何善听良言	87
萧何购置房产	87
张良取履	87
张良明哲保身	88
解衣推食	88
汉王用人不疑	88
多多益善	89
韩信报恩	89
陆贾撰《新语》	90
陆贾说陈平	90
四贤老助太子	90
陈平的离间计	91
贯高承担罪责	91
孟舒为人	91
王陵与陈平	92
陈平独自任相	92
萧规曹随	92
灌周诛吕	93
周勃为人质朴忠厚	93
袁盎与周勃	94
汉文帝不用兵	94
廷尉张释之	94
先富贵不忘老朋友	95
得天下之原因	95
单于冒顿	95
孝惠帝感恩	96
不要再为个人祝福	96
贾谊提倡幼儿教育	96
合于人情而后行	96
申屠嘉为官	97
少女缇萦上书救父	97
真正的将军	97
邓通当贫饿死	98
匈奴畏惧郅都	98
万石君训子	98
不为父受祭祀礼	99

路中大夫	99
王尊治河	99
武帝眷念乳母	99
主父偃数宾客之过	100
韩安国善待田甲	100
不敢专权	100
李夫人	101
以五百金为寿	101
浑邪王降汉	101
骠骑将军霍去病	102
武帝处决外甥	102
数字诗	102
王者之道	103
罢黜百家　独尊儒术	103
安于善道	103
接受了大的　就不能再取小的	104
百世不变之道	104
理政之方略	104
下马陵	104
公孙弘善变	105
布被丞相	105
汉武帝说相	105
东方朔请赏	106
东方朔谏武帝	106
汉武帝当媒人	106
张汤审鼠	106
儒家墨家之分野	107
太史公论高祖功臣得失	107
贤圣发愤之作	107
司马迁写《史记》	108
一贵一贱，交情乃见	108
宽和公平	108
爱兵如子	109
最大的悔恨	109
北海郡太守	109
公孙贺被灭族	110
卜式献家产	110
鸿雁传书	110

父子情	111
杨恽轻财好义	111
为太子辩冤	111
少年皇帝刘弗陵	111
韩延寿自罚	112
敢说大话的奕大	112
李少君方术	113
杨王孙裸葬	113
隽不疑处置"太子"	113
疏广请求退休	114
龚遂治盗	114
宣帝诏儒辩五经异同	115
萧望之答上问	115
赵广汉善用"钩距法"	115
世代不辜负汉朝	115
孔霸辞让官爵	116
贵人冯婕妤挡熊	116
不受难友之财	116
茸槛旌直	116
严母责子	117
尹翁归贤明	117
法令为师	118
刀间使奴仆富有	118
卓茂宽厚爱人	118
董贤柔媚而受宠	118
母为子报仇	119
使功不如使过	119

东　汉

刘秀焚烧奏章	120
不计小怨仇	120
以德赢天下	120
贫贱之友不可忘　糟糠之妻不下堂	120
不惧豪门强权	121
不享用天子俸禄	121
忧国奉公	121
戒以安逸宴游	121

要知道谦虚退让	122
杀使降城	122
不敢爱惜自己	122
不受引诱	123
刘阳解疑	123
刘秀废后	123
度田不实获罪	123
阴兴唯贤是举	124
钟兴尊师	124
偶然碰上罢了	124
马援诫子书	124
宗均诈称王制诏降蛮人	125
不争功厚赏	125
明帝举行养老礼	125
用手杖敲打下臣	125
常胜将军耿弇	125
为善最快乐	126
见物思母恩	126
天竺求师	126
屈伸报知己	127
白衣尚书	127
举案齐眉	127
知人善处	127
洛阳县令王涣	128
投笔从戎	128
天知地知我知你知	128
薛包孝行	128
以退让为风度	129
执法报恩	129
陈寔代人受过	129
终身隐居不出	129
骨肉情感动强盗	130
范滂举奸	130
段颖抗击羌兵	130
六老翁送太守离任	130
有功不受赏	131
皇甫规荐贤	131
魏昭求人师	131

一生三不惑	131
用德行化民	132
李膺严于执法	132
蒲草鞭责罚	132
礼为天地间的法则	133
贾彪重人伦	133
华歆、王朗的高下优劣	133
爰延进谏	133
辞让封侯	133
赵苞尽忠孝大义	134
司马直不迎合弊政	134
申屠蟠超然世外	134
范滂与母亲诀别	134
全家争着承担死罪	135
六朝元老胡广	135
桥玄杀贼丧子	135
大义凛然镇服羌人	135
盖勋回灵帝问	136
不乞求私人恩惠	136
陈寔被人怀念	136
一屋不扫,何以扫天下	136
以道义退敌	136
有功而谦让是为智	137
陈容论仁义	137
贾诩坚辞不受高封	137
知耻萌发善心	137
孔融顺势劝献帝	137
祢衡气盛被杀	138
以公私论人	138
道义为重	138
闫象进言	138
张就困厄中劝父	139
建安风骨	139
偶得良药	139
林俊宪烧毁活佛	140
乐羊子妻	140
雷义与陈重	140

三　国

自信必胜	141
曹操论事	141
不看告密信	141
满宠执法	141
程昱胆识过人	142
奖励反对者	142
田畴不受爵	142
掾和洽进言	143
生子当如孙仲谋	143
曹操评二荀	143
生性多疑	143
每临战气势昂扬	144
严以居家	144
杜袭劝曹操	144
杨修锋芒太露	144
文姬归汉	145
仰俯之顷	145
求而得之不足为贵	145
曹丕与曹植	146
卞夫人宪英	146
只听到亡国的话	146
辛毗力谏魏文帝	146
于禁被羞辱而死	147
曹睿不杀小鹿	147
守宠罹祸	147
王昶训子	147
杨阜问魏明帝	148
用马匹换珠宝	148
董寻劝谏	148
司马懿讨伐辽东	148
乐极生悲	149
司马懿称病	149
潜龙诗	149
王祥至孝	150
习氏劝夫	150

不以私废公	150
养生有五难	151
仁义爱人	151
以礼示马超	151
刘备的用人标准	152
袁涣不辱骂君子	152
刘表不接受祝贺	152
霍峻守城	152
失去老母　方寸已乱	153
借荆州	153
恩威并施	153
以德治国	153
信用　人情是个大原则	154
知人	154
为将之道	154
率直互信	154
诸葛亮教子	155
诸葛亮自罚	155
张翼临战不懈	155
诸葛亮似平水与明镜	155
刘琦抽梯谋自安	156
关羽受印	156
赵云论政	156
杨仪怨恨自杀	157
费祎临阵泰然	157
刘堪怒斥后主投降	157
陈寿评论关羽、张飞	157
孙策传位	157
严颜临危气势豪壮	158
简雍幽默进谏	158
伊籍巧应变	158
蒋琬不听谗言	158
孙权劝学	158
钓台摆宴	159
一事看透	159
诸葛靓的字	159
为夫报仇	160
指困相赠	160

陆逊宽厚待人 …………………………………… 160
兄弟间退无私面 ………………………………… 161
吴夫人 …………………………………………… 161
诸葛瑾致信刘备 ………………………………… 161
陆逊忍辱负重 …………………………………… 161
顾雍为相 ………………………………………… 162
败于自己 ………………………………………… 162
尽情无隐 ………………………………………… 162
陆逊善劝诸葛恪 ………………………………… 162
喜交直友 ………………………………………… 163
董奉与杏林 ……………………………………… 163

西　晋

晋武帝尊师 ……………………………………… 164
王济性情豪爽 …………………………………… 164
满奋自喻吴牛喘月 ……………………………… 164
立身行道　始终若一 …………………………… 164
堕泪碑 …………………………………………… 165
阮籍假醉保性命 ………………………………… 165
邓艾口吃 ………………………………………… 165
吴主恶人善己 …………………………………… 165
交友不徇私 ……………………………………… 165
羊佑率军垦田 …………………………………… 166
乐广一句话消除政敌疑虑 ……………………… 166
石鉴虚报战绩 …………………………………… 166
砥节砺行 ………………………………………… 166
三十六年不语 …………………………………… 166
王裒终身不仕 …………………………………… 167
王戎拒丧礼 ……………………………………… 167
司马遹暮夜牵帝 ………………………………… 167
逃于厕中 ………………………………………… 167
父清子廉 ………………………………………… 168
荀晞哭弟 ………………………………………… 168
何曾担忧晋后世 ………………………………… 168
骄奢亡族 ………………………………………… 169
荀灌娘 …………………………………………… 169
王衍的雅量 ……………………………………… 169

肉袒牵羊	170
防患于未然	170
司马睿戒酒	170
石勒委任裴宪、荀绰	170
委婉劝谏	170
愧贤堂	171

东 晋

大兴农桑倡导节俭	172
王恭送竹席	172
机敏应变	172
日近长安远	172
卞壸率直严正	173
父为忠臣，子为孝子	173
遇乱不惊	173
石勒评古今	174
龚壮重大义品行	174
东床坦腹	174
顾和回话王导	174
陶侃母训子	175
陶侃辞职	175
胸中有《春秋》	175
孔坦慷慨	175
王述谓王导	176
王导避谗	176
以柔克刚尽忠王室	176
乖巧羊氏	176
忠臣不逃避祸患	177
骄矜败亡	177
贾坚善射	177
让野兽吃人	177
坐人力车上任	177
王羲之劝贤	178
段氏不迎合邪恶	178
李绩评价太子	178
迷惑世人罪恶大	178
为人子孝	179

为国出使不住私宅	179
死于长生药	179
赠春	180
王猛辞爵	180
容其短用其长	180
重于忠诚孝顺	180
谢安王坦之稳晋	181
我如是男人　也会喜欢你	181
受恩厚报	182
徐邈敬上	182
郗超止父哀伤	182
教人不怕烦劳	182
王彪之善决断大事	182
夫人城	183
书成换白鹅	183
谢安游海	183
恶日与吉日	183
评论贤愚	183
昏庸轻信被杀	184
手谕戒子	184
不计前嫌	184
随时选任人才	184
自愧自奋	185
经兵戈之乱　知人世艰辛	185
谦恭待人	185
解释消瘦之因	185
周虓降而不恭	186
射草人励志	186
不计旧怨	186
佛图澄劝谏石虎	186
苻洪为军师毒杀	187
与民众同渡灾年	187
苻登后毛氏	187
严惩权豪贵戚	187
称王不称帝	188
桓温不能思愆自贬	188
智断乱首	188
璇玑图诗	188

纳谏谢罪	189
不做凡人妻	189
大义灭亲	189
兽贱人贵	190
孝文帝迁都	190
以忠直取信任	190
败亡之因	191
立雪求师	191
婆媳争罚	191
为父求俸禄	191
君臣戏谑	192
李昌斥责高谈阔论	192
用血筑城	192

南北朝

官无私藏	193
举贤不计私仇	193
不以前事为嫌	193
无礼不敬　危在旦夕	194
尊敬老农	194
失君臣大义而败身	194
善哭得官	194
范晔自评《后汉书》	195
遭疑忌被杀	195
临死不易其辞	195
淡泊名利	196
"田舍公"的宫殿	196
一心可以事百君	196
失之毫厘　相差千里	196
虞愿侍说宋明帝	197
盛衰刘彧	197
视死神色不变	197
韩秀反对放弃敦煌	198
惩罚有过之人而无宿憾	198
升官梦	198
节俭自俸	198
萧晔侍武帝宴饮	199

萧鉴十四岁任刺史	199
范缜著《神灭论》	199
文献王萧嶷	200
贾渊精通谱学	200
怪异人张融	200
山中宰相陶弘景	200
曹景宗赋诗	201
以法交友	201
代父受刑	201
老者拦驾进谏	202
焚书自尽	202
李集进谏如初	202
穷夫将妻出嫁与富人	202
陈武帝善知人	203
坦然对待事变	203
冼夫人	203
苏威挡帝以谏	203
陈叔坚回应敕令	204
吴明彻被俘	204
破镜重圆	204
恪守信用	204
罗结一百一十岁退休	205
不独享福祉	205
被囚禁不丧失气节	205
担保贤臣	205
高允受宠而家贫寒	205
有识之言	206
高官高寿	206
孝文帝看重齐人	206
不说话的好处	206
做官难易	207
移风易俗	207
不信佛被罚黄金一两	207
地理学家郦道元	207
崔光取绢	208
碎首流肠无所惧	208
王罴冒死无伤	208
分道扬镳	209

张思宇不吃蒸豆 ……………………………………………… 209
不骄傲自大 …………………………………………………… 209
散财交友 ……………………………………………………… 209
宁死为忠鬼　不生为叛臣 …………………………………… 210
引咎争死 ……………………………………………………… 210
教人子行孝 …………………………………………………… 210
高洋断丝理乱 ………………………………………………… 210
少年高澄任职 ………………………………………………… 211
口不言勋 ……………………………………………………… 211
"独立君"裴侠 ………………………………………………… 211
赎买奴婢亲友 ………………………………………………… 211
杨倍为政 ……………………………………………………… 212
少年杨素有大志 ……………………………………………… 212
乐运备棺上疏 ………………………………………………… 212
忠义大节不可违 ……………………………………………… 212

隋

萧吉择墓地 …………………………………………………… 214
隋文帝不念旧恶 ……………………………………………… 214
窦荣定辞谢封"三公" ………………………………………… 214
人臣不可要挟君主 …………………………………………… 215
诚以慎口 ……………………………………………………… 215
贺若弼平陈 …………………………………………………… 215
裴肃谏文帝家事 ……………………………………………… 216
牛弘上表收藏典籍 …………………………………………… 216
隋炀帝举办"万国博览会" …………………………………… 216
隋炀帝选贤 …………………………………………………… 216
杨柳 …………………………………………………………… 217
自负自足 ……………………………………………………… 217
知足知止 ……………………………………………………… 217
赵绰执法不惜死 ……………………………………………… 217
辛公义爱民 …………………………………………………… 218
远离谗言邪佞 ………………………………………………… 218
罗士信年少英勇 ……………………………………………… 218
人终不恨 ……………………………………………………… 218
孝感人兽 ……………………………………………………… 219
三女儿为父报仇 ……………………………………………… 219

宴训族人 ………………………………………………… 219

唐

为张户曹请命 ………………………………………… 220
守持死节 ……………………………………………… 220
凿骨取镞 ……………………………………………… 220
李玄道的见识 ………………………………………… 220
不苟活于世 …………………………………………… 221
太宗自省 ……………………………………………… 221
剖身藏宝 ……………………………………………… 221
用兵之要 ……………………………………………… 221
太宗畏惧谏臣 ………………………………………… 221
取消建殿工程 ………………………………………… 222
长孙皇后 ……………………………………………… 222
兼听则明　偏信则暗 ………………………………… 222
十思疏 ………………………………………………… 223
做良臣 ………………………………………………… 223
得之则兴，失之则亡 ………………………………… 223
唤醒纯正不偏之心 …………………………………… 223
慎所好 ………………………………………………… 224
太宗请教孔颖达 ……………………………………… 224
百姓期望社会安定 …………………………………… 224
李孝恭饮血水 ………………………………………… 224
官府与亲友两礼法 …………………………………… 225
傅奕上疏请求废佛 …………………………………… 225
大宝箴 ………………………………………………… 225
魏徵忠心事主 ………………………………………… 226
谏臣不忌日 …………………………………………… 226
惩办枉法人 …………………………………………… 226
断狱不枉滥 …………………………………………… 226
言得大体，不敢遂非 ………………………………… 227
讨伐有罪者 …………………………………………… 227
玄奘留学天竺 ………………………………………… 227
为太后写碑文 ………………………………………… 228
富不易妻 ……………………………………………… 228
当修于可修之时 ……………………………………… 228
萧瑀忠正耿直 ………………………………………… 228

明堂针灸书	229
位高而俭朴	229
王珪品评诸相	229
不负恩情	229
天下奇士	230
受吊不受贺	230
处理告密者	230
祭奠魏太祖	230
笑解情怨	230
太宗生日怜父母	231
文成公主入藏	231
佛牙应声而碎	231
骆宾王续诗	231
张公艺与百忍堂	232
不勉强回答所不知	232
教育不孝之子	232
中宗被废	233
三改评语	233
宽容部下	233
罪不当死	233
开棺救"死"妇	234
秦鸣鹤针灸	234
以恭顺节俭为美德	234
献媚尝粪	234
周兴入瓮	235
剖腹明心	235
模棱宰相	235
让唾沫自己干	235
替兄受杖责	236
贤德知人	236
自荐其子	236
论弥萨仰慕唐休璟	236
不想知道揭发我的人	236
诚实君子	237
桃李满天下	237
子败父名	237
李迥秀休妻	237
赏其收罗人才之功	238

昭雪免罪	238
郭元振镇守凉州	238
以诚信招降叛军	238
以献媚取容	239
五步诗	239
气度恢宏	239
不要效法僧侣	240
吴兢修史	240
不置家产	240
诤友可敬	240
杜甫的少年游	241
李白戏权贵	241
杨贵妃被送回娘家	242
安禄山表忠	242
华山金矿	242
旖旎风光图	243
汪伦"骗"李白	243
怒斥叛贼	243
张兴大义凛然	244
五不可留	244
黄台瓜辞	244
张巡宁死不弃城	245
救人危难	245
安庆绪突围	245
斥责叛逆子	246
郭子仪进敌营	246
漕运之能人	247
不痴不聋　不做家翁	247
靠智谋取胜	247
郇模献字	247
对我亲厚	247
评猫鼠同乳	248
跪告实情	248
命家眷避客	248
卖女换军粮	249
袁光庭坚守伊州	249
李泌力保韩滉	249
陆贽上疏	249

与叛父同死	250
不孝被贬	250
韦皋施政	250
白居易上奏赎魏徵老宅	251
不以故人失公正	251
徐晦为杨凭送行	251
宪宗问理政	251
对授特权不奉诏	252
李光颜不迷恋女色	252
韩愈论佛	252
柳子厚设方赎人质	252
用人之得失	253
兄弟互让互尊	253
心正则笔正	253
以忠义传家	253
贾岛吟诗	254
官印被盗	254
祥瑞之物	254
刘白唱酬咏老诗	254
不以爱憎违背公论	255
郑氏无劳而不取	255
戒儿为官	255
循名责实	256
自然受天遐福	256
不称职被贬	256
培育蛮族子弟	256
白敏中饶恕李龟寿	256
侄子继任	257
刺史被逐	257
李可及受宠	257
焚毁陪嫁	257
崔荛被贬	258
做袜履训儿	258
黄巢之妾回话僖宗	258
路岩自罹其祸	258
柳玭戒子	258
不敢忘本	259
盖寓谏诤有方	259

大话宰相 ·········· 259
宽易善御下 ·········· 260
钟传赤手斗虎 ·········· 260
一字师 ·········· 260

五代十国

直呼父名被母训斥 ·········· 261
严可求以智立幼主 ·········· 261
朱温攻城 ·········· 262
张承业终身称唐官 ·········· 262
罗绍威铸错 ·········· 262
钱镠的"警枕" ·········· 263
钱镠主宰吴越 ·········· 263
庄宗演戏 ·········· 263
不计前嫌 ·········· 263
敬新磨拿县令定罪 ·········· 264
后唐帝做媒 ·········· 264
秋声 ·········· 264
李存审以箭伤诫子 ·········· 264
谨慎执辔与自逸放辔 ·········· 264
孟知祥以诚待部将 ·········· 265
五不害怕　六种担心 ·········· 265
不要盲目效法 ·········· 265
"儿皇帝"石敬瑭 ·········· 265
闽主不礼 ·········· 266
长乐老自叙 ·········· 266
不独占军功 ·········· 266
郭琼以大义劝喻刘铢 ·········· 267
魏仁浦不因乱抱怨 ·········· 267
后周太祖拜谒孔子祠 ·········· 267
实行薄葬 ·········· 267
拓宽京城道路 ·········· 267
周世宗不询虚名 ·········· 268
军法不可以徇私 ·········· 268
惩处贪污犯 ·········· 268
对部下不猜疑顾忌 ·········· 268
长老问夫人 ·········· 268

李氏断臂守节 ………………………………………………… 269
李起生性刚直 ………………………………………………… 269
韩熙载夜宴图 ………………………………………………… 269
李煜信佛 ……………………………………………………… 269
南唐主李昇不受尊号 ………………………………………… 270
李建勋坟墓不封土立碑 ……………………………………… 270

宋

单取皇甫晖脑袋 ……………………………………………… 271
王事为上 ……………………………………………………… 271
敬受教诲 ……………………………………………………… 271
贤相范质 ……………………………………………………… 271
杯酒释兵权 …………………………………………………… 272
黄包袱 ………………………………………………………… 272
皇帝怕史官 …………………………………………………… 272
太祖撕奏折 …………………………………………………… 273
赵普奏请臣子立功 …………………………………………… 273
不计旧恶 ……………………………………………………… 273
宋太祖的懊恼 ………………………………………………… 273
拒绝《丹凤门赋》 …………………………………………… 273
曹彬称病 ……………………………………………………… 274
宋太祖欣赏忠臣 ……………………………………………… 274
督百姓种植 …………………………………………………… 274
遗嘱立君 ……………………………………………………… 274
李筠侍母唯命是从 …………………………………………… 275
王景重军命礼节 ……………………………………………… 275
沈义伦力主开仓赈灾 ………………………………………… 275
褒贬历代名将 ………………………………………………… 275
取消任命 ……………………………………………………… 276
赵普拒谢 ……………………………………………………… 276
马士元辞官 …………………………………………………… 276
陶谷怨恨不被重用 …………………………………………… 276
刘温叟清廉耿直 ……………………………………………… 276
张昭不重功德 ………………………………………………… 277
许永七十五岁被任为县令 …………………………………… 277
公主谢罪 ……………………………………………………… 277
田告拒授官职 ………………………………………………… 277

郭进宽容部下	277
希夷先生	278
贾黄中廉洁守法	278
开卷有益	278
郑文宝的忠诚	278
浪子回头	279
仗势害人者终当报应	279
李穆至孝	279
诵经如流	279
宋太宗论罚如式	280
三步诗	280
寇准奏事	280
士卒痛哭郭守文	280
父子同日被赐五品官服	280
勤勉不怠	281
只读《论语》	281
赵昌言治耍奸谋利者	281
气量恢宏	281
不辩白　不道谢	281
吕蒙正刚直	282
吕蒙正善于用人	282
父死于忠，子死于孝	282
折御卿抱病抗辽	282
吕端大事不糊涂	283
钱若水谏诤	283
张咏断案	284
曹彬为人	284
曹彬不夸功	284
寇准变通圣旨	284
少年进士晏殊	285
欧阳冕狂言遭贬	285
张咏谓寇准	285
宰相王旦自有体统	285
王嗣宗捕杀狐狸	286
维护家教礼仪	286
王禹偁文章天下无双	286
林逋二十年足不入市	286
杨延昭智勇善战	287

敕书与废纸同放	287
折惟昌受命忘家	287
蔡伯希四岁被任为官	287
做官宜守常道	287
宋真宗益嘉秦翰	288
冯元讲《周易》《泰卦》	288
范仲淹划粥为食	288
陈昭衮伏虎	288
王旦引咎自责	288
王旦推己及人	289
王旦荐寇准	289
王钦若进谗言	290
善柔宰相	290
真宗皇帝劝学谕	290
寇准不报私仇	290
鲁宗道对上不说谎言	290
曹克明试药惩蛮夷	291
思母教诲	291
功与祸	291
诚笃孝子张知白	291
抗议侮辱轻慢先圣	291
一代伟人张咏	292
吕夷简老成持重	292
王曾大度	292
孙奭晚节勇退	292
曹修古贫不能归葬	292
晁迥的"三命"	293
韩琦上疏说音乐	293
张俭崇俭	293
狄青不除面部刺字	293
狄青假神道以提振军心	294
狄青为人	294
一家哭怎比得上一路哭	294
富弼三使辽国	295
欧阳修作《朋党论》	295
田况泣请终丧	295
怀忠碑	295
刘涣单骑诛恶	296

石元孙被宽赦	296
谗言贤良	296
宋祁被贬黜	296
师臣旧谊为重	296
治身治国之本	297
范仲淹重道义主忠厚	297
范仲淹为严光修祠	297
敬业尽责	297
范仲淹置义田	298
不求赏赐	298
贵在进谏	298
不敢贪功欺上	298
自力为生	299
激励成就后学	299
用兵之道	299
重畜轻人	299
欧阳修改变文风	299
张观以官授父	300
祝绅为兄嫂服丧	300
民众为师旦立庙	300
吴育侍读	300
因材施教	301
以恩抚下	301
独坐其罪	301
吕公弼断案	301
包拯进谏立太子	301
取人之长	302
免罪不谢恩	302
宋仁宗找水壶	302
清廉畏慎	302
捐俸米施舍饥民	302
好施而不妄施	303
朱回舍身救祖母	303
吕公弼为人厚道	303
贾似道专权擅事	303
简易诚明	304
不以非礼名号报恩	304
怀丙巧浮铁牛	304

目 录	
司马光论修身治国	304
公主行见公婆之礼	304
吕公著解迁阔	304
以远佞人为戒	305
种谔担责	305
合纵连横	305
程颢答上问	305
张载求学	305
朱寿昌寻母	306
恳求赐姓氏	306
吕诲误服汤药致病	306
释恩怨	306
欧阳修理政	307
帐灯烟迹	307
滕甫料敌	307
社稷之臣	308
赵抃贴榜	308
吕公著论尧舜	308
谁是小人	308
富弼为人忠义	309
王安石生	309
范镇不求虚名之累	309
毕仲游致信苏轼	309
奢侈倾险	310
做人应以圣人为师	310
司马光通达不修怨	310
司马相公	310
傅钦之品行	311
君臣论汉武	311
办大事才能得到历练	311
陆佃正直不媚	311
王安石改诗	312
王安石独游	312
宰相肚里能撑船	312
王安石其人	312
常秩迎合王安石	313
曾巩评王安石	313
沈括出使辽国	313

明道先生程颢	313
史笔应使天下之大信	314
"三旨宰相"	314
徐积论大禹、周公	314
奇才	314
苏公堤	314
天下有大勇者	315
安焘论用兵	315
王岩叟论圣人之学	315
女中尧舜	315
士当以器识为先	315
陈瓘智存《资治通鉴》	315
杨三变	316
梁焘重视人才	316
以经造士	316
范纯仁论忠恕	316
章惇租不到民房	316
苏东坡自改对联	317
拆字诗	317
苏东坡乱改菊花诗	317
安民请求刻碑不署名	318
晏殊　晏几道	318
以八行取士	318
程颐以诚治学	319
林摅倨傲不恭被贬黜	319
陈禾进谏不惜碎首	319
蔡崶谦和待寒士	319
吕惠卿被世人鄙视	320
圣人之孝	320
知己者之交	320
杨时拜师	320
陈瓘预识蔡京	321
六如给事	321
李邈守城	321
李纲论贤主之美德	321
独行君子	322
刘鞈不苟活	322
宗泽劝架	322

剥皮诗 ······ 322
徐徽言死难 ······ 323
晏氏女自刎 ······ 323
朱胜非以实绩荐人 ······ 323
胡邦衡被流放 ······ 323
韩母促儿当行 ······ 324
不故作威仪 ······ 324
岳飞戒酒 ······ 324
满江红 ······ 324
题新淦萧寺壁 ······ 325
高风义气 ······ 325
凡物得其要就不难辨 ······ 325
朱子家训 ······ 325
惜时 ······ 326
牛皋退敌 ······ 326
将帅和睦　社稷之福 ······ 326
破湖贼夏诚 ······ 326
不是为了争兵权 ······ 327
秦桧的"诚心" ······ 327
冻死不拆屋　饿死不掳掠 ······ 327
杨再兴死得悲壮 ······ 327
张所受褒奖 ······ 327
撼山易　撼岳家军难 ······ 328
岳飞饮恨撤军 ······ 328
天下太平 ······ 328
"莫须有"罪名 ······ 328
岳家军战将传奇 ······ 329
王忠植死不招降 ······ 329
李兴坚守山寨 ······ 329
高宗论古人读书 ······ 330
食粥 ······ 330
姚岳被人鄙视 ······ 330
受金与拒金 ······ 330
李焘撰史 ······ 330
仗义死节 ······ 331
僧人为国献身 ······ 331
王伦拒受金国爵禄 ······ 331
无愧于祖宗 ······ 331

程师回勇猛	331
赵鼎绝食而死	332
李清照夫妇吟寿联	332
巫伋被罢免	332
朱熹少壮有志	332
朱熹应对	333
刘珙论圣人之学	333
爱民如子	333
德才关系	333
从政贵在品行端正	333
滕瑞被降官	334
克敌制胜的方法	334
鼓励直言之人	334
听其言观其行	334
林机论大禹	334
朱熹应诏任职	335
陈敏政被特赐旌表	335
汤邦彦大话被免职	335
矫枉过正	335
听言当不厌其广	336
张栻犯颜直谏	336
郑丙为政	336
人才之长短	336
不孝之名终身不可赎	336
悔不听黄洽之言	336
慎终先慎始	337
不敢用私心来坑害国家	337
医非相事	337
以诚心纳谏	337
心术不正不可取	338
带泪诸葛亮	338
朱熹处心诚敬	338
惟至公以服人	338
毕再遇以奇制胜	338
以疾病为由推辞不任	339
为知己者死	339
崇拜德行	339
王暨侍讲《尚书》	339

十位哲人配飨于孔庙 ………………………………………… 339
君亲等天地　忠孝无古今 ……………………………………… 339
防患于未然事宜成 ……………………………………………… 340
宋理宗严家教 …………………………………………………… 340
安危和治乱都起于一念之间 …………………………………… 340
推崇仁义宽厚 …………………………………………………… 340
人才培养不在于速成 …………………………………………… 341
廉希宪论戒律 …………………………………………………… 341
不以国家官爵报私恩 …………………………………………… 341
都统密佑 ………………………………………………………… 341
金履祥献破敌之计 ……………………………………………… 341
拒收谢礼 ………………………………………………………… 341
李德辉诚信感动鬼国 …………………………………………… 342
廉希宪诫子 ……………………………………………………… 342
皇后忧子孙 ……………………………………………………… 342
《过零丁洋》 …………………………………………………… 342
惟其义尽　所以仁至 …………………………………………… 343
必有忍乃其有济 ………………………………………………… 343
倪坚论兴亡之因 ………………………………………………… 343
民富则国富　民安则国安 ……………………………………… 343
夫妻互忆回文诗 ………………………………………………… 344

辽　西夏　金　元

耶律德光狂言 …………………………………………………… 345
巾帼不让须眉 …………………………………………………… 345
史官萧罕嘉努 …………………………………………………… 346
筐无储蓄，柜无新衣 …………………………………………… 346
得勿喜　失勿忧 ………………………………………………… 346
萧氏陪丈夫流放 ………………………………………………… 346
倾慕汉族文明 …………………………………………………… 346
元昊重视人才 …………………………………………………… 347
进退有度 ………………………………………………………… 347
《天盛律令》 …………………………………………………… 347
马肩龙大义保从坦 ……………………………………………… 348
金太祖处理谋反者 ……………………………………………… 348
讥讽朝廷不为罪 ………………………………………………… 348
刲股侍母 ………………………………………………………… 348

人心不可以王法惩治	348
帝王不引用经典	349
天理不容	349
直言进谏的人哪里去了	349
奸臣贪官未尽除	349
亲睦九族	349
在丑不争谓之孝	350
勉励孝子	350
金世宗家教从严	350
八十三岁进士及第	350
应当慰问不应当庆贺	350
歌女张凤奴	351
你是陈山可吗	351
拿着酒槽铁口进言	351
安图二十一岁被任相	351
占领中原必行汉法	351
习汉人礼制	352
不怀报怨之心则怨自释	352
皇后随行南征	352
用大黄治瘟疫	352
和尚宰相刘秉忠	352
姚枢宽宏仁慈	353
道学君子许衡	353
拖雷替死	354
禅华善以身殉国	354
赛音谞德齐赴宴	354
廉希宪拒受宝物	354
大戏剧家关汉卿	355
民众为孝子说情	355
不以害人求官	355
穿白衣在炭穴行走十年	355
后世会记载我这件事	356
圣人的后代	356
元臣不自污	356
教化超越国界	356
文谦为人刚直稳重	356
剥夺民众利益必垮台	357
元世祖重用南方汉人	357

父母有丧不应聘	357
鄂勒哲被公认为相	357
不可召见之臣	358
不取非分之财	358
词臣不定罪	358
叶李贫寒简朴	358
要小心的只有美酒和女色	358
强制自己戒酒	359
罪责有我承担	359
真率斋铭	359
佛法如同灯笼	359
暗中签名	359
孝子禄孙	360
佛教为深　儒道为大	360
献七宝带	360
给帝师敬酒	360
心怀止步	361
彼自欺与我无干	361
人子事亲　有过规劝	361
盘圆则水圆　盂方则水方	361
拜珠母齐喇氏家教从严	361
举贤能为己任	362
皇帝为孝子立碑	362
何苦倾轧别人	362
大意丧命	362
义莫重于君亲	363

明

以诚取信	364
马氏送饭	364
张子明传谕	364
杀抚之异	365
性格决定命运	365
使节的使命	365
取天下之方略	365
刘基品评相才	365
生民之道	366

家有良妇如同国有良相 ……………………………………………………………… 366
天下第一家 …………………………………………………………………………… 367
玄素巧拒朱元璋 ……………………………………………………………………… 367
品尝百草的皇帝 ……………………………………………………………………… 367
天下奇男子 …………………………………………………………………………… 368
杨士奇复姓 …………………………………………………………………………… 368
朱元璋的井与警 ……………………………………………………………………… 368
不战而胜 ……………………………………………………………………………… 368
贾人渡河 ……………………………………………………………………………… 369
宋濂举其善者 ………………………………………………………………………… 369
负子图 ………………………………………………………………………………… 369
朱元璋教子 …………………………………………………………………………… 370
徐达功高更加谦恭 …………………………………………………………………… 370
传道听途说被罢免 …………………………………………………………………… 370
王叔远妙手传神 ……………………………………………………………………… 370
杨卓断案 ……………………………………………………………………………… 371
蓝玉功高傲慢骄横 …………………………………………………………………… 371
用神牌退敌 …………………………………………………………………………… 371
人须立志 ……………………………………………………………………………… 371
海上使者 ……………………………………………………………………………… 372
传于后世的名胜古迹 ………………………………………………………………… 372
解缙与打油诗 ………………………………………………………………………… 372
解缙为《虎彪图》题诗 ……………………………………………………………… 373
《题画》诗 …………………………………………………………………………… 373
任职五朝 ……………………………………………………………………………… 373
不为敌国婿 …………………………………………………………………………… 373
杨士奇舍身救物 ……………………………………………………………………… 374
比皇帝大十七岁的贵妃 ……………………………………………………………… 374
审案贵在通晓经书 …………………………………………………………………… 374
坚守信念的传奇 ……………………………………………………………………… 375
于谦的石灰诗 ………………………………………………………………………… 375
于少保 ………………………………………………………………………………… 375
郭登英勇胜敌 ………………………………………………………………………… 375
废除殉葬 ……………………………………………………………………………… 376
格物致知当自求诸心 ………………………………………………………………… 376
董沄求师 ……………………………………………………………………………… 376
请坐奉茶 ……………………………………………………………………………… 376
陈寿为官"三不喜" …………………………………………………………………… 377

王艮学圣人	377
夏言不结同党	377
王守仁的心学	378
唐伯虎巧判鹤案	378
十字回文诗	378
"四绝"全才文徵明	378
蔽月山房	379
庚戌之变	379
丹心照千古	379
严嵩老辣	380
太子的专职老师	380
张居正治吏	380
杨慎博学	381
文必西汉　诗必盛唐	381
海瑞抬棺上疏	381
断头宴	382
海青天	382
中国医药学的宝贵遗产	382
演练新军	383
左光斗倡北方种稻	383
徐存斋督察学政	383
凯歌	383
刘玺以死严纲纪	384
只身闯敌营	384
至死不改的信念	385
宰相巧对状元	385
袁崇焕守城	385
袁崇焕谏拒谗	386
边中送别	386
"七录"书房	387
女将军秦良玉	387
一代名儒黄宗羲	387
郑成功七岁要求回中国	388
收下野草和泥土	388
西子湖头有我师	388
成勇因廉叙用	389
田妃的绣花鞋	389
曹鼎自过美人关	389

幼子申冤救亲人 …… 389
高低分明 …… 390
对联警己警人 …… 390

清

不在口讲　惟务躬行 …… 391
必求人品端方 …… 391
忠贞自是人臣事 …… 391
立储造成"三无情" …… 391
千叟宴 …… 392
胤禵不愿坐天下 …… 393
靳辅不欺上 …… 393
人须是顶天立地 …… 393
黄宗羲做学问 …… 393
河工向陈鹏年敬茶 …… 393
天下第一廉吏 …… 394
女婢答联 …… 394
居功自傲招致身败名裂 …… 394
金圣叹写祝寿联 …… 395
梨儿腹内酸 …… 395
密折 …… 395
文字狱 …… 395
王柔受嘉奖 …… 396
尹继善虚心善学 …… 396
江南大侠甘凤池 …… 396
立志 …… 396
扬州八怪 …… 396
郑板桥智退说情人 …… 397
郑板桥自寿联 …… 397
竹石 …… 398
巧判赖婚案 …… 398
应声对联 …… 398
戴震问疑 …… 398
乾隆不敢改穿汉装 …… 398
尚猛与尚宽 …… 399
纪晓岚辩释"老头子" …… 399
乾隆书对联 …… 399

因疏懒诗句丢官	399
金发塔	400
八十寿联	400
清风两袖返韩城	400
巧辞应变	400
阮元学寿	401
纪晓岚妙谈弥勒佛	401
对联讨球	401
邓石如草堂联	402
皇帝审案	402
拾金不昧	402
董诰忠贞清节	402
椿龄 敏学被处罚	403
黄丕烈得书病愈	403
不以书换官	403
陈连升的节马	403
求尽于心	403
葛云飞抗英	404
道光帝立太子	404
王仁福治河殉职	404
治学不囿于一师	405
清代第一流人物	405
困知勉行	405
知耻知足	405
何得君王私自专	405
让人三尺又何妨	406
杨越翰致李鸿章	406
曾纪泽谈判伊犁事	406
赢得春风度玉关	407
译界之王	407
慈禧、光绪等仓皇离京避难	407
慈禧令将珍妃投井	408
演杠	408
李鸿章之母显示大脚	408
不拘俗套	409
俞樾呓语	409
明日歌	409
不气歌	410

遇事敢言 ………………………………………………………… 410
严复取旗 ………………………………………………………… 410
恭敬不如从命 …………………………………………………… 410
张仲甫撰修身联 ………………………………………………… 411
戒贪铭 …………………………………………………………… 411
清代廉政对联 …………………………………………………… 411

晚清　北洋军阀　民国

孙中山巧对张之洞 ……………………………………………… 412
孙中山上书 ……………………………………………………… 412
状元实业家 ……………………………………………………… 412
丁龙讲座 ………………………………………………………… 413
孙中山伦敦蒙难 ………………………………………………… 413
孙中山谈革命的成功 …………………………………………… 414
笼络人心 ………………………………………………………… 414
梁漱溟忆庚子年 ………………………………………………… 414
《革命军》 ……………………………………………………… 415
赋诗见志 ………………………………………………………… 415
《猛回头》 ……………………………………………………… 415
孙中山发起同盟会 ……………………………………………… 416
三民主义 ………………………………………………………… 416
丈夫团 …………………………………………………………… 417
鉴湖女侠 ………………………………………………………… 417
秋瑾作感愤诗 …………………………………………………… 417
秋风秋雨愁煞人 ………………………………………………… 418
鲁迅弃医从文 …………………………………………………… 418
义助革命 ………………………………………………………… 418
张伯苓提出中国应参加奥运会 ………………………………… 419
张恨水巧对四字联 ……………………………………………… 419
血性男子 ………………………………………………………… 419
文明的偏颇 ……………………………………………………… 419
与日本友人对话 ………………………………………………… 420
黄兴预作《中华民国国歌》 …………………………………… 420
做学问做事业的三境界 ………………………………………… 421
著名铁道工程师詹天佑 ………………………………………… 421
以《豫卦》取名 ………………………………………………… 421
唐僧 ……………………………………………………………… 421

咏蛙	422
黎元洪被逼做都督	422
黄兴到	423
孙中山就任临时大总统	423
孙中山争取外交	423
第一首中国国歌	424
姊妹顾问	424
拒兄之请	424
扣留手令	425
孙中山请辞临时大总统	425
蔡元培创立美育教学	425
鲁迅与京师图书馆	425
袁世凯下尊孔令	426
贪嘴的报应	426
龙云击败法国拳师	426
哲学家与轿夫	427
李大钊批评陈独秀之厌世观	427
人权与科学两面大旗	427
梁启超劝袁世凯不要当皇帝	428
毛泽东征寻朋友	428
"新青年"的六条标准	428
孙中山发表讨袁宣言	429
陈独秀倡导青年要有个性	429
庆幸负伤	429
协议离婚	429
惟知跃进　惟知雄飞	430
龙袍入殓	430
陈独秀论《新青年》	430
真不愧为英雄	430
蔡元培就职北大校长	431
不要崇洋媚外	431
胡适发起文学改良运动	431
毛泽东谈体育	432
兼容并包	432
毕业照	432
钱穆的家教	433
鲁迅发表小说《狂人日记》	433
进德会	433

新民学会 434
山中即景 434
北大由"三个兔子"而成名 434
良师益友 434
顾维钧在巴黎和会作强硬发言 435
环跪车站送代表 435
许德珩的囚牢诗 435
毛泽东创办《湘江评论》 436
怎样做父亲 436
匪徒颂 436
道德是变化的东西 437
阎锡山擅长耍手段 438
南陈北李　相约建党 438
就叫共产党 439
离于众庶　则无英雄 439
清贫教授 439
陈独秀评"书法" 440
同享一个命运 440
要创立大家信守的主义 440
知有学问从此始 441
小学教师责任大于总统 441
立志真实 441
歧路 441
华侨旗帜　民族光辉 442
刘仁静的感慨 442
自强必先自信 443
赵元任的婚礼 443
周恩来的诗《生离死别》 443
政治婚姻 444
张作霖创办东北大学 444
你们不同共产党合作，我就解散国民党 444
毛泽东率领工人罢工请愿 444
李立三给工人讲课 445
宋庆龄随"乐士文"号试飞 445
纸船 445
鲁迅出版小说集《呐喊》 446
俗人才是文学家 446
国民党需要新血液 447

| 目录 |

黄埔军校训词 …… 447
黄埔军校校歌 …… 447
鲁迅的悲悯之心 …… 447
梁启超挥泪写诗祭夫人 …… 448
以诗讥讽朝政 …… 448
哈佛大学考古团盗窃敦煌文物 …… 448
孙中山的三份遗书 …… 448
挽联、横幅评价孙中山 …… 449
陈赓救蒋介石一命 …… 449
民国以来最黑暗的一天 …… 449
不用鲁迅著作代替爱人 …… 450
雪中送炭 …… 450
齐白石刻印章 …… 450
高价买赝品 …… 451
我们的中国 …… 451
李大钊从容就义 …… 451
宋庆龄声明脱离武汉政府 …… 452
蒋介石下野　待机而动 …… 452
林巧稚为医终身不嫁 …… 452
愿意继续革命的跟我走 …… 453
中西婚俗 …… 453
宋庆龄成立国民党临时行动委员会 …… 453
文人的操守 …… 454
《偶感》 …… 454
刑场上的婚礼 …… 454
毛泽东降职任师长 …… 455
结拜盟兄弟 …… 455
蒋介石下令不准抵抗日本 …… 455
张学良宣布东三省易帜 …… 455
游击战十六字诀 …… 456
井冈山武装斗争的经验 …… 456
三民主义歌 …… 456
恢复毛泽东前委职务 …… 457
黄侃交友 …… 457
《啼笑姻缘》 …… 457
学习朱德、毛泽东经验 …… 458
杨开慧被害 …… 458
天兵怒气冲霄汉 …… 458

十个人不当一个人用	459
败在一字之差	459
将我巾帼裳，换你征衣去	459
鲁迅愤怒揭露杀害左联作家	459
送蒋北上	460
蒋介石宣称 宁亡于帝国主义 不亡于共产党	460
身处逆境	461
中国人的象征	461
辽宁抗日义勇军	462
张少杰的诀别词	462
冼星海报考巴黎音乐院	462
阎氏铁路	462
勤能补拙是良训	463
宋庆龄三赴前线慰问将士	463
宋庆龄创办伤兵医院	463
阿毛与日寇同归于尽	464
何香凝赋诗激励将士	464
二我图	465
诚虽不敏，独生为羞	465
吴稚晖不在家	466
歪审偷牛案	466
博古交权	466
社会即学校	467
林语堂论幽默	467
国破尚如此，我何惜此头	467
蒋介石推行新生活运动	467
贺子珍受伤	468
陈毅请求跟红军主力一起突围	468
特殊的重大贡献	468
欢迎"苏维埃先生"	469
叶剑英在长征中的两件事	469
毛泽东率军爬雪山	470
《清平乐·六盘山》	470
《七律·长征》	470
唯我彭大将军	471
剖腹抗蒋卖国	471
教条有功	471
梅兰芳的演出轰动莫斯科	472

彭德怀改诗	472
祭岳飞文	472
沁园春·雪	473
劝说请愿学生	474
哭谏	474
张学良送蒋介石回南京	474
张学良南京受审	474
弱者无生存余地	475
鲁迅的遗嘱	475
做人最小限度	476
周恩来与蒋介石相见	476
周恩来是个大人才	476
周恩来在山西	476
宋庆龄发起"救国入狱运动"	477
毛泽东给宋庆龄的亲笔信	477
宋庆龄选送国际友人去陕北	478
宋庆龄著文抨击国民党	478
宋庆龄发表《国共统一运动感言》	478
许广平的《献词》	479
我不戴青天白日帽徽	479
《绝命诗》被改	479
凛然自守	480
宋庆龄批评反共政策	480
只配穿妇人衣服	480
八女投江	481
童歌：只怕不抵抗	481
总司令打篮球	481
领导要有预见能力	481
朱德与卫立煌交朋友	482
糟糠之妻	482
朱德论《抗战的战略与战术的变迁》	482
宋庆龄指责美国助日	483
非有斋	483
三姐妹走到一起	483
我们退避三舍，并非怕你们	484
出太行	484
名将以身殉国家	484
我中国不亡于倭奴之手	485

陈嘉庚考察国共抗战	485
毛泽东论学习方法	485
叶挺挥笔写囚诗	486
贺寿	486
说吾孬者是吾师	487
群鼠群鼠　何多如许	487
林伯渠拾粪	487
任弼时获纺线比赛第一名	488
狱中题壁（节选）	488
水牛赞	489
以戒为师	489
郁达夫夫妇为孩子起名	490
王稼祥首次提出"毛泽东思想"	490
毛泽东论领导方法	490
李有源编唱《东方红》	490
《南泥湾》	491
董必武怒斥何应钦	492
梅兰芳蓄须明志	492
懂英语者被活埋	492
郭沫若发表《甲申三百年祭》	492
共产党可亲可靠	493
毛泽东为张思德致悼词	493
王明公开向中共中央作检查	493
王明被担架抬进七大会场	494
斯大林不承认中共	494
延安归来	494
毛泽东看望陈立夫　戴季陶	495
朱德回复蒋介石令	495
毛岸英上劳动大学	495
梅汝璈揭露日军在南京大屠杀	496
叶挺获释	496
蒋介石最相信的是武力	497
宋庆龄说　国民党不能取胜	497
朱德六十大寿	497
生的伟大　死的光荣	498
五大书记让新房	498
全国土地工作会议	499
叩头拜寿	499

宋庆龄在孙中山遗像前哭诉骂蒋 …… 499
你们家开银行啊 …… 499
最好的通行证 …… 500
敌机轰炸城南庄 …… 500
蒋介石戏弄李宗仁 …… 501
草菅人命 …… 501
陈布雷的"死谏" …… 501
乌鸦叫祸 …… 502
傅作义接受和平解放北平 …… 502
猴子的诱惑 …… 502
新中国的国体和政体 …… 503
希望考个好成绩 …… 503
刘少奇访苏 …… 503
胜利者是不能被审判的 …… 504
等全中国解放了，我们再也不搬家了 …… 504
一件好的衣服都没有 …… 504
七律　人民解放军占领南京 …… 505

中华人民共和国

中国人民站起来了 …… 506
毛泽东撰写碑文 …… 506
开国大典时的北京城 …… 506
毛泽东首次访苏 …… 507
斯大林劝国共以长江为界 …… 507
陈云理财 …… 508
要搞五湖四海 …… 508
解衣赠恩师 …… 509
零敲牛皮糖 …… 509
彭德怀为巴金改文稿 …… 509
黄敬为刘青山、张子善说情 …… 510
不要逗英雄 …… 510
拒收礼 …… 510
要保持谦虚态度 …… 511
秦基伟戒烟 …… 511
四勉一戒 …… 511
将军专管经济 …… 511
请求降衔 …… 512

资本家头头座谈会 … 512
董必武纠正错案 … 513
我对未来抱有无穷的美好希望 … 513
百花齐放　百家争鸣 … 513
要把我国建成先进的工业化国家 … 514
蝶恋花·答李淑一 … 514
一副对联 … 515
对犯错误的人要讲辩证法 … 515
气功三步骤 … 515
谢谢农民瞒产私分 … 516
七律二首·送瘟神 … 516
国有流亡愧此生 … 517
李达与毛泽东的一场争论 … 518
洗澡 … 518
我决不做蠢人 … 519
借名帖按期奉还 … 519
多谋善断 … 519
不能多端寡要 … 520
不要作假 … 520
毛泽东复胡志明电 … 520
朋友早逃跑了 … 520
毛泽东给彭德怀的复信 … 521
毛泽东与赫鲁晓夫会谈 … 521
不要碰得头破血流还不回头 … 521
不可理不直　气不壮 … 522
卜算子·咏梅 … 522
毛泽东做自我批评 … 522
毁家兴学 … 523
两个"三七开" … 523
要主动自觉地去认识客观世界 … 523
即使骂自己的话也要让讲 … 524
毛泽东勇于担责 … 524
郭沫若改联救姑娘 … 524
毛泽东还债 … 525
七律·冬云 … 525
为学术而学术 … 526
悲歌 … 526
陈毅为母亲洗尿裤 … 526

周恩来直接领导核武器研制试验	527
满江红和郭沫若同志	528
赵朴初的"啬"	528
宽心谣	529
李苦禅谈神品	529
无可奈何花已开	529
周总理任总导演	530
我很感谢您指出我的错误	530
毛泽东同斯诺的谈话	530
周恩来关于中国对美国政策的四句话	531
李富春最后一次交党费	531
林彪"第一个号令"	532
毛泽东批驳天才论	532
是第三世界兄弟把我们抬进去的	532
毛泽东出席陈毅追悼会	533
毛泽东提出关于"三个世界"的理论	533
客散主人安	534
军队要整顿	534
九十初度	534
毛泽东看电影 老泪纵横	535
毛泽东酷爱读书	535
我一生干了两件事	535
胡耀邦三句话	536
邓小平的三落三起	536
最高兴和最痛苦	536
郭沫若解寿谜	537
恢复高考制度	537
邓小平提出全党工作着重点转移	537
三步走设想	538
邓小平主持起草历史决议	538
建设中国特色的社会主义	538
万里与中央五个一号文件	539
倡办经济特区	539
一个国家 两种制度	540
我是个乐观主义	541
总设计师	541
要做出贡献,还是回国好	542
每一滴眼泪都有重量	542

上古

华夏民族的始祖——黄帝

黄帝，号有熊氏，是以熊为图腾的部落。相传他率领民众作战时，指挥熊、罴等六种野兽参战，其实是指挥以六种野兽为图腾的部落参战。

黄帝的发明，涉及衣食住行许多方面，他发明历法，观察天象，确定春夏秋冬四季，依照四季变化来播种百谷草木。发掘首阳山的铜矿，加以冶炼，铸成铜鼎，还铸造了十二个铜钟，和以五音，进行演奏音乐。用树木制造船、车，用于运输；发明裁缝，制作衣裳。当时，已经懂得用蚕丝来编织衣料，这可以从考古发现予以证实；苏州吴中区草鞋山出土的野生纤维为原料的织物残片，是中国已发现的最古老的纺织品实物，属于距今大约五六千年的马家浜文化时期。

《黄帝内经》是第一部冠以黄帝之名的传世巨著，分别从阴阳五行，天人相应，五运六气，脏腑经络、病机、诊法、针灸等方面，做出了比较系统的理论概括。它强调内观、内视、内炼，通过调整气血、经络、脏腑来达到健康长寿之目的。

相传，汉字是黄帝的史官仓颉发明的。据说黄帝部落联盟有姬、祁、任等十二姓，姬姓是黄帝的嫡系，后来发展为相当大的一支，创建了周朝；祁姓出自传说中的陶唐氏，即唐尧所属的部落；黄帝的后裔夏后氏，是夏朝的创立者。国人把黄帝尊奉为华夏民族的始祖，是名副其实的。

帝尧任贤

帝尧身为氏族领袖，贵而不骄，生活十分简朴。他常说："一民饥，我饥之也；一民寒，我寒之也；一民有罪，我陷之也。"把黎民百姓的饥寒和被迫犯罪，都说成是自己的工作没做好。由于他存心于天下，加志于穷民，所以百姓爱戴他如日月，杀之如父母，社会太平，天下大治。

在帝尧的众多政绩中，求贤若渴，任贤图治是突出的一项。他曾派对天文、历法、农业有研究的羲仲、羲叔、和仲、和叔分别到旸谷、明都、昧谷、幽都等东南西北四处，观察日时，确定了春分、夏至、秋分、冬至等节气，用以指导农业生产。

帝尧的仁德像天那样浩大无边，他的智慧像神那样高深莫测。人们追随他如同太阳那样，人们期待他如同渴望祥云那样。尧富有不奢侈，显贵不傲慢。他"惓惓以求言闻过为务"，虚怀若谷，广泛听取各种意见和批评。常怕自己办事有差错，人们没有机会当面指出，便在门外放了一面大鼓，宣布：谁有建议要找他当面讲，可以击鼓求见。他又恐自己有过失，别人不敢当面直言，自己又无法知道，便在门外树立一块大木板，欢迎人们把他的缺点错误写在木板上，帮助他改正。

许由洗耳

相传，尧曾想将帝位让给许由，许由听说之后，非但没有接受，反而隐入箕山，从此不问世事。尧见许由如此谦虚，便更加想招纳这样的贤人。于是派人到箕山，请许由能够担任九州长一职。许由没等使者说完，便跑到颍水边，用河水清洗耳朵。此时许由的朋友巢父恰好牵着牛犊来饮水。看到许由如此行为，便询问原因，许由便将尧想让位于他，并复请他出任九州长的事说给巢父听，并且厌恶地补充道："听了这样有伤我高洁的话，怎么能不清洗自己的耳朵呢！"巢父听了冷笑道："这一切都是你之前在俗世沽名钓誉招来的，你只清洗耳朵有什么用，我倒觉得玷污了我家小牛的嘴。"于是，巢父牵着小牛朝上游走去。

尧禅让帝位于舜

帝尧对四方诸侯说："我已经老了，你们推荐贤能的人来接替我的位置。"大家对帝尧说："有一个叫虞舜的单身汉处在民间下层，他是乐官瞽瞍的儿子，继母虚妄狠毒，弟弟象傲慢逞强，但舜用自己的孝行感化他们，使全家和睦相处，家业搞得很兴旺。"帝尧说："我倒要考验考验他。"于是把自己的两个女儿嫁给他，从女儿那里考察他的道德修养和行事的法度，舜把二位妻子安置在渭水入河处，让她们遵守做媳妇的礼节。尧对此十分满意。尧又让舜负责推行五教（父义、母慈、兄友、弟恭、子孝），使百姓能按五教行事；按五教整饬百官，使百官都能遵章守法，又让舜接待各方使者，各方诸侯和远道来的宾客都十分钦敬。

经过三年的考察，尧认为舜是伟大的，便将帝位禅让给舜。

帝舜之贤德

舜恭顺地侍奉父亲、后母和弟弟，天天真诚如一，谨小慎微，没有一时一刻松懈怠慢。舜的弟弟象表面看起来尊重兄长，内心却总想害死他。有一次他们俩去挖井，舜正在井内时，象突然把井口封死。象以为舜必死，就想打他两位夫人的主意，于是来到舜的家里。不料，舜大难不死，已从井的另一个出口脱身回到家里。象刚进门，见舜在弹琴，只好尴尬地说："我正惦记着你呢。"舜平静地说："多谢你的美意，你真是我的好弟弟，以后你协助我一起管理臣民吧。"

帝尧去世，三年的丧期结束后，舜把帝位让给尧的儿子丹朱，自己躲到南河的南岸。朝见天子的诸侯不到丹朱那里，而去朝拜舜。争讼告状的人不到丹朱那里，而都去找舜。赞美的人不讴歌丹朱而是歌颂舜。舜说："这是天意吧。"从这以后，舜才来到国中，登上天子之位,这就是帝舜。

天下明德自舜帝始

尧帝时,舜被举用做了二十年的工作,尧便让他代理政事。代理政事八年尧去世。于是舜来到文祖庙,同四方诸侯首领们商议,大开四面国门,畅通言路,命令十二个地域长官评议天子的品德。广施恩德,疏远谗佞之人。舜对四方诸侯首领说:"哪一位能奋力做出成绩,发扬光大帝尧的功业,我将任命他官职,辅佐我治理天下。"他们当中唯有禹的功绩最大,他开通九座山脉,疏通了九个湖泊,治理了九条江河,划定了九州的疆界,各州都以当地的特产前来进贡,没有不符合规定的。疆域方圆五千里,延伸到了遥远的不毛之地。四海之内,无不感戴帝舜的功德。于是,禹创作了《九韶》乐曲,招来珍奇异物,凤凰飞翔。天下的文明德政始自虞舜时代。

帝舜教戒

帝舜教戒大禹说:"只有你自己不自我骄矜,天下才没有人能和你争高下;只有你自己不自我吹嘘,天下才没有人能和你争功劳。"

禹决九川致四海

禹与帝舜谈到他治水时说:"滔天的洪水,浩浩荡荡地包围了山岳,漫没了丘陵,老百姓都遭没溺之患。我走旱路坐车,走水路坐船,走泥泞的路坐橇,走山路用履底有齿的锥,和益一道给老百姓稻谷和生鲜食物。我把九州的河流疏通使之流入海中,把沟渠修通使入河流中。又和稷一道布种谷物,教会众民进行农业耕作。缺少粮食的地方,调有余地方的粮食来补其不足,广大群众才获得安定下来……我娶涂山氏的女儿做妻子,是在辛日,到了甲日就离开了家去治水,以后生了我的儿子启,我不曾在家尽过抚育儿子的责任,所以能全力完成治理江河之功。"

禹下车泣罪

一次,大禹外出巡视,在路上看到一批被押解的犯人。犯人双手被捆绑,像牛马一样被驱赶。禹看到了心里很不是滋味,便从车上下来,问他们犯罪的经过。听了犯人的陈诉,他竟伤心得垂泣起来。随行人都觉得不可理解。有人对禹说:"这些人之所以落到这种地步,是因他们不守法,不讲理,而应当受到惩罚。您为什么还要怜悯他们呢?"大禹说:"尧舜做领袖的时候,能以德来感化人,天下的人都以尧舜之心为心,安分守礼,自然都不违法犯罪。现在我为人君,不能以德感化人,百姓们都以私心为心,不讲道理,不遵法规,恣意犯罪。所以犯罪虽然是他们,其根源却在我身上,这就是我之所以伤感痛惜的原因。我不是怜惜犯罪的人,而是痛恨我自己的德行远不及尧舜啊!"

九　德

皋陶和大禹讨论道德规范,皋陶说:"扶持规正行为的道德规范有九种,这就是:宽容博大但又缜密坚实,温和谦柔但又自强自立,诚实自持但又谦虚细致,才能出众但又恭敬谨慎,驯顺可亲但又果断刚毅,正直无私但又温和近人,恣意放旷但又敛收约束,刚正不阿但又充实不虚,暴烈奋发但又一心向善。彰明光大这些德行,使之持之以恒,人们就会美好吉祥。"

太康游畋失位

太康继承了王位后,却不把国家大事放在心上,整天沉溺于吃喝玩乐。他尤其喜欢打猎,常常驱赶着成千上万的兵马在洛水边上追逐猎物,有时一口气就要围猎上百天,老百姓的庄稼也被他们践踏得一片稀烂,宫中和民间自是怨声载道。

当时社会上有一位英雄名叫后羿,是太康手下的一个部落首领,他的射箭技术高超,百发百中。他了解官员们和老百姓的怨愤,心中怒火熊熊燃烧。一天,他率领自己的部队将太康堵在围猎的路上,搭起强弓瞄准太康的胸口,不准他再过洛水一步,不准他再掌管国政。这时,太康吓得脸色苍白,随从他的兵马也呼啦啦鸟飞兽散。太康便逃到阳夏这个地方躲起来,一直到默默无闻地死去。

能自得师者王

仲虺对汤王说:"我听说,能够自己求得老师的人就会为王,以为别人不及自己的人就会灭亡。爱好问,知识就充裕;只凭自己,闻见就狭小。"

比干谏纣

殷纣王喜欢喝酒,享乐过度,胡作非为愈来愈厉害。微子屡次劝谏,纣都不听,于是微子就跟太师、少师商量,下决心离纣而去。比干(商王之子,纣王叔父)说:"当臣子的,就是丢命也要据理力争。"就在纣面前极力谏争。纣发怒说:"我听说圣人的心有七个窍。"就割开比干的胸来看他的心。箕子很害怕,假装发狂去当奴隶,纣就把他囚禁起来。殷朝的太师和少师看到这种情况,就带着祭祀用的乐器逃往了周国。这时,不约而同前来投附周朝有八百诸侯,于是周武王就率领诸侯去讨伐纣王,纣军大败。纣王逃回妹邑,登上鹿台,穿上他的宝玉衣,投火而死。武王砍下纣的头,挂在大白旗上;释放了箕子,给比干的墓加上了封土,在商客所居里巷的大门上加了表彰比干的标志。

箕子操

箕子,是纣王的亲属,官居太师。纣王开始制造象牙筷子。箕子叹息说:"他既然制造象牙筷子,一定会制造玉杯,制造了玉杯,就一定会打算得到远方珍贵奇异的器物来使用。车马宫室的逐渐奢侈华丽,从此开始,他无法振作了。"纣王荒淫放荡,箕子进谏,他不听从。有人对箕子说:"你可以离去了。"箕子说:"做君王的臣下,规劝不听就离去,这是张扬君主的过失,而自己去讨人民喜欢,我不忍这样做啊。"于是披头散发,装疯当了奴隶。从此隐居起来,弹琴悲叹自己的不幸遭遇,他的琴曲流传下来叫《箕子操》。

泽及枯骨

周文王即位后,继承其前辈的善政,崇仁敬志。常常为了接待来访的人,他忙到中午还顾不上吃饭,因此有识之士多愿归附。商纣王之臣太颠、闳夭、散宜生、辛甲等,都陆续投奔文王,成为周朝的辅臣良弼。

在纣王十九年时,文王伐崇侯虎胜利,把都城迁到丰邑(今陕西省西安市南沣水之滨)。文王在丰邑建立一座高二丈,周围一百二十步的巨大天文台——灵台,还挖了一个大的人工湖——灵沼。在民工开挖灵沼时,挖出了死人的骸骨。文王见到这些枯骨暴露在野外,便命官吏把这些骸骨妥为掩埋。官吏说:"这些都是年久而无后人者的枯骨,早已无主可寻,还管他们干什么?"文王说:"天子有天下,就是天下之主,这些枯骨在我的领土上,我就是他们的主,怎么能忍心坐视不管其暴露在光天化日之下而不为掩埋呢?"官吏从命,于是让人把这些枯骨都掩埋好。这件事很快传出去了,人们听说文王这样积德,都异口同声地说:"西伯(商王封文王为西伯,故时人称文王为西伯)的恩泽,使无知的枯骨也沐浴了甘霖,何况我们活着的人呢。"据说,因此而归附周朝的有三十个诸侯国。至此,文王已取得了当时天下的三分之二。这就是"为人君止于仁"的故事,是帝王行仁政的典范。

西伯行善 诸侯归心

周文王继承后稷、公刘的事业,遵照古公、公季的法则,笃行仁义,尊敬长者,慈爱幼小,礼遇贤能。为了接待贤士,每天到中午还顾不上吃早饭,士人纷纷投奔他,诸侯都来请他裁决是非。当时虞、芮两国的人有讼事不能裁决,故前往周。他们进入周的境界,看到种田的人都互让田界,人民都以谦让长者为美德。虞、芮两国的人还没见到西伯,已觉惭愧,互相说:"我们所争的,正是周人所耻,还去干什么,去了只是自取其辱罢了。"于是返回,互相谦让而去。诸侯听说,都说:"西伯不愧是上天授命的君主。"

圣人之道

文王问太公:"先世的圣人之道可以讲给我听吗?"太公答:"道义胜过私欲,国家就会昌盛;私欲胜过道义,国家就会衰亡;敬慎胜过怠慢,则诸事吉祥;怠慢胜过敬慎,则功业毁灭。所以道义胜过私欲者可以统治国家,怠慢胜过敬慎者就会灭亡。"

"六守"用人标准

周文王问姜太公:"既然君主统治着国家又掌握万民,那么,失掉国家与人民又是什么原因造成的呢?"

太公说:"是用人不慎造成的。君主选拔人才应具备六项德行标准,这就是仁爱、正义、忠实、诚信、勇敢、谋略。"

文王问:"用什么方法去选拔具有这六项标准的人才呢?"

太公说:"让他宽裕,看他是否逾越礼规;让他尊贵,看他是否恃之骄横;予之重任,看他能否忠心地去做;给他棘手的问题让他去处理,看他是否哄骗隐瞒;让他身临险境,看他能否临危不乱;让他担任复杂的工作,看他能否应变自如。宽裕而不逾礼规的,是仁爱之人;身居高位而不以之骄横的,是正义之人;负重任而能忠心地去完成的,是忠实可靠之人;处理棘手问题而不哄骗隐瞒的,是诚信之人;身临险境而不畏惧的,是勇敢之人;处理复杂事务能应变自如的,是有智谋之人。如能长期施行'六守'的用人标准,国家的事业就会兴旺!"

丹书受戒

文王为周朝的立国拓疆奠定了基业。临死前,他对儿子口授遗嘱说:"见善勿怠,时至勿疑,去非勿处。此三者,道之所以止也!"叫他的继承人行善政,做好事不要怠惰,时机到来要果断不疑,对于错误不要坚持,这三条就是最高原则。

文王死后,次子姬发即位,姬发就是历史上有名的周武王,也是西周王朝的建立者。武王即位后,召请百官士大夫请教说:"前人创立基业,希望后人世代继承,但真正能守住基业的人非常少。是否有什么秘诀,可以让子孙常守不忘吗?"姜太公回答说:"有一卷书叫作《丹书》,你问的秘诀就在这部书中。如果想知道,必须十分虔诚地预先进行斋戒,然后才能听我传授。"武王就斋戒三日,端端正正地戴好帝王的冠冕,不敢上坐,下堂朝东而立。姜太公站在朝西的位置,道书之言曰:"敬胜怠者,昌;怠胜敬者,亡;义胜欲者,从;欲胜义者,凶。藏之约,行之利,可以为子孙常存,此言之谓也。"太公讲述《丹书》说:"凡是做君主的,敬畏战胜懈怠,国家就繁荣;懈怠胜过敬畏,国必灭亡;公义胜过私欲,人民就拥护,办事就顺利;私欲胜过公义,人民就反对,统治者就要垮台。所以,必须在敬、公二字上下功夫。这是记起来简单,行起来方便的大道理!可以使子孙万世常守的道理,不外乎这几句话了。"武王听后茅塞顿开,就把这些话作为座右铭,刻在几案上、坐席上、镜子上、宫殿柱子上、容器上、剑上、矛戟上、门窗上,不但使自己随时看到,触目惊心,还可以叫子孙们随时随地看到,并世世代代不要忘记。

周室三母

周室三母,即周王室的三位贤母——文王父王季之母太姜;文王之母太任;武王之母太姒。

太姜贞纯婉顺,智慧善谋,支持丈夫古公亶父东迁,使周得到很大发展。她提倡德教,认为治理国家应以德治为先,因此使周地民风淳朴。耕田人相互让田界,行路人相互让路,在周围城镇,只见男女分道而行,老年人不再负重,人们间非常礼貌、尊重,先后有四十多个国家归附周国。

太任的性格,端庄娴静,忠诚任重,其一言一行,都严格要求能与道德的准则相符。她非常重视胎教,在她怀孕期间,两只眼睛不看坏的颜色,两只耳朵不听坏的声音,口不说傲慢的话语,她生下了文王。古人认为,妇女在妊娠期间,应侧着身体睡觉,应斜着身体坐着,眼睛不看乱七八糟的颜色,耳朵不听淫荡的声音,夜间请乐师朗诵诗歌、讲正事,那么,生下来的子女就容貌端庄、才能和品德过人。太任在怀文王的时候,对于自己所感就采取了极为慎重的态度,因为她深刻地认识到感于善就善,感于恶就恶。婴儿生下来之所以和自己的父母相像,就是由于胎儿对所接触的母体有感。从这里我们知道,文王的母亲太任早在几千年前就对胎教很有研究了。

太姒,周文王的妻子,武王的母亲。他性格仁慈,明辨是非,文王很敬佩她的人品和德行。太姒嫁给文王以后,仰慕祖母太姜、婆母太任的品德,把这两位德高望重、在国人的心目中占有很重地位的前辈作为楷模,把自己有与太姜、太任相近的品德努力发扬光大,自己有不如太姜、太任的地方就想方设法予以弥补。虽贵为王妃,但严于律己,夙兴夜寐,旦夕勤劳。对婆母,对丈夫,都恪守妇道,从来不以王妃的身份出现,更不以王妃的地位和权势去压人。

太姒又称"文母"。文王主要理政治外,太姒理家治内。文王励精图治,明德修政,国势一天比一天强盛。

周公释老者之言

周武王入殷商以后,亲自去拜访一位长者,想了解殷商灭亡的缘故。这位长者说:"大王想知道原因,请约定中午见面。"到了中午时分,长者却没有来,武王觉得奇怪。周公说:"我已知道原因了,长者是位君子,不肯批评自己君王的过错。像他这样约定而不到,说话不诚实,就是殷商灭亡的原因。"

姜太公受封于齐,五个月后就来报告政情。周公问:"为何这样快?"太公说:"我简化了政府的组织,礼节都随着当地的习俗。"

伯禽到鲁地,三年后才来报告政情。周公问:"为何这么迟?"伯禽说:"我改变他们的习俗,革新他们的礼节,丧礼三年后才解除丧服。"

周公说:"这样看来,后代各国必将臣服于齐啊!处理政事不能简易,人民就不能亲近他;平易近人的执政者,人民一定归顺他。"

姜太公又问周公:"你如何治理鲁国?"周公说:"尊敬贤者而重视亲族。"太公说:"鲁国以后必定日渐衰弱。"

周公、太公都能准确推断数百年后齐国与鲁国的弊端,但并未采取措施革除,这并不是他们不想革除,而是治理政事所能做的,也只能如此而已。帝王的法统,本来就不可能传之永久,衰败之后就会改朝换代。

以仁义取胜

武王讨伐商纣王到了鲔水,纣王派胶鬲刺探周国军队的情况,武王会见了他。胶鬲说:"您将要到哪里去?不要欺骗我。"武王说:"我将要到殷去。"胶鬲说:"哪一天到达?"武王说:"将在甲子日到达殷都郊外,你回去禀报吧!"胶鬲走了。天下起雨来,日夜不停。武王加速行军,不停止前进。军官们都劝谏说:"士兵们很疲惫,请让他们休息休息。"武王说:"我已经让胶鬲把甲子日到达殷都郊外的事禀报给他的君主了。如果甲子日不能到达,这就是让胶鬲没有信用,他的君主一定会杀了他。我加速行军是为了救胶鬲的命啊。"武王果然在甲子日到达到了殷都的郊外,殷的军队已经先摆好阵势了。武王到达以后,就开始交战,结果把殷军打得大败。这是因为武王积德行善,笃行仁义,使天下归心。而纣王沉迷酒色,重征赋税,统治暴虐,失去人心。纣的军队虽然人多,但都无心作战,只盼武王的军队早日攻入。纣的军队都掉转武器攻纣,为武王做内应。纣逃入城内,登上鹿台,自焚而死。

武王做铭自警

师尚武向武王进谏说:"尊敬胜过怠慢的人是友善的,怠慢胜过尊敬的人是歹毒的。仁义胜过贪欲的人是顺从的人,可以信赖;贪欲胜过仁义的人是危险的人,不可依赖。"武王看到这些话,就警觉起来,并在自己的手杖刻印上了警戒的文字:"愤怒最容易产生罪恶;追求贪欲是产生罪恶的根源;富贵了切忌邪恶的产生。"

武王向俘虏行再拜之礼

武王战胜殷商后,捉到两个俘虏,问他们说:"你们国家有怪异的事吗?"一个俘虏回答说:"我们国家有怪异的事,白天出现星星,天上降下血雨。"另一个俘虏回答说:"这诚然是怪异之事,但算不上大怪异。我们国家特大的怪异之事,是儿子不顺从父亲、弟弟不服从兄长、君王的命令不能实行,这才算最大的怪异之事呢!"武王听后,急忙离开座位,向他行再拜之礼。这不是认为俘虏尊贵,而是认为他的言论可贵。

箕子论"五事"

武王灭亡殷朝之后,去拜访箕子,箕子讲了治理国家的九种大法,其中谈到要敬慎地注意自己的五种做事行为,即"五事":一是容貌,二是言论,三是观察,四是听闻,五是思考。容貌必须恭敬,言论必须正确,观察事物必须明白,听闻必须广远,思考必须通达。容貌恭敬就能严肃,言论正确就能治理,观察事物明白就能不受蒙骗,听闻广远就能善于谋划,思考问题通达就能圣明。

以己身做抵押

武王病重,群臣恐惧,太公、召公为武王占卜。周公说:"这还不能感动我们的先王。"于是他就以自己的身子作抵押,想代替武王去死。于是筑起了三个祭坛,周公顶着璧,捧着圭,祝告于太王、王季、父王。史官宣读祭词道:"你们的长孙武王发积劳成疾。倘若你们三王在天,要人扶持,那么旦愿意代替王发之身担当这个责任。旦多才多艺,能侍奉鬼神,我愿代替武王发死,现在我恭敬地接受你们的命令。"随后,到三王神主前占卜,果然吉利。周公入宫向武王道贺说:"从占卜的结果看,大王定不会有什么灾害,三王定能眷顾我的诚心而长保天子安康。"不久,武王的病就好了。

周公辅政

周成王刚刚即位时,还没离开幼儿的襁褓,周公旦背着成王上朝,终于平定天下。到成王患病十分危险的时候,周公旦自己剪下指甲沉入黄河,说:"君王还不懂事,是我在管理国事。如果有罪过祸殃,我来承受灾难。"于是把这祷语记录下来,收藏在文书府里。到成王亲理国政时,有奸臣说:"周公旦想要作乱很久了,大王如果不防备,必定出大事。"成王于是大怒,周公旦便逃到楚国,成王在文书府查看档案,见到周公旦沉入黄河的祷语记录,这才流着泪说:"谁说周公旦想要作乱呢!"便杀了讲谗言的人而让周公旦返回重新辅政。

周公制礼乐

周武王死后,其子成王继位,成王年幼,由周公摄政。
周公为能保持周王室政权的长期有效运转,制定了礼乐制度。
礼,即维护君臣宗法上下等级的一套典章制度,主要作用是划分和规范人的身份地位,最终形成等级制度;乐,即音乐,乃是对礼制的一种辅助。礼制的内容上至国家政治,下到日常生活,相当庞杂,其中最主要的便是以嫡长子继承制为核心的宗法制和贵贱等级制。这两项制度为国家政权机器,乃至社会的运转提供了规则。礼乐制度不仅为周朝的有序运转奠定了基础,后经孔子的传扬,基本为后世所继承,成为后来三千年整个中国古代社会的基础制度。周公制定礼乐后,就功成身退,归政于成王,因其功劳和德行,被后人尊为圣人。

《毋逸》《多士》谏成王

　　周公辅佐成王,恐怕成王年轻气盛,治国有所纵容放荡,于是撰写了《毋逸》《多士》谏诫成王。《毋逸》篇说:"为人父母的,创业极其长久艰难,子孙却骄奢忘本,以致丧失家业,作为人子的,能不谨慎吗? 从前殷王中宗,严谨恭敬,用法度自律,从此治理国家,诚惶诚恐而不敢荒废自妄。因此中宗当政长达七十五年。到了高宗,长久居住在民间,与人民共事稼穑。当他即位后,便有丧服,三年不言语。丧毕开始理政,一心一意为了国家,不敢荒废耽安,以致不论贵贱大小皆无怨言,所以高宗享国五十五年。"《多士》说:"文王笃行仁义,尊敬长者,慈爱幼小。由于他能屈节礼遇贤能,为了接待士人,每天到中午还顾不上吃早饭,士人纷纷投奔他,因此享国五十年。"

一饭三吐哺

　　武王死后,成王年少,由周公辅佐,而让他的儿子伯禽代替他到鲁国就封。周公告诫伯禽说:"我是文王的儿子,武王的弟弟,成王的叔父,对于整个天下来说,我的地位也不算低了。但是我常常洗一次头三次提起头发,吃一顿饭三次吐出口中的食物,频频起身接待贤士,还怕失掉了天下的人才。你到鲁国之后,要谨慎处事,不要因为有封国而傲慢待人。"

《康诰》三篇

　　康叔初封时,年龄尚幼,周公旦害怕他贪图享受,饮酒作乐,特作《康诰》《酒诰》《梓材》,以相告诫。因为都是周公对康叔说的话,习惯上合称"康诰"三篇。主要内容是:

　　你到了封国以后,一定要去访求殷朝那些德高望重的人,向他们询问殷朝之所以兴起和灭亡的原因。殷朝的末代君王不再爱戴百姓,而是一味地贪酒,过度淫乐享受,他们遭到亡国之祸,无非是喝酒造成的恶果。

　　从成汤咸一直到帝乙,都善于严肃自省,那时朝廷的大僚和首长,就是在休假期间,也不敢趁着闲暇去寻乐,更不敢放肆喝酒。那时的官吏、地方的有侯、甸、男、卫各个国君以及无数氏族和街道官长,一概不敢酗酒,都是尽心地帮助殷王成就王业,治理百姓和谨守法度。

　　周文王时就告诫说:"各群臣们不许经常饮酒,只有参加外事活动,接待国君,按礼不得不喝,也须以德自恃,不敢大醉。古人说过:要观察自己,不必对着水照,应该对着百姓的心去照。现在殷已亡国,我们怎能不拿它作为深刻警诫呢! 假如有人来报告说:有人聚众饮酒,你们就一个不漏地捆绑了送到周都,我定他们死罪。你们要听我的教导,切不要让你们治下的民众和官吏沉湎于酒啊!"

《甘棠》赞

在周成王的时候，召公为三公之一。自陕西以西，由召公治理，很受广大百姓的拥戴。召公巡视乡镇，有棵棠梨树，他就在棠梨树下搭了个茅草房住下来，受理诉讼和处理政务，从贵族到平民都得到妥善安置，没有任何处理失当的地方。

召公去世后，民众思念召公的德政，怀念那棵棠梨树，舍不得砍伐它，作了《甘棠》诗，来歌颂他：

> 茂盛的棠梨树高大，
> 不要剪也不要砍他，
> 召伯曾住在这树下。
> 茂盛的棠梨树高大，
> 不要剪也不要毁他，
> 召伯曾休息在这树下。
> 茂盛的棠梨树高大，
> 不要剪也不要拔他，
> 召伯曾驻足在这树下。

这首诗被收入《诗经》。

防民之口 甚于防川

西周后期，周厉王推行暴政，人民怨声载道，于是厉王派人监视，有怨议者皆被逮捕杀害，因此人们在路上相遇的时候都变得不敢说话了，而仅仅用眼神示意一下。厉王对此颇为满意，召公却很担忧，指出"防民之口，甚于防川"，认为对人民的言论应当疏导，而不应当限制，这种做法的后果是很严重的。但厉王不予理睬，不久之后，果然发生了"国人暴动"，人民攻击王宫，厉王仓皇出逃，失掉了执政的权力，后来在外地死去。

周厉王发誓

公元前640年，周厉王为扩建王宫，需要占用一个叫曶从的人的地，但没有立即给钱。曶从担心周厉王赖账，于是隔三岔五地去王宫讨要。周厉王派人对曶从说："你别怕，我一定会照价付款的，如果我赖账，就让上天罚我被流放好了。"

在当时，这是个很毒的誓。这是中国历史上较早的政府拆迁案例，这一拆迁过程原原本本地刻在周代的青铜器上。

以亲子殉难

周厉王暴虐无道，民众忍无可忍，举行起义，围攻厉王，厉王逃往晋国。当时，周宣王是太子,他逃到了召穆公的家里,起义的民众得知这一情报后,就围攻召穆公的住宅,要杀死太子。召穆公说:"从前我屡次劝谏厉王,厉王不听,因而遭此大难。现在如果杀死太子,厉王会以为我是记仇而泄愤。侍奉主人,虽处为难也不记仇,虽有怨气也不发泄,何况是侍奉天子呢!"于是让自己的儿子冒充太子,替太子殉难。

姜后谏宣王

周宣王即位后,由于他的父亲周厉王在位期间,贪图垄断财利,滥杀无辜,引起人民不满,叛乱者袭击厉王,厉王逃亡,后死于彘。太子静即位,为宣王。

宣王即位后,面临一个乱七八糟的国家,他开始非常谨慎,竭尽全力处理国事,可时间一久,便懈怠了。经常早睡晚起不及时上朝听政,国家的许多大事都不去及时处理解决,问题越积累越多。宣王王后姜后看到这种情况,如芒刺在背,坐卧不安,如果这样发展下去,就会重蹈厉王的覆辙。于是她决定向宣王进谏。

这一天,姜后取下簪珥等金银首饰,脱下王后的衣冠,换上普通妇女的衣服,来到后宫的监牢里,并派保姆到宣王那里代她禀告宣王说:"臣妾由于没有才能,品德修养差,致使君王迷恋上了我,害得君王上朝听政时常迟到。夏桀正是由于沉恋于美色,暴虐荒淫,引起百姓怨声载道,诸侯叛离导致亡国。目前如果我们的国家存在着动乱的因素,那么这个因素就是臣妾。所以今天我特地请求君王来治我的罪。"

宣王听了,大为震动。沉痛地说:"你的话使我醒悟到父王被逐,国内动乱来得那样迅疾凶猛,势不可挡,寡人也险些丧命。如果我不勤于朝政,修文王武王之德,而步夏桀、殷纣的后尘,使祖先的基业毁于一旦,寡人将成为千古罪人啊!"

在姜后和周公等人的辅佐下,宣王以中兴周室为己任,并亲率大军征徐国,擒渠魁,剿灭余孽。在周历代帝王中,武功最煊赫的除武王外,就算是宣王了。宣王之中兴,姜后是功勋卓著的。

申喜认母

周朝有个叫申喜的人,离家外出谋生,他的母亲失散了,四处寻找不见。有一天,他听到有个乞丐在门前唱歌,自己感到悲哀,脸色都变了。他告诉守门的人让唱歌的乞丐进来,亲自见她,并询问说:"什么原因使你落到求乞的地步?"跟她交谈才知道,那乞丐原来正是他的母亲。《吕氏春秋》对这件事评论说:"无论父母对于子女来说,还是子女对于父母来说,实际都是一个身体而分为两处,精气相通而呼吸各异,就像草莽有华有果,树木有根有心一样,虽在异处却可彼此相通,心中志向互相联系,有病痛互相救护,有忧思互相感动,对方活着心里就高兴,对方死了心里就悲哀,这就叫作骨肉之亲。这种天性出于至诚,而彼此心中互相应和,两方精气相通,难道还要靠言语吗?"

春 秋

曹沫劫桓公

曹沫,鲁国人,靠勇猛有力在鲁庄公那里任职。庄公喜爱力士。曹沫为鲁将,与齐交战,连连战败。鲁庄公惧怕了,便割献遂邑之地,跟齐讲和,但仍然让曹沫为将。

齐桓公答应和鲁庄公在柯相会而结盟。桓公和庄公在坛上结盟后,曹沫手执匕首登上坛去要挟齐桓公,桓公、管仲及左右的人没有一个敢动的。桓公问道:"你有什么要求?"曹沫说:"齐强鲁弱,您这个大国侵略我鲁国也太过分了!"桓公于是答应把侵鲁所得的土地尽数归还鲁国。桓公说完后,曹沫扔掉匕首,走下坛去,找到群臣的位置上,脸色不变,辞令如常。桓公恼怒,想背弃言诺。管仲说:"不行。如果贪小利以求一己之痛快,结果会失信于诸侯,丧失天下人的支持,还不如归还给他们的好。"于是桓公便割还侵鲁所占的土地,曹沫几次战败所丢失的土地,这时全部归还给了鲁国。

庄公掘黄泉见母

庄公把母亲姜氏安置在城颍,并对她发誓说:"不到黄泉不再相见。"发誓这辈子不见面了。不久以后对此感到很后悔。

当时颍考叔在颍谷做国疆护卫长官,听说了这件事,就找机会向庄公敬献一些东西。庄公赏赐他东西吃。吃的时候,另把肉放在一边不吃。庄公问他为什么,他说:"小人有母亲,小人的母亲没尝过君王赏的肉,请让我带回去给她。"庄公说:"你有母亲可以送,我却偏没有。"颍考叔说:"我冒昧地问一下这是什么意思?"庄公对他说明原因,并且告诉他自己后悔了。颍考叔回答说:"您在这件事情上忧虑什么呢?如果掘地见到泉水,然后挖隧道在隧道中相见,谁会说不可以这样呢?"庄公听从了颍考叔的话。庄公进入隧道,赋诗说:"身在大隧中,那快乐啊和睦融融。"姜氏走出隧道,赋诗说:"身在大隧外,那快乐啊自由自在。"于是母子和好如初。

大德与大恶

鲁庄公二十四年,在桓公庙的椽子上雕花,这样做是不合乎礼的。御孙劝谏说:"臣听说:'节俭,是德行中的大德;奢侈,是邪恶中的大恶。'先君桓公具有大德,而君王却将它放到大恶之中,这是不可以的。"

敬姜论劳逸

公父文伯退朝,去见他的母亲,他的母亲正在纺麻。文伯就说:"我们在朝廷任大夫职务,大夫的母亲还纺麻,国卿会生气,会认为我们不能服侍国主啊!"他的母亲叹息说:"鲁国大概要灭亡了吧!让你这样的孩子做官,你没有听说过做官的道理吗?坐下,我告诉你。

"从前圣王安置百姓,总是捡瘠薄的土地安置他们,使用他们,使他们劳苦。百姓劳苦就会想到俭约,想到俭约,就会产生善心;安逸了就会放荡,放荡就会忘掉善心产生坏心。住在肥沃土地上的百姓没有成才的,这是由于放荡的缘故;住在瘠薄土地上的百姓没有一个不向往正义的,这是由于劳苦的缘故。因此,天子在每年的春分和秋分,都要和三公、九卿了解五谷的种植情况和收入情况,恭敬地观察上天显示的征兆,把应做的事情,规划料理好,然后才去休息。诸侯、卿大夫、士人都是认真履行自己的职责,恐怕产生过失,给国家带来损失;从百姓以下,天亮做事,傍晚休息,没有一天可以怠惰。

"现在我成了寡妇,你又处在大夫的职位,就是一天到晚置身于政事之中,还恐怕忘了祖宗的业绩;何况已经有了怠惰的念头,你还怎样避免处罚?我本希望你早晚提醒我说:'一定不要丢掉祖宗的业绩。'你现在却说:'为什么不自图安逸?'你用这种态度来承受国君任命的官职,我担心你亡父的祭祀要断绝了!"

孔子听到敬姜这番话,说道:"弟子们记住这些话,季氏的妇人可以算是不图安逸的人。"

与美人独处一室

春秋时,有个叫柳下惠的人,一天夜里,邻居家失火,有一女子深夜叩门,恳求避难。柳君将她收留后,与之同处一室,终夜正襟危坐。那女子见柳君一表人才,不仅芳心大动,于是主动去靠近柳下惠。柳君却闭上眼睛,不予理睬。夜深人静,那女子竟然坐到柳君怀中,百般挑逗。无奈柳君心如铁石,形如枯木,竟然坐怀一夜,始终不乱。

季文子相三君而无私积

季文子死,根据大夫入殓的礼仪,襄公亲自监临。家臣收集家里的器物准备作陪葬品。家里没有穿丝绸的妾,没有吃粮食的马,没有收藏铜器玉器,一切用具没有重份。襄公从这里知道季文子忠于公室。季文子辅助过三位国君而没有私人积蓄,难道可以不认为是忠心吗?

正名分

卫出公要请孔子来治理国政。子路问孔子说:"卫国国君要请您来治理国政,您将先做什么?"孔子说:"一定要先做的是端正名分啊!"子路问:"为何要先端正名分呢?"孔子说:"名分不正,言语就不顺当;言语不顺当,事情就办不成,事情办不成,礼乐就不振兴;礼乐不振兴,刑罚就不准确;刑罚不准确,百姓就会感到无所措手足。君子做事必须符合名分,言语必须可以实行。君子对于自己的言语,一点都不能马虎。"

孔子谈孝道

鲁国的孟懿子问孔子什么是孝。孔子说:"孝就是不要违背礼法。"

樊迟给孔子驾车的时候,孔子对他说:"孟懿子问我什么是孝,我回答他说孝就是不要违背礼法。"樊迟问道:"不违背礼法是什么意思呢?"孔子说:"当父母健在的时候,做子女的要以礼奉养,敬爱他们;父母去世后,要以礼安葬他们,以礼祭祀他们。"

孟武伯向孔子请教什么是孝道。孔子对他说:"子女对父母,要关心他们的身体,特别要为他们的疾病担忧。"

子游问孔子什么是孝。孔子说:"现在所谓的孝,所表现的只是能够赡养父母便认为足够了。犬马都能够得到饲养,如果不是用心地孝敬父母,那么赡养父母与饲养犬马有什么区别呢?"

子夏问什么是孝,孔子说:"子女对父母要尽到孝,最难做到的就是对父母要和颜悦色,有了事情,要替父母去做;有了酒饭,要先让父母吃,这样的做法仅仅是奉养父母,难道能认为这样做就可以算是孝吗?"

仁德的表现

颜渊问孔子如何去做才是仁的表现。

孔子回答说:"要学会克制自己,(所做的事情)都要按照礼的要求去做,这就是仁。(如果天下的人)每天都这样去做,那么天下的万事万物就都归于仁了。实行仁德,完全取决于自己,难道还在于别人吗?"

颜渊说:"请问实行仁德有什么要求吗?"

孔子说:"不合于礼法的事情不要去看,不合于礼法的事情不要去听,不合于礼法的事情不要去说,不合于礼法的事情不要去做。"

颜渊说:"我虽然思维不敏捷,也要照您的教导去做。"

谈志向

颜渊、子路两人侍立在孔子身旁。孔子对他们说:"你们何不说说自己的志向?"

子路说:"我愿意拿出自己的车、马、衣服、皮袍等物,和我的朋友共同享用,即使用坏了也不去抱怨。"

颜渊说:"我愿为天下人做好事,不夸耀自己的长处,不表白自己的功劳。"

子路问孔子说:"愿意听听老师的志向。"

孔子说:"让年纪大的老人生活安心,让朋友们都信任我,使年轻的子弟们得到关怀,这就是我的志向。"

过犹不及

子路问孔子说:"子张和子夏二人谁贤能一些呢?"孔子回答说:"子张做事分寸掌握得有些过,子夏有些不足。"子贡说:"可以理解为子张好一些吗?"

孔子说:"过分和不足是一样的。"

巧言乱德

孔子说:"花言巧语这一品行可败坏一个人的德行,小的事情如不去忍耐,(往往)会败坏大事情。"

天下大法只有两条

叶公子高将出使齐国,去拜访孔子,说:"今天我接受了使命,立刻就觉得想吃冰块,我大约患了内热病。我还没有接触到事情的真相,就已阴阳失调,着急上火。事情若不成功,必定受到惩罚,这是双重的灾难。作为一个臣子难以承受得了,先生有什么见教?"

孔子说:"天下大法只有两条,一条是命中注定,一条是义不容辞。儿女孝敬父母,这是命中注定,这种感情自然凝结于心,无法解释。臣下效劳君上,这是义不容辞,到哪儿都有君臣关系,人生无法避免。这两条就是所谓'大法'。所以孝敬父母的人,不论在什么地方,都要让父母安适,这是孝心的最高表现;为国君效劳的人,不论什么事情都要尽力而为,这是尽忠的极点。而善于养心的人,悲欢都不动摇心境,因知命中注定或义不容辞,自己无法改变,所以处之泰然,这是道德修养完善的表现。作为臣下,自然会有迫不得已的事情,按照事情的要求去做,忘记个人的忧患,哪能贪生怕死呢?你这样去做就行了。"

学习和志向其实是一回事

孔子对弟子们说:"前面有一座小山,如果让你们用筐子,一筐土一筐土地堆这么一座小山,你们能堆成吗?"一弟子说:"那得需要多少土啊,我看堆不成。"另一弟子说:"只要不停地堆下去,就一定能堆成。"孔子说:"说得好,学习和志向其实是一回事,学习离不开志向,志向离不开学习。"

见贤思齐 见不贤而内省

有学生问:"老师,怎样才能提高仁德的修养呢?"

孔子说，要做到两条：其一是向贤者学习，其二是向不贤的人学习。有学生问："向贤者学习，好理解，为什么要向不贤的人学习呢？"孔子说："人家有贤德，我们自然向人家学习，向贤者看齐。不贤的人，我们就要在心里反思自己，看自己的行为有没有违反贤德的地方，如果有，在行动上加以改正；如果没有，就要引以为戒，警惕自己，这不也是一种非常好的学习吗？这就叫见贤思齐焉，见不贤而内自省也。"

孔子见之以细

鲁国的法令规定，鲁国人在其他诸侯国给人当奴仆，有能赎回他们的，可以从国库中支取金钱。孔子的学生子贡从其他的诸侯国赎出了做奴仆的鲁国人，回来却推辞不支取金钱。孔子说："子贡做错了。从今以后，鲁国人不会再赎人了。"支取金钱，对品行并没有损害；不支取金钱，就不会有人再赎人了。孔子的另一位学生子路救了一个溺水的人，那人用牛来酬谢他，子路收下了牛。孔子说："鲁国人一定会救溺水的人了。"孔子能从细小处看到结果，这是由于他对事物的发展变化观察得远啊。

《韶》乐

《论语·述而》中记载，孔子在齐国听到《韶》乐很长时间不知道肉味，说道："想不到欣赏音乐竟能到这种境界。"那么这种《韶》乐究竟是什么样的音乐让孔夫子如此着迷呢？

据史书记载，孔子不仅治学严谨，在音乐方面也颇有造诣。孔子访问东周洛邑的时候，曾跟周敬王的大夫苌弘学习过一段时间的音乐。学习期间，俩人经常讨论音乐。一次，他们谈到了音乐中的高雅之曲——《韶》乐。孔子说道："尽管我很喜欢音乐，但是却不是十分精通。我知道《韶》乐和《武》乐都很高雅，是流行于诸侯国宫廷的一种音乐。只是不知道，这两种音乐的区别在哪里？"苌弘解释道："依我对音乐的理解，《韶》乐曲调优雅宏大，是种和谐之乐；《武》乐则侧重表现豪放壮阔。这是两者乐风上的不同。"孔子听了，感叹道："《韶》乐、《武》乐各有所长。《韶》乐尽善不尽美；《武》乐尽美不尽善啊。"

后来，孔子游历到了齐国，有机会欣赏到了《韶》乐。就是在这段时间里，孔子对《韶》乐的痴迷达到了"三月不知肉味"的程度。

据《竹书纪年》记载："有虞氏舜作《大韶》之乐。"可见，《韶》乐是舜创作的一种乐曲。舜作这种乐曲的目的是为了歌颂尧的功德。

子张问道

子张问道："士人怎样做就可以称得上达了？"孔子说："你所说的达，指什么情况？"子张回答说："在诸侯国中必定闻名，在大夫家中必定闻名。"孔子说："这是闻，不是达啊。那达者，质朴正直而爱好道义，对人善于分析言语而观察表情，考虑问题逐一谦虚让人，无论在诸侯国中，还是在大夫家里必定通达。至于那闻者，以仁自居而深信不疑，不表面上做作而行动上背道而驰，无论在诸侯国中，还是在大夫家里必定闻名。"

孔子知人

有一天,孔子的学生问孔子:"颜回的为人怎样?"孔子回答说:"颜回为人仁义,比我强。"子夏又问:"子贡的为人怎样?"孔子说:"子贡的口才很好,我不及。"子夏接着又问:"子路的为人怎样?"孔子说:"子路的勇敢超过了我。"子夏再问:"子张的为人怎样?"孔子说:"子张的为人庄重,我不及。"子夏听了老师对学生的评价有些糊涂起来,便规规矩矩地起身问道:"这么说,他们几个都比你强,那他们为什么还拜你为师又向你学习呢?"孔子说:"颜回为人仁义但不懂得变通;子贡口才好但不够谦虚;子路很勇敢却不懂得退让;子张虽很庄重但难于和别人沟通。他们四人各有所长,也各有所短,所以都愿意拜我为师,跟我学习。"

孔子的学问

陈子禽问子贡道:"老师,孔子的学问是从哪里学来的?"子贡说:"周文王、周武王的仁义之道并没有失落于地,而是保存在人间。贤能的人从中学到了大道理,不贤能的人只从中学到了小道理。无处没有周文王、周武王的仁义之道。夫子哪里不能学习?何必要有固定的老师呢!"陈子禽又问:"孔子到达一个国家,必定知道那里的政事。这是向人索求来的呢?还是别人提供给他的呢?"子贡说:"夫子是用温和、善良、恭敬、俭朴、谦让得来的。夫子求索的方法不同于一般人的求索方法。"

重外物者心笨拙

孔子对颜回说:"用瓦片作赌注心就灵巧,用衣钩作赌注就会害怕,用黄金作赌注就会糊涂。赌博技巧没有变化,只因为把身外之物看得太重,所以,对身外之物看得重的人,他的内心就相对变得笨拙了。"

孔子见温伯雪子不言而知

孔子去见温伯雪子,不说话就出来了。子贡说:"先生您希望见到温伯雪子已经很久了,现在见到了却没有说话,这是什么原因呢?"孔子说:"像他那样的人,用眼睛一看就知道他是有道之人,用不着再说话了。"圣贤之间相互了解,彼此都与天道相合,其思想通过容貌音声,行步气质表现出来,所以见到人后,也就清楚了他的内心与志向。哪里还需要等待语言呢?

专心致志

孔子去楚国,经过一片树林,看见一个驼背的老人在粘蝉,粘起来就像拾取一样容易。

孔子问："你是有技巧呢，还是有道术？"老人回答说："我有道术。经过五六个月训练，在杆头上垒两个泥丸而不掉下来，那粘蝉失手的机会就很少，垒三个泥丸而不掉下来，那么粘蝉失手的机会就只有十分之一；垒五个泥丸而不掉下来，粘蝉就好像拾取一样。我心安神静，犹如木桩；我手臂执竿，如同枯枝；虽然天地广大，万物众多，我只盯着蝉翼。我心无二念，不因万物而分散我对禅的注意，这样怎么会得不到呢？"

孔子对弟子们说："专心致志，聚精会神，不就是指这位驼背老人而言吗？"

善养生者

田开之见周威公。威公说："我听说祝肾学养生，你与祝肾交游，曾听到过什么吗？"田开之说："听先生说：'善养生的，就像放羊一样，看见落后的就鞭策它。'"威公问："这是什么意思？"田开之说："鲁国有个人叫单豹，居住在山岩上，只饮泉水，从不与人争利，七十岁了，还面如婴儿，不幸遇到饿虎，被吃掉了。还有一个人叫张毅，无论高门大户，还是贫穷人家，他都与之交往，四十岁却得内热病死了。单豹调养内心却被老虎吃了，张毅注重形体却被病魔侵袭内里，这两个人都没有如鞭策落后者那样，弥补不足的方面。"

孔子说："不要深入潜藏，不要表露显扬，要像枯木一样，无心而立于中央。三者做到，可称至人。人所最该畏惧的，是在枕席之上，饮食之间，可是人们往往不知警戒，这是个错误啊！"

老子赠言孔子

孔子前往周京路邑询问周礼，见到了老子。孔子告辞时，老子送他说："我听说富贵之人用财物来送人，仁义之人用言语来送人。我用言语送你：'聪慧明白洞察一切反而濒临死亡，是因为喜好议论他人的缘故。博洽善辩宽广宏大反而危及其身，是因为抉发别人丑恶的缘故。做人儿子的就不要有自己，做人臣子的就不要有自己！'"

孔子学琴

孔子向著名的琴师师襄学习弹琴，一首曲子一连学了十天。师襄要向他传授新的曲子，孔子说："我乐曲已经练熟了，但是还不能熟练地掌握弹琴的技法。"过了一段时间，师襄发现孔子已经熟练掌握弹琴的技法了，打算传授他新的曲子。孔子说："我还没有领会乐曲蕴含的感情。"又过了一段时间，师襄发现孔子已经领悟到乐曲蕴含的感情了，再次要传授他新的曲子。孔子说："我还没有感觉出曲子的作者是什么样的人。"又过了一段时间，一天，孔子演奏完乐曲后，严肃地思考一会儿，说："我感觉到曲子的作者是谁了，他肤色黝黑，身材高大，目光明亮深邃，是一个统治天下的王者，他一定是周文王。"师襄听后，非常恭敬地离开座位，向孔子行礼说："您说得太对了，我老师告诉过我，这首乐曲就是《文王操》。"人们听到这件事后，都称赞孔子的贤能。

子张问仁

子张向孔子请教怎样做到仁。孔子说:"能够做到五种品德就是仁了。"子张说:"请问哪五种?"孔子说:"庄重、宽厚、诚实、勤敏、惠爱。恭敬庄重就不致招侮辱,宽厚就会得人心,诚实能得人信赖,勤敏能获得成功,惠爱能役使别人。"

朽木不可雕

宰予白天睡觉。孔子说:"腐朽的木头不能雕刻,粪土一样的墙壁不能粉刷。对于宰予这个人,还有什么值得责备的呢?"

孔子说:"以前,我对于人,听了他的话便相信其行为;现在,我对于人,听了他的话还要观察其行为。宰予的表现改变了我以前观察人的方法。"

好　　学

子路、伯牛向孔子请教有关好学的问题。子路说:"我们受教于先生以来,先生总是用渊博的知识来教诲我们,怎样才能把先生的知识学到手呢?"

孔子说:"过去为了研究一个问题,我曾经整天不吃饭,通宵不睡觉,反复思考研究,结果效果不好,不如多读书,多求学。"

子路又问:"应如何求学呢?"孔子说:"学与思要结合,只读书不认真思考,就会上当受骗;空想而不学习,就会疑惑不解。能够了解过去的历史,把握现在,预见未来,就可以去做别人的老师了。"

伯牛问:"用什么样的态度去学,才算得上是好学的人呢?"孔子说:"在学习的时候,要孜孜不倦,废寝忘食,勤于向有道德的人学习,吸取别人的优点来改正自己的缺点,这样的人可以是好学。"

怎样提高品德修养

樊迟陪侍孔子在舞雩台下散步,说:"请问怎样提高自己的品德修养,怎样消除别人对自己不露面的怨恨,怎样辨别哪种是糊涂事?"孔子说:"问得好!首先努力做好自己应该做的事,不计较得失,不就是提高品德了吗?批评自己的缺点错误,不去批判别人的过错,不就消除无形的怨恨了吗?由于一时的愤怒,就忘了自己的安危,甚至忘记了父母,这不就是糊涂吗?"

六好六弊

孔子说:"仲由,你听说过六种美德六种弊病吗?"子路回答说:"没有。"

孔子说:"坐下,我告诉你。爱好仁德而不爱好学习,就会被人愚弄;爱好聪明而不爱好学习,就会放荡不羁;爱好诚实而不爱好学习,就会被人利用受害;爱好直率而不爱好学习,就会说话尖刻刺人;爱好勇敢而不爱好学习,就容易闹出乱子;爱好刚强而不爱好学习,就会胆大妄为。"

智者　仁者

子路、子贡和颜回是孔子的得意门生。一天,孔子出题考试他们。

孔子先把子路叫进屋,向他提出的问题是:"智者应该怎样做,仁者应该怎样做呢?"

子路回答说:"智者要能够使别人了解自己,仁者要能够使别人爱自己。"孔子评价说:"你够得上做一个'士'的标准了。"

子路出去后,孔子又把子贡叫进屋,向子贡提出了同一个问题。子贡却回答说:"智者知道别人,仁者爱护别人。"孔子的评价是:"你可以做士君子(比'士'标准高,比君子又略低一点)了。"

子贡出去以后,孔子把颜回叫进屋,还是向颜回提出了同一个问题。颜回答:"智者做到自知,仁者做到自爱。"孔子评价说:"你可以做一个聪明的君子了。"

孔子对同一个问题,有着不同标准的答案。

因人施教

子路问孔子:"听说一个主张很好,是不是应该马上实行呢?"

孔子说:"有比你更有经验、有阅历的父兄,你应该先向他们请教请教再说,怎么能马上就做呢!"

冉求也问孔子:"听说一个主张很好,是不是应该马上实行呢?"

孔子说:"当然应该马上实行。"

公西华看到面对同样的问题,而孔子的答复却不同,不理解,便去问孔子。孔子说:"子路遇事轻率,所以要叮嘱他慎重;冉求遇事畏缩,所以要鼓励他勇敢。"

己所不欲　勿施于人

一次,子贡向孔子问道:"有没有一个字可以终身奉行,有这样一个字吗?"孔子说:"那可能是'恕'字吧!凡是自己不愿意做的事,不要强加给别人。"

精神可通达事理

子思向孔子请教说:"事物有不同的种类,事情有真有假,用什么来分析判断呢?"孔子说:"用心。内心的精神可以通达事理,推究探求事物的道理和规律,不被事物表面现象所迷惑,全面周密地考察自己所看到的事物,就能透过现象,看到本质。"

孔鲤自满

孔子生孔鲤,孔鲤生子思。孔鲤一生平庸,没有什么建树,但子思成为孔子之后有影响的人物,孟子拜子思为师。

孔鲤曾对孔子说:"你子不如我子。"他又对子思说:"你父不如我父。"显出满意自得的样子。

因语言过失而感羞耻

孔子去世,管家原宪就流亡隐居在荒郊野地之中。子贡出任卫国之相,随从的车马前呼后拥,分开高过人头的野草,进入僻陋的里巷,探望问候原宪。原宪整理好所穿戴的破旧衣帽会见子贡。子贡为此感到耻辱,说:"夫子难道也病了吗?"原宪说:"没有财产叫作贫,学习道义而不能实行才叫作病。像我这样,是贫,而不是病啊。"子贡听了自觉惭愧,一生都因为这次言语的过失而感羞耻。

仲尼贤德好比日月

叔孙武叔诋毁仲尼。子贡说:"这样做是没有用的!仲尼是诋毁不了的。别人的贤德,好比是丘陵,还是能超越的;仲尼的贤德,好比是日月,是无法超越的。一个人即使想自绝于日月,但对日月来说,又有什么伤害呢?只不过显出他毫无自量罢了。"

陈子禽对子贡说:"你对仲尼表现出恭敬,是出于谦虚吧?仲尼难道真的比你强吗?"

子贡说:"君子能凭一句话显出他的聪明,能凭一句话表现出他的无知,所以说话不可不慎重啊。我的老师是无法赶上的,就像青天无法架梯子登上去一样。老师如果做了诸侯或大夫,那真可说是,要百姓立身于社会,百姓就能立身于社会;引导百姓,百姓就会前进;安抚百姓,百姓就会来投奔;动用百姓,百姓就会万众一心。老师活着时,大家觉得荣耀,死了,大家都哀痛,我怎么能赶得上他呢?"

曾子易箦

曾子病了,病得很厉害。乐正子春坐在床下,曾元、曾申坐在脚边,一个僮仆拿着烛坐在墙角里。僮仆说:"多么漂亮平滑,是大夫用的竹席吧!"子春说:"住口。"曾子听见了,吃惊地睁大眼睛,说:"啊?"僮仆又说:"多么漂亮光滑,是大夫用的竹席吧?"曾子说:"是的。这是季孙送的,我因为生病没有能更换它。曾元,扶我起来更换这张席子!"曾元说:"父亲的病很严重,不宜转动身子,希望等到天亮,我再给您更换。"曾子说:"你爱我的心意不如僮仆。君子爱人,是成全人的美德;小人爱人,是迁就错误以求得安宁。我还有什么要求呢?我能合乎礼仪地死去就可以了。"曾元只好扶起他,更换了席子,等他回到床上,还没有躺好就去世了。

郈成子不负右宰谷臣

　　鲁国郈成子出使晋国，路过卫国，卫国的右宰谷臣宴请他。右宰谷臣陈列上乐器奏乐，乐曲却不欢快；酒喝到正畅快之际，把玉璧送给了郈成子。郈成子从晋国返回，经过卫国，却不向右宰谷臣告别。他的车夫说："先前右宰谷臣宴请您，感情很是欢洽，今日重新路过这里，为什么不向他告别？"郈成子说："他宴请我，是要与我欢乐一番，可乐曲却不欢快，这是向我表示他的忧愁。酒席之间，他把玉璧送给我，这是把玉璧托付给我啊。从这些迹象看来，卫国大概要有祸乱了。"郈成子离开卫国三十里，听到宁喜作乱杀死卫君，就掉转车子回去哭悼右宰谷臣，哭了三次之后才回国。回到鲁国，派人去接右宰谷臣的妻子、孩子，把自己的住宅隔开让他们与自己分开居住，分出自己的俸禄来养活他们。右宰谷臣的孩子长大后，郈成子把玉璧还给了他。孔子听到这件事，说："论智慧可以通过隐蔽的方式与他谋划，论仁德可以托付给他财物的，就是郈成子吧！"

公仪休不受鱼

　　公仪休是鲁国的博士，因为才学俱优而被任命为鲁国的相，他奉公守法，依法办事，从而带动所有官吏都端正了自己的行为。他主持国政，使贵族和官吏不得同老百姓争利，已经得到大利的人不得再谋取小利。有个客人送给公仪休几条鱼，公仪休不收。客人问，听说您爱吃鱼，为什么不收呢？公仪休说："正因我爱吃鱼，所以不收。现在我当相，有能力供自己吃鱼，如果收下你的鱼，我因而被免去职位，那还有谁供我吃鱼？我因此不收你的鱼。"

不为父受祭祀礼

　　田叔为鲁相，深受鲁王信任和百姓的拥戴。因辛劳而死于官位上。鲁国以黄金百斤作为祭祀礼，他的小儿子田仁不接受，说："不能因礼仪损害先父的名誉。"

不夺农时　粮食充裕

　　齐桓公出游，看见年老而挨饿受冻的人，就命令赐给他们食物，老人说："希望赐给全国挨饿的百姓。"又赐给老人衣服，老人说："希望能赐给全国受冻的百姓。"桓公说："寡人的廪府库所藏，怎么能用来周济全国挨饿受冻的百姓呢！"

　　老人说："只要国君不侵夺农人耕种的时间，那么全国人都有充裕的粮食；不侵夺农人养蚕织布的必备条件，那么全国人都有足够的衣物了。"

分沟割燕

山戎征讨燕国，燕国向齐国告急。齐桓公为了拯救燕国，就出兵征讨山戎，一直打到孤竹才回师。燕庄公送桓公一直到齐国境内。桓公说："除非天子，诸侯之间相送不出国境，我不能对燕国没有礼节。"于是挖沟为界把燕君所到的地割让给燕国，要求燕君再行召公的德政，向周王室交纳贡品，如同周成王、康王的时候一样。诸侯们听到这事，都服从齐国。

齐桓公不失臣礼

齐桓公多次会盟诸侯，统一号令天下，周天子赐给祭肉时，命令桓公不要下拜，桓公还是不敢失去做臣的礼节，在台下叩拜后才登台接受。

可悲的晚年

齐桓公晚年时，他的几个儿子，为了争夺君位，互相之间拉帮结派，明争暗斗。管仲在世时，已观察到这一点，就建议桓公立比较贤明的昭为太子。并提醒桓公不要重用宠臣。管仲死后，内部争夺更加激烈，在桓公病重期间，宠臣易牙、竖刁、开方等趁机作乱，把桓公左右的侍卫全部赶走，将桓公的寝室寿宫筑墙与外界隔绝，桓公即使想喝水，想吃粥，都无人侍候。当一个宫人偷偷去看他时，他的眼泪夺眶而出，说："唉，仲父（管仲）是多么有远见啊！我没有听他的话，重用了宠臣，落得今天的结局，假若死者有知，在地下，我有什么面目见仲父呢？"

桓公去世，五位公子争夺君位公开化，相互攻打，太子昭逃奔宋国，宫中无人，桓公的尸体放在床上，无有人敢装殓，一直放了六十七天，尸体上的蛆虫爬出了门外。易牙、竖刁等人杀死朝中许多大夫，拥立公子无诡为国君，才将桓公尸骨草草入殓。

太子昭投奔到宋，宋襄公遵守葵丘会盟时齐桓公所托，会集当年与会诸侯，共同起兵，击败齐国四公子的军队，立太子昭为君，这就是齐孝公。孝公即位后，由于政局混乱，到八月才安葬了齐桓公。桓公从死到葬，推迟了将近一年的时间。以后，齐国的政局一直不稳定，霸业也就骤然衰落了。

管仲之谏

齐威公将要到东郡去巡游，问管仲说："我准备巡游的路线是从轴山到斛山，再向南到琅玡。司马说，这是过去圣贤之君的巡游呀。为什么这样说呢？"管仲回答说："过去圣贤之君的巡视，春天出巡是为了察看农事上有什么遗漏，这叫作游。秋天出巡是为了帮助缺粮农户的，这叫作夕。出巡兴师动众，筹措搬运老百姓粮米的，叫作亡，游玩而忘返的，叫作荒。过去的圣贤之君对老百姓有游夕的职责，自身却没有荒亡的行为。"齐威公又一次拜管仲,称管仲的意见为法宝。

想预知未来　就应读史

管仲说:"如果现实生活使人困惑,就应该看看古人;如果想预知未来,就应该读读历史。"

知我者鲍叔

管仲说:"我当初贫困的时候,曾经和鲍叔(鲍叔牙)一起经商,分财利时自己常常多拿一些,但鲍叔并不认为我贪财,知道我是由于生活贫困的缘故。我曾经为鲍叔办事,结果使他更加穷困,但鲍叔并不认为我愚笨,知道这是由于时机有利和不利。我曾三次做官,三次都被君主免职,但鲍叔并不认为我没才干,知道我是由于没有遇到好时机。我曾三次作战,三次都战败逃跑,但鲍叔并不认为我胆怯,知道这是由于我还有老母的缘故。公子纠失败,召忽为他而死,我被囚禁起来受屈辱,但鲍叔并不认为我不知羞耻,知道我不拘泥于小节,而以功名不显扬于天下为羞耻。生我的是父母,但了解我的却是鲍叔啊!"鲍叔在推荐管仲辅佐齐桓公之后,甘愿身居管仲之下。管仲被任用以后,执掌齐国政事,齐桓公的霸业因此得以成功,九次会集诸侯,使天下一切得到匡正,都是根据管仲的计谋。天下人不仅称赞管仲的贤能,更加称颂鲍叔能够识别人才。

敬畏民众

管仲说,作为官吏,要忧患的是自身不善,不用担心民众不了解自己。民众的评价不会有错,民众的眼睛是雪亮的,谁都不要指望躲过过失。善于寻找自己的罪过的,民众就不会寻找他的罪过。承认自己错误的人是强大的,修养自身节操的人是明智的。所以先王敬畏民众,自己有了过错就归之于自己,有了善行则归之于民众。有过归之于己则自身警戒,有善归之于民则民众喜悦。拥有好名声而取信于民者,是最强大的;名声不好而脱离民众,是最弱小的。先王以恭逊、敬爱、谦让、无争以获得人心,得到天下,恭逊敬爱的道理非常伟大。

终身之计　莫如树人

管仲说,一年之计,莫如树谷;十年之计,莫如树木;终身之计,莫如树人。一种一收的,是种谷物;一种十收的,是种树木;一种百收的,是培养人才。做君主的如能扶植人才,那效果就像有神在起作用,才会成就大事业。

四　维

　　管仲说,维系国家的存在,有四大纲领。失去一条,国家倾斜;失去两条,国家危险;失去三条,国家颠覆;四条全无,必然灭亡。倾斜尚可纠正,危险尚可安定,颠覆尚可恢复,到了灭亡的地步,就挽回不了了。什么叫四维?第一是礼,第二是义,第三是廉,第四是耻。人有礼,就不会超越节度;有义就不会妄自求进;有廉,就不会隐瞒过恶;有耻,就不会与邪恶同流合污。所以,只要百姓安分守己,君主地位就太平无事。不妄自求进,就不会滋生浮巧奸诈;不隐瞒罪恶,行为必然完美保全;不同流合污,就不会有邪恶的事发生。

劝勉百姓的根本办法

　　管仲说,凡是治理百姓,就是使百姓走正路。使百姓走正路,微小的邪恶就不能不禁止。微小的邪恶,是大邪大恶的根源。微小的邪恶不加以禁止,指望大邪大恶不危害国家,是不可能的。凡是治理百姓,就是使百姓守礼;要使百姓守礼,那么微小的礼就不能不重视;如果小礼不重视,指望百姓信守大礼是不可能的。凡是治理百姓,就是使百姓守义;要使百姓守义,那么微小的义不能不遵守;如果不遵守这种小义,而要求百姓守大义,那是不可能的。凡是治理百姓,就是使百姓有廉德,要使百姓有廉德,那么微小的廉德就不能不讲究;如果不讲究小廉德,希望百姓有大廉德,那是不可能的。凡是治理百姓,就是使百姓有耻辱感;要使百姓有耻辱感,那么微小的耻辱感就不能不倡导;如果不倡导小的耻辱感,要求百姓知大耻,那是不可能的。所以,所谓治理百姓,就是要求他们重视小礼,遵从小义,奉守小廉,杜绝小耻,禁止小邪,这是劝勉百姓的根本办法,也是治国的根本。

弃名取实

　　管仲说,有一句话叫作"奋乃苓,明哲乃大行"。是说独擅其美,自我夸耀,自奋其能,以骄傲狂妄的态势去欺凌他人,就会盛极而衰。所以圣人把这个道理写入简册,传给后人,说:"奋,是兴盛;苓,是衰落。只兴盛而不衰落的事,从来没有。"所以,有道之人表现自己总是调子不高,气度不傲,从不自满。爵位高就注意尊敬贤士,俸禄丰厚就注意广施财物,功劳大而不夸耀,事业盛而不骄傲。名与实的互相矛盾由来已久,所以互相排斥而不能并有。明智的人知道二者不可兼得,于是只取其一,弃名取实。

三臣乱齐

　　管仲病重时,桓公问道:"众臣中谁可以辅佐我?"管仲说:"了解臣下的没有人比得上君主。"桓公说:"易牙怎么样?"回答说:"他杀了自己的儿子来迎合君主,不近人情,不可任用。"桓公说:"开方怎么样?"回答说:"他丢弃自己的父母来迎合君主,不近人情,难以亲近。"桓公说:"竖刁怎么样?"回答说:"他自行阉割来迎合君主,不近人情,难以亲信。"管仲死后,桓公不采纳管仲的意见,任用以上三人,于是三人专擅齐国大权。桓公生病时,五位公子各自拉帮结党争夺君位。等到桓公去世,就相互攻打,易牙与开方、竖刁任意杀害群吏,立公子无诡,太子昭奔走宋国,齐国因此发生内乱。

田穰苴治军

齐景公任田穰苴为将军,率兵抵御燕晋两国的军队。穰苴说:"臣下出身贫贱,资望浅,又缺乏权威,希望得到您的宠臣,有威望的人来监察军队。"景公答应了他的条件,派庄贾前往。穰苴便与庄贾约定说:"明天正午在军门外相会。"第二天,穰苴先到达军营,树立日表,打开滴漏,等待庄贾。庄贾一向傲慢自大,好摆弄架子,认为率领自己的军队而由自己来当军监,就由己行事。亲戚僚属为他送行,留下宴饮,直到正午庄贾仍未来。穰苴进入"军门",整顿军队,说明各项规定。到了傍晚,庄贾才到。穰苴说:"将领从接受任命之日起就不顾家庭,从亲临军营申明号令就不顾亲戚,从拿起鼓槌指挥作战就不顾个人安危。现在敌军深入我地,举国骚动,士兵暴露于境内,国君睡不安稳,百姓之命皆系于您一身,还谈得上什么相送呢!"招来军正问道:"按照军法,按期不到者应该如何处置?"回答是:"应当斩首。"庄贾害了怕,急忙派人去报告景公,请求救命。人走了,还没来得及返回,庄贾已被斩首示众于三军。景公派使者持节来赦免庄贾,车子闯入军营之中。穰苴说:"将在军中,国君的命令可以不必完全照办。"问军正说:"闯入营垒依法当如何处置?"军正说:"应当斩首。"使者大惊失色。穰苴说:"国君的使者不可以杀。"便斩了驾车的驭手,杀死左边的马,示众于三军,派使者回报。然后令军队准备,三天后出发。穰苴对士兵安营扎寨,打井砌灶,饮水吃饭,看病抓药各种准备都亲自过问。全军上下士气高涨,奋勇争先,连病弱的人都要求参战。晋国的军队听说,撤兵而去。燕军也渡河而溃散。穰苴率军乘胜追击,收复境内失去的国土,胜利而归。

晏婴匡君

一次,齐景公与晏婴讨论为君之道,景公提出首先要立国安民,取得民心。晏婴直问景公:"拘者满囹,怨者满朝,穷民财力,刑杀无辜,恐怕不可以立国安民吧!君得罪于民,谁将治之? 敢问桀、纣,君诛乎? 民诛乎? 因失民心而失天下者前已有之。"当景公向晏婴询问自己能否像齐桓公那样称霸诸侯时,晏婴说:"桓公之时,任贤使能,有鲍叔牙、管仲为左右相。而你呢? 却左昌右优,还有谗言者居前,奉承者居后,怎么能有桓公之业呢?"由于晏婴忠贞体国,匡君有方,虽言辞尖锐,景公多能采纳他的谏言。

邑人的祝愿

景公出游到了齐城麦丘,问邑人说:"你年纪多大了?"邑人回答说:"鄙人八十五岁了。"景公说:"真长寿啊!你祝愿祝愿我吧!"邑人说:"让您寿命比齐国先君胡公静还长,以利于国家。"景公说:"好啊!你再祝愿祝愿吧!"邑人说:"让您的后嗣都像我这么大年纪。"景公说:"好啊!你再祝愿祝愿吧!"邑人说:"让您不要得罪百姓!"景公说:"确实有百姓得罪君主的,哪里有君主得罪百姓的呢?"

　　齐国相国晏婴随从景公出游,听到景公的话就劝谏说:"您错了。那些疏远的人有罪,亲近的人去处治他们;低贱的人有罪,尊贵的人去处治他们;君主得罪了百姓,谁将处治他们呢?我冒昧地问一问:夏桀和商纣,是被君主杀的呢还是被百姓杀的呢?"

　　景公说:"我太固鄙了。"于是把麦丘赏赐给邑人做食邑。

景公得金壶文

　　齐景公到故地纪国游玩,得到一只金壶,便打开壶看,看到壶里刻铸的涂以朱砂的文字,写的是:"食鱼无反,勿乘驽马。"景公说:"这话真好啊!吃鱼只吃一面,不翻过来吃另一面,是厌恶它的腥味;不乘坐劣等马,是厌恶它不能走远路。"

　　晏婴回答说:"不是这样解释。吃鱼只吃一面,不翻过来吃另一面,是说不要把民力用尽啊!不乘坐劣等马,是说不要在身边安置不贤德的人啊!"

　　景公说:"纪国有这样的名言,为什么被灭亡了呢?"

　　晏婴回答说:"纪国被灭亡是有原因的。我听说过,君子有需要遵守的道义,就把他作为座右铭挂在里巷的门上。纪国有这样的名言,却刻铸在壶里面,不被灭亡还等什么呢!"

和与同之别

　　齐景公从外面打猎回宫,晏婴在旁侍候。这时,听说国王回宫了,其子忧据连忙骑马赶来。齐景公高兴地说:"只有忧据才与我相和。"晏婴马上纠正道:"据是相同,哪里称得上和?"景公道:"和与同不一样吗?"晏婴道:"当然不一样,和好比厨房炒菜。水火盐醋都加上去,经过烹调,食物才鲜美可口。君臣关系也是这样,君说正确而实际上并不正确,臣就要坚持正确而否定不正确,这样,国家才政通人和。好比声律,有清浊、大小、疾徐、哀乐、刚柔、迟速、高下之分,几种音合在一起,才产生旋律。今忧据则不是这样,君说是,他也跟着说是,君说非,他也跟着说非。好比炒菜,以水济水,谁能食之?若琴瑟奏音,首尾都是一个调,谁还愿意听?所以和与同是不一样的。"

二桃杀三士

　　春秋时,公孙接、田开疆和古冶子是齐国的三大壮士,以勇力闻名,但是傲慢自大,因而得罪了晏婴。晏婴便向齐景公建议除掉他们,以免后患。齐景公考虑他三人勇猛而不宜硬攻,晏子就想出了这样的计策,即送给他们两个桃子,令三人论功劳大小来分吃。公孙接和田开疆都认为自己的功劳大,各自拿了一个桃子。古冶子非常气愤,述说了自己的功绩,公孙接和田开疆一致认为确实是古冶子的功劳最大,不应该自己拿了桃子,于是把桃子让出来,又因为刚才的狂言而深感羞愧,便一齐自杀,这令古冶子觉得自己再活下去就是不仁不义,于是他也自杀了。

晏婴利用他们妄逞义气却不通事理的缺点而凭借两个桃子就轻松地将三个人除掉了。

晏婴谢绝封赏

齐景公对晏婴说:"从前我们先君桓公认为管仲有功劳,赏给他狐邑和谷邑及狩猎之地,依例供给祭祀宗庙用的野兽。赏赐忠臣,那就是赞美忠臣。现在您是忠臣,请让我赏赐给您州款做食邑。"

晏婴说:"管仲有一个优点,我不如他;有一个缺点,我不忍心那样做,他竟为宗庙饲养供宰杀的禽兽。"终于谢绝没有接受。

骚杀身以明晏子之贤

齐国有个名叫北郭骚的,靠结兽网、织席子、编草鞋奉养他的母亲,但仍不能维持生活,于是就到晏子门上乞讨,希望晏子能接济他的母亲。晏子便拿出府库中的粮食和钱财给他,他谢绝了钱财,接受了粮食。

过了不久,晏子被齐景公猜忌,要逃往国外避难。北郭骚得知后,就招来自己的朋友说:"我听说,供养过自己亲属的人,自己应该承担他的祸患,现在晏子受到猜忌,我将用自己的死来洗清他的冤枉。"便让朋友拿着剑和竹箱一起到了朝廷门前,对朝廷官吏说:"晏子是天下闻名的贤人,现在他要离开齐国,齐国必定会遭受侵犯。我将见到齐国遭受侵犯,不如死了好。我把我的头托付给您,来为晏子洗刷冤诬。"说完,自刎而死。

景公听到这件事后,非常害怕,乘坐着驿车亲自去追赶晏子,在离国都不到百里的地方追上了晏子,请晏子回去。晏子不得已,返回齐国。当他得知北郭骚为自己而死,长叹说:"我竟没看出他如此重义气,是我不了解他啊!"

车夫感妻言而收敛

晏子当齐国的相,坐车出去,他的车夫的妻子从门缝里往外看,看到丈夫当齐相的驭手,拥着高大的车盖,赶着四匹马拉的车子,意气扬扬,很是得意。过了不久丈夫回到家,妻子请求离开。丈夫问为什么,妻子说:"晏子身高不足六尺,却当齐国的相,在各国诸侯中享有盛名。今天我看他外出,志向远大,却表现出谦卑的样子。你身高八尺,只是给人当驭手。可你却显得心满意足,因此我请求离开。"

从那以后,丈夫自己收敛了先前那种扬扬自得神态。晏子感到奇怪,问他为什么,驭手把实情说了,晏子后来推荐他当了大夫。

晏婴赠言曾子

孔子的学生曾子离开齐国要走,晏子去送他,说:"君子赠给人车子,不如赠给人言语。我是赠给您言语呢,还是赠给您车子呢?"

曾子说:"请赠给我言语。"

晏婴说:"车轮,是山上很直的树木制成的。技术好的工匠用火烤它,使它圆的程度符合圆规的要求,即使又把它晒干,也不再变直了。所以君子对矫正弯曲很慎重。楚人卞和得到了璞玉,看外表好像是石头,经过技术好的玉工琢冶它,就成为传国之宝了。所以君子对修养自己很慎重。兰草的根,三年才长成,如果把它浸泡在麋鹿肉制作的肉酱里,它的价值就抵得上一匹马了。并不是兰草的根变好了,是拿来浸泡的东西使它这样的。希望您一定寻找熏陶自己的好环境。"

晏婴三朝显名

晏婴,历事齐灵公、齐庄公、齐景公三朝,由于节俭和勤于政事而受到齐国人民的推重。他担任齐相,不吃两样的肉食,妻妾不穿丝绸衣裳。他在朝廷,国君有话问他,他就严肃地回答;不向他问话,他就严肃地办事。当国家有道的时候,就顺命行事,无道的时候,就权衡度量着去行事。他由于这样做,而能够三朝都在诸侯之中显扬名声。

席间雅兴

春秋时,齐国国君与晋军国君饮宴,席上晋国大夫荀吴赋诗曰:"有酒如淮,有肉如坻。寡君中此,为诸侯师。"齐君也赋诗曰:"有酒如渑,有肉如陵。寡人中此,与君代兴。"两人均赋诗颂扬自己的国家,在这样的豪情之中能大增宴席之雅兴。

隐语谏齐王

淳于髡是齐国人,身高不满七尺,可是诙谐善辩,多次出使到各诸侯国去,从来不曾受过屈辱。当时,齐威王喜欢隐语,每天放荡享乐,通宵饮酒,沉溺在酒色之中,不理国事,把政事委托给公卿大夫,于是,百官懈怠混乱,诸侯一齐来侵扰,国家危亡,就在旦夕之间。左右大臣没有敢直言规劝的。淳于髡用隐语对齐王说:"国中有一只大鸟,落在国王的宫廷里,三年不飞也不叫,大王知道这只鸟是为什么吗?"威王说:"这只鸟不飞便罢,一飞冲天;不鸣便罢,一鸣惊人。"于是就召见了各县长官七十二人,奖赏了一人,杀了一人,整顿兵马,出去作战。诸侯都很惊恐,全都归还了以前侵占齐国的土地。齐威王威震天下三十六年。这事记载在《田完世家》中。

淳于髡献天鹅

齐王派淳于髡到楚国进献天鹅。出了都门，半路上那只天鹅飞走了，只好提着空笼子，编造了一篇假话，前去拜见楚王说："齐王派我来送天鹅，在水上经过，不忍心天鹅的干渴，放出让它喝水，不料离开我飞走了。我想到刺腹自杀，担心人家议论大王因为鸟兽的缘故，让士人自杀。天鹅是长羽毛的东西，多有相像的，我打算要买一只顶替它，这又是不诚实而且欺骗了大王。想要逃奔到别国去，又痛心我们两国君主间的这次通使半途而废了。所以前来认罪，向大王叩头，领受惩罚。"楚王说："好。齐王竟有这样诚实的贤士啊！"就优厚地赏赐了淳于髡，赏赐的钱财比进献天鹅还加一倍。

以牛为兵

燕军攻入齐国，齐湣王逃出都城，燕军长驱直入，连连攻下齐国城邑，只有莒、即墨没有攻下。燕军围攻即墨，即墨大夫出城迎战，结果战败而死。城中的人都推荐田单，立他为将军。燕军惨无人道，将被俘获的齐人割掉鼻子，挖掘齐人城外的坟墓，即墨人从城上看后，都怒气十倍地争着要出城作战。

田单在城中收集了一千多头牛，给它们披上红色的绢帛，画满了五彩龙纹，在牛角上绑上锋利的战刀，在牛尾上绑上了一束束灌满油脂的芦苇，把芦苇的一头用火点着。在城墙上凿开许多洞穴，夜间把牛放出去，五千名壮士跟在牛的后面。牛尾巴被火烧得热痛，疯狂地直奔燕军，燕军在夜间看不清是什么来得如此凶猛，感到非常吃惊，猝不及防凡被牛碰到的都死的死伤的伤。五千名壮士乘机向前冲击，而城中的士卒击鼓呐喊跟在后面，在城头上的老弱妇孺们都敲打着铜器呼喊助威，呼声震天动地。燕军惊恐万状，狼狈逃散，齐军乘胜追击，所经过的城邑都背叛了燕军归服了田单。燕军一直退到黄河边上，齐国沦亡的七十多个城邑全部收复。

不见人只见金

齐国有一个一心想得到金子的人，清晨，穿上衣服，带好帽子，到了卖金子的人那里，看见人拿着金子，抓住金子就夺过来，吏役把他抓住捆了起来，问他说："大白天人都在这里，你为何抢夺人家的金子？"他回答说："我根本没看见人，只看见金子罢了。"

齐桓公五往见稷

齐桓公去见一个叫稷的小吏，一天去了三次也没有见到，侍从阻止他，齐桓公说："有才能的人轻视爵位俸禄，当然也会轻视他们的君王；君王如果轻视霸主，自然也会轻视有才能的人。即便稷敢轻视爵位和俸禄，我难道敢轻视霸主吗？"就这样，齐桓公去了五次才见到稷。

春秋第一相

齐桓公拜管仲为相。管仲拜相后,进行了一系列卓有成效的改革。在经济上,废除井田制,承认土地私有,建立税收制度。管仲特别重视商业,在淄博建立了七个商品交易市场。并且实施盐铁政府专营政策,以增加国家财政收入。这是中国最早的政府专营模式。从政治上,在全国划分行政后,设置官吏管理,并建立一套人才选拔制度;在军事上,首先建立民兵制,在此基础上,建立了常备军。在一系列制度的作用下,齐国逐渐积累起了强大的物质基础和军事实力,由于国家的强盛,齐桓公由此成为春秋时期的第一个霸主,管仲也获得"春秋第一相"的美称。

管仲慧眼识英雄

齐桓公任管仲为相,管仲向桓公推荐"五杰",并且称自己讲求礼仪不如隰朋,垦田产粮不如宁戚,统帅军事不如王子城父,决断狱事不如宾须无,犯颜强谏不如东郭牙。他知道自己的不足,请齐桓公重用这五个人,于是,齐桓公分别将五人任为大司行、大司田、大司马、大司理、大谏官。

华夏为亲

狄族人攻打邢国,管仲对齐桓公说:"戎狄人像豺狼一样,是不能满足的。华夏各诸侯国要相互亲近,是不能丢弃的。一国有危难,别国也忧患与共而共同对敌。现在邢国有难,我国要出兵相救。"于是齐桓公发兵援救邢国。

晏婴外交　不卑不亢

晏婴出使楚国,楚是当时的大国,比齐国实力强大得多。楚灵王见到晏婴这么矮,很瞧不起他,就脱口说道:"看来齐国没人,就派你来楚?"晏婴一听,就知道对方是嫌自己矮,便应声答道:"齐国人口之多,可谓呵气成云,挥汗如雨,怎么说没人?只是我们齐国有个规矩,访问上等国家派上等大人去,访问下等国就派下等小人去。我是最没出息的,才被派到这里来了。"楚王听了,无言以答,自觉尴尬不已。

在楚灵王设宴招待晏婴时,有几个武士押一囚犯从晏婴面前走过。灵王故意发问:"他是何国人,犯何罪?"武士答:"齐国人,犯盗窃罪。"灵王一听,对晏婴说:"你们齐国人是不是喜欢做强盗?"晏婴一听,从容答道:"听说橘树长在淮南,能结出大而甜的果,移到江北,就只能结又小又酸的枳子,这是水土不同的缘故。同样的道理,齐国人在齐国不偷东西,一到楚国就变成了强盗,大概是你们楚国这个地方的水土适合于做强盗吧!"楚灵王一听,觉自讨无趣,感叹道:"晏婴,圣人也,焉可辱?"

数养马人三罪

有一次,齐景公一匹心爱的马突然死亡,景公大怒,迁怒于养马人,要将其治罪。把他绑在柱子上准备行刑肢解。宰相晏婴知道后,来见齐景公,问道:"上古时,尧舜在肢解人时是从哪部分下手的?"尧舜是古代圣明君子,哪有肢解人之事?只有暴君才会干出这种残暴的举动,齐景公听出了晏婴的言外之意,就免了养马人的死罪,准备关进牢房。可关进牢房要有罪名,于是,晏婴要景公宣布马夫的罪状以服民心,但景公不愿意,见此,晏婴只好代替国王故作气愤地对马夫大声说:"汝有三大死罪。知道吗?人王要你好好养马而马却死了,罪一;别人的马死了可以,却不能让大王的马死,罪二;你连累大王要杀人,使百姓怨恨大王重马不重人,罪三。"当晏婴宣布完后,齐景公就不好意思,连忙说:"先生休矣,寡人知过了。"就将养马人释放了。

恤民防"三殃"

晏婴,是春秋时齐国大夫,历仕灵公、庄公、景公三世,他的从政思想,以崇俭恤民最为突出。晏婴在规谏齐景公时说:"吸尽人民血汗用来供自己享受,是一种暴行;模拟天子的威严而讲排场,是一种逆行;杀害无辜的人,是一种恶行。治国的人若有这'三殃',国家就会濒临危险的境地,江山必定难保。"

晏婴不仅经常规劝国君要警惕"三殃"的危害,而且要严格约束自己。他的一件狐裘穿了三十年,食不重肉,坐的敞车,住的也是又低又潮的房子。由于他在施政中体恤民情,实施惠民政策,在外交中又多为齐国争得了荣誉,因而深得人心,晏婴与郑国子产、吴国季札被列为"三贤"。

晋惠公负秦

公元前647年,晋国遇到了旱灾,国库空虚,民间绝食,晋惠公夷吾前年曾在秦穆公的帮助下登上了王位,这次国内遭到大灾,只好再求助于秦国。秦国答应给予求援,于是运输数万斛粮给晋国。船载车运,络绎不绝,这次国际性的救灾活动,历史上称之为"泛舟之役"。

第二年,事情发生了戏剧性的变化,秦国遇到了灾荒,晋国却是个大丰收,秦穆公理所当然要到晋国去请求援助,晋国决定,趁秦国闹饥荒的机会,出兵讨伐。后人读史至此,作诗抨击晋惠公:

泛舟运粮赈饥穷,偏遇秦饥意不同。
自古负恩人不少,无如晋惠负秦公。

晋惠公率大军进攻秦国,秦国以丕豹为将,秦穆公亲自迎击,经过激战,秦军打败晋军,并俘获晋君夷吾,胜利而归。

姜氏抬夫归晋

晋公子重耳出奔齐国后,齐桓公十分礼遇他,把女儿姜氏嫁他为妻,而且还送给他八十匹马。重耳由于在齐国生活很舒适,住了五年仍不想回到晋国争取王位。

随行的臣子都认为齐国非久留之地,他们聚集在桑树下商议,这时正好有名养蚕的女子在树上采桑叶,偷听到他们的计划,就告诉姜氏。姜氏怕养蚕女泄露消息,就把养蚕女杀了,劝重耳回晋国。重耳说:"人生只求安乐,何必管其他的事呢?"

姜氏说:"夫君是一国公子,被迫出奔齐国,追随夫君的臣子个个愿为夫君效死命,夫君若不返晋国争取王位,只是一味留恋妻子和贪图享受,怎能对得起那些追随你的人呢?臣妾实在为夫君感到惭愧,现在不回晋国,什么时候才会有成功的一天呢?"于是姜氏就与赵衰、舅犯等人合谋,将重耳灌醉抬到车上,离开齐国回晋。

退避三舍

春秋时期,晋公子重耳被迫流亡在外十九年。几经辗转,重耳来到了楚国,并且得到楚王的厚待。一天,酒宴中,楚王对重耳说?"我如此礼遇你,如果有一天,你回到晋国当上了国君,你准备如何报答我呢?"重耳随机答道:"金银珠宝、稀世珍品、美女绸缎您这里应有尽有,即使我献给大王这些东西,您也未必稀罕。如果我真能回到晋国登上王位,我定与贵国交好。假使两国不得不剑拔弩张,为报答您的恩情,我定会命令军队退避三舍。"四年后,重耳果真登上王位,是为晋文公。随着国家日益强大,前632年,楚、晋两国在城濮交战,晋文公依照曾经的诺言,下令军队后退九十里。楚国军队以为晋军胆怯,不敢应战,便向晋军发起进攻,结果傲慢轻敌的楚军中计,大败而归。

介之推母子不求赏禄

在晋文公逃难过程中,介之推曾追随他多年,当文公返国即位后,要赏赐跟随他流亡国外的人员。在众臣争名求禄的时候,介之推却独自超脱于纷争之外,不求赏赐。他的母亲说:"你何不也去请求赏赐呢?"回答说:"我认为那些跟随文公逃亡的人是把上天的功劳归于自己,是一种罪恶行为,既然认为那些人的行为是罪过,而又去效法他们,这个罪过就更加严重,所以我不能再去接受禄赏。"他的母亲又说:"也应当让他们知道你的心思,你看怎么样?"回答说:"言语是自身的文饰;我本人即将隐居,还用得着语言来文饰吗?这样做,那正是祈求显达呀。"他母亲说:"你真能这样做吗?那么我和你一起去隐居。"于是他们就隐居山林,直到死去。

晋文公到处寻找他们,都没找到,就把晋国的绵上作为介之推的祭田,说:"以此记下我的过错,并以此表彰心地善良的人。"

李离自判死刑

　　李离,春秋时期晋文公重耳的大理,主管全国刑狱审判的最高法官。

　　有一次,李离因偏信下属的汇报而错断案件,枉杀了无辜者。当他察觉时,已为时过晚,无法补救了。晋国的法律规定:"失刑则刑,失死则死,"即法官一旦错判了犯人,就判处该法官同样的刑罚。因此,李离立即将自己关押在狱中,准备用自己的生命抵偿过失。晋文公得知此事后,就亲自开导李离说,判错案件是下属造成的,你并没有罪过,明确表露了为他的开脱、偏袒之意。依常理,李离完全可以顺水推舟,解脱自己。李离却对晋文公说:"我是法官的首长,没有把这职位让给下属,我享受国家的俸禄,也没有与下属分沾。现在因错判而枉杀了无辜,却要把责任推给下属,是没有道理的;按照法律规定,法官错判了刑的要处以同等的刑罚,今天我因判错,枉杀了无辜,我应被处死。"说完,就义无反顾地伏剑自杀了。

累卵之危

　　晋灵公建造九层的高台,耗费了国家大量的财产。大臣们纷纷来劝谏,他一概不听,下令说:"敢有再来劝谏者,斩首勿论!"有一个名叫孙息的小臣朝见灵公,叩拜说:"为臣有一小技,能在十三层棋子上再累九层鸡蛋,不知殿下愿看否?"灵公一听大喜,说:"寡人很有兴趣,你赶紧摆给我看。"孙息便开始逐层行叠累,摆到最后,摇摇欲坠。灵公不觉屏住呼吸,说:"危险啊,危险!"孙息借机说道:"臣以为还有比这累卵更危险的。"灵公急忙说:"你说给我听。"孙息答道:"陛下兴建九层高台,三年不能完工,百姓无法正常生产,国库空虚,户口锐减,人民叛逃,邻国企图侵略我们。一旦国家破亡,岂不更加危险?"灵公若有所悟,下令停止筑台。

董狐直笔

　　董狐,春秋时晋国史官,是秉笔直书的典范。《左传·宣公二年》记载,晋灵公无道,赵盾屡次劝谏,不但没有结果,反而招来杀身之祸,于是被迫出逃。他的族弟赵穿带兵杀掉了灵公,这时赵盾尚未走出国境,听到消息后返回。任太史的董狐这样记载此事:"赵盾弑其君。"赵盾认为不应当这样记。董狐坚持自己的意见,因为赵盾身为正卿,在还没有越出国境之前,原有的君臣关系就依然存在,而赵盾却不起兵讨伐弑君的人,就是没有尽到忠君的职责,那就应当承担这弑君的责任。后来,这种不阿权贵,敢于直录的史家精神称为"董狐直笔"。

报一饭之恩

　　晋国大将军赵盾,一次去首山打猎,看到桑树下有一饿汉。这个饿汉就是示眯明。

史事观览

赵盾给他食物吃,他只吃了一半。问其中缘故,回答说:"我在外为人臣仆三年,不知道母亲还在不在,应把食物留给母亲吃。"赵盾看他有孝亲的大义,就添加饭和肉给他。示眯明不久当上了晋灵公的厨师,赵盾却不知道这个饿汉的下落。

晋灵公十分奢侈、残暴,赵盾多次劝谏,灵公恼怒,就借请赵盾赴宴想要杀死他,示眯明得知这个情况,恐怕赵盾喝醉后被杀,就进去说:"君主设宴赏赐臣子,酒过三巡便可作罢。"赵盾便起身要离去,灵公事先埋伏杀赵盾的武士还没集中,就先放出恶犬去咬赵盾,示眯明徒手将猛犬击杀,赵盾离座走出,灵公令武士追赶赵盾,示眯明奋身与武士搏斗,武士不能追赵盾,赵盾乘机脱身。赵盾问示眯明救自己的原因,示眯明说:"我就是当年桑树下的饿汉。"再问他的名字,不肯告诉。示眯明也就此出逃离去。

以勤劳服人

晋国的郤成子向众狄谋求议和,众狄怨恨赤狄经常奴役他们,想顺从晋国。晋侯想到欑函同众狄会见,晋国的大夫们提出用不着去欑函会见,将他们召集来就可以了。郤成子说:"我听说,如果没有德行使别人顺服,就只有靠勤劳,没有勤劳,凭什么去要求别人呢?能够勤劳,就有好的结果。还是应该去欑函会见狄人。《诗》说:'文王已经勤劳了。'文王尚且勤劳,更何况缺少德行的人呢?"于是,晋侯亲自到欑函会见众狄,众狄都顺服了晋国。

孔达担责

按照清丘盟约的规定,晋国由于卫国救援陈国的事,派使者加以责备,并警告卫国说:"如果罪责没有归属的人,将要以兵戎相见。"卫国大夫孔达说:"如果有利于国家,请拿我作为解说吧,罪过在我。我是执政官,面对大国的责备,还能把责任推诿给谁?我愿意为此死去!"于是,孔达自缢而亡。使者回晋国复命,晋国取消了对卫国的征讨。卫国人认为孔达有帮助卫成公复国的功勋,为孔达儿子娶妻并让他接任父亲的官位。

坚守信用

晋国派解扬前往宋国,让它不要投降楚国,晋国已派出援军来解救他们。郑国人把解扬抓起来献给楚国。楚王重重地贿赂他,让他反口说晋国没有出兵。解扬不同意,经过三次说服,才答应了。楚王让他登上瞭望车,按照楚国人的意思向宋国人喊话。解扬便乘机传达了晋国国君已出兵的命令。楚王要杀掉他,对他说:"你已经答应了我,为什么口是心非,是你没有信用,我要杀你。"解扬回答说:"国君制定和发布命令是道义,臣下能够接受和执行命令是信用,信用依据道义去做就是利益。谋利不丧失利益,以此保卫国家,就是万民的主人。道义不可能有两种信用,信用不允许接受两种命令。我接受我国国君的命令出使他国,宁可去死也不能废弃国君的命令,这难道可以用贿赂收买的吗?下臣之所以答应你,那是为了借机完成我的使命。国君有恪守信用的下臣,下臣死得其所,为完成使命而死,是我的福分。"楚王只好赦免了他让他回国。

赦免齐臣

齐、晋两军在鞌摆开战势。齐军骄傲轻敌,没给战马披甲就驱车进击晋军。晋军统帅郤克被箭射伤,但一直坚持击鼓指挥;为他驾车的解张和车右郑丘缓也都受了重伤,整个晋军同仇敌忾、奋勇冲杀,齐军大败。在关键时刻,齐军的逢丑父巧妙地使齐侯逃走而免于被俘。战争结束后,韩厥献上逢丑父,郤克打算杀掉他。逢丑父喊道:"到现在为止没有代替他的国君受难的人,今日,我替国君受难,还要被杀死吗?"郤克说:"这个人不怕用死来使他的国君免于祸患,我杀了他,不吉利。不如赦免了他,用来勉励侍奉国君的人。"于是便赦免了逢丑父。

祁黄羊荐贤

祁黄羊,是春秋时晋国大夫,官任中军尉。他足智多谋,英勇善战,爱兵如子,赏罚分明,为晋国屡立战功。晋悼公对他非常尊重和信任。祁黄羊到晚年,许多事已力不从心,便向晋悼公提出告老还乡的请求。晋悼公虽然舍不得让他离开,但眼看着这位白发苍苍、功勋卓著的老将军,也实在不忍心再让他过度操劳,便同意了他的请求,随即请求接替他职务的人的意见,祁黄羊毫不犹豫地推荐说:"解狐接替我的职最合适。他一定比我强,能把军队治理好!"晋悼公惊奇地问他:"解狐不是你的仇人吗,你怎么举荐他呢?"祁黄羊郑重地回答:"大王问我谁有能力接替我的职务,并没问谁是我的仇人啊!再说,私仇哪能影响公事!"晋悼公听后,当即决定由解狐接替祁黄羊。

解狐上任不久,便得疾病医治无效,去世了。待处理完解狐的后事,晋悼公又问祁黄羊:"解狐死了,您看谁还可以胜任中军尉?"祁黄羊回答说:"祁午!"晋悼公出乎意料,说:"祁午?他不是你的儿子吗?"祁黄羊还是郑重地回答:"大王问我谁还可以胜任中军尉,并没有问祁午是不是我的儿子呀!"晋悼公于是即刻召见祁午,任命他接替其父亲职务。

祁午上任后,学习其父的榜样,军纪严肃、赏罚分明、爱兵如子,又身体力行,很快赢得了军队的信任。而祁黄羊"外举不避仇,内举不避亲"的事迹,也便广为流传,成为千年佳话。

祁黄羊请免叔向

栾盈出逃到楚国。范宣子杀了羊舌虎、嘉父、列空靖,囚禁了叔向。

乐王鲋去见叔向说:"我为您去请求。"叔向不回答,乐王鲋退出,叔向也不拜送。他的手下人都责备他。叔向说:"一定要祁大夫才能救我。"家臣头领听了这话,说:"乐王鲋对国君的话没有不照办的,他想请求赦免您,您又不答应。这是祁大夫所做不到的。您却说一定要由他去办,这是为什么?"叔向说:"乐王鲋是一切都顺从国君的人,怎么能办得到?祁大夫举荐宗族以外的人不丢弃仇人,举荐宗族内的人不回避亲人,难道独独会留下我吗?"

当初祁黄羊已告老在家,听说这件事,就去拜见范宣子,说:"《书》说:'智慧的人有谋略训诲,应当相信和保护。'说到谋划而少有错误,教育别人而不知疲倦的,叔向就具备这样的能力。他有正直的德行,是国家的柱石,即使他的十代祖孙犯了罪也应该赦免,以勉励有德行有能力的人。如果不免除他的罪过,从而丢弃了国家,这不是糊涂吗?鲧被诛戮而他的儿子大禹去接替他;伊尹放逐了太甲后来却又辅佐他,太甲始终没有怨恨伊尹的样子;管叔、蔡叔犯了罪被杀,周公却辅佐他们的侄子成王。您为什么因叔向的兄弟羊舌虎的缘故就要杀他,而抛弃国家的柱石呢?"

宣子听了这话很高兴,和祁黄羊共乘一辆车,劝说晋侯而赦免了叔向。祁黄羊不去见叔向就回家了,叔向也不向祁黄羊报告获赦就直接上朝去了。

叔向贺贫

叔向去见晋卿韩起,韩起正为贫困而发愁,叔向却向他表示祝贺。韩起说:"我只有晋卿的虚名,却没有它的财产,没有什么可以和卿大夫们交往的,我正因此发愁。你却祝贺我,这是什么缘故呢?"

叔向回答说:"从前栾武子没有百人的田产,他家里连祭祀的器具都不齐全,可是他能够发扬美德,执行法度,美名传扬于诸侯各国。诸侯亲近他,戎、狄归附他,因此使晋国安定下来,因而避免了灾难。传到桓子时,他骄傲自大,奢侈无度,贪得无厌,干犯法度,任意胡为,借贷牟利,囤积财物,该当遭到祸难;但依赖他父亲栾武子的余德,才得以善终。传到怀子时,怀子改变他父亲桓子的行为,学习他祖父栾武子的德行,本来可凭这一点免除灾难,可是受到他父亲桓子罪孽的连累,因而逃亡到楚国。至于晋国卿大夫郤昭子,他的财产抵得上晋国公室财产的一半,他家的子弟在三军中担任将佐的占了半数,他倚仗自己的财产的势力,在晋国过着极其奢侈的生活,最后他自身落得在朝堂陈尸示众,他的宗族也在绛邑灭绝。这是因为他没有德行的缘故!现在你有栾武子的清贫境况,我认为你能够继承他的德行,所以表示祝贺。"

韩起于是下拜,并叩头说:"我正在趋向灭亡的时候,全靠你拯救了我。不但我本人蒙受你的教诲,也许从桓叔以后的子孙都会感激你的恩德。"

师旷论学

师旷,是春秋时晋国的一位著名乐师。他虽双目失明,但仍酷爱学习,不但在音乐方面造诣很深,而且在治学方面也很有见地。

当时,晋国国君晋平公年事已高,但总感到自己的知识不足,因而很想再学习点知识。他把自己的想法告诉师旷说:"我今年已七十岁了,要想再学习恐怕已经太晚了吧?"师旷随口答道:"既然时间晚了,那就快把蜡烛点起来如何?"晋平公听后,生气地说:"我同你说正经事,你怎么随便开玩笑呢?"师旷忙解释说:"请君王息怒!我一个瞎眼之臣怎敢同君王开玩笑呢?我曾听说:'少而好学,如日出之阳;壮而好学,如日中之光;老而好学,如秉烛之明。'这句话的意思是:少年时代勤奋好学,恰如朝日喷薄而出,前程无量;壮年时代热爱学习,正像红日当空,大有作为;如果到了古稀之年,还能下决心学习,那就犹如傍晚点上蜡烛照明,蜡烛的光亮虽弱,比不上太阳那样光辉灿烂,岂不比在黑暗中摸索要强得多吗?"

晋平公听了,连连点头称赞道:"你说得太好了。"从此,他抓紧晚年有生之年,继续学习新的知识。

后世会有精通音律的人

晋平公铸成大钟,让乐工审听钟的声音,乐工都认为钟声很和谐了。师旷虽然是盲人,但精通音律,他说:"钟声还不和谐,请重新铸造。"晋平公说:"乐工都认为很和谐了。"师旷说:"后代如有精通音律的人,将会发现钟声是不和谐的。我私下为您因此而感到羞耻。"到了后来,师涓果然指出钟声不和谐。由此看来,师旷想要使钟声更为和谐,是考虑到后代会有精通音律的人!

鸾徼被沉没于黄河

鸾徼是赵简子下臣,他迎合赵简子,千方百计让他满意。赵简子说:"我曾经爱好音乐女色,鸾徼就满足我;我曾经爱好宫室台榭,鸾徼就给我修建,我曾经爱好良马好驭手,鸾徼就给我弄来。如今我爱好贤士六年了,可鸾徼不曾举荐过一个人。这是在助长我的过错磨灭我的长处啊。"赵简子将鸾徼沉没于黄河。

寻宝符

有一天,姑布子卿来看简子。简子把儿子们叫来,请子卿看相。子卿说:"没有一个当将军的相。"简子说:"照这么说,赵氏将要灭绝啦!"子卿说:"是不是孩子们没全来?"简子说,就有一个没来,于是他就把儿子毋卹叫来,子卿一看,说:"这才真是将军的相啊!"简子说:"这孩子的母亲,出身卑贱,是翟人送来的婢妾,哪里谈得上贵呀!"子卿说:"虽出身卑贱,将来也必然尊贵。"过了几天,简子向儿子们宣称:"我把宝符藏在常山之巅,你们都去找,先找到的有赏。"诸子都跑到常山之巅,可什么也没有找到。独有毋卹回来,声称:"我找到宝符啦!"简子道:"说说看!"毋卹说:"登上常山之巅,可以鸟瞰代国,代国可以占而有之呀!"简子由此知道毋卹确实有才能,于是废去太子伯鲁,立毋卹为太子。

赵简子确定继承人

赵国大夫赵简子的儿子,长子叫伯鲁,幼子叫毋卹。赵简子想确定继承人,一时拿不定主意确立哪位好,于是他把日常训诫言词写在两块竹简上,分别交给两个儿子,嘱咐说:"好好记住!"过了三年,赵简子问起两个儿子,大儿子伯鲁说不出竹简上的话;再问他的竹简,已丢失了。又问小儿子毋卹,竟然背诵竹简训词很熟悉;追问竹简,他便从袖中取出献上。于是,赵简子认为毋卹十分贤德,便立他为继承人。

结草报恩

晋国大夫魏武子有个十分宠爱的妾名叫祖姬。生前,魏武子曾多次嘱托儿子魏颗,如果自己死了,一定要给祖姬找个好人家改嫁出去。后来,魏武子病重,弥留之际对儿子说,他死后,让祖姬殉葬。魏武子死后,魏颗说:"病重了就神志不清,我依从父亲清醒时候的话办理。"于是选了一户好人家,将祖姬改嫁。前549年,秦恒公出兵伐晋。时为晋国将领的魏颗与秦将杜回在辅氏(今陕西大荔县)相遇,二人激战时,有一位老人用野草绳将杜回绊倒,魏颗趁机俘虏了杜回,秦军大败。晚上,魏颗梦到白日那位结草的老人对他说,他是祖姬的父亲,为了报答魏颗救祖姬一命的恩情,特结草助魏颗一臂之力。

士为知己者死

豫让先侍奉中行氏,后又侍奉智伯。智伯灭掉了中行氏,不久,赵襄子又灭掉了智伯。豫让誓为智伯报仇。于是剃须去眉,自毁容貌,装成乞丐,混进王宫刺赵襄子,事败被擒。被释放后,他又服炭成哑,改变声音第二次行刺,又被擒获。赵襄子亲自审问说:"前次我释放你,你不但不感恩,反而毁容易声,自残身体,再次行刺;你本来也做过中行氏的家臣,为何单为智伯报仇?我这次岂能再放过你!"豫让回答说:"我确实做过中行氏的家臣,但你也应知道君臣之义是:君待臣如手足,则臣待君如心腹;君待臣如犬马,臣待君如路人。过去中行氏以一个普通门客待我,我也以一个普通门客去报答他;而智伯则不同,他以一个国士身份待我,解衣推食,知冷知暖,所以我也要以国士报答他。士为知己者死,这就是我厚此薄彼的原因。"

有道之君的气量

秦穆公不听蹇叔的劝谏,命令孟明视、西乞术、白乙丙三位将军率领大军,不远千里东袭郑国,结果没有得手,反而在归途中遭到晋国军队的拦截,秦军在崤谷全军覆没,三帅被俘。

晋襄公姬欢的母亲文嬴是秦穆公的同宗之女,她看到娘家的三员大将被儿子活捉,便出面求情。晋襄公只好放走了孟明视三人,第二天,晋国大将先轸入朝,询问起秦国三个囚徒的情况,得知国君把他们放走,气得七窍生烟,唾了襄公一脸,骂道:"武夫费尽九牛二虎之力从战场把他们俘获,妇人在朝廷上几句花言巧语就把他们放了。败家子不知道轻重到了这种地步!放虎归山,明天你就后悔不迭啦!"晋襄公这时也是醒悟过来,他擦去脸上的唾沫,马上说:"我做错了!"当即命令阳处父率兵去追孟明视三人。阳处父赶到河边时,孟明视等船已到对岸了。

孟明视三人回到秦国,在都城的郊外受到秦穆公的迎接。穆公身着素服向三人哭道:"我未听骞叔之言。让你们几位受了耻辱,这完全是我的罪过!"事后仍让孟明视等担任后来的职务,并不因为他们有败兵之罪而加以惩罚。秦国的大臣都认为穆公赏罚不当,进谏道:"这次兵败,罪责全在孟明视,应对他处以极刑。"穆公替孟明视开脱说:"这次战争失败,原因在于贪婪,说的正是我啊!因我的贪婪,才使孟明视受了祸患,他有何罪?况且,我也不能因一次过错而埋没了他们的忠诚。"

一年后,孟明视再次奉命率兵攻打晋国,秦军渡过黄河后,烧掉乘船,断去退路,奋勇进击,打得晋军落荒而逃,秦军一举攻陷官城,晋军吓得不敢应战,穆公从茅津渡过黄河,重新封埋好死于崤谷的秦军将士的尸骨,为他们发丧治哀,痛哭三日,然后告誓全军:"古时候的人,有事都向年长者请教,所以不犯错误,当初我不听骞叔之言,以致兵败崤山,现在我作此告誓,让后人记住我的过失吧!"

楚文王畏后世

楚文王说:"苋嫚多次据义冒犯我,据礼违逆我的心意,跟他在一起就感到不舒服,但久而久之,我从中有所得,对我有帮助。如果我不亲自授予他爵位,后代如有圣人,将要以此责难我。"于是授予他大夫爵位。楚文王又说:"申侯伯善于迎合我的心意,我想要什么,他就在我之前准备好什么,跟他在一起就感到安逸,久而久之,我从中又感到有所失。如果我不疏远他,后代如有圣人,将要以此责难我。"于是送走了他。申侯伯到了郑国,顺从郑君的心意,事先准备好郑君想要的一切,经过三年就执掌了郑国的政事,但上任仅仅五个月郑人就把他杀了。

轻千乘之国而重一言

楚庄王以夏征舒杀死陈灵公为由,率领诸侯国讨伐陈国,对陈国百姓说:"不要惊慌,我仅仅为了诛讨夏征舒而已。"杀了夏征舒以后,便将陈国作为楚国的一个县而占有它。这时群臣都来道贺。申叔时出使齐国回来,却独不道贺。庄王问他为什么,叔时回答说:"俗话说,牵牛踩了别人的田,田的主人就把这头牛抢走。踩别人的田固然是过错,夺人家的牛,不是也太过分了吗?现在君王您认为夏征舒杀了国君是个乱臣,而主持大义去讨伐他,过后又贪图陈国的土地,把它据为己有,那么,将来您又靠什么号令天下呢?因此我不道贺。"庄王说:"你说的对。"于是从晋国迎回陈灵公的太子午,立为国君,重新像以往一样统治陈国,这就是成公。孔子读史书读到楚国恢复陈国旧制时,赞美说:"楚庄王轻千乘之国而重一言,真是贤明通达啊!"

优孟谏讽楚庄王

楚庄王有一匹非常喜爱的马,给他穿上华美锦绣做的衣服,安置在雕梁画栋的房子里,用蜜饯的枣来喂养它。马因得了肥胖病死了。庄王要人臣们给马治丧,用棺椁盛殓,依照安葬大夫的礼仪安葬它。有近臣劝止他不要这样做。庄王就下令说:"有谁敢于因葬马的事谏劝的,就杀死他。"优孟听到这事件,就在殿门前放声大哭。庄王感到奇怪,就问他哭的原因,优孟说:"马是大王所珍爱的,却只按照大夫的礼仪安葬它,太微薄了,请用安葬君主的礼仪安葬。"庄王说:"为什么?"优孟说:"我请求用美玉做内棺,用梓木做外椁,命士兵们去挖墓穴,让齐国、赵国的代表在前头陪祭,韩国、魏国的代表在后边守卫,盖一座庙宇用牛羊祭祀,拨一万户大县来供奉。各国听到这件事,都知道大王轻视人而重视马。"庄王说:"我的过失竟然到了这个地步吗!"于是庄王就派人把死马交给主管宫中膳食的太官,不让天下人长久传这件事。

上善若水

老子说:"上善若水。""水善利万物而不争,处众人之所恶,故几于道。""夫唯不争,故无尤。"认为上善的人如同水一样。水滋养万物而不与之争夺,汇聚在人们厌恶的低洼之地,因此,近于大道。又说,上善的人,居于低洼之地,思虑深邃宁静,交接善良之人,说话遵守信用,为政精于治理,处事发挥特长,行动把握时机。他认为,最好的人应该像水一样为人处世,才能没有过错。所以,老子将谦下不争,视为立身之本。

不与人争,天下莫能与之争

老子论述了处世的辩证法:"曲则全,枉则直,洼则盈,敝则新,少则得,多则惑。""夫唯不争,故天下莫能与之争。"认为他们之间是相辅相成、互相依存、相互转化的。弯曲才能保全,委曲才能伸直,低洼才能盈满,破旧才能更新,少取才能多得,贪多反而惑乱。圣人正是由此总结了道的柔弱、俭啬、谦卑的特征,不自见,不自是,不自伐,不自矜。不与人争,所以天下的人没有谁能与他争。

顺应自然不妄为

老子在讲到治理国家时说:天下的神圣的东西,不能勉强作为,不能用力把持。勉强作为就会失败,用力把持就会丢失。因此圣人从不妄自作为,所以不会失败;从不强行把持,所以不会失去。

那些世间万物,有前有后,有缓有急,有刚强有羸弱,有成就就有损坏。因此,圣人要清静无为,顺应自然,除去极端,除去奢侈,除去过分。

不以兵强天下

老子认为,战争是残酷的,虽然有胜有败,但是胜败双方都要付出惨重的代价,谁也不能幸免。所以善于用兵的人只求取得胜利罢了,不敢凭武力来取得称霸的地位。胜利了而不要矜夸,胜利了而不要炫耀,胜利了而不要骄傲,胜利了而不要逞强。事物发展到极致就会走向反面,就会消亡,所以不要穷兵黩武。

生死之道

《老子》"出生入死"章中说:"始出于世而生,终入于地而死。其中能得全生之道的十分中有三分,陷于死道的十分中有三分,人的生长,自然而置于死地,也十分有三。这是为什么?因为他们追求生活过分强烈。"王弼作注说:"十有三,就是说走向生长道路的只有十分之三;保住生命达到终点的,也只有十分之三;走向死亡之道,加速死亡的,也只有十分之三。而人们养生之道讲得越多越厚,更不能达到生存的目的。"苏辙解释说:"生死的道理,如果说有十种,三种情况各占三份,这难道不是说生死之道有九,而不生不死之道不过有一种吗?《老子》只说九不说一,是想让人们自己思考,以寄托无思无为的妙处。"

重在修身

老子在论述个人品行修养时,强调重在修身。他说,识别他人的人可谓智慧,了解自己的人可谓聪明。战胜他人的人称为有力,战胜自己的人成为刚强。知道满足就是富有。顽强坚持的人叫作有志。不失根本的人就能长久。身死而精神不亡的人才算长寿。

不知为不知

老子说:"知道却认为不知道,就最好了;不知道却自认为知道,就是祸患。圣人没有祸患,是因为早已知道祸患就是祸患,认真对待,及时处置。正因为早已知道祸患就是祸患,认真对待,及时处理,所以就没有祸患。"

终不为大

老子说:"大生于小,多起于少。图谋困难的事情要趁它容易的时候,处理重大的事情要在它细小的时候。因为天下的难事,必须从容易的地方做起;天下的大事,必须从细小的地方做起。因此,圣人始终不自以为大,所以,能够成就他的伟大。"

轻易承诺必然很少守信用,把事情看得太容易必然遭受很多困难。因此圣人遇事都看得困难,所以最终就没有困难。

为腹不为目

老子说:"五色缤纷使人眼瞎,五音繁乱使人耳聋,五味混杂使人口伤,纵马驰骋围猎使人内心疯狂,金玉宝物使人德行败坏。"

因此,圣人只为温饱生存,不求纵情声色。所以,抛弃物欲,只要温饱。

相反相成互相转化

老子说:天下都知道美之所以为美,就显露出丑了;都知道善之所以为善,就显露出不善了。

有与无互相依存,难与易相反相成,长与短互相比较,高与下互相依靠,音与声互相和谐,前与后互相跟随,这是永恒的现象。

因此,圣人用无为的方式处事,实行不言而有教化;万物兴起而不首倡,生养万物而不占有,培育万物而不倚仗,功业成就而不居功。正因为不居功,因此它的功业不会泯没。

致虚守静

老子说:达到极端的空虚无欲,坚守彻底的清静无为。

万物一起生长,我来观察其中循环往复的规律。

万物纷繁众多,各自回归根本。回归根本叫作"静",静叫作"复命",复命叫作"常",认识把握"常"叫作"明"。不认识把握"常",就会轻举妄动干出凶险之事。

能够认识把握"常",就能包容,能够包容就能公正,能够公正就能普遍,能够普遍就能符合天地自然,能够符合天地自然就能符合道,能够符合道就能长久,终生没有危险。

未雨绸缪　未兆易谋

老子说:那里形势安定,就容易把握;那里事故尚无征兆,就容易谋划;那里力量脆弱,就容易消解;那里问题细微,就容易分散。处理在矛盾尚未出现的时候,治理在混乱尚未发生的时候。

合抱粗的大树,生长于细微的萌芽;九层高的楼台,起始于积累的泥土;千里的远行,开始于自己的脚下。

百姓做事情,经常在接近于成功的时候却失败了。如果像慎重对待开始一样对待结束,就没有失败的事情。

孙叔敖遗嘱受寝丘

孙叔敖病了,临死的时候告诫他的儿子说:"国王多次赐给我封地,我都没有接受。如果我死了,国王就会赐给你土地,你一定不要接受肥沃富饶的土地。楚国和越国之间有个寝丘,这个地方土地贫瘠,而且地名十分凶险。楚人畏惧鬼,而越人迷信鬼神和灾难,所以,能够长久占有的封地恐怕只有这块土地了。"孙叔敖死后,楚王果然要把肥美的土地赐给他的儿子,但是孙叔敖的儿子谢绝了,请求赐给寝丘,这块土地至今没被人占有,被孙氏家族几代经营。

优孟衣冠

孙叔敖任楚国令尹(丞相)十八年,在任令尹期间,他关心国计民生,尤其重视兴修水利,发展农业;建立了乡间基层组织,使国家对基层实施了有效的统治;镇压内乱,强化君权。经他十多年辅佐楚庄王励精图治,使楚国的国势大增,确立了楚庄王在中原的霸主地位。

孙叔敖死后,家里极其清贫,妻儿以粗食、野果充饥。朝中大臣极为感动,并抱不平。有一次,楚庄王在宫中看戏,戏演到中段,突见孙叔敖出现在台上,庄王大惊:"令尹尚未死耶!"命人立即去请令尹相见。其实,这不是真正的孙叔敖,而是戏子优孟装扮的。楚庄王问他为什么要这样做,戏子道:"令尹治楚近二十年,国势大增,民敬其德,王因之以称霸,令尹功最大。现家人无隔夜之粮,大王难道不怜悯吗?"庄王一听,忙说:"令尹贫困如此,寡人之过也。"于是下令厚赏孙叔敖家人。典故"优孟衣冠"即出于此。

伯牙弹琴

楚国人伯牙,善于弹琴。一日,伯牙弹奏乐曲,钟子期听。刚开始弹琴时表现出攀登高山的志向,钟子期说:"弹琴弹得太好了!就像高山一样巍峨!"过了会,琴声表现出随流水奔流的志向,钟子期又说:"弹琴弹得太好了!就像流水一样激荡!"钟子期死了以后,伯牙摔坏了琴,折断了弦,终身不再弹琴,认为世上再也没有值得为之弹琴的人。

得道者多助

楚昭王被吴王阖闾撵出都城,父老都出来相送。昭王对国中父老说:"父老们请回,难道你们还怕没有君王统治你们吗?"父老们说:"哪有像您这样贤明的国君呢!"于是追随昭王不移。有的到秦国,哭泣着请秦出兵援救。秦国出兵,秦、楚联合作战,打败吴王,昭王返回了国都,人们才安定下来。

申包胥如秦求援

鲁定公四年,吴王率军攻入楚国,占领郢都。楚国大夫申包胥随昭王逃亡到隋国。申包胥自请赴秦求兵救楚。申包胥晋见秦哀公,陈述请求秦出兵救楚的理由,秦哀公没有答应,对申包胥说:"您先到宾馆安歇,我们要商量一下再告诉你。"申包胥回答说:"我们的国君现逃亡在杂草丛林之中,还没有得到安身之处,下臣哪敢到安逸的地方去?"就靠着院墙站着痛哭,哭声不断,七天没喝一勺水。秦哀公为他所感动,于是答应出兵救援。秦、楚联合击败吴军,收复了郢都。申包胥归郢后,楚昭王要对他进行奖赏,申包胥却说请救兵是为了楚国人民,拒绝赏赐。随即隐居山中,以度余年。

渔翁拒受千金之剑

伍员逃亡,楚国紧急追捕他。伍员到了长江岸边,想要渡江,正好有一位老人撑着小船在打鱼,于是走过去请老人送他过江。老人把他送过江去。伍员问老人的姓名,老人不肯告诉。他解下自己的宝剑送给老人,说:"这是价值千金的宝剑,我把它奉献给您。"老人说:"按照楚国的传令,捉到伍员的,授予执圭爵位,享受万石俸禄,赐给黄金千镒。从前伍子胥从这里经过,我尚且不捉他去领赏,如今我接受你价值千金的宝剑做什么呢?"伍员到了吴国,派人到江边寻找老人,却无法找到了。

石奢服罪自刎

石奢是楚昭王的相。一次巡视各县,路上有人杀人,石奢追上一看,杀人的人是自己的父亲。他把父亲放走,回来就把自己捆绑起来,派人报告楚昭王说:"杀人的是我的父亲,如果用治罪我的父亲来表示自己执法严明,树立政令的权威,那就是不孝;而不顾法律放走罪犯,则是不忠。我有罪应该死。"楚昭王说:"你追捕罪犯而没有追上,不该认罪伏法,你还是去处理公务吧。"石奢说:"不徇私庇护自己的父亲,就不是孝子;不尊奉主上制定的法令,就不是忠臣。大王赦免我的了罪过,是您的恩惠;服罪而死,是我的职务。"于是不接受楚昭王的命令,自刎而死。

宋宣公知人

宋宣公有太子名叫与夷。十九年,宣公病危,要把君位让给他弟弟和,说:"父亲死了,儿子继承君位;哥哥死了,轮到弟弟继位,这是天下普遍适用的道义与法则。我要立和为国君。"和多次谦让不成,就接受了。宣公逝世后,弟弟和登极,他就是穆公。

穆公九年,病危,叫大司马孔父前来,对他说:"先君宣公舍弃太子与夷而把君位让给我,我不敢忘记。我死以后,必定要立与夷为君。"孔父说:"百官都愿意立您的公子冯。"穆公说:"不要立冯,我不可辜负宣公。"于是穆公让公子冯到郑国去居住。八月庚辰这天,穆公逝世,哥哥宣公的儿子与夷登极,这就是殇公。君子听到这件事,说:"宋宣公可以称为知人了,立他的弟弟为君而成全了道义,然而他的儿子终于再享有了君位。"

宋襄公的仁德

冬季十一月,宋襄公与楚国人在泓水边上作战。宋军已排成队列,楚军还没有全部渡过河。司马说:"他的兵多,我们兵少,趁他们没有全部渡过河的时候,请君王下令攻击他们。"宋襄公说:"不行。"楚军渡过河以后还没有排开阵势,司马又把刚才的情况报告宋襄公。宋襄公说:"还不行。"等楚军摆开阵势后才攻击他们,宋军被打得大败,宋襄公大腿受箭伤,跟随宋襄公的卿大夫子弟任护卫的被歼灭。都城里的人都责怪宋襄公。宋襄公说："君子不两次伤害敌人，不擒捉头发花白的敌人。寡人虽然是殷商亡国的后裔，不攻击没有摆开阵势的敌人。"次年五月，襄公因箭伤死亡。

一碗羊肉汤所引起的

宋文公四年(前607)，郑国出兵攻打宋国。宋国派遣大夫华元统率军队迎战敌人。在两国交战之前，华元为了鼓舞将士的斗志，下令宰杀牛羊，做成羊肉汤，犒赏军士们。谁知忙乱之中，华元一时大意，忘了分给他的车夫一份。车夫心想："每次我为你驾车都竭尽全力，任劳任怨，付出的辛苦并不比任何人少，为什么大家都有羊肉汤喝，唯独没有我的呢？很明显，你是没有把我放眼里啊！"他越想越有气，于是怀恨在心，准备寻找机会报复华元。当两国军队正式交战时，车夫故意把华元乘坐的战车驾驶到郑国军队阵地中去，郑军非常轻易地活捉了华元。宋国军队失去主帅，阵脚大乱，郑军击败宋军，获得大胜。宋国用兵车一百辆套着毛色有文采的马四百匹，去赎华元。在战车和马匹还没有交付完毕的时候，华元已经摆脱了监禁，逃回宋国。

子罕视不贪为宝

宋国有人得到美玉，献给子罕。子罕不受。献玉的人说："拿给玉工看过，玉工认为是宝物，所以敢于进献。"子罕说："我把不贪婪作为宝物，你把美玉作为宝物。如果把玉给了我，我们两人都丧失了宝物，不如各人保有自己的宝物。"

庖丁解牛

宋国的庖丁喜好分解牛的肢体，眼睛看到的除了牛以外没有别的东西，整整三年眼前不见活牛；一把刀用了十九年，刀刃仍然锋利得像刚刚磨过，这是由于他分解牛的肢体时，是顺着牛的肌理，精神集中于牛的缘故。

教子以义方

公子州吁，受到卫庄公的宠爱。州吁喜欢玩弄军器，庄公不加禁止。卫国大夫石碏规劝庄公说："我听说喜爱自己的孩子，应当以道义去教育他，不要使他走上邪路。骄傲、奢侈、放荡、逸乐，这是走上邪路的开始。这四种恶习之所以发生，是由于宠爱太过分。那种宠爱而不骄傲，骄傲而能安于地位下降，地位下降而不怨恨，怨恨而又能克制的人，是很少见的。而且低贱的妨害尊贵的，年少的凌驾年长的，疏远的离间亲近的，新的离间旧的，弱小的欺侮强大的，淫欲的破坏道义的，这就是六逆。国君行事得宜，臣下服从命令，父亲慈爱，儿子孝顺，兄长宽和，兄弟恭敬，这就是六顺。去掉正常而效法反常，就会很快地招致祸害。"

谦让太子位

当初,卫灵公在郊外游玩,公子郢为他驾车。卫灵公说:"我没有嫡子,打算立你做继承人。"子郢没有回答。过了些时候,卫灵公又对子郢那样说,子郢回答说:"郢不足以有国家,您还是改变一下主意。君夫人在堂上,卿、大夫、士在下边。您没有和他们商量,我听从了只能是有辱您的命令。"

夏季,卫灵公去世。夫人说:"命令公子郢做太子,这是国君的命令。"公子郢回答说:"郢和别的儿子不一样,而且我伺候国君到死,如果有这话,郢一定会听到。并且还有逃亡者的儿子辄在那里。"于是就立了辄。

第一个为变法献身的人

吴起是军事史上知名的人物,他既是政治家,又是军事家和变法的先驱。他首先在魏国实施变革,经过几十年的励精图治,使得西河大治,百姓殷富,官员廉洁,士卒效命,社会井然有序。于是,吴起挥军出击,西向秦,东向齐,北伐燕、赵,南下韩、楚,因军队士气高昂,吴起指挥有方,打得中原诸国求饶不迭,吴起之名,威震天下,史传他与诸侯大战七十三,全胜六十四,其余打成平手,为魏国拓地千里,成为战国初期强大的诸侯国,吴起也因此而成为中国古代的军事大家。

后来他到了楚国,楚悼王任他为宰相,全权委托吴起变法,他大刀阔斧进行改革,短短两年,就使楚国产生了一支强大的军队,吴起亲率大军,南平百越,北下陈、蔡,西败强秦,东破三晋联军二十万,使楚国的实力到达了汉水以北地区。中原诸国惊呼:楚庄王又复活了!有历史学家认为:吴起如在楚国变法成功,以后统一中国的不是秦,而是楚。

吴起看到自己在诸侯国威名赫赫,就想掌握更大的权力,然后扫平中原,但是他失败了。他的变法,触及王公贵族的利益,他们对吴起恨之入骨,当楚悼王死后,尸体还停放在室内,这时七十多家贵族联合起来,手持刀枪弓箭开始复仇,乱箭将吴起射死,吴起不仅没能实现自己的目标,而且连他的性命也被送上变法的祭坛,成为中国历史上第一个为变法而献身的人。

郑武公灭胡

郑武公想讨伐胡国,便把自己的女儿嫁给胡君做妻子。接着他问群臣说:"我想对外用兵,哪一国可以攻打呢?"大夫关其思回答说:"胡可以攻打。"郑武公便杀了关其思,说道:"胡国是兄弟国家,你说可以攻打,居心何在?"胡国国君听到这件事,认为郑君和自己关系密切,便不防备郑国了。郑国乘机袭击胡国,把他吞灭了。

不毁乡校

郑国人在乡校里休闲聚会,议论执政者施政的得失。郑国大夫然明认为老百姓常在这里无所顾忌,畅所欲言地议论国家政事,对国家不利,于是建议子产"把乡校毁了"。子产说:"人们早晚干完活儿回来到这里聚一下,议议论论执政的好坏得失。他们认为好的,我就推行它;他们所讨厌的,我就改掉它,这是我的老师,为什么要毁掉它呢?我听说尽力做善事以减少怨恨,没听说过用权威压制能防止怨恨。用堵塞的方法制止民怨,犹如堵塞河流一样;河水大规模的决堤造成的损害,伤害的人必然很多,我们是不能挽救的,不如开个小口疏通。不如我们听取这些议论后把它当作治病的良药。"

然明说:"我从现在起才知道您确实可以成大事。我确实没有才能。如果真的这样做,这确实有利于国家。"

子产为相

郑国大夫子产为相,为相一年,国内儿童不轻佻戏耍,开无礼玩笑,老人们不用在道路上自己提着东西(有年轻人代为服务)。为相二年,市场上没有人报虚价进行欺诈。为相三年,郑国人昼不关门,路不拾遗。为相四年,农具可以留在田中不带回家。为相五年,士人不用服兵役,人们都能自觉地按礼制办事。子产为相二十六年因病去世。他死的时候,郑国青年都痛哭呼号,老人像小孩一样啼哭,都说:"子产离开了我们,这叫我们老百姓跟谁走啊!"孔子听说子产去世,哭泣着说:"子产是古代遗留下来的仁爱之人啊!"

不以形态傲慢世人

吴王乘船游长江,登上猕猴山。成群的猕猴看见吴王,惊恐四散,逃进树丛。其中一只猕猴,来回旋转跳跃,显示它的灵巧。吴王用箭射它,他竟能敏捷如飞接住箭矢。吴王命令左右一起放箭,猕猴立即被射死。

吴王回头对朋友颜不疑说:"这只猴子向人夸耀灵巧,自恃敏捷而傲视于我,以至丧命!要用它引以为戒呀!不要以形态傲慢世人啊!"颜不疑回来后便拜贤士董梧为师,用以铲除自己的傲气,弃绝淫乐辞别尊贵,三年后国人都称赞他。

伍子胥谏吴王

吴王夫差二年,率军攻打越国,在夫椒打败了越国的军队,报了姑苏之仇。越王勾践派大夫文种去向吴王求和,请求允许全越国的男女作为吴国的奴隶。吴王答应了越国的请求。后来,吴王得知齐景公去世而大臣们争权夺利,新继位的国君年纪尚轻,便发兵北上攻打齐国。伍子胥进谏说:"越王勾践粗茶淡饭,衣不穿绸缎,慰问死者家属,探望患病的人,这是想驱使他的百姓实现某个目标。这个人活着必然要成为吴国的祸患,君王应先除掉他,现在不应该先去打齐国。"吴王不听。

越王勾践带领他的部下来朝见吴王,献上非常丰厚的礼物。吴王非常高兴。伍子胥看到后很害怕,说:"这是要葬送吴国啊!"进谏说:"越国处于吴国的生死之地,今天虽然在齐国取得了很大的胜利,没有任何用处。况且《盘庚之诰》有多种不可遗忘的训导,商王朝正是遵守这一训导才得以兴盛的。"吴王不予采纳,派伍子胥出使齐国,伍子胥就把他的儿子嘱托给齐国的鲍氏后,方回国向吴王复命,吴王听说这件事后,勃然大怒,把属镂之剑赐给伍子胥要他自杀。临死时,伍子胥说:"在我的墓上种上梓树,让他长成可以做棺木的大树。把我的眼睛挖出来挂在吴国都城的东门上,用来亲眼看着越国把吴国灭亡。"后来,越军攻打吴国,吴军战败,吴王夫差说:"我真后悔没有听从伍子胥的话,是自己落到这种地步。"就自刭而死。越王灭亡了吴国。

季札为死者赠剑

吴王派遣季札出使中原诸国,北上路过徐国时,徐国国君非常喜爱季札的宝剑却没有好意思说出来。季札心里明白他的意思,因为还要出使中原诸国,没能将宝剑赠送给他。在他回国时又来到了徐国,徐君已经去世,他便解下宝剑,挂在徐君墓旁的树上才离开。随从的人说:"徐君已经死了,您还送他干什么?"季札说:"不能这样说,当初我心里已决定送给他,怎能因为他死了而违背我的初衷呢?"。

违背了天理

当初,伍子胥和申包胥是好朋友,伍子胥从楚国出逃的时候对包申胥说:"我一定要颠覆楚国。"后来,伍子胥率吴国大军入出郢(楚国都城),到处搜寻昭王,没有找到,他就掘开楚平王的墓,拖出尸骨,抽打了三百鞭,方才住手。申包胥这时躲在山中,派人对伍子胥说:"你这样报仇,太过分了!我听说,虽然人多势众,一时或许能胜过天理,但天理最终还是要获胜的。你从前是平王的臣子,曾经亲自侍奉过他,现在竟然鞭打死人,这岂不是不讲天理到极点了吗!"伍子胥对来人说:"替我向申包胥道歉,就说我因为年事已高,而报仇心切,就像眼看要日落西山,却仍路途遥遥,所以才做出这种倒行逆施的事情来。"

忍受耻辱　能屈能伸

春秋时期,江南的吴国和越国为了争夺土地、人口和财物,展开了生死搏斗。由于兵力悬殊,越军惨败,只剩下五千军士退到会稽,在越国将要灭亡时,范蠡进言:"战争打到这个地步,唯一的办法是向吴国投降,越军或许可以幸存。"于是,勾践向吴投降,吴王夫差答应了越国的投降条件。

公元前492年,勾践怀着极其伤感的心情,带着自己的王妃,在范蠡的陪同下来到吴国做奴仆,勾践入见吴王时,跪拜叩首,感恩戴德的表情从脸上清晰地表现出来,吴王便命他去宫中养马。

越王和他的妻子、范蠡都居住在马圈里,穿的是破衣烂衫,吃的是粗糠野菜,勾践喂马,范蠡打草,王妃做饭洗衣,个个安分守己,尽心地喂马养马。

夫差每次出行,勾践都会备好马车,每到一处都当站马桩,吴国的百姓都认为此人太没骨气,于是朝他吐唾沫,弄得勾践满身都是唾液。有一次,吴王生病,要去厕所,勾践就请求饮溲尝便,判断病情。等尝过之后,高兴地对吴王说:"大王的病很快就会好的。"

就这样,越王勾践在吴国整整服了三年的苦役。与此同时,范蠡用重金收买了伯嚭,并向吴王献上美女西施,吴王终于赦免了勾践,放他回国,勾践回国以后,一面仍给吴国纳贡,一面卧薪尝胆。他鼓励生产,亲自下地耕田,并加强军备建设,积蓄力量。越国的人口于是猛增,生产迅速发展,军事力量一天天强大起来,在二十二年之后,越王率军攻打吴国,吴军惨败。吴王夫差羞愧难言,自杀身亡。越王勾践终于灭掉吴国,报了会稽之耻,然后挥师北渡淮水,兵临齐、晋在中原发号施令,勾践由此称霸中原,而范蠡也被封为上将军。

范蠡急流勇退

越王勾践灭掉吴国,班师回越,设宴庆功。范蠡因谋划征伐之功大,官封上将军。乐师作《伐吴》之曲,曲中有词赞文种、范蠡之功,群臣欢悦祝贺,越王却面无喜色。范蠡察觉了这一微妙细节,引发了他的深思;越王为了灭吴兴越,不惜忍辱负重,卧薪尝胆。如今如愿以偿,功成名就,他便不想归功于臣下,狐疑妒忌之心已见端倪。盛名之下,难以久居,如不及早急流勇退,日后空无葬身之地。

次日,范蠡正式向越王提出辞呈,越王说:"寡人正要与你共享越国,你怎么要辞官隐居呢。"

范蠡辅佐越王勾践多年,对他的心胸比较了解,对于宦海的沉浮、世态的炎凉有着深刻的认识。看出越王的所谓"共享越国"纯系虚语。关键的时刻,头脑应该清醒,于是他断然地对越王说:"君行其法,我行其意,死生唯王,臣不顾矣。"

当晚,范蠡不辞而别,携带家眷私属和珍宝珠玉,乘着一叶扁舟,涉三江,入五湖,辗转来到齐国。他与儿子们耕作于海边,辛勤劳动、治理产业。没有多久,由于经营有方,家产竟达数十万。齐国人听说他才能出众。就让他出任宰相。他叹息说:"居家则致千金,居室则至卿相,这是一般人的极致,如果长久享受这样的尊名,不是什么好事。"于是他交还相印,将资产分给亲友邻里,自己只带几件珠宝,离开齐都而到了陶(今山东定陶)。

他认为陶居天下中心,四通八达,便与交易,便于经商为业,每日买贱卖贵,取百分之十的利润,没过多久,又集聚资产巨万,成了天下首富,号称陶朱公,名播于天下,垂于后世。

战 国

富国强兵　不必墨守成规

公孙鞅到秦国以后,用富国强兵的办法游说秦孝公,孝公十分高兴,就和他进一步商讨国事,同意变法主张,但秦国民众听说后不高兴。公孙鞅对秦孝公说:"一般人的通病是安于现状,因此当政策在开始推行的时候,不可以和他们共同讨论,只可以和他们共享成功的果实。德行高尚的人,讲的话往往和世俗的说法不同,成功立业的人,做的事也经常和众人的计划不一样。所以只要圣德的国君认为能富国强兵,是不必墨守成规的。"秦孝公说:"说得好。"于是任命公孙鞅为左庶长,制订了变更法度的命令。

腹䵍诛子

墨家有个大师腹䵍住在秦国,他的儿子杀了人。秦惠王对腹䵍说:"先生您的年纪已经很大了,只有一个儿子,我已下令给司法官不杀他了,希望先生在这件事情上听从我的话。"腹䵍回答说:"墨家的法律规定:杀人者处死,伤人者受刑。严禁杀人、伤人,这是天下的大理。大王您虽然赐给我恩惠,命令司法官不杀我的儿子,但是我腹䵍却不可不执行墨家的法律。"腹䵍没有应允惠王,最终杀了自己的儿子。

王后解玉连环

秦昭王派遣使臣送给齐国君王后一副玉连环,说:"齐国人足智多谋,能够解开这连环吗?"齐国的群臣不知道怎样才能解开。君王后用铁槌击破玉连环,告诉秦国使臣说:"已经解开了。"

列子拒粮

列子本名列御寇,战国时期道家思想的代表人物。

列子一生安贫乐道,不求名利,因为生活贫穷,家人常常连饭都吃不饱。有人对郑国的宰相子阳说:"列御寇是一位有道之人,居住在你治理的国家却是如此贫困,世人恐怕就此会认为你不喜欢贤达的士人吧?"子阳为了博得一个好士的名声,立即派人给列子送去十车粮食,列子坚辞不受,让来人把十车粮食依旧拉了回去。列子的妻子埋怨列子说:

"是宰相看得起你,才来给你送粮食,你拒不接受,我们全家人个个面黄肌瘦,营养不良,难道是命里注定要忍饥挨饿吗?"

列子笑着对妻子解释说:"这粮食咱不能要。因为子阳并不了解我,他是听了别人的话才给我送粮食。今后,他也可以听别人的话加罪于我呀。"

一年后,郑国发生变乱,子阳被杀,其党众多被株连致死,列子得以安然无恙。

孟子以义说惠王

孟子拜见梁惠王。惠王问:"老先生不远千里来见我,将用什么方法使我的国家得到好处呢?"孟子回答说:"大王为何非要谈好处呢?只要有仁义就足够了。如果大王说'对我的国家有什么好处',贵族大臣开口就是'对我家族有什么好处',平民百姓开口就说'对我个人有什么好处',这样从上到下都追求私利,那么整个国家便到了岌岌可危的地步了。在一个拥有万乘战车的国度里,犯上作乱杀其君主的肯定是那拥有千乘战车的贵族大臣;在一个拥有千乘战车的国家中,杀君上的肯定是那拥有百乘战车的贵族之家。在万乘战车的国家中就能拥有千乘,在千乘战车的国中就能占有百乘,富贵程度实在是够高了,但是处在先谈私利到后讲公义的情势中,不杀君夺权独占整个国家便永远不会满足。讲'仁'的人决不会遗忘其父母亲人,有'义'的人决不会做出不忠于君主的事来。大王只要以仁义为本,就足以保国安民了,何必开口就是好处呢?"

太史公说:我读《孟子》一书,读至梁惠王问道"怎样有利于我的国家"时,不免掩卷感叹。心想:可叹啊,功利确实是一切祸乱的根源。孔夫子之所以极少说到功利,是为了时刻对祸乱的根源加以防范。因此,他老先生说:"一味根据自己的利益行事,会招致多方面的怨恨。"从天子到普通百姓,追求功利所带来的恶果,有什么不同呢!

什么最重要

孟子说:"干事情,什么是最重要?为父母干事最重要。守护,什么最重要?坚守自己的信念最重要。信念坚定的人能够奉养自己的父母、亲人,这我相信;心灵迷失信念不存的人却能善待自己的父母,我从没听说过。谁的一生不干点事情?赡养父母是所有事情中最根本的必须要干的事;谁的一生不保存点东西?保持自己的信念是所有东西中最根本的最需珍视的东西。"

做一个好人的根本原则

孟子说:"身为低级官吏而不能赢得上级的支持,对属下的百姓就无法管理好。赢得上级支持的办法是对朋友守信,对朋友不讲信义,就无法取得上级的信任;取信于朋友也有办法,就是爱护自己的亲人,不能侍奉得父母高兴,也不能取信于朋友。让父母高兴有办法,就是自己要诚恳,不是发自内心的虔诚,就不能让父母高兴。自身诚挚也有办法,就是要知善恶,如果不知道什么是善良美好,也就不能使自己内心诚恳。所以说,诚恳,是上天赋予人类的根本品质;追求内心的诚恳,是做一个好人的根本原则。在诚挚的态度面前不被感动的人是没有的,而没有诚心的人,是从来不会感动别人的。"

人与人的伦常关系

孟子说:"后稷教导百姓种庄稼,栽培谷物。谷物成熟了,就可以养育百姓。人之所以为人,吃饱穿暖了,住得安逸了,如果没有教化,也和禽兽差不多。圣人又为此忧虑,便派契担任司徒,以人与人的伦常关系来教诲百姓——父子之间要有骨肉亲情,君臣之间要有礼仪之道,夫妻之间要内外有别,长幼之间要有尊卑之序,朋友之间要有诚信之德。尧说:'督促他们,纠正他们,帮助他们,使他们各得其所,然后加以提携和教诲。'"

国君爱民,民才拥护国君

邹国同鲁国打仗,邹国被打败了。

有一天,邹穆公对孟子说:"这次战争,我的官吏死了三十人,百姓却没有一个去援救的,这些百姓实在可恨。杀了他们吧,人太多,杀不了那么多;不杀吧,他们又是那样可恶。你看,该怎么办才好呢?"

孟子回答说:"在饥荒的岁月里,你的百姓有的饿死了,有的逃荒流浪。可你的谷仓里堆满了粮食,你的官吏也不向你报告,也不开仓赈济百姓,使许多人在饥寒交迫中死去。这是官吏不关心人民疾苦的表现。孔子的学生曾子说:'当心啊!你怎样对待人家,人家也会怎样对待你。'您不能过分地责备老百姓。如果国君爱护百姓,百姓就会拥护国君,并愿意为国出力,甚至牺牲生命。"

仁者无敌于天下

梁惠王说:"我们晋国,在天下各国中算得上强盛无比了,可传到我这一代,东边败给了齐国,连太子也送了性命;西边又败给了秦国,丧失了七百里国土;南边也屡遭楚国蚕食。我无时无刻不铭记这些耻辱,常常想报仇雪恨。先生您看该如何才能达成我的心愿呢?"

孟子回答:"只要拥有方圆百里的国土,就可称王于天下。大王如果对百姓施行仁政,减轻刑罚,降低赋税,使百姓安心于耕种田地,年轻力壮的人在耕种之余学习孝敬父母,和睦兄弟,忠于君长,尊敬长辈,善待朋友。达到了这种程度,就可以让他们拿起武器来对付秦、楚这样的大国了。哪个国家虐害自己的民众,大王就发兵去征讨他,哪个国家能够抵抗您呢?所以说,仁者是无敌于天下的。"

识别人的真实心术

孟子说:"看一个人,最好的办法是看他的眼睛。因为眼睛不能掩盖人心中的丑恶,要是内心正直胸怀坦荡,那么眼睛就清晰明亮;要是内存奸诈,胸怀叵测,那么眼睛就是浑浊迷蒙。听他的说话,看他的眼睛,这个人的真实心术又怎能掩盖得了呢?"

人皆有不忍之心

孟子说:"每个人都有怜悯别人的心情。一个人,如果没有同情之心,简直不是个人;如果没有羞耻之心,简直不是个人;如果没有推让之心,简直不是个人;如果没有是非之心,简直不是个人。同情之心,是仁的开端,羞耻之心,是义的开端,推让之心,是礼的开端,是非之心,是智的开端。一个人有这四种开端,正好比他有四肢一样(是自然而然的),有这四种开端却自己认为不行的人,这是自暴自弃的人。凡具备这四种开端的人,如果晓得把它扩充起来,便会像刚刚燃烧的火(终必不可扑灭),刚刚流出来的泉水(终必汇成江河),假若能够扩充,便足以安定天下,假若不扩充,便连赡养父母都不可能。"

与人为善

孟子说:"子路,别人指出他的错误,他便高兴。禹听到对他有益的话,他就会给人家敬礼。伟大的舜更是了不起,他做有益的事,没有别人和自己的情分,抛弃自己的不是,接收别人的是,非常愉快地汲取别人的优点来做有益的事。从他种庄稼、做瓦器、做渔夫,一直到做天子,没有一处优点不是从别人那里吸取来的。吸取别人的优点来做有益的事,这就是偕同别人一道做有益的事,所以君子最高的德行,就是偕同别人一道做有益的事。"

因礼仪欲休妻

古时,按照礼法的要求,妇女在家必须尊敬长辈和丈夫,在人面前不能叉腿而坐。一天,孟子的妻子独自一人在家叉腿而坐,被孟子看见,就对母亲说:"这个妇人不讲礼仪,请准许我把她休了(即离婚)。"孟母问:"为什么呢?"孟子说:"我看见她在家叉腿而坐。"孟母说:"这是你不讲礼仪,不是妇人不讲礼仪。《礼经》上说:将要进门的时候,先要问屋里谁在里面;将要进厅堂的时候,要先高声传扬,让里面的人知道;进屋的时候,必须眼往下看。《礼经》这样讲,是为了不让人措手不及、无所防备。现在,你妻子在家休息,你进屋时又没有声响,人家不知道,因而让你看到了她这个样子。这是你不讲礼仪,不能责怪妻子。"孟子听了母亲的教导,就主动认识了自己的错误,再不提休妻的事了。

五十步笑百步

一次,梁惠王对孟子说:"我对国家是很尽心的了,看看邻近的国家,也没有像我这么用心的,可是邻国的人民没有减少,我的人民也没有增多,这是怎么回事呢?"孟子就用作战来比喻:"有的人逃跑时后退了五十步,有的人后退了一百步,退五十步的人可不可以笑退一百步的人呢?"梁惠王说:"不可以,虽然不是退了一百步,但都是逃跑啊。"孟子的意思是,梁惠王虽然自己觉得治理国家是尽心尽力了,但其实与其他国君只是程度上的差别而已,没有什么本质的不同,当然国势就不会有根本的改观。

小勇与大勇

有一次,齐宣王问孟子:"请问先生,和邻国相交有什么原则和方法吗?"

孟子答道:"有的。只有仁爱的人才能以大国的身份来服侍小国,只有聪明的人才能够以小国的身份服侍大国。以大国的身份服侍小国的,是以天命为乐的人,这样的人足以安定天下,谨慎、畏惧的人足以保护自己的国家。"

齐宣王说:"您的话很有道理。不过,我有个毛病,我喜好勇武,恐怕不能够服侍别国吧!"

孟子说:"那么,大王就不要喜好小勇。"

齐宣王问:"什么叫小勇呢?"

孟子说:"有一种人,只是手按着刀剑,瞪着眼睛说:'你怎么敢抵挡我呢!'这是匹夫之勇,只能敌得住一个人。我希望大王能够把这种小勇扩大,扩大到像周文王和周武王一样的大勇。"

齐宣王问:"什么是文王和武王的大勇呢?"

孟子说:"《诗经》上说:'我王勃然一生气,整顿军队向前进,阻止敌人侵犯莒国,增强周国的威望,以报答各国对周国的向往。这便是周文王的勇。文王一生气,便使天下的百姓得到安定。殷纣王却横行霸道,弄得民怨沸腾,周武王认为这是奇耻大辱,于是讨伐纣王,使天下的人民得到安定,这便是武王的勇。如今,如果您为了使天下的百姓得到安定而生气,那么,天下的百姓怎么会害怕您喜好勇武呢!"

齐宣王高兴地笑了。

不同的卿大夫

齐宣王问有关卿大夫的事。孟子说:"大王问的是哪一类的卿大夫呢?"

齐宣王说:"卿大夫还有所不同吗?"

孟子说:"有不同。有王室宗族的卿大夫,有异姓的卿大夫。"

宣王说:"那王室宗族的卿大夫会怎样做呢?"

孟子说:"君王有重大过错,他们便加以劝阻;反复劝阻而君王不听从,他们便改立君王。"

宣王听后,脸色大变。

孟子说:"大王不要怪我这样说。您问我,我不敢不实话实说。"

宣王听后,脸色才恢复正常,又问:"那异姓卿大夫会怎样做呢?"

孟子说:"君王有过错,他们便加以劝阻;反复劝阻而君王不听从,他们便辞职而去。"

自暴自弃

孟子说:"自暴的人,没必要跟他谈什么;自弃的人,没有必要跟他一起干什么。开口就非议礼和义的人,就是所谓的自暴;自身不能坚守仁的信念遵循义的规范,就是所谓的自弃。仁,是人们心灵的最佳归宿;义,是人们行为的正确道路。空着宽阔的房屋而不去住,放着正确的路而不走,真使人悲哀啊!"

人皆可以为尧舜

孟轲问子思:"尧帝、舜帝、周文王、周武王的礼乐之道,可以通过努力达到吗?"子思说:"这些圣人,是人;你,我,也是人。称颂他们所讲过的话,做他们所做过的事,夜里思考,白天践行,勤勉而急切地去做,如同农民务农不违农时,商人经商追逐利益,哪里还有不能达到的呢?"

赞颂孔子

有一次,公孙丑问:"伯夷(商朝人,周灭商后,耻食周粟而饿死)、伊尹(商初大臣,世称贤相)能与孔子相提并论吗?"

孟子说:"不能,自有人类以来,没有能与孔子相提并论的人。"

公孙丑说:"那么。他们有共同之处吗?"

孟子说:"有。得到方圆百里的土地而统治之,他们都能使诸侯来朝见而拥有天下;如果要杀一个无辜的人才能得到天下,他们都不会这样做。这就是他们的共同之处。"

公孙丑说:"请问孔子与他们有何不同的地方呢?"

孟子说:"宰我、子贡、有若,他们的智慧足以了解孔子,即使有所夸大,也不至于阿谀吹捧他们所敬爱的人。宰我说:'根据我对老师的观察,老师远远超过了尧舜。'子贡说:'见了一国礼制,就能知道一国的政治;听了一国的音乐,就能了解一国的德教;即使一百代以后来评价这一百代的君主,也没有谁能违背孔子这个道理的。自有人类以来,没有比得上孔子的。'有若说:'岂止是人类有这样的不同!麒麟对于走兽,凤凰对于飞鸟,泰山对于土丘,河海对于水沟,都是同类的;圣人对于一般的人,也是同类。这些都高出了同类,超出了同群。自有人类以来,没有比孔子更伟大的人。'"

赞孟母诗

孟母姓仉,战国邹(今山东邹县)人。她的丈夫是鲁国公族孟孙的后裔。她生下孟轲不久,丈夫就不幸染病身亡,她不得不既当慈母,又当严父,担负起抚育与教养孟轲的重任。

孟母既懂得为人母之道,懂得作为一个母亲的重大职责和作用,严于教子,从不姑息迁就,从不放任自流,任其发展;又善于因势利导,注意方式方法,善于利用环境,在潜移默化之中做好转化工作。"孟母三迁""孟母断机"也就成为千古流传的佳话。后人作诗赞曰:

> 瞻彼泰山百尺巍,
> 孟轲贤母德徽徽。
> 三迁渐化欣相得,
> 一断严规识所依。
> 奉孔崇曾须有道,
> 修身冶性必防微。
> 立言亚圣垂青史,
> 教子虞韶和者稀。

武灵王改穿胡服

赵武灵王十九年,大会群臣于信宫。召见肥义,共议天下大事。武灵王说:"我先王适应时局的演变,称雄长于南藩之地,凭借漳河滏水之险,修建长城,又攻取蔺、郭狼,击败林胡于荏,可是大功尚未告成。中山仗恃齐国的强兵,侵占我土地,捆绑我人民,引水倒灌高邑,高邑几乎不守。现在北有燕,东有东胡,西接林胡、楼烦、秦、韩的边境,如果没有强大武力作后盾,国家社稷危亡在即。"王又说:"我现在要继承襄王的步伐,开拓疆土于匈奴西翟之乡,达到光大列祖列宗的勋业。凡有超人作为的人,必定遭到落后势力的反对。有独到见解的,就要承担傲慢无知者的埋怨。我打算改衣匈奴之服,训练百姓骑射的本领,肯定要遭到社会舆论的非议,如何是好?"肥义说:"我听说:犹疑不决,办不了大事。行止无常,不会有好声名。王既然决定不顾落后势力的反对,就不要管天下人的议论了。须知有崇高德行的人,不迁就世俗的成见,创建宏伟事业的人,不一定凡事皆就商于民众。愚人对如何走上成功之路,心中无数;智者对未来的发展,则了如指掌。大王还有什么顾虑啊!"赵王说:"胡服骑射所取得的成功,不可限量!即使世间的人都跑来笑我,胡地中山是会为我所有的。"于是武灵王改穿胡服。

大勇之人

赵惠文王的时候,赵国得到了著名的楚国和氏璧。秦昭王听到这件事,派人送信给赵王,表示愿意用十五座城邑与赵国交换和氏璧。赵王同诸大臣商议:假如把和氏璧给了秦国,秦国未必会给十五个城邑,白白地受他们的欺骗;假如不给,又怕由此招秦军来犯。谋议未决,要物色一个回复秦王的使者,也未找到。宦者令缪贤说:"我的舍人蔺相如是位勇士,足智多谋,可充任使者。"于是赵王召见蔺相如,经过交谈,赵王感到很满意,就派蔺相如带着和氏璧,西去秦国。

秦王坐在章台接见蔺相如,相如双手捧着和氏璧献给秦王。秦王非常高兴,把和氏璧传给众妃和大臣们观赏,他们一齐欢呼起来,高呼"万岁"。蔺相如看出秦王并没有用城邑交换和氏璧的诚意,就走上前去说:"这玉璧上有疵点,请让我指给大王看。"秦王把璧交还给他,相如便捧着璧往后倒退,靠着一根柱子,怒发冲冠,对着秦王说道:"大王想要得到和氏璧,派人送信给赵王,于是赵王就斋戒了五天,郑重地把国书和和氏璧交给了我,让我来献给大王。今天大王只在一般的台观接见我,礼节很是简慢;我看出大王您并无与赵国交换和氏璧的诚意,所以我又要回了玉璧。大王要是硬逼我,今天我的头就和玉璧一齐撞碎在这柱子上!"秦王唯恐他会撞碎了玉璧,就连连道歉,并拿来地图,指着地图说从这里起的十五座城邑划给赵国。蔺相如看出秦王只是做做样子欺骗人,就对秦王说:"赵王在把和氏璧送给秦王时,斋戒了五天,现在大王您也应当斋戒五天,安排九宾迎接之典礼,我才好奉献上玉璧。"秦王只好同意这样办。蔺相如揣度秦王一定会违约的,就命随从打扮成平民百姓模样,把玉璧送回了赵国。最终秦国并没有割城给赵国,赵国也就没有把和氏璧送给秦国。

蔺相如请秦王击缶

秦王邀赵王在渑池相会,蔺相如随赵王同行。秦王与赵王饮酒,饮到欢畅时,秦王请赵王弹奏瑟,赵王弹了瑟。蔺相如也请秦王击缶,秦王不肯。蔺相如说:"在这五步之内,我将用颈血溅洒大王了!"秦王身边的随从想刺杀相如,相如瞪目大声呵斥,吓得随从都向后退却。秦王心中很是不快,只好击了一下缶。相如回头招来赵国的御史说道:"某年某月某日,秦王为赵王敲缶奏乐。"

触龙说赵太后

赵孝成王刚登位,年纪还轻,由赵太后掌理朝政。秦国发兵攻赵,情况非常危急。赵国向齐国求援,齐王说:"必定要用长安君做人质,齐国方可出兵援赵。"但赵太后不答应。

大臣们都极力劝谏,赵太后生气地说:"如果再有人劝我要长安君做人质,我就往他脸上吐口水。"

这时左师触龙请见赵太后说:"臣有小儿子叔祺,年纪小无出息,但臣却很疼爱他,如今臣年纪大了,希望能让他补卫士缺来保卫王宫,臣冒死向太后提出请求。"太后说:"男人也如此疼爱小儿子吗?"左师说:"比做母亲的还要疼爱?"太后笑着说:"母亲才疼得厉害!"左师说:"臣认为太后疼爱燕后远超过疼爱长安君。"太后说:"你错了,我疼爱燕后远不如爱长安君。"左师说:"父母既疼爱子女,就应替他作长远打算。当燕后出嫁时,太后拉着燕后哭,为她远离而悲伤,她既然已出嫁了,虽说天天都在想念她,可在祭祀时却为她祝福:'不要让她回来!'这是为她长远打算,希望她的子孙能继承王位。"太后说:"是的。"左师说:"如今追溯三代以前,赵国开国时子孙被封侯的,如今还存在吗?"太后说:"没有了。"左师说:"这其实是和他们身份地位与功绩的不成比例有关,所以,灾祸来得快一些的,第一代就遭殃了;即使灾祸出现得慢些,迟早也要落到后代子孙身上。难道国君的子孙中必定都是坏的吗?只由于他们的爵位高但无功绩,俸禄厚但不做事,如今太后一再提高长安君的爵位,把肥沃的土地都封给他,又赐给他许多国宝,如果不趁现在让他为国立功,有一天太后去世,长安君如何在赵国立足呢?臣觉得太后不是替长安君作长远打算,所以臣才认为,太后爱长安君不如爱燕后。"

太后说:"好吧!就随你们的意思,派他到齐国做人质吧!"

赵国为长安君准备了一百辆车,随长安君到齐国作人质,齐国发兵救赵、秦军退。

赵奢理财

赵奢负责征收租税,但平原君家不肯按规定缴租。赵奢便执法惩治,将平原君家管事的人杀了九个。平原君大怒,要杀赵奢,赵奢于是进言说:"您是赵国的贵公子,任家人不交租税,不遵从国家的规定,这样一来就会削弱法律的效力,法律失去了效力,就会导致国家衰弱;国家衰弱,就会引来诸侯入侵;诸侯入侵,就会灭掉赵国,到那时,您又怎么可保您的财富呢?反之,像您这样身居高位的人,维护国家利益,遵守国家法律,就会使全国上下一心;上下一心,就会使国家富强;国家富强了,赵氏的地位就会巩固,而您贵为国戚,难道还会被天下诸侯轻视吗?"平原君认为赵奢是个有才能的人,就把他推荐给赵王。赵王让他管理全国的财政赋税。他果然管理得井井有条,收支平衡,国民富足而国库充盈。

伙夫救赵王

赵王联合张耳、陈余的军队驻扎在燕国边界,准备攻燕。赵王有次出来走动,被燕军俘虏。燕国便拿赵王作为人质,要求赵国割地给燕,才肯归还赵王,赵派去的使者,都被燕国杀了,坚持要让赵国割地,弄得张耳、陈余没有办法。军中有位伙夫说:"我去替二公出使说燕,要回赵王。"张、陈没别的办法,只好让他去试试。伙夫来到燕军大营,燕军主帅接见。伙夫问燕帅说:"你知道张耳、陈余的目的是什么吗?"燕帅答:"想救回赵王。"伙夫笑着说:"你不知二人真正的目的。当初那武臣、张耳、陈余没有用兵打仗就得到了赵国的几十个城邑,他们三人都想登上王的宝座,后来只好以年龄的大小立武臣为王。现在你囚禁了赵王,他们希望你把赵王杀了,他们就能分赵地而称王。然后他们再联合起来,以你杀死赵王的罪名来讨伐燕国,燕国很快就要灭亡了。"燕帅一听,当即释放了赵王,伙夫亲自驾车同赵王一起回营。

廉颇负荆谢罪

渑池之会后,赵王认为蔺相如功劳最大,便拜他为上卿,地位超过了老将廉颇。廉颇觉得自己出生入死,立下汗马功劳,而蔺相如不过就凭两片嘴,却超过了自己,便发誓说:"我要见到蔺相如,一定羞辱他!"蔺相如听说后,处处避免和廉颇见面。每当上朝时就推说有病,避免和廉颇发生争执。

有一次,蔺相如带着随从出行,远远地望见廉颇的车马走过来,便让自己的车躲起来。几次三番,总是这样。跟随他的侍从们都纷纷发起牢骚,提出辞职不干了。蔺相如耐心地对他们说:"诸位看是廉颇厉害,还是秦王厉害?"大伙说:"当然是秦王厉害。"蔺相如说:"既然如此,那叱咤风云的秦王,我都敢当众呵斥,难道我反怕廉颇将军不成?我看,实力强悍的秦国之所以不能侵犯赵国,就是因为我们两人在。如果我们两虎相斗,必然会两败俱伤,那就给秦国以可乘之机。我之所以要忍气吞声,就是以国家为重呀。"

后来,廉颇知道了蔺相如的良苦用心,十分羞愧,便脱掉上衣,光着膀子,背负荆条,到蔺相如家登门谢罪,意思是说你可以随便用荆条抽我以示惩罚。蔺相如一见连忙跪下,两人互诉衷情,从此结下了同生共死的友谊。

赵括之败

赵括母亲听说赵括被任命为将军,急忙上书赵王说:"我的儿子赵括只知读兵书,却不知变通,不是大将之才,希望大王不要任他为将。"赵王便召赵括之母,听他细说意见。赵母说:"我丈夫做将军时得到的赏赐,全部分给部众;受命之日,即宿于军中,与士卒同甘共苦,不问及家事;遇事向大家请教,丝毫不敢自专。现在赵括刚做了将军,便趾高气扬。令士卒不敢仰视;他得到的赐物,全部拿回家中,这样做事岂能做好将军。他父亲临终曾对我说:'赵括如做将军,必使赵军失败!'请大王另选良将,千万别任用赵括!"赵王没听赵母之言,仍以赵括为将。后来,赵括率军与秦作战,大败,赵军全数投降,四十万将士全部被活埋。

谢失敬之罪

平原君为国家立了大功,倍受赵王尊崇,在列国中名望也很高。他与客居邯郸的魏国公子信陵君交往密切,后来他听说信陵君与赵国的毛公、薛公交往甚密,便对夫人说:"从前我听说令弟是天下豪杰,内心十分倾慕,现在令弟天天与赌徒、卖浆者厮混,看来是徒有其名!"

夫人将此话告诉弟弟信陵君,信陵君一直把平原君引为知己,闻听此事,便吩咐众宾客收拾行装,准备离开赵国。平原君闻知,大吃一惊,连忙向夫人询问原因,夫人道:"毛公、薛公本来是天下闻名的隐士,无忌(信陵君)才与他们交往,你却把他俩当成赌徒、卖浆之流,无忌认为你不是贤良之士,所以不愿再在赵国住下去。"

听夫人讲完,平原君满面羞愧,掩面长叹说:"我身为赵国相国,却不知赵国有两大贤人,信陵君却知道,我与信陵君差得太多了!"随即去见信陵君,免冠顿首,谢失敬之罪,信陵君便取消了离开赵国的打算,二人又和好如初。

平原君杀美人

平原君赵胜喜爱美人,在他的府中筑画楼,供美人居住。一日,有一跛足者走至楼下,美人在楼上看见,就大笑不止,使跛子十分难堪。跛子求见平原君,说:"久闻公子求贤若渴,礼先下士,我不远千里前来投靠,我不幸跛足,行走不便,你的美人见而耻笑,我不甘心受妇人之辱,现在我要笑我的那位妇人之头。"平原君说:"先生之言极是。"跛子走后,平原君笑着说:"这个人真是太过分了!美人不过笑了笑,竟然要她的命,岂有此理!"这件事就这样过去了。

到了这一年的年底,平原君核定门客人数,发现门客减少了一大半,他大感诧异,便召集门客聚会,问道:"赵胜诚心待诸君,毕恭毕敬,不敢失礼,今纷纷不辞而别,是什么原因呢?"有一人出来回答说:"您不杀笑躄之美人,重色而贱士,众人大失所望,因此散去。"平原君听了,非常惭愧,对众人说:"这是我的过错!"当即将佩剑授予属下,将美人杀死,他亲自捧着首级去向跛子请罪。众门客得知后称颂平原君贤明,离去的门客也都陆续回来,很快平原君的门客达到数千人。后来,平原君重义好贤之名,如日中天。

毛遂讥众

秦攻赵,赵王使平原君求救于楚。平原君要选门下文武具备者二十人,只得十九人,毛遂自荐以备数,平原君许之。及至楚,楚王犹豫不决。毛遂按剑靠近楚王说:"秦夺楚之鄢郢,烧夷陵,辱大王之先人。此楚国之辱,赵国也感到羞愧。今合纵为了楚国,并非只为赵国。"楚王便同意结盟共同抗击秦国。毛遂招十九人上殿说:"公等碌碌,所谓因人成事者也。"

敬其在己

荀子认为,天是大自然,而不是神,无意志,天行有常,不为尧存,不为桀亡。故所有一切贫病祸凶,也并非出自天意,天是没有这种能力的,纯是各人自己所为。

荀子说:务农而节用,则天不能使他穷;营养足而动作顺时,则天不能使他疾病;循道而无差失,则天不能给予他以祸害。反过来,人们如果不自行努力,则天也不能有所给予。荀子说:农桑已荒,而又用度奢侈,则天不能使他富;衣食不足,而又不发奋努力,则天不能给他办法成全他;背道而驰,行为不正,则天不能给他以幸福。

所以人们不应当"慕其在天者",相信天;而应当"敬其在己者",相信自己的努力,相信自己的力量;这样才可以"日进"而不致"日退",才会生活得好,才会幸福。

圣人　贤人　小人

荀子在《非十二子》中论道:"相信应该相信的,是诚信;怀疑应该怀疑的,也是诚信。尊崇贤人,是仁,鄙视不肖之徒,也是仁。说话得体,是智慧的,所以懂得沉默与懂得说话是一样的。说话很多,但都合于礼仪,这是圣人;说话很少,但合于法则,这是君子;说话很多,但不合礼法,却沉溺其中,即使说得头头是道,这是小人。所以费力而对百姓的事情没有帮助,这叫奸事;劳心费脑,而不合于先王的法则,这叫奸心;辩说比喻,口才敏捷,但不遵循礼仪,这叫奸说。这三奸,是圣王所禁止的。"

为将之道

荀况说,为将之道有"五权""六术",即不要为保住自己将领职位而放弃自己取胜的策略去迎合君王的主张;不要因急于胜利而忘记还有失败的可能;不要对内威慑而对外轻敌;不要见到利益而不顾忌它的害处;考虑问题要仔细周详而使用钱财要慷慨宽裕。这称之为"五权"。

谋虑最关键的是抛弃成败不明的因素,行动最重要的是不产生过失。所以制定号令法规,要严厉、威重;赏功罚过,要遵守信义;营垒、辎重要周密严固;前进、后退要快速敏捷;探测敌情,要行动机密;与敌军遭遇,进行决战,一定要打有把握之仗。这称为"六术"。

总之,军事行动,如果获得成功,必定是由于严肃对待它;如果造成失败,必定是由于轻视了它。因此,严肃胜过懈怠,便能取得胜利;懈怠胜过严肃,便将自取灭亡;谋划胜过欲望,就事事顺利,欲望胜过谋划,就会遭遇不幸。

人有三不祥三困境

荀子在《非相》中说:"人有三件不祥之事,年轻而不肯侍奉年长的,地位低而不肯侍奉地位高的,才智驽钝而不肯侍奉贤能之士,这是人的三种不吉祥行为。人在三种情况下一定会处于困境:做君主的不爱护臣下,做臣子的喜欢非难君主,这种人必处于困境;当面不顺从,背后毁谤别人,这种人必处于困境;知识品行浅薄,才能又与贤人差很多,却不能推举仁人、尊崇智士,这种人必处于困境。人如果有这三种情况,做君主就一定会危险,做臣子就一定会灭亡。"

福莫长于无祸

荀子在《劝学》中说:"不登高山,就不知道天有多高;不临深涧,就不知道地有多厚;不懂得先代帝王的遗教,就不知道学问有多么的广大。吴国、越国、东夷、北貉之人,刚生下来啼哭的声音都是一样的,长大后风俗习惯却各不相同,就是教育使他们如此的。"《诗经》上说:"君子啊,不要老是想着安逸。恭谨地对待你的本职,爱好正直之道。神明听到这一切,就会赐给你巨大的幸福。"精神修养没有比受道的教化更大的,福分没有比无灾无祸更长远的。

君子善假于物

荀子说,我曾经整天思索,却不如片刻学到的知识多;我曾经踮起脚远望,却不如登到高处看得广阔。登到高处招手,手臂并没有加长,远处的人却看得到;顺着风呼叫,声音并没有加大,闻者却听得很清楚。借助车马的人,并不是脚走得快,却可以到达千里之外;借助舟船的人,并不是水性特别好,却可以横渡江河。君子的天性跟一般人没有什么不同,只是善于借助外物罢了。

不傲不隐　谨顺其身

荀子说,凡所问非关礼者,不必告诉他。所告非关礼者,不要再去多问。有人说到与礼无关的事,也不必听。有意气求胜而无意者,不要同他辩论。所以抱着求道之心而来的,才能与之交往,不是为求道的就回避他。礼貌谦恭的,才可以告诉他达道的方法;言辞和顺的,才可以告诉他道德理论;脸色表现出从善之诚意的,才可以和他谈道的极致。不可以和他说却和他说叫急躁,可以同他说却不同他说叫隐瞒,不看脸色而说叫盲目。所以君子不急躁、不隐瞒、不盲目,顺其人之可与言否,小心谨慎地言说。《诗经》说:"不急迫,不缓慢,就会受到天子的赏赐。"说的就是这个意思。

见善而自存　见不善而自省

荀子说,见有善行,一定要恭谨自查,自己是否也有此善行;见到不善的行为,一定要惊心警惕,反省自己是否也有此不善。自己身上的善,一定要固守;身上的不善,一定要畏惧它如同灾祸。所以批评我而所言恰当的人,是我的老师;赞誉我而所言恰当的人,是我的朋友;献媚阿谀我的人,是害我的馋贼。所以君子尊崇老师而亲近朋友,对于馋贼则深恶痛绝。爱好善而永不知足,听到规谏而能戒惕,即使想不长进也做不到啊!

调理性情

荀子说,大凡调理性情、修养身心,最直接的途径是按照礼去做,最关键的是得到好的老师,最能发生神妙作用的是专心致志。这就是调理性情、修养身心的办法了。

言有招祸　行有招辱

荀子说,凡一种事物的兴起,一定是有它的根源。荣耀和屈辱的到来,一定是同一个人的思想品德有对应的关系。肉腐烂后就会生蛆,鱼枯死后就会生蛀,懈怠散漫,忘乎所以,灾祸就要发生了。刚强自取摧折,柔弱自取束缚。自己身上的邪恶污秽的东西,必然会招致怨恨。所以言语有时会招来祸患,行为有时会招致侮辱,君子自立之所一定要慎重选择啊!

学为修身

荀子说,君子为学,听在耳里,记在心上,外散于身体仪态之中,而表现于一举一动之间。即使是极细小的一言一行,都可以作为人的楷模。小人为学,从耳朵里进,从嘴巴里出,口耳之间不过才四寸,怎么能够对七尺之躯有补益呢!古代的人学习是为了修养自身,现在的人学习则是为了获取其他东西。君子学习,是为了完善身心;小人学习,只是想用所学的东西向他人显示。所以别人不问,你告诉了他,这是急躁,问一而告二,这是啰嗦。急躁是不对的,啰嗦也是不对的。君子当如钟的回响,问什么答什么。

庄子终身不仕

楚威王听说庄子贤能,派人去重金聘请,答应让他做卿相。庄子笑笑对楚使说:"千金的确是重利,卿相的确是尊位,但是你没见过天子祭祀天地时所用的牺牛吗?这些牛被饲养好几年,然后被披上彩绣的衣服,送进太庙去做祭品,在这个时候,即使想做一只自由的小猪,还能办得到吗?你赶快走吧,不要玷污我的人格!我宁愿在有着污泥的小河沟里自由自在,也不愿被国君所约束,终身不做官,使我的心志快乐。"

橘　　颂

一天,屈原和他的朋友们到橘林去游玩,这些朋友们吃着香甜的橘子,望着橘林的美景,说说笑笑。而屈原望着橘林一片碧绿的枝叶,点点金黄的果实,若有所思。这时,一个朋友摘下两个黄澄澄的橘子,送到屈原手中,他缓缓地剥开将要成熟的橘子,激动地颂赞起橘子来:

　　辉煌的橘树啊,枝叶纷披。
　　生长在这南方,独立不移。
　　绿的叶,白的花,尖锐的刺。
　　多么可爱啊,圆满的果子!
　　由青而黄,色彩多么美丽!
　　内容洁白,芬芳无可比拟。
　　植根深固,不怕冰雪雰霏。
　　赋性坚贞,类似仁人志士。

这首《桔颂》,表现出屈原决心做个坚贞不屈的仁人志士,为国家的兴盛而贡献自己的一生。

兼相爱交相利

墨子说,天下人应该普遍相爱,互相兴利。爱别人的人,别人也爱他;兴利于别人的人,别人也利于他;憎恶别人的人,别人也憎恶他;损害别人的人,别人也损害他。要使天下富裕而厌恶贫穷,使天下治理而厌恶动乱,就应当普遍相爱,互相兴利,这是圣王的法则。

贵 义

墨子从鲁国到齐国，探望一个老朋友。老朋友对墨子说："现在天下没有人行义，你偏偏自己受苦去行义，你不如停止了吧。"墨子回答说："现在这儿有一个人，他有十个儿子，只有一个儿子耕种，九个闲着，那么从事耕种的儿子不得不更加紧干活了。为什么呢？因为张口吃饭的人多而耕作的人少。现在天下没有什么人行义，那么你就应该鼓励我去加紧行义，为什么反而要阻止我呢？"

鬼谷子告诫弟子

鬼谷子在给苏秦、张仪的信中说："你们两人都有赫赫功名，但春花到了秋天，不可能久盛不衰。现在你们两人喜欢像早晨露水一样的荣誉，忽略了建立长久功业的打算。轻视像乔木、松树一般的声名之永垂，崇尚一时之虚位。大凡女子对男子的爱情不等席子磨损就消逝，男子对女子的爱情不等车轮磨损就会丧失。我为你们真感到痛心啊！"

郑袖蔽楚王残害美人

魏王送给楚怀王一位美人，楚怀王很喜欢她，夫人郑袖知道楚王宠爱这位美人，也就假装很喜欢她，一切服饰珍玩，住室卧具，都按美人的喜好来置办，楚怀王知道后说："女人用来侍奉丈夫的是美貌，而有妒忌心也是女人的常情，现在郑袖知道我喜欢新人，她喜欢的程度居然胜过我，这简直是孝子侍奉父母，忠臣侍奉君王一样啊！"

郑袖知道楚王认为自己没有嫉妒心了，就对新人说："大王喜欢你的美丽，可是却不喜欢你的鼻子，你以后见大王定要捂住你的鼻子。"新人见到楚王，果真捂住了自己的鼻子。楚王问郑袖："新人每次见到我，就捂住她的鼻子，不知道是什么原因？"郑袖说："我知道，她是讨厌闻到大王身上的气味。"楚怀王生气地说："她真是大胆啊！"当即下令将美人的鼻子割掉。

王蠋有贤名

燕军一开始攻入齐国的时候，听说画邑人王蠋有贤名，于是就命令"环绕画邑周围三十里地内不准人们擅自进入"，这是因为王蠋的缘故。不久就派人对王蠋说："齐国人都很尊敬你的品行，我任你为将军，封给你万户作为食邑。"王蠋坚决地拒绝。燕人说："你若不听从，我将率领三军毁灭画邑。"王蠋说："忠臣不事奉两个君主，贞女不嫁两个丈夫。齐王没有采纳我的谏言，所以我才退出来在田野里种田。国家已经被攻破灭亡，我也不能使国家复存，现在又用兵来威胁我做你们的将军，这是让我助桀为暴，与其活着干这种不义的事情，倒不如受烹刑（古代用鼎镬煮人的一种酷刑）而死。"于是用绳子捆住自己的脖子吊在树上而死。

燕昭王拜贤

燕昭王在收拾残破的燕国后即位,他谦恭有礼,用丰厚的礼品延聘贤人来辅助他治理国家。他特去拜见燕国贤士郭隗,对郭隗说:"我要招贤纳士,先去拜见谁才好呢?"郭隗回答说:"我听说古代有一位国君,用千金求购千里马,三年都没有买到,他身边的侍臣说:'让我去寻求吧!'国王就派他去了。三个月后征到了千里马,可马已经死了,他就用五百金买下死马的头,回国去向国君复命,国君非常生气地说:'我寻求的是活马,怎么去买死马而白费我的五百金呢?'侍臣答道:'死马尚且用五百金来买他,何况是活马呢! 天下都知道大王喜欢买好马,千里马就会来到了。'于是不到一年,买到的千里马就有三匹,如今大王真想招贤纳士,请先从我郭隗开始,我郭隗尚且受到重视,何况胜过我郭隗的人呢?"于是燕昭王为郭隗修建了房舍,拜他为师。接着乐毅从魏国前来,邹衍从齐国前来,剧辛从赵国前来,贤士们争着聚集到燕国。

淳于髡隐语励齐威王

齐威王在位时,好荒淫作乐,彻昼宴饮,不问政事。文武百官也都放荡淫乱,各国都来侵扰,国家危险,身边近臣不敢规劝。淳于髡用隐语去劝他说:"国内有一只大鸟,落在大王的庭院里,三年不飞又不叫,大王知道这只鸟是怎么回事吗?"齐威王从中警悟,便说:"这只鸟不飞罢了,一飞就会直冲云霄;不叫罢了,一叫就会使人吃惊。"于是他精心治理国政,整顿军队,打击来犯的敌人。各诸侯国吃惊不小,皆把侵犯的土地归还齐国,齐国的声威一直持续三十六年。

齐威王赏罚

齐威王即位后,几年间,诸侯们纷纷来侵略,人民得不到治理。于是齐威王把即墨大夫招来,对他说:"自从你到即墨以来,每天都有人来诋毁你。然而我派人去视察即墨,田野被开辟出来,人民衣食充足,官府里没有延误耽搁的公事。东方因此安宁。这是你不巴结我的左右近臣来求取赞誉的缘故。"封赐他一万家人口的食邑。又把阿大夫召来说:"自从你去守阿城,每天都收到赞誉你的话,然而我派人去视察阿地,田野没有得到开垦,人民生活贫困。前些时赵国攻打甄地,你不能救助。卫国夺取了薛陵,你不知道。这是因为你用金钱财物贿赂我的左右近臣以求得赞誉。"当天,齐威王把阿大夫煮死,连身旁近臣中曾称誉阿大夫的人也全都煮死。齐国国人人人震惊畏惧,都不敢文过饰非,竭尽诚意为国服务,齐国大治。

人才为宝

齐威王二十四年,与魏王(梁惠王)在郊野上聚会打猎。魏王问道:"您也有宝物吗?"

齐威王说:"没有。"魏王说:"像我这样的小国,还有十颗能够照亮车乘前后各十二辆车那么远的直径一寸的夜明珠。齐国这样一个有上万辆兵车的大国,怎么会没有宝物呢?"齐威王说:"我对珍宝的看法与您不同。我的大臣中有一个叫檀子的,派他去守南城,那样楚国就不敢向东方来侵犯,泗水地区的十二国诸侯全都来朝见。我的大臣中有一个叫颁子的,派他守高唐,那样赵国就不敢到东面的河中来捕鱼。我的官吏中有一个叫黔夫的,叫他守徐州,就使得燕国人到徐州北门来祭告,赵国人到西门来祭告,迁移来跟随他的人有七千多家。我的臣子中有一个叫种首的,派他防备盗贼,就道不拾遗。我用这些人照耀千里远近,岂止是十二辆车远近呢!"梁惠王十分惭愧,怏怏不快地离开了。

章子不敢欺父

章子的母亲启得罪了他的父亲,他的父亲杀了他的母亲,把她埋在马棚下面。齐宣王许诺章子说:"我派你率军去应战秦军,如凯旋,我一定重新安葬你的母亲。"章子率军大败秦军,齐王果然要重新安葬他的母亲。章子谢绝说:"我并不是不能重新安葬死去的母亲。我的母亲得罪了先父,先父没有留下什么吩咐就死了;我没有得到父亲的吩时就擅自改葬母亲,这是在欺骗死去的父亲。所以不敢这样办。"

才女钟离春

齐国无盐邑,有一个名叫钟离春的女子,她先天不足,与生俱来的缺陷极多,她头顶下凹,两只眼睛深陷,鼻梁骨很高,喉头甲状软骨隆起,有如男子,手指关节粗壮,脖颈粗,头发少,胸部向前凸出,皮肤黑得像漆一样。因为她生得奇丑,所以近四十岁了,也没有人向她求婚。

钟离春尽管容貌丑,但生性聪慧,才智过人,特别是有一颗黄金似的心,鉴于齐宣王的大兴土木,劳民伤财,以至于百姓惊惶、疲惫,万业萧条;又鉴于齐宣王的贪图享乐,贻误国事,钟离春决定前往京城,谒见齐宣王,陈述自己对国家大事的看法。

当她来到京城临淄要进渐台时,站岗的卫士见到这个丑陋无双的女子,便将她拦住,命令她走开。钟离春对卫士说:"我来到临淄,就是要见齐王,请你进去禀告,就说无盐邑有一个奇丑无比的老闺女,名叫钟离春的,因仰慕君王圣德,愿意为王奉箕帚,做君王的妻子。"齐宣王听说一个丑女竟然自荐为皇后,感到异常惊诧,不可思议,继而又觉得此女非比寻常,于是决定召见。

齐宣王见钟离春果然生得奇丑,便笑着问道:"钟离春,你多大年纪了?"钟离春答道:"大王,民女快四十岁了!"宣王说:"四十岁了,还不嫁人,是不是嫁不出去啊!"钟离春回答道:"不是嫁不出去,四乡来说媒的并不少,只是我不愿意嫁。因为我仰慕大王圣德,我要嫁给万乘一尊的大王啊!"

齐宣王感到此女气魄不小,竟敢提出嫁于君王,非寻常之辈。于是又问:"钟离春,你既然敢来渐台,面见寡人,究竟想要说什么?"钟离春听到宣王又问自己,便神色十分严肃,诚恳地对齐宣王说道:"大王,我们齐国西有虎视眈眈的强大秦国,南有朝夕窥伺、兵力雄厚的楚国,这两个国家都有吞并齐国的野心,加之内有奸佞,祸国殃民,大王却对此严重局势熟视无睹!而值此内忧外患之际,大王却兴师动众,花费巨大财力、物力。修建高达五层并用金玉雕饰,用珍珠翡翠点缀,极为富丽堂皇的渐台,致使老百姓不胜劳役,疲惫不堪,离心而不乐于为大王效力。不知大王是否察觉到正是由于奸佞当道,正是由于阿谀奉承、吹牛拍马的人侍奉在大王的左右,国内贤良的人纷纷隐匿山林,忠谏的话你一句也听不到,所以也就没人指出大王的过失。如今大王已近不惑之年,但一直没有确立王位继承人,万一不幸,一旦山陵崩弛,事出不讳,就有可能使政局动荡,社稷不保。作为人主,大王您又怎么能不猛醒呢!"

钟离春侃侃而谈,有理有据,一针见血,入木三分。齐宣王大喜,觉得钟离春有胆有识,且关心国家兴亡,便封她为无盐君,并拜为王后。

扁鹊行医

齐威王的父亲桓公田午在位,当时扁鹊行医已经很有名望,桓公把他作为客人招待。扁鹊对桓公说:"您有点小病,在皮肤和肌肉之间,如不及时治疗,病情必会加深。"桓公自我感觉良好说:"我没有病。"扁鹊退出后,桓公对左右近臣说:"医生竟如此贪图名利,想通过医治没病的人来获得名利。"五天后,扁鹊又去见桓公,说:"您的血脉里有病,不治疗会加重。"桓公说:"我没有病!"扁鹊又过了五天,来见桓公,说:"您的病到了肠胃间,再不治就更深了。"桓公不高兴,板着面孔没有理睬。转眼第三个五天又到了,扁鹊又来见桓公,远远望见桓公,没说一句话就退出走了。桓公派人问他为何走,扁鹊说:"病在肌肤之间,汤熨之药即可清除;病在血脉之中,可用针石之方医治;病在肠胃之内,酒药还能对付;病到骨髓深处,就是主管生死的神灵也束手无策。如今其病已入骨髓,我不能相救,所以不再请求给他治疗。"过了五天,桓公突然发病,派人去找扁鹊,扁鹊已经逃离齐国。桓公病亡。

孟尝君待客如初

孟尝君恢复相位后,散去的宾客又纷纷归来。孟尝君对冯谖长叹说:"我好客,待客不敢失礼,门下曾有食客三千多人,当我被罢相后,宾客背弃我而去。今我被恢复相位,这些人却又都回来了,他们有何面目与我相见呢?"

冯谖说道:"不是这样,公子的话错了。有一句话你听说了吗,叫作'物有必至,事有固然'。它的意思是:生者必有死,这是事物之必至;富贵多士,贫贱寡友,这是事情之固然。这就好像都市一样,早上经商的人都纷纷集聚来,到傍晚则又纷纷地离去。他们并不是喜好早晨而厌恶傍晚,而是因为没有顾客了。您被罢免相位,宾客全都散去,这是意料中的事。今日您又恢复了相位,不应该埋怨他们而拒之门外。"孟尝君听了,茅塞顿开,连忙拜谢道:"敬奉先生之教。"于是又待客如初,宾客复归,门庭若市。

齐王拜颜触为师

齐宣王召见颜触时说:"颜触你到前面来。"颜触也说:"大王你到前面来。"(颜触到前面去表明他是为权势,齐宣王到前面去说明他礼贤下士。)宣王一听就变了脸,说:"是君王尊贵呢,还是士人尊贵?"颜触说:"从前秦国攻打齐国的时候,曾经下过一道命令:有谁敢去柳下季的坟墓五十步之内打柴、采摘的,一律处死,不予赦免。后来又下了一道命令:有能得到齐王的人头的,封他为万户侯,赏赐黄金两万两。由此看来,活着的大王的人头,还不如一个死士的坟墓。"宣王于是被说服,拜颜触为师。

当时宣王身边的人对颜触说:"你只是一个名声高的士人,也只是一个普通百姓,怎么敢傲慢呢?"颜触说:"老子说过:'纵然尊贵,必须以卑贱为根本;纵然高俊,必须以低下为基础。'所以君王自称'孤''寡'。所谓孤、寡,就是卑贱的意思,而君王们用以自称,难道不是表示谦居人下而尊重士人吗?尧传位给舜,舜传位给禹,周成王任用周公旦,世世代代都称他们为明主,就是因为他们懂得贤士的可贵啊!"

孔臧告子琳书

孔臧写信给儿子孔琳说:"听说你与各位同学讲论《书传》,昼夜不息,乐而不倦。这是很好的事啊!一个人能否进于道,问其志即知。收获一定是逐步积累而取得的,勤奋则多得。山涧流水是最柔的,却能够穿石;树里的蛀虫是最弱的,却能够把树木蛀空,使之折断。流水不是石头的凿子,蛀虫不是木头的凿子,然而却能够以微小脆弱的身体,攻陷坚硬刚强的东西,这难道不是一步一步逐渐达到的吗?古训说:只是学而知之未可称赞,只有做到知而行之才是可称道。所以说,学是用来修行的。侍中孔安国聪明通达,学问渊博,其高雅非常人可比,言谈从不涉及利害,行为从不骗取虚名,一举一动遵守礼法,自少及长,操行不变。虽然与群臣一起服侍国君,却能够获得尊重。他独自负责洗刷痰盂一类的服务性工作,朝廷百官,莫不视为光荣。"

冯煖为孟尝君收债

孟尝君问门下的食客,谁熟悉账目,能代他去薛收债。冯煖说:"我可以。"于是冯煖准备车辆、整理行装、载着债券契约出发,向孟尝君告辞说:"债收完后,要买什么东西回来?"孟尝君说:"看我们家缺什么东西就买什么!"

冯煖到薛之后,将债务人悉数招来,经核对债券无误,谎称孟尝君有意免除债务,就烧毁所有的债券,债务人都欢呼万岁。

冯煖很快地赶车回到齐国,孟尝君觉得很奇怪,整装出来接见他说:"债都收完了吗?"冯煖说:"收完了。"孟尝君问:"你买了什么回来?"冯煖说:"您说买我们家缺少的东西。我看主君家中金银珠宝、声色犬马都不缺,所缺的只有'义'罢了,所以我为您买了义。"孟尝君问:"怎么买义?"冯煖说:"目前您只有小小的薛,却不爱抚薛民,还向他们图利,因此我自称你下令免除他们的债务,烧了那些债券,人民都欢呼万岁。这就是我为你买的义啊!"孟尝君很不高兴,说:"你去休息吧!"

一年后,齐王怀疑孟尝君,命他回自己的封邑。还未到薛,薛民就扶老携幼争着在路上迎接孟尝君。孟尝君对冯煖说:"先生为我买的义,今天看到了。"

战国第一高士鲁仲连

长平之战后,秦军乘胜围攻赵国,邯郸都城万分危急。赵孝成王派使臣到魏、楚两国去求援。魏国答应救赵,秦国便威胁魏,魏惧怕秦国,于是按兵不动,就另派将军辛垣衍去赵国说服平原君,只要尊秦昭王为帝,秦就会撤兵。

这时,齐国士人鲁仲连正在赵国游历,碰上秦兵围攻赵国,听说魏国想让赵国尊秦王为帝,于是就去见平原君,问平原君有何退秦兵之策,平原君说,赵国上百万军队被秦军打败,现秦军又将邯郸围困得水泄不通,我怎么敢谈抗秦这件事呢?鲁仲连听了说:"请让我替您去斥责辛垣衍,把他赶回魏国去!"

鲁仲连见到辛垣衍,从容地说:"秦国是抛弃了礼义而崇尚斩首之功的国家,用权诈之术来使用他们的贤士,把人民当作奴隶役使;现在,秦王逞欲不止,如果自立为帝,他将要夺掉所谓的不贤的人职权而给予所喜爱的人。这样,不仅魏王得不到安宁,而将军您也不会得到旧日的恩宠了。"听到这里,辛垣衍站起身来,向鲁仲连行礼致谢说:"请让我离开这里,我不敢再谈尊秦为帝的事!"

秦国的大将听到这件事,便下令军队向后撤退五十里。正赶上这时魏国军队来援救赵国,赵军也乘机从城里杀出,内外夹攻,秦军像山崩似地溃败,赵国终于得以幸存。

邯郸解围之后,赵国便庆功论赏。赵王非常感谢鲁仲连的侠义,要封他爵位,任命他显职。鲁仲连这时却惆怅不乐,通过这件事使他更加清醒地看到各个诸侯国,上自国君,下至百官,除了鱼肉百姓颇有能耐外,遇到国家危难之时,却一个个束手无策,无可奈何。自己怎么能与这些人一起使这个纷乱的世界变得更加纷乱呢?想到这里,他对赵王的任命表示再三推辞,始终不肯接受,便离开了赵国。

秦孝文王元年,齐国和燕国之间发生了战争。燕国军队攻占了齐国聊城。双方交兵一年多,但聊城仍为燕军占领。鲁仲连这时正好回到了齐国,见双方血战旷日,而没有结果,老百姓无故遭受战火的侵害。于是他决定劝说燕将,试图化干戈为玉帛。于是就给燕将写了一封信,系在箭上射进城去。燕将读罢鲁仲连的信,便大哭不止,犹豫不能做出抉择。他想,如果自己撤兵回燕国,燕王会惩罚自己,甚至被杀;要是投降齐国,因自己曾残杀过成千上万的齐人,齐国也不会饶恕自己。与其让人杀我,不如自杀。想到此,便拔出长剑,刎颈而死。聊城失去主将,群龙无首,骤然大乱。齐军将领田单乘机攻破城池,并下令屠城,聊城顿时成为一片血海。

聊城被齐军收回之后,田单向齐王献功请赏,特将鲁仲连的事迹一并上报。齐王认为鲁仲连拥有首功,应授予高官重爵。这时的鲁仲连听说田单血洗聊城,大惊失色。他本想以劝说燕将,免动干戈,却万万没想到田单的贪功,嗜杀成性,使无数生命惨遭屠戮,心里痛苦极了。又听说齐王要封自己高官显爵,觉得这是在玷污自己的人格,是误解了自己的良心。不禁喟然长叹说:"我与其这样富贵而屈身事奉别人,不如贫贱,反可超脱世俗,使自己的志向不受委曲啊!施行仁德不能拯救社会的混浊,竭诚尽忠,为民请命,又找不到路径。"于是,鲁仲连像逃避瘟疫一般,远行至东海,操一叶扁舟,颠簸在浪峰波谷之间,将这纷争无序的世界远远地抛在脑后。自此关于他的事迹史无明载。这样,被称为战国第一高士的鲁仲连,伴随着他隐居东海,在历史舞台上消失了。

白圭经商之道

白圭,是魏文侯时代人,极善经商之道。他曾这样说:"我经营产业,就像伊尹、吕尚施行计谋,孙武、吴起用兵作战,商鞅执行法令那样。所以一个人如果他的智慧不足以随机应变,他的勇气不足果断地做出决定,他的仁爱之心不能使他只是收取应该取得的东面而又肯付出应该付出的东西,他的意志不能使他坚持自己应有的操守,即使想学习我致富的本领,我终究不会告诉他。"白圭家族虽然大富,但他生活刻苦、不讲究饮食,能抵制自己享受的欲望,没有嗜好,穿衣服也很节约,常年与为他经营劳作的奴仆同甘共苦。当时,天下讲经营产业的人都说自己是白圭的学生,实行白圭经营之道,就能成功。

荐贤五项标准

魏文侯对李克说:"我要确定相国人选,不是季成,就是翟璜,二人谁任相国合适呢?"李克回答说:"考查一个人,平居时,看他和哪些人亲近交往。富裕时,看他把钱财花在什么地方。显达时,看他如何选贤任能。困厄时,看他在什么事情上不肯迁就。贫苦时,看他对什么钱财不苟取。有此五项标准,就可以确定相国的人选了。"文侯认为他说得对。

翟黄顺上意以显贤者

魏文侯宴饮,让大夫们评论自己。有人说君主很仁义,有人说君主很英明。任座却说:"您得到中山国,不把他封给您的弟弟,却把它封给您的儿子,从此看出您是个不孝的君主。"文侯听了脸色大变,很不高兴。任座快步走了出去。按次序轮到翟黄,翟黄说:"您是个贤君。我听说君主贤明的,他的大臣言语就直率。今日任座言语这样直率,因此我知道您贤明。"文侯很高兴,说:"还能让他回来吗?"翟黄回答说:"我听说忠臣竭尽自己的忠心,即使因此获得死罪也不敢躲避。任座恐怕还在门口。"翟黄出去一看,任座果然还站在门口。翟黄就以君主的命令让他进去。魏文侯走下台阶迎接他,以后终生把任座待为上宾。

吴起为将

吴起是魏国的大将军,他与最下等的士兵穿同样的衣服,吃同样的饭,睡觉不铺席子,行军也不骑马,亲自挑上士兵的粮食,与士兵分担疾苦。有个士兵患了毒疮,吴起为他吸吮毒汁。士兵的母亲听说却大哭,有人奇怪地问:"你儿子是个士兵,而吴起将军亲自为他吸吮毒疮,你为什么要哭呢?"士兵母亲答道:"不是这样啊!当年吴将军为孩子的父亲吸过毒疮,他父亲作战从不后退,就战死在敌阵中了,吴将军现在又为我儿子吸毒疮,我不知道他该死在哪里,所以哭他。"

魏文侯与虞人期猎

魏文侯与虞人(管理山泽的一位小官员)约定日期打猎,到了这一天,喝酒兴致很高,天又下着雨,文侯将要出行,身边的人说:"今天喝酒很高兴,天又下雨,您准备到哪里去?"文候说:"我和虞人约定了打猎的日期,虽然高兴,怎能不如约前去呢!"于是顶风冒雨前往,亲自告诉他因雨停止打猎的事。

公叔座荐卫鞅

魏相公叔座病了,魏惠王去探望他,说:"公叔您病得这么重,国家该怎么办呢?"公叔回答说:"我的家臣御庶子公孙鞅很有才能,希望大王您把国政交给他治理。如果您不任用他,不要让他离开魏国。"惠王没有答应,出来对左右侍从说:"难道不可悲吗?凭公叔这样的贤明,竟让我把国政交给公孙鞅治理,太荒谬了!"公叔死后,公孙鞅到了秦国,劝孝公变法,秦孝公采纳了卫鞅的办法(即商鞅变法),秦国果然强盛起来。

无言对君王

有人把淳于髡引见给魏惠王,惠王斥退左右侍奉的人,独自一人两次召见他。但他始终没说一句话。惠王感到奇怪,从此责备引见的客人,说道:"您称淳于髡先生,说是管仲、晏婴都比不上他,可是见到我,我什么也没得到。难道说我不配和他谈话吗?"客人转告淳于髡,淳于髡说道:"本来就应如此。我前次见到君王,王的心思在车马游猎上;后来再见君王,王的心思在声色女妓上,我因此默然以对。"客人把他的话原原本本地告诉惠王,惠王听了大为惊骇,说道:"哎呀,淳于髡先生真是圣人啊!前次先生来见我,有人给我进献了一匹好马,没来得及面试,恰逢先生到来。后一次先生来见我,有人给我进献歌妓,没来得及面试,恰逢先生到来。我虽然斥退左右服侍的人,但内心还在想马和歌妓,确实是这么回事。"后来又召见淳于髡,连着谈论三天三夜毫无倦意。魏惠王想任用他为卿相,淳于髡谢绝而离开魏国。淳于髡终身没出来做官。

百战百胜之术

魏兴兵伐赵,赵向齐告急救援。齐宣王采纳孙膑的计谋,救赵击魏。魏国动员大量军队,庞涓为将,太子申为上将军。部队行至外黄。外黄徐子对太子申说:"臣有百战百胜之术。"太子道:"愿听其详。"徐子说:"太子您亲自统帅大军攻齐,即使大胜齐兵,并吞莒邑,则富顶多也就是拥有魏国,贵顶多不过是当魏国之王。如果不能战胜齐军,恐怕子孙后代永远失去魏国。这就是臣的百战百胜之术。"太子说:"我明白了,听从您的,现在就班师。"徐子说:"太子现在虽欲班师,恐怕回不去了!那些鼓动太子战伐攻取的,要分享一杯羹的人太多啦!"果然,部将们都说:"大将出征,不战而还,与战败一样!"太子没有办法,只好与齐作战,在马陵被打败。齐军俘虏太子申,杀死将军庞涓,魏军大败。

公子牟谓应侯

公子牟在秦国游历后,准备返回魏国,他去向应侯辞行,应侯说:"你就要走了,难道没什么指教吗?"公子牟说:"你就是不说,我也会有话对你说。人尊贵了,不追求富裕,富裕自会到来;富裕之后不去追求美味,美味也自会到来;已经享用美味而不追求骄奢,骄奢也自会到来;生活骄奢不想死亡,死亡也自会到来。以前的世世代代就这样毁掉的人太多了。"应侯说:"你所指教的使我受益良多。"

国家的分量

蒙骜率军攻伐魏国,魏王很忧虑,于是派人到赵国请信陵君魏无忌回国。信陵君害怕受到惩罚,不肯返回魏国,告诫门下的人说:"有敢为魏国派来的使者通报的就处死!"门下宾客没有谁敢去劝说信陵君的。毛公、薛公去觐见信陵君说:"公子你能够在诸侯中被看重,只因为有魏国啊。现在魏国战事危急而公子你却不忧虑,一旦秦国人攻下魏都大梁城,铲平魏国先王的宗庙,公子你将有什么面目在天下立身啊!"信陵君听了他们的话,就催促门下赶快驾车返回魏国。魏王当即任命信陵君为上将军。信陵君派人到诸侯各国求救。诸侯听到信陵君又任为魏国上将军,都派军援魏。信陵君率领五国的军队,击退了蒙骜,一直追赶秦军到了函谷关,然后回师。

唐雎谓信陵君

信陵君杀掉了晋鄙,挽救了邯郸,击破秦军,保全了赵国,赵王亲自到郊外迎接他。唐雎对信陵君说:"事情有不能知道的,有不能不知道的;有不能忘记的,有不能不忘记的。"信陵君说:"这话怎么说呢?"唐雎回答说:"别人憎恨我,不可不知道;我憎恨别人,是不可能知道的。别人对我有恩惠,不应忘记;我对别人有恩惠,不可以不忘记啊。如今您杀掉晋鄙,挽救了邯郸,击破秦军,保全了赵国,这是很大的恩惠啊。如今赵王亲自到郊外迎接,忽然见到赵王,我希望您忘记所施的恩惠。"信陵君说:"我恭敬地接受您的教诲。"

不合时宜

韩国国君昭侯建造高大的宫门,屈宜臼说:"你一定不要走出这座宫门。为什么呢?

你建高大的宫门不合时宜。我所说的时宜不是说时日。人本来有有利的和不利的时机，过去你曾有有利的时机，那时不建造高大宫门。前年秦国攻下了宜阳，今年是天旱，你不在这时顾恤人民的危急，反而更加奢侈，这正是所说的时势衰耗而举事奢侈啊，所以说不合时宜。"

郑国渠

韩国听说秦国喜好兴建工程，打算消耗其国财力人力不使向东侵犯，于是派水利专家郑国做间谍，劝说秦国下令凿渠引泾水自中山至瓠口，傍依北山东流注入洛水，长三百多里。在施工当中，秦国发觉了郑国的意图，打算杀掉郑国。郑国说："当初我来秦国确实被派做间谍，但此渠开凿成功也是对秦国有利的。"秦国认为郑国说得有理，就命郑国主持把渠开成。渠建成后，用所引含有淤泥的渠水，灌溉盐碱地四万多顷，每亩收成都合一钟（一钟约当今二百五十斤左右）。使关中地区变成沃野，没有荒年，秦国因而富强终于吞并了诸国，所以命名此渠为郑国渠。

善于反省自己

韩非子说："古人看不到自己的面容，于是发明了镜子；智慧达到怀疑自己的认识是否正确的时候，才会用真理来反省、修正自己。"

《说难》

韩非子在《说难》中说：大凡向君主进说的困难，在于了解对方的心理，能够有针对性地发表意见来迎合他的心意。对于想求取高尚名节的人，如果以丰厚的利禄劝说，就会被认为是节操低下而遭到卑贱礼节的接待，所进之言也必然被弃之不用。对于想求取丰厚利禄的人，如果用高尚的名节来劝说，就会被认为没有头脑，脱离实际，其意见也一定不会采纳。如果以高尚的名节来游说，就会表面上起用游说者而在实际上疏远他；如果以丰厚的利禄来游说，就会在暗地里采纳游说者的意见，但在表面上却弃用其人。这都是不能不考虑清楚的。

做事因为保密而成功，言语不慎泄露出去就会失败，有时不一定是做出了泄密的事情，而是说到了他所要隐匿的事情，如此一来游说者的性命就有了危险。他表面上是要做一件事情，而实际上是想成就其他事情，游说者不但知道他要做的事情，而且还知道他为什么要这样做，如此一来游说者的性命就有了危险。为君主谋划一件重要的事情，并且符合他的心意，被聪明的人揣测得知，事情因此被泄露出来，君主一定会认为是游说者泄露的，如此一来游说者的性命就有了危险。恩宠未加于其身，就进献极具智慧的谋略，所谋划的事情得成功实施，就会遭到妒忌；所谋划之事遭受失败就会被人怀疑，如此一来游说者的性命就有了危险。尊贵之人得到一个好的计谋，并想借此来夸耀自己的功勋，游说者预先知道了此事，如此一来他的性命就有了危险。勉强君主做他做不到的事情，制止君主做他想做的事情,如此一来游说者的性命就有了危险。所以,和君主谈论地位卑微的小臣,就会被认为是卖弄权势;谈论其所宠爱的人,会被认为是借此以达到某种目的;谈论其所憎恶的人,就会被认为是在试探自己。简略地表达观点会被认为愚蠢而遭受屈辱,详细地发表意见又会被认为烦琐多文而弃之不用。略言其事,粗陈其意,会被认为胆小怯懦、言不尽意;详虑其事,放言阔论而无所顾忌,又会被认为粗俗鄙陋、傲慢无礼。这是游说的困难所在,是游说者不能不有所了解的。

行为高尚受人爱戴

阳子到宋国去,住在旅店。店主有两个妾,一个美,一个丑。丑的尊贵,美的低贱。阳子问其中缘故。年轻的店主说:"美者自以为美,我不觉得她美;丑者自以为丑,我不觉得她丑。"

阳子说:"弟子们要记住,行为高尚而无自以为高尚的心,到哪里不受爱戴呢!"

秦

卫鞅谏孝公

秦孝公任用卫鞅准备变法,又担心天下非议自己。卫鞅说:"行动迟疑不决,就不会成名,做事犹豫不定就不会成功。那些有过人举动的人,本来就会被世俗所非难;有独到见识的谋划者,必定会被百姓所讥讽。愚蠢的人对已经完成的事情都感到困惑,智慧的人对没有发生的事情都能预见。百姓,不可以同他们谋划事业的创始,只可以同他们欢庆事业的成功。讲论最高道德的人不附和世俗,成就伟大功绩的人不征询民众。因此圣人如果可以强国,就不袭用成法;如果可以利民,就不遵循旧礼。"秦孝公说:"好。"终于决定变法的命令。

千人之诺诺 不如一士之谔谔

商鞅在秦国推行变法的过程中得罪了很多人,一次,赵良特地去见他,说:"千羊之皮,不如一狐之腋;千人之诺诺,不如一士之谔谔。武王谔谔以昌,殷纣墨墨以亡。"是说,一千张羊皮比不上一只狐狸的腋毛;一千个人随声附和,不如一个人仗义执言。周武王允许大臣们直言谏诤,国家就昌盛;殷纣王的大臣们不敢讲话,而使国家灭亡。您如果不反对武王的做法,那就让我直言,您不要责备。然后,赵良就指出他实施严刑酷法残害平民百姓,刻薄少恩,积累怨恨,长此以往,就会失掉人心,势必引火烧身。但商鞅不听赵良的忠告,秦孝王死后,最终在秦国蒙受恶名,被五马分尸,杀灭全族。

王者不拒绝民众

秦王下达"逐客令"后,李斯上书说:"我听说田地广阔的,粮食就充足;国家强大的,人口就众多;武器精良的,士兵就勇敢。因此,泰山不拒绝泥土,所以能成为那样高大;江河湖海不舍弃细流,所以能变得那样深邃;有志建立王业的人不拒绝民众,所以能彰显他的德行。因此,土地不分东西南北,百姓不论异国他邦,那样便会一年四季富裕美好,天地鬼神降赐福运,这就是五帝、三王无敌于天下的原因。现在却抛弃百姓使之去帮助敌国,拒绝宾客使之去侍奉诸侯,使天下的贤士退却而不敢西进,裹足止步不入秦国,这叫作'借武器给敌寇,送粮食给盗贼'啊。

"不出产在秦国而值得宝贵的东西很多,不出生在秦国而愿意为秦国效忠的人也很多。如今驱逐宾客来帮助敌国，拒绝民众而增加敌国的人口，对内部削弱了自己的国家，对外则在各诸侯国中树敌，这样下去，希望秦国不发生危机，是不可能的。"

王翦请赐善田

秦始皇听到前方战败的消息，就亲自奔赴频阳，见到王翦道歉说："寡人没采纳将军的意见，秦军果然战败，蒙羞受辱，现在还是请将军率军攻楚。"王翦说："大王一定不得已而用我，非六十万大军不可。"始皇帝答应。于是王翦率领六十万大军出征，始皇帝亲自来到灞上送行。王翦临行，请求赐给他大批善田（良田和园林）。秦始皇说："将军放心吧，没必要为日后的贫困而担心呀！"王翦说："趁现时大王信任我，我便及时多请赐善田，为子孙打算罢了。"秦始皇哈哈大笑。王翦来到边关，接连五次派人回到咸阳请求赐田。有人议论说："王将军乞求颁赏，实在有点过分。"王翦说："不然。秦王为人，骄横多疑，现在调集全国兵力交给我一人指挥，我如不多请颁赐善田美宅为子孙创业，以祛其疑，难道反而让秦王平白无故地猜忌我吗？"

一年以后，秦军击败楚军，俘虏楚王负刍，全部削平楚地，设置郡县。

远交近攻

秦王问李斯，统一天下当从何处入手，李斯提出了内部瓦解和军事打击两大战略方针。李斯说："木秀于林，风必摧之；虫蛀于内，斧必毁之。现六国名义上是国家，有的实际上只有秦国的一个郡那么大，但如果他们团结，彼此又联合起来，那就不好办了。以臣之见，大王不如出重金，使善言之士游说诸侯，离间其君臣，杀戮其良将，使其内部崩溃，并继续远交而近攻的方针，然后大王选良将，率大军从外攻之，无不立毁。"秦王连连称赞："真良策也。"

甘罗十二岁为上卿

甘罗是中国历史上有名的神童，他祖父甘茂是秦国的丞相。甘茂死的时候，甘罗才十二岁，在吕不韦家当门客。

秦国企图攻赵，以扩大燕国献给秦国的封地。他主动请求充当使者，秦始皇召见了甘罗，派他去赵国。甘罗虽然年方十二岁，但作为使者代表秦国而来，赵襄王按照礼节到郊外来迎接甘罗。甘罗对赵王说："您听说燕国太子到秦国做人质了吗？"赵王说："听说了。"甘罗说："燕太子丹到秦国来，表明燕国不会欺骗秦国。张唐去燕国做丞相，表明秦国不会欺骗燕国。燕国、秦国互不欺骗，联合起来攻打赵国，您就危险了。燕国、秦国联盟的意图，是想要攻打赵国来拓广在河间的土地。大王不如给我五个城来拓宽秦国在河间的领土。请让我国送回燕国太子，与赵国联合共同攻打燕国。"赵王一想，这样挺划算，就将五座城市割让给秦国。秦国果然把太子丹送回了燕国，撕毁了盟约。赵国发兵攻打燕国，得到上谷一带的三十座城，让秦得到其中的十一个。

甘罗临时改变国家的政策,但却带给秦国更大的好处,甘罗回到秦国,秦始皇封甘罗为上卿。

太史公说:甘罗年龄虽小,但献出一条奇计,名声被后世称颂。

李斯之谏

丞相李斯向始皇帝进谏说:"五帝的制度不互相重复,三代的制度不互相沿袭,各自都得到治理,不是后代一定要与前代相反,是时代变化的缘故。如今陛下开创了伟大的事业,建立了万世不朽的功勋,本来不是愚蠢的读书人所能理解的,如今这些读书人不向现实学习,而去模仿古代,来指责现行的社会制度,惑乱百姓。我冒着死罪进谏:现在皇帝兼并了天下,确立了至高无上的地位,而一些读书人仍在私自传授学问,批评国家的法令教化,听到法令下达,就各用自己的学说去议论,并让信徒编造了诽言谤语。这种情况下不加以禁止,上则君主的权威下降,下则形成党徒互相勾结,这种情况必须要禁止。应该把不是秦国的典籍全部烧掉。国内敢有收藏《诗》、《书》、诸子百家著作的,都要送到郡守、郡尉那里焚毁。有敢相互私语《诗》《书》的,在闹市处死示众。以古非今的要杀死全族。官吏知情而不检举的和他同罪。命令下达三十天不烧掉书籍的,就在脸部刺上字,成为刑徒。医药、卜筮、农林方面的书不要烧毁。如果想要学习法令,可以到官吏那里学习。"始皇帝下达命令说:"可以照此办理。"

毁誉参半

秦统一六国,开创了中华文明的新时代,其中,李斯做出了突出的贡献。

在统一六国之前,秦始皇因韩人郑国前来离间秦国而下令驱逐客卿(前来为秦效力的异国人士),李斯的《谏逐客书》,使秦始皇收回命令,为秦国留住了大批人才。李斯作为一个卓越的政治家和军事家,进一步推动并深化了吕不韦等人的"武力统一论",他也是秦灭六国整体战略的主要制定者和执行者之一。

秦统一六国之后,李斯作为丞相,他极力反对分封制,谏言秦始皇实行郡县制,促成了大一统国家的建立;他提出并亲自执行了文字、度量衡、货币等的统一,首次实现了中国文化上的统一。这一举措使得秦国实现了真正意义上的统一,并奠定了中国历史两千多年分分合合而依然存在的基础。

不过,李斯提出"焚书",实行严刑峻法等政策,使后人对他的评价毁誉参半,莫衷一是。

司农耕神徐福

徐福,秦代齐国著名方士。秦始皇派遣他到海中寻找仙人和长生不老药。徐福率民间各行各业能工巧匠数千人到日本后,向日本人民传授种植、医药等技艺,死于日本。

两千多年来,徐福一直受到日本人民的尊敬和爱戴,被尊为"司农耕神""医药神"。

由于年代久远，史料不详，加以传说的仙幻色彩甚浓，对是否确有其人，国内外史学界说法纷纭，未有定论。

1982年，徐州师范学院教授罗其湘在江苏省赣榆县实地考察时，了解到该县有一个原名"徐福"，而后演变为"徐阜"的自然村，引起了他的重视。他在赣榆县内及临近地区走访调查，并查阅了国内外上百种资料，写出《秦代东渡日本的徐福故址之发现和考证》一文，除考证出"徐阜村"即徐福故址外，还将有文字记载的中日两国开始交往的年代，从公元25~56年，上溯到公元前210年。日本《朝日新闻》报道这一消息时写到，日本人民尊为"司农耕神""医药神"的徐福，确有其人其事，他是有史料记载的中国东渡日本的第一个使者。

优旃临槛疾呼

优旃是秦朝的歌舞艺人，他善于说笑话，然而都合于大道理。秦始皇时，有次宫中摆酒宴而天下着雨，殿阶下的执盾站岗卫士都被雨淋湿，受风着寒。优旃见了十分怜悯他们，对他说："你们想休息吗？"卫士们都说："非常希望。"优旃说："等一会儿我如果喊你们，你们要很快答应说'唉'。"过了一会儿，宫殿上向秦始皇祝酒，高呼万岁，优旃走近栏杆大声喊道："陛下的执盾卫士们！"卫士们说："唉。"优旃说："你们虽然长得高大，有什么益处，只能在露天淋雨。我虽然身材短小，却有幸不会淋雨。"于是秦始皇让侍卫士减半值班，轮番接替。

优旃含蓄谏二世

秦二世皇帝即位，想用漆涂饰城墙。优旃说："好。皇上即使不说，我也会建议您这样做。漆城墙虽然给老百姓造成耗费和苦难，可是很美呀！涂上漆的城墙光光亮亮的，敌人来了爬也爬不上去。要想成就这件事，涂漆倒也容易，但难办的是要找一所给漆过的城墙遮蔽太阳、阴干涂漆的大房子。"二世一听笑了，于是停止漆城计划。

任氏富而不奢

秦朝败亡时，地方豪杰都争相夺取金银玉器，唯有宣曲县任氏收集大量米粮放入地窖藏仓库中。楚汉相争于荥阳时，农民无法耕种，粮价涨到每石一万钱，结果豪杰的金玉全都到了任氏手中。富人竞相奢侈，而任氏虽富却不摆有钱人的架子，俭朴度日，大力经营农田畜牧。人们争购便宜货，任氏却去买价贵质高的物品。任氏家规规定：不是自家种田畜养得来的东西不吃，公事不完成不许饮酒吃肉。因此，任家成为乡里的表率，他家的富有得到皇上的尊重。

乌氏经营有方

乌氏嬴经营畜牧业,等牲畜繁殖众多时,就全部卖掉,搜购奇巧之物和丝织品,暗中献给戎王。戎王回赠给他价值十倍于所献物品的牲畜,所给牲畜多得用山谷为单位来计算牛马的数量。秦始皇下令给乌氏倮以封君的待遇,按规定时间同大臣一道入宫朝见。

西 汉

陈胜不可轻

齐、楚、燕、韩、赵、魏等六国都是实力雄厚的大国,却被秦朝所灭。六国中除了张良曾在博浪沙狙击过秦始皇之外,竟没有一个人敢于向秦朝挑战。陈胜只是一个普普通通的老百姓,微不足道的小戍卒,他却能奋不顾身地揭竿而起,天下的英雄豪杰才开始云集响应,共同伐秦。数月之间,因一战失利,陈胜不幸被车夫庄贾所杀。陈胜虽然死了,但他所任命和派出的王侯将相最终却推翻了秦朝。项梁和项羽在东江起兵后,也是假借陈王的命令而渡过长江的。陈胜称王建国之初,万事草创,忙得焦头烂额,却能听从陈馀的建议,迎立孔子的后人孔鲋为博士,尊奉他为太师,他们在一起所商议的事情,绝非平庸之辈崛起后所能想到和做到的,由此看出,陈胜的志向非常远大。汉高祖刘邦为陈胜在砀县(今河南永城东北)设置守冢户,使他享用祭祀达二百年才告断绝。

少年劝项王

项王率军攻打外黄,没有攻下,过了几天,外黄的百姓投降了彭越,项王很生气,就命令十五岁以上的男子全部到城东,准备坑杀他们。外黄令门客的儿子才十三岁,前去劝告项王说:"彭越用武力逼迫外黄百姓,百姓都害怕,所以暂时投降了,等待大王您到来。大王来了,又要坑杀他们,这样百姓还会有归顺之心吗?从这儿往东,梁地十多个城邑都心怀恐惧,没有人投降您了。"项王听他讲得有理,就赦免了外黄百姓,不再坑杀。从外黄往东至睢阳,听到这个消息,都争先恐后投降了项王。

项羽的霸王之业

项羽毫无凭借,乘势起于民间,三年时间,就率领五路诸侯军消灭了秦朝,分割天下,封王建侯,号为"霸王"。他对部下说:"我起兵到现在,亲身打过七十多次仗,谁抵挡我,我就打垮谁,我攻击谁,谁就降服,未曾打过败仗,因而霸有天下。"项羽自我夸耀功勋,逞一己私智,以为创立霸王的事业,需要用武力来经营天下。结果五年时间,被汉军打败,自刎而死,国家覆灭。

汉王伤胸而扪足

楚汉两军对峙,久久没有决定性的胜负,项羽对刘邦说:"如今天下所以纷扰不定,原因在于你我两人相持不下,不如干脆我们两人单挑,不论谁胜谁负马上水落石出,也省得天下人由于我们两人而送命。"刘邦说:"我宁可和你斗智,不想和你斗力。"

后来项羽和刘邦在广武山隔军对话,刘邦列举项羽十条罪状,项羽一听不由怒上心头,举箭一射,正中刘邦前胸,刘邦却忍痛弯腰摸脚说:"哎呀,射中我的脚趾了。"说完倒地。刘邦伤重得几乎下不了床,张良却要刘邦强忍创伤起来巡视军队,除了安定军心外,更为了不让项羽知道刘邦伤重而乘机进攻。刘邦巡视毕,因伤重不支,马上快马返回成皋。

王陵母传语

汉王刘邦回师攻伐项籍,王陵率部归属汉王。项羽把王陵的母亲捉来安置在军营里,在王陵的使者到来时,就让她朝东坐着以示尊崇,想以此来招降王陵。王陵的母亲在私下里送别使者的时候,呜咽着说道:"替老身传语王陵,好好侍奉汉王。汉王是位长者,不要因为我在项籍军中的缘故对汉王有二心。我现在以死来送别使者。"说完就拔剑自刎而死。项王发怒,烹了王陵的母亲。王陵终于跟随汉王平定了天下。

宽厚大度

汉元年十月,沛公率军先于各路诸侯到达霸上。秦王子婴乘坐素车白马,用丝带拴着脖子,封裹着皇帝玉玺、虎符和节等,在积道旁投降。诸将有人说:应先杀死秦王。沛公说:"当初楚怀王派遣我,本来是因为我能宽大容人。况且人家已经降服,又杀死人家,不吉利。"于是就把秦王交给了官吏,向西进入咸阳。沛公想要留在宫中休息,樊哙、张良劝说后,才封闭了秦宫的贵重珍宝、财物和库房,回军霸上。召集各县的父老、豪杰说:"父老们苦于秦朝的严峻刑法已经很久了,诽谤朝廷的要灭族,相聚议论的要在街市上处斩,我同父老们的约定,法律只有三章:杀人的处死,伤人和抢劫的处以与所犯罪相当的刑罚。其余的秦朝法律全部废除。我所以到这里来,是为父老们除害,我所以回军霸上,是等待诸侯们的到来制定共同遵守的纪律。"沛公将约法三章告谕百姓。秦王的百姓大为高兴,争先恐后拿出牛羊酒食款待士兵。沛公谦让不肯接受说:"仓库的谷子很多,不缺乏,不愿破费百姓。"百姓更加高兴,唯恐沛公不做秦王。

汉王不诛项王宗族

西楚霸王项羽与汉王刘邦决战,兵败垓下,项羽率八百骑士突围南逃,在突围中项籍一人所杀汉军数百人,汉王下令说,擒获项羽者,赏千金,封万邑。项羽自度不得脱,便自刎而死。汉王用鲁公的礼仪把项羽埋葬在谷城,汉王亲自为项羽举哀,哭了一场。对于各支项氏宗族,汉王都不诛杀。封项伯为射阳侯,桃侯、平景侯、玄武侯都是项氏宗族,赐刘姓。

迟到者斩

陈胜、项梁起兵反秦时,巨野泽中的年轻人聚集了一百余人,他们去投奔彭越,对他说:"请你做我们的首领。"彭越不愿意和这伙人一齐干,拒绝了他们。年轻人再三恳求,彭越才答应。就和他们商定,在第二天日出时会齐,迟到的杀头。第二天日出时,有十几人迟到,最晚的到中午才来。彭越说:"诸位一定要我当你们的首领,现在约定时间会齐,却有那么多人迟到,不能都杀死,就杀最后的人吧。"于是命小头目去杀死那人,众人都嬉笑着说:"哪能真这样!以后不敢再犯就是了。"彭越便亲自把那个人拉出去斩了。然后设立坛台,祭天盟誓,号令部下。他的部下先是非常吃惊,继而十分畏惧,都不敢抬头看他。于是彭越率众攻取地盘,收编各国的散兵游勇,部队逐步壮大。后来归顺汉王刘邦,率军席卷千里,浴血奋战,在当时即闻名于世,直至登上了王位。

御史大夫周苛

汉王派御史大夫周苛、枞公、魏豹守荥阳。周苛、枞公商量说:"魏豹这个叛国之王,很难和他共守城池。"就杀死了魏豹。楚军攻下荥阳城,活捉了周苛。项王对周苛说:"做我的将领,我任你为上将军,封给你三万户食邑。"周苛大骂项王说:"你还不赶快投降汉军,汉军就要俘虏你,你不是汉军的对手。"项王大怒,烹死了周苛,并杀了枞公。

高阳酒徒

郦食其是陈留高阳乡(今河南杞县西南)人,少壮有志,喜读书而嗜酒,家境贫困,在地方任监门吏,县里人都叫他狂生。刘邦经过陈留时,郦食其托人向刘邦推荐自己。刘邦问使者道:"怎么样一个人?"使者回答说:"形状相貌像是位大儒,穿着儒生的衣服,戴着侧注帽。"刘邦说:"给我谢绝他,说我没工夫见儒生。"使出来谢绝郦生说:"沛公没工夫见儒生。"郦生怒目圆睁,手按佩剑,厉声呵斥使者道:"去!再去对沛公说,我是高阳酒徒,不是儒生!"使者吓得把名帖都失落在地,回头就跑,再进去通报说:"这位客人厉声呵斥我说:'去,再去说,你老子是高阳酒徒!'"沛公急忙擦干脚,拄着矛柄站起来说:"请客人进来!"后来郦食其为刘邦立下了汗马功劳,并为之付出了生命。

匹夫之勇

韩信向汉王刘邦介绍项羽,说:目前,项羽的势力最强,他自己立为西楚霸王。我曾经侍奉过项羽,他厉声怒斥呼喝时,上千的人都吓得不敢动一动,但是他却不能任用有德才的将领。这只不过是匹夫之勇罢了。项羽待人，恭敬慈爱，言语温和，别人生了病，他会怜惜地流下泪来，把自己所吃的东西分给病人；但当所任用的人立了功，应该赏封爵位时，他却把刻好的印控在手里，把印玩得磨去了棱角还舍不得授给人家。这便是人们所说的妇人的仁慈啊。项羽虽然称霸天下而使诸侯臣服，但却不占据关中而是建都彭城；背弃义帝怀王的约定，把自己所亲信偏爱的将领分封为王，诸侯愤愤不平；他的军队所经过的地方没有不遭残害毁灭的；老百姓都不愿亲近依附他，只不过是迫于他的威势勉强归顺罢了。如此种种，使他名义上虽然还是霸王，实际上却已经失去了天下人的心，所以他的强盛是很容易转化为虚弱的。

父子为人最亲

皇上（刘邦）下诏书说："人之最亲的人，没有亲过父子的，因此，父有天下传归于子，子有天下尊归于父，这是人道的最高原则。过去天下大乱，战火四起，万民遭殃，朕身披铠甲，手执锐器，亲自统帅士卒，救护危难，平定暴乱，封立诸侯，停止兵戈，修养百姓，使天下太平，这都是太公教训的结果。诸王、通侯、将军、群卿、大夫已尊朕为皇帝，而太公没有名号。"令敬尊太公为太上皇。

田横高风亮节

灌婴打败田横，田横带着手下五百余人逃入大海，居住在海岛上。高帝得知这一消息，考虑到田横兄弟本来平定了齐地，齐国的才德之士很多人归附他，现在逃居在海岛上，若不加收服，恐怕以后会作乱。于是派使臣去海上，赦免田横的罪过，召他来归服。使者见到田横，传达高帝的旨意说："田横若来归顺，大则可以封王，小也不失为侯；如果不肯来归，将要派兵征讨。"于是田横便和两个宾客乘坐驿车去洛阳。

行至距洛阳三十里处的驿站，田横停下来对他的宾客说："我起初和汉王都曾南面称王，现在汉王做了天子，而我却沦为逃亡的罪人，还要北面称臣来侍奉他，这种奇耻大辱本来就够人难堪的了，况且我煮死了郦商的哥哥，还得同郦商一起共事，难道我能不问心有愧吗？皇帝之所以召见我，只不过想看看我的面貌罢了。现在皇帝正在洛阳，如果即刻把我的头颅割下，用快马奔驰十里，面貌还不至于腐败，仍可看得清楚。"说罢便割颈自刎。宾客捧着他的头颅奉献给高祖。高祖叹息说："真是有气节啊！从平民奋起，兄弟三人更替称王，难道不是贤人吗？"为之伤心落泪。高祖任命二位宾客为都尉官，用国王的礼仪安葬田横。安葬了田横之后，他的二位宾客在田横墓旁挖了两个洞穴，然后自杀殉死。高帝又将在海中的其余五百人都召到京都来。那五百人来到以后，得知田横已死，也都自杀了。太史公说：田横的高风亮节，使宾客们仰慕他的气节而甘愿以身殉死，他的修养真是达到最高境界了。

赦免季布

当初,楚人季布是项羽的部将时,有好几次使汉王困窘受辱。等到项羽被灭亡,高帝刘邦以千金之赏购买季布首级;声言谁敢匿藏季布,就论罪抄灭三族。季布只好剃掉头发,带上颈箍,打扮成奴隶,卖身到鲁地的大侠朱家家里,朱家心里已经知道他就是季布,就买下他,安置他在田里干活。然后朱家亲自到洛阳去见滕公夏侯婴,对他说:"季布有什么罪呢?身为臣子,各被他的主人所用,所以季布为项羽使汉王窘困,是他职责所在,项羽的臣子怎么可能全部杀光?现在皇上刚得到天下,却因为私人仇怨而购求季布一个人的生命,为什么要表现出心胸这么狭窄,不能容人呢?而且以季布的贤能,皇上追捕他这么紧急,这就迫使他不向北逃到胡地去,也会往南逃到越地去了。妒忌壮士,迫使壮士逃到敌国而资助敌国,这就是伍子胥所以鞭楚平王尸的原因(楚平王信谗而杀伍子胥父兄伍奢、伍尚,伍子胥奔吴,借吴的军队破楚,入郢都,掘平王墓,而鞭其尸)。您为什么不向皇上说明这个道理呢?"滕公进见高帝,照朱家所说的向高帝说明。高帝就赦免了季布,召见他,拜他为郎中。朱家把事情做好后,就不再出现。

吴芮不违背正道

吴芮是秦朝时的番阳县令,很得民心,号称番军。天下开始反叛秦朝,他起兵响应。沛公率军进攻南阳郡,吴芮的将领梅涓与沛公一起攻打南阳郡的析县和郦县,两县都投降了。刘邦即皇帝位后,因梅涓有功,且跟随他进入武关,所以感激吴芮,封为长汉王,建都临湘,一年后死去,谥号文王。

高祖平定天下,功臣中不是刘姓而封为王的有八人。张耳、吴芮、彭越、黥布、臧荼、卢绾与两个韩信。封王后,因为他们势力强大而被朝廷怀疑,他们心里也不能自安,发展到最后,密谋反叛,终于灭亡。张耳凭借着智慧保全了自己,传到儿子失去了封国。只有吴芮从一开始,就不违背正道,高祖认为他有忠于朝廷的贤德,下诏令说:"长沙王忠诚,要写定在法令上。"所以能够把王号传到五世,只是由于没有继承人王国才被废除。他的福泽还扩大到嫡子以外的旁支子孙,到惠帝、高后时,又封吴芮嫡子以外的两个儿子为列侯,这是有原因的啊!

刘敬出使匈奴

汉高祖七年,韩王信反叛,高帝亲自去讨伐。到了晋阳,听说韩王信要同匈奴一起进攻汉军,高帝大怒,派人出使匈奴,窥探动静。匈奴把强壮的战士和牛马都隐藏起来,只让汉朝的使者看到老人幼童以及瘦弱不堪的牲畜。前后十几个使者回来,都说匈奴没有多大的实力,可以发兵攻击。高帝又派郎中刘敬出使匈奴,刘敬回来报告说:"两国相争、应该先声夺人,炫耀夸大自己的优势所在。现今我去匈奴,只看见瘦弱的牲畜和老人幼童,这一定是故意显露自己的弱点,来麻痹我方,而另外埋伏奇兵出我不意,以争利求胜。

我认为不能对匈奴发动攻击。"当时汉军已越过句注山,二十万大军已经出发。高帝发怒,骂刘敬说:"你这齐地的奴才!靠能说会道得了官,现在竟敢胡言乱语败坏我的军队的士气。"下令把刘敬上了刑具,关押在广武。高帝于是率军前进,到了平城,匈奴果然出动伏兵把高帝围在白登山上,一直围困了七天,然后高帝才得以脱险。高帝到广武,赦免了刘敬,说道:"我不听您的意见,以致被困平城,我已把在您以前出使匈奴,回来说可以进攻匈奴的那十几个人都杀了。"于是就封刘敬为关内侯,食邑二千户,封号称为建信侯。

萧何善听良言

汉三年,汉王与项羽两军对峙于京县、索亭之间,汉王多次派使者慰劳丞相萧何。鲍生对萧何说:"如今汉王在前线指挥作战,日晒风吹,风餐露宿,却多次慰劳阁下,有疑阁下之心。如果您能将您的子孙兄弟凡能作战的全赴军中供职,大王会更加信任您。"于是萧何依计而行,汉王果然大为高兴。

陈豨谋反,皇上亲驾出征,到达邯郸。韩信又在关中谋反。吕后采纳萧何计策杀掉韩信。皇上听到杀死韩信消息后,派使者拜丞相为相国,增封食邑五千户,派士兵五百人都尉一名为相国卫队。诸君皆贺,只有召平哀吊。召平对萧何说:"祸患从此开始了。皇上在战场指挥作战,日晒露宿,而阁下留守朝中,没有战场上的生死危险,反而加封给阁下派出卫队,是由于淮阴侯韩信刚刚在朝中谋反,有怀疑阁下之心。设卫队保护您,并非是恩宠阁下。希望阁下谢绝封赏,把全部家财献出资助军费。"萧何听从其计,皇上大为高兴。

这年秋天,淮南黥布反叛,皇上亲率大军征讨,又多次派使者打听萧相国在干什么。回报说:相国在京安抚劝勉百姓,夙兴夜寐,和往日一样。一位客人面见萧相,劝谏说:"阁下离灭族之祸不远了。阁下任相国十多年了,兢兢业业,深得民心。至今您还是孜孜不倦为国操劳,求得百姓和衷爱戴。皇上所以多次询问阁下情况,害怕阁下控制关中动摇汉室。如今阁下何不多买田地,低息借贷以玷污自己名声,这样皇上必然放心。"于是萧何听此计。皇上撤回讨伐黥布的大军回到长安,百姓拦路上书,告相国低价购买百姓田宅达数千人,皇上回朝,萧何拜见,皇上把百姓上书信件全部给了萧何,笑着说:"你自己向百姓谢罪吧。"

萧何购置房产

相国萧何购置土地房屋一定选择贫穷僻远的地方,营造宅地也从来不修建围墙。他说道:"后代子孙如果贤能,可以从中学我的俭朴;如果不贤无能,这种房屋也不会被有势力的人家所侵夺。"

张良取履

张良在闲暇时从容地在下邳桥上散步,有一位穿着粗布短衣的老人,走到张良身边,故意将脚上的鞋子丢到桥下,对张良说:"小子,下去把我的鞋捡上来。"张良感到惊讶,想打他。但见到他年近已衰,就忍住怒气把鞋捡上来。老人说:"给我穿上。"张良想既已把鞋捡上来了,便恭敬地把鞋给他穿上,老人高兴地走了。张良非常惊异,目送他离去。老人走了一里来路,又返回来,对张良说:"小子值得教导啊。五天后天刚亮时,和我在此处相会。"张良因此觉得奇怪,跪下回答说:"是。"五天后天刚亮时,张良来到桥上。老人已经先到了,生气地说:"和老人相约,为什么迟到?"转身就走,说,"五天后早点来。"五天后鸡刚叫时,张良就来到桥上。老人又先到了。生气地说:"为什么又迟到了?"便扬长而去,并说:"五天后再来早一点。"五天后,还不到半夜张良就来到桥上。过了一会儿,老人也来了。老人高兴地说:"应当是这样。"于是取出一卷书,说:"熟读此书,就可以做帝王的老师了。十年后就会有所成就。十三年后你到济北来见我,谷城山下的黄石就是我。"说完便离去,也没再说其他话,从此再也没见过他。天亮后张良看这本书,竟是《太公兵法》。张良很珍惜,并用功研读,以致后来辅佐高祖打天下,成为第一功臣。

张良明哲保身

张良随从高帝刘邦进入函谷关,就静居闭门不出,说道:"我家的人世代做韩国的宰相,及至韩国灭亡,我不吝惜万金资财,为韩国向强大的秦王朝报仇,使天下震动。如今凭借三寸之舌成为高帝的军师,被封为万户侯,这已是一个平民所能享有的最高待遇了,对我来说足够啦。我只希望抛开人间俗事,将追随仙人赤松子去云游罢了。"

司马光评论说:按张良的聪明智慧,他是完全知道神仙不过是些虚幻奇异的东西罢了。但他却要随同赤松子远游。他深知,功勋和名位之间,正是为人臣子的人所难于长久立足之处。淮阴侯韩信被诛杀,相国萧何被捕下狱,这不就是由于功名已达到巅峰却还不止步的缘故吗!所以张良借与神仙交游相推脱,遗弃人间凡事,视功名如同身外之物,把荣誉利禄抛在脑后,所谓"明哲保身"者,张良即是个榜样。

解衣推食

韩信是汉王刘邦手下的一名大将,深受汉王器重。楚汉相争之时,他率领军队消灭了齐王田广的大军以及楚国大将龙且率领的援军,占领了齐地。楚霸王项羽见此,便派武涉前去劝说韩信脱离汉王。韩信听后,对武涉说:"我为汉王所重用,实乃我之荣幸。平日里,汉王对我关爱有加,甚至可以'解衣衣我,推食食我',这样的厚爱,我怎能另立门户,背叛汉王呢!"

汉王用人不疑

陈平降汉后,汉王任命他为都尉,并让他负责监督军队。绛侯周勃、灌婴等都说陈平的坏话,说陈平在家与其嫂嫂私通,先后侍奉魏王、楚王,都不合,现又来投汉王。陈平随意接受将领们的贿金,是个反复无常的乱臣。汉王就招来陈平,责备他说:"先生您侍奉魏王不能相合，就去侍奉楚王，然而也离开了，现在又跟我交往，讲信义的人难道该是这样三心二意吗？"陈平回答道："我侍奉魏王，魏王不能采纳我的建议，所以离开了他。去侍奉项王，项王不能信任人，尽管有奇谋之士，却不能任用。我听说汉王您能用人，所以来投奔大王。我赤身而来，不接受别人的金钱就没有资产。如果我的计谋确有可采用的，愿大王采用；如无可采用的，诸将的贿金都在，请封存充公，愿您赏还我这把骨头让我离去。"汉王听完这番话后便向他道歉，任命他为护军中尉。

后来，楚军加紧进攻，把汉王围困在荥阳城里，汉王请求割地荥阳之西来与楚讲和，项王不答应。汉王问计于陈平，陈平说："楚国内存在可以致乱的因素，大王您如果能拿出几万斤黄金，用来实施反间计，离间其君臣，使他们产生疑忌之心，项王为人好猜忌，听信谗言，必然会引起内部互相诛杀。汉乘机兴兵攻打，破楚是必定无疑的了。"汉王认为他说得对，便拿出黄金四万斤给陈平，任凭他支配，不过问开支情况。

陈平用大量黄金在楚军中放手进行离间活动，使项王同大臣之间产生疑心，放松攻城，陈平就和汉王在夜间乘机从城西门出去，进入函谷关，收集散兵再向东进。

多多益善

高祖经常和韩信谈论诸将的才能高下，韩信对他们的评论各有不同。高祖问韩信说："像我这样能够率领多少兵？"韩信说："陛下不过能率领十万。"高祖说："对于你来讲怎么样呢？"韩信回答说："我多多益善。"高祖笑着说："既然多多益善，那为什么还会被我所擒呢？"韩信说："陛下不善于率兵而善于驾驭将领，这就是我韩信所以被陛下抓获的缘故。"

太史公在评价韩信时说：假如韩信学一些道家的谦让之道，不夸耀自己的功劳，不以自己的才能骄傲，那他对汉朝的功劳就差不多可以和周公、召公、太公这些人相比，就可以子孙后代祭祀不绝。

韩信报恩

韩信当初是平民的时候，因为家里贫穷又放荡不检点，还不会经商谋生，经常依靠别人来糊口度日，曾多次到下乡南昌亭亭长家里去要饭吃，一吃就是几个月，亭长的妻子很讨厌他，就每天提前吃饭，韩信来时，就没饭吃了，韩信生气，从此就与他们断绝了关系。韩信在城下钓鱼，有几位老大娘在那里漂洗棉絮，有个老大娘见韩信饿了，就给他饭吃，连续十几天，天天如此。韩信很高兴，对那位大娘说："我将来一定要重重报答您。"大娘生气地说："大丈夫不能自己养活自己，我是可怜你才给你饭吃的，难道是希望你报答吗？"淮阳有个年轻人侮辱韩信说："你虽然长得高大，喜欢带刀佩剑，其实你内心是很胆怯的。如果你不怕死就用剑来刺我，怕死就从我的胯下爬过去。"于是韩信就从他的胯下爬了过去。街上的人都嘲笑韩信，认为他是个胆小鬼。

后来，刘邦改封韩信为楚王，韩信到了自己的封国，召见当年给他饭吃的漂洗棉絮的大娘，赏赐给她千金。找到了下乡南昌亭长，赏赐给他一百钱，并说："你是小人，做好事有始无终。"又召见侮辱自己从胯下爬过去的那个人,任他为楚国中尉,对将相们说:"这是位壮士。当他侮辱我时,我难道不能杀了他吗?但杀了他没有什么道理,所以就忍让了他,才达到今天这样的成就。"

陆贾撰《新语》

陆贾经常在高帝面前讲《诗经》《尚书》,高帝骂他说:"你老子我是在马上得天下的,讲《诗经》《尚书》有何用?"陆贾说:"在马上得天下,难道也可以在马上治天下吗?况且商汤、周武王以武力夺取天下却以仁义守住天下,文武并用才是长久的治国之策。以前吴王夫差、智伯都因穷兵黩武而灭亡;秦国一味使用刑法不知改变,终于亡了国。假使秦国统一天下后能够实行仁义,效法古代圣贤,陛下哪能得天下呢?"高帝听后显出有惭愧的神情,于是对陆贾说:"你为我撰写一下秦失掉天下而我能够得到天下的原因及自古以来的成败之国的情况。"陆贾共写了十二篇,每上奏一篇,高帝都认为写得好,左右的官吏欢呼万岁,称陆贾的书为《新语》。

陆贾说陈平

吕后掌权,封吕氏称王,吕氏家族独揽大权,打算劫持少帝,篡夺刘氏天下。右丞相陈平为此很是担忧,力量不足以与吕氏抗争,于是只能静居深思。陆贾前去问候,一直进入房中坐下,陈平正在思虑,没有看见陆贾。陆贾问其原因,陈平于是说出担忧之心。陆贾说:"天下安定时,大家注意的是丞相;天下危急时,大家注意的是将军。如果丞相和将军相联合,那么人民才会全心归附;人心归附,天下即使有变乱,权力不会分裂,为国家打算,在两位人士的掌握中了。你为什么不和太尉多交往,加深交情呢?"陈平认为他讲得很在理,就采用了他的计谋。于是用五百金为太尉周勃祝寿,与太尉欢饮,太尉也回报他。这样两人的关系更加密切了,一举诛灭了诸吕,立孝文帝为皇帝,陆贾是很出力的。

四贤老助太子

高祖要废掉刘盈,改立如意为太子。当时,许多大臣竭力谏争,高祖始终不肯改变主意。

张良向吕后献计说:"这件事用口舌是争不成的。天下有四个老人,很受皇上尊重,很器重这四个人,现在隐匿在深山中,如果能把他们请出来辅佐太子,对巩固太子的地位很有帮助。"吕后就派人去把这四位老人迎请出来。

一次,皇帝设置酒宴,太子刘盈给高祖斟酒,四个老人跟在太子左右。这四人年龄都在八十岁以上,须眉皓齿,衣冠甚伟。高祖见了,感到很奇怪,就问:"他们是干什么的?"四个人上前回话,各自报告姓名,分别叫东园公、角里先生、绮里季、夏黄公。皇帝大为吃惊,说:"我寻了你们多年,你们躲避我,今天你们为什么和我儿子交往呢?"四人齐声说:"皇上一向看不起儒生,经常骂不绝口,我们不愿受辱,所以害怕躲藏起来。现在听说太子为人仁慈孝顺,恭敬爱士,善待儒生,天下人都想为太子效力,所以我们自愿前来!"皇帝说:"麻烦你们始终如一地辅佐太子吧。"

四人言毕离去。高祖目送他们,说:"我想改立太子,那四个人却辅佐他,太子羽翼已成,难以变动了。"最终没有改立太子。

陈平的离间计

汉军驻扎在荥阳,这时项羽和范增便加紧围攻荥阳,汉王深为忧虑,就采用陈平的离间计,离间项王和范增。项王的使者来了,给他准备了牛、羊、豕齐全的丰盛筵席,打算端上去。端菜的人一看使者,假装惊愕地说:"我以为是亚父(即范增)的使者,没想到反而是项王的使者。"把饭菜又端了下去,拿粗菜恶饭给项王的使者吃。使者回来报告了项王,项王就怀疑范增私通汉军,渐渐剥夺他的权力。范增大怒,说:"天下的形势,大局已定,君王好自为之。请赐还我的躯体,让我成为一个普通的士卒。"项王答应了他。不久,范增因背上长毒疮而死。

贯高承担罪责

张敖继承父亲张耳的王位,为赵王,娶高祖的长女鲁元公主为王后。

一次,汉高祖从平城经过赵国,赵王、张敖早晚亲自侍奉饮食,颇有子婿的礼貌。高祖却对他大声叱责,非常轻慢他。赵国丞相贯高对高祖的傲慢十分气愤,对赵王说:"高祖如此轻慢你,请让我替你把他杀了。"赵王一听,将手指咬出血来说:"高祖对我家德泽如山,你千万不要说这样的话。"贯高等人议论说:"我们赵王是忠厚的长者,不肯背德负恩,我们干,事情成功了,我们替赵王出口气,事情失败了,由我们承担罪责。"贯高派人隐藏在柏人县馆舍的夹壁中,准备伺机杀掉高祖。高祖这天因故没有留宿,所以没有刺杀成功。

不久有人告发了贯高,于是高祖逮捕了赵王等企图谋反的人,贯高对狱史说:"这是我们这些人干的,赵王真的不知道。"狱史使重刑,贯高遍体鳞伤,却始终不改口实,高祖看了贯高的供词,说:"真是一位壮士!"后来,弄清楚了赵王确实不知此事,不是谋反,于是高祖赦免了赵王。

高祖赏识贯高敢作敢当守信用,让人告诉贯高说:"赵王已经放出来,皇上很赏识你,因此赦免你。"贯高说:"我之所以不死,是因为要说明赵王没有谋反。现在赵王已经释放,我的责任已尽了。但是作为臣子有篡杀的名声,哪里还有什么颜面去服侍皇上呢。"于是自杀而亡。

孟舒为人

汉高祖经过赵国时,因怒斥、轻慢赵王,赵王部下几个臣僚要密谋刺杀高祖,经人告发后,高祖严令道:赵国有敢跟随赵王的要诛三族。然而,孟舒却自己剃去了头发,以铁箍束脖子，跟随赵王，以死事之。汉与楚相对峙时，匈奴趁机侵犯，这时，士兵疲惫不堪，孟舒知道士兵十分疲劳，不忍心令他们出战，而士兵们争相出城杀敌，如同儿子替父亲与人拼命一般。这是孟舒为人诚信谨厚，将士主动替他效命的结果。

王陵与陈平

右丞相王陵不讲究文雅，纵任意气，喜欢直言。孝惠帝去世，吕太后打算立她娘家的吕姓兄弟子侄为王，先征询王陵，王陵说："高帝曾将一匹白马杀掉来盟誓说：'非刘氏而称王的，世人一起击灭他。'如今让吕氏称王，不符合盟约。"太后听了不高兴，又问左丞相陈平和绛侯周勃等人，都说："高帝平定天下，封子弟为王。而现在太后掌权，想让吕氏兄弟称王，也没有什么不可以。"太后高兴并退朝。王陵责怪陈平、周勃说："当初和高帝喝血而盟誓时，诸君不在吗？现在高帝死了，太后临朝掌管国政，想让吕氏称王，诸君纵容太后的欲望，阿谀奉承，违背盟约，有什么脸面见九泉之下的高帝？"陈平说："当面在朝廷上急论，我比不上你，管理国家，选定刘氏的后继者，你不如我。"王陵无言以对。

吕太后立吕家兄弟子侄为王，陈平假装顺从。等到吕太后去世，陈平与太尉周勃共同铲除吕家子弟，拥立孝文皇帝即位，主要是陈平出的主意。

陈平独自任相

孝文帝即位后，认为太尉周勃亲自带兵诛灭吕家子弟，功劳最大；陈平因此就想把最高的职位（右丞相）让给周勃，于是就向文帝进谏说："高帝时，周勃的功劳不如我，这次诛灭吕氏，我的功劳不如周勃，我愿意把右丞相的职位让给他。"于是孝文帝就让周勃担任右丞相，位次第一；陈平调任左丞相，又赏给陈平黄金千斤，加封食邑三千户。

过了一些时候，孝文帝已经逐渐了解熟悉国家大事，在上朝时问右丞相周勃说："全国一年审理判决多少案件？"周勃不知道。又问："全国一年钱粮有多少呢？"周勃还是回答不上来，只急得汗流浃背，惭愧自己一问三不知。于是文帝就问左丞相陈平。陈平说："这些自有主管的人。"文帝问："主管的人是谁？"陈平说："陛下如果要了解审判案件，可以询问廷尉；要了解钱粮的收支，可以询问治粟内史。"文帝说："既然各有主管的人，那么你又主管些什么事呢？"陈平说："臣今冒死罪回答！陛下不了解我的才智平庸，让我担任了宰相的重任。作为宰相，对上应该辅佐天子调理阴阳，顺应四时；对下哺育万物适时生长；对外镇抚四夷和诸侯；对内爱护团结百姓，使公卿大夫各尽其职。"孝文帝非常满意。右丞相周勃惭愧得无地自容。周勃深知自己的才智比陈平差得很远。过了一些时候，周勃借口有病请求免去右丞相职务，陈平就独自担任丞相之职，一直到故世。

萧规曹随

曹参跟随汉王打天下，战功卓著，被任命为将军，随后又代理左丞相。汉王做了皇帝，又任命曹参为齐国相国。汉惠帝元年，改任曹参为齐国丞相。他听说胶西有位贤者盖公,精研黄老学说。便派人把盖公请来,请教治国方略。盖公对他说:治理国家的办法最好是清静无为,让百姓自行安定。并将黄老学说的要义阐述得很精当。曹参听了很高兴,于是让出正堂,请盖公住在里面。曹参用黄老学说治理齐国九年,齐国百姓安居乐业,人们大为称赞他是贤明的丞相。

萧何去世,朝廷任命曹参接替萧何为相国。曹参离开时叮嘱后任丞相说:"应当把齐国的监狱、法庭和贸易市场作为兼容善恶的寄寓场所,对于这几处地方要谨慎,不要去干扰。"后任丞相说:"治理国家的事就没有比这更重要的吗?"曹参说:"不能这样看。因为监狱、法庭和贸易市场是好人和坏人都可以容纳的处所,如果你干扰它,坏人到哪里去容身呢?我因此把这方面的事摆在头等位置上。"

曹参和萧何,一个做了将军,一个做了相国,两人便有了隔阂。到萧何临终时,向皇上推荐的贤臣却只有曹参。曹参代替萧何做了汉朝相国,完全遵循萧何制定的规章,办事无所变更。曹参每日饮酒不理政事,汉惠帝由于年轻,怀疑曹参轻视自己。曹参得知后,就向惠帝谢罪说:"请陛下思量一下:圣明英武比高祖谁强?"皇上说:"我怎敢与高帝比?"曹参说:"陛下看我的才能跟萧何哪个高明?"皇上说:"你似乎不及他。"曹参说:"陛下说的是。高祖与萧何平定了天下,法令已经明确无误,现在陛下垂衣拱手,朝臣们谨守各自的职责,遵循原有的法度而不改变,不也就可以了吗?"?惠帝说:"好。"曹参自从代替萧何担任丞相后,却一切遵从萧何所制定的法令,继续率行"与民休息"的政策,有"萧规曹随"之称。

灌周诛吕

高祖、高后去世后,以吕产为首的吕氏家族企图发动叛乱,夺取刘氏天下。周勃手持符节,进入军门,对北军下令说:"效忠吕氏的脱去衣袖袒露出右臂,效忠刘氏的袒露出左臂。"军队全都露左臂,于是周勃就率领了北军。吕产擅自派将军灌婴率军攻打齐国,灌婴却留驻荥阳,按兵不动,待机灭吕。各诸侯也紧密联合起来,共同行动,终于将吕氏消灭,尊立高祖刘邦长子刘恒为文皇帝,这完全是天意所授,不是人力所能做到的。

周勃为人质朴忠厚

周勃在楚汉战争、平叛战争中立有大功。所以,平定辽东班师回朝后,刘邦赐周勃爵绛侯,官拜太尉。刘邦即帝位后,封赏有功之臣。一些将领自恃功大,都想高官显爵,闹得乌烟瘴气。周勃从不参与其中,刘邦觉得很奇怪,就问周勃:"你怎么不闹?"周勃道:"我周勃乃沛县一鼓手,靠了陛下的天分才有了今天,我已经很满足了。"

刘邦死后,周勃率军诛灭诸吕,迎代王刘恒为帝,史称汉文帝。从此,中国历史开始进入文景之治的大治时期。周勃被任右丞相,陈平任左丞相。不久,周勃自感能力不及陈平,就把右丞相之职让与陈平,自己任左相。一个月后,怕自己功大尊贵使人嫉妒而招祸,就请求辞去左丞相之职。十个月后,又辞去所有职务。因周勃是绛侯,就去了自己的封国绛县。

袁盎与周勃

绛侯周勃担任丞相，退朝后快步走出，意气很自得。皇上待他的礼节很恭谨，常常目视送他。袁盎上前说："丞相是什么样的人？"皇上说："国家的重臣。"袁盎说："绛侯是通常所说的功臣，不是国家的重臣。国家的重臣是主在臣在，主亡臣亡。吕后掌权时，擅自封诸吕为王，刘家天下虽没断绝，但也像带子一样微细无力。那时绛侯担任太尉，掌握兵权，不能匡扶挽救。吕后逝世，大臣们一起共同诛灭诸吕，因太尉掌握军队，恰好使他成功。所以说他只是通常的功臣，不是国家的重臣。现在丞相对皇上表现出骄傲的神色，而陛下又谦虚退让，臣下以为皇上不应当这样。"以后朝会，皇上对丞相很庄严，丞相逐渐畏惧。绛侯责备袁盎说："我与你长兄要好，现在你这小子却在朝廷上毁谤我！"袁盎认为自己做得对。

等到绛侯被免除丞相职务回到封国，封国中有人上书告发他谋反，绛侯被捕入狱，皇族和公卿们都不敢替他说话，只有袁盎申辩绛侯没有罪。绛侯能获得释放，袁盎出了很大力，绛侯于是与袁盎深交为知己。

汉文帝不用兵

孝文帝即位后，将军陈武等人提议说："南越、朝鲜，拥重兵把守险地，伺机而动。应当趁士民乐于为国家效劳之时，调动兵马，征讨叛贼，以平定边疆。"孝文帝说："朕继承先皇帝位后，经常胆战心惊，恐怕大事没有结果。况且兵器属于凶物，动用兵器，虽能克敌如愿，但打仗也会损伤自身，更不要说百姓的长远利益该如何？如今匈奴侵入内地，守边的官吏没有退敌的功劳，边疆的百姓守卫边疆已经很长时间，朕常常为他们感到伤心不安，没有一天能忘记。我希望一边巩固边防设立烽候，一边派使节讲和，使北方边境安宁，这才是大的功德。暂且不要谈论用兵打仗的事。"因而百姓消除了内外徭役，得以休养生息，积极农耕，天下富强繁盛，谷子降到十多钱。

廷尉张释之

汉文帝时，张释之任廷尉，主管司法。一次，文帝出行经过中渭桥，有一人从桥下跑出，惊动了为皇帝驾车的马匹。于是，文帝令骑士追捕，并将他送交廷尉治罪。张释之奏报处置意见："此人违犯了清道戒严的规定，应当罚金。"文帝发怒说："此人直接惊了我乘舆的马，仗着这马脾性温和，假若是其他马，能不伤害我吗？可你却判他罚金。"张释之向皇帝解释说："法，是天下公共的。这一案件依据现在的法律就是这样定罪；加罪重判，法律就不能取信于民众。况且，在他惊动马匹之际，如果皇上派人将他杀死，也就算了。现在你把他交给我，廷尉是天下公平的典范，稍有倾斜，天下用法就可轻可重，没有标准了，百姓还怎样安放自己的手脚呢！请陛下深思。"文帝思虑半晌，说："廷尉的判决是对的。"

先富贵不忘老朋友

薄姬少年时代,与管夫人、赵子儿关系密切,互相约定:"谁先富贵了,不要忘记老朋友!"这时管夫人、赵子儿已先与高祖幸聚。汉四年,高祖坐在河南成皋灵合上,这两位美人就把事情据实告诉高祖。高祖对薄姬动了怜悯之心,这天就召薄姬,要与她同宿。薄姬说:"昨天晚上我梦见一条龙伏在我的胸部。"高祖说:"这是主贵的征兆,我为你成全此事。"宿后,就怀孕了。一年内生了文帝,文帝八岁时立为代王。薄姬从生儿子后,很少见到高祖。高祖死后,一些受高祖宠爱的姬妾如戚夫人等,因吕太后生气,都囚禁起来,不得出宫。薄姬因为很少见到高祖,得以跟着儿子到代国,为代太后。

代王立十七年,吕太后死。大臣们商量立新皇帝时,对外戚吕氏强暴很痛恨,都称薄氏人善,所以就迎立代王刘恒为皇帝,尊薄太后为皇太后。

得天下之原因

汉高祖刘邦在总结他之所以能够取得天下的原因时说:"在帷帐中运筹决策,决胜于千里之外,我不如张良。镇守国家,安抚百姓,供给军粮、畅通传道,我不如萧何。连兵百万,战必胜,攻必克,我不如韩信。这三个人,都是人中豪杰,我能任用他们。这是我所以取得天下的原因。项羽有一个范增而不能任用,这是他所以被擒杀的原因。"

单于冒顿

冒顿即立为单于,其时东胡强盛。冒顿杀父自立的消息传到东胡,东胡派使臣往见冒顿,要求得到头曼时号称千里马的良马。冒顿征求臣下意见。臣下都说:"千里马是匈奴的宝马,不能给。"冒顿说:"和人家做邻居怎么可以吝惜一匹马呀!"把千里马给了东胡。东胡认为冒顿畏惧他们,就又提出想要得到单于的一位妻子。冒顿又征询臣下的意见,臣下都怒气冲冲地说:"东胡竟然无礼到如此程度,请您下攻击命令吧!"冒顿说:"和邻国相处,怎么能为一个女人伤了和气呢!"就把所爱的妻子送给了东胡王。东胡王更骄横起来,又提出将东胡与匈奴之间长达千里的"瓯脱"地带划给东胡。冒顿询问臣下意见。有的臣下说:"那不过是弃地,给也行,不给也行。"冒顿听了大怒说:"土地是国家的根本,怎么可以随便给人呢!"于是将那个臣下杀死。冒顿跨上战马,下令袭击东胡,并说:"有行动迟缓后到的斩首。"东胡王没把冒顿放在眼里,边境也不设防。等到冒顿率领大军来到,只有被动挨打。匈奴一举消灭了东胡,虏获了东胡的老百姓和牛、马、羊群。又向西方进军击败月氏。渡河向南消灭楼烦和白羊王。接着又收复被秦将蒙恬夺去的匈奴土地,与汉朝在黄河南岸的据点对峙,直到入侵朝那(故地在甘肃平原县西北)、肤施(今陕西延安)和南方的中国为敌。

孝惠帝感恩

项羽在彭城大败汉军,汉王刘邦见势不妙,令军队迅速撤退,路上遇见了汉王子刘盈和女儿,太仆夏侯婴就让他们一起走。汉王心急,看到车马因负重而疲惫,敌人在后面追赶,于是几次将两个孩子蹬下来,想抛弃他俩,夏侯婴又总是把他俩载上车,汉王大怒,要杀夏侯婴,最后终于逃脱,将刘盈与女儿放在丰地。

高帝去世后,刘盈即位为汉惠帝,惠帝为感谢夏侯婴在战乱中救他和鲁元公主,就赐给他一座最靠近皇宫北阙的第一等住宅,吕后亲自题名"近我",表示一种特殊优于群臣的尊礼。

不要再为个人祝福

汉文帝对大臣说:"从前,先王对人远施恩惠却不求人报答,遥祭天地鬼神却不为自己祝福。如今,我听说祠官在祭祀祷告时,只为我一个人祝福而没有替百姓祈祷,这使我非常惭愧。让我独享神灵所降的幸福,而百姓们却没有份儿,这就加重了我的失德。现在命令祠官祭祀要诚心恭敬,不要再为个人祝福。"

贾谊提倡幼儿教育

贾谊在给汉文帝上书时,特别提出幼儿教育问题。他说:"古代对太子施行教育是从婴儿开始的,等到少年时期,稍有知识,就有三公、三少阐明孝顺、仁义、礼仪的道理来教育他,并选择那些品行端正、有孝道美德、学识渊博又通晓治国之本的人来辅佐他。使太子一生下来,见的全是正派之事,听的全是正派之言,实施的全是公正的原则,习惯和正人君子在一起,行为就不会不端正。孔子说:'从小养成的就如同天赋秉性一样;经常学习,就好像天生本能一样。'好的习惯和智慧同时增长,所以能符合常道,无愧于心;礼仪深入内心,正道的言论和行为就成了他的天性。夏、商、周三代所以立国长久,是因为他们辅翼太子时用这种方法。秦朝则不然,派赵高做胡亥的老师,教导胡亥懂得法令,所学习的不是斩首、割鼻就是灭人三族。胡亥第一天即位当上皇上,第二天便用箭射人,把忠心劝谏的大臣说成诽谤罪,把为国家深谋远虑的人说成是妖言惑众,把杀人看成如割草一样。这难道是胡亥天性就凶残吗?实在是引导方法不合理的缘故。所以当太子童心未泯时,就教育他,容易收到好的成效。"

合于人情而后行

晁错在给汉文帝上疏对策中说:"三王(指夏禹、商汤、周文王)君臣非常贤明,谋定天下,无不从人情出发。"人情无不想长寿,三王保护人们的生命而不加以伤害;人情无不想富裕,三王让人们财富丰厚而不使人们贫困;人情无不想安宁,三王维持社会秩序而不去危害人民；人情无不想舒适，三王节省人力而不竭尽民力。三王制定法令，合于人情然后行，自己心里讨厌的不强加于人；自己心里想要办的，不禁止人们去办。这样，人民就拥护政府的政令，佩服政府的恩德，敬仰他们就像父母一样，像流水一样跟从他们。百姓和睦亲爱，国家安宁，名分地位的秩序不混乱，后代能长期延续下去。

申屠嘉为官

申屠嘉为官清廉正直，家门不接待私人拜访。这时太中大夫邓通正受文帝的宠爱，前后赏给他的钱财，累计万万。申屠嘉上朝时，邓通常在文帝身边，且怠慢放肆，不遵守君臣的礼节。有一次，丞相申屠嘉奏事完毕，乘机进言说："陛下的爱幸臣子，您可以让他富贵，至于在朝廷上的君臣礼节，则不可以不严肃！"文帝说："我宠爱他。"申屠嘉下朝回到相府，谢写了一道文书，命令邓通到丞相府来，若不来，就要杀头。邓通非常恐惧，便进宫告诉文帝。文帝对他说："你姑且前去，我即刻派人去把你召回来。"邓通来到丞相府，摘掉帽子，打着赤脚，叩头向丞相谢罪。申屠嘉斥责邓通说："汉家的朝廷，是高祖皇帝建立的，邓通你这个微不足道的小臣，竟敢在殿上戏闹，犯了大不敬之罪，应当杀头。吏士们，推出去斩首！"邓通吓得像捣蒜似的在地上叩头求饶，直碰得满头出血，仍得不宽恕。这时，文帝派的使者带着符节来召邓通，并告诉丞相说："他是供我狎玩的臣子，你把他放了。"邓通被放回来，对文帝哭诉说："丞相差点把我杀了。"

少女缇萦上书救父

汉文帝四年，太仓令淳于意犯有罪行，用专车押往长安。淳于意没有男孩，有五个女儿，跟随在他后面哭泣，他骂女儿说："生孩子不生男孩，在紧急关头，一点用处也没有！"这时他的小女儿缇萦便伤心地哭起来，就跟着父亲到了长安。她上书说："我父亲为官，齐国地区的人都称赞他廉洁公平，如今犯法应处以肉刑。我深切地悲痛被处死的人不能复活，而受刑体残的人不能再复原，虽然想改过自新，也无路可走。我愿意被收入官府为奴婢，来抵赎父亲的罪行，使父亲能改过自新。"缇萦的上书送给了皇帝，皇帝怜悯她的心情，就下诏书说："现在人们有了过错，没有进行教育就施加刑罚，有的人想要改过向善，也没有机会。刑罚之重，至于断裂肢体，刻肌制肤，终身不能恢复，这是多么痛苦而又不道德，应该废除肉刑。"这一年废除了肉刑法令。缇萦上书朝廷，使其父被赦免得以安宁。

真正的将军

汉文帝六年，匈奴大举入侵边境，周亚夫为将驻军细柳，以防御匈奴的进攻。皇帝亲自到军中慰劳将士。到达细柳军营，将士们都身披盔甲，兵器锋利，张满弓弩。皇上的先行军队到达，不让进入军营。先行车队说："皇帝来了！"军门的都尉说："在军营中只听从将军的命令，不听从皇上的诏令。"当皇上驾到时，军门的守卒要求皇帝的车队说："将军有规定，在军营中不能急行。"于是皇上勒马慢行。到军营大帐，周亚夫出来迎接皇上，行作揖之礼,说:"身披盔甲的武士没有跪拜之礼,请求行军礼所见皇帝。"皇帝很高兴,改为站在车上俯身抚车式,派人向军士们宣告说:"皇帝慰劳和敬重将军。"完成礼节后离开军营。走出营门后,群臣们都很惊讶。文帝说:"好呀!这才是真正的将军啊!朕在霸上、棘门的军营中,看到他们如同儿戏,他们的将军会在袭击中被抓获。像周亚夫这样的将领,难道能慢犯吗?"一个多月以后,周亚夫被调回朝廷,被任命为中尉。

邓通当贫饿死

邓通,因为能持棹行船戴黄帽而为黄头郎。汉文帝曾做一梦,欲升天而行,却不能,忽然有一位黄头郎使劲推他,他终于升天,回头一看推他的人头戴黄帽,很与众不同。文帝醒来后,根据梦中所见找那个划船装束的黄头郎,便找到了邓通,正如梦中所见之人。问其姓名,邓通说自己姓邓名通。邓和登的读音相似,文帝非常高兴,便让他进宫来作为文帝的近侍,文帝很宠幸他,很快邓通做到大夫。

一次,文帝让善于看相的人给邓通相面,看相的人说:"邓通当贫饿死。"是说他将来会因贫穷饥饿而死。文帝说:"能让邓通富贵的是我,怎么能说邓通会贫穷呢?"于是皇帝就把蜀郡严道的铜山赏赐给邓通,允许他自己铸钱使用,由此邓通铸造的钱币流布天下,富到如此程度。

文帝死后,景帝即位。不久,有人告发邓通经常私自出宫在蜀郡铸钱,景帝派官员查究此事,果然成其罪状,就全部没收,结果邓通还欠债几万。这时的邓通竟然不名一文,最后寄居于别人家中饥饿而死。

匈奴畏惧郅都

孝景帝任郅都为雁门太守,允许他根据事势的需要,可以对一些重大的事情从便处理,不必事先上奏。匈奴早就听说郅都很有气节,现在郅都来到边地当官,匈奴为此自动退兵离去,一直到郅都去世,始终不敢靠近雁门。匈奴曾照郅都的模样做了一个木偶,当作箭靶子,让军士们驰马射箭,却没有一个人能够射中。郅都被匈奴所畏惧到这种地步。

万石君训子

万石君的长子石建,次子石庆,对父母都百依百顺而且孝敬谨慎,官职的俸禄都到了二千石。

石建已年老发白,但其父万石君还健康无病。石建做郎中令时,每五日休假一次回家探望父亲。进入侍者的住处,暗中询问侍候他父亲的人,并拿上父亲的衬裤衣物等亲自去洗濯,然后再交给侍候的人,不敢使万石君知道,他经常是这样。

万石君迁居到陵里时,次子石庆时任内史,一次酒醉而归,入外门不下车。万石君听到这件事后就不吃饭。石庆感到害怕,于是就袒露肩膀向父亲请罪,父亲不答应他。后又请全家族的人和他哥哥石建都来肉袒向父亲请罪,万石君责备说:"内史是尊贵的人,进入闾里时里中长老们都要回避,而内史却自然自在地坐在车中不动,本来就当如此嘛!"于是责令石庆走开。从此以后石庆以及其他子弟们进入里门之后都步行到家,不敢再不下车了。

汉武帝元鼎五年,皇帝下诏书说:"先帝很尊崇万石君,他的子孙们也很孝顺,任命御史大夫石庆为丞相,封为牧丘侯。"

不为父受祭祀礼

田叔为鲁相,深受鲁王信任和百姓的拥戴,因辛劳而死于官位上。鲁国以黄金百斤作为祭祀礼,他的小儿子田仁不接受,说:"不能因礼仪损害先父的名誉。"

路中大夫

齐孝王十一年,吴王濞、楚王戊谋反,发兵西进,通告诸侯说:"我们要诛杀汉廷贼臣晁错以安定刘氏宗庙。"胶西、胶东、淄川、济南等国度擅自发兵响应。他们企图联合齐国,齐孝王没有答应,据城而守,三国的军队就把齐国包围起来。期望派路中大夫报告天子。天子就令路中大夫归告齐王说:"好好地坚守下去,我的军队现在就要攻破吴楚了。"路中大夫回到齐国,三国的军队把临淄围了好几层,无从进城。三国的将领捉住了路中大夫,威胁他说:"你要反过来说汉廷已经被攻破了,让齐国快向三国投降,你不这样说,就杀了你。"路中大夫答应之后,来到城下,望见齐王,高声说道:"汉廷已经发兵百万,派太尉周亚夫击破吴楚,正领兵救齐,齐一定要坚持下去,不要投降!"三国的将领把路大夫杀了。不久,汉军击破叛军,将其诛灭,解除了对齐国的包围。

王尊治河

王尊任东郡(今河南濮阳市西南)太守,有一年,黄河水暴涨,浸漫瓠子河金堤,老人小孩争相逃命,害怕黄河大决口。王尊亲自率领官吏和百姓抗洪救险,王尊向上天祷告,请求允许用他的身体填塞金堤,以抵挡洪水的冲击。他令人在河堤上搭建庐棚,他就住在堤上。官吏和百姓成千上万人争着叩头劝太守离开,有人前去救他,他脚踩着河水,始终不离开河堤。洪水一步步上涨,有些地段的石堤被洪水冲坏,官吏和百姓都跑了,只有一个主簿流着眼泪站在王尊身边没动。王尊不避危险抗击洪水的决心,感动了百姓,官吏和百姓又返回抗洪救险,后来,洪水渐渐退去,没有造成大的灾害。三老朱英等人为此特上书朝廷,皇帝命令主管官员核查后,下诏晋升王尊官职为中二千石,赏赐黄金二十斤。

武帝眷念乳母

汉武帝童年时,东武侯的妈妈曾经乳养过武帝,武帝壮年后,称她为"大乳母",让大乳母每月入朝两次,每次都要赏赐五十匹绸缎,并备饮食供养乳母,下诏令让乳母乘坐的车子可以在御道上通行。凡属乳母所说的话,没有不认可的。乳母家里的子孙在长安城中横行霸道,做了违法的事,武帝不忍心法办他们。主管官吏报请把乳母的全家迁到边陲去,报告得到了认可。乳母理当进宫到武帝跟前当面辞行。乳母先去会见武帝宠爱的歌舞艺人郭舍人,为这事流了泪。郭舍人说:"马上进去面见辞行,快步退出,多次转身回头望皇上。"乳母按照他的话做,向武帝当面辞行,快步退出,屡屡转过身来回头看武帝。这时郭舍人神情发怒,说话急躁,骂她道:"碎!老婆子!为什么不快走!皇上已经壮年了,难道还需要等你喂奶才能活命么?还转身看什么!"于是皇上怜悯她,并且悲观起来,就下诏令制止,不准迁徙乳母了,反而贬谪处罚了说乳母坏话的人。

主父偃数宾客之过

皇帝任命主父偃为齐国相。主父偃来到齐地,把兄弟们和宾客招来,把五百金分散给他们,责备数落他们说:"起初在我穷极无聊时,众兄弟们不肯供给我衣食,众宾客不让我进门;现在我当了齐相,诸位有的到千里之外迎接我。现在我宣布,与诸位绝交,不要再进我的家门!"

韩安国善待田甲

韩安国侍奉梁孝王,做中大夫,由于受到窦太后的信任和赏赐,名声显赫。

后来韩安国犯法被判刑,蒙县的狱吏田甲就羞辱他,韩安国说:"难道熄了火的灰就不会再燃烧起来吗?"田甲说:"要是再燃烧起来,我就溺尿来浇熄它。"过了不久,梁国内史的职位出缺,汉朝廷派使者任命韩安国为梁内史,提拔他做二千石的官。田甲听说后弃官逃走。韩安国说:"田甲你不回来就任,我就灭了你的宗族。"田甲于是袒衣谢罪。韩安国笑着说:"你现在大可溺尿了。像你这种人值得我惩治吗?"终于善待田甲。

不敢专权

大将军卫青率领公孙敖等六位将军从定襄出兵,攻击匈奴,斩杀、俘虏匈奴一万多人。右将军苏建,率三千多骑兵与匈奴单于的军队相遇,大战了一天多,汉军伤亡殆尽。苏建的军队全部阵亡,他独自一人逃回大将军军营。议郎周霸说:"自大将出兵以来,还未处决过一位副将。现在苏建弃军逃回,应处死,以显示将军的威严。"卫青说:"我有幸以皇上近亲身份统帅大军,不担心没有威严,又深受皇上宠信,不敢擅自诛杀大将军于国境之外,应把苏建送至皇上,由皇上裁决,以此表示身为臣子不敢专权行事。"于是就把苏建押往武帝所在的地方。

李夫人

　　汉武帝有一位贵妃李夫人,得了重病,卧床不起。武帝亲自到床前探病,李夫人用被子蒙住头说:"妾久病在床,样子难看,不能见皇上。我现在的病情,恐怕不久于人世了,我想把我的兄弟托付给您,请皇上关照。"武帝说:"夫人嘱托的朕一定会办,你病重到这个样子,还是让朕看一看!"李夫人说:"我听说,女人不把容貌修饰好,不能见君王、父亲,妾不敢破这个先例。"武帝说:"只要见一面,朕会赐给你千金,封你兄弟做高官。"李夫人说:"封不封官在皇上,不在见不见臣妾。"李夫人说完,索性转过身去,抽泣着不再说话。武帝看到不能强求,只得怏怏离去。

　　汉武帝走后,李夫人身边的人都责怪她说:"既然你要托付兄弟给皇上,为什么又不让皇上看看呢?"李夫人说:"我们女人是用容貌侍奉皇上的,我们的长处是长得漂亮。我久病在身,样子难看,被皇上看到,必然会厌恶和唾弃,怎么还会思念我而又会厚待我的兄弟呢?"

　　不久,李夫人病逝。果如其说,在汉武帝心目中,一直保持着她的美貌,写了《李夫人歌》《悼李夫人赋》来寄托哀思,并提拔李夫人哥哥李延年为协律都尉。

以五百金为寿

　　大将军卫青率军抗击匈奴回朝后,汉武帝赐给他黄金千两,此时王夫人正受武帝宠爱,宁乘劝卫青说:"将军之所以功劳不大而能享受万户封邑,三个儿子都封为列侯,是因为你的姐姐是皇后的缘故。现在王夫人正受皇上宠幸而她的亲属却没有富贵,将军何不将皇上赏赐的千金献给王夫人的母亲做了寿。"于是卫青便拿出五百金为王夫人的母亲作为寿礼。

浑邪王降汉

　　公元前121年,匈奴浑邪王等驻军西部地区,被汉军擒杀了好几万人,单于十分生气,想将他们召到王庭处死,浑邪王感到害怕,就准备投降汉朝。汉武帝听到这一消息,担心他们是用诈降手段偷袭边塞,便命霍去病率兵前往迎接。霍去病渡过黄河之后,与浑邪王所部遥遥相望。浑邪王的部下将领见到汉军后,很多人不愿投降,纷纷逃走。霍去病便纵马驰入浑邪王大营,与他相见,将其部下企图逃跑的八千人斩杀,同时命其部下人众全部渡过黄河,投降的共四万余人。霍去病将浑邪王一人用传车送往长安,浑邪王到达长安后,汉武帝赏赐数十万,封浑邪王为漯阳侯,食邑一万户。武帝将归降的匈奴人迁徙到黄河以南沿边五郡的故塞之外,按照他们的风俗把他们分别编为五个属国。

骠骑将军霍去病

霍去病是西汉大将军卫青的外甥,他母亲是皇后卫子夫的姐姐,所以很得汉武帝的宠信,提任他为天子的侍中。他十八岁那年,卫青出征匈奴,霍去病被任命为校尉,率领八百名骑兵为先锋,夜袭匈奴军营,大胜而还。回来后审问俘虏才知道这次偷袭的是匈奴主营,俘虏的人当中有匈奴的相国、单于的叔叔,还有个单于爷爷一辈的被他们杀死了。这次战斗共杀死匈奴两千余人,取得了重大胜利,霍去病被封为冠军侯。

三年后,霍去病被任命为骠骑将军,率领一万骑兵从陇西出发攻打匈奴,顺带击败了好几个西域国家。杀死折兰王和卢胡王,将浑邪的王子、相国等八千多人执为俘虏,还把休屠国祭天用的金人都带了回来。汉武帝非常高兴,下令加封霍去病两千户食邑。

几个月后,霍去病再次出征,张骞和李广从右北平出兵,张骞因误了日期,被废为庶人。霍去病率大军从此地出发,深入敌后,他和合骑侯没有能够及时会合,但霍去病英勇战斗,大破匈奴,三万多匈奴人成为刀下鬼,又俘获了大批匈奴重臣。霍去病因这次大胜又被加封了五千户食邑。

匈奴第二年又来入侵,汉武帝决心对匈奴来一次清算。他下令卫青和霍去病各率领五万骑兵,再加上增援的步兵,共几十万人出击匈奴。霍去病率领大军长途奔袭一千多里,大破匈奴左贤王的主力部队,一直追到狼居胥山,在当地举行祭祀仪式后班师。这次远征,汉军又取得了决定性胜利,匈奴元气大伤,再也没有恢复过来。不过汉军也遭到了很大损失,十四万匹战马出征,最后回来的不到三万匹。汉武帝专门设立了大司马这个职位,卫青和霍去病都担任了大司马。

武帝处决外甥

隆虑公主的儿子昭平君娶了汉武帝的女儿夷安公主。隆虑公主病危时,进献黄金千斤、钱千万,请求预先为儿子昭平君赎一次死罪,汉武帝答应了她的请求。隆虑公主去世后昭平君日益骄纵,竟在喝醉酒之后将公主的保姆杀死,被逮捕入狱。廷尉因昭平君是公主之子而请示武帝,汉武帝身边的人都为昭平君说话:"先前隆虑公主又曾出钱预先赎罪,陛下已应允了她。"汉武帝说:"我妹妹年纪很大了才生下这个儿子,临终前又将他托付给我。"当时泪流满面,叹息了很久说:"法令是先帝创立的,若是因妹妹的缘故破坏先帝之法,我还有何脸面进高祖皇帝的祭庙!同时也对不住万民。"于是批准了廷尉的请求,将昭平君处死。但仍然悲痛难忍,周围的人也一起跟着伤感不已。

数字诗

汉武帝时,司马相如以《子虚赋》《上林赋》深得武帝赏识,被召入宫中,便陶醉于奢华的官宦生活,对远在家乡的结发妻子卓文君日渐淡忘,写了统篇只有"一二三四五六七八九十百千万"数字的信给妻子。聪颖的卓文君见信后立即明白,在司马相如眼里,以往的夫妻恩爱早已像数字一般枯燥无味了。伤心之余,卓文君写了一首咏叹离别之情的数字诗回答司马相如:"一别之后,两地相思,只道是三四月,又谁知五六年,七弦琴无心弹,八行书无可传,九连环从中折断,十里长亭望眼欲穿。百相思,千系念,万般无奈把郎怨……"

司马相如接信后,惭愧不已,从此断了杂念,与卓文君白头偕老。

王者之道

董仲舒上书说:"仁、义、礼、智、信是五种恒久不变的道,这是王者应培养整饬的。这五种道能培养整饬好,就能得到天的保佑,鬼神也来赞助他接受祭祀,恩德就会普及到国外,扩大到一切生命。"

罢黜百家 独尊儒术

董仲舒,因为对《春秋》素有研究,被汉景帝任命为博士。汉武帝即位后,征召了一百多名贤良学士,参加对策,董仲舒在"天人三策"中,提出"罢黜百家,独尊儒术"的主张,提倡用儒家思想统治天下,而排斥其他思想,为汉武帝所采纳,从而开创了儒学作为官方主导思想的先河,成为此后两千余年封建社会以儒学为正统的先声。于是结束了思想界百家争鸣的局面,这对思想与学术的自由发展造成了消极的影响,但是在巩固国家的统一以及后来民族共同心理的形成方面有着极为重要的积极贡献。董仲舒以《公羊春秋》为依据,将周代以来的宗教天道观和阴阳、五行学说结合起来,吸收了法家、道家和阴阳家的思想,对当时社会所面临的一系列哲学、政治、社会、历史等方面的问题,给予了较为系统的回答,提出了"大一统""罢黜百家、独尊儒术""天人感应""三纲五常"等一系列对后世的政治思想与社会意识影响极大的学说,由此建立了一个新的儒学思想体系。董仲舒的学说被确立为汉代的统治思想,也奠定了其后中国整个封建时代的官方统治的思想基础。

安于善道

董仲舒在回答武帝策问时说:"天的命令叫作命,这个命不是圣人不能照着去做;生来的本性叫作性,这种性不是教化不能完成;人的欲望叫作情,这种情不用法度不能加以节制。所以做君王的,对上很谨慎地奉承天意来顺从天命;对下必须教化人民,使人民能够完成他们的性;建立法度,分清上下尊卑的次序,来防止贪欲;做好这三件事,国家的根本就奠定了。所以孔子说:'天地所生,人是最可贵的。'人们明白了天性,就知道自己比万物可贵;知道自己比万物可贵然后知道礼义;知道礼义,然后注重礼节,然后安心处于善道;安心处于善道,然后乐于遵循道理做事;乐于遵循道理,然后做君子。所以孔子说:'不知道命,不可以做君子。'就是这个意思。"

接受了大的 就不能再取小的

董仲舒在回答武帝"策问"时说:"天对生物是分别给予的,给予利齿的就不再给角,给予翅膀的,就只给两只脚,也就是接受了大的,就不能再取小的。古时候官员领取俸禄的,就不靠体力劳动来吃饭,也不谋取工商之利,这也是接受了大的,不能再取小的,和天意是相同的。这是上天的理,也是古代的道。所以公仪休在鲁国做宰相时,回到家里看到妻子织帛,非常生气,赶走了他的妻子;在家里吃饭,吃到自家园里种的葵菜,气愤地把园里的葵菜拔了,说:'我已经有了俸禄,还要夺种菜人和织布女的利益吗?'古时候的贤人君子做官都是这样,因此人民都尊敬他的德行,听从他的教化,人民受到官员廉洁的感化,就没有贪婪的卑鄙行为。《周易》上说:'背着东西又坐车,招致了强盗的到来。'乘车是说处在君子的地位,负担东西是庶人的事情,这就是说,处在君子的地位,却做出庶人的行为,他的祸患一定会到来。"

百世不变之道

公孙弘上书说:"我听说天下通行的道理有五个方面,用来实行五方面通道的是三种美德。君臣、父子、兄弟、夫妇、长幼之序,这五个方面的关系是天下通行的规范,智、仁、勇这三者是天下的常德,是用来实行通道的。所以孔子说:'努力实践近于仁,勤学好问近于智,知道羞耻近于勇。'懂得这三条,就知道如何自治其身,然后才懂得如何治人。天下没有不能自治而能治人的,这是百世不变的道理。"

理政之方略

公孙弘在回答诏书策问时说:"远古尧、舜时代,不重视爵位的封赏,百姓却不轻易犯法;这是因为尧、舜自身行得正,对待百姓有信义。理政方略,必须对待百姓讲究信义,否则,丰厚的奖赏,酷烈的刑罚,也不足以鼓励良善而禁止犯罪。因此,按才干高低授予官职,官吏就能各掌其职而达到政治清明;不听无用的议论,那么事情就可办成;不做无用的器物,就可以减小赋敛;不耽误农时,不损害民力,百姓就会富裕;提拔有德行的人,贬斥无德的人,那么朝廷就能树立起威信;提升有功的人,贬退无功者,群臣就不会竞相争夺权位;犯罪的得到恰如其分的惩罚,奸诈邪恶之事就会被制止;贤良得到适当的奖赏,那么官吏们就会受到勉励。总结这八条,就是理政的根本方略。"

下马陵

公元前140年,汉武帝即位,召集贤良大臣,策问古今治道。董仲舒提出了"罢黜百家,独尊儒术"的主张,汉武帝予以采纳。建元五年兴太学,置五经博士,传授儒家学说。于是儒家从先秦时期的一家之言上升到官方正统哲学的独尊地位。

汉武帝"独尊儒术",其实是独尊今文经学,而在今文经学中,又特别重视《春秋公羊传》,《公羊传》中的"大一统"观点,非常符合汉武帝的维护皇权和中央集权制的思想,从而作为统一政治和思想的依据。由于得到皇帝的青睐,治公羊学的大师董仲舒便成为今文经学派最有代表性的人物。

董仲舒历任江都相、太中大夫、胶西王相等职。他死后,武帝很怀念他。有一次路过他在长安的墓地,特意下马致哀,以后人们称董墓为"下马陵"。

公孙弘善变

公孙弘每当在朝廷讨论问题,总是列举陈述事情的端绪,让武帝自己抉择,不肯在朝廷之上与皇帝当面争辩。因此武帝看出他为人谨慎厚道,善于辩论,熟悉文书法令和具体的官府公务,又信奉儒道,对他非常欣赏,一年之中升官到左内史。汲黯在朝廷上批评公孙弘说:"公孙弘大多欺诈而不忠诚老实;他开始和我们一道商定的建议,现在来到皇上面前,为了迎合陛下就完全背弃了原来的约定,这是不忠!"武帝责问公孙弘,公孙弘谢罪说:"了解我的人,认为我忠;不了解的人认为我不忠。"武帝认为他说得对。武帝身边的亲信经常诋毁公孙弘,武帝对他却更加优待,直至后来任他为丞相,封为平津侯。

布被丞相

公孙弘任丞相,身居三公之位,薪俸优厚,但他家庭使用的是布被,右内使汲黯当着皇帝的面,说他是欺诈行为。汉武帝以此事问公孙弘。公孙弘谢罪说:"有这回事。九卿之中与我关系好的人没有比过汲黯的,他今天当庭诘难我,确实切中我的短处。以三公之尊而使用布被,确实是在巧饰伪诈,想以此沽名钓誉。而且我听说管仲辅佐齐桓公,却有三处家室,奢侈比于国君,尽管桓公靠他的辅佐而称霸,但这是上僭于国君的行为。晏婴辅佐齐景公,吃饭不设两种肉菜,他的姬妾不穿丝绸,齐国也治理得很好,这是向下和平民看齐。现在我使用布被,自九卿以下直至办事小吏,没有高低贵贱之差,确实像汲黯说得那样。再者,没有汲黯的忠诚,陛下怎能听到这些话?"汉武帝认为公孙弘谦让,更加厚待他。太皇太后对大臣们说:"公孙弘位居丞相之职,却使布被,吃粗米糙饭,每餐不过一个肉菜。他把俸禄分出供给他的老朋友和他所喜爱的宾客,自己没有节余。这确实是对自己以俭约克制,对外遵从通行的制度,只有品德高尚的人才可以做到。"

汉武帝说相

汉武帝一次对群臣说:"《相书》说,鼻下人中长一寸,寿百岁。"在场的东方朔听了不禁笑出声来。汉武帝不高兴地问道:"你在笑朕吗?"东方朔立即摘下帽子对武帝说,"我不敢笑陛下,我是笑彭祖那张脸。"武帝问:"彭祖脸又如何?"东方朔说:"彭祖活了八百岁,他的人中长该八寸,那张脸长得一丈多长了。"汉武帝听了也大笑起来。

东方朔请赏

建章宫后阁的双重栏杆中,有一只动物跑出来,它的形状像麋鹿。消息传到宫中,武帝亲自到那里观看,问身边群臣中熟悉各种事物并通晓志怪的人,没有一个人知道他是什么动物。下诏叫太中大夫东方朔来看它。东方朔说:"我知这是什么动物,希望皇上赏赐美酒好米饭,丰盛地宴请我,我才说。"武帝说:"可以。"吃过酒饭,东方朔又说:"某处有几项公田、鱼池和蒲苇塘,陛下把它赐给我,我才说出来。"武帝说:"可以。"于是东方朔说道:"这是个叫驺牙的动物。远方会有前来投诚的事,驺牙便先出现。它的牙齿前后一样都是门牙,没有臼齿,所以叫它作驺牙。"果然过了一年左右,匈奴浑邪王带着十万人马来归降汉朝。汉武帝又再赏赐东方朔许多钱财。

东方朔谏武帝

东方朔到了老年,将死时,进谏武帝说:"《诗经》上说:'苍蝇飞,嗡嗡响,歇在篱笆上。和易的人儿,莫上谣言当。造谣的不止,惑乱到四方。'希望陛下远离奸诈谄媚的小人,屏退他们的谗言。"武帝说:"现在东方朔反而多说好话了么?"对此感到奇怪。过了不久,东方朔果然因病去世。古书上说:"鸟将要死的时候,它的叫声悲哀;人将要死的时候,他讲的话善良。"说的就是这种情况。

汉武帝当媒人

平阳公主的丈夫平阳侯曹寿因病故世。汉武帝见年轻的姐姐孀居,就劝她再找一个,并允许平阳公主在朝廷文武百官里挑选,选中谁,汉武帝就亲自当媒人。平阳公主道:"当今朝廷中谁最贵者,我就嫁给谁。"汉武帝排列了一下,朝中最贵者,就数卫青了,卫青姐姐是皇后,自己是大将军,又封为列侯。但卫青曾当过平阳公主的家奴,女主人要下嫁以前的奴仆,人们都觉得有点不妥。平阳公主得知后,理直气壮地说:"他当奴仆是过去的事,现在是英雄、大将军,有何不可?"

如此一来,汉武帝便成了"姐夫当媒人找姐夫",成为中国历史上的一段佳话,唐朝诗人王昌龄为此曾写过一首七绝:

　　昨夜风开露井桃,未央前殿月轮高;
　　平阳歌舞新承得,帘外春寒赐锦袍。

张汤审鼠

张汤还是儿童时,其父任长安丞,一次其父外出,留其在家看家。老鼠偷走了家中的肉,父亲回来,发现家里的肉没有了,以为是张汤偷吃了,发怒鞭打了他。张汤感到很冤,就挖掘老鼠的洞穴,抓住老鼠并找到了老鼠吃剩下的肉,就开始起诉拷问老鼠,把问得的

"口供"记录为文书传送给有关"官署",再审讯得实,依法判决。把老鼠和作为罪证的肉放在一起,罪案具备,在堂下杀了老鼠。他父亲看到了,发现他写的起诉状、审讯记录、判决书等文辞周密老练,好像是出自一个老法官之手,大吃一惊,就让他学习法律。后来,张汤果然得到皇帝赏识,官至大吏,居九卿之列。

儒家墨家之分野

司马迁在《礼书》中说:"人如果只看到生而有且求生,这样他必然走向死路;人如果只看到利而见利忘义,那他必然身受其害;人如果只把懈怠懒惰当作安适,那他必然陷入危难;人只把纵情任性逞强好胜当作安乐,那他必然自取灭亡。所以圣人把情欲统一到礼义的规范下,那么情欲和礼义就能两得了;如果把礼义统一在情欲的圈子里,那么情欲和礼义势必两失了。所以儒家就是使人们二者兼得的人,墨家就是使人们二者俱失的人,这是儒家、墨家的分野。"

太史公论高祖功臣得失

太史公说:"《尚书》上记载唐尧、虞舜的后世子孙为侯、为伯的,经历了三个朝代一千多年,自己仍然保全下来,承担保卫天子的任务,这难道不是由于他们坚定地保持仁义的品德,遵守国家的法令吗?汉朝建国的时候,功臣受封的有一百多人,大侯的封地不过一万家,小的只有五六百户。后来过了几代,人民的户口日益增多,萧何、曹参、周勃、灌婴等,有户口多到四万户,小侯的户数也比初封时增加了一倍,他们财富的增加也是如此。这样他们的子孙便骄奢过度,忘却了祖先创业的艰难,行为淫乱邪恶。从汉初到太初年间,经过一百年的时间,留下的侯只有五个了,其他都因为犯罪而丧命,失去封国,都完了!国家的法网虽然对他们稍微严了些,然而他们对当时的法律都不是小心谨慎地遵守的。"

太史公说:"处在当今的社会,观察古代人臣所以得到尊崇或遭受废辱的原因,也能看到当代就存在着或得或失的许多事例,人们要从中得到借鉴啊。"

贤圣发愤之作

司马迁说:"从前西伯被囚在羑里,推衍《周易》;孔子厄困于陈蔡,作了《春秋》;屈原被放逐于外,著了《离骚》;左丘眼睛失明,编了《国语》;孙子受了膑刑,写了兵书;吕不韦流放蜀地,传下了《吕氏春秋》;韩非囚禁于秦国,写有《说难》《孤愤》;《诗》三百篇,大抵是先圣先贤发奋创作的结晶。这些人都是内心积愤无处发泄,所以才叙述往事,启示未来的人。"

司马迁写《史记》

司马迁的父亲司马谈是汉朝的太史令,在临终时教谕儿子司马迁要继承他的遗志,完成编撰古今通史的心愿。不久后,司马迁继承了太史令的职位,开始着手编写史书。后因对李陵军败降匈奴事有所辩解,得罪下狱,被施以腐刑(被阉割)。不仅如此,在狱中司马迁还遭受了百般折磨,"交手足,受木索,暴肌肤,受榜棰,幽于圆墙之中,当此之时,见狱吏则头抢地,视徒隶则心惕息"(报任安书)。肉体的摧残和精神的羞辱,使得司马迁痛不欲生,他在《报任安书》中说:"我受的是最下等的腐刑,受辱到了极点,我想到自杀,之所以暗自忍耐着苟活下来,幽禁在污秽的监狱中而甘愿忍受,是想到父亲的遗志和我怨恨心中想做的事尚未完成,如果在耻辱中离开人世,我的文章著述便不能表明于后世。"

司马迁开始著述,他敬慎地整理资料,汇集天下散失的文献,王者的业绩所以兴盛,要考察自始至终的全部过程,要了解盛衰转变的内在联系,论评帝王的实践活动,略推三代,详录秦汉,从古代黄帝记起,一直记到现在,作十二篇本记。同一时期而不同世系,年代先后不大明白,作十篇表。礼乐的减增,律历的改变,兵家的权谋,山川的改造,鬼神的迷信,天人的关系,承敝而通变,作八篇书。三十八个星座环绕北极星,三十条辐同集中于一个毂,始终地运转,辅弼之臣忠信不渝,坚守臣道,以侍奉君主,犹如星辰、辐毂的关系一样,作三十篇世家。扶持正义,卓异不凡,抓住时机,建功立业,名载史册,作七十篇列传。共一百三十篇,五十二万六千五百字,称为《太史公书》。但是由于书中对当时的人物有所褒贬,所以等到他死后才流传出来一部分。汉宣帝时期,司马迁的外孙将整部书全部公布于世,这个时候《史记》才流传开来。

一贵一贱　交情乃见

翟公为廷尉的时候,宾客往来拥挤不堪,等到被罢了官,大门之外空空荡荡的可以张起罗网捕鸟雀。后来翟公再次出任廷尉,宾客们又想到了他家里去,翟公便在门上用大字书写道:"一死一生,乃知交情。一贫一富,乃知交态。一贵一贱,交情乃见。"其意是说,看看生前怎样,看看死后怎样,才知交情真相。看看穷时怎样,看看富时怎样,才知交情真相。看看当官怎样,看看罢官怎样,才知交情真相。身为高官宾客盈门,一旦罢官就情形全然不同,何况是普通人呢?

宽和公平

汉元鼎时期,官吏办理政事,都以残酷苛刻作为时尚,只有左内史倪宽,劝勉农业,减缓刑罚,整治罪案诉讼,务求宽和公平;选择任用厚道的士人为吏,推广恩情给下属,不寻求名声,因此官吏百姓非常信任敬爱他;他在收租税时,缓急都很适中,借贷给需钱的百姓,所以税租收入不多。后来因为战争需要而征发租税,左内史因为欠负租税,考核时列最后,应当免官;百姓们听说倪宽要被免官,都害怕失去这样的好官吏,所以比较大的家庭用牛载着,较小的家庭用人工担负着,都把要缴付的租税献出来,结果考核变成第一。武帝因此对倪宽更加另眼相看,后来位居九卿。

爱兵如子

李广爱兵如子。每次率兵与匈奴作战,他总是一马当先,身先士卒,屡有斩获。受赏时,他总忘不了那些与自己出生入死的士兵,先人后己。士兵没有吃的,他总不独食,士卒没有扎好营帐,他总不独寝。有一次,在与匈奴作战回撤时,发现少了一个兵。李广立命副将率队等候,自己骑马回返,寻找那失踪的士兵。最后发现这个士兵受了伤躺在一条水沟边呻吟,李广连忙把这个士兵扶上马,而自己则持刀,当弓步行,终于跟上了大部队。因此,将士们都乐于与李广一起作战,从不畏难、后退,即使战死也无怨言。

最大的悔恨

李广和阴阳家王朔说:"自汉讨伐匈奴以来,每次战役我都有参加,我所属各部校尉以下的军官,才能不及中人,由于攻打匈奴有功封为列侯的有数十人。我不比别人落后,可是我却没有尺寸之功可以取得封邑,这是什么道理啊!难道是我的骨相不配封侯?还是我命中就注定如此呢?"王朔说:"将军好好想一想,生平有没有做过后来悔恨的事?"李广说:"我曾在陇西郡当过太守,有一次羌人叛乱,我用计诱使羌人来降。投降的有八百人。我不讲信用,降人被我在同天里杀死。这是我一生中唯一最大的悔恨。"王朔说:"没有再比杀降人为伤天害理了。这是将军得不到封侯的缘故啊!"

北海郡太守

汉武帝征召北海郡太守到皇帝行宫。有个掌管文书的府吏叫王先生的,请求跟随太守同行,太守答应了他。太守府中的属吏功曹禀告说:"王先生爱好喝酒,常常误事,不宜跟他同去。"太守说:"我已答应了他。"他们来到宫门外,等待皇上的诏命。王先生只顾揣着钱买酒,整天醉醺醺的,不去看望他的太守。当皇上下诏召见太守时,王先生问太守道:"天子如果问您凭什么治理北海郡,使得那里没有盗贼,您对答些什么呢?"太守说:"选择有才能的,并按照他们的能力分别任用,奖赏才能超群的,惩罚不图上进的。"王先生说:"如此回答,是自己称赞自己,自己夸耀自己的功劳,不可以啊。希望您回答说:'不是我的力量,全是陛下神明威武所造成的变化啊!'"太守说:"好吧。"太守进宫跪拜皇上,武帝问道:"你用什么方法治理北海郡,使盗贼不出现?"太守叩头回答说:"不是我的力量,全是陛下神明威武发生的作用。"武帝大笑,说道:"你从哪里学得忠厚老实人的话而称颂起来!你是从哪里学来的?"太守回答说:"是从掌管文书的小吏那里学来的。"武帝问:"现在他在哪里?"太守回答说:"在宫门外。"武帝下诏召见,任命王先生做水衡丞,北海太守做衡水都尉。

公孙贺被灭族

丞相公孙贺的夫人卫君孺,是卫皇后的姐姐,公孙贺因此受到宠信。公孙贺的儿子公孙敬声接替父亲担任太仆,骄横奢侈,不遵守法纪,擅自动用北军军费一千九百万钱,事情败露后被捕下狱。这时,汉武帝正诏令各地紧急通缉阳陵大侠客朱安世,于是公孙贺请求皇上让他负责追捕朱安世,来为其子公孙敬声赎罪,汉武帝批准了他的请求。不久,公孙贺果然将朱安世逮捕,朱安世却笑着说:"丞相将要祸及全族了!"于是朱安世从狱中上书朝廷,揭发说:"公孙敬声与阳石公主私通。他得知皇上将要前往甘泉宫,便让巫师在皇上专用的驰道上埋藏木偶人,诅咒皇上,口出恶言。"正月,公孙贺被逮捕下狱,经调查罪名属实,父子二人都被处死,并被灭族。

卜式献家产

卜式是西汉河南人,以耕田放牧致富。正当朝廷几次出兵抗击匈奴之时,卜式给皇帝上书,愿献出一半家产给政府以助边事之用。皇帝就派使者问卜式:"你想当官吗?"卜式回答说:"我从小放羊,不熟悉做官,不愿意。"使者又问:"你家里有冤枉要诉说吗?"他回答说:"我平生与别人没有发生过纠纷,没有被冤枉,没什么要诉说的。"使者又问:"果真是这样,你希望做什么呢?"卜式说:"天子打击匈奴,我以为贤良的人应该战死疆场,有钱的人应该贡献财物,只有这样,匈奴才可能被消灭。"使者将此事如实上报给皇帝,皇帝就征求丞相公孙弘的意见,公孙弘说:"这不是人之常情,恐怕是另有图谋,不能以他做榜样教化民众,请您不要准许。"于是卜式上书的事就搁置下来。过了几年,由于多次与匈奴战争,国家花费巨大,仓库储备用尽,又有大批贫民迁徙,生活全靠政府,政府不能全部供给。卜式拿出二十万钱交给河南郡守,用以迁徙贫民。河南郡向朝廷上报富人帮助穷人的名单,皇帝看到了卜式的名字,就想起了他,说:"这个人以前就曾坚决要求贡献半数家产补助军费。"决定给予嘉许。于是赐卜式外徭四百人的代更钱(即十二万钱)。卜式又将钱全部献给国家。皇帝这才认为卜为式真正是品德高尚的人,所以大加尊敬和表扬。

后来皇帝先后任卜式为缑氏县令和成皋县令,他都取得很好的政绩。皇帝认为卜式是朴实忠厚的人,就让他做了齐王太傅。

鸿雁传书

汉武帝时,苏武出使匈奴,被扣押起来,匈奴单于威逼利诱苏武持节不投降,被流放到北海(今贝加尔湖)去牧羊。多年以后,汉朝与匈奴达成和议,索求苏武等人归汉,而匈奴一方谎称苏武已经死了。一同被扣押在匈奴的常惠设法见到了汉使,告诉他们苏武现在的情况,并授计令使者对单于说:"天子射上林中,得雁,足有系帛书,言苏武等人在荒泽中。"就是讲汉昭帝在上林苑射到一只雁,雁足上系有帛书,说苏武还活着。单于只好让苏武回归汉朝,而此时距离苏武离开汉朝时已经整整十九年了。苏武出使时还是强壮之年,而归来时已经须发尽白。苏武死后,汉宣帝将其列为麒麟阁十一功臣之一。

父子情

壶关三老令狐茂上书汉武帝说:"臣闻父亲好比天,母亲好比地,子女好比生长于其间的万物。因此只有上平正,大地安泰,阴阳之气融合调顺,万物才能长得茂盛;在一家人中,只有父亲仁慈,母亲仁爱,子女才会孝顺。阴阳之气不和顺,万物就会夭折伤损;父子之间不和,家庭就会分裂丧亡。做儿子的没有不尽孝顺的,而做父亲的却没有不能明察的地方。如果父亲以宽厚的心怀,体察父子亲情之道,原谅儿子过失,结果就会大不一样。"

杨恽轻财好义

左曹杨恽的母亲,是司马迁的女儿。杨恽最先看到外祖父写的《太史公记》。因为有才能得到人们的称赞。他喜欢结交英俊杰出的儒生,他把父亲留给他的五百万钱财全部分给同宗族的人。他的继母没有儿子,钱财也有几百万,死后都留给了杨恽,杨恽又全分给了继母的兄弟。杨恽两次共继承钱财一千多万,统统拿出来分给了别人。他就是这样轻财好义。

为太子辩冤

都尉江充谗害太子刘据,太子败亡,过了很久,护卫汉高祖陵寝的郎官车千秋,呈上奏书为太子辩冤说:"当时太子发兵是出于惶恐,并没有反叛的意图。"武帝看了车千秋的上书,就深有感触而醒悟过来,于是召见车千秋,说:"父子之间的事情,别人是很难说话的,只有您明白,其实不是这样。这是高庙的神灵,让您来开导我,您就应当成为我的辅佐。"于是下令封车千秋为大鸿胪。过了几个月,就接替刘屈牦担任了丞相,封为富民侯。车千秋没有别的才能经术学问,也没有什么功绩和资历,只不过凭一句话使武帝醒悟到太子死得冤枉,旬月之间就做宰相封侯,世上未曾有过。

少年皇帝刘弗陵

汉昭帝初继位时,燕王刘旦自以为是昭帝的哥哥,理应为帝,结果没有被立为皇帝,心怀怨恨,图谋反叛。而上官桀妒忌霍光,于是与燕王共谋,诈使别人为燕王上书,说霍光去广明总阅见习军官时,以帝王出巡的礼节上路,并私自增选大将军府的校尉,专权放纵,担心有反叛之心。上官桀特别选在霍光休假的日子上奏,要求逮捕霍光,撤职查办。但上奏后,汉昭帝却扣留不发。第二天早晨,霍光入朝,听说此事后,停在画室中不敢上殿。昭帝问道:"大将军在哪里?"上官桀说:"因燕王控告他的罪行,他不敢上殿。"昭帝命霍光上殿,霍光进殿后,脱下官帽,叩头请罪。昭帝说:"将军请戴上帽子,朕知道这道奏章是假的,将军无罪。"霍光说:"陛下如何知道的?"昭帝说:"将军选校尉以来,不满十天,这些事情燕王怎么会知道呢!况且将军如要谋反,也用不着选调校尉。"此时,昭帝年仅十四岁。尚书及左右官员都很惊奇,而上书的人果然畏罪逃亡。昭帝能够如此断然地处理问题,真是少年天才。

韩延寿自罚

韩延寿任颍川太守,他崇尚礼仪,爱好古代教化,用礼仪谦让教化百姓。他上任后,就遍召郡中受乡里信任的几十位老人,置办酒食款待,逐人询问民风民俗和百姓疾苦,让他们荐举孝廉及在丧事中推让遗产的人士,表彰孝顺父母,尊敬兄长的德行,用孝悌规范、引导乡民,不准收留包庇坏人。他任太守三年,使颍川大治,成为全国治理得最好的一个郡。

后来,韩延寿调入京城任左冯翊(治理国都的官职之一)。一次到高陵县巡察时,有兄弟俩争执田产来告状,韩延寿非常痛心,说:"我有幸位居左冯翊,应该为郡民做表率,不能宣扬阐明教化,致使乡民有亲骨肉争田诉讼之事,有损风俗教化,过错在我这当左冯翊身上,应该先行告退。"当天就称病不再理事,把自己关在客舍里,闭门思过。县令、县丞、三老也都把自己绑起来等待接受处罚。于是告状者同族的人纷纷责备这两兄弟,两兄弟也深深悔恨自己,都剃去头发坦露上身甘愿服罪,愿意将田产让给对方,到死不再争要。韩延寿这才开门请他们见面,慰勉鼓励,并叫他们将此意转告乡民,以此表彰劝勉悔过从善的百姓。韩延寿也开始听理政事,接见县乡各级官吏,表示慰问和感谢。从此,郡中百姓和睦融洽,无不互相告诫勉励,彼此不敢侵犯。韩延寿的恩德和威信遍及二十四县,没有再为争执财产打官司的了。

敢说大话的奕大

乐成侯丁义向汉武帝推荐方士奕大。奕大善于说好听话,富于智谋,敢说大话,从不犹疑。奕大对汉武帝说:"我常常往来于大海之中,见过安期生、羡门和等神仙,只因为我地位微贱,所以他们不信任我。我师傅说:'黄金可以炼成,黄河决口可以堵塞,长生不老之药可以得到。'但我怕的是皇上不信任我。"汉武帝说:"你要真能得到长生不老之方,我会吝惜什么呢!"于是武帝让奕大试验小法术。奕大就让旗帜相斗,旗帜果然互相撞击。此时,武帝正在忧虑黄河决口和黄金无法炼成,便封奕大为五利将军,食邑二千户,又将亲生女儿卫长公主嫁给奕大为妻,送黄金十万斤。

奕大整装出发,宣称要到东海去寻找他的师傅。但他到了海边不敢下海,却跑到大山去祭祀。武帝派人跟踪察看,并没有看到神仙。奕大回来后胡编了一套,说他的方式也不应验了,犯了诈骗欺上之罪。被处腰斩,推荐奕大的乐成侯也被当众斩首。

李少君方术

李少君,懂得辟谷导引,导气养神,有长生不老之术,擅于巧妙地猜度隐盖的事物,常常猜中。他曾随从武安侯田宴饮,同座中有一位九十多岁的老人,少君说自己曾和老人的祖父游览过射箭的地方,老人在童年时跟从他的祖父去过少君说的那个地方,这使满座宾客都很惊讶。有一次,少君见到汉武帝,武帝藏有一件旧铜器,问少君。少君说:"这件铜器齐桓公十年陈列在柏寝台。"随即察看铜器上所刻的字,果然是齐桓公时代的器物,整个宫中的人都非常惊讶,以为李少君是神,是个有几百岁的人。少君对武帝说,他见过安期生,安期生是仙人,能来往蓬莱山中。还能炼丹砂成黄金,黄金炼成后,用来制作饮食器具,就可以长寿,长寿了就可以会见蓬莱山上的仙人。武帝相信他说的话,就让方士做化丹砂为黄金的事。过了很久,李少君死了。武帝以为他是变化飞升而不是死,便叫方士继承少君的方术,去蓬莱山寻找安期生,结果始终没有寻得。

杨王孙裸葬

杨王孙是汉武帝时的人,学习黄老之术,家业千金。重视养生之道,凡是有利于养生的东西,不惜花费重金,也要想法弄到。到病危临终时,在遗嘱中命令他的儿子说:"我死了要裸葬,让我返归自然之道,一定不能改变我的意见。"他的儿子感到很为难,就去拜见父亲的好友祁侯。祁侯就给杨王孙写了一封信说,为死者置办棺椁衣衾,是圣人遗传下来的制度,你不要再坚持自己的见解了。杨王孙回信说:"古代的圣王循人情而不抑制自己的亲人,所以给人们制定了葬礼。如今却超越礼制规定实行厚葬,我感到厚葬的风气应该矫正,因此,我才要求裸葬。厚葬实在无益于死者,所谓死,就是众生的结束,是物归于土。精神是天所有,形骸归地所有。精神离开形体,各自回到它的本原,所以称之为鬼,鬼就是说是归啊。尸体归土,是回到他真正的住处;归土者得以到达,死者才得以变化,使本原返回到实冥之中,无形无声,这才合乎道理和感情。现在浪费钱财实行厚葬,用绢帛包裹尸体,用棺椁隔离泥土,是阻留死者归土,使其和本原隔离,死的人不知道,活着的人也不能实现孝心,这可以说是太糊涂了。呜呼!我不厚葬啊!"

祁侯看了杨王孙的回信,说:"讲得好。"杨王孙死后,终于裸葬。

隽不疑处置"太子"

汉昭帝始元五年,有一男子乘坐小黄牛拉的车,打着画有龟蛇的黄旗,穿着宽大的黄色长衣,戴着黄帽子,来到京城皇宫的北门楼前,自称是卫太子。主管奏章的官署公车向皇帝报告,皇帝命令公卿、将军、中二千石等大臣一起来辨认。长安城的官民聚众围观的有数万人。丞相、御史、中二千石官员到现场的,都不敢发表意见。京兆尹隽不疑最后来到,大声叱令随从属吏把那个男子捆起来,在场的一个官员说:"是真是假还没有弄清楚,暂且不要动他。"隽不疑说:"各位为什么害怕卫太子?春秋时卫灵公太子蒯聩违背父命出逃,他的儿子蒯辄继承君位后,拒绝蒯聩回到卫国,《春秋》肯定了他的做法。卫太子得罪先帝,逃跑而不接受处死,今天自己来到,这是一个罪人。"于是把他押送到处理皇帝直接交办案子的监狱里。天子与大将军霍光听说后称赞隽不疑,说:"公卿大臣应当运用经学通晓大义。"朝廷的群臣都自以为赶不上隽不疑。

经过廷尉审问验证那个男子是一个骗子。他原本是夏阳县人,叫成方遂,以卜筮算命为生。有一个原任太子舍人官职的人,曾让成方遂占卜,他对成方遂说:"你的相貌长得很像卫太子。"成方遂一听动了心,希望借此得到富贵。就谎称自己是卫太子。廷尉招来乡里认识成方遂的张宗禄等人,辨认后作了证。成方遂犯了欺骗朝廷诬罔不道之罪,在东市被腰斩。

疏广请求退休

太傅疏广对他的侄儿少傅疏受说:"我听说:'知道满足,就不会受到屈辱,知道适可而止,就不会带来危险。'现在你我的官职已到了二千石,可以说是官成名立了,到了这时。如果还恋栈着不忍离去,恐怕以后会有令人悔恨的事情发生。"当天,疏广、疏受父子便一起称病,上书请求退休。汉宣帝批准了他们,并赏赐他们黄金二十斤,皇太子也送五十斤黄金。一些公卿旧友在东都门外陈设了酒席为他们饯行。道路上围观的人都说:"这两位大夫真是贤能啊!"

疏广和疏受回到家乡,就变卖了黄金,设摆宴席,请族人、旧友、宾客等一起取乐。有人劝疏广应该将黄金为子孙购置一些产业,疏广说:"我难道是年迈昏庸不顾子孙吗?我是想,我家原本就有土地房屋,让子孙们在上面勤劳耕作,就足够供他们饮食穿戴,过与普通人同样的生活。如果再增加产业,使有盈余,只会使子孙们懒惰懈怠。贤能的人,如果产业太多,就会消磨他们的志气;愚蠢的人,如果财产过多,就会增加他们的过错。况且富有的人是众人怨恨的目标,我不愿再增加子孙们的过错而产生怨恨。"

龚遂治盗

由于天灾闹饥荒,渤海郡的盗贼群起,二千石的大官也无法制服他们。汉宣帝就任龚遂为渤海太守,便召见龚遂问道:"你如何去治理渤海郡,平息盗贼?"龚遂回答说:"海边的地方,离京师太远,没有受到皇上的教化,那里的人民遭遇饥寒交迫的困境,而官吏却不去体恤他们,使其聚集为寇。处理这样的事,不能急躁,需要正确的教化、引导。请求朝廷授权我全权处理。"汉宣帝答应了他的要求。龚遂到任后,命令所属各县立即撤掉所有预备去追捕盗贼的官吏,对各县官吏说:"那些拿着锄头、镰刀和耕田用具的人,都是良民,官吏不得去搜捕审问他们;只有拿兵器的人才是盗贼。"盗贼获悉了龚遂颁的教令后,马上便解散了,都丢弃了他们原来所拿着的兵器弓弩,改拿镰刀、锄头,于是匪乱被平定,人民又都能安居乐业了。龚遂又命令打开官府的粮仓去救济贫民,派用贤良的官吏去抚慰治理人民。龚遂亲自劝导人民要勤于农桑,种树养畜,几年后,每家都有了积蓄,再也没有盗贼、讼案发生。

宣帝诏儒辩五经异同

汉宣帝刘询重视文教,曾几次召集经学研讨会,命诸儒讲究五经异同。凡经文传授不同的,在讨论中要辩论真伪;传论不同的,要使之与经旨相合。

公元前51年,汉宣帝在未央宫北皇家藏书处石渠阁,召开讨论五经异同的大型学术会议。著名儒学家萧望之、刘向、施雠、梁丘贺、欧阳地余、张山拊、假仓、周堪、戴圣、韦玄成、薛广德、闻人通汉、林尊等出席了会议。宣帝命萧望之评定,并亲临裁决。会议结果,决定以梁丘贺所传《易经》,夏侯胜、夏侯建所传《尚书》,谷梁淑所传《春秋》各立博士,教习弟子。宣帝所设经学博士人数,比昭帝时增加一倍,相当于汉武帝时的四倍,可谓盛况空前。儒家学说被定为正统思想,成为两千多年稳定社会的重要精神支柱。

萧望之答上问

汉朝群臣议论匈奴的形势,多数人认为:"匈奴为害多年,可乘其衰败内乱的机会兴兵将其灭亡。"汉宣帝就此事询问御史大夫萧望之,萧望之回答说:"《春秋》上记载,晋国士匄率兵征伐齐国,听说齐侯去世的消息,便率兵撤回。君子重视的是,不乘敌国丧乱的机会去进攻,认为恩足以使孝子心服,义足以使诸侯感动。匈奴前任单于仰慕汉朝的礼仪教化,一心向善,自称是汉的小弟弟,派使臣请求和亲,使天下人感到欣慰,四方夷狄外族无不知晓。不幸的是,尚未最后缔约,他已被奸臣所杀。如今若去征伐匈奴,是乘人之危,幸灾乐祸,他们肯定要向远方逃遁。我们兴此不义之师,恐怕劳而无功。应派使者前去吊丧慰问,并扶助他们于衰弱之中,为之解救灾患,四方外夷听说后,都会尊敬中国的仁义。假如能使匈奴人因汉的恩德复位,必定会对我朝称臣服从,这才称得上是天子的盛德。"汉宣帝采纳了萧望之的建议。

赵广汉善用"钩距法"

赵广汉担任京兆尹,他在处理政事时,尤其善用"钩距法"查明事情真相。所谓钩距,就是假设你想得知马的价格,就先打听狗的价格,然后问羊价,再问牛价,最后问马的价格。把各个类进行比较验证,相互参照其价格,就会知道马价的贵贱而不失真了。他任职期间,京城被治理得一流清明,百姓安居乐业,官吏百姓交相称赞,不绝于口。

世代不辜负汉朝

汉元帝时,莎车国王延曾经在京城做侍子,仰慕喜爱中国。到了王莽乱世,匈奴掠夺拥有西域,只有延不肯依附隶属。常常教令众子:"应当世代侍奉汉朝,不可辜负!"延去世,由儿子康继王位。康率领西域其他的国家,抵抗匈奴,护卫前都护吏士康、妻儿一千多人。致送檄书到黄河以西等地,探问中国的消息。大将军窦融就承用王命立康做汉莎车建功怀德王、西域大都尉,五十五个国家都归属他。

孔霸辞让官爵

汉元帝为太子的时候,太中大夫孔霸给太子讲授《尚书》。等到即皇帝位,便赐孔霸关内侯的爵位,称"褒成君",同时任命他为掌侍中规谏以及纠察的给事中。后来,元帝要任命孔霸为丞相,孔霸坚持退让,说:"如果爵位太贵,官位太高,我有何德、何能去胜任啊!"每当御史大夫缺额时,元帝都想任用他,孔霸多次辞谢,坚决让位。元帝深知他出于诚心,于是不再勉强,但对他更加尊重,给予的赏赐更为丰厚。

贵人冯婕妤挡熊

汉元帝到虎圈去观玩猛兽,后宫的人都一起陪往,有一只熊逃出了养兽的栅室,攀引着栏杆,想要爬出去,左右和贵人们都吓跑了,冯婕妤却直向前去,挡在熊的前面站着。皇帝卫兵上前将熊杀死。元帝便问她:"大家见了熊都怕得跑了,你为什么竟敢去阻挡呢?"冯婕妤回答说:"猛兽碰到了人就会停下来。妾因为怕熊会跑到皇帝这里来,所以便用自己的身体去阻挡它。"元帝听了,很是赞叹,就更加敬重她。

不受难友之财

豪侠万章与中书令石显很要好。汉成帝初年,石显因为专权擅势的罪名而被免官,那时石显已家财千万,免官回乡临走时,留下些床席器物也值几百万,知道万章是平民,家不富有,要送给万章,但万章没有接受,有宾客询问其中的原因,万章感叹地说:"我是身穿布衣的平民百姓,承蒙石君怜惜,现在石君已被罢官,破家败业,我既不能相救,反而还去接受他的财物,难道这件石氏的祸事,我万氏反当福气吗!"众人闻听此言,都交口称赞他的为人。

葺槛旌直

西汉成帝时,太后之史(王莽的伯父)王凤任大司马、大将军,并领尚书事。王氏子弟分居要职,形成王氏外戚专权的局面。汉成帝本人无所作为,终日耽于淫乐。史载:这个时期"百姓贫,盗贼多;吏不良,风俗薄",人至相食,人民生活在水深火热之中。

当时,正直的官吏对王氏专权十分不满,但朝中一些文人却趋炎附势,甚至卖身投靠,以维护自己的禄位。安昌侯张禹,是汉成帝的老师,深得成帝的尊敬。一次,汉成帝拿着一份百姓上书给张禹看,其内容都是反对王氏集团专权的话,提出,人民要出头,必须除掉王氏集团。张禹看了后吓了一身冷汗,他自思自己不是王氏集团的对手,怕招惹祸殃,就劝成帝不要轻信这些言论。

槐里县令朱云,对张禹这种胆小怕事十分不满,就上书朝廷,并请求晋见皇帝。汉成帝接见了朱云。朱云当着满朝大臣的面,要求皇帝赐给他尚方斩马剑,砍下一个倭臣的脑袋,以警告其余!成帝问:"你要杀的倭臣是谁?"朱云说:"陛下的老师,安昌侯张禹!"成帝一听,勃然大怒道:"你一个小臣竟敢居下讪上,在朝廷诽谤我的老师,真是罪该万死。"当即命令将朱云拉下去斩首。朱云用手死死拉住殿上的栏杆大呼:"我能在九泉之下随龙逢、比干而游,死也无憾,只是不知道朝廷将变成什么样子。"

这时,左将辛庆总向皇帝叩头说:"此人素来狂直,如果他说的对,就不应该杀他;说得不对,今日也当宽容。臣敢以死作保!"这时,成帝怒气稍息,便宽恕了朱云。

后来,有人提出要把那段被朱云拉断的栏杆去掉,换成新的。汉成帝说:"不要换了,保留它作为历史见证,使后人知道是朱云所折,以纪念和奖励忠直敢谏之臣!"汉成帝的决定令人深思并启迪后世,因而载入了史册。

严母责子

河南太守严延年治理都务阴狠酷烈。每到冬季,严延年将所属各县的囚犯传到郡衙集中,进行审判,血流数里,所以河南郡百姓都称其为"屠夫长官"。

当初,严延年的母亲,从东海郡来看儿子,打算跟随严延年一起进行腊祭。到了洛阳,正遇到严延年处决囚犯。其母大吃一惊,便留在驿站中,不肯进府。严延年来到驿站谒见母亲,其母亲紧闭房门,不肯见他。严延年摘下帽子,在门外叩头,过了很长时间、其母才与他相见,并一再责备严延年说:"你有幸当了郡太守,独自管辖方圆一千里的地区,没听说你以仁爱教育、感化百姓,使百姓们得到安定和保全,反而利用刑罚,大量杀人,企图借此树立威严,这岂是作百姓父母官的本意?"严延年再次叩头,表示服罪,并亲自为母亲驾车回到住所。其母在腊祭完毕后,对严延年说:"天道悠悠,神明在上,杀人者必将为人所杀。想不到我到了暮年,却将看到正当壮年的儿子遭受刑戮!我要走了,离开你东归故乡,打扫墓地去了!"于是离去。回到东海郡,见到严延年的兄弟和族人,又将上面的话说与他们。十年以后,严延年果然被杀,东海郡人无不赞叹其母的贤明、智慧。

尹翁归贤明

尹翁归,河东郡平阳县人,任县监狱小吏,通晓法律。田延年任河东郡太守,到属县巡察,来到平阳,把以前任过吏职的五六十人全都招来,让文吏坐在东面,武吏坐在西面,阅了几十人,轮到尹翁归,独自俯伏在地上不肯起来,回答田延年说:"翁归文武兼备,唯有听从您的安排。"功曹认为这个小吏倨傲不恭,田延年说:"这有什么妨碍呢?"于是召他前来问话,对他的回答十分惊奇,就任命他为卒史,后来升任为东海郡太守。尹翁归审讯案件,依据法律规定,掌握违法者犯罪证据,对弱小从宽,对豪强从严,不徇私情,不接受礼品。东海郡大豪强郯县人许仲孙,做奸邪狡诈的坏事,扰乱吏治,郡中的人都被他害苦了。前几任太守每次都想收捕他,因他利用势力,施展狡诈手段解脱,终于没有制服他。尹翁归到任后,将许仲孙依法判处死刑弃市,全郡震惊,从此没人再敢违犯禁令。东海郡大治。

廷尉于定国的老家在东海郡,想把同乡的两个儿子托付给尹翁归谋份差事,当尹翁归去拜见于定国时,两人谈了一天的话,于定国始终没敢让儿子出来相见。尹翁归走后,于定国对两个儿子说:"此人是贤明的太守,你们不胜任在他手下做事,我不便用私人感情向他求托。"

法令为师

陈留太守薛宣晋升为左冯翊郡守。凡是他所到的地方,都能建树起政绩和声望。他的儿子薛惠做彭城县令,他也曾路过薛惠所管的县,内心知道儿子没甚才能,就故意不去过问他做吏的情况。有人问薛宣:"你为什么不教导薛惠,做县吏尽心守职的方法?"薛宣笑着说:"做吏的道理就是把法令当老师,这是只要一问就会的。至于有能和无能,这是各人生就的资质和才能,教他怎么学呢?"众人都称道薛宣说的这番话,认为他说得在理。

刀间使奴仆富有

齐地的风俗都鄙视奴仆,唯有刀间却看重奴仆。即使凶悍狡诈的奴仆,人们都感到头痛,唯独刀间收留他们,指派他们经营鱼盐商贾之利,其中有的富有到人出门车马成队,交结郡守国相,刀间对富起来的奴仆更加信任。而刀间正是靠这些奴仆的力量,积聚起数千万钱财。所以奴仆们说:"与其出外谋求官爵,倒不如在刀家作奴仆。"其意是刀间能使奴仆富有,同时也使这些人为他尽心竭力。

卓茂宽厚爱人

汉哀帝、平帝时,卓茂任密县县令,他宽厚仁义而谦恭爱人,性情恬淡坦荡而乐守圣贤之道,朴实无华不修饰,行动在清浊之间而不偏激。他任职时间很长,坚持推行仁政教化百姓。口无恶言,尊重平民,几年后形成良好风气,以致路不拾遗。后升迁当京部丞,密县的老少全流着眼泪,一路跟着为他送行,刘秀称帝后,首先寻访卓茂的下落,卓茂当时已七十多岁。刘秀下诏,任命卓茂为太傅,封为褒德侯。

董贤柔媚而受宠

哀帝时,董贤被召见,哀帝悦其美貌而宠幸,召见时当即授其为黄门郎,当日提升为霸陵令,又升为光禄大夫。董贤一天比一天受宠,侍奉皇上,经常与皇帝同起同卧。一次,白天睡觉,董贤身子压住了皇帝的袖子,哀帝想起床,又不想惊醒董贤,便割断袖子起身。后不久,又封董贤为高安侯,其父、儿子等皆受封受益。

后来,哀帝驾崩,王莽便弹劾董贤,董贤与妻都自杀而死。抄董贤家产达四十三万万。

母为子报仇

王莽天凤元年,琅琊郡海曲县有个姓吕的老妇,她的儿子做县吏,犯了小罪,县宰判死刑杀了他。吕母怨恨县宰,秘密聚集宾客,谋划为儿子报仇。吕母家一直比较富裕,拥有数百万资产,就酿制了许多好酒,购置刀剑和衣物。年轻人来买酒,都让他们赊账不付钱,看到其中穷困的人,就借给他们衣物,从不问多少。几年后,她的财物慢慢耗光了,年轻人准备一起偿还给她,吕母流着泪说:"我之所以要厚待你们,不是为了贪图什么好处,只是因为县宰胡作非为,枉杀了我的儿子,我想为儿子报仇罢了。你们难道不肯可怜我吗?"年轻人认为吕母的想法很豪壮,又一直得到吕母的厚待,都答应为她报仇。其中的勇士自号猛虎,聚集队伍到数千人。吕母自称将军,带兵攻下海曲县,捉拿了县宰。官吏们叩头为县宰请求恕罪,吕母说:"我儿子只是犯了小罪,本不该送命,却被县宰杀死,杀人者应该偿命。"

使功不如使过

新朝后期,爆发了反对王莽的全国性大起义,刘玄被拥立为帝,急欲树立良好的政治风气,查处了东郡太守贪赃枉法的事。属官索卢放前去向使者求情,认为此时国家最需要的是安定,如果太守被诛,那么其他的许多人也会因此而担忧,由此引发变乱。而从另一方面讲,使用一些有过错的人会更胜于使用有功的人,因为有过错的人更为谦谨,也更需要通过出色的表现来弥补曾经的过错,所以往往会做得更好。

东　汉

刘秀焚烧奏章

王郎编造自己是成帝的儿子子舆,赵国的富豪李育、张参等人就拥王郎做天子,固守邯郸。刘秀率大军对邯郸发动猛烈攻击,于是邯郸陷落。王郎乘夜逃走。刘秀检查王郎的文书,发现自己部下的一些官吏的奏章数千,奏章除了向王郎表示效忠外,还有谤毁刘秀的内容。刘秀并不察看,他集合全体将领,当众将这些奏章全部焚烧说:"使背叛的人安心。"

不计小怨仇

刘秀的将领们包围洛阳达几个月,因朱鲔坚守而未能攻下。刘秀因廷尉岑彭曾做朱鲔的校尉,刘秀就派他前去说服朱鲔。朱鲔说:"大司徒刘縯被害的时候,我曾参与谋划,劝刘玄不要派遣刘秀北伐,我知道自己的罪恶深重,所以不敢投降!"岑彭把朱鲔的话向刘秀禀报,刘秀说:"要办大事的人,就不计较小的怨仇。朱鲔如果投降,官职和爵位就可保全,怎么会论罪被罚呢?"岑彭将话转告给朱鲔,朱鲔就把自己的双手反绑,向刘秀投降。刘秀亲自解开他的绳索,并任命朱鲔为平狄将军,封为扶沟侯。朱鲔后来做少府,封号世代相传。

以德赢天下

刘秀当初进入河北,首先治理冤狱,饮食方面很节俭,行动也遵守法度,因此北方州郡都歌颂他的功德,声名流传四方。于是邓禹从南阳跑来追随他,吴汉、寇恂本来不认识刘秀,但是听到他的德行,也率兵前来帮助。其他一些望风慕德的有邳彤、耿纯、刘植等一群名人,还有老病躺在车中载着棺木的,有背着小孩的人都来投靠。刘秀因此由弱势变得强大,终于完成帝业。

贫贱之友不可忘　糟糠之妻不下堂

刘秀即位后,刘秀的姐姐湖阳公主新近守寡,刘秀想在大臣中给她找一个合意的人,就让她评价对大臣们的好恶,公主说:"大司空宋弘威仪容貌、道德气度、群臣中没有人能比得上他的。"刘秀就召见宋弘，并事先让公主坐在屏风后察听，然后对宋弘说："我听说地位高了换朋友，财富多了换妻子，这是符合人情的。"宋弘说："我听说贫贱之友不可忘，糟糠之妻下不堂。"刘秀回头对公主说："事情办不成了！"

不惧豪门强权

陈留人董宣做洛阳县令。湖阳公主的奴仆白天杀人，就藏在公主家里，官吏抓不到他，一天公主外出，用这个奴仆做陪乘，董宣在夏门万寿亭等他，叫车子停下来，牵制马匹，用刀划地，大声指责公主的过失，斥令奴仆下车，就将他杀死。公主立即回宫，告诉刘秀，刘秀大怒，将董宣招来，想用刑杖打死他。董宣磕头说："希望请求讲一句话而死。"刘秀说："想讲什么话？"董宣说："陛下圣德再次兴起汉朝，却纵容奴仆杀人，将怎么治理天下呢！臣不需用刑杖，请求能自杀！"就用头撞柱子，流血满面。刘秀命小黄门扶着他，命他向公主磕头认过，董宣不顺从，又强迫他磕头，董宣用双手撑着地，始终不肯低头。公主对刘秀说："你做平民时，匿藏亡命和死罪之人，官吏不敢到家来；可是如今做了天子威严却不能施行到一个县令的身上吗？"刘秀笑着说："天子和平民不同。"就敕令："不低头的县令出去！"赐给三十万钱，董宣就将这些钱全部分给众吏。从此能打击豪门强权，京城里的人没有一个不震动战栗。

不享用天子俸禄

严光小时和刘秀一同读书，刘秀登天子位后，就派人到民间访寻他，在齐国找到他，经过多次征召才到京城。刘秀任命他做谏议大夫，他不肯接受，离开京城，而在富春山里耕种垂钓。多年后，在家去世。

忧国奉公

颍阳成侯祭遵在军中去世。祭遵为官清正廉洁、克己奉公，每有赏赐都分给士兵。军纪严明，秋毫无犯，所到之处，地方官民都不知有军队存在。任贤用能，崇尚儒术，临终时，祭遵遗嘱薄葬。问起家事，始终不说一句话。祭遵的灵柩运到河南郡，汉光武帝穿着丧服亲临吊丧，失声痛哭，说："我到哪里再找像祭遵这样忧国奉公、不徇私情的人啊！"

戒以安逸宴游

鲁哀公曾说过："寡人生在深宫之中，由妇人亲手带大，从未感觉什么是忧，什么是惧。"班固评论说：这句话是多么的可信，即使想使国家不灭亡，也是不可能的！所以古人以安逸宴游为毒药，没有道德而富贵称之为不幸。

要知道谦虚退让

盗贼杀了阴贵人的母亲邓氏和弟弟阴欣。光武帝为这件事感到很悲伤,就召见贵人的哥哥阴兴,要封他为侯,将印章组绶放在面前。阴兴坚决谦让说:"臣没有先登敌城、攻陷军阵的功劳,就被封侯,这样会使天下怨恨,实在是我所不愿意的!"光武帝很赞美他,而不再剥夺他的志向。贵人问他原因,阴兴说:"外戚之家最难做到的是要知道谦虚退让,富有显贵是有极限的,人应当知道满足,嚣张奢侈更被他人视听所讥笑。"贵人被他的话感动,深深地使自己谦下损抑,始终不替同宗的亲属求取官位。

杀使降城

最初,隗嚣的将领高峻带领军队据守高平县第一城。建威大将军耿弇率军包围该城,一年未能攻陷。于是光武帝就亲自征伐,进军到汧县。高峻依然不降,刘秀派遣寇恂前往劝降。寇恂带着诏书到达第一城,高峻派遣军师皇甫文出城拜见。皇甫文的言辞礼节毫不卑屈。寇恂大怒,准备杀死来使。将领们劝阻说:"高峻有精兵防守第一城,现在准备招降高峻,却反而杀戮来使,恐怕不行吧?"寇恂仍坚持杀死皇甫文,放他的副手回去,转告高峻说:"军师无礼,已经杀死!要投降,赶快投降;不愿投降,继续坚守!"高峻惊慌恐惧,当天打开城门投降。将领们向寇恂请教,说:"杀了他的使节而又能使他献城投降,是何原因呢?"寇恂说:"皇甫文是高峻的心腹,是为高峻谋划的智囊。这次前来,言辞态度强硬,肯定没有归降的意思。如果保全他则皇甫文的计策得逞,杀掉他则使高峻丧胆,所以高峻投降。"将领们都叹服说:"您的智慧不是我们所能赶得上的!"

不敢爱惜自己

公孙述任命王元为将军,据守河池。来歙与盖延率兵进攻王元,将他打得大败,攻克下辨,继续乘胜前进。蜀人非常害怕,就派刺客来刺杀来歙,没有立即死去,命人火速召盖延来见。盖延来到,看见来歙被刺成重伤,就悲哀地大声哭泣。来歙呵斥盖延说:"你怎么会这样!现在我被刺客刺中,无力报国,我叫你来要把军事指挥权托付于你,你却像女人一样哭泣!我虽然刀刃扎在身上,就不能令兵士斩你吗?"盖延止住哭泣,听候来歙的嘱咐。来歙坚持着给光武帝写奏章,说:"我在入夜人静时,被刺客刺中要害。我不敢爱惜自己,只是恨自己不称职,使朝廷遭受羞辱。治理国家,以任用贤才最为重要,太中大夫段襄骨鲠正直,可以任用,希望陛下审查考虑。另外,我的兄弟们不贤,最终恐怕犯罪,请陛下多多赐教督责。"写完扔下笔,拔出刀刃,气绝死去。来歙的棺柩运回洛阳,光武帝一身丧服,亲自吊唁。

不受引诱

当初,公孙述征召李业为博士,李业坚称有病不接受。公孙述因为不能把李业招来,而感到耻辱,就派大鸿胪尹融拿着诏书去威胁李业:"如果接受,就授予公侯的高位,如果不接受,就赐予毒酒。"尹融劝说李业,说:"公孙述仰慕您的名声美德,把官位空下来留给您,已经七年了;四季进贡的珍品,都不忘赐给您。您应该上奉知己之人,下为子孙着想,性命和名声都可保全,这不是很好吗?"李业说:"古人说,不进入有危险的国家,不在发生祸乱之国居住,就是因为这个缘故,君子见危授命,在危险关头,并不爱惜生命,怎么能够拿高官厚禄来引诱呢?"于是,就喝下毒酒而死。

刘阳解疑

汉光武帝因全国的耕地面积自行申报,多不据实,于是下诏,令各州郡进行检查核实。当时各郡分别派属吏前来汇报,光武帝看见陈留郡吏拿的木牍上,有一段文字,仔细一看,写的是:"颖州、弘农可问;河南、南阳不可问。"光武帝疑惑,就追问陈留吏,此话是什么意思,吏不肯说,就欺骗说:"是在长寿街上捡的。"光武帝大怒。这时刘秀之子东海公刘阳十二岁,在帷帐后面插话说:"这是郡吏接受郡太守的指令,应参照其官郡的垦田数进行比较。"光武帝说:"既是如此,为什么又说河南、南阳不可问呢?"刘阳回答说:"河南是皇帝的都城所在,多是皇帝的近臣;南阳是皇帝的故乡,多是皇帝的近亲,他们田宅超过规定,不可以作为比较的依据。"光武帝令虎贲将追问陈留吏,吏只得如实说明,正如刘阳所言。光武帝因此更加喜爱刘阳。

刘秀废后

郭皇后因失宠,经常抱怨愤恨,刘秀非常恼火,就废掉郭皇后,立阴贵人为皇后。刘秀下诏令说:"这是异常事变,不是国家的善福,不准庆贺。"郅恽对刘秀说:"我听说夫妇之间感情之事,就是父亲也管不了儿子,何况臣下怎么能劝说君主呢!这是我所不敢说的。虽然这样,还是请陛下考虑计策当否,不要让天下人议论朝廷。"刘秀说:"郅恽善于用自己的心推及君主的心,知道我一定不会有什么向背偏差而忽视天下的反应!"刘秀把郭皇后的儿子右翊公刘辅晋封为中山王,用常山郡来增加中山国的封地,封郭皇后为中山太后。

度田不实获罪

大司徒欧阳歙做汝南郡太守时,丈量田地不确实,从中获利一千多万。汉光武帝下诏让切实考核,二千石长吏阿谀歪曲、处事不公的行为,欧阳歙的罪行被发现,关进监狱。欧阳歙世代教授《尚书》,八代做博士,他的学生为欧阳歙向守门官吏哀求的有一千多人,

史事观览

甚至有人剃发去毛，以示必定获罪。平原人礼震，十七岁，请求代替欧阳歙而死；可是，汉光武帝竟不赦，欧阳歙死在监狱里。

阴兴唯贤是举

刘秀任命皇太子的舅舅阴兴为卫尉，辅导太子。阴兴礼贤下士，喜好施予，但宾客中无游侠。他和同郡人张宗、上谷人鲜于褒关系不好，可是知道他们贤能，仍然称赞他们的长处而向刘秀推荐。友人张汜、杜禽和阴兴友情深厚，阴兴认为他们华而不实，所以只在钱财上资助他们，始终不替他们说话。世人称赞阴兴对国家的忠诚。

钟兴尊师

刘秀命令左中郎将钟兴教授皇太子以《春秋》，赐给钟兴关内侯的爵位。钟兴以无功推辞，刘秀说："先生教训太子以及众王侯，不是大功吗？"钟兴说："臣的老师是少府丁恭。"于是，刘秀再封丁恭，而钟兴却始终坚持不受。

偶然碰上罢了

起初，刘昆当江陵令，县里发生火灾，刘昆让人救火，他对着烈火磕头，这时，转了风向，大火随即熄灭。后来，刘昆当弘农太守，郡中老虎都背着幼虎渡过黄河远去。刘秀听说以后感到惊奇，征召刘昆代替杜林当光禄勋。刘秀问刘昆："以前你在江陵，转变风向，烈火熄灭；后在弘农任太守，老虎向北渡过黄河。你推行的什么德政，以至发生这样的事？"刘昆回答："不过是偶然碰上罢了。"左右侍从都忍不住笑起来。刘秀叹息说："这才是年高有德之人说的话呀。"刘秀下令把这件事记载在史书上。

马援诫子书

马援是东汉初年的一位名将，南征北战，屡立战功。马援的哥哥有两个儿子，一个叫马严，一个叫马敦，他俩都喜欢讥笑别人，议论是非，结交轻财仗义的游侠之徒。马援在交趾的时候，写了一封《诫兄子书》，告诫他们说："我希望你们听到别人的过失，像听到父母的名字一样，耳朵可以听，嘴可千万不能说。好议论别人的长短，对时事政治轻率地表示是非，这是我最讨厌的事，我宁愿死也不愿听子孙们有这样的行为。龙伯高为人敦厚谨慎，口头不说一句错话，态度谦逊，生活节俭，廉洁公正而又有威望，我敬爱他，尊重他，希望你们学习他。杜季良是豪侠之士，爱讲究义气，为人分忧，他父亲去世后办理丧事，招来了周围几个郡的客人，我也尊重他，但不愿你们效法他。效法龙伯高不成，也能算个行为谨严的人，正如平常说的：'雕刻大雁不成还能像个水鸭子。'如果效法杜季良不成，就会堕落成为天下轻薄的人，犹如平常说的'画虎不成反而像条狗'了。"

宗均诈称王制诏降蛮人

马援奉命讨伐武陵蛮人,宗均监督马援军队,在进军中马援不幸病死,士卒有大半人死于瘟疫。宗均就与诸将商议说:"如今路远士兵多病,不能作战,我想要权宜承用王制招降他们,怎么样?"诸将领都不敢回答。宗均说:"忠臣出境,只要可以使国家安定,就可以自作主张。"就诈称王制调伏波司马吕种任沅陵县长,命令吕种带着诏书进入敌营,向他们宣告恩惠信誓,趁机带着军队尾随其后。山民震惊恐怖,冬季十月,大家杀了他们的大帅而投降。于是,宗均进入敌营,解散了他们的队伍,送回原郡,为他们设置了长吏而回,蛮人终于被平定。宗均还没有到朝廷,就先弹劾自己诈称王制的罪状,光武皇帝嘉奖了他的战功,赐给他金帛,且命令他经过家乡时可以上坟祭告。

不争功厚赏

刘秀大封所有功臣,让将领们各自说出自己最愿意封在什么地方。大家都指望到富庶的地方。只有河南郡太守颍川人丁綝,唯独请求将贫瘠的本乡封给他。有人问他为何要去贫瘠的地方,他说:"我功劳小,能力弱,能封个亭侯就很优厚的了。"刘秀遵从他的志愿,封他为新安乡侯。

明帝举行养老礼

东汉明帝继位不久,就亲临辟雍,举行养老礼。明帝尊李躬为三老,恒荣为五更。十月初五,明帝来到辟雍的礼殿,派使者用单马牵拉的安车将三老和五更接到太学讲堂。明帝在门屏处亲迎,互相行礼。三老登堂面向东方,三公摆设几案,九卿将鞋放正。明帝亲自卷起衣袖切割祭肉,捧上酱汁请三老食用,手执盛酒之爵向三老敬酒。五更面向南方,由三公进奉肉、酒,礼仪和进奉三老相同。仪式结束后,明帝下诏,赐封三老、五更都终身享受二千石俸禄。并赏赐全国的三老,每人一石酒,四十斤肉。

用手杖敲打下臣

东汉明帝刘庄个性狭隘而苛刻,喜欢用耳目来窥视别人隐私。公卿大臣一个个都非常恐惧,争着表现得严厉急切来躲避责罚。明帝经常因事迁怒郎官药崧,用手杖敲他。药崧就逃到床下,明帝非常生气,厉声地喊:"郎出来!"药崧在床下说:"天子穆穆,诸侯皇皇,没听说君子亲自用手杖敲打郎的。"明帝就赦免了他。

常胜将军耿弇

王莽政权被推翻后,群雄割据,耿弇到光武帝手下做了一名小吏,并主动请求回乡征调人马,他多次跟随光武帝征战,屡立战功,升为大将军,先后击败铜马、高湖、赤眉、青犊、尤来各军;平定郡县四十六个,攻城三百座,从未遭挫。光武帝对耿弇说:"过去韩仗在历下攻破齐兵奠定了汉代的基业,现在将军您又攻破祝阿等地,声名远扬,它们都是齐地的西界,您的功劳可以和韩仗相比。韩仗袭击的只是一座实已投降的城市,将军您独自攻下的则是势力强劲的敌人,建立这个功业要难于韩仗。将军从前在南阳献此大策时,常感孤立无人赞成,但有志者事竟成。"

汉明帝永平元年,耿弇去世,终年五十六岁,谥号愍侯。

为善最快乐

一日,明帝问东平王刘苍:"居家怎样最快乐?"东平王说:"为善最快乐。"明帝评价说:"他的话非常博大。"

见物思母恩

陆续等人因获罪被廷尉拷问,受尽各种毒刑,肌肉都烂掉了,也始终不认可自己有谋反罪。陆续的母亲从吴郡来洛阳,煮了食物送给陆续,陆续在被严刑拷打时,言辞神色都没有改变,而面对食物时则悲痛流泪,不能控制自己。管理监狱的人问他原因,陆续说:"母亲来了不能见面,所以悲伤啊!"问:"怎么知道你母亲来了?"陆续说:"母亲切肉从未有不方正,切葱以一寸为准,所以知道。"看监狱的报告了此事,明帝才赦免了陆续等人不死,处终身监禁。

天竺求师

有一次,汉明帝做了个梦,梦见有个金人,头顶上有圈白光,在殿上飞行,忽然升到天空,向西去了。第二天,他把这个梦告诉大臣们,大臣们都不知所以然。有个博士傅毅说:"皇上梦见的金人可能是天竺来的佛。"傅毅的话引起了汉明帝的好奇心,于是他就派郎中蔡愔和博士秦景到天竺去。

蔡愔和秦景经过千山万水,终于来到了天竺国。天竺人听到中国派使者来求佛经,表示欢迎。天竺有两个沙门(高级僧人),一个叫摄摩腾,一个叫竺法兰。经过他俩的帮助,蔡愔、秦景和两个沙门,用一匹白马驮着一幅佛像和四十二章佛经,经过西域回到了洛阳。

汉明帝见了佛像,也记不清楚梦里看见的是不是他,可是头顶上还真有一圈白光,不是他还有谁呢?他翻看佛经,觉得深奥之极,不甚明白。尽管如此,他还是热情地招待了客人,命人在洛阳西边按照天竺的式样,造了一座佛寺,把佛像、佛经供在里面,运送经书的白马也供养在那儿,所以叫它白马寺。

屈伸报知己

后汉人廉范被陇西太守郑融推举为功曹。不久,郑融受其他事牵连,遭人告发。廉范知道此事错综复杂,想尽力帮助他,就托病离职,郑融不明白廉范的意图,对廉范的辞官很不谅解。

廉范来到洛阳,改名换姓,求得一个狱卒的差使。不久,郑融果然被捕下狱,廉范利用职务上的便利,尽心照料郑融。郑融虽曾因这狱卒长得像廉范而觉得奇怪,却从未想过狱卒就是廉范。有一天郑融对廉范说:"你怎么长得这么像我以前手下的一名官吏。"廉范故作不高兴地大声说:"你是坐牢坐得老眼昏花了吧!"

日后,郑融被释出狱,又遭病痛缠身,廉范随侧照顾,到郑融死后,廉范将遗体送回南阳安葬才离去,可是一直到郑融死,廉范始终没有说出自己是谁。

白衣尚书

东平人郑均的哥哥在县里做官,经常接受贿赂。郑均规劝他,但遭到拒绝。于是郑均离家出走,去做佣人。过了一年多,他把做佣人所得的钱帛带回家送给哥哥,说道:"钱物用光,可以再得,而当官犯下赃罪,就要终生罢黜。"哥哥被他的话所感动,此后便成为清官。郑均官至尚书,后来免官回乡。汉章帝东巡时经过任城县,特到郑均家里,赐给他尚书俸禄直到去世为止,当时的人称他为"白衣尚书"。

举案齐眉

梁鸿年轻时家里很贫困,虽然刻苦好学,很有学问,却不愿出来做官。孟光钦慕梁鸿的品德,因而托人说媒嫁给了他。婚后,两人过着俭朴的隐居生活,互敬互爱,非常和谐。梁鸿每天劳动后回到家里,孟光总是把饭和菜都准备好了,摆在托盘里,双手捧着,举得齐自己的眉毛那样高,恭恭敬敬地送到梁鸿面前,梁鸿则欣喜地接过来,然后两人一起愉快地进食。

知人善处

窦宪是东汉章帝(刘炟)窦皇后的哥哥,倚仗着宫廷的声势,侵凌逼夺,无所不为,连王公贵族之家也都畏惧他。在窦宪娶妻时,天下郡国都有礼物庆贺。汉中也应该派遣官吏送礼。管民户的李郃劝告说:"窦将军是太后的亲人,不修德而专权骄横,危亡的灾祸,可以跷起脚等待了。希望您一心为朝廷,不要和他交往。"太守坚持要派人去,李郃无法阻止,就请求派他自己去,太守同意了。李郃在路上故意推迟时间,观察事态变化,走到扶风郡,窦宪就被免官回到自己的封国,凡是与窦宪交往的人都被免了官,只有汉中太守没有受牵连。

洛阳县令王涣

　　东汉时,洛阳县令王涣,为人平正,体贴爱戴人民。凡是经他断的案子,人们没有不心悦诚服的,京师的人认为出现了神明。是年,王涣在官位上去世,王涣的棺柩送回广汉故乡,百姓全部沿路摆设祭品祭拜,他们说:"平常拿米到洛阳县,被官吏所侵夺,常常失去一半,自从王君来到洛阳任职,没有被侵夺过,所以我们都来报恩。"洛阳的人民为他造庙,常常和弦歌颂他的功绩,在他的神位前献上祭品。皇上下诏书说:"忠良的官吏,是国家安定的原因,朝廷征用这种官吏很用心,得到这种官吏却很少,现在派王涣的儿子王石做郎中,来勉励那些任职劳苦而勤奋的官吏。"

投笔从戎

　　班超是著名的史家学班固的弟弟,年轻时家境贫寒,以给人抄书为业,非常劳苦。一天,班超忽然扔下笔,慨叹道:大丈夫应当像当年的傅介子、张骞那样立功西域,以取封侯,怎么能长久地困窘于抄书这样不屑的事情呢?旁边的人都笑话他妄想,班超说:"小子安知壮士之志哉!"于是参加了军队,逐渐成为一名颇具才略的军官,后来出使西域,为国家做出了重要贡献,受封定远侯。

天知地知我知你知

　　杨震被任为东莱太守。当前往东莱上任时,路过昌邑县,过去他所推荐的荆州茂才王密在此为县令,夜间怀揣十斤黄金送与杨震。杨震说:"老朋友了解你,你却不了解老朋友,这是为什么?"王密说:"黑夜没有人知道。"杨震说:"天知,地知,我知,你知,怎么说无人知道!"王密惭愧地走了。杨震的另一好友想让他经营产业,杨震不肯,说:"让后世称为清白官吏的子孙,留给他们这些,不也很丰厚吗!"

薛包孝行

　　汝南人薛包在少年时就有突出的孝行。薛包的父亲在娶了继母之后,便厌恶薛包,让他分出去另立门户。薛包日夜号哭,不肯离开,以致遭到殴打。不得已,就在房舍之外搭起一个小屋居住,早晨便回家洒扫庭院。父亲发怒,再次把他赶走,他就把小屋搭在乡里大门旁边,每日早晚都回家向父母请安。过了一年多,他的父母感到惭愧而让他回家。及至父母去世,薛包的侄儿要求分割财产并搬出去居住,薛包不能阻止,便把家产分开,主动挑出年老的奴婢归他使用,说:"他们一起和我做事时间长,你使唤不动。"田地房舍选择荒芜破旧的,说:"这些是我年轻时经营过的,有依恋之情,"家私器具则选择朽坏的,说:"这些是我平素所使用的,身、口觉得安适。"侄儿曾屡次破产,薛包总是重新给予赈济。安帝听到了他的名声,便将他征召入京,任命为侍中。

以退让为风度

钟瑾喜爱读书,效法古人,有退让的风度。太尉李脩说:"钟瑾像我们李家人的性格,国家有道,不会久居人下;国家无道,不会受到诛杀。"于是,把李膺的妹妹嫁给钟瑾为妻。李膺对钟瑾说:"孟子认为'人要是没有是非之心,就不是人',你对于黑白,为何太不分明?"钟瑾将李膺的话告诉钟皓,钟皓说:"李膺的祖父、父亲都身居高位,整个家族都很兴盛,所以才能那样做。从前齐国的国佐专好挑剔别人的过失,以致招来怨恨和报复。现在哪里是黑白分明的时代?如果想要保全自己的身家性命,还是你的做法最为高明。"

执法报恩

元嘉元年正月初一,群臣朝会,大将军梁冀带剑入宫,尚书张陵大声呵斥赶他出去,并令虎贲、羽林将他的佩剑夺下。梁冀下跪赔罪,张陵不理,当即上奏弹劾梁冀,请廷尉论罪惩治。诏令颁下,罚梁冀以一年的俸禄赎罪。梁冀的弟弟、河南尹梁不疑曾举荐张陵为孝廉,因而对张陵说:"我以前举荐你,今日却罚罪到我自家人头上来了!"张陵说:"明府不以我张陵不屑,因而被误加拔擢序用,今天我伸张王法,正借以报答你对我的恩惠啊!"梁不疑面有愧色。

陈寔代人受过

陈寔出身贫贱,任职郡城西门亭长,后被人推荐任为功曹。当时有人委托太守高伦安插一个官吏。高伦下令委任这人为文学掾,陈寔知道此人并非善类,于是怀揣着太守的命令请求晋见,对高伦说:"这个人本不可任用,可又不能违背人的托付,请准由我自行签署委派,太守实在不值得为了这个人而玷污大德。"高伦依从了他。因而众人责怪陈寔举用不当,陈寔始终没说一句为自己辩解的话。高伦后来被提升为尚书,郡中的士大夫们为他送行,高伦才对众人说:"前些时有人托我用人,我已签署了用人命令,陈寔暗中拿着我的命令退还给我,而以他的名义签署委任,招致众人指责他用错了人,且因此而轻蔑他。他被人责罪全是由于我畏惮强梁啊,陈君真可是一位'凡是善行都归之于君,而将过失归自己担当'的人啊!"陈寔代人受过,自引其咎,大家知道这事后,都很钦佩他,称赞他有高尚德行。

终身隐居不出

桓帝征召安阳人魏桓到朝廷做官,他的同乡劝他前往,魏桓说:"得俸禄想做官,是要实现自己的志向。现在皇上后宫人数以千计,可以减少吗?厩中的马有万匹,可以减少吗?左右权贵豪门,可以除去吗?"都回答说:"不可以。"魏桓于是感慨地叹息说:"让我活着出门,死了回来,对于各位先生有什么好处呢!"于是终身隐居不出。

骨肉情感动强盗

姜肱和弟弟姜季江一同前往都中,晚上在路上遇到了强盗抢劫,想要杀他们,姜肱说:"弟弟年幼,父母怜爱,还没有娶妻,愿意被杀成全弟弟。"季江说:"哥哥年长德高,是家中珍宝,国家英才,请杀我以代替哥哥的生命。"强盗于是把他俩都放了,只抢走了些衣服路费而已。后来,郡中官员看到姜肱没衣服,奇怪地问他们原因,姜肱以别的话搪塞过去,始终不说出强盗抢劫之事,强盗知道了,感到后悔,就到他的住处求见姜肱,叩头道歉,送还抢去的东西,姜肱不肯接受,摆设酒食款待,然后送他们离开。朝廷得知后,征召姜肱出来做官,始终征召不到。汉桓帝下令要画工画出他的肖像,姜肱有意躲避画工,画工始终没有见到他。

范滂举奸

桓帝时,朝廷诏命对地方官为政好坏得失的看法,反映民间疾苦。汝南人范滂上奏揭发刺史、二千石官员、权贵和豪门之流有二十多人。尚书责备范滂弹劾的太多,怀疑有私人恩怨。范滂说:"臣下所举发的,如果不是贪赃枉法,奸恶残暴,深为人害的,岂容它来弄脏我的奏章!近日因为朝会时间急促,所以先举发紧急的,其他没有查清的,要再加以查实。我听说:'农夫除草,庄稼一定茂盛;忠臣除奸,王道因而清明。如果我有了二心,甘受诛杀。'"尚书无法往下追问。

段颖抗击羌兵

桓帝三年,西羌与烧何大酋长侵扰张掖,校尉段颖率军迎战,段颖下马与敌战斗,从凌晨奋战到中午,刀砍断了,箭用尽了,勇气不减,敌人撤退,段颖率部追击,边战边进,日夜攻击,吃生肉,饮积雪四十多天,到达积石山,出塞门二千多里,杀了烧何大酋长,接受其残部投降,胜利班师而回。

桓帝八年,段颖再次奉命抗击羌兵,从当年的春天到秋季,终于将西羌打败,被封为都乡侯,后又提升为破羌将军。

段颖在边塞十几年,从未舒服地睡一觉,与将士共甘苦,所以将士都乐于为他拼死作战,他先后经历一百八十次战斗,杀死敌军三万八千多人,俘获多种牲畜四十二万七千多头,于是东汉改封段颖为新丰县侯。

六老翁送太守离任

桓帝任命大鸿胪东莱人刘宠为司空。刘宠曾经担任过会稽太守,他简化繁杂的政令,禁止非法的行为,使会稽郡得到大治。朝廷征召提拔重用他,在离任时,山阴县有六位老人,从若邪山谷出来,每人拿一百钱送给刘宠说:"我们是山野村夫,从不知道拜见郡府。只晓得别的郡守派官吏到民间求取财物,到了晚上还不停止,有时狗整夜在叫,人民不得安宁。自从你到任以来,晚上狗不叫,也不见索物的官吏。我们年老了才遇到圣明的政治,现在听说你要离开我们,所以我们互相搀扶着来送你。"刘宠说:"我的政绩没有你们所说的好,辛苦你们父老了。"从每个人中选了一个钱留下。

有功不受赏

桓帝五年,武陵郡蛮人反叛,朝廷任命太常冯绲为车骑将军,率领十万大军讨伐反叛者。冯绲请求桓帝派一名官员来监督军用财务的开支,朝廷便任命武陵郡太守应奉为从事中郎。十一月,冯绲所率领的军队抵达长沙,盗贼听到这个消息,都到军营请求投降。冯绲率军进击武陵郡蛮夷,斩杀四千余人,接受十余万人归降,荆州得以平定。桓帝下诏,赏给冯绲一亿钱,冯绲执意推辞,不肯接受,他返回京都洛阳,将功劳全部归于应奉,举荐应奉担任司隶校尉,而他自己却上书请求告老还乡。

皇甫规荐贤

朝廷任命皇甫规为度辽将军。当初,张奂因被指控为梁冀的旧属,而遭到免官和终身不准再出来做官的惩罚,他的故交老友没有一个人胆敢为他说话的,只有皇甫规向朝廷推荐张奂,前后一连呈递了七次奏章,朝廷因而任命张奂为威武郡太守。及至皇甫规为度辽将军,到军营数月后,又向朝廷推荐张奂说:"张奂的才能和谋略都很优秀,应该担任大军统帅的重任,以顺从众人的期望。如果认为我还适合担任军职,就请让我当一个只有官阶没有职事的散官,做张奂副手。"朝廷采纳了皇甫规的建议,任命张奂接替皇甫规担任度辽将军,任命皇甫规为使匈奴中郎将。

魏昭求人师

郭泰不仅学识渊博,且仁德高尚。陈国少年魏昭向郭泰请求说:"教授经书的老师容易遇到,但传授做人道理的老师却难遇到。我愿意跟随在您的身边,给您洒扫房屋和庭院。"郭泰许诺。后来,郭泰因身体不适,命魏昭给他煮稀饭。稀饭煮好以后,郭泰大声训斥魏昭说:"你给长辈煮饭,不存敬意,使我不能进食。"将碗扔到地上。魏昭又重煮好稀饭,再次端给郭泰,郭泰还是训斥他。这样一连三次,魏昭的态度和脸色始终没有改变。这时郭泰才和气地说:"我开始只看到你的表面,从今以后,我知道你的内心了。"就把魏昭当作好友,善意对待。

一生三不惑

桓帝八年,太尉杨秉逝世。杨秉一生为人,清白寡欲,曾经说:"我绝不受酒、色、财这三样的诱惑。"

用德行化民

陈仇香,四十岁时,做蒲亭长。有个乡民陈元,只有他和他母亲两人住在一起,一天他母亲到仇香那里告他儿子不孝,陈仇香很惊讶地说:"我最近曾路过陈元家,看到他家的房舍院落收拾得清清爽爽,又能按时耕耘,这种人绝对不是个坏人,竟然不孝,那你必定是没有好好教导他,才会这样。做母亲的守寡养育孤儿,一辈子饱受苦难,怎么可以因一时的气愤就忘了这么多年来苦心养育呢!再说身为人母,养育遗孤,不能望子成器,如果死而有知的话,百年之后,你将用什么面目去见死去的丈夫呢!"陈元的母亲流着泪站起身来。陈仇香于是亲自到陈元家去,向他解说伦常孝道,陈元这才明理,而终于变成了孝子。考城县令王奂提升仇香为主簿,对他说:"听说你在蒲亭任亭长时,陈元不加惩罚,反而去感化他,对无礼的人本应当加以严斥,如鹰鹯追求鸟雀一般,在这方你未免似乎少点威猛吧?"陈仇香说:"我认为与其威猛如鹰鹯,不如像鸾凤和集百鸟那样,所以我不愿意用惩罚的方式来治民。"当时名声很大的贤士郭泰、符融曾投递名刺去拜谒仇香,临别时,郭泰向仇香拜揖着说:"你应当是我的老师,而不是我同辈的朋友啊。"

李膺严于执法

李膺任司隶校尉,当时小黄门张让的弟弟张朔为野王县令,贪残无道,畏惧李膺严厉,逃回京城,躲在哥哥张让家的夹墙中。李膺知道后,带着吏卒到张让家,毁坏柱子,逮捕了张朔,送到洛阳狱中,审问完毕就杀了。张让向皇帝诉冤,桓帝召见李膺,责备他不上奏就杀了张朔。李膺回答说:"过去孔子在鲁国任司寇,到任七天就杀了少正卯。如今,我到任已十天了,暗自担心会因积压案件而获罪,没想到会为办案迅速而得罪。我自闯下大祸,死在眼前,特请让我留职五天,消灭元凶,然后再受烹刑,这是我一生的心愿。"桓帝无言以对,回头对张让说:"这都是你弟弟的罪过,与司隶无关。"从此,黄门、常侍都谨慎小心,连出气都不敢大声,休假日也不敢出宫门。桓帝觉得奇怪,问什么缘故,内侍都叩头流泪说:"怕李校尉。"这时,朝廷日益衰败,纲纪松弛,而李膺坚持严于执法,有清白正直的名声。士人有被他接纳的,称之为登龙门。

蒲草鞭责罚

朝廷征召东海相刘宽为尚书令。刘宽先后担任三处郡守,温柔仁厚,能宽恕别人,即使时间再匆促,也没有疾言厉色。吏民有过失,只用蒲草鞭责打,以示羞辱,始终不用酷刑。每次见到地方父老,就鼓励农耕,见到少年,就训勉孝顺友爱,郡内百姓都乐意接受他的教化。

礼为天地间的法则

荀爽对策说：从前，圣人采集天地间的法则，称为礼。礼制中，婚礼为第一位。阳性纯正而能施舍，阴性柔顺而能消化，以礼节制乐，调和元气，所以能使子孙绵延祥瑞，得到长寿之福。朝廷下诏，任命荀爽为郎中。

贾彪重人伦

贾彪任新息县县令，城南有盗贼害人，城北有妇人杀子，贾彪前往查案，属吏要往南行，贾彪发脾气说："贼寇害人，这不稀奇，母亲杀亲生儿子，这是逆天违道。"于是驱车北行，查明情况，判定罪责。城南的盗贼听到了，也自己捆绑自首。数年之间，养育子女的人以千数，说："这都是贾父赐给我们的。"于是都以"贾"作姓氏。

华歆　王朗的高下优劣

华歆、王朗一起坐船逃难，有一人想搭船跟从，华歆立刻拒绝。王朗说："幸好船还有宽裕的地方，为什么不可以带上他呢？"后来，贼兵追上来了，王朗想丢下所携带的人。华歆说："我当初之所以犹豫，正是担心出现这种情况。现在既然已经接受了他的请求，难道可以因为情况紧急而抛弃他吗？"于是仍像当初那样携带救助这个人。世人就根据这件事来判定华歆和王朗的高下优劣。

爰延进谏

一次，桓帝问天象，陈留人爰延进谏说："陛下跟河南尹邓万世是未即位以前的旧友，于是皇上封他为列侯，对他的恩惠重于三公九卿，厚与皇族。并且经常召见他，和他玩博赛等游戏，上下亲昵不讲礼仪，有损至尊的威严。我听说，皇上左右的人，是商量政事和德教的；和善人相处，则每天都能够听到有益的训勉；和恶人娱乐则每天都要产生邪恶之情。但愿陛下疏远好进谗言和阿谀奉承的小人，接纳忠贞的人士，则灾变可以消除。"

辞让封侯

窦太后因为陈蕃昔日的功德，特封他为高阳乡侯。陈蕃上书辞让说："我听说，割地分封，应该以功德为依据。我虽然没有纯洁的行为，但认为君子'不以正道得到的富贵，就不要'。如果我接受封爵而不辞让，厚颜无耻地享受封邑，使得皇天震怒，灾祸转向人民，如此，我该到何处寄托渺小之身？"窦太后不许。陈蕃坚决辞让，前后上了十几次奏章，最终没有受封。

赵苞尽忠孝大义

辽西郡太守赵苞到任之后,让人到故乡迎接母亲和妻子,路上经过柳城,正遇着鲜卑一万余人侵入边塞劫掠,赵苞的母亲和妻子全被劫持作为人质,用车子载着他们来攻打辽西郡城。赵苞率军迎战,鲜卑在阵前推出赵苞的母亲给赵苞看,赵苞悲痛号哭,对母亲说:"当儿子的罪恶实在不可名状,本来打算用微薄的俸禄早晚在您左右供养,想不到反而为您招来大祸。过去我是您的儿子,现在我是朝廷大臣,大义不能顾及私恩,自毁忠节,只有拼死一战,否则没有别的办法来弥补我的罪恶。"母亲远望着嘱咐他说:"我儿,各人生死有命,怎能为了顾忌我而亏损忠义?你应当尽力去做。"于是赵苞下令立即出击,鲜卑全被摧毁攻破,可是他的母亲和妻子也被鲜卑杀害。赵苞上奏朝廷,请求护送母亲、妻子的棺柩回故乡安葬。灵帝派使节前往吊丧和慰问,封赵苞为鄃侯,赵苞将母亲、妻子安葬已毕,对他家乡的人们说:"食朝廷的俸禄而逃避灾难,不是忠臣;杀了母亲而保全忠义,不是孝子。如此,我还有什么脸面活在人世?"说完,吐血而死。

司马直不迎合弊政

灵帝下诏让各州、郡向朝廷进献木材及纹理美观的石料,用以修饰宫殿,铸造铜人。并让新委任的官员在赴任时,都要交纳"助军"和"修宫"钱。当时,河内人司马直刚刚被任命为巨鹿太守,因他平素有清廉之称,故将他应交的数额减少三百万。司马直接到诏书后,怅然长叹道:"身为百姓的父母官,却要剥削百姓去迎合当前的这种弊政,我于心不忍。"遂借口有病而辞职,但未获批准。在赴任途中,他走到孟津,上书极为详细直率地陈述了当时各种弊政,然后服毒自杀。他的奏章呈上后,灵帝受到震动,暂时停止征收修宫费用。

申屠蟠超然世外

东汉名士范滂等人经常抨击朝政,自公卿以下都对他们敬佩,太学生争相仰慕他们的风范,认为学术将会盛行,有才华的人会被重新启用。唯有申屠蟠独自叹息:"从前,在战国时代,名士放言高论,国王甚至亲自扫地,做前导,把名士捧为上宾,结果发生了焚书坑儒的大祸,现在正是历史重演。"于是隐藏在梁国、砀县之间,靠着大树筑屋,像佣人一样劳作。过了三年,范滂等人果然陷入党禁大祸,唯有申屠蟠超然世外,免受议论。

范滂与母亲诀别

宦官疾恨、厌恶范滂等人,在灵帝面前进谗言,灵帝下诏逮捕范滂等,征羌县令劝范滂逃走,范滂说:"我死了,祸也就阻止了,怎么能因我有罪连累你,何况我还有老母亲,怎能让老母流离失所呢!"他的母亲前来同他诀别,对他说:"你今天能与李膺、杜密齐名,死了又有什么遗憾的！"范滂跪着听母亲的教训，拜了两拜，然后告辞。回头对他的儿子说："我想让你作恶，但恶不可作；想让你为善，可我本不为恶。"路上行人听到后，无不流泪。

全家争着承担死罪

名仕张俭因受宦官迫害，被朝廷追捕。张俭与鲁国的孔褒是旧友，张俭投奔孔褒，孔褒不在家，孔褒的弟弟孔融才十六岁，就做主藏匿了张俭。事情后来泄露，张俭幸得逃走，鲁国国相就收捕了孔褒、孔融送进监狱，不知该判谁的罪。孔融说："收藏张俭的是我，应当判我的罪。"孔褒说："张俭是来找我的，并不是弟弟的过错。"官吏问他们的母亲，她说："家长负责家事，我当其罪。"全家都争着承担死罪，县官犹豫不决，报告朝廷，下诏杀孔褒。

六朝元老胡广

孝灵帝熹平元年，太傅胡广去世，享年八十二岁。胡广先后担任过太傅、太尉、司徒、司空，任职三十多年，经历了安帝、顺帝、冲帝、质帝、桓帝、灵帝六位皇帝。礼遇优厚，每次免职不到一年，就又高升。他所征召和结交的多是天下名士，与旧部陈蕃、李咸同做三公。他精通典章制度，熟悉史事，所以，京城有谚语说："万事不理问胡广，天下中庸有胡公。"他为人温柔敦厚，言语谦逊，赢得时人的称赞。

桥玄杀贼丧子

太尉桥玄的小儿子在门外玩，被贼人劫持，贼人上楼要求赎金，桥玄不给。司隶校尉得知后，将桥玄的住宅包围，但是不敢逼近。桥玄大声对校尉说："贼人太无法无天了，我岂能因为一个儿子的命而放掉国贼！"急令攻打贼人，贼死，桥玄的儿子也死了。桥玄因此向朝廷上书说："凡是劫持为人质，都一起杀掉，不许用钱财赎回，为奸贼开路。"从此，劫持人质的事件绝迹。

大义凛然镇服羌人

叛乱的羌族将校尉夏育围困在官府畜牧场。盖勋率兵去救夏育。援军进行到狐槃，被羌族打败。盖勋手下所剩不足一百人，身上三处受伤，但仍稳坐不动。他指着路边的木牌说："就将我的尸体埋在这里。"羌人首领滇吾手执武器不许众人杀盖勋，并说："盖长史是一位贤人，你们如果将他杀死，就会得罪上天。"盖勋仰天大骂道："该死的反叛羌人，你们知道什么，赶快来杀我！"羌人们都大吃一惊，面面相觑。滇吾下马让盖勋骑，盖勋不肯上马，于是被羌人俘虏。羌人钦佩他的仁义和勇敢，不敢加害，便将他送回汉阳。后来凉州刺史杨雍上表保举盖勋兼任汉阳太守。

盖勋回灵帝问

观察云气以测吉凶的术士认为京师将有兵变,两宫会出现流血事件。灵帝想扼制住这一事件,于是大举征调四方兵力达几万人,设营布阵。灵帝披上甲胄,跨上有护甲的战马,亲自出来检阅军队,巡行军阵三圈而回,灵帝问讨房校尉盖勋:"我如此讲习武事,怎么样?"盖勋回答说:"我听说先王宣扬德政,不检阅军队。现在寇贼在远方却在这里布阵,不足以表明果敢和坚强,只是滥用武功罢了。"灵帝说:"好!只恨见你太晚,群臣以前没有这样的言论。"盖勋对袁绍说:"皇上很聪明,只是被他左右的人蒙蔽罢了。"

不乞求私人恩惠

灵帝命车骑将军赵忠评定讨伐黄巾军的功劳。执金吾甄举对赵忠说:"傅燮在征伐黄巾军时,立有大功,但是未被封侯。如今将军亲负这项重任,应该推荐贤人,论功行赏。"赵忠就派他的弟弟城门校尉赵延去向傅燮致意。赵延对傅燮说:"只要肯接受我哥哥的友情,封你万户侯不在话下。"傅燮正色地拒绝说:"有功而未得到封赏,是我的命运不好,我岂能乞求私人的恩惠!"

陈寔被人怀念

前任太丘县令陈寔去世。全国各地前去参加吊丧活动的有三万多人。陈寔在职期间,处理政务公平正直。百姓的诉讼、发生争执,都要请他裁决,他把是非曲直讲解得十分清楚,事过之后没有抱怨的。甚至有人叹息说:"宁可接受刑罚,也不愿被陈君责备。"当时,杨赐和陈耽被朝廷任命为公、卿高级职务,当文武百官都来祝贺时,他俩却在众人面前叹息陈寔未能出任高官,并为自己的任职而感到惭愧。

一屋不扫 何以扫天下

陈蕃十五岁时,独居西偏庭院研习诗书。一日,陈蕃父亲的老朋友薛勤来到府中,看到陈蕃所在庭院杂草丛生,室内秽物满地,便问他说:"有宾客来,你怎么不打扫房间呢?"陈蕃笑道:"大丈夫胸怀大志,当以治理天下为己任,又怎么会在乎一间屋子呢?"薛勤听后,规劝道:"一屋不扫,何以扫天下?凡事当从小事做起,方能成就一番大业。"

以道义退敌

荀巨伯从很远的地方来探视生病的旧友,恰逢胡人攻打这座城池。朋友对巨伯说:"我今天死定了,您要赶快离开。"巨伯说:"我远道来看您,您却让我离开。损害道义而求生存,这难道是我荀巨伯所做的事吗?"胡人进城后,对荀巨伯说:"大军一到整个郡城逃亡空无一人，你算什么好汉，竟敢独自留下来？"巨伯说："朋友病重，我不忍心丢下他，宁愿用我的身躯换来友人的性命。"胡兵相互议论说："我们这些没有道义的人，却闯入了有道义的国土！"于是率军撤退，整个郡城得以保全。

有功而谦让是为智

司马光说："《易经》说：'有功劳而又谦让的君子，可以善始善终，吉祥。'士孙瑞有功劳却不自我夸耀，因而保全了自己的身家性命，能够不称他为智者吗？"

陈容论仁义

陈容对袁绍说："仁义哪里有常道，实践它就是君子，违背它就是小人。"

贾诩坚辞不受高封

贾诩听说要给他封侯，就说："我没什么功劳，怎能享受高封。"又任命他为尚书仆射，贾诩说："尚书仆射，为百官之师长，为天下人所瞩目，我的名声向来不高，不能使人心服。"坚决推辞不接受，于是被任命为尚书。

知耻萌发善心

王烈的学业器度超人，又擅长教诲诱导人，远近闻名。乡里有个偷牛的人，牛的主人捉住了他，偷牛者请求治罪，说："我甘心受刑被杀，只请求不要让王烈知道。"王烈听说后便让人去感谢他，送布一匹。有人问送布的原因，王烈说："偷牛者害怕我听到他的过错，是有羞耻之心，既然知道羞耻，那么善心就会萌发，所以我送布劝他行善。"后来有位老人的剑丢失在路上，有个过路的人发现了便守在旁边，一直守到傍晚，老人返回，找到了剑，很惊异，就把这事告诉了王烈，王烈让人去寻找，原来是先前偷牛的那个人。

孔融顺势劝献帝

东汉献帝时，荆州牧刘表不但不向朝廷缴纳税赋，而且举止乖张。献帝想趁郊祭之时，下诏斥责刘表乘坐越级马车。孔融上书劝谏说："现在王师正如齐桓公兵伐楚国，只能责备不上贡的茅包一样，并没有力量征伐刘表。陛下郊祭时不能提及此事，来维护朝廷尊严；如果轻易地张扬，非但不能收遏阻之效，反而助长邪门歪道的气势。"献帝衡量当时的局势，朝廷的能力不足以除恶，于是采取了通权达变的做法。

祢衡气盛被杀

平原人祢衡自幼有才华,能言善辩,但气盛、刚直而骄傲。孔融把他推荐给曹操,祢衡辱骂曹操,曹操大怒,对孔融说:"祢衡这个小子,我要杀他,不过像宰一只麻雀或老鼠一样罢了!只是想到此人一向有虚名,杀了他,远近之人将说我没有容人之量。"于是把祢衡送给刘表,刘表又将祢衡送给江夏太守黄祖。黄祖对祢衡很优待,但后来祢衡当众辱骂黄祖,黄祖将他杀死。

以公私论人

逢纪和审配都是袁绍的部下。审配的两个儿子被曹操擒获,袁绍的将领孟岱对袁绍说:"审配的两个儿子在南方,现在他的部队很强盛,必定怀有反叛之心。"其他将领也认为如此。护军逢纪一向和审配不和睦,袁绍就拿这件事来问他,逢纪说:"审配天性刚烈正直,常常羡慕古人的节操,他一定不会因为两个儿子在南方而自己做不道义的事情。希望您不要怀疑。"袁绍说:"你不是很厌恶他吗?"逢纪说:"我和他发生争执是私人的感情,现在我对你所讲的,是国家的事情。"袁绍说:"好!"就不废除审配,审配因此和逢纪又日渐亲近和好。

道义为重

吕布攻占兖州,兖州属下的郡、县至都响应吕布,只有鄄城、范县、东阿县没有动摇。吕布将范县县令靳允的母亲、弟弟和妻儿女都抓起来。曹操的部下程昱劝说靳允一定要心向曹操,坚守范县。

徐众评论说:根据道义,靳允应离开曹操去拯救母亲,尽至亲之孝,以前卫国公子开方在齐国做官,多年不回,管仲认为他不怀念自己的亲人,怎么能够去爱自己的国君!因此忠臣一定要在孝子中去寻找。靳允应该先去救母亲。后来徐庶的母亲被曹操俘获,刘备就送徐庶回北方去营救他的母亲。要想夺取天下的人应该体谅作为人子的孝顺之情,曹操也应该送靳允去救他的母亲。

阎象进言

袁术认为,民间流行的一句预言"代汉者当涂高"中:"涂"与自己的名字"术"和表字"公路"相应,并认为袁氏的祖先出于春秋时代的陈国,是舜的后裔,于是产生了篡位的打算。及至他听到献帝败于曹阳的消息,就召集部下,商议称帝事宜。部下无人敢应对。主簿阎象进言道:"从前,周朝自始祖后稷传到文王,累积恩德,功勋卓著。三分天下,已经占有二分,但仍然臣服于殷朝。虽然您家世代为官显赫,但没有周朝当初的兴盛,汉朝王室虽然衰微,却没有殷纣王那样的暴行!"袁术听后默言不语。

张就困厄中劝父

敦煌太守马艾,在任内去世,郡人推功曹张恭行长史事。张恭派遣他的儿子张就,去朝廷中请派太守。正遇上叛军黄华、张进等叛乱,劫持了张就,张就失去了自由,不能进朝,就私下给他父亲张恭写信说:"大人率世厉俗,坚守敦煌,忠义显然,哪里可因儿在困厄中,就帮助叛军呢!现在平叛大军快到了,应该督促自己的军队牵制他们,希望不要以父子私爱,使儿子张就有恨于黄泉之下。"张恭看到儿子信,就引兵攻酒泉,另派遣部队沿酒泉北塞,东迎太守尹奉。叛军黄华看大势已去,宣布投降。张就终于平安归还,尹奉也顺利到达郡中上任。献帝下诏赐张恭爵位为关内侯。

建安风骨

建安是东汉献帝的年号。建安时期的文学作品以风骨遒劲、刚健有力、鲜明爽朗著称,被称为"建安风骨"。建安文学的作家有"三曹"(曹操、曹丕、曹植)和"建安七子"(王粲、孔融、陈琳、徐干、应玚、阮瑀、刘桢)等。"三曹"是当时文坛领袖,成就最高。

建安诗人经过汉末的大动乱,他们的诗歌的特点是因事而发,具有鲜明的时代特征,悲壮慷慨,或感伤离乱,或悲悯人民,或慨叹人生,或强烈希望建功立业。曹植是曹操的第三子,建安文学的集大成者。他的诗将抒情和叙事有机结合起来,既描写了复杂的事件,又描写了曲折的心理变化,代表作有《白马篇》《赠白马王彪》《洛神赋》等。王粲是"建安七子"中成就最高的诗人,他的《七哀诗》以亲身体验的事实为题材,具体描写了汉末战乱给国家、人民造成的深重灾难。

建安文学是文学史上的一个辉煌的时代,它独特的文学风格成为后世文学所推崇和效法的典范。

偶得良药

一次,一个黄病(古时,称肝炎为黄病)患者向华佗求治。华佗摇头说:"你的病我无能为力,至今还未有人找到医治它的药。"病人失望地走了,华佗心里很难受。

半年后,华佗又遇到那人,不料,他满面红光身体健壮。华佗吃惊地问:"你的病怎么好的?"那人说:"我没治。""那你一定吃什么了?""三月里闹春荒,我吃了些野草为生。""什么野草?请带我去看看。"那人带华佗上山,指着一片丛草说:"就是这种。"华佗一看,说:"这是青蒿草,我认识。"于是,他就拔了一些,煎成药,送给患黄病的人服,可是病人服了,不见效。华佗又去找那个人问:"你是不是记错了?"那人肯定地说:"我是在三月份,连着吃了一个月,不会错。"华佗想,可能青蒿只有在三月才有药性。

第二年春天,华佗上山采了些青蒿嫩芽,煎成药给肝炎病人喝,竟吃一个好一个,而四月以后的青蒿就没有药性了。华佗便将三月青蒿的嫩芽起名叫茵陈,并告诉同行人:"三月茵陈能治病,四月青蒿当柴烧。"直至今日,医生治肝炎仍然离不开茵陈这味主药。

林俊宪烧毁活佛

云南一带有崇敬佛教、迷信鬼神的风俗,鹤庆的玄化寺,声称有活佛。每逢过年过节,动辄几万名士女聚集,争着用金粉涂饰活佛的面。

司寇林俊宪任职云南时,借巡视鹤庆,命令人把活佛烧毁。人们议论说,冒犯活佛会招致冰雹损伤农作物。林俊宪命人堆积柴火,火一烧起来,原来下着冰雹却反而停了,火越烧越大,也无其他事情发生,因此熔得黄金数百两,全部捐给官府,代替百姓偿还积欠的田租。

乐羊子妻

河南乐羊子走在路上,捡到一块金子,回家后把它交给妻子,妻子说:"我听说坚守节操之士不喝盗泉里的水,有志气的人不接受侮辱性的施舍,何况捡别人丢失的东西贪图小利,来玷污自己的德行呢。"羊子十分惭愧,就把金子扔到荒野中,然后就远离家乡拜师求学去了。一年以后,羊子回来,妻子跪着问他为什么要回来。羊子说:"出门太久,想念家人,没有什么其他原因。"妻子就拿着刀快步走到纺织机前说:"这些纺织品是从一个个蚕茧抽出丝来,用机杼织成,把一根一根的丝累积起来,才织出一寸,一寸一寸再累积起来,才织成一匹布。现在如果剪断织好的布,那就前功尽弃,浪费时光。您正在积累学识,应当每天都要学一些新东西,才能成就自己的美德。如果中途荒废,那和割断纺织品又有什么不同呢?"羊子听了很受感动,又回去修完他的学业,七年都没有回家。他的妻子在家辛勤地侍奉公婆,还给远方的羊子寄去各种物品。

雷义与陈重

汉朝时有一对学问很好的朋友,一个名叫雷义,一个名叫陈重。有一次,他俩一同赴京考试,结果是雷义榜上有名,陈重却是名落孙山。当了刺史属官的雷义觉得陈重比自己学问好,但却没有考中,心里很替他不平,便去向刺史要求将自己的功名让给陈重。刺史不答应。雷义便躲在家里装疯,不去上任,刺史便把他除名解职了。

过了数年,雷义和陈重又同去考试,这回两人都考中了,后来还一同被皇帝选任为尚书郎。

三 国

自信必胜

曹操率军攻打张绣,刘表派军队援救张绣,驻军安众,据险切断了曹操军队后路,曹操写信给荀彧说:"我到安众,一定能击败张绣。"等到了安众,曹操军队前后受敌,曹操于是夜里开凿险道,假装要逃走。刘表、张绣率全军来追击,曹操出动骑步兵夹击,把刘表、张绣打得大败。后来荀彧问曹操:"你事前预计敌贼必败,根据是什么?"曹操说:"敌人阻止我回师,而置于我死地,我因此知道我一定能胜。"

曹操论事

安定太守毋丘兴就要赴任,曹操告诫他说:"羌人、胡人想和我们来往,自然应该让他们派人前来,切记不要派人过去。好人难得,不好的人势必教唆羌、胡人提出不合理的要求,以便从中自己谋利。我们不答应,便使他们失望,而如果答应就会对我们不利。"毋丘兴到达安定,派校尉范陵去羌人那里,范陵果然教唆羌人,叫他们请求让他当属国都尉。曹操说:"我预料一定会是这样的,我不是圣人,只是经历的事多点而已。"

不看告密信

曹操在收缴袁绍的书信中,得到许县和他的军队中一些人写给袁绍的信,通通烧了,说:"当袁绍强盛时,我尚且不能自保,何况众人呢?"

满宠执法

曹操委任山阳人满宠为许都行政长官,曹操堂弟曹洪门下的宾客在许都境内屡次犯法,满宠速捕宾客进行审讯。曹洪写信向满宠求情,满宠不理。曹洪报告了曹操,于是曹操召见许都的主要官员。满宠知道将要叫他释放宾客,便立即将宾客处死。曹操高兴地说:"负责的官员,难道不该这样做吗?"

程昱胆识过人

振威将军程昱用七百军兵守鄄城,曹操要给他增加到二千人,程昱不肯,说:"袁绍拥有十万大军,自以为所向无敌,现在看见我的兵少,必然轻视,不来攻打;如给增加军队,敌人经过就不可能不攻,一旦进攻,鄄城必克,两边都徒然受损,希望明公不必担心。"袁绍听说程昱的兵少,果然没去。曹操对贾诩说:"程昱的胆量,胜过孟贲、夏育啊!"

奖励反对者

为消灭袁绍残余势力,曹操决定率大军二十万远征乌桓。乌桓地处偏远,长途征战困难重重,曹军的将领纷纷劝阻。而曹操认为,此时正是攻打乌桓、消灭袁氏的最佳时机,不可错过。最后,曹操力排众议,下令远征。

经过五个月的苦战,曹军大获全胜。班师回朝庆功时,曹操询问当时有哪些将领反对北伐的。当时那些持反对意见的将领一听,都十分害怕,以为要挨罚。不料,曹操却给了这些将领丰厚的赏赐。

曹操解释说:"北伐之事,确实是冒险。虽然侥幸获胜,是靠运气,一旦失败,后果不堪设想。众将领的劝阻,是有道理的。我如果不分对错,以后大家就不敢再讲实话,提不同意见了。"众人恍然大悟。

田畴不受爵

田畴对乌桓杀了自己郡内的许多有名之士很气愤,心中想讨伐他们却力不从心。这时曹操举兵征讨乌桓,正当夏季,雨水不断,道路泥泞不通。敌人又阻守住险要路段,曹军不能前进。曹操很忧虑,于是来征召田畴,询问计策。田畴献策,要曹军从卢龙口穿越白檀险阻空虚之地,乘敌不备而掩袭,蹋顿可不战而擒。曹军果然获胜。战后,曹操论功行赏,用五百户封田畴为亭侯。田畴说:"我起初是为刘虞等人报仇,反以此谋利,这不是我的本意。"坚决拒辞不受。

过了一段时间,曹操追念田畴的功劳,后悔以前听从他的辞让,说:"这是成就了一人的志向而使王法大制受损。"于是又以从前的爵位册封田畴。田畴上奏书表达自己真诚的心意,谢绝册封。田畴一向跟夏侯惇友善,曹操派夏侯惇去用友情说服田畴,田畴对夏侯惇说:"我承蒙恩惠保全了性命,已经是非常幸运了,怎么能靠导向引路来换取封赏呢?纵使朝廷宠幸我,难道我心中就不羞愧了吗?如果你尚且又来逼我,我情愿一死。"话未完,已涕泪满面。夏侯惇把情况向曹操报告,曹操喟然长叹,知道他不会屈就,于是任命他为议郎。

掾和洽进言

丞相掾和洽向曹操进言说:"天下的人民、才能、品德各不相同,不可以用一种标准选取人才,建立教化,尊重民俗,以中庸为贵,才可以永继不绝。古时伟大的教化,只是在通达人情罢了。凡是偏激、奇特的行为,就可能有隐瞒、作伪的事。"曹操以为很好。

生子当如孙仲谋

曹操率军南下攻濡须口,孙权率军迎战,用水围攻,俘获三千余人,曹军掉下水被淹死的也有数千人。曹操初战失利,不敢再战,任孙权一再挑战,曹操坚守不出。

吴军初胜,士气大振。孙权见曹军始终未出,便乘着快艇,从濡须口驶入曹军水面,以扬军威。曹军将士十分气愤,纷纷要求出战。曹操则说:"这一定是孙权想以亲自来观察我军阵为名,诱我出战,我决不上当。"当即命令军士不准胡乱射箭,只许严阵以待。孙权的船就这样畅通无阻地来回行驶了两圈,不见动静,便奏着军乐回去了。曹操见孙权的舟船齐齐整整,水军的编排进退有条不紊,深有感触地说:"生子当如孙仲谋(即孙权)。"其意是说,孙权真不愧为一代英杰,生儿子就应该像他那样。

孙权回营后,写信给曹操说:"春水方生,公宜速去。"又写道:"足下不死,孤不得安。"其意是说:春天江水正在泛涨,您应当迅速离去;您不死,我不得安宁。曹操看后,对众将说:"孙权不欺孤。"他的意思是,孙权的这些话更说明了我对其的看法没错,对其作战必然不利,遂下令撤军。

曹操评二荀

曹操评论二荀说:"荀文若进举善人,不用不罢休;荀公达除去恶人,不除去不停止。"

生性多疑

曹操怕有人来谋害自己,就对人说:"我睡觉时千万不要接近我,我即使在睡梦中,只要有人走近我身边,我就会不自觉地杀人,你们千万要小心。"有一日,曹操假装睡觉,有个亲信上前替他盖被,曹操一刀把他杀了。睡醒后还故意问人:"谁杀了我的侍从?"从此以后,只要曹在睡觉,就没有人敢接近他。他又扬言说:"假如有人想对我不利,我的心就会有预感而心跳加速。"为了证实他的话,曹操招来一名亲信对他说:"你假装来行刺,我就说我心跳有预感,如果有人抓你说你故意行刺,我会当面说话,保证你没事,还会重重赏你。"亲信信以为真,进行行刺,曹操令将其杀死。曹操的左右,都以为曹的预感灵验无比,谁也不敢妄自蠢动了。

每临战气势昂扬

魏王曹操知人善任，明察真伪，不被别人迷惑。识别提拔奇异人才，不管它的出身是否微贱，按照才能任用，能力都得到发挥，与敌人对阵未战时，他心里安闲，就如同不是要打仗一样。而等到决定战机，乘胜追击时，立即会气势昂扬。有功勋应加以赏赐的，即使用千金也毫不吝惜，没有功劳想得到施予，即使是分毫也不给。执行法令严峻急切，犯法必杀，有时面对犯法者流泪，但终不给以赦免。天性节俭，不喜欢奢华。所以才能铲除群雄，几乎平定海内。

严以居家

一日，临菑侯曹植乘车驶进驰道里，打开司马门出去。曹操大怒，将公车令处死。以此加重了诸侯法禁，而对曹植的宠幸日渐减退。曹植的妻子穿着锦绣的衣服，曹操登楼台时看见了，认为违犯了制度，遣回娘家赐自杀。

曹操任命他的儿子鄢陵侯曹彰代理骁骑将军，派他征讨三单于，出行时告诫曹彰说："在家里是父子，出任后就是君臣了，举止要按王法行事，你要记住这些！"

杜袭劝曹操

魏王曹操任命杜袭为留府长史，驻军关中。关中营帅许攸，拥有部队，不愿归附，而且言语轻狂傲慢，曹操大怒，决定先征讨许攸。群臣大多劝说："应该招抚许攸，共同讨伐强敌。"曹操把刀横放在膝上，满面怒容，不听。杜袭进来想劝说，曹操反先对他说："我的计策已定，你不要再说了！"杜袭说："如果殿下的计策是对的，我将帮助殿下完成它；如果殿下的计策不对，即使决定了，也应改正。殿下反先令臣下不要进言，怎么对待下属这样不开明呢？"曹操说："许攸轻蔑我，怎么能放过他！"杜袭说："殿下认为许攸是什么样的人？"曹操说："凡人。"杜袭说："只有贤人才能了解贤人，圣人才了解圣人，平常的人怎么能了解不平常的人呢？如今豺狼当道却先去捕捉狐狸，人们将认为殿下避强攻弱；进攻谈不上勇敢，退让谈不上仁慈。我听说千斤重的强弩，不向小老鼠射击；万石重的大钟，不会被草茎撞响，现在一个区区许攸，怎么值得有劳你的神明英武？"曹操说："好！"于是，厚待安抚许攸，许攸立刻归服曹操。

杨修锋芒太露

杨修为曹操主簿时，有一次整修曹操府邸大门，曹操由内室走出，察看施工情形，在门上写一"活"字后离去，杨修立即命人将门拆毁，说："门中活为'阔'字，这是大王嫌门太宽了。"

有人献给曹操一杯乳酪，曹操吃了一口，在杯盖上写了一个"合"字，拿给其他官员，众官不知曹操用意。杨修便拿起杯子喝了一口说："曹公教人各喝一口,还有什么好迟疑的呢?"

杨修有一次随曹操经过曹娥碑,见碑上题有"黄绢幼妇、外孙齑臼"八个字,曹操问杨修可知其意,杨修回答知道,曹要杨先不要说出答案。走了三十里路后,曹操要杨写下他的答案,杨修写道:"黄绢"是色丝,合为绝字;"幼妇"是少女,合为"妙"字;"外孙"是女儿之子,合为"好"字;齑臼是受辛之器,合为"辞"字。所以是"绝妙好辞"。曹操所写的和杨修一样,曹操感叹说:"你的智慧胜我三十里之远。"

曹操平汉中后,想继续征伐刘备,却难以前进,想坚守汉中,又极难防御得住,将军们也不知该守该战。一天曹操走出营帐,突然说:"鸡肋。"将军们都不知是什么意思。杨修说:"鸡肋吃起来肉不多,没什么好吃,但去掉又觉得可惜,我看曹公已有归意。"他便私下要兵士们整装准备回家,不久曹操果然下令班师。

杨修因为锋芒太露,遭曹操忌恨未得免于祸难。

文姬归汉

公元194年,李傕、郭汜在长沙混战,匈奴入侵抢掠,蔡文姬和许多妇女被掳走到塞外,匈奴首领左贤王娶文姬为妻,并为左贤王生下两个儿子。后来,汉、匈和好,汉相曹操派使臣带重金要将文姬赎回。开始,左贤王不同意,经汉使反复陈述丞相曹操关于"希望文姬归汉,意在整理文化典籍"的意图,又见送来那么多金银财宝,才同意文姬回国,但不能带走两个儿子。文姬的心情也很复杂,她想到骨肉要分离,悲痛欲绝;她自到匈奴十二年来,无时无刻不思念着家乡,今日汉相曹操派人来重金赎她回汉,终于有机会能回到自己日思夜想念的父母之邦了。经过一番激烈的思想斗争,文姬决定忍痛割爱,回归汉朝。

文姬回国生活安定下来之后,曹操召见文姬道:"听说夫人家有不少书籍、文稿,现在还保存着吗?"文姬道:"亡父生前赐给我四千多卷古书和文稿,但几经战乱,一无所存。不过,我还记得一些,能从头到尾背下来的,大概有四百多篇。"曹操道:"太好了,我派十个书吏帮助夫人记录整理。"文姬道:"不用了,我可以自己默写。"就这样,文姬凭着自己惊人的记忆力,把四百多篇已失传的古代珍贵典籍,一一默写出来。曹操篇篇阅读,又和手头保存下来的几篇遗稿相对照,竟然只字不差,曹操很是叹服。

仰俯之顷

习凿齿评论说:从前,齐桓公一炫耀自己的功业,立刻就有九国背叛;曹操骄傲自负,导致天下分为三国鼎立的局势。他们都是将辛勤经营数十年的事业毁弃于低头仰头的片刻之间,岂不可惜吗!

求而得之不足为贵

魏文帝对侍中苏则说:"以前攻破酒泉、张掖,西域通使敦煌,献来的径寸大珠,还可以再买到吗？"苏则回答说："如果陛下能和谐中国，德政广施沙漠，就是不去追求，宝珠也会自然来到。假使靠求而得之，那就不足为贵了。"魏文帝于是默不作声。

曹丕与曹植

一次，曹操带兵出征，曹丕和曹植共同送到路旁，曹植称颂曹操的功德，出口成章，旁边的人都瞩目赞赏，曹操自己也很高兴。曹丕感到惆怅，若有所失。济阳人吴质向曹丕耳语道："王将上路，流泪哭泣就行了。"到告辞时曹丕流下泪水哭着下拜，曹操及其左右的人都感到悲伤而歔欷不已，这时人们都认为曹植多有华美文辞但诚心赶不上曹丕。曹植行为放纵任性，举止不加修饰，曹丕治事有方，善于克制修饰自己。宫中的人与曹操身边的人都称赞他，为他说话，所以最终被确定为太子。

卞夫人宪英

曹丕被立为太子，左右长御恭贺卞夫人说：将军被立为太子，天下无人不喜，夫人应当把库存的财物全部拿来赏赐。夫人说："魏王自认为曹丕年长，所以把他立为继承人，我只是应该庆幸自己避免了没有教导他的过失罢了，又有什么值得去重赏他人呢？"长御回来，把这些都告诉了曹操，曹操高兴说："发怒时不改变脸色，喜庆时不失去节制，这是最难的。"

太子搂着议郎辛毗的脖颈说："你知道我高兴不？"辛毗把这话告诉他女儿宪英，宪英叹息道："太子，是继承君位主掌国家的人。继承君位，不能不忧虑；主掌国家，不能不惶恐。应当忧虑和惶恐，却反而是高兴得意，怎么能够长久！魏国恐怕不会昌盛的！"

只听到亡国的话

魏朝廷有诏赐征南将军夏侯尚说："卿为腹心重将，特当任使，可以作威作福，任意杀人。"夏侯尚将这件事告诉给散骑常侍蒋济。蒋济回到都城后，魏文帝问他所见所闻，蒋济答复说："没有其他的好事，只听到亡国的话罢了。"魏文帝有些变色的样子，问他什么原因，蒋济回答说："所谓作威作福，是《书经》上的明诫。天子没有戏言，古代的君王都很谨慎，希望陛下好好详察。"魏文帝听完后，立刻追回以前的诏书。

辛毗力谏魏文帝

魏文帝想迁徙冀州士卒家属十万户，充实河南。当时天旱又患蝗虫灾害，人民饥馑不饱，朝中大臣都认为不可以这样做，但文帝照样要迁。侍中辛毗与众朝臣都来求见，魏文帝知道他们想来劝谏，就变色以待，群臣都不敢答，唯独辛毗说："陛下想迁徙士家，是为了什么？"魏文帝说："你以为我要迁徙是不对吗？"辛毗说："确实是不对。"魏文帝说："我不和你议论。"辛毗说："陛下不认为臣不贤，所以才放臣在左右，作为谋议的官，有事怎么能不和臣议论呢！臣所说的话，都不是私事，全是为了国家来考虑的，怎么竟愤怒臣子呢！"魏文帝不答话，起身就往内室走。辛毗伸手拉住文帝后边的衣襟，魏文帝夺回衣襟也不回头就走进室内。停留了很久才又出来，于是说："辛毗，你逼我也太急了！"辛毗说："现在迁徙他们，既会失掉民心，又没有什么给他们吃，所以臣不敢不力争。"于是，魏文帝答应迁徙他们中的一半。

于禁被羞辱而死

建安二十四年，曹仁与蜀将关羽相拒于樊城，魏命于禁率军增援，时汉水泛滥，他所率七军皆没，于是投降于吴。不久，吴将于禁送还。魏文帝用荀林父（春秋晋国中军元帅，与楚作战，被楚打败，晋景公照留他在军中任职）、孟明视（春秋时秦将，兵败被浮，后被释回，仍为秦穆公所重用）故事来安慰他，任命他为安远将军，让他到邺都拜见曹操的高陵。魏文帝先派人在高陵的屋墙上画着关羽战胜，庞德愤怒（庞德助曹仁攻关羽，力战不屈，被俘后为关羽所杀），于禁投降俯首的壁画来羞辱他。于禁见后，惭愧悔恨，生病而死。

曹睿不杀小鹿

魏文帝与曹睿狩猎，发现一只母鹿带着小鹿，魏文帝亲自射死了那只母鹿，命令曹睿射死那只小鹿。曹睿哭泣道："陛下已杀死了那只母鹿，我不忍心再杀死他的小鹿。"魏文帝为此动了恻隐之心，立即放下了弓箭。

守宠罹祸

中山恭王曹衮病重，对世子们说："你们幼小就做君王，只知道快乐不知道苦难，以后必定因骄奢而失败。兄弟中有行为不良的人，就到他跟前直言劝告，劝他不听，就流着眼泪来晓谕他，晓谕他还不听，就告诉他的母亲，再不改就上奏给我知道。如果让他守宠罹祸（受宠而导致灾祸），就不如让他贫穷可保全生命呀！"

王昶训子

兖州刺史王昶给侄子起名王默、王沉，给儿子起名王浑、王深，写信告诫他们说："我以这四字作为你们的名字，是要你们能顾名思义，不敢违犯。事物都是成熟得快，死亡也快，晚成必有好结果；早晨开花的小草，到晚上就凋零了，松柏的茂盛，寒冬也不会衰减，所以君子以'阙党小子'的急于求成为借鉴。如果能把委屈看作是舒展，能把谦让看作是获得，能把柔弱看作是刚强，便很少不能成功了。毁谤和赞誉，是喜爱和厌恶的根源，也是灾祸和福分的契机。孔子说：'我对别人，不毁谤，不赞誉。'凭圣人的德行尚且如此，何况平庸之辈，怎么可以轻易毁谤和赞誉呢？别人有时攻击自己，应当退而质问自己，如自己有可以攻击的行为,那么别人的攻击就是对的;如果自己没有应受攻击的行为,那么他的话就是虚妄之言。说得对就不要怨恨他,说得不对也无害于己,又何必报复他?谚语说:'救寒莫如厚棉袄,止谤莫如自修身。'这句话确实如此啊!"

杨阜问魏明帝

魏明帝有一次戴着布帽,披着缥绫做的半截袖衣服,少府杨阜问魏明帝:"这在礼法上是什么皇帝的服装?"魏明帝沉默不回答。从此不穿皇帝服装不见杨阜。

用马匹换珠宝

明帝让人用马匹去吴国换取珍珠、翡翠、玳瑁,吴王说:"这些东西都是我不用的,而可用来换到马匹,我为什么要吝惜呢?"于是全部给了来使。

董寻劝谏

魏明帝迁都洛阳,除将贵重物品迁至洛阳外,又在洛阳铸造特大铜人、黄龙、凤凰,大兴土木,建造园林。司徒府军议掾董寻上疏劝谏说:"建安以来,连年战争,人员大量死亡,有的全家死光,现在大兴土木,建造宫殿是过去先帝费用的三倍。除征用民力外,连朝中大臣都参加劳役,挖土抬泥,弄得浑身衣物又破又脏,损害了国家的荣誉。君主应该用礼节来任用大臣,大臣应以忠诚来侍奉君主,没有忠诚,没有礼仪,国家靠什么支撑!我知道话一说出口必被杀头,我活着已经没有用处,死了又有什么损失!握笔边写边流泪,心与人世告辞。我有八个儿子,我死之后,要托付陛下了!"上奏之前,沐浴干净以等皇帝的处罚。明帝说:"董寻不怕死吗?"主事的人奏请逮捕董寻,明帝下诏不追究。

司马懿讨伐辽东

魏明帝把司马懿从长安召回,让他率兵讨伐辽东。出发前明帝问司马懿说:"公孙渊将用什么办法对付你?"司马懿回答说:"公孙渊弃城预先逃走,这是上计;依靠辽水抗拒我军,是次一等的办法;坐守襄平,这就会被我军擒获。"明帝说:"那么三者中他会采取哪一种呢?"司马懿回答说:"只有明智的人能够审量敌我双方的情况,于是预先有所舍弃。这既不是公孙渊所能做到的,他又认为我军前往是孤军深入,不能支持很久,必会在辽水抵抗,然后退守襄平。"帝说:"来回需要多少日子?"司马懿回答说:"去一百天,攻一百天,回来一百天,以六十天作为休整时间,这样的话一年时间足够了。"后来正如司马懿所料,公孙渊父子被杀,辽东四郡全部平定。

乐极生悲

魏明帝曹睿即位后,追求生活上的奢侈淫乐。他下令天下广选美女,上封贵人,次封夫人;对知书识字的,封为女尚书;至于歌姬舞姬,彩女宫娥,更是成千上万,不可胜计。为了安置这些美女娇娃,他既作许昌宫,又建洛阳宫,起昭阳太极殿。仅总章观,高十余丈,需数万民工建筑,使得徭役不休,农桑失业。青龙三年秋,洛阳的崇华殿不慎起了大火,整个殿宇毁于一旦。明帝拒绝诸大臣的劝阻,下令征发数万民工,昼夜督造,在崇华殿原址上重建了一座更加豪华的大殿,名曰九龙殿。他又在殿北设立八坊,在殿外造访林园,搜罗奇花名卉,珍禽异兽,以供他随时游玩。由于明帝天天搂红抱绿,未有虚夕,结果把个好端端的身体,弄得骨瘦如柴,面如蜡纸,气息奄奄,累岁绝麟,一生无子,于公元239年一月,遗言未道,便一命呜呼,时年三十五岁。

司马懿称病

大将军曹爽把太后迁居到北宁宫,自己独揽朝政大权,大量提拔亲戚党羽,随意更改制度。太傅司马懿不能禁止,就与曹爽之间产生了矛盾,司马懿开始称病,不上朝参与政事。

河南尹李胜出任荆州刺史,去向司马懿辞行。司马懿让两个婢女服侍他,拿衣服给他,衣服竟落地不能接稳,指着口表示渴了,婢女拿来稀粥,司马懿不接杯而饮,粥都流在胸前。李胜说:"大家都说明公旧有的风湿病再发,没料到有这样严重。"司马懿吃力地说:"先生应当屈就并州,并州接近胡人,应好好防备呀!"李胜说:"我将任职荆州,不是并州。"司马懿说:"我年老意乱了,不懂得先生的话。"李胜回去后,把以上情况告诉曹爽说:"司马懿快要断气了,身体和精神已经分离,不值得让我们忧虑了。"曹爽等不再对司马懿有所防备。

潜龙诗

曹髦即位,司马师死后,由司马昭继任大将军,总揽朝政大权,根本不把魏帝曹髦放在眼里,自我独断专行,凌驾于皇帝之上,对此,曹髦早就不满,心生愤恨。一天,大臣报告说,在宁陵的一口井中发现了黄龙。曹髦回想自己的处境,犹如黄龙困在井中,愈感伤心,悲愤之际,提笔写出《潜龙诗》。诗中大意是说:

可怜的黄龙被困于井中,
上不能飞天,
下不能临地,
更不能够到大海中自由翻腾;
泥鳅鳝鱼也敢来欺负;
虽有尖齿利牙也无用处;

试看我今天的处境,
与黄龙是何等的相同!

王祥至孝

　　王祥禀性孝顺,继母朱氏对待他很苛刻,王祥却更加恭敬谨慎,朱氏生的儿子王览,年仅几岁,时常看到王祥遭毒打,就哭着抱住母亲;母亲让王祥干难以做到的事,王览就和王祥一同前去。等到长大,娶了妻子,母亲虐待王祥的妻子,让她干重活,王览妻子也去和她一同承担,母亲有所顾忌,虐待王祥及妻子的事情为之减少。王祥逐渐得到人们的赞誉,母亲深深地妒忌他,秘密派人在王祥的酒食中放毒药,王览知道后,径直取用王祥的酒,王祥争夺而不给他,母亲马上夺过来倒掉了。从此,母亲赐给王祥酒食,王览往往先尝一口,母亲担心王贤毙命,于是不再下毒。汉朝末年遭战乱,王祥隐居三十多年,不接受州郡的延聘,母亲去世,因哀伤过度而消瘦,拄着拐棍才能站起来。徐州刺史吕虔征召他为别驾,把州中事务委托给他,州境内一片太平,政令教化顺利推行。当时人歌唱说:"海沂太平安康,实在有赖王祥;境内人寿年丰,全是别驾之功!"

习氏劝夫

　　丹阳太守李衡,几次因事侵犯琅琊王孙休,他的妻子劝他不可那样做,但李衡总是不听。等到琅邪王登上皇位时,李衡才忧愁害怕起来,就对他的妻子说:"以前不听你的话,以至到现在这种地步。我想逃到魏国去,你看怎么样?"他的妻子说:"不可以那样做。你本来是一般平民,先帝提拔你,重用你,你却对他的后代无礼,现在又害怕了,想逃活命,你这样向北国投降,还有什么面目见吴国人呢?"李衡说:"那我该怎么办?"其妻说:"琅邪王平素喜好善举,又爱慕自己的名声,正想要自显名于天下,绝不会因私人怨恨就把你处死。你可以自作囚犯向狱卒报道,并上表说明你以前的过失,显明的要求处罚。这样可能获得更好的优待,不仅仅是活命而已。"李衡按妻子的话去做。吴王孙休下诏书说:"丹阳太守李衡,以前对我有私怨,但是他自己捆绑来见管理刑狱的司寇。那么齐桓公被管仲射中带钩,晋文公也被寺人披割过衣袖,现在我是国君还有什么嫌疑呢?让李衡回他郡里去吧,不要自己心不安了!"不久又加封李衡做威远将军,授给他荣戟,这都是习氏的远见。

不以私废公

　　阳安郡都尉李通妻子的伯父犯法,赵俨将他逮捕问罪,判处死刑。当时,百姓的生杀大权都控制在州、郡长官手中。李通的妻子哭着哀求李通救她伯父一命,李通对妻子说:"我正与曹公同心协力,在道义上不能以私废公!"李通称赞赵俨执法无私,与赵俨结为好友。

养生有五难

嵇康有言,养生有五难:名利不去,为一难;喜怒不除,为二难;声色不去,为三难;滋味不绝,为四难;神虑精散,为五难。五者必存,虽心希难老。五者无于胸中,则信顺日路,道德日全,不祈善而有福,不求寿而自延,此乃养生之大旨。

仁义爱人

徐庶是三国时期的一个谋士,其才华有独到之处,他想报效刘备,但是不知刘备的德行如何,便想找个办法试一试。

有一天,徐庶看见刘备正在专注地欣赏自己的一匹名叫"的卢"的战马。刘备的这匹马日行千里,夜行八百,且在战场上最危险的时候救过刘备的命。刘备由于感恩,就非常喜欢的卢。

徐庶想借此马试德,便走上前去,对刘备说:"主公,我曾学过相马术,让我给你看一看你的战马,可以吗?"刘备高兴地说:"先生尽情相看。"徐庶仔细察看,突然佯装大惊失色,对刘备说:"主公,这匹白色的卢,是一匹日行千里马,但是白的卢会克其主,你留在身边是很危险的。"刘备听了,微微一笑,满不在乎地说:"这匹马在檀溪救过我一命,是我的救命恩马,就是真的克主,又有何关系呢?"徐庶说:"这马终究会克死一个人的,你可以把它送给你最痛恨的人,等到的卢克死他后,你再骑它,就没有妨碍了。"刘备听了,大为生气,毫不客气地说:"先生,我让你辅佐我,是希望你告诉我一些对国家、对民众有益的道理,帮我建功立业,而你却教我一些专门害人的方法。先生,我实在不敢领教你的高论,你另择高就吧!"

徐庶哈哈大笑道:"我听人说明公仁义爱人,但是,心中一直未敢相信。今天特意用这番话来试探你,果然所传不虚。"从此之后,徐庶不但自己尽心辅佐刘备,还向刘备推荐了诸葛孔明。

以礼示马超

刘备一见到马超,就任命他为平西将军,封都亭侯。马超见刘备对待自己这么优厚,就疏忽了主上的礼节,和刘备讲话,常直呼刘备的名字。

关羽很气愤,请求杀掉马超,刘备不肯。张飞说:"像这种情况必须用礼节来开导他。"

第二天,刘备会见诸将,关羽、张飞同时操着武器站立刘备身边,马超一到,只顾入座,却看不到关羽和张飞的座位,后来看见他们两人侍立一旁,大吃一惊,由此以后,马超才知道要尊敬刘备。

刘备的用人标准

刘备率军进入益州，益州牧刘璋令沿途各郡、县为刘备提供所需物资，当刘璋要亲自去迎接刘备时，刘璋的谋士刘巴谏阻说："刘备是人中之雄，进入益州后，一定成为祸害。"刘备来到以后，刘巴又劝谏刘璋说："如果让刘备讨伐张鲁，等于是把猛虎放归山林。"刘璋不听，刘巴于是闭门称病。刘备攻打成都时向军队下令说："有伤害刘巴的，诛杀三族！"等刘备攻下成都，得到刘巴，非常高兴。刘巴是刘备往日忌恨的，现在刘备授给他官职，让他处在显赫职位上，发挥他的才能。有志之士，无不兢兢业业，受到鼓励，益州人民，因此而极其和睦。

当初，刘璋任命许靖为蜀郡太守，成都将要陷落时，许靖谋划翻越城墙投降刘备，刘备因此看不起他，不任用他。法正说："天下有一种人，徒有虚名而无其实，许靖就是这样。然而现在主公您刚开始创大业，对天下的人不可能逐户去解释，还是应加以敬重，以安慰远近人们的期望。"刘备这才对许靖给以礼遇，任用他做官。

袁涣不辱骂君子

刘备任豫州牧，推荐陈郡人袁涣为茂才。袁涣被吕布扣留，吕布想让袁涣写信辱骂刘备，袁涣不从，再三强迫他，仍不答应。吕布大怒，用兵器威胁袁涣说："写就活命，不写就死！"袁涣面不改色，笑着回答他说："袁涣听说只有道德可以使人羞辱，没有听说用谩骂的！倘使刘备是君子，将不以将军的谩骂为耻；他确实是小人，将复信谩骂将军。那么受辱的是将军而不是他。况且我过去侍奉过刘将军，就像今天侍奉将军一样，倘若一旦离去，再来辱骂将军行吗？"吕布惭愧作罢。

刘表不接受祝贺

张济从关中率兵进入荆州境内，攻打穰城，被流箭射中而死。荆州的官吏都向刘表祝贺，刘表说："张济因走投无路而来，我没有按礼去迎接他，直到交战，这不是我的本意，我接受哀悼，不接受祝贺。"派人接纳张济的部队。张济的部队听到后很高兴，全部为之心服。张济的族子建忠将军张绣接管部队，驻宛城。后来张绣果然归附了刘表。

霍峻守城

刘备率军攻打刘璋，留下牛郎将南郡人霍峻守葭萌城。张鲁派杨昂引诱霍峻，要求共同防守城池。霍峻说："我的头可得，城池不可得！"杨昂只好退走。后来刘璋部将扶禁、向存等统率一万多人从阆水逆流而上，围攻霍峻，将近一年，霍峻城中的士兵才几百人，抓住敌人怠慢松懈的机会，挑选精锐出城攻击，大败敌军，杀了向存。刘备平定蜀郡后，就分出广汉的一部分为梓潼郡，任命霍峻为梓潼太守。

失去老母　方寸已乱

徐庶的母亲被曹军俘获，徐庶向刘备告辞，指着自己的心说："我本来打算与将军共同建立王霸大业，是靠此方寸之地。现在失去老母，方寸已乱，留下无益于事，请从此与将军分别。"于是去见曹操。

借荆州

赤壁之战后，刘备占据了荆州南部的武陵、长沙、桂阳、零陵四郡，亲自去拜见孙权，请求做荆州的长官。周瑜为此专门给孙权上书说，刘备决不长久居他人篱下，决不能割让土地帮他做起家的本钱。朝中大臣也都一致反对。只有鲁肃劝孙权把荆州借给刘备，他说："将军您虽然英雄盖世，但曹操的势力太大。您刚刚到荆州，老百姓对您的恩惠和信义还不太了解，最好是把荆州借给刘备，让他专安抚百姓，给曹操多树一个敌人，为自己多树一个朋友，这才是上策啊！"孙权听从了鲁肃的劝告，拜刘备为左将军，兼荆州牧，以此共同抗拒曹操。曹操听说了孙权把土地借给刘备，正在写字，不觉一怔，笔掉在地上。

曹操赤壁之战败退回北方，孙权、刘备的势力有所扩展，但在总体力量对比上，曹操仍占绝对优势。加强双方的联盟，仍是孙、刘政权生存的关键。因此，鲁肃从大局着想，力排众议，劝孙权把荆州借给刘备以增加抗曹力量，确实是一个高明的决策。

恩威并施

诸葛亮辅佐刘备治理蜀地，推崇严刑峻法，很多人抱怨叹息。法正向诸葛亮谏言说：我们刚刚拥有这个国家，还没有施恩慰抚，希望能宽缓刑律，放松禁令，使人民自由一些。诸葛亮说："刘璋治理益州，昏暗柔肠，从刘焉以来，有多世的恩惠，放松了法治，上下奉承，德政不施，刑法不严。蜀地的人士，专权放肆，君臣大道，逐渐衰落。用官位来宠爱人，官位到了极限，就会轻视官位；用恩惠来宠爱人，恩惠尽了，就会埋怨怠慢。因此导致蜀地衰败的，就是由于这个原因。我现在实施法令，威逼他们使他们知道恩德，用爵位来限制他们，爵位得到，他们就知道荣宠。这样，恩威并施，上下有节。治政的关键，在这里就会显示出来了。"

以德治国

当初，诸葛亮做丞相时，有人认为他不实行大赦，诸葛亮回答说："治理国家要靠大的德政，而不靠小恩小惠。因此汉代的贤臣匡衡、吴汉不愿实行大赦，先帝也曾说过：'我与陈元方、郑康成在一起时，常常听他们给我讲述治国之道，但是竟没一次讲到过赦免政策。像刘表、刘琮父子那样，每年都实行赦免，对于治国又有什么好处？'"因此蜀人极力称赞诸葛亮的贤明。

信用 人情是个大原则

建兴九年,诸葛亮率军又从祁山开出,司马懿在上邦凭险据守,两军相持,这时蜀军换防下来的兵员占军队总数的十分之二。魏军开始部署阵势,准备开战。蜀军幡兵正好派来协助,他们一看情况心中害怕,都说敌人又多又强,应该从缓处理换防人员的去留问题,把那些该换防的军士留下来,以扩张军队的声势,增强军队的实力。诸葛亮说:"我率军作战,建立崇高的信誉是最根本的事情,随意改变决定来满足自己愿望,却失去了信用,这是古人所惋惜而不取的。何况换防人员现在都收拾了行装,妻子儿女在家像鹤一样伸长颈项,盼望着早日团聚。现在虽然面临着战争的困难,但是信用、人情这个大原则不能废。"于是,督促该换防的人员按规定按时走。那些准备好要走的人员,听到丞相这样关心、爱护他们,纷纷要求留下来,要求打完这一仗再走。一时间部队士气高昂,个个摩拳擦掌,决心和敌人拼死大战。在诸葛亮指挥下,大破魏军,缴获了兵甲首级三千,司马懿战败,回营坚守不出。

知 人

诸葛亮说,要善于知人,人有温良而伪诈者,有外恭而内欺者,有外勇而内怯者,有尽力而不忠者。然而知人有道:一是间之以是非而观其志;二是穷之以辞辩而观其变;三是咨之以计谋而观其实;四是告之以祸难观其勇;五是醉之以酒而观其性;六是临之以利而观其廉;七是期之以事观其信。

为将之道

诸葛亮说,为将者要克服八种弊端:一是贪而无厌,二是妒贤嫉能,三是信馋好佞,四是料彼不自料,五是犹豫不自决,六是荒淫于酒色,七是奸诈而自怯,八是狡言而不以礼。

善将者,不恃疆,不怙势,宠之而不喜,辱之而不惧,见利不贪,见美不淫,以身殉国,壹意而已。

率直互信

诸葛亮曾对下级群僚说:"参署这个机构,是集中了众人的智慧,推广有益的经验。如果因为关系远,或有仇怨,或有困难,而互相排斥、倾轧,那就会名不符实,不起作用了。要是在排斥、倾轧之间,还能看到它正确的一面,这就等于丢弃了废物而得到珠玉宝贝一样。但是人心苦于不能都办到,只有徐元直能很果断地处理这样的问题。还有董幼宰也是这样认真,他在参署七年,对于一件没办成的事,甚至十次来提醒告诉。若是有人能学到徐元直的十分之一,或者董幼宰探讨问题时,他每次讲话都言无不尽。后来和胡伟度共事,他曾多次对我的行为进行过劝谏和阻止。我虽然生性愚昧,又很浅陋,不能完全接受他们的意见。但由于和这四位先生始终融洽和好,所以也使自己明白起来而不对直率的话有所怀疑。"

诸葛亮教子

诸葛亮善于用兵,也善于教子。他在《诫子书》里说:"夫君子之行,静以修身,俭以养德。非淡泊无以明志,非宁静无以致远。夫学须静也,才须学也,非学无以广才,非志无以成学。"在这里,他要求子弟首先要立志,有理想,要在俭朴的生活中修养品行,专心学习,将来做一番事业。他在另一封《诫外甥书》中又说:"夫志当存高远……若志不强毅,意不慷慨,徒碌碌滞于俗,默默束于情,永窜伏于凡庸,不免于下流矣!"

诸葛亮教子,不但言传,而且身教,他的一生就是为事业鞠躬尽瘁,死而后已,在生活上始终是艰苦自奉。他在给老友、尚书令李严的信中说:"今蓄财无余,妾无副服。"说他的妾连一件多余的衣服也没有。他曾向汉主刘禅表示:"若臣死之日,不使内有余帛,外有盈财,以负陛下也。"据史家言,他确实做到了这一点。

诸葛亮的儿子、孙子都表现注重德行,被后世赞为"三世忠贞"。尤其是儿子诸葛瞻被时人评为"外不负国,内不改父之志"。

诸葛亮自罚

诸葛亮兵出祁山,派马谡率军与魏将张郃在街亭交战。马谡违反诸葛亮的指挥调度放弃有水之地,上山驻扎,不在山下据守城池。张郃断绝马谡的取水通道,率兵出击,大败马谡。诸葛亮将马谡斩首,上书请求将自己降职三级,把自己的这次失误在全蜀境内公布,并要求将领们批评他的缺点失误,汉主刘禅任命诸葛亮为右将军,代理丞相事务。

张翼临战不懈

蜀国庲降都督张翼执法严峻,南方夷人首领刘胄起兵叛乱,丞相诸葛亮命马忠接替张翼,调张翼返回。他的部下告诉张翼应即速返归接受处罚。张翼说:"我是因为蛮夷叛乱,没有能力平息,因此被召回。目前,接替我的人还没有到达,而我正身临战场,急需转运粮食积存谷米,作为消灭叛乱的资本,怎么可以因被罢黜的缘故而使国家的军务荒废呢?"于是统筹监理毫不松懈,马忠抵达后才出发返回。马忠利用张翼打下的基础,击杀刘胄,平定了叛乱。

诸葛亮似平水与明镜

习凿齿评论说:从前管仲夺取了柏氏在骈地的食邑三百户,柏氏至死无怨言,圣人认为是件难事。诸葛亮去世,使廖立流泪,李平发病而死,岂止是无怨言而已!水平时,不正的人会用它作为标准;镜明时,恶劣的人会忘记发怒;平水与明镜之所以能使万物毕现而不招致怨恨的原因,是由于他们的无私。平水与明镜无私,还可以免遭毁谤;何况大人君子怀有仁爱众生的心,广布体恤宽容的仁德,法令在不可不用时才使用,刑罚加之于自犯之罪,爵赏不偏私,诛伐不因怒,天下能有不顺服的人吗?

刘琦抽梯谋自安

荆州刘表因为受到后妻的调唆,偏爱少子刘仲,不喜欢长子刘琦。刘琦曾多次向诸葛亮请教自安的方法,但都被他婉言拒绝。

一日,诸葛亮被刘琦邀到家中,先是领他到后花园内观赏,接着共上高楼。二人饮酒之间,刘琦令人抽去楼梯,然后对诸葛亮说:"今日上不至天,下不至地,言出君口,入我耳,可以赐教了吧?"诸葛亮回答道:"公子难道没听说过申生、重耳的故事吗?"刘琦内心大为感触而领悟,便暗中计划逃出的方法。

建安十三年恰好江夏(今湖北黄冈西北)太守黄祖兵败被杀,于是刘琦就趁着机会征得父亲的同意,去江夏担任太守,巧妙地躲过了继母的迫害。

关羽受印

刘备派益州前部司马费诗去关羽驻地授予关羽官印,关羽闻知黄忠地位和自己一样,愤怒地说:"大丈夫绝不能和老兵同列!"不肯接受任命。费诗对关羽说:"创立王业的人,所用的人不能都一样。以前萧何、曹参和汉高祖年幼时就关系很好,而陈平、韩信是后来亡命之人;可排列地位,韩信位置居上,没听说萧何、曹参对此有怨恨。如今汉中王因为一时的功劳,尊崇黄忠,而在他心中的轻重,黄忠怎能和您相比呢!况且汉中王与您犹如一体,休戚相关,祸福与共。我认为您不应该计较官职的高下,以及爵位和俸禄的多少。我仅是一个使者,奉命之人,您如果不接受任命,我就这样回去。只是我为您这样做感到惋惜,恐怕您以后要后悔的。"关羽听了他的话,大为感动,醒悟过来,立即接受了任命。

赵云论政

刘备攻下成都,大摆酒宴,犒劳士卒。当时参议的人想把成都有名的田地和住宅分别赏赐给众将领。赵云说:"霍去病因为匈奴没有消灭,不要家产,如今国贼不仅仅只是匈奴,不可贪求安逸。等天下都平定了,各自返回故里,在自己的土地上耕耘,才是合适的。益州的人民刚刚遭受战乱,田地房屋都可以归还他们,让他们安居恢复旧业,然后才可以征兵收税,获得他们的好感。不应该夺取他们的财产,来偏爱自己的将士。"刘备听从了。

杨仪怨恨自杀

杨仪杀死魏延后,自以为有大功,应该接替诸葛亮执掌朝政,结果任命蒋琬为尚书令,总理国事。杨仪认为自己资格比蒋琬老,才能也超过蒋琬,于是怨恨愤怒表现在脸上,叹气怨愤的声音发自内心。他对费祎说:"以前丞相去世的时候,我如果率军投奔魏国,处世岂能像现在这样落魄呢!令人追悔,不能再有那种机会了!"后主刘禅得知杨仪发泄怨恨,便将他废为庶民,迁移到汉嘉郡。杨仪到了迁居地,又上书诽谤攻击,言辞激烈无讳,于是命郡府逮捕杨仪,杨仪自杀。

费祎临阵泰然

曹爽率十万大军进入汉中,汉中守军不足三万人,将领们都很恐慌。汉后主派遣大将军费祎率军救赴汉中,将出发时,光禄大夫来敏到费祎住宿送别,请求一起下一局围棋。此时,战地文书交错送到,士兵战马都已披挂铠甲,出动命令已经下达,可费祎与来敏对弈,仍面无厌倦。来敏说,我是有意考验您的,您真乃是大将气度,胸有成竹,一定可以退敌。

刘堪怒斥后主投降

汉后主刘禅派人带着印玺投降于魏国邓艾。北地王刘堪大怒说:"即使是无计可施,无力可守,面临灾祸,也应父子君臣背城一战,为国家捐躯,到阴间去见先帝,为什么要投降!"刘禅不理睬。这天,刘堪在刘备庙中痛哭,先杀了妻子,而后自杀。

陈寿评论关羽、张飞

陈寿评论说:关羽、张飞都被称作能敌万人,是一代虎将。关羽报恩效命曹操,张飞仗义释放严颜,都有国士的风范。然而关羽刚愎又骄纵,张飞残暴而无恩,都由于自己的弱点而遭受失败,这是合乎常理的。

孙策传位

孙策受伤很重,召唤张昭等人,对他们说:"中原正在大乱,以吴、越的人力,据守三江险要,足以坐观成败。你们一定要好好辅佐我的弟弟!"把孙权叫来,把印绶给孙权佩上,对孙权说:"率领江东的人马,决战于疆场,与天下英雄相争,你不如我;遴选贤才,任用能臣,使他们各尽忠心,保守江东,我不如你。"四月,丙午,孙策去世,当时他二十六岁。

严颜临危气势豪壮

诸葛亮留下关羽守卫荆州,和张飞、赵云率领军队逆流而上克服巴东。到了江州,攻取巴郡,活捉太守严颜。张飞呵斥严颜说:"大军既然来了,为什么不投降?却敢反抗!"严颜说:"是你们侵犯我们州土。我们州中只有断头将军,没有投降将军!"张飞大怒,命令左右牵出去斫头,严颜容貌、举止不变,说:"斫头便斫头,何必要发怒!"张飞以严颜气势豪壮而释放了他,引为宾客。

简雍幽默进谏

有一年蜀地大旱,军民饮水困难。刘备为了节约用水,下令各地禁止酿酒,违者严惩,家中存放酿酒器具也与酿酒同罪。

将军简雍认为后一条禁令不妥当。有一天,简雍和刘备外出,看见一男一女走在前面,就对刘备说:"那男女要行淫秽之事,为何不抓起来。"刘备十分疑惑,说:"你怎么知道?"简雍说:"彼有其具,与欲酿者同。"刘备大笑,知道了简雍的意思,于是允许存放酿酒器具。

伊籍巧应变

伊籍曾任蜀国的左将军从事中郎,以有口才著称。有一次,刘备派他出使吴国,孙权听说他能言善辩,准备试探一下。伊籍见到孙权后,马上行跪拜礼。伊籍刚起身,孙权就说:"你为一个无道之君(说刘备无德)效劳,一定很辛苦吧?"伊籍立刻恭敬地回答:"刚才只是一跪一拜,行一下起码的礼节,算不上辛苦!"一句话,便巧妙地把"无道之君"的帽子抛给了孙权。孙权讨了个没趣,对伊籍刮目相看。

蒋琬不听谗言

蜀国蒋琬做大司马,和杨戏谈论事情,杨戏常常不回答。有人就对蒋琬说:"先生和杨戏说话,他常不回答,实在太傲慢了。"蒋琬说:"人心不同,各如其面,当面听从,退后有言,这是古人所告诫的话。杨戏想要赞成我对的,但不是他的本心,想要反抗我的话,显示我的不对,所以默默不语,这是杨戏的才能呀!"另外督农杨敏曾毁谤蒋琬说:"蒋琬做事闷闷的,实在不如前任的。"为此主事人要治杨敏的罪,蒋琬说:"我就是不如前任的人,怎么可以治他的罪呢!"

孙权劝学

有一天,孙权对吕蒙、蒋钦二位将军道:"二卿如今都已身居要职,助朕掌管朝廷大事,平日应该多读些书,以增加知识和学问。"吕蒙闻言,皱着眉头,很难为情地说:"我在军中,日常事务已经忙得焦头烂额,哪有时间再去读书呢。"孙权道:"朕即位以来,国事繁多,但我仍挤时间学习研究《史记》《汉书》《东观汉记》及诸家兵法,自以为大有裨益。像二卿这样年轻,精力充沛,气质聪慧,如用心学习,定有大收益。孔子说过:终日不食,终夜不寝,一味空想,什么也得不到,不如坐下来认真学点东西!当年东汉光武帝指挥着千军万马,仍然手不释卷;曹操也常常说愈老愈喜欢学习。你们应该先读《孙子》《六韬》《左传》,以备急用,而后再读《史记》《孔子》《汉书》《东观汉记》这些史书。"吕蒙听后,很受教育,从此便开始读书,且专心勤奋。后来,鲁肃在一次和吕蒙议政时,听到吕蒙高明的见解,就称赞道:"我原以为老弟身为将军,不过只有武略罢了,直到今日,才知你的学识渊博,乃是文武全才。"

孙权见吕蒙智谋大进,就对大臣们说:"吕蒙蒋钦虽然年纪大了,还如此力求进取,且有毅力更改过去的志趣而付之求学,变得如此酷爱读书,是值得效法的。"

钓台摆宴

一次,孙权在钓台宴请群臣,孙权喝得酩酊大醉。众大臣见主子高兴,也便无从计较,失礼处甚多,孙权竟让随行人员用水洒在群臣身上,个个变成落汤鸡,样子十分狼狈。孙权竟哈哈大笑道:"今日畅饮只有到了醉倒在台上时,方可不喝!"张昭看到这种境况,心中很是生气,这哪还像一代帝王说的话呢?他一声不吭,气呼呼走了出去坐在车中。张昭,是东吴孙策、孙权的两代重臣,孙权见张昭生气,便吃了一惊。这一惊醉意便醒了几分,急忙派人把张昭叫回来。孙权悄声对张昭说:"今日饮宴,我只是让大家高兴罢了,你为什么要发怒呢?"张昭回答说:"从前商纣王把酒糟堆成山,在池里灌满了酒,通宵达旦地宴饮,当时也认为很畅快,而不认为是坏事啊!"

孙权听罢,默默无言,露出了惭愧的神色,随后撤去了酒宴。

一事看透

武陵部从事樊伷引诱少数部族,欲图使武陵依附汉中王刘备。有人上书请求派遣将领率领一万人去征讨樊伷,孙权召见潘浚询问。潘浚回答:"派五千人,就足够可以擒获樊伷。"孙权说:"你为什么如此轻敌?"潘浚回答说:"樊伷颇会摇唇鼓舌,实际上没有才能、胆略。我之所以了解他,是因为过去樊伷曾为州中的设宴,直至中午,客人仍无饭菜可吃,有十余人起身离去,这也如同观察侏儒演戏,看一节就可知道他有多少伎俩了。"孙权就派潘浚率五千人前去征讨,果然将樊伷等人斩首,平定了叛乱。

诸葛靓的字

诸葛靓在东吴,一次在参与朝堂群臣大会时,吴主孙皓问他:"你的字叫仲思,思的是什么?"诸葛靓回答说:"在家思尽孝,事君思尽忠,对朋友思真诚,如此罢了。"

为夫报仇

丹阳郡大都督妫览将郡太守孙翊杀死,打算强迫孙翊的妻子徐氏嫁给自己。徐氏骗他说:"请你等到这个月底,我祭奠丈夫,脱去丧服之后,再听从您的命令。"妫览同意了。徐氏暗中派人与孙翊原来的亲近部将孙高、傅婴等策划共同除妫览。孙高、傅婴流着泪许诺,他们秘密找来孙翊原来的侍卫武士二十余人,共同盟誓,作好安排。到了月底,徐氏摆设香案,祭奠亡夫,尽情痛哭。祭奠完毕后,就脱下丧服,熏香洗澡,言谈笑语十分欢悦。郡府上下的人们,心中都深为悲痛,怪徐氏不该这样。妫览派人秘密观察后,不再怀疑。徐氏把孙高、傅婴安排在自己房中,然后派人去请妫览进来。徐氏出门拜见妫览,只拜了一拜,徐氏大叫:"两位将军,可以动手了!"孙高、傅婴一起出来,共同杀死了妫览。徐氏于是又换上丧服,用妫览的人头,祭奠孙翊,全军无不震骇。

孙权得知变乱消息,立即到丹阳,把妫览余党的全家老小及亲属统统杀死,提拔孙高、傅婴为牙门。

指囷相赠

鲁肃,出生在一个大户人家,从小就志向远大,轻财好义,慷慨地救济人,广泛地结交朋友,在当地享有很高的威望。

周瑜任居巢县长,听说了鲁肃的名声,就带领了几百人专程来拜访。鲁肃亲自到大门外迎接。两人一见面,看到对方都是英气勃勃,气宇非凡,便互生敬慕之心。寒暄几句后,周瑜说明了来意,因为居巢闹饥荒,想找鲁肃借点粮食。鲁肃家有两个圆形大谷仓,每个谷仓各存有三千斛(古代以十斗为一斛)粮食。鲁肃用手指着其中一个对周瑜说:"这个送给你了。"周瑜喜出望外,愈加相信鲁肃是个了不起的人物,对他十分敬佩。从此以后,两人就成了好朋友,经常互赠礼物,建立了像春秋时期的公孙侨和季札一样深厚的友谊。

陆逊宽厚待人

丹阳叛贼首领费栈作乱,煽动山越造反。孙权命令定威校尉陆逊征讨费栈,将他击败。于是在东三郡布置征兵,获取精兵几万人;剿除平常作恶的匪寇,所过之地一一肃清,回军驻芜湖。会稽太守淳于式上表说:"陆逊乱征百姓,所在之处百姓感到骚扰忧愁。"陆逊后来到了都城,谈话之间,称赞淳于式是个好官。孙权说:"淳于式上表告你,你却推荐他,为什么?"陆逊回答说:"淳于式本意是想养育人民,所以告我,如我又用诋毁淳于式来搅乱圣主的视听,这种风气不可助长。"孙权说:"这确实是长者的处世态度,一般人是做不到的。"

兄弟间退无私面

曹操将要攻打汉中,刘备害怕丢失益州,派使者向孙权求和。孙权令诸葛瑾回复。诸葛瑾每次奉使命到蜀,与他的弟弟诸葛亮只在公共场合见面,退出后不私下见面。

吴夫人

孙权的母亲吴夫人原是吴郡人,后来移居钱塘,从小便失去了父母,与弟弟吴景一起生活。孙坚听说她才貌双全,便想娶她为妻。吴氏的亲戚们都嫌孙坚轻浮、狡诈,打算拒绝这门婚事。吴氏对亲戚们说:"你们何必因为喜爱我这样一个女子而招致灾祸呢?如果嫁给他不能幸福,只能怪我命运不好。"于是便答应嫁给了孙坚。婚后吴夫人生了四男一女,四男即:孙策、孙权、孙翊、孙匡,一女即后来嫁给刘备的孙夫人。

诸葛瑾致信刘备

刘备为给关羽报仇,亲自统领各路军马攻打孙权,孙权派使者向蜀汉求和,南郡太守诸葛瑾给刘备写信说:"陛下同关羽的关系与同先帝(指汉献帝,当时人们传说献帝已被害死)的关系,哪个更亲?荆州与天下相比,哪个大哪个小?仇都应该报,哪个先哪个后?如果审明了这几点,一切都易如反掌了。"刘备不听,率军伐吴,导致秭归之败。

陆逊忍辱负重

陆逊开始被任命为大都督时,部下将领,有些是讨逆将军孙策的老部下,有些是孙权的同族或亲戚,都很骄傲自大,不服从指挥。陆逊手按宝剑说:"刘备是天下闻名的强人,曹操都忌惮他,如今已率大军进入我国境内,是我们强劲的对手。诸位都受过国家大恩,应该和睦相处,齐心合力消灭强敌,以报国家。但是你们却不服从我的指挥,究竟为什么?我虽为一介书生,却是受了主公的委任。主公之所以委屈各位做我的部下,是认为我还有一点之可以称道,就是能忍辱负重。大家各有职责,岂能推辞!军有常法,不可违犯!"等到大败刘备,知道计谋多出自陆逊,各位将领才心服口服。吴王孙权知道这些事情以后,对陆逊说:"将军当初为什么不向我举报那些不听指挥的人?"陆逊回答说:"我受主公恩德深重,而这些将领,或者是陛下的心腹爱将,或者是陛下的得力助手,或者是国家功臣,都是陛下应当依赖、共同成就大业的人。我仰慕蔺相如、寇恂以国家为重,相如重义,委曲求全的做法,为的是有利于国家大事。"孙权倍加赞赏陆逊,加以辅国将军称号,兼任荆州牧,改封为江陵侯。

顾雍为相

吴王孙权任顾雍为丞相。顾雍为人寡言,他时常到民间访问,常有事情所闻,如果采用,就把这功劳归于主上,不采用的,也不往外泄漏;军国上的得失,如果不是亲眼所见,嘴里绝对不会说出。吴王常派中书郎去顾雍那里咨询商讨事情,如果合顾雍的意思,认为事情可行,就摆出酒食,互相商量反复讨论。如果他认为不妥,便沉默不语,也不摆设酒食。中书郎回去将这事告诉吴王,吴王说:"顾雍满意,是事情适合了;他不说话的时候,是事情有不妥的地方,我应当再仔细想想。"在长江守边的各位将领,都想要立功报效国家,又都能说出有利于去袭击的理由。吴王去征求顾雍意见,顾雍说:"臣听说兵法上戒贪小利,那些将领所陈述的理由,是想要为他们本身邀功,而不是为了国家,不宜听从。"吴王采纳了他的建议。

败于自己

吴太子孙登使侍中胡综作《宾友目》说:"英才卓越,超过群伦的是诸葛恪;精织时机,通达幽微的是顾谭;凝辩宏达,语能解结的是弓谢景;究学察微,游夏同科的,是范慎。"羊道私下辩驳胡综说:"诸葛恪有才能却不太精密,顾谭虽见识精纯但非常凶狠,谢景能够宏辩可是太肤浅,范慎对事知深究,可心胸狭窄。"后来这四个人果然都失败了,正如羊道所说的一样。

尽情无隐

吴国听说诸葛亮去世,害怕魏国乘蜀衰落之时攻取,于是增加巴丘的守兵一万人,一来作为救援,二来乘机分割。蜀汉听到消息后,也增加永安的守兵以防不测。汉主派右中侍郎将宗预出使吴,吴王问道:"东吴对于西蜀,犹如一家,却闻西蜀又增加白帝城的守兵,为什么?"宗预回答说:"我认为东吴增加巴丘的军队,西蜀增加白帝城的守兵,都是时势的必然举动,完全不值得相互追究。"吴王大笑,称赞他刚直不屈,尽情无隐。对他的礼遇仅次于邓芝。

陆逊善劝诸葛恪

陆逊曾经劝告诸葛恪说:"在我前的人,我必定尊奉他一同升阶,在我后的人,我就扶植指导他,现在看先生的行为,气势像凌驾上级,得意的样子有些轻视下级,这不是安定仁德的根本呀!"

喜交直友

吴国大司马吕岱非常亲近徐原,徐原性忠壮,好直言,慷慨有才志,吕岱有过失的时候,徐原常以正言争论,又当众评论。有的人私下里告诉吕岱,吕岱却对别人说:"这就是我所以尊重徐原的缘故。"后来徐原去世,吕岱哭得非常悲哀,并且说:"徐原是我的益友,现在他不幸短命死了,我再从哪里听到过错呢?"

董奉与杏林

三国时东吴名医董奉,医术高明,乐善好施。董奉隐居庐山期间,为贫苦百姓看病,从来不取分文,只要求病人病愈后按病情轻重,在他住所的前后种杏树,重病者栽五株,轻病者栽一株。几年光阴,他的房前屋后竟有十余万株杏树。每当杏熟,董奉用来换谷救济贫民,人们称这片杏林为"董仙杏林",后人遂以"誉满杏林"称颂医家。

西 晋

晋武帝尊师

主事官员上奏说,太子对太傅少傅表示尊敬的礼仪,各有不同。晋武帝说:"尊敬老师,是推崇道术,重视教化的标志,怎么能说是'臣不臣'呢?现在命令太子行跪拜之礼。"

王济性情豪爽

尚书左仆射王浑的儿子王济被任命为侍中。王浑手下的主管人处理事务不当,王济严明法纪处置了他。王佑抓住这件事诽谤王济,说他容不下他父亲,晋武帝从此就疏远了王济。后来王济由于获罪被免去了官职。晋武帝对侍中和峤说:"我要骂王济,然后给他封官,他会怎么样呢?"和峤说:"王济性情豪爽,怕是不能屈服。"晋武帝招来王济,严厉地责备他,然后问他:"你是不是心里有点儿知道惭愧了?"王济回答说:"像《尺布》《斗粟》这些歌谣所说的,我常常因此而为陛下感到羞愧。别人能够使亲近的人疏远,我却不能让亲近的人更亲,因为这一点,我有愧于陛下。"晋武帝听了他的话沉默不语。

满奋自喻吴牛喘月

满奋怕风,一次,他在晋武帝座位旁侍坐,北窗上安装着琉璃做的窗扇,实际严密但看起来像透风,满奋脸上现出为难的神色。武帝笑他,满奋回答说:"我好像吴地的牛,看到月亮也会喘粗气。"

立身行道 始终若一

安平献王司马孚去世,享年九十二岁。司马孚天性忠诚谨慎。文帝、景帝时因为司马孚地位尊崇,从不加以逼迫。宣帝执政时,司马孚常常自求谦仰。等到晋武帝继位更加特别礼遇。元旦朝会,让司马孚可以乘坐车舆上殿,坐下后,武帝亲自拿酒奉献祝寿。晋武帝每次跪拜,司马孚都跪下来阻止。司马孚虽然被尊崇,却不以为是荣耀的事,常常面露忧色。临终时,遗命说:"魏国忠贞人士司马孚,字叔达,不如伊尹,不如周公,不如管夷吾,不如柳下惠,但是处身行事始终如一。应该给我穿上平时的衣服,收葬在素漆的棺木中。"下诏赏赐东园梓棺,各种葬礼行事,都依照汉东平献王葬礼的旧例;他的家属遵照司马孚遗嘱，所赐给的器物，一概不用。

堕泪碑

　　在异姓大臣中，有巨大功劳的都封为郡公、郡侯。于是改封平侯羊祜为南城郡侯，羊祜坚辞不受。羊祜每逢封官授爵，常常加以谦让，至诚之心一向明显，所以对他在分封爵位时辞爵的请求例外地加以允许。羊祜侍奉过两代君主，掌管机要，凡是国策谋划、政事损益，都毁去草稿，世上无人知道详情；所推举的人都不知是出自何人。羊祜经常说："朝廷任命官职，却在私人家里谢恩，是我所不敢做的。"

　　羊祜临死时，留下遗嘱，不许把自己的南城侯印入棺随葬。晋武帝表彰他的高尚美德。荆州人民听说羊祜逝世，市场停止营业，大街小巷哭成一片。羊祜经常到岘山上观光，襄阳人民在山上建庙立碑，每年祭祀，看到碑的人无不流泪，此碑因此被称为"堕泪碑"。

阮籍假醉保性命

　　魏晋之时，天下纷扰多事，名士中很少有人能保住名节的。阮籍为坚守原则，整天喝得酩酊大醉，绝口不谈天下世势。

　　司马昭为儿子司马炎求婚与阮籍结为亲家，阮籍为躲避司马昭的纠缠，竟大醉六十天。

　　司马昭得不到阮籍的答复，只好打消结亲的念头，当时司马昭的手下大将钟会曾数次拜访阮籍请教时事，想由阮籍的话中挑出毛病，加上罪名，而阮籍每次都醉得不能答话，也因此保全一命。

邓艾口吃

　　邓艾口吃，说话自称自己的名字时，总是："艾……艾……"司马昭和他开玩笑说："你说艾……艾到底是几个艾？"邓艾回答说："古人说'凤兮凤兮'，实在是一只凤。"

吴主恶人善己

　　吴主任命陆凯为左丞相，万彧为右丞相。吴王憎恶别人注视自己，大臣们侍奉进谏的时候，都不敢抬头看。陆凯说："君臣没有不相识的道理，如果一旦发生了不测的事，臣子们就不知道要救谁了。"吴王就任由陆凯抬头注目，但是其他的人仍然照常不敢抬头。

交友不徇私

　　晋武帝将对前蜀名臣流放到中原的子孙量才录用。蜀汉的前尚书健程琼，道德学问一向拥有声望,和晋国散骑常侍文立交情深厚。晋武帝听说程琼有好名声,以此问文立,回答说:"臣下知道他,但是将近八十岁了,天性谦逊,不再有闻名一时的期望,所以不奏闻君主罢了。"程琼听后说:"文立可以说是不徇私的了,这也就是我为什么要和他交好的地方。"

羊佑率军垦田

尚书左仆射羊佑都督荆州一切军务,镇守襄阳。他安抚远近州县,很了解江、汉地区的人心,和吴国人开诚布公讲信用,投降的人要想离开,都听任自由;减少戍守巡逻的士卒,组织军队开垦田地。他刚来的时候,军中没有粮草,到后来,竟然有十年的储积。

乐广一句话消除政敌疑虑

尚书令乐广的女儿嫁给成都王颖。成都王之兄长沙王在洛阳掌握朝政大权,便组织兵力拟讨伐长沙王。长沙王亲近小人,疏远君子,凡在朝为官的人,都心怀畏惧。乐令既在朝廷上声望卓著,又与成都王颖有姻亲关系,一帮小人便在长沙王前谗害乐广。长沙王曾责问乐广,乐广神色不改,从容回答说:"难道我会用五个儿子换回一个女儿?"从此长沙王疑虑顿消,不再怀疑乐广了。

石鉴虚报战绩

豫州刺史石鉴在攻打吴军时虚报俘获首级的数量,因而获罪,晋武帝下诏说:"石鉴身为大臣,我很信任他,而他却恶劣到弄虚作假,从道理上来看,怎么能如此行事呢? 现在遣返他回故乡,终身不得再起用。"

砥节砺行

周鲂的儿子周处,体力过人,不修小节,乡里都以为祸患,周处曾经问父老乡亲们说:"现在四时和顺,年岁丰足,但是人们却不快乐,是什么原因呢?"父老们叹息说:"三种祸害没有除去,怎么会快乐呢?"周处问:"什么祸害呢?"父老们说:"南山的白额老虎,长桥下的蛟龙,连你一共成为三害。"周处说:"如果只有这些祸害,我能除去!"于是进入南山寻求老虎,射杀了老虎,跳入水中,击杀了蛟龙,于是跟随陆机、陆云求学,立定志向读书,砥砺德行,不到一年,州、府交相征召他去做官。

三十六年不语

当初曹芳被废,迁到了金墉城,太宰中郎陈留人范粲,身穿白色衣服为他送行,哀伤之情使身边的人都被感动了。这以后,范粲就称病不出门,装疯不说话。子孙当中如果有婚姻、做官的大事,家人总是悄悄与他商议,他如果表示同意,脸色就没有变化,如果不同意,睡卧就不安稳,他的妻子和儿子因此知道他的想法。他的儿子范乔等三人,一起抛弃了学业,断绝人世间一切事情,在家里侍奉他的疾病,从来不走出他们居住的地区。到晋武帝即位,下诏给范粲二千石俸禄让他养病,又赐给他一百匹缣帛。范乔以父亲病重的缘故,推辞不敢接受。范粲一直三十六年没说话,在他八十四岁的时候,死在他睡卧的车子上。

王裒终身不仕

东关战役失败,晋文帝问下属官员说:"最近的战事,该谁担负失败的责任?"安东司马王仪回答说:"责任在主帅。"晋文帝发怒说:"你是想要把罪责推给我吗?"就将王仪杀死。王仪的儿子王裒痛心父亲遭遇意外灾祸而死,于是隐居起来。朝廷三次诏书征召,七次官府任命,他都不露面不应诏。他在父亲的墓旁造了个草房,早晚总是趴在柏树上悲恸地号哭,眼泪滴在树上,树因此而枯萎了。每次诵读《诗经》,当读到"哀哀父母,生我劬劳"时,没有不多次流泪的。家中贫穷,有人向他赠送财物,不接受;帮助他,不答应。他认为他的父亲不是犯罪,死得冤枉,所以终身不仕。

王戎拒丧礼

王戎的父亲王浑,有好名声,官做到凉州刺史。王浑去世时,凉州各郡蒙受过他的恩惠的人,感怀他的恩德,相继送上数百万丧礼,王戎一概不接受。

司马遹暮夜牵帝

当初,晋武帝把才人谢玖赏赐给太子,生了皇孙司马遹。一日,宫中夜晚失火,晋武帝登上高楼观看,司马遹这年五岁,拉着晋武帝的衣襟到黑暗的地方说:"黑夜突然出事,应该提防意外情况,不能让火光照见君主。"晋武帝由这件事而看重他。

逃于厕中

吴国灭亡之后,晋武帝将原吴国的一些大臣任命为官,有的担任原职。诸葛靓到处逃避,不肯出山,晋朝帝王和他向来是旧相识,晋武帝知道他躲藏在他姐姐琅琊王妃的家里,便前去看他,诸葛靓就躲到厕所里不肯出来,皇帝硬是逼着非要见他不可。诸葛靓流着眼泪说:"我不能漆身皮面,来看您,实感惭愧。"晋武帝下令任命他为侍中官职,他坚决辞退不肯接受,他回到自己的家乡隐居起来,终身不仕。

父清子廉

　　胡威，西晋大臣，淮南寿春（今安徽寿县）人。其父胡质，曹魏之时，官至征东将军、荆州刺史。

　　有一次，胡威从魏都洛阳的家中赴荆州去探望自己的父亲，因为家贫，没有车马童仆，就千里迢迢，自己一个人骑驴前往。因路费很少，只得随身带着口粮，沿途之中，每到一个客店，就先出去放驴，回来之后再借客店的炉火炊具自己煮饭吃。到了荆州，与父亲相见。胡质虽贵为荆州刺史，但因清廉，从不贪贿，薪俸又分出一部分资助家贫之亲族，无钱为儿子租住客房，府衙之内又无处安置，胡威在荆州的十余日里，晚上只能睡在马厩之中。

　　胡质帐下有一都督，在胡威返家之前请假回百里之外的家中，暗地里为胡威准备了返家之资，并为胡威购置了一套衣装，回荆州后在胡威返家之时背着胡质送给胡威，被胡威拒绝。回到洛阳，胡威给父亲写信，信中顺便提到都督之事，胡质十分生气，给了这位都督杖一百、除吏名的处分。

　　后来，胡威被晋升为历乡侯、安丰太守，不久又升任徐州刺史。一次，胡威被召入朝，晋武帝与胡威谈及其父，对胡质的清廉非常感叹，又问道："你与你父均为清廉之臣，但不知你父子二人谁更清廉？"胡威答道："臣不如臣父。"武帝问："你的父亲在哪方面胜过你呢？"胡威说："臣父清恐人知，臣清恐人不知，因此，臣远不及臣父。"不久，胡质奉召入朝，提升为尚书，加奉车都尉。

苟晞哭弟

　　兖州刺史苟晞多次打败强大的敌寇，威名远扬，他善于治理繁重复杂的事务，运用刑法严峻。他的姨母投靠他，苟晞非常周到地侍奉赡养。姨母为她的儿子求职做部将，苟晞不同意，说："我不拿王法去宽待别人，你可不要后悔呀！"姨母坚持为儿子求官，苟晞不得已让他担任督护。后来他犯了法，苟晞手持符节把他杀了，姨母叩头求救，苟晞不听。后来苟晞又换上素净的衣服去哭他说："杀你的，是兖州刺史，来哭弟弟的，是苟道将。"道将是苟晞的字。

何曾担忧晋后世

　　丞相何曾，常常陪侍晋武帝饮宴。有一天，他回家后对儿子们说："皇上开创大业，要把帝业传给后代。但我每次陪侍饮宴，从没听说他谈过经略国家的计策，只说些平生的日常琐事，恐怕他的子孙将很危险。事业止于本世而亡，是子孙可忧虑的地方。"

骄奢亡族

当初,宰相何曾在宴会上陪同晋武帝,归家后,对几个儿孙说:"主上虽然创建了新王朝,但缺乏远大谋略,社会安定不会长久。"指着孩子们说:"你们这一代一定会遇到祸难的。"何曾每天食用要花一万文钱,儿子何劭,每天食用花钱两万。孙子何绥和弟弟何机、何羡奢侈尤其惊人,给人写信,言辞傲慢无礼节。河内人王尼对别人说:"何绥弟兄生活在混乱的时代,却如此地自负、强横,怎么能避免祸难!"司马光说,何曾虽然预知天下将要发生变乱,但自己却超越本分奢侈无度,使子孙效仿继承,骄傲奢侈会亡族。果然几年后,何氏一家已经没有子孙留存在世了。

荀灌娘

晋怀帝即位时,一些地方豪强乘机而起,擅自攻城占地,扩充自己的势力。当时,晋朝将领荀崧刚上任驻守宛城,就遭到豪强杜曾军队的包围。

宛城是个大城,但遭到战争破坏,城墙倾圮,粮食缺乏,兵力不足五千。当时围城的敌军则有二万之众。敌我力量如此众寡悬殊,如无援军,城就难保。

襄阳太守石览原是荀崧的下属,有一支强盛的军队,荀崧修书一封,向他求援。可宛城被包围得铁桶似的,却没有敢突围出去的将领。荀崧着急一时没有办法。

正在这时,他的女儿荀灌娘主动要求突出重围去讨救兵。荀崧正色道:"女孩儿家,说话不知轻重,这不是开玩笑的,你快回去陪你母亲去吧。"荀灌娘却严肃地说:"女儿绝不是玩笑之言,我跟从少林惠明长老学得一身武艺,现在正是报国的时候,如突围救援成功,则城池可保,城中百姓也得以安宁。"此时,别无他法,荀崧只好答应。

荀灌娘挑选了四十名壮士,趁黑夜突围而出,杜曾得知,亲自迎战。荀灌娘知道不能胜敌,只想突围冲出去。正当杜曾的长矛冲她刺来之时,荀灌娘从囊中取出石子,朝杜曾的头部甩去,正中杜曾门面,杜曾没有料到荀灌娘会使用暗器,被击伤便负痛逃跑。荀灌娘突围而去。

襄阳太守石览接到求援信,立即率部驰援,宛城之围被解。荀灌娘时年十三岁,她的名字顿时家喻户晓。

王衍的雅量

王衍与裴邈两人爱好不同,裴邈想诋毁王衍并得到回应,但王衍终究不理他。裴邈于是特地到王衍家里,大肆辱骂,要王衍回复自己,想以此分担人们的非议。王衍不为所动,只是缓缓地说:"这个翻白眼的人竟又发作了。"

肉袒牵羊

汉将刘曜攻陷了长安的外城,内外援助断绝,城中饥荒严重,人民相互残食。愍帝哭着对曲允说:"现在这样穷困,外无救援,应该忍着耻辱,出城投降,来救活人民。"于是派使者给刘曜送去降书降表。晋帝自己光着膀子,坐上羊车,抬着棺木出城投降,众大臣号啕大哭,御史中丞吉朗叹息着说:"我的智慧不足,不能给皇上献出退兵之良策;勇力不足,未能战死疆场,有何面目忍心与君王一道投降敌人,低头尊奉贼虏呢?"于是自杀。刘曜把晋帝押送到平阳,汉王刘聪封他为淮安侯、光禄大夫。

防患于未然

太傅司马越和苟晞亲密友善,结拜为兄弟。司马潘滔劝司马越说:"兖州是军事要地,魏武帝曹操凭着它创立了基业。苟晞有非分的志向,不是忠心臣子,长久地让他在兖州任职,就会产生心腹大患。如果把他调到青州,提高他的名号,他一定高兴,不会怀疑。您亲自治理兖州,控制全国,保卫朝廷,这就是所谓的防患于未然。"司马越任为丞相,兼任兖州,都督兖、豫、司、冀、幽、并六州诸军事。

司马睿戒酒

琅邪王司马睿刚到建业时,常常因为贪酒荒废政事,安东司马王导对此加以劝告。司马睿命人斟酒,拿过酒杯倒在地上,从此以后不再饮酒。

石勒委任裴宪、荀绰

石勒活捉了王浚,将他处死。王浚的部属争相在石勒面前认罪,呈现金钱奇货不断。只有尚书裴宪,从事中郎荀绰不肯前去,石勒召见他俩进行训斥,裴宪、荀绰回答说:"我们世代在晋朝做官,王浚虽然凶狠粗野,却还是守卫晋国国土的大臣,所以我们跟从他,没有二心。明公您如果不修治恩德仁义,一意来取暴力刑罚,我们的死正是我们的本分,请让我们接受死刑。"说完不叩拜就出去了,石勒将他们召回来,向其道歉,以客人之礼接待。石勒下令没收王浚的部属家产,都达到一万万以上钱,唯独裴宪,荀绰只有几箱书籍和盐、米十多斛。石勒说:"我不高兴得到幽州,高兴得到二位先生。"于是当即委任裴宪为从事中郎,荀绰为参军。

委婉劝谏

汉国刘殷做丞相,对于君主的过失总是借某事情,善言规劝,常常是朝罢群臣出宫后,他独留下来,向汉主刘聪畅达陈述,商量事宜,汉主从没有不听的。刘殷劝诫子孙说:

"事奉君主,应当委婉劝谏。一般人尚且不可以当面指责过失,何况是万乘君主呢!委婉劝谏的好处和冒犯君主没有不同,但是不彰显君主的过失,所以效果不同。"

刘殷居处公卿大臣之首,常常温和恭顺,带着谦卑的脸色,所以能在骄横凶暴的国家中,保有他的富贵,不失去美好的名声,以老寿自终。

愧贤堂

汉国君主刘聪立贵嫔刘娥为皇后,要为她兴建凰仪殿。廷尉陈元达规劝说:"晋王室丧失了德行,大汉接受了天下,全国民众伸长脖子盼望卸去负担。陛下即位后,却大兴土木,已建宫殿楼阁四十多处,近年又出现了饥荒、瘟疫,死亡的人接连不断,而皇族却奢侈到这个地步,这是不顾人民死活啊!"刘聪勃然大怒,下令把陈元达及妻子儿女全部斩杀。当时刘聪在逍遥国的李中堂里,陈元达事先用锁把自己锁在堂下的树上,随从们拉不动他。大司徒任𫖮,光禄大夫朱纪、范隆,骠骑大将军刘易等人一起叩头叩得出血,为陈元达求情,请求宽容处置。

皇后刘娥听到后,秘密赦令左右停止行刑,亲手写了奏章,上言说:廷尉的话,是国家的福祥,陛下应该加以封爵奖赏。陛下替妾营造宫殿,却杀害进谏的大臣,使得忠良闭口不言,是由于妾的关系;远近怨恨愤怒,是由于妾的关系;国家颠覆危险,是由于妾的关系,天下的罪过都集中在妾的身上,妾怎能当得起呢?妾看到自古以来,国家的败亡,未始不是由于妇人的关系,心中常常痛恨,不料今天亲身做了出来,妾实在是没脸活在世上,希望能在这堂中赐妾自杀,来防止陛下的过失。刘聪看了后,脸色都变了。

任𫖮等人一直叩头流泪。刘聪缓缓地说:"外面的辅佐像公侯,里面的辅佐像皇后,我还有什么忧虑的呢!"于是让陈元达到面前,把皇后的表章给他看。当即将逍遥园改为纳贤园,将李中堂改为愧贤堂。

东 晋

大兴农桑倡导节俭

元帝司马睿在位期间,大兴农桑,倡导勤俭之风,受到人民的拥护、称赞。

一次,有司奏请太极殿应装饰绎帐,元帝不准,下诏准予冬施青布,夏施青练;宫中册封贵人,侍从要购买金雀钗,元帝不许;元帝所宠幸的郑夫人,也不许穿有文绣的衣服,只能着练裳;元帝从母弟王廙建筑房子超过规定,元帝诏命其改建。由于元帝带头节俭,众大臣也都响应。宰相王导常着粗布单衣,以几碟小菜、两壶浊酒为宴,一些王宫士族也开始穿起粗布衣,过起节俭生活。朝廷实行鼓励农桑、轻赋薄税。国库充实,民无怨言。

王恭送竹席

中书令王恭从会稽回来,族叔王大去看望他。看他坐着一张六尺长的竹席,便对王恭说:"你从东边回来,自然会有这些东西,可以拿一张给我。"王恭没说话。王大走后,王恭便拿起自己所坐的那张席子送给王大。没有其他的席子,王恭只好坐在草垫上。后来,王大听说这件事,非常惊讶,说:"我本以为你有多余的,所以才向你要。"王恭回答说:"你不了解我,我为人处事从来没有多余的东西。"

机敏应变

大将军王敦的侄子王允之,童年时就很聪明机警,王敦非常宠爱他,经常让他跟随自己。王敦有次在夜晚饮酒,王允之以醉酒为由告辞先睡,王敦便和钱凤一起商讨叛乱之事,被王允之原原本本听到。王允之随即睡处呕吐,衣物、脸部都沾上了污秽。钱凤走后,王敦果然持灯前来察看,见王允之睡在呕吐的污物中,便不再有疑心。不久,适逢王允之的父亲王舒升任为廷尉,王允之请求归省父亲,便将王敦、钱凤密谋叛乱之事全部告诉了王舒。王舒与王导一起禀报皇帝,及早为应付突变做了准备。

日近长安远

明帝司马绍自幼聪敏,甚得其父司马睿的喜爱。

司马绍刚刚三岁的一天,坐在他父亲元帝司马睿的膝前玩,恰在这时,长安派来一个使者报事,司马睿当着臣的面问司马绍:"你说日和长安哪个离这远?"司马绍回答说:"长安近。有人从长安来我看到了,却没说过有人从日边来。由此方知长安近。"司马睿听儿子讲得对,心里很高兴。第二天,司马睿宴请群臣,又让人把司马绍叫来,一是想再次测验一下儿子的智力,二是有意表现一下他儿子的聪明,便当着众人的面问司马绍:"你今天再想想看,日与长安究竟哪个近?"司马绍回答说:"日近。"司马睿听了不禁大惊失色,心想:这孩子昨天还说长安近,今日怎么又说日近了呢? 就有点不高兴地问道:"你为何和昨天回答的不一样了呢?"司马绍从容地说:"昨见有人从长安来,不见有人从日边来,故谓长安近;今日举目可见日,不见长安,所以又说日近,这难道不对吗?"众大臣听了,无不称司马绍是个奇童。

卞壶率直严正

尚书令卞壶俭朴廉洁,对事裁断贴切、直率,任官实干,性格耿直,不肯随随便便趋同时尚。明帝驾崩,皇太子即帝位,时年五岁。群臣进献国玺,司徒王导因病未到。卞壶在朝上表情严肃地说:"王公难道是关心国家安危的大臣吗? 先帝停柩未葬,继位的皇帝未立,这难道是臣子以有病为由辞谢不到的时候吗?"王导听说后,抱病登车赶到,主持太子即位仪式。

朝廷任命乐谟做本郡的中正,庚怡做廷尉评,乐谟和庚怡二人都说遵从父亲的命令而不肯就位。卞壶说:"人们没有父亲就不会诞生,官职没有事情就不会设立;有父亲就必定有命令,任官职就必定有忧虑的事情。每家各把自己的子女看成私人所有,那么,做君王的就没有臣民,君臣之间的礼仪就废弛了。人们所担任的职务,假若都能服从自己的心意,那么作战和戍边的官兵的父母们,都应命令他们的儿子不要去。"乐谟和庚怡没有办法,就各自去上任。

司徒王导称病不上朝,却私下送别郗鉴。卞壶上奏说:"王导破坏朝法以遂私欲,丧失了大臣的操守,请免除他的官职。"虽然此事中止未实行,但满朝大臣都为此畏惧卞壶。

父为忠臣 子为孝子

朝廷任命卞壶为都督,率军同苏峻交战。苏峻乘风势放火,焚烧朝廷和各官署的办公处所。卞壶背上坐疮,刚有好转,创口还没完全愈合,率领军士奋力苦战,力竭被杀;两个儿子卞眕、卞盱跟随父亲一起作战,也奋勇冲杀而死。卞眕的母亲抚着两个儿子的尸体说:"父亲是忠臣,儿子是孝子,我有什么遗憾呢!"

遇乱不惊

庾亮乘坐小船,遭到乱兵的抢劫;庾亮的左右亲信朝乱贼射箭,误中了掌船的船夫,船夫应声倒地,船上的人都大惊失色,想分散逃命。庾亮坐着不动,慢条斯理地说:"这样的手法,怎能射中贼子呢?"众人才安定下来。

石勒评古今

后赵君主石勒设盛宴招待文武官员,对徐光说:"我可以同古代哪一类君主相比?"回答说:"陛下神明而威武、谋略高深,超过了汉高祖,后代就没有同您相比拟的了。"石勒笑着说:"人怎么能不了解自己?你言过其实了。我如果遇到汉高祖,将面朝北方侍奉他,和韩信、彭越同列;如果遇到光武帝,将和他在中原驰骋争夺;不知道政权落到了谁人手中。大丈夫办事情,应该光明磊落,像太阳月亮一样明亮洁白,无论如何不能仿效曹孟德、司马仲达,欺负人家的孤儿、寡妇,像狐狸那样以媚态迷惑别人夺取天下。"

石勒虽然不识字,但喜欢让儒生读书给他听,不时地以自己的见解议论古今得失。在命人读《汉书》时,听到郦食其劝刘邦分封六国后代的那一段,吃惊地说:"这种做法将失去天下,为什么后来得到了天下呢?"等到听到留侯张良规劝,就说:"幸亏有这个劝阻。"

龚壮重大义品行

龚壮认为人的品行最重要的是忠孝。后赵王石虎要联合成汉国王李寿南犯,约定平分江南之地。李寿大为高兴,征集军队,大有吞噬江南的志向。龚壮进谏说:"陛下与胡虏结盟,又怎么比得上与晋王室结盟?巴、蜀之民本皆晋臣,如果能发兵攻取成都,称藩于晋,必会受到国人拥护,名声永垂不朽。胡虏是豺狼之辈,灭晋之后,我们非得北面称臣侍奉他,如果和他争夺天下,那么强弱不相称,处于危亡的境地。春秋时虞国虢国的往事,就是教训,希望陛下仔细考虑这件事。"李寿认为龚壮的话有理,于是停止攻伐江南的举动。

龚壮的父亲被李特杀害,龚壮想报仇,过了很多年都不脱掉丧服,父亲报仇之后,又劝谏李寿侍奉晋室,李寿不听。龚壮便诈称耳聋,手不能拿东西,辞职回乡,以读书写作自娱,终身不再去成都。

东床坦腹

东晋时,太傅郗鉴为女儿择婿,听说丞相王导家的子弟多,于是派门生持书文前往。王导看过文后说他的儿子们都在东厢,可以任意挑选。门生回来禀告郗鉴说,王家的几个儿子都很好,听说有人来挑选女婿,都很庄重、拘谨,唯有一个在东床上露着肚子躺着,好像没有听到这回事一样。郗鉴听了,非常欣赏坦腹东床这种任诞率真的性情,决定就选这一个做女婿,这人就是后来被誉为"书圣"的王羲之。

顾和回话王导

骠骑大将军、开府仪同三司王导派遣八部从事巡视扬州各郡国,归来后,同时召见他们,让他们分别报告二千石官员的得失,唯独顾和不吱声。王导问他,顾和说:"您担任宰辅,宁愿使罗网漏掉吞得下船只的大鱼,为什么要听取传闻,以苛刻烦琐的方式来治理政事呢?"王导听后赞叹不已。

陶侃母训子

陶侃的母亲湛氏,是豫州郡新干县人。当初,她是陶侃的父亲陶丹娶的妾,生了陶侃。陶丹家境贫穷,湛氏就以纺线织布来资助他。陶侃年轻的时候做了浔阳县吏,曾监管捕鱼用的堤坝设施,他给母亲送了一坛子鲊鱼。湛氏把装鱼的坛子封好,并给陶侃写了一封信,责备他说:"你身为县吏,将公家的东西送给我,不但不能使我受益,反而让我更忧愁。"鄱阳县的孝廉范逵寄宿在陶侃家中,当时下着鹅毛大雪,湛氏便抽出自己睡卧的新草垫,将其剁乱喂马,又悄悄地剪掉自己的头发卖了,以备酒肉饭菜招待范逵。范逵得知这些事后,感叹道:"只有像这么贤惠的母亲才能生出像陶侃这样的优秀的儿子啊!"陶侃先后任侍中、太尉,封长沙郡公,加封都督交、广、宁州诸军事,终于因功名卓著而显达。

陶侃辞职

长沙桓公陶侃,晚年对功高位尊深感不安,屡次请求辞职回到封国。他上奏章让位,将他所任的荆、江、雍、梁、交、广、益、宁八州刺史的印章符信封存,将军用物资、兵器、马匹、船只明列账簿,仓库加了封条图印并亲上锁。把军政大事托付给右司马王愆期,自己坐车离开官署,打算回到长沙,在樊溪逝世。他逝世后,尚书梅陶给曹识写信说:"陶公的机敏神妙、明辨是非,好像魏武帝,忠诚恭敬,勤勤恳恳,好像诸葛孔明。"谢安常说:"陶公虽然使用刑罚,但明白刑罚的局限性。"陶侃精勤吏职,常勉人珍惜分阴,为人称颂。

胸中有《春秋》

豫章太守褚裒。因见识风度清雅高远,善于谈说《老子》《周易》,在江东享有盛名。相彝曾对褚裒说:"你的肚中有《春秋》。"意思是说他口里对人不加评论,内心里却有褒贬。谢安说:"褚裒虽然不开口,但一年四季的气象却都具备。"

孔坦慷慨

廷尉孔坦病重时,庾冰前往探视,低着头流泪。孔坦慷慨地说:"大丈夫将死,不向他询问治国安民的办法,却像小儿女一样哭泣吗?"庾冰向他深深致歉。

王述谓王导

司徒王导每次讲话,满座的人无不捧场称赞,王述表情严肃地说:"人不是尧、舜怎么能每件事都尽善尽美呢?"王导改变脸色,同他道谢。

王导避谗

王导任丞相,以忠信与朝中臣僚相处。是时,皇帝的舅舅庾亮出镇外藩,他对王导素不以礼,瞧不起他。见朝中大臣不睦,有人就乘机挑拨。南蛮校尉陶称秘密地对王导说,庾亮有举兵内向之动静,扬言要赶王导下台。王导听后,淡淡地说:"我与庾亮休戚与共,外人岂能间之?如果真像你所说,庾亮若来,我就卷铺盖回家当百姓,避席让贤,何足为惧?"谗言很快就得以平息。

以柔克刚尽忠王室

王敦,是王导的堂兄,王敦为人性刚忍狠戾,野心勃勃,在朝中飞扬跋扈,晋元帝心中不满,继而关系恶化。王敦见皇帝怀疑他,就索性举兵反抗。王导时任宰相,处于这种背景,一边是自己的堂兄,起兵造反,处理不好,兄弟就会反目成仇;一边是自己拥戴的皇帝,如有不当,立即招来杀身之祸。在这种情况下,王导采取的办法是:以柔克刚,尽忠王室。

王敦率兵攻入南京,随后攻破皇帝住宅。王导以自己的身体保护皇帝,对叛兵大声斥道:"圣驾在此,不得无礼。"叛兵见丞相以身护帝,便有所惮畏,就持刀退去。王导立即派人送信于王敦,苦心善劝,要他尽忠王室,拥护朝廷,不要存非分之想,不要负先人平素之志。同时,王导主动到元帝面前请罪说:"王敦叛乱,出在我王导家里,罪不容赦,请皇帝处分。"晋元帝亲眼看到王导在建国中的功劳及在王敦作乱时的表现,于是下诏:"王导大义灭亲,可以复建国时之爵位。"还加王导为尚书令。

王导故世,晋成帝举哀于朝堂三天,以王侯礼葬之。及葬,给九游辊辕车,黄屋左纛,前后羽葆鼓吹,武贲班百人,史称自汉以来,名臣之葬礼无以过此者。

乖巧羊氏

汉主刘曜打胜仗回来,建都长安,立妃子羊氏做皇后。

羊氏,就是原来晋惠帝司马衷的皇后。刘曜曾经问她说:"我跟司马家的儿子相比,你认为如何?"羊氏说:"陛下是开创基业的圣主,他是亡国的昏君,怎么能相提并论呢!他贵为帝王时,只有一个夫人,一个孩子,连他自己也不过三个人罢了,却没有能力保护。我在那时实在是不想活了,以为世上的男人都是这样。自从做了您的妻子,才知道天下自有大丈夫。"因此刘曜非常宠爱她,羊氏还经常干预国家大事。

忠臣不逃避祸患

燕王慕容皝与左司马高诩商议讨伐宇文逸豆归,高诩说:"宇文部落强盛,现在不攻取,必定成国家的祸患,这次讨伐一定能获胜,但对将领不利。"退出后告诉别人说:"我参加这次讨伐必定不能返回,然而,忠臣不能逃避祸患。"高诩将要出发,不同妻子见面,派人把家中事情告诉她,就上路了。燕王慕容皝亲自率军讨伐,获得胜利,宇文逸豆归逃到沙漠的北面,死在那里,宇文氏因此离散灭亡,前燕的境土扩充了一千多里。在这次讨伐中,高诩中流箭而死亡。

骄矜败亡

宇文氏部落主宇文逸豆归派遣他的宰相莫浅浑率领军队攻打前燕;前燕的将领都争着要去迎战,燕王幕容皝不答应。莫浅浑认为慕容皝畏惧他,纵情地饮酒打猎,不再加以戒备。慕容皝命令慕容翰出兵反击,莫浅浑大败,仅只身逃脱,他的部众全部做了俘虏。

贾坚善射

前燕贾坚时年六十多岁,幕容恪听说他善于射箭,就放置牛在一百步以外以试验他的射箭技术,贾坚就连续射出两支箭,一箭拂过牛的脊背,一箭擦过牛的肚皮,两支箭都是附着牛的皮肤射落了牛毛,上下完全一样,在场的人都惊叹他的射箭技术。

让野兽吃人

前秦国自从去年春天以来,潼关到长安一带野兽横行,白天在大道上连续不断,深夜就闯进民屋,不吃禽畜,专门吃人,先后吃了七百余人。人们不敢种田,聚居到一块居住,野兽的危害时常发生。秋季七月,大臣们上奏请求祭祀以除灾,秦国君主苻生却说:"野兽饿了就要吃人,吃饱了自会停止,祭祀什么! 上天难道不爱人民吗? 正因为犯罪的人太多,所以上天才帮助朕消灭他们!"

坐人力车上任

前燕国君主慕容俊任幽州刺史,乙逸担任左光禄大夫。乙逸夫妇一同乘坐人力小推车上任。儿子乙璋带着几十个骑兵组成的卫队,衣着十分华丽,在路上迎接。乙逸大怒,关上小车门,不跟乙璋讲话,到了城内,严厉地责备乙璋,乙璋还是不悔改。乙逸时常担心他会失败,可是乙璋反被提升,做到中书令、御史中丞。乙逸于是叹息说:"我自幼修身养性,克制私欲,恪守道义,仅仅能够避免犯罪。乙璋不讲究节操品行,任意奢侈放纵,却反而处在清闲显赫的职位上,这哪里是乙璋的侥幸得宠,实在是世道的败坏。"

王羲之劝贤

王羲之给征西大将军桓温写信说:"谢万的才能足以经世治国,在时人中堪称通达,如果让他身居朝廷,肯定是后起之秀;如今让他屈身去治理兵荒马乱之后的边境,这就有些违背他的才能而任用了。"又给谢万写信说:"以阁下超越前贤,不屑于琐碎事务的风韵,而去屈身治理群民,主持军中琐细杂务,确实是难以称心。然而所谓通达见识,正是应当适应环境的变化而规定如何行动。希望您经常与下层士兵同甘共苦,这就是完美的品行了。"

段氏不迎合邪恶

前燕吴王慕容垂娶了段末杯的女儿,生下儿子慕容令、慕容宝。段氏才能出众,但性格刚烈,自以为出身名门贵姓,不恭敬侍奉可足浑王后,可足浑王后对她怀恨在心,便让人诬告段氏使用巫蛊邪术加害于人,想以此株连慕容垂。前燕国王拘捕了段氏,送廷尉审问。段氏意志坚定,始终没有屈招。严刑拷打日甚一日,慕容垂怜悯她,就私下派人告诉段氏说:"人生固有一死,何必忍受如此荼毒!不如屈招服罪。"段氏叹息道:"我难道是喜欢死的人吗!如果诬蔑自己而去迎合邪恶,上辱没祖宗,下连累大王,坚决不能干!"此后她辩驳答对越发明确。蔡容垂因此得以免遭祸害,而段氏最终死于狱中。

李绩评价太子

前燕国主慕容俊在蒲地宴请群臣,在谈到周朝太子姬晋的时候,潸然泪下,说:"有才华的儿子难得。自从慕容晔死去以后,我已鬓发半白。你们说慕容晔怎么样?"司徒左长史李绩回答说:"献怀太子在东宫的时候,我为中庶子,太子的志向业绩,我最清楚。太子的德操表现在八个方面:其一,至孝;其二,聪明敏锐;其三,沉着坚毅;其四,痛恨阿谀喜欢刚直;其五,好学;其六,多才多艺;其七,谦恭;其八,好施惠于人。"慕容俊说:"如果此儿健在,我便死而无忧了。慕容暐怎么样?"当时慕容暐正陪从在身旁,李绩说:"皇太子天资聪慧,虽然已有具备八德的声誉,但尚有两个方面的缺憾未能弥补,喜欢游玩打猎和丝竹乐器,这就是导致他有所不如的原因。"慕容俊对太子慕容暐说:"李绩的话,是苦口良药,你应该引以为戒。"

迷惑世人罪恶大

范宁喜好儒学,他常说王弼、何晏的罪恶比夏桀、商纣还重。有的人认为这是过分贬低,范宁说:"王、何蔑视抛弃经典文献,使仁义沉沦,荒诞空虚的言辞论说,贻害后代,导致士大夫幡然改变正确的道路,以至于礼崩乐坏,中原覆没。其余风余俗,直到今天还在为害世人。夏桀、商纣一时的肆意暴虐,也足以使他们身败名裂,使国家倾覆灭亡,成为后世的借鉴,岂能躲过百姓的视听呢!所以我认为一个时代的灾祸轻,为害历代的灾祸重;自己身败名裂的罪恶小,迷惑世人的罪恶大!"

为人子孝

沈充的儿子沈劲,因为他的父亲由于叛逆作乱而死,就抱定志向要为国家建立功劳,以洗雪以前的耻辱。适逢前燕人进逼洛阳,将军陈祐在防守,兵众不到二千人。沈劲自己上奏表,请求配置在陈祐的部属中,以便为国效力。朝廷下令派沈劲补冠军长史,命他自己广求壮士,结果得到一千多人而成行。沈劲屡次以少数攻击燕军,打败了他们。而洛阳的粮食已经用完,外面又没有援兵,陈祐自己度量不能守住,就借着援救许昌的名义,把五百人留给沈劲防守洛阳,自己率军队向东而去。前燕国太宰慕容恪、吴王慕容垂共同攻打洛阳,由于洛阳守城兵少,被攻破,沈劲被俘,其神情面色不改常态,慕容恪打算赦免他。中军将军慕舆虔说:"沈劲虽然是个才能出众的人,但观察他的志向气度,终究不会为我们效力,现在赦免他,必定成为今后的祸患。"于是杀了沈劲。司马光说,沈劲可以称得是能为人子孝了!对父亲的罪恶深以为耻,不惜以生命加以洗刷,变凶恶叛逆的家族为忠诚道义的门第。《易》云:"改正父亲的错误,发扬他的荣誉。"沈劲大概就是这样吧!东晋朝廷嘉奖沈劲的忠诚,追赠他为东阳太守。

为国出使不住私宅

前燕、前秦缔结友好关系后,使者频繁往来。前燕给事黄门侍郎梁琛奉命出使前秦。梁琛的堂兄梁奕是前秦国的尚书郎,前秦王苻坚命令典客把梁琛安排到梁奕家中去住。梁琛说:"从前诸葛瑾为吴国出使蜀国,和诸葛亮只在朝廷会见时相见,退下后不再单独会面,我私下里仰慕这种行为。现在让我在私人家中住宿,是我所不敢接受的。"结果没有住在梁奕家中。梁奕多次到梁琛下榻的馆舍会面,伺机询问梁琛东国的一些事情。梁琛说:"现在两国各据一方,兄弟在两国同时受到荣耀和宠信,说起我们的本心,各自有所偏向。我想说东国的美好,恐怕不是西国所想听的;而说东国的缺点,又不是使臣所应该谈论的。哥哥为什么要问这些事呢?"

死于长生药

晋哀帝司马丕即位时二十二岁,为长生不老,他让方士炼金石之药。金石药多含汞类成分,吃了很容易中毒。侍中高崧进谏道:"这些都是方士骗人的事,陛下不要信以为真。否则,万一出了事,可就悔之晚矣。"但哀帝根本不听。结果,没过多久,哀帝腹内毒性发作,病倒在床,不理政事,哀帝一命归天,时年二十五岁,在位四年。

赠春

陆凯与范晔两人是好朋友,但没住在一起,却是一在南方,一在北方。有一个早春的日子,江南的梅花在风雪中傲然开放,陆凯雪中赏梅,涌出一股思友之情。正在这时,猛然见驿车驶来,便想乘机送北方朋友范晔一枝梅,于是连忙采梅一枝,请驿车夫带给范晔,并附诗一首:"折梅逢驿使,寄与陇头人。江南无所有,聊赠一枝春。"这一份礼送得高雅,有诗意,更有文化品格。

王猛辞爵

前秦王苻坚任命王猛为司徒、录尚书事,封为平阳郡侯。王猛固执地辞让,说:"如今燕、晋尚未平定,战车正在行驶,刚刚攻下了一城,我就接受了三公这样的奖赏,如果攻克了燕、晋二敌,那将再怎样奖赏呢!"苻坚说:"朕假如不暂时有所让步,何以显示出你谦虚风范的光彩!我已诏令有关部门暂且就保持你现在的职位,至于赐封爵位,是酬劳战功,你就勉为其难服从朕的决定吧!"

容其短用其长

王猛派将军徐成侦查前燕军情况,约定中午返回,但徐成到黄昏才回来。王猛大怒,要将徐成斩首。邓羌求情说:"目前敌众我寡,徐成是大将,应该饶恕。"王猛说:"如不杀徐成,今后军法难以执行。"邓羌一再求请,王猛仍不同意。邓羌发怒,回到军营集合军队要攻杀王猛。王猛问为什么,邓羌说:"本来接受天王命令征讨远贼,现在却有近贼自相残杀,我要先除掉他!"王猛认为邓羌讲义气而且勇敢,马上派人告诉他:"将军停止,我赦免徐成。"徐成被赦免后,邓羌到王猛面前请罪谢恩。王猛握住邓羌的手说:"你对同郡的将领这样保护,何况对于国家呢?我不发愁灭不掉前燕了!"

两军将要交战,王猛望见前燕军士众多,对邓羌说:"今天成败的关键,在此一举,将军努力啊!"邓羌说:"如果能把司录校尉的职位委任给我,您不必为打败敌人担忧。"王猛说:"这不是我的权利所能办到的,但一定以安定太守、万户侯的官爵作为报偿。"邓羌不高兴。军队交战,王猛召唤邓羌,邓羌不加理睬。王猛当即答应了他的要求,徐成等将领立即跨上战马,飞奔冲入燕国阵中,四次冲进冲出,燕国军队大败,被俘、被杀的达五万多人,王猛乘胜追击,燕军被杀和投降的又有十多万人,燕军统帅慕容评单人匹马逃回邺城。

重于忠诚孝顺

前秦王苻坚攻下前燕国都邺城,释放了前燕使者梁琛,问他说:"你不能察觉事物变化的征兆灵活地行事,凭空称说前燕国的美好,虽然忠诚却不能防护自己。反而遭到怀疑人狱,能称得上明智吗?"梁琛回答说:"臣下听说'征兆是事物的精微之处,是预先显示吉凶的'。像我这样愚昧的人,是察觉不出事物的先兆的。然而,做臣子的没有比忠诚更重要的了,做儿子的没有比孝顺更重要的了,除非有纯真心意的人,是没有谁能始终保持忠诚孝顺的。所以古代的壮烈之士,遭遇危险不改变节操,面临死亡不加以逃避,来为君王、父母献身。那些知道事物征兆的人,心中知道怎么样才安全,怎样有危险,就选择去路,不顾及国家安危,臣下即使预先察觉到征兆,尚且不忍心背弃国家,何况我没有能力察觉到呢?"

谢安王坦之稳晋

晋咸安元年,大司马桓温废黜司马奕,立会稽王马昱为帝,铲除了异己派,权倾一时。

次年七月,简文帝司马昱身体不适,留下遗诏,说:"大司马桓温依照惯例来顶替圣上执政。太子年轻,可以辅佐就辅佐他,如果不可以辅佐,你可以当皇帝。"侍中王坦之自己拿着诏书进入寝宫,当着司马昱的面毁了诏书。王坦之对文帝说:"天下是宣帝司马懿和元帝司马睿的天下,陛下怎么能以为只是属于自己的呢?"于是司马昱让王坦之修改了诏书,说:"皇位继承和国家正事全都让大司马桓温掌管,就像以前诸葛亮和王导辅政一样。"当日,司马昱去世。

桓温本来指望司马昱临终时将帝位禅让给自己,否则也该让他摄政。结果愿望落空,很是生气。他认为之所以这样,一定是王坦之、谢安在背后搞的鬼,于是心生怨恨。

晋宁康元年二月,桓温来晋见孝武帝司马昌明(即司马曜,字昌明),司马昌明命令吏部尚书谢安、侍中王坦之到新亭等候桓温。当时京城里人心惶惶,有人说桓温要诛杀王、谢,随后取而代之做皇帝。王坦之很害怕,谢安神色如常,说:"晋室是存是亡,在此一行。"

桓温到了以后,布置了许多士兵护卫,然后在大殿接见朝廷百官。有权势的人都惶恐不安,神色紧张。王坦之害怕得汗流浃背,沾湿了衣服,把手板也给拿倒了。

谢安泰然自若,就座后,对桓温说:"我听说'诸侯有道,守在四邻',你哪里用得着在墙壁后面安排卫士啊?"桓温笑着说:"正是由于不得已啊。"于是让卫兵都撤下去,与谢安谈笑了很久。郗超是桓温的谋臣,桓温让郗超藏在帐幕后面听他们的谈话。谢安、王坦之见桓温时,刚好刮起一阵风,吹开了帐幕,谢安笑着说:"郗超可称得上是'入幕之宾'了。"

当时,天子年少,势力单薄,外面又有强大的藩臣,谢安与王坦之竭尽忠诚辅佐,最后才让晋室得以保存。

我如是男人 也会喜欢你

桓温率军攻下成都后,就把李势的小妾据为己有,可桓温又是有名的"妻管严",只好把小妾藏在秘密之所,定期约会。不久,桓温的妻子得知此事,手持白刃,怒气冲冲地闯进小妾住所。时值早晨,霞光掩映,小妾在窗前梳头,只见她长发委地,楚楚动人,气度悠闲。小妾见来人气势汹汹,就慢慢转过身,凄楚地对桓温妻子说:"国破家亡,本不图活,幸而被杀,实本愿也。"说完,就伸出脖子让人砍,桓温妻子一见,大惊,连忙弃刀于地,抱住小妾大喊:"阿姊,我如是男人,也会喜欢你的,何况桓温这个老鬼呢?"便热情地把她接入家中,以妹礼待之。

受恩厚报

桓彝死后,桓冲的兄弟们都年幼,家境贫寒,他的母亲病了,治疗要用到羊肉,可又没办法得到,桓温便以桓冲抵押向人换取羊肉。有一个富家人养了羊,他说不想要桓冲作抵押,希望帮助抚养桓冲。后来桓冲做了江州刺史,一次外出涉猎,那个养羊人在堂屋旁边观看,桓冲一眼就认出了他是那个养羊人,并对他说:"我就是桓冲呀!"因此对他厚相报答。

徐邈敬上

东晋孝武帝有时宴集群臣,酣饮歌乐之后,喜欢随手写些诗章赐给侍臣,有的诗章文辞草率,内容污杂,徐邈常常把这些诗章收集起来带回中书省加以修改,使它们全都适宜观览,经过孝武帝重新审阅,然后再传布出去。当时的人们都称赞徐邈敬上有礼。

郗超止父哀伤

临海太守郗超去世。当初,郗超依附桓氏,因父亲郗愔忠于皇室,不让他知道内情。郗超拿出一箱子书信交给门生说:"家父年事已高,我死了以后,如果他因哀伤惋惜我而妨碍到睡眠和饮食,就把这个箱子呈送给他,如果没出现这种情况,就烧掉这个箱子。"郗超去世,郗愔果然因哀伤而生病,门生呈上箱子,箱中往返信件内容都是郗超和桓温种种秘密谋划的计策。郗愔大怒说:"这小子死得已经算晚了。"于是不再痛哭了。

教人不怕烦劳

孝武帝将要讲说《孝经》,谢安、谢石兄弟与众人在自家庭院讲论研习。车辄难于再三向谢氏兄弟请教,就对袁乔说:"不请教的话,就怕高明的见解遗漏;问多了话又怕烦劳二谢太多。"袁乔说:"二谢一定不会有这样的嫌弃。"车辄问:"你怎么会知道他们会这样呢!"袁乔说:"你睡眠时候见过明亮的镜子因多次照人而感到疲劳,清澈的流水因和风的吹拂而感到害怕?"

王彪之善决断大事

东晋任命王彪之为尚书令,谢安为仆射,兼管吏部,共同执掌朝政。谢安每每感叹地说：“朝廷大事，众人不能决断的，去询问王彪之，无不马上决断！”

夫人城

前秦军队进犯襄阳，晋国梁州刺史朱序认为前秦军队没有船只，不加防备。不久，前秦军渡过汉水，朱序惶恐惊骇，固守内城。朱序的母亲韩氏听说前秦军队将要到来，亲自登上城墙巡查，到了西北角，认为不坚固，就率领一百多名婢女和城中妇女，在里面修了一道新城。等到前秦军队到来，西北角果然崩溃，众人于是转移到新城墙上拒守，襄阳人把新城称为夫人城。

书成换白鹅

山阴有个道士，想要王羲之写一本《道德经》，但王羲之不肯轻易为人写经。他听说王羲之爱鹅，就特地养了一群好鹅。王羲之知道后真的跑去看了。他很爱这群鹅，要道士卖给他。道士说："只要帮我写一部《道德经》，就把鹅全部送给你。"王羲之很快给道士抄写好，高高兴兴地把这群鹅带回去了。

谢安游海

太傅谢安在东山居留期间，时常和孙兴公等人坐船到海上游玩。有一次起了风，浪涛汹涌，孙兴公、王羲之等人都惊恐失色，便提议掉转船回去。谢安却兴致正高，又是吟诗又是吹口哨。船夫因为谢安神态安定，心情舒畅，便仍然摇船向前。一会儿，风势更急，浪更猛了，大家都叫嚷骚动起来。谢安慢条斯理地说："这样看来，恐怕是该回去了！"大家立即响应，就回去了。从这件事人们审察谢安的度量，认为他完全能够镇抚朝廷内外，安定国家。

恶日与吉日

甲子晦（二十九日）北魏王拓跋珪进军攻打后燕新市。太史令姚崇说："不吉利。从前商纣王在甲子日亡国，称为恶日，是兵家用兵所忌讳的。"拓跋珪说："商纣王在甲子日灭亡，周武王不是在甲子日兴盛的吗？"姚崇无话可答。

评论贤愚

西凉公李暠问梁中庸说："我与索嗣相比怎么样？"梁中庸说："不能比较。"李暠说："索嗣的才能谋略如果比得上我，我怎能在千里之外，用长绳索绞住他的颈脖呢？"梁中庸说："人的智慧有高有低，命运有的注定成功，有的注定失败。殿下和索嗣，成败得失的道理，臣下实在不能弄明白。如果把先行死去的算作才能低下，计划得逞的算作才能高超，那么，公孙瓒难道比刘虞还要贤能吗？"李暠沉默不语。

昏庸轻信被杀

　　王恭在被处死前，还梳理头发胡须，神色和正常一样，对监督行刑的人说："我的昏庸在于轻信别人，所以到了这个地步；追究我的本意，哪里不忠于国家呢？只想要一百代之后，人们知道有个王恭而已。"

手谕戒子

　　西凉公李暠写下一道手谕，告诫他的几个儿子说："从事政务的人应当对奖励或惩罚十分谨慎，万万不能凭自己的爱憎随意而为，接近忠直正派的人，疏远奸佞阿谀的人，不让自己左右亲近的人暗地里操纵权利，作威作福。别人毁谤或者赞誉你的时候，应当仔细斟酌辨别是真是假。听取讼诉，判定案情，一定要和颜悦色地按规章情理仔细处置，千万不要事先推测对方心怀奸诈，主观臆断，轻易地发脾气。要尽量多听别人的意见，不要自己独断专行，我主持政事五年来，虽然不能说使百姓得到了很好的休息安抚，但是，我尽量地宽容别人的错误，掩饰别人的缺点，所以才使早上还是对手、仇人的人，到晚上便可能成为知心朋友。大体上没有对不起那些新知旧友的地方，因为我处事公平，胸怀坦荡，没有偏差，一点也不许因私意有所变更。这样做从眼前的利益来考虑，好像是要受些损失，但是时间一久，就能看出好处来，也只能这样，在前人的面前，我才可说是无愧的。"

不计前嫌

　　晋国委派敦煌人索邈任梁州刺史。当初，索邈寄居汉川，和别驾姜显有嫌隙，十五年之后，索邈任刺史镇守汉川。姜显于是脱取上衣，裸露肢体，在路旁迎候。索邈见到姜显没有不高兴的神色，对待他比其他人更为宽厚。退回私宅后对别人说："我从前寄居于此，多年不得志，如果报复姜显，害怕的人一定不少。只要他能服从就很好了，为什么一定要报仇解恨，逞自己一时快意呢？"在场的官员听了他这话之后，都非常高兴。

随时选任人才

　　后秦王姚兴下令臣属们举荐贤才。右仆射梁喜说："臣下多次接受诏令却没有发现合适的人，可以说当代的确缺乏人才。"姚兴说："自古以来帝王兴起，从未在古人中选取宰相；也不曾等待后人来担任将领，都是随时代发展在当代选任人才，也都使国家得到治理。你自己不明白怎样识别选拔人才，怎么能远远地诽谤四海之内，普天之下没有人才呢？"

自愧自奋

一日,南燕君主慕容超登上城楼,看见晋朝的兵力盛多,便畏惧悲泣。韩悼劝谏说:"殿下遭遇到困厄的命运,理应当努力,自愧自奋,以壮大士民的志气,怎可以做出小儿女哭泣软弱的姿态呢?"慕容超擦干眼泪向他道歉。

经兵戈之乱 知人世艰辛

太尉刘裕任命他十二岁的次子刘义真为安西将军,镇守长安,被夏王赫连勃勃袭击,刘义真撤出长安城,回到江南;他手下的将士贪婪,大肆抢掠满载宝货、女子,双车并排缓慢行进,夏兵三万人追击刘义真。建威将军傅弘之对刘义真说:"我们带这么多辎重,一天走不了十里,胡掳的骑兵很快就要追上,我们应丢弃车辆,轻装快撤。"刘义真不听。很快夏军蜂拥而至,傅弘之率军断后,连日奋力拼杀,后被夏军打败俘获。刘义真因走在队伍的前面,又逢天色已晚,夏军没有穷追到底,他才得以逃脱性命。他周围的人都已逃走,刘义真独自一人藏在乱草丛中。中兵参军段宏单人匹马寻找他,沿途呼喊,刘义真听出是他的声音,出来相见。刘义真对他说:"如果我们俩一同回去,必定不能两全,你可割下我的头带回南方,使家父不再想着我。"段宏哭着说:"下官怎忍心如此,让我们生死在一起。"于是用绳子将刘义真绑到自己背上,同骑一匹马逃回。刘义真对段宏说:"今日之事,实在是没有谋划好,然而大丈夫不经过这番失败,何以知道人世间的艰难!"

谦恭待人

宋公刘裕诛杀晋国宗室中有才能声望的人,司马楚之的叔父司马宣期,哥哥司马贞之都被杀死。司马楚之逃亡到汝水、颍水一带,聚集部众,图谋报仇。司马楚之年轻,有威武的气概,又能降低身份谦恭地对待有才能的人,拥有部众一万多人,屯驻在长社。刘裕派刺客沐谦前去刺杀他。司马楚之对待沐谦十分热情。沐谦想动手,得不到机会,于是称说有病,知道司马楚之必定前去问候,想在那个时候刺杀他。司马楚之果然自己送汤药去探望病情,情意真挚厚重,沐谦不忍心下手,于是从席下取出匕首,把实情告诉司马楚之说:"将军身为刘裕所恨,希望不要轻率,以便保全自己。"于是投身到司马楚之手下侍奉他,做他的卫士。

解释消瘦之因

庾亮拜访周顗。周顗说:"您有什么高兴的事而突然发胖了?"庾亮说:"您有什么忧苦的事忽然清瘦了?"周顗说:"我没有什么忧虑的事,只是清净淡泊日渐进入体内,而渣滓污秽日渐远离躯体罢了。"

周虓降而不恭

前秦入侵东晋梁、益等州,秦兵攻至梓潼,梓潼太守周虓严谨地防守涪城,派遣步兵和骑兵数千人送母亲和妻子从汉水前往江陵,秦兵拦击而俘获了他们,周虓就投降秦国。前秦王苻坚想要派周虓做尚书郎,周虓说:"蒙受晋朝厚恩,只因为年老的母亲被俘获,才失节到此。母子能够获得安全,是秦所赐的恩惠。虽然是公侯的尊贵,也不以为光荣,何况是郎官呢?"于是就不再做官。每一次看到苻坚的时候,就傲慢地伸直两脚而坐,叫他氐贼。曾经刚好遇到正月一日的朝会,仪仗侍卫非常多。苻坚问他说:"晋朝正月一日的朝会,和我们比起来怎么样?"周虓愤怒地捋袖举臂而声色严厉地说:"犬羊相聚在一起,怎么敢和天朝相比拟?"秦人因为周虓不恭顺,好几次请求苻坚杀了他,苻坚对待他愈加优厚。

射草人励志

叶延十岁时,他的父亲被羌族首领姜聪杀害。叶延每天早上就用草捆扎成形像姜聪的草人,并哭着用箭射它,射中了就号啕大哭,射不中就怒睁双目,大声喊叫。他的母亲对他说:"你父亲已被众将领杀死,你为何还要这样做呢?"叶延哭着说:"我知道射草人没什么用,也报不了父仇,可我这样做是为了激励我的远大志向。"

不计旧怨

石勒建赵称王后,一天,把老家武乡(山西境内)的耆旧故老们召到襄国一起欢乐饮宴。宴席上,他见当时熟悉的父老乡亲都到齐了,唯独当年的邻居李阳未到。石勒回忆起当年在家期间,两人曾为争夺沤麻的池子发生过争吵,甚至还动手厮打。现在,石勒成了一国之王,想李阳定是怕石勒计较过去,不好意思前来。想到这些,石勒便对家乡父老说:"我小时候就知道李阳是个血气方刚的勇士,当初因沤麻发生一点争执,乃都是平民时的恩怨。现在,我正准备兼平天下,怎么会去斤斤计较那点事情呢?"说毕,便立即派人前去家乡请李阳速来赴宴。李阳来到之后,石勒急忙站起来,上前挽住李阳的胳膊开玩笑地说道:"过去小时候我饱受了您的拳脚,你也遭到了我的毒打,咱们本来就是两平交,谁也不吃亏,谁也没受屈,你说不是吗?"李阳见石勒心胸这么宽阔,激动地紧紧握住石勒的手,好长时间说不出话来,乡亲们见此情景说道:"亲不亲故乡人嘛,不打不成交。"石勒忙随和道:"对,对,对,不打不成交!"接着,便封李阳为参军都尉。

佛图澄劝谏石虎

石虎将要杀他的儿子石宣,佛图澄劝谏说:"陛下如果能宽恕石宣,福分和国运还会长久,如果一定要杀他,石宣会化为彗星不利于邺城皇宫的。"石虎不听。第二年,石虎死去。第三年国家倾亡。《晋书》记载这件事，认为佛图澄的话应验了。

苻洪为军师毒杀

　　前秦创建人苻洪，曾任东晋征北大将军，冀州刺史，广川公，都督黄河以北诸军事。此后，苻洪割据枋头，自称大都督、大将军、三秦王。他有个军师叫麻秋，投靠苻洪后，想以取得信任为阶梯，逐步把苻洪的势力转到自己手中，进而自立为王。一天夜间，麻秋与苻洪高谈阔论，把苻洪哄得昏头昏脑。苻为感谢麻秋的"一片忠心"，设宴招待麻秋。麻秋以为夺权时机已到，便让苻洪喝下了自己预先准备的毒酒。不一会儿，苻洪腹痛大叫，太子苻健闻讯赶到，当场将麻秋杀死。苻洪自知毒发不久人世，忍痛对太子嘱道："我以前之所以没有入关，是因为中州可以安定。现今不幸为麻秋算计所害，我将不久人世。平定中州不是你们兄弟所能办到的事情，待我死后，你们可急速入关。"苻洪嘱完即逝，终年六十五岁，在位一年。苻健继位，改王称帝。

与民众同渡灾年

　　升平二年，前秦发生大旱。前秦王苻坚减少了膳食，取消了歌乐，命令后妃以下的人全都换掉绢丝服装。开发山林湖泽，国家与百姓共同享用，停止战争，休养生息。所以虽遇大旱，但并没有引起灾荒。

苻登后毛氏

　　苻登的皇后毛氏，勇武强壮，擅长骑马射箭。
　　太初二年，毛氏被立为皇后。四年，苻登将毛氏及辎重留在界营。姚苌率兵袭击大界营，营房被占领。毛氏弯弓上马，率领壮士几百人与姚苌死战，杀敌七百余人。但终于寡不敌众，被姚苌捉住。姚苌看到毛氏很有姿色，就想将她占为己有。毛氏高声骂道："我是天子皇后，怎能为你这个仇敌所侮辱，还不赶快杀了我。"说着仰天大哭道："姚苌无道，你先杀害天子，现在又想侮辱皇后，皇天后土，岂能饶恕你。"姚苌大怒，将毛氏杀死。

严惩权豪贵戚

　　前秦王苻坚任命王猛担任侍中、中书令，兼任余兆尹。特进、光禄大夫强德，是皇太后的弟弟，饮酒后撒酒疯，强横霸道，掠夺别人的财货、女子，成为百姓的祸患。王猛一到任就逮捕强德，上奏后没得到批复，已把强德的尸体陈列在街市；苻坚派使者快马去赦免强德，已经来不及了。王猛时年三十六岁，性格刚直，痛恨邪恶，纠察审问，没有丝毫顾忌。几十天之间，有权势的豪族、皇亲国戚，被杀死、判刑而免职的有二十多人，朝廷官员震惊战栗，奸险狡猾的人销声匿迹，遗失在路上的东西无人拾取。苻坚感叹地说："我现在才知道天下需要法令的重要性！"

称王不称帝

苻坚杀苻生后,民心大快,将士欢腾,群臣一致拥立苻坚为帝。苻坚推辞,让哥哥苻法即位。苻法道:"你是嫡嗣,而且贤明,群臣拥护,应该即位。"苻坚道:"哥哥年长,宜应即位,有兄在,弟绝不越阶即位,望兄勿推。"兄弟二人互相谦让,久久未能定夺。群臣再次上书,拥立苻坚即位。苻坚见推辞不掉,就提出必须去掉皇帝尊号,改称大秦天王。众臣只好同意,苻坚才同意在太极殿即位。

桓温不能思愆自贬

前秦王苻坚听到东晋大司马桓温废立皇帝的事,对臣属们说:"桓温先在灞上战败,后在枋头战败,不能思愆自贬,向百姓认罪,却反而废黜君主来自我开脱,六十岁的老人,做出这样的事来,将怎样为天下所宽容呢?"

智断乱首

前燕第四任皇帝慕容暐即位后,只有十一岁,但天资聪慧,颇有心计。

太师慕舆根,历来争强好胜,自恃为先帝有功旧臣,对慕容格的地位高于自己,心中不服,伺机陷害慕容格。当时,因皇帝年幼,太后经常过问朝政,慕舆根很不满,就怂恿慕容格道:"平定天下,你南征北战,出生入死。今主上年幼,母后干政;你应将幼主废掉,自立为帝。"慕容格一听,大惊道:"你怎么能说出这样逆上作乱的话,缘何生出这种动机来?"慕舆根本想叛逆作乱,又想嫁祸于慕容格,不但阴谋没得逞,反受了一顿指责,更加心中怨恨,便来了个恶人先告状,抢先向皇帝慕容暐和太后进言道:"太宰慕容格图谋不轨,要犯上作乱,我请求率宫中卫兵去消灭它。"太后听后大惊失色,正要表示同意,幼主慕容暐从容说道:"太宰乃国家贤臣,先帝选之,他不会干出伤天害理的事来。"于是没有同意慕舆根的请求。事后,慕容暐对太后说:"我已从其言行中断定,这是慕舆根自己本想作乱而嫁祸于别人的。"随后派人监视慕舆根,发现果有谋乱行为,便下旨将其捕捉归案,连其妻、子、同党一起杀死。

璇玑图诗

前秦苻坚部将窦滔镇守襄阳,窦滔妻苏若兰年二十三,被留在家中,用五彩丝织成一幅锦字回文诗,寄给窦滔。全幅横直各八寸,二十九行,每行二十九字,共八百四十一字。按各种读法,可得各体诗二百余首。窦滔收到诗信,叹为妙绝,送走善于歌舞的宠妾赵阳台,迎苏若兰到襄阳。苏若兰寄诗时说,我的诗自成语言,只有我的丈夫能懂得。用限制极严的形式,表达多样家常生活和夫妻间情爱,技术上非常奇巧。武则天称为《璇玑图》,撰文说:"纵横反复,皆为文章(诗),其文点画无缺,才情之妙,超今迈古。"《璇玑图诗》因奇巧而得传。

纳谏谢罪

　　前凉张重华继位后,勤谨治国,精心御敌,节节胜利,渐渐产生了骄傲情绪,懈怠政事,滥赏亲信,使得一些忠直之臣为之担心。征事索振上书谏道:"先王时期日夜勤于政务,生活俭朴,信任贤良,以谢艾为将,兵士忠心效力,取得胜利;过去汉光武帝躬亲万机,奏章送到朝廷,不出当天就可批复下来,故能成就中兴大业。而现在您贪图享乐,懈怠公务,奏章积压如山,往返传递须经数日,结果下情不能上通,上情不能下达,沉冤故在牢狱;国库日渐空虚,寇仇依然存在,强敌常来侵逼,您却轻易耗费钱财,去赏那些无用之辈,这哪是英明君主所干的事情呢?"索振陈词激昂,凉王看后虽然感到刺耳,但觉得句句在理,便公开向索振表示谢罪。

不做凡人妻

　　段氏字元妃,是段仪的女儿,从小温婉聪慧。一次,元妃对妹妹季妃说:"我将来不做凡夫俗子的妻子。"季妃也说:"妹妹我也决不做平庸之人的老婆。"周围的人听说了只是笑笑而已,并不以为然。
　　内黄人张定善于看相,见段氏姐妹后,惊讶地对段仪说:"您家的兴盛将取决于这两个女儿呀。"段仪听后非常高兴。便不急于为女儿找婆家,以至于两个女儿都二十多岁了还没有嫁人。段仪的儿子段伦沉不住气了,对段仪说:"张定怎么能知道她们姐妹会富贵,您怎能竟然相信他,而拒绝别人求婚呢?"段仪说道:"我等志向高远,为的只是要给她们选择好的女婿。"
　　不久,慕容垂娶了元妃为继室,备受宠爱。等到慕容垂夺取帝位后,元妃被册封为皇后。范阳王也娶了季妃。这样姐妹二人都成了皇后,果然应了她们小时候发的誓,也应了张定的预言。

大义灭亲

　　孝文帝迁都洛阳和一系列改革,引起了北魏贵族的不满,首先出来反对的,是他的儿子、太子元恂。孝文帝禁穿胡服,他偷偷照穿;孝文帝禁讲鲜卑语,他照讲不改;他常常借口洛阳天气炎热,散布洛阳不如平城好的论调。一次,孝文帝出巡嵩山,太子元恂乘机与心腹密谋策划,准备带一批人马不辞而别,直奔平城。孝文帝得知此事,立即返回洛阳,把太子元恂召进宫中,并亲自与咸阳王元禧轮番把元恂打了一百多棒,然后令人将他拽出去,囚禁在城西。不久,孝文帝召集文武百官,商议废除元恂太子位之事。太子太傅穆亮、少保李冲跪地为太子求请。孝文帝道:"你们为太子谢罪,请求宽恕,是出于私情;而今天我在这里要和大家商议的,却是国家大事。'大义灭亲'古人为贵。太子元恂违抗父命私自逃叛,天底下还有比这更大的罪恶吗?如果不将其废掉,将来也是国家的祸害。"

于是，孝文帝下诏废元恂为庶人，将其安置到外地河阳无鼻城，后来赐元恂服药酒而死。

兽贱人贵

北魏君主拓跋珪在白登山打猎，看见一只熊带着几只小熊崽儿，便对冠军将军于栗磾说："你以勇猛劲健著名，能捉住他们吗？"于栗磾回答说："兽贱人贵，我如果和它们对搏，而不能取胜，岂不是白白地断送一个壮士吗！"于是他把几只熊全部驱赶到拓跋珪的面前，又将它们全部射倒并且抓获。拓跋珪对于栗磾表示歉意。

孝文帝迁都

北魏自建国以来，定都平城（今山西大同附近）。孝武帝认为，平城地处边塞，气候寒冷，变化无常，对发展农业生产十分不利，且交通不便。每遇天灾，百姓便四处逃荒，严重影响着国家的安全。而洛阳就不同了，地处中原，交通便利，一直是汉族政治、经济和文化中心，东汉、魏晋都以此为京都，对统一中国十分有利。故孝文帝在未亲政之前，眼睛便盯住了洛阳。

孝文帝亲政后，第一件事就提出迁都洛阳，结果遭到太后和贵族旧臣的强烈反对。几天后中，孝文帝便想出了一条妙计：以南伐为名，谋迁洛阳，上演了一场假戏真做的故事。

一天，孝文帝召集文武百官，假意商议南攻伐齐之事，在他预料之中的事发生了：众大臣一齐反对。事后孝文帝首先做通了任成王拓跋澄的工作，任成王表示坚决支持他。于是，孝文帝不顾群臣反对，便调兵遣将，亲率大军三十万向南进发。十月，大军开到洛阳，这时，正值秋雨连绵，道路泥泞，士卒艰难地行进着，文臣武将叫苦不迭，很多人坐下不想走了。孝文帝装出愤怒的样子，命令三军继续向南进军，群臣一见皇帝还要南进，骨头全软了，便齐跪在皇帝马前，苦苦表示不要再南伐了。孝文帝见时机成熟，也就不再过分做戏，对众臣说："大军南伐，半途而废，劳民伤财，回去怎么交代？朕一直想迁都到中原，如果大家不愿南伐，就把都城迁到这里，也算办了一件大事。愿与不愿现在就表态：同意南伐的站在右边，同意迁都的站在左边。"多数大臣不愿迁都，更不愿南伐，两相比较，南伐还不如迁都，于是全站到了左边。公元494年十一月，孝文帝发布命令，正式迁都洛阳，全国禁止穿胡服，改"拓跋"姓为"元"姓，修改礼仪、法令，改革官职名称，依照实行南方制度。

以忠直取信任

拓跋嗣登上皇位，下诏任命大臣时，问旧日臣属中先帝最亲近信任的人是谁。散骑常侍王洛儿说是李先。拓跋嗣召见李先问他："你凭什么才能什么功劳被先帝赏识？"李先回答说："臣下没有才能没有功劳，只是凭忠实正直被先帝赏识而已。"拓跋嗣下诏委任李先为安东将军，时常住在宫内，以便随时向他征询意见。

败亡之因

魏文侯向李克询问吴国灭亡的原因,李克回答说:"是因为屡战屡胜。"魏文侯说:"屡战屡胜,是国家的福气,怎么会灭亡呢?"李克回答说:"屡次交战民众就会疲劳,屡次取胜君主就会骄傲,以骄傲的君主来统御疲劳的民众,没有不灭亡的。"

立雪求师

北魏时,有个叫神光的僧人,博览群书。一天,他听说高僧达摩大士住在少林寺,便想向他学习高深的佛学道理,就赶到少林寺,早晚参拜达摩,希望收自己为弟子。

达摩整天盘膝坐在一个洞中,面朝墙壁,一动不动。神光到了少林寺很长日子了,还没听到达摩一句教诲。神光决心不顾生命,舍生求法。一天冬夜,天下着大雪,神光走到达摩洞外,立在那里。夜深了,雪越下越大,神光不顾寒冷,还是站在雪地里不动。到天亮时,积雪已超过神光的膝盖,身上也堆满了雪。达摩走到洞口,看到神光,对他很是怜悯,就问他道:"你通宵站在雪中,究竟有什么要求呢?"神光流着眼泪心诚地说:"只求大师慈悲,广度众生,收我为徒,教我佛法。"

达摩终于收他做弟子,并替他改名为慧可。经过达摩的教诲,慧可后来成了非常有名的神宗大师。

婆媳争罚

北魏胡长命的妻子张氏,对婆婆王氏十分孝敬。北魏政府禁止百姓私家酿酒,但王氏年纪已大,又因患病需酒治疗。张氏为婆婆治病心切,就违禁偷偷地在家酿酒。此事被官府查知,要按规定进行惩处。王氏到官衙自首,冒称酒是自己酿的,欲替儿媳受罚。张氏不肯推罪于婆婆,对官府说:"婆婆年老多病,家里的事由我主持,酿酒的事她根本不知道,要治罪由我一人承担。"官衙见婆媳二人互争受罚,不知怎么处理,把此事上报给魏文成帝,文成帝深受感动,赦免了她们婆媳二人。

为父求俸禄

南燕君主慕容备德的母亲和哥哥慕容纳都在长安,慕容备德派平原人杜弘前去访问。杜弘说:"臣到了长安,如果不知道太后的消息,就要向西到张掖,誓死尽力完成拜访的事。臣的父亲杜雄年纪已经超过六十,乞能给他一份本县的职位俸禄,以表达臣孝敬的心意。"中书令张华说:"杜弘还没出发就向皇上求取俸禄,要挟国君的罪很大呀!"慕容备德说:"杜弘为国君迎接太后,为父亲求俸禄,忠孝兼备,何罪之有!"任命杜雄为平原县令。杜弘到了张掖,被盗匪杀死。

君臣戏谑

南燕君主慕容备德在延贤堂宴请群臣,喝得酣醉,对群臣说:"朕可以和古代的什么国君相比?"青州刺史鞠仲说:"陛下是中兴的圣主,像少康、光武一样。"慕容备德看着左右,赏赐鞠仲一千匹帛;鞠仲因为赏赐太多,辞谢了。慕容备德说:"卿知道戏弄朕,朕不可以戏弄卿吗?卿所回答的不是实话,所以朕也可以虚言赏赐卿。"韩范进言,说:"天子没有戏谑的话,今天的言论,君臣都有过失。"慕容备德觉得他说的是实话,便赏赐韩范五十匹绢。

李暠斥责高谈阔论

西凉国建立者李暠是个能审时度势,讲究实事求是,反对夸夸其谈。有一天,西凉司马索承明呈上奏疏,劝说凉公李暠讨伐北凉河西王沮渠蒙逊。李哥看后,就召索承明进宫,当着众臣对其说:"沮渠蒙逊已成百姓的祸患,我怎么也不会忘记。但是,就我目前的力量而言,还无法将他除掉。你如果有什么计策,能够将他捉住,就直截了当告诉我;否则,言之无物,光说大话,高谈阔论,让我盲目东征,这与说'石虎这小子真坏,应该抓起来杀掉'的人有什么区别呢?"一席话,说的索承明羞愧恐惧,面红耳赤,无言以对。从此,再没有人敢上疏只讲空话不谈实际了。李暠在位十七年,注重从实际出发,修筑交通,设置学校,培养治国人才;在玉门、阳关屯田,以恢复生产,发展经济文化,使西凉在短时期内出现经济繁荣,人心安宁的局面。

用血筑城

大夏国的建立者,赫连勃勃,以统万为都城。这座城可以说是用血筑成的。大夏政权建立后,定都统万,他任命叱干阿利兼将做大臣,征发胡人、汉人共十万,在朔水以北,黑水以南的地方建筑都城。叱干阿利性情乖巧伶俐,但凶暴残忍。他用蒸过的土筑城墙,验收时铁锥如果能插入一寸深,他就要把泥工杀掉,并把其尸体筑进城墙中。他督造兵器,当逞送给验收的时候,如果制作的弓箭射不透铠甲,就杀死做弓箭的人;如果射透了,就杀死做铠甲的工匠。他又用铜筑成一面大鼓,把"飞廉""翁仲""铜柱""龙"等塑像,面上装饰上黄金,排列在宫殿之前。仅为此,前后就杀掉几千名工匠。工匠为求活命,不敢不尽技尽力,使都城和宫殿及武器什物等都打磨得非常锋利精致良美。

南北朝

官无私藏

南朝宋帝刘裕称帝前,由于经历过贫困生活,即皇帝位后,生活仍很简朴,起居有节,对珠宝车马很有节制,游览欢宴不多,后宫嫔妃也少。平关中时,他曾获得后秦文桓帝姚兴的侄女,对她倍加宠爱,并曾因此误了政事。右卫将军谢晦发现后,对他稍一提醒,刘裕便立即把她遣送出宫。他高居帝位,住处用的是土屏风、布灯笼,平时穿着随便,常常是连齿木屐,普通裙帽,他还把补缀多层的破袄交给长女,并嘱咐道:后世如有骄奢不知节俭的就拿给他们看看。他还长期保存着自己年轻时的劳动工具,用以教育后代,使其知道稼穑艰难。刘裕病死时,大臣们发现"财帛皆在国库,内无私藏"。无不为之心动,对刘裕平时节俭寡欲,更加感到名副其实。

由于宋武帝历行节俭,率先垂范。宫内宫外,都严奉节约,无人奢侈浪费。他这样节俭之风,对刘宗后世有很大的影响。到了他的儿子文帝刘义隆时,便出现了兵车不用,民无外劳,粮食丰足,夜不闭户,家给人足,处处繁荣富裕的太平景象,历史上称其为"元嘉之治"。

举贤不计私仇

南朝宋王华与张邵曾经有矛盾,当王华官至侍中成为宋初重臣时,张邵的亲戚朋友都为他担心,张邵却说:"王华弘扬公正,绝不会为私仇而害正义。"不久,张邵被委任雍州刺史,正是王华提议的。张邵上任后,将大片低洼地周沿筑起围圩,又修堤立堰,开发垦田数千顷,使郡内之人得以富足。

不以前事为嫌

南朝宋人庾业很有钱,总是以佳肴款待宾客,而宗悫到他家,却以腌菜、粗米饭之类招待,并且对别的客人说:"姓宗的是个军人,吃惯了粗食。"宗悫吃饱而去。后来宗悫担任了豫州刺史,庾业正好在他手下任长吏,还兼官梁郡,然而宗悫并不以前事为嫌,反而待他很好。

无礼不敬　危在旦夕

太常李顺出使凉国回来，北魏国主跋拓焘问起凉国的情况。李顺说："凉王沮渠蒙逊控制河西超过三十年，经历了艰辛，大体还懂得随机应变，安抚聚集荒远地区的民众，部下对他既敬畏又顺从；虽不能把王国大业传继给子孙后代，还足以在有生之年把持大权。但是礼仪是道德的体现，恭敬是修身的基础，沮渠蒙逊无理不敬，无礼之人，易生骄慢，据臣看来，他危在旦夕，等不到明年了。"

尊敬老农

刘义季任荆州刺史，都督荆、湘等八州诸军事。春季的一天外出打猎，有一位老人披着草苫在耕作，刘义季手下的人斥责这位老人，老人说："沉溺于游猎，是古人早已告诫的。现在阳光和畅气候湿润，一天不耕，民众就错农时，为什么还放纵游猎的欢乐而驱赶斥责老农呢！"刘义季止住马匹说："这是位贤人。"命令手下人赐给老人粮食，老人推辞说："大王不夺农时，那么境内的百姓都能吃饱了大王的粮食，老夫哪里敢单独享受大王的赏赐呢！"刘义季问他的姓名，老人没有回答就告退了。

失君臣大义而败身

司徒刘义康一人总揽朝廷大权。文帝体弱生病多年，精神劳累就发病，多次病危，因此把政务大多委托给义康，州郡以下官员任用、罢免、生杀大事都由他来裁决。权势倾倒远近，朝野上下各级官员都向他靠拢，每天早上刘义康门前来访的车辆常常数百之多。朝廷中有些大臣极力推崇他，有的甚至煽动怂恿，秘密策划让刘义康篡位。刘义康也自以为自己与文帝是兄弟至亲，不再遵守君臣上下的礼节，常常任意行事。文帝心中对此感到不满，外表上待他却没有改变，但裂痕已经很明显，尚书仆射殷景仁上奏说，相王权势过重，将给国家带来患难。于是文帝将极力亲近和怂恿刘义康的两个大臣逮捕下狱杀死，然后将刘义康软禁起来。刘义康便上书退位，文帝下诏刘义康调出京城出任江州刺史。刘义康将要南下豫章，叹息说："只有谢述劝我急流勇退，刘湛劝我不断进取。后来刘湛活着，谢述死了，我身败名裂也是理所应当的了。"不久，文帝下诏将刘义康及其子女贬为庶民，断绝他们的皇家户籍，迁徙交付安成郡。后来被使者掩杀。

善哭得官

刘德愿生性粗朴直率，宋孝武帝也对他极随便，常加戏弄。皇上的宠姬殷贵妃死了，安葬后，他又多次与群臣到她的墓地去。皇上对德愿说："你要是哭殷贵妃哭得悲伤，我就重赏你。"他的话一说完，德愿便大哭起来，捶胸顿足，眼泪鼻涕齐下。皇上对此很高兴，于是任命他为豫州刺史。皇上又命因医术而入宫的羊志哭殷，羊志也哭得很伤心。

后来有人问羊志:"你的眼泪怎么说来就来了?"羊志当时刚死了一个爱妾,便答道:"我那天是哭自己的亡妾呀!"

范晔自评《后汉书》

范晔在狱中时,给他的外甥和侄子们写信说:"我已经写成了《后汉书》,细看古今的著述及有关的评论,很少有符合自己心意的。我写的杂传的末尾的议论文字,都是精深的意旨。至于《循吏》以下及至六夷部分的诸篇绪论,笔力雄健,尽情挥洒,实在是天下的奇作。其中适当的篇章,往往不低于贾谊的《过秦论》。曾经同班固所作之书放在一起比较,强之多多,并不只是不感到惭愧。赞语的部分自然是我的文章的杰出部分,大抵没有一字虚设,行文求变出奇,奇异变化无穷无尽,就是相同的内容也要来用不同的表达方式,竟然连我自己都不知道怎么称赞他。这部书出现于社会,自然会得到人民的赏识的。自古以来结构宏大并且思致精审之,还没有这样的。"

遭疑忌被杀

司空江州刺史、永修公檀道济在刘宋朝时立有大功,威名很大,左右心腹都身经百战,几个儿子又都有才气,宋文帝元嘉年间,朝廷对他既疑忌又畏惧,文帝久病不愈,朝内大臣认为"皇帝一旦驾崩,檀道济将不再能控制"。司徒刘义康告诉文帝,召檀道济入朝。檀道济的妻子向氏对道济说:"高于世人的功勋,自古被人忌恨。现在没事召你入朝,灾祸将要降临了。"到了京城几天,将要回返时,刘义康假设诏书为他饯行,趁机逮捕了他。文帝下诏说:"檀道济暗中散发金钱,招引剽滑歹徒。趁朕卧病,图谋祸乱。"将他交付廷尉,连同他的儿子等十一人全部诛杀。

临死不易其辞

司徒崔浩等人修撰《国记》,不知忌讳而冒犯了皇家,被捕后,太子把高允召到东宫,与他一同进宫朝见,走到宫门时,太子对高允说:"见到皇上后,我会引导你见机行事,如果皇上有什么话问,只管依从我的话去回答。"高允问道:"这是出了什么事?"太子说:"进宫后自然会知道。"太子见到北魏国主,说:"高允小心谨慎,而且官位低贱;著书主要是由崔浩所为,请赦免他不死。"北魏国主问高允道:"《国书》都是崔浩写的么?"高允回答说:"《先帝记》和《今记》是我与崔浩共同执笔,然而崔浩兼职太多,只是总揽裁定此书大纲而已,至于实际写作,我比崔浩要多。"北魏国主大怒说:"高允的罪比崔浩更大,怎能留他活命!"太子恐惧地解释道:"陛下天威震怒,高允是个小臣,因此慌乱失去了条理,我以前问过他,都答说是崔浩所写。"北魏国主问高允:"东宫太子的话可相信吗?"高允回答说:"我的罪过应该灭族,不敢随意编造。太子殿下实际上是因为我很长时间在他身边侍候讲书,怜悯我的处境,要放我一条生路而已。其实并不曾问过我什么,我也没有回答过那些话,不敢胡乱瞎说。"北魏国主望着太子说:"正直啊!此是人情所难以做到的,而高允却做到了!临死不改变自己所说过的话,这是信义;作为臣下而不欺瞒君上,这是忠贞。应该特赦免他的罪,以示表彰。"于是高允得以免罪。

淡泊名利

柳元景原是军队将帅,他不擅长理朝政,而他却有气量,有风度。当时朝中功臣大员,多兼营其他产业,从中谋利,只有他什么都没搞。他家在南岸有几十亩菜园,守园人把菜卖了一些,得钱两万,送到府中。柳元景说:"我建这个园子种菜为的是供家中食用,现在却拿它去卖钱,这是侵夺百姓之利啊!"于是他把这笔钱给了守园人。

"田舍公"的宫殿

自晋朝政权从洛阳东迁建康以来,宫殿草建,朝会宴席之处,只不过是东西两个大堂而已,晋朝孝武帝末年,才修建了清暑殿。刘宋朝造立,没有什么增加改动,到刘骏时开始大规模修建宫殿,墙壁房柱用锦绣装饰,赏赐爱妃、宠臣,几乎用光了府库的钱帛。拆掉其祖父宋武帝刘裕生前所住的宫殿,于其处修建玉烛殿。孝武帝与群臣前去察看,旧屋床头前还有一段土屏障,墙壁上挂着葛布灯笼,麻绳蝇拂,侍中袁颐因而极力称颂武帝简朴的美德。孝武帝不答话,自语道:"一个'田舍公'(庄稼汉)能有这样的房室,已是过分享受了。"

一心可以事百君

巴陵王刘休若任徐州刺史时,任命张岱为谘议参军,代理府州国事。后来,临海王刘子顼做广州刺史,豫章王刘子尚做扬州刺史,晋安王刘子勋做衮州刺史时,张岱历任这个州府的谘议参军,做这三位王的行事,和典签、主帅共同处理事务,他每件事做得很成功,而跟同属僚们的关系相处得也很好。有人问张岱:"主王的年纪小,能主事的部门又很多,而你每次都能把公私关系协调好,你是怎么做到的?"张岱说:"古人说,'一心可以侍奉百君'。我为政公平端正,待人接物总是以礼相迎,所以让人追悔莫及的事,也就没有机会发生。聪明或者愚蠢,笨拙或者能干,更不过是才能的高下而已。"

失之毫厘 相差千里

宋明帝刘彧初年,威令所到达的地区,不满百里,士兵有叛离之心,官员无固守之意,但明帝能布真诚、讲信用,人们没有不感恩服德,为他尽忠效死,所以能摧毁西方强敌,荡平北面叛军,境内平定统一。然而后来,由于前方捷报频传,地方反叛者束手就擒,明帝开始骄傲自负,听不进将领与大臣的善言,急切向敌军炫耀武力,出师无名,强令进击。时值天寒地冻,士卒战死、冻死的过一大半,前线几位将领也反叛投敌。结果失去了淮北四州及豫州淮西地区。真乃失之毫厘,相差千里,维持先祖开创的基业,谈何容易!

虞愿侍说宋明帝

宋明帝刘彧把原来的王府改建为湘宫寺,极为壮观,又想在寺内建十层高的佛塔但不能造成,于是分建为两塔。新安太守巢尚之离任入京晋见,宋明帝对他说:"你到过湘宫寺吗?这是我的一大功德,是用大钱才造成的。"通直散骑侍郎虞愿在一旁侍立,说:"这都是老百姓卖儿卖女的钱修成的,佛爷如果有知,当会慈悲怜悯,罪比佛塔还高,哪里有什么功德!"在座的人都变了脸色,宋明帝发怒,命人把虞愿赶下殿。

宋明帝爱好围棋,但棋艺很低劣,与当时的第一等国手王抗对弈,王抗假装让棋,说:"皇帝的飞棋,臣无法切断。"宋明帝得意得更加着迷。虞愿在一旁说:"尧用这东西教育他的愚蠢儿子丹朱,不是帝王所应爱好的。"宋明帝虽然非常气愤,但因虞愿是他当湘东王时的老部下,也就宽容了他。

盛衰刘彧

南朝宋明帝刘彧,是宋文帝刘义隆的第十一子,武帝刘骏的异母兄弟。刘彧即位时,晋安王刘子勋也在浔阳即帝位,并派兵进攻建康。刘子勋是武帝的第三个儿子,名分正,所以,一时间四方相应,纷纷投向浔阳,拥护刘子勋。全国二百七十四个郡中,只有丹阳郡拥护刘彧。

吏部尚书蔡兴宗面对危机,急急地进谏刘彧,要他迅速地废除前废帝刘子业的暴政,与民休息,至信待人,并厚抚一应反叛者在建康的家属。刘彧接纳了蔡兴宗的建议,立即实施。并任命德才兼备的司徒刘休仁、辅国将军刘攸之、御史吴喜公为领导将领,迎击叛军。九个月后,叛军被击溃,杀刘子勋于浔阳。

刘彧兵威强盛。徐州、益州、梁州、兖州、豫章、汝南等多州郡向刘彧乞降。这时,刘彧踌躇满志,不听臣僚的劝告,遣五万强兵直指淮北。结果,薛安都、常珍奇、青州刺史陈文秀、冀州刺史崔道固等投降北魏,大片江山丧失,众将领斗志锐减。

刘彧面对半壁江山,日渐消沉。威权一天天下降,朝风尽坏,刘彧将被封王的诸兄弟全部处死,连忠心耿耿的刘休仁、功勋卓著的吴喜公也杀死,甚至连不慎犯禁忌的大臣也满门抄斩。刘彧生活荒淫奢侈,大肆挥霍,致使国库空虚,百官的俸禄也告断绝,朝臣、黎民苦不堪言。泰豫三年四月,刘彧死于景福殿,时年四十三岁。

视死神色不变

宋明帝刘彧病重,担心驾崩之后,皇后临朝掌权,江安懿侯王景文凭借国舅之势,必定要成为宰相,门族强盛,可能会有野心。于是,宋明帝派使者带毒药赐王景文自杀,亲笔手令说:"与你多年相处,想保全你的家族门户,所以有这个处理。"手令送到,王景文与客人弈棋,打开信看后,把信放在棋盘下,神色不变,仍考虑与客人争胜负。局棋下完,把棋子收进盒内之后,才慢慢地说:"奉皇上命被赐药自尽。"便拿出手令让客人看。手下几员将领十分气愤,提出不能坐以待毙,要奋击造反。王景文说:"我知道你们是为我,如果真的帮我,请替我一家着想。"于是写一封亲笔信回答手令以致谢,然后饮药而死。宋明帝追赠王景文开府义同三司。

韩秀反对放弃敦煌

柔然汗国多次攻击北魏的敦煌,尚书褚渊奏称:"敦煌地方偏僻遥远,夹在西方、北方两大强寇之间,恐怕不能自保,不妨放弃城池,把全部百姓迁到凉州。"文武官员集合商议,都认为很对,只有给事中韩秀反对,他认为:"敦煌设置城池,为时已经很久,虽然靠近贼寇,但按照平常的驻防,足以保全自己,而且,敦煌的地理位置非常重要,可隔断西方、北方二敌的接触,使他们不能往来,如果把当地的百姓强行迁到凉州,不但会蒙受丧失国土的罪名,而且,故臧距离敦煌有千里之遥,布防、巡逻都非常困难,两个强敌一定有联盟、侵略的野心。如果骚乱了凉州,那么关中百姓就无法安心生活。同时,官员或百姓如果有人因安土重迁而招引外寇前来,里应外合,势必成为国家的深远的祸患,不可不考虑。"于是,放弃敦煌的计划才停止。

惩罚有过之人而无宿憾

北魏冯太后性情聪颖,善于察知人心,知书会算,通晓政事,但为人猜忌、心狠、多权谋。对她宠幸的亲信,如果稍有过失,就加以鞭打杖击,但没有过夜的愤恨,不久又对他们像原来一样,有时甚至因此一打而更加富贵了。所以她的身边亲信被惩罚,但终究没有叛离之心。

升官梦

南齐车骑将军张敬儿非常信梦。当初,张敬儿担任南阳太守的时候,他的妻子尚氏梦见自己的一只手灼热如火;及至他担任雍州刺史的时候,他的妻子梦见肩膀发热;做了将军开建府署后,他的妻子梦里又觉得半个身子发热。张敬儿的欲望没有止境,常常对自己亲近的人说:"我的妻子梦里又觉得全身发热了。"张敬儿又说自己梦见家乡村里社庙旁的树木高耸入云。齐武帝听说后就很讨厌他。恰巧有人告发张敬儿派人到蛮人中做买卖,武帝怀疑他有叛变的意图。趁着一次在华林园办斋会的时候,朝廷百官都去参加斋会,武帝当即在座席上拘捕了他。将张敬儿及他的四个儿子全都杀死。

节俭自俸

南朝齐国高帝萧道成即位后,提倡节俭自俸,对齐朝政权的稳定,发挥了重要作用。萧道成曾说:"假如让我治理国家,不超过十年,定使黄金与土同价。"他认真汲取刘宋后期皇帝奢侈淫逸,官吏竞相受贿谋私的教训,大胆改革刘宋孝武帝以来的弊政,下令提倡节俭,反对奢侈。首先从皇室开始,颁诏:"皇子、皇孙、两宫和诸王,一律不许建庄园别墅,霸占山林湖泊。"他看见在库中有一个玉导,便下令打碎,说:"留着此物,正是滋长一切弊端的祸根。"他还亲自检查库中的一切奇巧物品,下令一概以"玉导"为例进行处理。他规定,宫中上下,都要衣物无华;宫廷用的器具,凡是金、银做的都要用铁制品。朝廷大臣张融,上朝时仍旧穿着过去那件既破旧又肥大的粗布衣,萧道成看见后,既从内心感动,又觉得过于寒酸,有失齐国体统,便对张融道:"我送你件衣服吧,是我穿过的,虽然也是旧的,但总比你这件强;并且已按照你的身体裁剪过了,你穿上看看是否合体。"这便是"量体裁衣"典故的来历。

萧晔侍武帝宴饮

南齐武帝即位后,他的几个亲兄弟虽都为王,却都不被亲近宠爱。武陵王萧晔多才多艺,个性疏放狠直,也不得武帝的宠爱。一次侍候武帝宴饮,萧晔喝醉酒,伏在地上,帽上的貂尾沾到了肉盘,武帝笑着说:"肉玷污了貂尾。"萧晔回答说:"陛下爱惜羽毛而疏远骨肉。"武帝不高兴。萧晔看轻财物,喜好施予,所以没有积蓄,他把后堂的山取名叫"首阳",可以说是抱怨贫穷,抱怨武帝待自己不够亲厚。

萧鉴十四岁任刺史

自晋朝以后,益州刺史都由有名的将领担任。永明三年,齐武帝破例任命萧鉴为益州刺史。在此之前,益州地区盗匪猖獗,盗匪首领韩武方聚集党羽常做凶暴事情,郡县没法禁止。萧鉴上任后,韩匪出来投降,长史虞悰等人都要求把他杀了。萧鉴说:"杀了他就失了信用,而且不能劝人为善。"于是就宽恕了他的罪过。巴西一带的贼寇闻风都来投降归附。到达新城,一路上听到百姓议论说:"益州守将陈显达大量招兵买马,不肯将益州兵权交给萧鉴。"于是,萧鉴停留在新城,派遣典签张昙皙去观察形势。不久陈显达派人来看萧鉴,手下的人劝萧鉴把使者抓起来。萧鉴说:"陈显达在本朝做官,很有名节,一定不会这样。"过了两天,张昙皙回来说:"陈显达已把全家搬出益州府城,日夜盼望殿下到来。"萧鉴顺利地进了益州城,这时萧鉴十四岁。

范缜著《神灭论》

范缜极力强调世间没有佛存在,竟陵王萧子良说:"你不信因果报应,怎样解释人间会有富贵、贫贱的不同遭遇?"范缜说:"人生有如树上的花朵同时绽开,随着风飘散,有的拂过窗帘坠落在床席上面,有的穿过篱笆掉在粪厕里。坠落到床席上的,好比殿下,落到粪厕的好比我就是了。贵贱虽说途径不同,因果究竟在哪里?"范缜又写了《神灭论》认为:"形体是精神的本质,精神是形体的作用。精神之于形体,就有如锋利之于刀子,没听说刀子没有了而锋利还能存在,哪能容许形体死亡了,而精神却能存在呢!"这一议论发出,朝廷内外都轰动,和范缜辩论的不少,始终没法使他屈服。萧子良派王五融劝范缜说："凭着你这样的才华，还愁什么当不上中书郎，却故意发表这种荒谬偏激的言论，实在是令人太遗憾了。你应该赶快毁掉并放弃这些文章。"范缜一听，大笑说："假使让我范缜出卖我的理论，去换取官职，那么，我早已做到尚书令、仆射了，何止是一个中书郎！"

文献王萧嶷

南齐豫章文献王萧嶷生性仁善、恭谨、廉洁、节俭，从来不追求金钱，不接受贿赂。他自己家的库房发生火灾时，将他从荆州带回的资产全部烧光了，当时估计约有三千多万，但他对库房的负责人只不过是每人责打几十棍而已。他病情加重时，立下遗嘱，告知他的几个儿子说："才能，有优劣好坏之分；官位，有亨通受阻之分；运气有贫穷富足之分；这是自然而然的道理，你们所处的位置还不足以让你们仗势欺人。"

萧嶷去世那天，他家里没有一点现钱，武帝下令每月接济萧嶷家一百万钱，追赠他都督中外诸军事和丞相职务，丧礼规模仪式，完全和汉东平献王刘苍一样。

贾渊精通谱学

南朝齐人贾渊世代祖传谱学。宋孝武帝时，青州人发掘古墓，只见铭文："青州世子，东海女郎。"孝武帝问学士鲍照、徐爱、苏宝生，他们三人都不知道如何解释。而贾渊回答说："这是司马越的女儿，嫁给苟晞的儿子。"经过验证，确实如他所言，从此贾渊受到了武帝的器重。

怪异人张融

张融请假东行，世祖（南朝齐武帝萧赜）问在哪里住，他回答说："我是在陆上住无屋，在船中居非水。"过后世祖又问张融的堂兄张绪，张绪回答说："张融近来东行，没有住所，在哪里歇脚，就将所乘的小船拉到岸上住，这就是住处。"世祖听后才明白当初张融所说的话，不禁大笑起来。

张融和吏部尚书何戢关系很密切，一日，去看望何戢，却走到了尚书刘澄家。张融下车进门，就说："不对。"到了里院门口，看见了刘澄又说："不对。"正向座席走去，又看了一下刘澄说："怎么都不对头啊？"于是就离开了刘家。他经常做这样怪异的事情。

山中宰相陶弘景

南朝齐梁人陶弘景博学而多艺能，喜好研究养生方法。在齐做官没有固定职务，只奉朝会，备召问。后来辞官隐居在矛山，梁武帝即位后，亲手诏谕请他出来做官，他不肯出任。国家每次有吉、凶或者是征战、讨伐等大事，都要先咨询他的意见，一个月中有数次使者来往传信，当时的人称他为"山中宰相"。他死以前曾作诗说："夷甫任散诞，平叔坐论空。岂悟昭阳殿，遂作单于宫！"因为当时的士大夫竞相谈论老庄那种非常玄奥的道理,不重视学习武艺,所以他作这首诗来隐喻朝廷的士大夫。

陶弘景对历算、地理、医药等都有较深的研究,曾整理古代的《神农本草经》,并收集魏晋间名医所用新药,成《本草经集注》七卷,共载药物七百三十种。另著有《陶氏效验方》《补阙肘后百一方》《药总诀》等。

曹景宗赋诗

南北朝时梁代大将曹景宗战功卓著,平时为人也是争强好胜。一次,曹景宗征伐得胜而归,梁武帝在华光殿设宴慰劳众军。宴会上武帝令左仆射沈约赋诗庆贺。曹也向武帝要求赋诗,武帝说:"卿技能甚多,人才英拔,何必止在一诗。"这时,曹景宗已醉,坚持请求要赋诗,武帝只好让沈约给他赋,这时韵已赋尽,只剩下"竞"和"病"两个字。曹景宗听了二话不说,操起笔来,一气呵成:"去时儿女悲,归来笳鼓竞。借问行路人,何如霍去病?"众人听后,惊叹不已。

以法交友

尚书左仆射源怀,持符节巡视北方六镇以及恒、燕、朔三个州,进行视察民情,考核官吏,怀朔镇的守将元尼须与源怀有旧交,他在任十分贪婪,声名狼藉,置办了酒席宴请源怀,对源怀说:"我命的长短,完全取决于您的一句话,既为旧友,岂能不加以宽容我?"源怀回答:"今天是源怀与过去的老相识坐在一起饮酒,这里也不是审讯犯人的地方。明天,公庭才是我检举揭发汝罪之地。"元尼须听后,挥泪不止,无言以对。后来,源怀查证所揭发罪行,处置了元尼须。

代父受刑

梁朝冯翊人吉翂的父亲为原乡县令,被奸吏诬陷,逮捕押送到廷尉罪当处死。吉翂时年十五岁,他击响悬挂在朝堂外的登闻鼓,乞求代父亲一死。武帝见他年龄幼小,怀疑是别人叫他这样干的,就让廷尉蔡法度对他严加诱胁,让他说出实情。蔡法度把各种拷讯刑具都摆出来,质问吉翂:"你乞求为父抵命,圣旨已经准许了,现在就是看你是否真的愿意去死?但看在你只是个儿童,如果是别人让你这样做的,那么你要反悔也可以。"吉翂回答:"我虽然愚鲁年幼,但岂能不知道死的可怕?完全是出于不忍心看父亲遭受极刑,所以乞求代他一死。这不是小事,怎么是受他人的教唆呢!圣旨允许我代父而死,岂有反悔之说呢?"蔡法度又和颜悦色地诱导说:"皇上知道令尊没罪,很快就会释放,看你实在是个好孩子,现在如果能改变你所说的话,你们父子就可以一同活命。"吉翂说:"父亲的案子非常严重,必须依法论处。我唯有闭目伸头,听任一斩,再没有要说的了。"蔡法度把这一切情况上奏武帝,于是武帝就宽恕了吉翂父亲的罪过。

丹阳尹王志得知吉翂在廷尉那里受审的事,又到吉翂乡里去核实,就要把吉翂作为纯孝之士推举上去。吉翂听说后说:"真奇怪啊,王尹怎么这样轻视我呢!父亲受辱儿子去替死，本是天经地义的事情，如果我是为了借用父亲受辱欺世盗名，这真是太耻辱不过的事了。"他坚决拒绝才作罢。

老者拦驾进谏

梁武帝对朝廷官员非常优待爱护，其中有犯法的，他都超越法律而替他们开脱。而老百姓有罪，则一定按照法律处置，并且株连犯罪，不管老幼一概不免，一人逃亡，全家以身抵押服劳役，百姓被逼迫走投无路，各种作奸犯科的窃盗反乱案件就更加严重了。有一次，武帝去郊祀，有一位秣陵老人借机拦住御驾讲道："陛下执法，对庶民太严酷，对权贵太宽松，这不是长久之道。如果能打一个颠倒，则天下大幸呀。"武帝于是考虑对百姓执法加以放宽。

焚书自尽

梁元帝爱书成性，常常让身边的人为他读书，日夜不断，即使睡着，手里还拿着书，有时手下人读错了或有意欺骗他，他马上就会惊醒。写文章，拿起笔来一挥而就，时常说："我作为一个文人绰绰有余，作为一个武将就有些惭愧了。"评论他的人认为这话说得恰如其分。……当时外城南面虽然被西魏军队攻破，但城北面的守将仍然在坚守苦战，傍晚时分，南城也被攻破，才纷纷散离。元帝走进东阁竹殿，命令舍人高善宝烧毁古今图书十四万卷，他也准备跳入火中烧死，被左右侍从和宫女们一齐拦住了。……有人问他："你为什么把书烧掉？"元帝愤然地说："读了上万卷的书，却落到今天这个地步，所以干脆烧了它！"城破后，被西魏兵杀害。

李集进谏如初

典御丞李集当面劝谏文宣帝高洋，把他比为夏桀王和商纣王，文宣帝令人把他捆起来放进水中，沉下去好久以后，把他拉出来，对他说："我与桀、纣比起来怎么样？"李集说："看来您还不如他们！"文宣帝又命把他沉进水中，再拉出问一次，这样反复四次，李集回答如初。文宣帝大笑着说："天下竟有这么痴呆的人，我才知道龙逢、比干还算不上什么出色的人物！"便释放了他。不久，李集又被召见，李集又要进谏，文宣帝下令将他推出去腰斩。文宣帝对人要杀还是要赦免，变化难测。

穷夫将妻出嫁与富人

梁朝末年，侯景作乱，都城建康一带闹大饥荒，饿死了很多人。徐孝克奉养母亲，穷得连粥都喝不上。他的妻子臧氏是领军将领臧盾的女儿，因为长得很漂亮，徐孝克就对她说："现在如此饥荒，大家生活都很困难，无法奉养母亲，我想把你出嫁给富人，这样，我们都可以活下来，你觉得怎样？"他的妻子臧氏不同意。当时有个侯景的战将孔景行，他很富足,徐孝克就暗中叫媒人给他说亲,于是孔景行领着众人来到徐孝克家,强行迎娶臧氏,臧氏哭着被娶走了。徐孝克从中得到了聘礼,都用来供养母亲。他自己削发当和尚,取名法整,同时又去乞讨食物来补偿供给。臧氏深念旧情,经常私下里送来钱粮衣物,所以,徐孝克和母亲也还能够勉强度日。后来,孔景行战死,臧氏在路上等候孝克,几天后,他们终于相见,臧氏对孝克说:"过去的事情实是万不得已,你我并没有忘恩负义,如今一切都过去了,我们应当一起回家供养母亲。"徐孝克沉默不语。最后孝克还俗,两人重结连理。

陈武帝善知人

一日,陈武帝在都城建康(今南京)设宴款待众将领,席间,杜僧明、周文育和侯安都三人向他祝寿,大家都各自炫耀自己的战绩。武帝说:"你们都是良将,但各有不足之处。杜公志大才疏,对下属过于亲近,对上级骄横无礼,只知炫耀功劳而不知退让。周侯爱滥交友,同谁相交都推心置腹,处危险之境,却毫无防人之心。侯郎傲慢、荒诞而不庄重,举止轻佻、放肆而不检点。你们这些习惯都不能明哲保身。"最终这三人的结局都被他说中了。

坦然对待事变

陈朝的欧阳纥举兵反叛,使侨居在岭南的士大夫都感到惊恐害怕。前著作佐郎萧引却很坦然,说:"以往历史上的官宁、袁涣遇到变故时,也都是静坐待变。君子自己行为正直行施正义,何必忧虑恐惧!"欧阳纥被平定以后,陈宣帝征召萧引为金部侍郎。

冼夫人

陈朝欧阳纥召阳春太守冯仆到南海,劝说他一同谋反。冯仆派人告诉母亲冼夫人。冼夫人说:"我们忠贞报国,已经两代,不能因为怜惜你而辜负国家。"于是发兵在境内拒守,与到来的朝廷军队一起击败欧阳纥。欧阳纥被活捉。

冯仆由于母亲冼夫人的功劳,被封为信都侯,升迁为石龙太守,朝廷派使者持符节册封冼夫人为石龙太夫人,赐给有彩色帷幔丝质绳网用四匹马拉的坐车一辆,乐队一套,以及旌旗等物,冼夫人驾车出行时的仪仗和州刺史一样。

苏威挡帝以谏

隋文帝杨坚曾经恼怒一个人,要杀他。太子少保苏威进入殿阁谏止,文帝不听,要亲自出去将那人斩首,苏威便挡在文帝面前不走;文帝避开他想绕出去,苏威又走上前去挡拦。文帝一气之下拂衣返回宫中,过了许久,文帝才召见苏威,向他道歉说:"你能够这样,我就没有忧虑了。"并赏赐给他两匹马和十万钱。不久,又任命苏威兼任大理寺、京兆尹、御史大夫，原来的官职仍照旧。

陈叔坚回应敕令

陈朝司空、长沙王陈叔坚被免官。陈叔坚自从失去了陈后主的恩宠，心中不安，于是用厌胜之术，祭祀日月以祈求福佑。有人上书将他告发，陈后主就将他囚禁于中书省，准备杀掉他，派遣侍卫近臣宣读敕书，谴责陈叔坚的罪行。陈叔坚回答说："我本来没有别的想法，只是想亲近讨好陛下。如今我既然触犯了朝廷法令，罪该万死。我死的时候，必定在阴间见到陈叔陵，我希望向他宣读陛下的诏令，在九泉之下谴责他的谋反行为。"陈后主于是赦免了他的死罪，只罢免了他的官职。

吴明彻被俘

陈国大将吴明彻在陈国已经相当衰弱的情况下，率军征伐北齐，他的军队所到之处，攻无不克、战无不胜，数月之间就完全收复了江北地区。他的将略与才学，被公卿们认为是一时之冠。然而，后来在进攻北周的彭城时，被王轨所困。王轨计划切断陈军的归路。部将萧摩诃请求发兵击退王轨，可吴明彻不听，并且傲慢地说："冲锋陷阵，勇夺敌旗，是将军你的事；而深谋远虑，运筹帷幄，则是老夫我的事。"还不到十天，陈兵的水上归路便被切断。萧摩诃又请求悄悄突围，可吴明彻却仍然不答应，由于吴明彻居功自傲，大意轻敌，结果，陈军大败，吴明彻与将士三万人都做了周军的俘虏。

破镜重圆

徐德言是南朝陈太子的舍人，娶陈后主之妹乐昌公主为妻，乐昌公主美貌如仙女，才学不俗。北方隋朝大军压境，徐德言担心会遭劫难，夫妻难以相伴，便对妻子说："陈朝一旦灭亡，我俩会无法相聚。倘若我俩情缘未断，有望相见的话，应有一信物为证。"于是，将一面镜子断为两块，夫妻各执一半，他对妻子说："他日必以正月望日卖于都市，我若还生在人世，到时一定前去找你。"隋将杨素领军攻破陈朝国都建康，发现美若仙女的乐昌公主，便抢回府中作为姬妾，杨素对她非常宠爱。徐德言饱受流离战乱之苦，来到隋朝国都长安，访寻妻子。他走在街市中，见一人手执半面镜子，高声叫卖，要价很高。徐德言将那人领到住处，将自己与妻子分离经过详述一遍，并从怀中取出半面镜子，同那人的半面镜子恰好合在一起，又题诗一首："镜与人俱去，镜归人不归。无复嫦娥形，空留明月辉。"让那人一起转告。其妻乐昌公主得到这首诗后，整日哭泣，不进饮食。杨素问明原因后，也很同情，便将乐昌公主还给了徐德言，夫妻得以重新团聚。

恪守信用

当初，交州刺史袁昙缓悄悄地给欧阳颁寄了五百两银子，要他把一百两还给合浦太守龚荛,其他四百两给他儿子智钜,除了他俩没人知道这件事。不久,欧阳頠被萧勃击败,家财都被掠夺尽,只有袁昙缓寄来的五百两银子还在。袁昙缓不久去世,欧阳頠仍然依照袁昙缓信中的要求,把银子给了龚荛和他儿子。欧阳頠如此恪守信用,因此当时的人都非常敬仰他。

罗结一百一十岁退休

北魏任命罗结为侍中、外都大官,总管三十个部门的事务,罗结当时已经一百零七岁,精力旺盛,北魏国主拓跋焘认为他对朝廷忠诚,性格憨直,十分尊敬信任他。命他再兼长秋卿,负责管理后宫日常事务,可以出入卧室寝殿。一百一十岁时,才准许他告老还乡,朝廷每有大事,仍派人去向他请教。又过了十年他才去世。

不独享福祉

北魏国主拓跋焘进封宜都公、穆寿为宜都王,此外加授穆寿为征东大将军,穆寿推辞说:"我祖父穆崇之所以能够在前朝为朝廷效力建立功业,使福祉荫及后代,全是由梁眷的忠诚。现在,梁眷有大功却尚未获得录用,我却累世独受朝廷赏赐,心里实感惭愧。"拓跋焘非常高兴,四处寻找梁眷的后人,终于找到了梁眷的一个孙子,赐封为郡公。

被囚禁不丧失气节

北魏的使者于什门出使燕国,被燕国囚禁二十一年,不曾丧失气节。回国后,北魏国主拓跋焘下召褒奖于什门,把他比作苏武,任命他为治书御史,赐羊一千头,布帛一千匹。把这件事记载下来,祭告列祖列宗,并布告天下。

担保贤臣

北魏文成帝拓跋浚,即皇帝位时年仅十二岁。他年龄虽小,但聪明过人,任用贤臣,信任忠良。原殿中尚书源贺,除奸拥立有功,被文成帝封为征北将军,赐予王爵。

源贺受到皇帝的宠爱,引起了不少人的妒忌,就在源贺被封为陇西王的当月,上武邑人石华控告源贺阴谋叛乱,文成帝看后说:"源贺竭心尽力忠于国家,朕敢于向你们担保,绝对不会发生这样的事。"尔后,令有关部门调查验收,石华躲避不过,只好承认是自己诬告源贺。于是,文成帝将石华处斩。对左右大臣道:"像源贺这样忠心耿耿的人还免不了被别人污蔑诽谤,而那些比不上源贺的人,又怎么能不小心谨慎呢?"

高允受宠而家贫寒

中书侍郎高允爱好直切地劝谏,朝廷中的事有所不当时,高允总是求见文成帝,文成帝常常屏退身边的人来与他相见。有时谈话从早上到晚上,有时一连几天不出宫。高允的语词有时过分痛切,文成帝听不下去,就命他出去,但最终还是善待他。

与高允一起入朝的人都升了官,有的封了侯,甚至于这些人的部下都当了刺史、郡太守,而高允是个郎官,二十七年不变。高允从来对此没有一句言语。由于家中贫穷,妻子、儿子不能造置家业,高允常常让儿子们打柴采果来维持生活。一天,文成帝到高允家,只有草屋几间,布被、旧棉袍,厨房中只有盐和青菜。文成帝叹息说:"高允虽然受到宠遇,但妻子儿子却置不起家产。"于是赐给高允五百匹绸缎,一千斛粮食,提拔高允的长子高悦为长乐太守。文成帝尊重高允,常称他"令公"而不叫他的名字。

有识之言

光禄勋于烈的儿子于登依照旧例请求升官,于烈上表孝文帝说:"如今正值圣明之朝,做臣子的理应清廉谦让,但是我儿子于登却援引旧例而要求晋升,这是我平素对他教训不严厉的结果,所以乞求朝廷罢黜我的官职。"孝文帝说:"这是有识之言,朕没有料到于烈能做到这样。"于是召见了于登,对他说:"朕将要广施教化于天下,因为你父亲有谦逊的美德、正直的品格,所以晋升你为太子翊军校尉。"并且加任于烈为散骑常侍,封为聊城县子。

高官高寿

北魏光禄大夫咸阳文公高允,侍奉过五个皇帝,担任过尚书、中书、秘书三省中重要职务。任职五十几年,从未被责备过。他仁爱、宽恕、清简,虽居高位,心境却同清寒之士一样;他爱好学习,拿着书本常常几日诵读不离手;教诲人向善学好,诚恳不懈怠厌倦;厚待亲属,挂念朋友,从不离弃;宋时,显祖平定青州、徐州,把两州的望族都迁到代地,这些人中多数是高允的亲戚,流离失所,饥寒交迫,高允把家产拿出来接济布施,使他们都能受到照顾。他还将这些人中有德行、有才能的人推荐给朝廷。高允身体向来很好,没有疾病,这时稍有不舒服,还是照常起居休息,几天后去世,享年九十八。孝文帝追赠他为侍中、司空以及布帛、衣物等,北魏建朝以来,无论对生者、死者的赐赠,都没有赶上他的。

孝文帝看重齐人

南齐派司徒参军萧琛、范云到北魏访问,北魏孝文帝很看重齐人,亲自和他们谈论,回头对群臣说:"江南很多好臣子。"侍臣李元凯当即回答说:"江南有很多好臣子,每年换一次君主,江北没有好的臣子,一百年才换一次君主。"孝文帝很觉惭愧。

不说话的好处

北魏孝文帝决定迁都,当时老一辈的鲜卑人都不愿迁往中原,但又害怕南伐,所以没有敢反对的。由于文武大臣的意见并不一致,孝文帝就对卫尉卿、镇南将军于烈说:"对于迁都你是怎样想的?"于烈回答说:"陛下圣明的谋略,考虑深远,这不是愚昧肤浅的人所能预测到的。如果推测大家的心意,愿意迁都的人和依恋故土的人,正好各占一半。"孝文帝说:"你既然没有公开说自己反对,那就是表示认同了,我深感到你不说话的好处。"于是,派于烈回到平城镇守,说:"留都的一切事情,全都托付给你了。"

做官难易

北魏朝廷任命高阳王拓跋雍做相州刺史,孝文帝警戒他说:"做个牧羊人民的长官,也算容易也算艰难,他本身正直,不必号令,百姓自然照做,所以容易;他本人不正,即使有号令,百姓也不依从,所以艰难。"

移风易俗

北魏孝文帝迁都洛阳后,决定变更北方的习俗,对大臣们说:现在我要禁绝鲜卑的语言,完全遵从中华的汉语。年龄三十岁以上的,习性养成已很久,或许不容易一下子改变。三十岁以下,现在朝廷任职的,不准照旧说鲜卑语,如果有故意说鲜卑语言的,免除所任的官职。并下诏令:入迁移到洛阳的人死后,葬于河南,不得送回北边安葬。

北魏改用长尺、大斗,其度量法度依照《汉书》中的记载制定。

不信佛被罚黄金一两

北魏宣武帝太后崇尚佛教,许多百姓家的男子都出家为僧。高阳王的好友李玚上书说:"三千条罪行中没有比不孝更大的了,不孝之中没有比无后最大的,怎么能够轻易违背礼仪名分之情,任意让他们求佛、信佛,抛弃家庭,不养育后代,去掉当今的礼仪名分去追求来世的好报应!孔子说:不知道生,怎么会知道死?哪有抛弃严肃的政务而信从鬼教呢!"沙门都统僧暹等人对李玚称佛教为鬼教十分愤恨,认为是诽谤佛,便向皇太后控诉李玚。于是太后责备李玚,李玚说:"天可说是神,地可说是祇,人可说是鬼。《传》中说:'光明处则有礼乐,黑暗处则有鬼神。'所以生活在光明环境中的人,便是堂堂正正的人。生活在幽暗环境中的人便是鬼教。佛出自于人,故称之为鬼,我认为这不是诽谤。"太后虽然知道李玚的话对,但也不好违背僧暹的控诉,只好罚了李玚黄金一两。

地理学家郦道元

秦朝以前,我国已有许多地理类书籍,但当时国家不统一,生产力水平低,人们对地理的概念还比较模糊,这类书籍中普遍存在的问题就是虚构,如《山海经》《穆天子传》《禹贡》等,隋代郭璞的《水经》是我国第一部记述河道水系的专著,系统地以水道为纲,记述其源流和流经地区,确立了因水证地的方法,但所记水道,繁简不等,也存在一些错误,郦道元立志为《水经》作注。

郦道元首先进行实地考察,他的足迹踏遍长城以南、秦岭以东的中原大地,收集了大量地理资料,广泛阅读有关文献,周密仔细地进行勘正,指正《水经》之错误六十余处。另对疑误进行了修正。《水经》记录河流一百三十七条,而《水经注》则记录河流一千二百五十二条,《水经》只有一万五千字,而《水经注》竟达三十万字。

郦道元在实地考察原地形的同时,又广泛收集地理著作,进行比较研究,得出新的结论。例如江南会稽郡的诸暨县,有五泄瀑布,景色壮丽,向来不为世人所知。郦道元在《水经注》首次记载了五泄瀑布壮观气势:"浙江又东,合浦阳江,江水导源乌伤县,东经诸暨县,与泄溪合。溪广数丈,中道有两高峡溪,造云壁立,凡有五泄:下泄悬三十余丈,广十丈;中三泄不可得至,登他山远望,乃得见之,悬百余丈,水势高急,声震林外;上泄悬二百余丈,望若云垂。此是瀑布,土人号为泄也。"从此,世人方知五泄的山水景观。

郦道元留下了不朽的地理巨著《水经注》四十卷,不仅开创了我国古代"写实地理学"的历史,而且在世界地理学发展历史上也占有重要地位,不愧为中世纪最伟大的世界级地理学家。

崔光取绢

北魏胡太后,赏赐王公、妃嫔、公主百余人,让其到藏绢的仓库按自己的力气随意拿取,拿的最少的也不下一百多匹,由于扛的绢太重,有的跌倒在地摔伤,有的扭伤了腰,崴伤了脚。唯有侍中崔光只取了两匹,胡太后嫌他拿得少,他回答说:"我的两只手只能拿两匹绢。"其他的人听了都感到很惭愧。

碎首流肠无所惧

北魏车骑大将军尔朱荣坚持迁都,孝庄帝也不能违背。都官尚书元谌争辩迁都之事,认为迁都不妥,尔朱荣发怒说:"迁都关你什么事,你这么固执!况且河阴朝臣被杀的事,你应该是知道的。"元谌说:"国家大事应当与天下人民共同商量,怎么能用河阴的血腥事来恐吓我呢!我元谌是皇家的宗族,任尚书之职,活着既然对国家没有什么益处,死亡也不会有什么损失,即使就在今天碎首流肠,也没有什么可怕的!"尔朱荣非常恼怒,准备将元湛治罪,尔朱世隆极力劝阻,这才作罢。在旁边目睹这一场面的官吏个个胆战心惊,元谌脸色依旧,毫无畏惧,过了几天后,孝庄帝和尔朱荣一同登高浏览,看到洛阳城中宫庭宏伟壮观,树木排列成行,尔朱荣不由感叹道:"下臣我前些天是如此愚昧狭隘,竟然有迁都的想法,现在看到洛阳城这样壮观,再好好想想元谌的话,确实是不易之言。"因此撤销了迁都的议题。

王罴冒死无伤

梁朝围攻北魏荆州,拦河堵水,用水淹荆州城,城墙只剩几道墙板那么高就要被淹没了。此时北魏正值多事之秋,无暇顾及援救荆州,荆州城中的粮食吃完了,刺史王罴就煮了粥与守城的将士们分着吃,每次出城交战时,王罴也不穿铠甲,总是昂头向天大叫着:"荆州城是孝文皇帝设置,如果老天不保佑我们大魏的江山,那就让敌人的箭射中王罴的额头;如果敌人的箭射不中我的额头,那我王罴一定会打败敌人。"这样一直坚持了三年,前后,参加战斗几十场,王罴也没有受伤。

分道扬镳

北魏时,元志为都城洛阳的长官,依仗皇帝的器重而颇为自傲。一次,御史中尉李彪与元志在路上相遇,各不相让,李彪认为自己官职高,元志应当为他让路,而元志则坚称自己是洛阳的地方长官,李彪对于他来说只不过是洛阳的一个住户而已,自己没有让路的道理。两人各执一词,纷争到了皇帝那里。孝文帝觉得他们讲得都有道理,于是劝解说:洛阳是我的都城,以后你们可以分开来各自走各自的路。

张思宇不吃蒸豆

北魏军队侵扰齐国,卢昶等人还在建康,齐人愤恨他们,拿喂牛马的蒸豆给他们吃。卢昶怕齐人杀他,就吃蒸豆,眼泪与汗水齐淌。但谒者张思宁严词拒吃,不屈服,死在客馆。等回到洛邑,北魏主孝文帝责备卢昶说:"做人哪个不死?何至于自己糟蹋自己,和牛马一样,委曲自身,污辱国家!即使远的不愧对苏武,近的独之不愧对张思宁吗?"于是把他贬黜为平民。

不骄傲自大

崔光临死时,推荐都官尚书贾思伯为侍讲。孝明帝跟着贾思伯学习《春秋》,贾思伯虽然地位显贵,但却能诚心诚意地礼贤下士,非常谨慎谦恭。有人问贾思伯说:"贾公您是怎么做到不骄傲自大的呢?"贾思伯说:"有了地位就骄傲,那能保持长久吗!"当时的人将此传为佳话。

散财交友

高欢家境贫寒,但深沉而有大志,他到平城服役,富家娄氏的女儿看到他,认为他不是一般人,便嫁给了他。他这才有了马匹,得以充当镇上的信使。他到洛阳时,见到张彝被打死一事,就倾尽家里的财产来结识宾客广交朋友。有人问他为什么这样做,高欢说:"卫兵们结伙焚烧了大臣的住宅,朝廷却畏惧他们叛乱而不敢过问,执政到了这种地步,事态如何便可想而知了,岂可死守着这些财务而过一辈子呢?"

宁死为忠鬼　不生为叛臣

北魏安东长史元显和率领军队与元法僧交战;元法僧活捉了他,拉着他的手,让他和自己同坐,元显和不肯坐,说:"我和你都是皇室,现在你占地反叛,难道就不怕史官秉笔直书,遗臭万年吗?"元法僧还想抚慰劝说他,元显和说:"我宁愿死了做个忠鬼,也不做叛臣活着!"元法僧便将他杀了。

引咎争死

葛荣率军围攻北魏信都,从春天一直围到冬天,北魏冀州刺史元孚率领将士日夜拒守,城内粮食已尽,外面又无救援,葛荣攻破都城,捉住了元孚,把城中居民全部赶出来,冻死的达十之六七。元孚的哥哥元祐是防城都督,葛荣与部将们商议元氏兄弟的去死去留。元孚、元祐兄弟俩都将罪过揽在自己身上,争着去死,元孚手下的都督潘绍等几百人,都磕头请求处死他们来救活刺史元孚。葛荣说:"这些人都是北魏的忠臣义士。"因此一同被囚禁的五百人都得到免死。

教人子行孝

齐州长史房景伯的母亲崔氏,通晓经学,有见识。贝丘有一妇人诉说自己的儿子不孝,房景伯把其子唤来严厉责备。他母亲对他说:"山民不知礼义,何以值得深加责难呢!"于是招来这一妇人,同她对坐进食。让这个妇人的儿子侍立。

在堂下,以使他观看房景伯如何供奉母亲进食的,不到十天,这个不孝的儿子悔过了,请求回去。崔氏说:"他虽然在面子上觉得惭愧了,但心里却未必如此,还是继续留在这里吧。"又过了二十多天,这个妇人的儿子叩头流血,他母亲流着眼泪乞求回家。回家以后,这个儿子以孝敬母亲而闻名。

高洋断丝理乱

东魏大都督高欢为了观察他的几个儿子的智能如何,就让儿子们各自清理一团乱丝,几个孩子都快速地进行梳理,唯独小儿子高洋拔出配刀砍断乱丝,说"乱的东西就一定要砍断"。又让儿子们各自带着兵器出城去,高欢暗中派都督彭乐率铁甲骑兵假意围攻他们,高洋的哥哥高澄等兄弟们都惊恐失措,唯独高洋带领随从与彭乐交战,彭乐只好脱去盔甲说出实情,高洋还是把他捆绑起来押送到高欢那里。后来,高洋因作战有功,被朝廷任命为骠骑大将军,封为太原公。

少年高澄任职

高澄,年十五岁,出任大行台、并州刺史,自我请求到京都辅佐朝政,丞相高欢不允许;丞相主簿孙搴极力推荐,高欢这才同意,任命高澄为尚书令,加兼领军、京畿大都督的职务。朝廷上下虽然都早已听说他很有才能和远见,但因他年少都有怀疑之心。没想到高澄上任之后,执法严厉,事无凝滞,事办雷厉风行,干净利落,朝廷内外都为之震惊,肃然起敬。

口不言勋

东魏军侵入西魏,平东将军蔡祐率军抵抗,东魏军把他包围了十几层,蔡祐拉满弓,旋转身体向四面射箭抗敌。突然有东魏将领身穿厚甲,拿着长刀直奔蔡祐,离蔡祐大约三十步时,左右人劝他快射,蔡祐说,近一些射得更准。快到十步时,蔡祐发箭,敌人应弦倒下,东魏军队后退,蔡祐领军突围。战事结束后,每个将领都争先邀功,唯有蔡祐口不言勋。丞相宇文泰感叹地说:"蔡祐自己不谈功勋,我就该替他论功叙赏。"

"独立君"裴侠

西魏的各位州郡长官一同去觐见丞相宇文泰,宇文泰就让河北太守裴侠单独站出来,对其他牧守们说:"论清廉、审慎、尽职尽责,裴侠在天下可以排在第一位。你们中间要是有跟裴侠一样的人,可以同他站在一起。"大家都默不作声,没有一个人敢回答丞相的话。于是宇文泰就嘉奖裴侠,给了他优厚的赏赐,朝廷与民间都对此而感叹佩服,称裴侠为"独立君"。

赎买奴婢亲友

西魏讨伐梁国,攻占江陵。把王公以下的百官和挑选出来的男女平民共几万人作为奴婢,分赏给三军将士。西魏太师宇文泰得到庾季才,很优厚地对待他,让他参与掌管太史工作。庾季才拿出自己私人的财产,赎买沦为奴婢的亲戚旧友,宇文泰问他为什么要赎这些人,他回答说:"攻取了一个国家,就会获得大量的俘虏,而礼遇该国的贤能之士,这是自古以来的正道。如今江陵沦陷,其君主萧绎也许有罪过,但一般官吏和贤士有什么过错,竟然都沦为奴隶!我现在是寄人篱下的外人,不敢向您进言,但心里确实为他们的遭遇感到悲哀,所以私下出钱赎买他们。"宇文泰听了省悟过来,说:"这是我的过错啊!假如没有你的提醒,就要失去天下民众的心了!"因此发布命令,免除了几千个沦为奴婢的梁朝俘虏。

杨愔为政

北齐朝野文武大臣面对文宣帝狂暴癫狂的行为,都感到非常的忧虑、痛苦,人人心怀怨恨。但文宣帝把政事委托给杨愔管理,杨愔总揽国务大权,尽心尽力地治理国家,所以当时的人们都说上头的君主昏昧,下面的政治却清明。杨愔仪表整肃,风度高雅,受到朝野各方的尊重,年轻时多次经历过困难灾厄,等到身居高位,凡是在他困难时对他有过一点恩惠的,他都重重回报,即使是对那些原来曾经想杀死他的人也不追究。在吏部掌管官吏的选拔任免达二十多年,一向以奖励选拔人才为己任。他的记性特别好,只要见过一面,他就不会忘记对方的姓名。有一个入选为官的人叫鲁漫汉,自以为身份低贱,杨愔不会认识他,杨愔说:"你以前在元子思坊任职,有一天骑着一头短尾巴的母驴,在路上遇到我不下来,用一块方巾遮住脸,我怎么会不认识你呢!"

少年杨素有大志

北周汾州刺史杨敷的儿子杨素,年少时才艺很高,有大志,因父亲杨敷守节而身陷北齐,没有得到朝廷赐给的谥号,于是向朝廷上表申述理由。北周武帝不答允,杨素接二连三地上表,武帝勃然大怒,命令左右将他斩首。杨素高声喊道:"作为臣子侍奉无道的天子,被杀死是自己的本分!"武帝见他出言豪壮,便以礼遇对待,追赠杨敷为大将军,赐给忠壮的谥号。任命杨素为仪同三司。武帝叫杨素起草诏书,他下笔立成,词句和内容都很切理,武帝说:"希望你好好努力,不要担心将来不会富贵。"杨素说:"只怕富贵来逼臣,臣倒无心求富贵。"

乐运备棺上疏

北周宣帝居丧才过一年,就恣意于声色歌舞,夜以继日,不知道休息;又选美女充实后宫,增设的爵位名号,都无法详细记录,游玩宴饮,沉迷于酒色,有时一连十日都不上朝,群臣奏事,都有太监转奏。京兆郡丞乐运用车拉着棺木上朝,面陈北周宣帝八项过失。北宣帝看完上疏大怒,命令将时乐运斩首。朝廷大臣都非常恐惧,没有人敢救他。内史大夫元岩叹息说:"汉献帝时的陈容愿和臧洪一起死,使人仰慕,更何况遇着这样一个像比干的人呢!如果乐运不免一死,我将和他一起死。"于是上朝求见宣帝说:"乐运不惜一死,是想求名。陛下不如加以慰劳之后放他走,以此显示陛下气度宽宏。"宣帝略有感悟。第二天,召见乐运,对他说:"朕昨天晚上思考你的奏言,你实在是个忠臣。"便放了他回去。

忠义大节不可违

北周徐州总管王轨,听到郑译当权,自知将有灾祸临头,便对部下亲信说:"我从前在先帝之朝,曾对先帝进谏变易皇储大计。现在皇储已继位皇帝,他要找我报复,那是断然可知的事。这个州控制淮南,靠近强敌,如果想为自己打算,可以说是易如反掌。但是忠义大节不可违失,何况我受先帝厚恩,怎能因为得罪了当今皇上,就忘了所受的恩德呢!只可留在徐州等死,希望千载之后,人们知道我的忠心!"

　　北周国主一次不经意地问郑译说:"我脚上被杖打的伤痕是谁干的!"郑译回答说,事情是由王轨引起的。北周宣帝便派人到徐州将王轨就地处死。

隋

萧吉择墓地

隋文帝命令上仪同三司萧吉给皇后挑选墓地,萧吉占卜到了吉祥的地方,就说:"占卜得到预言国家存在二千年,传二百代。"隋文帝说:"吉祥和凶恶是由人决定的,而不在于地理风水。高纬(北齐国后主)殓葬他父亲时,难道没有占卜过吗!很快他就亡了国。正像我家的墓地,如果说他不吉祥,我不该当皇帝,如果说他不凶恶,我的弟弟不该战死。"然而隋文帝还是听从了萧吉占卜的话。萧吉退走后,告诉本族人萧平仲说:"皇太子杨广派人代表他深切地对我酬谢说:'你以前说将来会做太子,果真被验证了,我一定不会忘记你。现在你占卜风水,务必早一天让我当皇帝。我继位以后,将会拿富贵来酬谢你。'我告诉他说:'四年后,太子统治国家。'如果杨广当了皇帝,隋朝将会灭亡!我前面哄骗所说的占卜得到的预言二千年的话,是三十年的意思;'占得传二百代'是取用传世二代之意。你记得这话吧!"

隋文帝不念旧恶

荣建绪与隋文帝杨坚以前有交情,杨坚当丞相时,给荣建绪进位开府之职,并任他为息州刺史。荣建绪准备上任,这时杨坚暗有代周自立的意图,于是对荣建绪说:"将来得志,我与你共享富贵。"荣建绪觉得自己是后周的大夫,他的正气就体现在脸上说:"我不愿听到你这种打算。"杨坚不高兴。于是荣建绪赴任去了。隋开皇初年,荣建绪来到朝廷,杨坚对他说:"你后悔不?"荣建绪顿首跪地说:"我职位不比徐广,情义却与杨彪相同。"杨坚笑着说:"我虽然不懂你引的书中言语,却知道这话并不谦逊。"荣建绪相继任始州、洪州刺史,都因为他有才能而著称。

窦荣定辞谢封"三公"

隋朝任命上柱国窦荣定为右武卫大将军。窦荣定的妻子是隋文帝的姐姐安成公主。隋文帝本想任命窦荣定为三公,他推辞说:"两汉的卫氏、霍氏、梁氏、邓氏四家外威,如果能稍微谦恭退让,就不会至于覆宗灭族。"隋文帝只好作罢。

人臣不可要挟君主

上柱国、尚书左仆射高颎被罢免官职,闲居在家,不久,隋文帝驾幸秦王杨俊的府邸,召高颎在宴会上作陪。高颎见到文帝后歔欷不已,悲不自胜。文帝对高颎说:"朕不负你,这是你自作自受。"文帝对左右侍臣说:"我待高颎胜过自己的亲生儿子,即使不见他的面,他也好像在我的眼前。自从把他解雇离职以后我就把他完全遗忘了,好像从来也没有过高颎这个人。所以,做人臣的不能要挟君主,自认为是天下第一。"

诚以慎口

后周金州总管贺敦,对儿子贺若弼说:"我本想平定江南地区,但这个愿望无法实现了,你应当继承我的志向。况且我是因口舌遭祸而被判为死刑的,你要记住。"说完,就拿锥子刺贺若弼的舌头,刺得口舌流血,告诫他一定要小心口舌灾祸。贺若弼年少时胸有大志,骁武英勇,又擅长理解和撰写文辞,博览群书,在当时颇有名声。周武帝在位期间,上柱国乌执轨对皇上说:"太子不是帝王之才,我也曾与贺若弼谈到此事。"武帝叫来贺若弼询问,贺若弼知道太子已不可能变动,害怕灾祸降到自己身上,于是诡秘地回答说:"皇太子品德学业日益有长进,没见他有什么过错。"武帝听后没说什么。贺若弼退朝后,乌执轨责备他背叛自己,贺若弼说:"君主说话不慎密会失去大臣,臣子说话不慎密则会失去性命,因此我不敢轻率地发表议论。"贺若弼后来升任为大将军,为隋文帝所器重。

贺若弼平陈

隋文帝要平定江南,统一中国,命贺若弼率军平定陈朝。当时,贺若弼与寿州总管源雄,都是各在一方担任着镇守隋朝要地的大将。贺若弼特地给源雄赠诗曰:"交河骠骑幕,合浦伏波营。勿使麒麟上,无我二人名。"(交河:今新疆吐鲁番雅尔湖附近;骠骑,指西汉霍去病;合浦:广西合浦东北;伏波,指东汉名将马援;麒麟:指麒麟阁。西汉宣帝时,朝廷曾在阁上画十一位功臣像,以彰功绩,后遂引以为经典)来表达自己的志向。

当初,隋朝沿江防守部队每当换防之时,就命换防部队在历阳(今安徽和县)集中,每当这时,就军旗飘扬,军营遍野。贺若弼就选定渡江大军在此集中,陈朝人以为又是隋军换防,没做任何准备,贺若弼率大军顺利渡江,立即袭击南徐州(今江苏镇江),击败守军,俘虏了南徐州刺史黄恪。隋军号令严整,秋毫无犯。

陈朝将领鲁达、周智安、任蛮奴、田瑞组织精兵抵抗。贺若弼率军首先将田瑞军击败,鲁达等人轮番进击,隋军屡屡后退。贺若弼看出敌军一开始骄傲怠惰,便率全军将士殊死搏战,大破敌军,生擒陈军大将萧摩诃,贺若弼命令左右拉出去斩首,萧摩诃脸色不变,神态自若,贺若弼当即将他释放,待之以礼,萧摩诃遂降。结果,大军顺利地从北掖门攻入陈朝的内廷。陈朝皇帝陈叔宝被擒,陈朝宣告灭亡。

由于贺若弼灭陈立下大功,隋文帝下诏予以褒奖,封他为上柱国,晋爵为宋国公,任命为右领军大将军，后改为右武侯大将军。

裴肃谏文帝家事

贝州长史裴肃上书隋文帝说："杨勇和杨秀，被罢免为庶人已经有很长时间了，难道他们就没有改过自新的意愿吗！希望皇上开阔作为皇帝和父亲的仁爱之情，顾念天伦之情，各自分封给他们下等的郡国让他们去治理，来考察他们的作为。如果他们能够改好，就渐渐地改换，提高他们的职位；如果不能够悔改，再降职、免职也不晚。现在就永远断绝了他们改过自新的途径，使他们羞愧悔过的心情不被人发现，难道不让人伤心吗？"皇帝看完奏书对杨素说："裴肃为我家的事担心，这也算得上真诚了。"于是便征召裴肃进朝廷，隋文帝当面告诉他杨勇已不可能再挽回了，便不再听从裴肃的建议。

牛弘上表收藏典籍

隋朝秘书监牛弘上表，认为官府收藏的典籍屡经丧失，大多散失民间，原北周朝廷收集的典籍，仅有一万多卷。平定北齐时所得到的典籍，除去重复的以外，只增加了五千卷。大规模汇集典籍，理当在圣明之世，治理国家，没有比此事更为重要的了。岂可使典籍长期流落私家，不归官府朝廷所有！因此，必须借助陛下的威令，迫令献书，并给予献书者一定的赏赐。这样，则各种典籍一定会汇集官府，国家书库就会收藏丰富。隋文帝接受了他们的建议，下诏在全国各地购求散失书籍，每献书一卷，赏细绢一匹。

隋炀帝举办"万国博览会"

公元609年，为了进一步扩展丝绸之路，打破与西域的贸易壁垒，隋炀帝西巡至张掖，召开了"万国博览会"。西域二十七国君主、使臣受邀前来，当地十几万民众身着盛装，夹道欢迎，绵延数十里。为款待宾客，隋炀帝命人组织文物展，并举办宴会，演出来自印度、新疆、朝鲜等地的音乐和舞蹈。各国商人也闻风而动，赶来开展贸易活动。这次经济文化交流活动历时六天，来往道路上车水马龙，形式之新，规模之大，规格之高，人数之多，堪称史无前例。

展览会过后，许多西域宾客、使节和商人还跟着隋炀帝返回洛阳。隋炀帝在洛阳端门外辟出一块场地，演出来自全国各地的杂技和舞蹈，声扬数十里，彻夜不休。他还让洛阳商人装点市容，沿街设帐，摆放酒食，邀请西域商人入座，醉饱出门，不收分文。

隋炀帝选贤

薛世雄的性情廉明而谨慎，凡是他带兵行军攻克的地方，秋毫无犯，隋炀帝因此很赞赏他。隋炀帝对群臣说："我想选拔一个贤能之人，诸位知道是谁吗？"群臣都说："臣下怎能知道圣上的心意？"炀帝说："我想重用薛世雄。"群臣都称颂皇上英明识才。隋炀帝说：

"薛世雄廉正慷慨,忠贞守节,有古人的风范。"于是把薛世雄提拔为右翊卫将军。

杨　柳

隋炀帝登基后,下令开凿通济渠。虞世基建议在堤岸种上柳树,隋炀帝就下令在新开的大运河两岸种柳,并亲自栽植,御书赐柳树姓杨,享受与帝王同姓之殊荣,从此,柳树便有了"杨柳"之美称。

自负自足

隋炀帝善于作诗,不愿意有人超出他之上。薛道衡死后,炀帝说:"你还能再作'空梁落燕泥'么!"王胄死后,当炀帝谈到他的"庭草无人随意绿"诗句,又说:"你还能再作这样的诗句吗?"炀帝对自己的才学非常自负,他往往看不起天下的文士,他曾对侍臣说:"天下人都认为我继承先帝的遗业才君临天下,其实就是让我和士大夫比才学,我也该做天子。"炀帝还很随意地对秘书郎虞世南说:"我生性不喜欢别人进谏,如果是达官显贵想以进谏来获得名誉,我更不能容忍他。如果是地位低下的人,我可以宽容些,但决不让他有出头之日,你记住我的话。"

知足知止

吏部尚书韦世康被任命为荆州总管。韦世康为人平和沉静,谦逊宽厚,在吏部任职十多年,朝廷官吏都盛赞他廉洁公正。他常对子弟们说:"为官要有知足知止之心,俸禄不能是多多益善,做官不要一直做到老,防止盈满就应该退休。"因此,他上书申请退休,隋文帝却派他镇守荆州,他再次恳请退休,文帝不准。当时全国共有四个总管,设在并州、扬州、益州、荆州,分别由晋王杨广、秦王杨俊、蜀王杨秀和韦世康担任,当时人们认为这是韦世康的殊荣。

赵绰执法不惜死

刑部侍郎辛亶曾经穿过红色的裤子,民间风俗说穿红色裤子可以官运亨通;隋文帝认为这是妖术,将要把他斩首。大理少卿赵绰说:"根据法律不应当处死,我不敢接受诏命。"文帝震怒对赵绰说:"你可惜辛亶的性命,难道不可惜你自己的性命吗?"于是下令将赵绰推出斩首。赵绰回答说:"陛下可以处死我,但不能处死辛亶。"赵绰被押到朝堂,解去衣服,正准备斩时,文帝又派人对他说:"你抗命不遵的下场如何?"赵绰回答说:"我一心一意公正执法,因此不敢爱惜自己的性命。"文帝拂袖进入后宫,过了很长时间,才传出释放赵绰。第二天,文帝又向赵绰道歉,好言慰问勉励他,赏赐他布帛等物三百段。

辛公义爱民

隋朝任命辛公义为岷州刺史。岷州的习俗,最怕瘟疫,如果一个人染了瘟疫,全家都躲避他,因此病大多死亡。辛公义命将病人都抬到自己的办公厅堂内,时值暑热季节,送来的病人多达数百人,厅堂和走廊里都塞满了病人,辛公义设置床榻,昼夜守在那里,用自己的俸禄请医生付药费,亲自探问病情。病人痊愈之后,就让亲属领回,后来有生病的人,都争着要到刺史那里去,病人的亲属都坚持留下来看护病人,这样开始相互关心,原来的坏风俗逐渐改变了。后来辛公义调迁并州刺史,刚到并州一下车,就先到监狱里,亲自审问囚犯,十多天之内,全部判决发遣完毕,方才回到州衙厅堂受理新的案件。案件都当堂结案,如果有的案件不能立即处理,必须囚禁的,辛公义就在厅堂住宿,不肯回家。有人劝他说:"公事有一定的程序,使君您没有必要这样辛苦!"辛公义说:"我当刺史没有德业,不能使人民没有诉讼,怎么能把人囚禁在监狱而自己在家中安然睡觉呢!"犯罪的人听到这些话,都主动坦白认罪。后来又有人要打官司,乡里父老马上劝阻他说:"这是件小事,怎么忍心去烦劳刺史大人!"要打官司的人大多双方互谅互让而化解了。

远离谗言邪佞

龙门人王通在黄河、汾水一带讲学授徒,学生从远处而来的很多。有学生问如何止息诽谤,王通说:"不要辩解。"又问如何消除怨恨,王通说:"不要相争。"王通在讲学中说:"不用下宽赦令的国家它的刑法一定公平,横征暴敛的国家,它的财力必然削弱。"又说:"听到诽谤就发怒的人,是招致谗言的媒介;听到赞扬就欣喜的人,是招致谄佞的媒介;断绝这两种媒介,谗言邪佞就会远离而去。"

罗士信年少英勇

历城人罗士信,十四岁,他跟随张须陀在潍水进攻贼人。贼人刚开始布阵,罗士信驰马到阵前,刺杀数人,斩下一人的首级抛到空中,用长矛接住,他挑着首级在阵前巡走,贼众惊得目瞪口呆,不敢靠近罗士信,张须陀趁机率兵奋力进攻,贼众大败溃逃,罗士信追击贼军,他每杀一人,就割下鼻子揣在怀里,返回后,来检验杀贼的数目。张须陀感叹赞赏,他让罗士信随侍身旁,每次打仗,张须陀身先士卒,罗士信紧随其后,隋炀帝派遣使者来慰问,并画下张须陀、罗士信战斗的场面,来让大家观看。

人终不恨

隋朝秘书监刘子翼,有学问品行,性情刚直,朋友有过错,常常当面批评他。李百药经常称赞:"刘子翼虽然经常骂人,人们却始终不恨。"

孝感人兽

华秋,从小失去父亲,因而侍奉母亲十分孝顺,远近闻名。他家境贫寒,靠替人做佣工维持生计。母亲曾犯病,华秋十分忧愁以致胡须鬓发都变白了,全州的人都为他慨叹不已。母亲逝世之后,他在母亲坟墓边盖了间草房子住下来。隋炀帝大业初年,朝廷征收狐兽之皮,郡县捕猎之风大兴。一天有一只兔子,被人追赶逃奔,最后竟奔到华秋的屋子里,躲藏到他的双膝之下。猎人追赶到他的屋里,见状颇感奇异,于是便放了兔子。自此后这兔子常常宿在他的屋中,跟在他的左右,特别温驯。郡县官府嘉奖他行孝赤诚,把事情上报朝廷。隋炀帝派使臣来慰问他,并在他乡里刻石捐碑,以示表彰。后来农民起义军纷纷而起,常在他的房子周围来来往往,都互相告诫说:"不要侵犯孝子。"有不少乡人都因依靠华秋而保全了性命。

三女儿为父报仇

赵郡的王子春与他从兄王长忻不和,遇上北齐灭亡的祸乱,王长忻与妻子合谋杀死了王子春。王子春留下三个女儿,大的叫王舜,才七岁,还有两个妹妹,王粲五岁,王璠两岁,三姊妹孤苦伶仃,寄食在亲戚家过日子。王舜抚养两个妹妹,恩情深厚。王舜暗中怀有报仇之心,王长忻不曾预料和防备。王舜于是偷偷对两个妹妹说:"我们没有兄弟,致使父亲的仇没有偿报。我们三人是弱女子,生下来能有什么用呢?我想与你二人一道共报杀父之仇,你们心意如何?"两个妹妹都流着泪说:"只要姐姐有命令,我俩就听从。"当晚,姊妹三人每人拿一把刀跳过围墙进入王长忻家里,亲手杀死了王长忻夫妻二人,以此告慰父亲的灵墓。然后到县衙自首请罪,三姊妹争着承认自己是首犯,州县不能决断。隋文帝听了极为嘉许,特地原谅和宽免了他们的罪过。

宴训族人

李士谦从幼年就失去了父母,但从小勤奋好学,注重品行修养,从来不讲恶语,以礼待人。本乡族人习惯每年春社和秋社时,庆典聚会,合宴尽欢。一次,李士谦在家里陈设宴席,由于李氏宗族人庶众多,到亲戚客人会聚时,李士谦正襟危坐,恭敬客气,热情接待。丰盛的酒食,摆满桌前,而先为众人摆的是黍食,他对宗族客人说:"孔子称黍为五种谷之首,荀子也说进食要先尝黍稷,我们不能违背古人所崇尚的风尚啊!"老少之人无不肃然庄重,不敢松懈懒散,回去时都互相说道:"见到君子,才觉得原来我们都不够有修养。"

唐

为张户曹请命

窦建德攻下景城,捉住原隋朝户曹张玄素,将要杀了他,老百姓号啕大哭,请求代替张玄素去死,说:"没有比张户曹更清廉谨慎的,大王杀了他,又怎么劝人向善呢?"于是窦建德释放了张玄素,并任他为黄门侍郎。

守持死节

隋朝将领尧君素镇守汉东,唐高祖李渊派军攻打,屡攻不下。正逢隋将庞玉、皇甫无逸来投降高祖,高祖就派他们到城下,对尧君素陈述利害,尧君素还是坚守不降,高祖又赐金券,许可不以死罪论处。他的妻子又到城下,劝他说:"隋皇室已经灭亡,夫君何必自讨苦吃!"尧君素回答说:"天下的名分礼义,不是妇人所能知道的!"开弓射去,他的妻子应弦倒下。尧君素也自知无济于事,然而志在守持死节,他每次谈到国家的衰败,没有不叹息流泪的。他对将士们说:"昔日在藩邸侍奉我主皇上,论大义不能不死。隋朝皇位一旦终止,天命有所转移,自当砍断头颅来交付诸君,听凭君等持以换取富贵。如今城池还很坚固,仓库储蓄丰满完备,胜败还不可知,吾乃不可横生他心!"

凿骨取镞

蔚州总管高开道,战斗中箭头留在面颊里,请医生取出。医生说:"箭头太深,不能取出来。"开道发怒,把他斩杀了。另请一位医生说:"取出它恐怕疼痛。"又把他杀了。再请一位医生,医生说:"可以取出来。"于是,凿开骨头,在中间放进楔子,骨头裂开一寸多,终于取出那个箭头。高开道招来歌妓演奏而且进食不停。

李玄道的见识

李玄道曾经是李密的记室,李密败亡,他部下的官员都被王世充俘虏,他们担心被杀,通夜不眠。唯独李玄道照常起居,说:"生死有命,不是担心就能免除的!"众人都很佩服他的见识胆量。

不苟活于世

刘黑闼攻陷定州,捉住唐总管李玄通,刘黑闼爱惜他的才能,就劝他投降,任命他为大将,李玄通宁死不投降。一些李玄通原来的部下送给他酒肉,李玄通说:"各位可怜我深受囚禁之辱,幸以酒肉来开导我,我要为各位一醉方休。"酒喝到兴头上,李玄通对看守说:"我能舞剑,希望能把刀借我一下。"看守把刀给了他,李玄通边舞边说:"我作为大丈夫受国家厚恩,镇守一方,不能保全所守领地,还有什么脸面苟活于世呢?"于是举刀自杀,剖腹而死。唐高祖闻讯,为他痛哭,拜他的儿子李伏护为大将。

太宗自省

唐太宗对太子老师萧瑀说:"我从小就喜欢弓箭,得到十几张良弓,自己认为无以复加了,最近把它们给造弓的工匠看,他却说:'都不是好材料。'我问他何以见得,他说:'木材的中心不直,则筋脉、纹理都是歪斜的,弓虽然强劲,发射的箭却不走直线。'我才醒悟过去辨识得不精细。我以弓箭平天下,辨识弓箭还没有尽其精要,何况天下的事务怎么能够全部知晓呢?于是让京城五品以上的官员,轮流住宿在中书省内,多次召见向他们询问民间疾苦和政治得失。"

剖身藏宝

唐太宗对侍臣说:"我听说西域一个姓胡的商人得到美丽的珍珠,把自己的身体剖开来收藏它,有这种事吗?"侍臣说:"有的。"太宗说:"人们都知道笑他爱珍珠而不爱惜自己的身体;官吏贪赃枉法和帝王追求奢靡的欲望而亡国者,与那个姓胡的可笑有什么不同呢?"魏徵说:"过去鲁哀公说:'有个健忘的人,迁移住宅而忘记了他的妻子。'孔子说:'还有更厉害的,夏桀、殷纣连自己都忘记了。'也像姓胡的商人一样啊。"

用兵之要

唐太宗说:"我少年时就经营韬略四方,颇知用兵的要领。每次观察敌人的行阵,就知道他们的强弱,常常用我们的弱卒抵挡他们的强兵,用我们的强兵抵挡他们的弱卒。敌人乘我们的弱旅进击,追逐逃奔,不过数百步,我乘他们的弱旅进击,一定出现在他们的阵后进行反击,敌人没有不溃散失败的,所取得胜利的原因,大多在这里。"

太宗畏惧谏臣

一次,魏徵随太宗拜谒告祭先人的坟陵回来,对太宗说:"有人说陛下想幸临南山,外面跟从的人都已经严整装束完毕,而最后又不去了,为什么?"太宗笑着说:"当初确实有这个心思,但畏惧你的嗔怒,因此中途停止罢了。"太宗曾经得到一只佳鹞,亲自用手臂驾鹞,望见魏徵来了,藏匿在怀中,魏徵上奏言事长久不完,鹞最后死在怀中。

取消建殿工程

唐太宗对房玄龄说:"为政的关键莫若极其公正。过去诸葛亮放逐廖立、李严于南夷,诸葛亮死时,立、严二人悲痛哭泣。死去的人了,若不是极其公正能这样吗?再者,高颎作为隋朝宰相,公平而且懂得治国要旨,隋的昌盛衰亡,维系于高颎的生死,我既然仰慕前世的贤明君主,你们也不能不效法前代的贤相啊!"

朝廷派遣差役修造洛阳宫殿以备皇帝巡幸,给事中张玄素上疏劝谏说:"皇上役使疮痍未愈的人民承袭亡隋的弊病大兴土木,营造宫殿,恐怕超过隋炀帝了!"太宗对玄素说:"你说我不如隋炀帝,比桀、纣如何?"对答说:"如果这些徭役不停止,也同样归于祸乱罢了!"太宗感叹道:"我考虑得不成熟,才至于此!"当即罢除建殿工程。

长孙皇后

唐太宗李世民的皇后长孙氏,知书明礼,颇有见地。一次,太宗罢朝回宫,对魏徵犯上直谏非常懊恼,愤恨地说:"必杀此田舍翁!"长孙后问明原委,马上更换朝服,神态恭敬地站立庭上,太宗大感不解,惊问缘故,皇后说:"君主圣明方会有骨鲠之臣,岂敢不施贺礼。"太宗恍然大悟,遂转怒为喜。长孙皇后地位显赫,但从不假公济私,多次劝阻太宗用她的亲属担任要职。长孙皇后自己生活简朴,并常以此来教育晚辈,她曾对太子说:"身为太子,患有无德操功名,岂患家中缺少用具!"长孙皇后对普通宫人也关怀备至。有时,太宗无理谴责宫人,皇后便站出来为他们申冤,使宫内刑无枉滥。皇后依凭高尚品德赢得大家一致爱戴。由于她操劳过度,身染重病,在弥留之际,仍念念不忘国事,叮嘱太宗去奢任贤,勿宠外戚,简办丧事。

长孙皇后生前常与太宗商讨古今兴衰演变,所发见解,增益弘多。她还采集前代妇人得失事,著《女则》三十卷。太宗览物思人,恸哭不止,悲叹内失一良佐。

兼听则明　偏信则暗

太宗问魏徵说:"君主怎样才会贤明,怎样才会昏聩?"魏徵回答说:"兼听则明,偏听则暗。听取多方面意见才会贤明,只信一面之词就会昏聩。过去尧详细询问百姓,以能够知道苗的恶行;舜广听四面八方之视听,所以共、鲧、驩兜都不能逃脱罪责;秦二世偏信赵高,所以才有望夷之祸;梁武帝偏信朱异,以致受到台城之辱;隋炀帝偏信虞世基,以致发生彭城阁的变故。所以,君王兼听广纳各种意见,那么贵族大臣就不能蒙蔽皇上。而下情才能够上达啊!"太宗说:"讲得好!"

十思疏

贞观十一年,魏徵上疏,提醒唐太宗"居安思危,戒奢以俭",提出十个要注意考虑的问题。具体是:看见自己喜爱的东西,就想到知足,以便警诫自己;将要大兴土木,就要想到要适可而止,以便使人民安定;考虑到地位高随时会有危险,就想到要谦虚,并加强自我修养;怕自己骄傲自满,就想到要像江海一样甘居百川的下游,容纳一切;喜欢游乐,就想到国君每年打猎三次的限度;担心意志懈怠,就想到要始终谨慎;担心上下蔽塞,就想到要虚心地接受臣下的意见;怕偏听谗佞之言,就想到要正心修身,斥退邪恶的人;有所赏赐时,就想到不要因为自己高兴而赏赐不当;施行刑罚时,就想到不要因为自己懊恼而滥用刑法。要完全做到十思,发扬九种美德。九种美德指"宽而栗、柔而立、愿而恭、乱而敬、扰而毅、直而温、简而廉、刚而塞、强而义"。选拔有才能的人而任用他,择取好的意见而采用它。那么,聪明的人就能竭尽他的智慧,勇敢的人就会竭尽他的气力,仁义的人就会传授他的美德,诚实的人就会贡献他的忠心。文武并重,就可以垂衣拱手,无为而治了。何必一定要国君来劳神苦思,代行百官的职务呢!

做良臣

唐太宗收到有人揭发魏徵搞结党营私的报告,便派人开展调查,结果查无实据,太宗深感后悔。魏徵诚恳进言道:"希望陛下使臣成为良臣,不要使臣成为忠臣。"太宗奇怪地问:"此话怎讲?"魏徵答:"所谓良臣,就是稷、契、皋陶一类的大臣,使自己获得善名,使君主荣受显号,子子孙孙永受福禄。所谓忠臣,就是龙逢、比干一类的人,因忠被杀,使君主陷于大恶,国破家亡,只剩下个虚名。"太宗觉得很有道理,后来在对待大臣的问题上,时时以此为鉴。

得之则兴　失之则亡

唐太宗说:"梁武帝君臣只会谈论佛教的苦行与空寂,侯景之乱,百官不能够骑马。梁元帝被北周的军队包围,还在讲论《老子》,百官穿着戎装听讲。这些深足为戒。朕所喜好的,只有尧、舜、周公、孔子之道,得之则兴,失之则亡,这如同鸟长翅膀、鱼得活水,失去他们将要死亡,不可片刻没有他们。"

唤醒纯正不偏之心

唐太宗曾说:"君主只有一个心思而对君主进攻的人却非常多。有的人凭胆量气力,有的人凭能言善辩,有的人凭献媚,有的人凭虚伪奸诈,有的人凭嗜好欲望。这些人聚集一处劝说君主,每个人都想实现自己的主张。君主如果稍微有所懈怠,而接受了其中一种主张,那危害就无法言表了。君主必须经常唤醒纯正不偏之心,不为物质享受的欲望所侵扰，这才是国家之根本。"

慎所好

唐太宗对侍从大臣说："神仙的事本来是虚无荒谬的，只有一个空名。秦始皇过分嗜好，被术士所欺骗，就派遣童男童女数千人，随着方士到海上去求仙。术士逃避秦朝严厉的政策，因而留住到海外不回来。秦始皇还在海边踱来踱去地等待术士，回来时行至沙丘就病死了。汉武帝为拜求神仙，还将女儿嫁给耍弄道术的人，结果没有应验，就大开杀戒。根据这两件事说明，凡事慎所好，神仙是不需要劳烦痴心求拜的。"

太宗请教孔颖达

一天，唐太宗问给事中孔颖达说："《论语》上讲：'以自己的有能而请教于不能者，以自己的知之较多而请教于知之较少者，有就如同无，实就好比虚。'这段话是什么意思？"孔颖达说："圣人提出的教诲，是要求人们谦逊。自己虽有才能，不去自我炫耀，仍能去向能力不多的人请教，求访别人的所能。自己才艺技术虽然精通，仍然认为太少了，仍能去向技术少的人学习技能，以求增进自己不能的技艺。自己虽有，表现得却像无一样；自己虽充实，表现得却像寡少一般。不只是普通百姓，身为帝王的人，其德行也应当如此。说起帝王，心内藏着神明大智，外表则应保持冷静，使人深不可知。所以《易经》上有这样的话：用《蒙》卦的'愚'来滋养正道；用《明夷》卦的'晦'来君临天下。如果一个君王居于高位，却处处炫耀聪明，以自己的才智去欺凌人，想方设法掩饰过错拒绝谏诤，那就会造成上下隔心，君臣乖异。自古国家的灭亡，没有不是因此而至的。"太宗说："《易经·谦卦》说：'勤劳谦退，君子保持到底，很吉利。'的确和你说的一样。"

百姓期望社会安定

唐太宗召见景州录事参军张玄素，询问他从政的道理，张玄素应对说："我观察隋末政治混乱，民众忧患的局面，试图争夺天下的只不过十几个人而已，其他的人都是为了保护乡里，顾全妻子儿女，等待政治清明的君主而归附他。由此得知百姓中喜欢政治混乱的很少，只是君主不能使他们安定罢了。"太宗认为他讲的对，提升他为侍御史。

李孝恭饮血水

襄州通行台仆射赵郡王李孝恭奉朝廷命令开赴江州征讨叛军首领辅公祏，出发前李孝恭与众将领会餐，命人取水，忽然水变成了血，在座的人都吓得变了脸色，李孝恭却神色自如地说道："这是叛首辅公祏灭亡的征兆！"喝光血水，众人都从心里佩服他。李孝恭率军攻克丹阳，辅公大为惊慌，带着几万兵马放弃丹阳城逃跑被捉，辅公及其余党全部处决，江南地区全部平定。

官府与亲友两礼法

唐朝廷任命张镇周为舒州都督,因舒州是他的故乡,在上任前,就在往日的住宅多买些酒菜,召集亲戚故友,与他酣畅宴饮。他散发不整,箕踞而坐,像当平民时一样,这样过了十几天。此后,将金银布帛分别赠送给亲戚故友,流泪与他们告别说:"今日我张镇周还能与故旧亲友一起欢宴,明日之后,就任舒州都督治理老百姓,官府与民众礼法上下悬隔,不能再与大家交流游玩了。"从此,亲戚故友触犯法令,一个也没有纵容的,舒州境内风气肃整。

傅奕上疏请求废佛

太史令傅奕上疏请求废除佛法,认为佛教虚假地开启了地狱、饿鬼、畜生三恶道教义,又错误地加入了人、天、地、阿修罗,扩充为六道轮回之说,让人追溯忏悔以往的罪过,虚妄地规求将来的福缘。布施一万钱,希望得到一万倍的报答;持守斋戒一日,便企图得到一百日的口粮。佛教让人人不忠于君主,不孝敬父母的人落发为僧,使懒散游荡、不务正业的人改穿僧装,因而就可以逃脱租税负担。当今僧人尼姑之徒众多,浪费损失国家财产,僧寺佛塔豪华奢侈,白白耗费金帛。唐高祖诏命百官议论这件事,右仆射萧瑀说:"佛是圣人,傅奕却非难佛,非难圣人的人目无法纪,应当治罪。"傅奕说:"人们的伦长大道,没有比君主与父亲更为重要的了,佛作为嫡长世子却背叛了自己的父亲,作为一个平民却不执行天子的命令。非难孝道的人目无父母,说的就是萧瑀这样的人。"萧瑀无言以对,只好两手合十说:"设置地狱,正是为了此人。"

大宝箴

唐高祖武德九年太宗即位。前幽州记室直中书省张蕴古写了一篇《大宝箴》呈上。所谓"大宝",就是皇位,即皇帝的宝座,"箴"是箴言、警语。《大宝箴》就是皇帝保住帝位的座右铭。其文如下:"古往今来,做皇帝是不易的。圣人受上天之命,是来拯救黎民苦难的。天下有难应归罪于自己。为了人民百姓,要大公无私。帝王个人是来治理天下,而不是叫天下人来为他一个人奉献。不要以为私心错误没人知道,神灵在上无所不知;不要以为没有什么害处,坏事积少成多就会成为大害。行乐不可过分,过分就要乐极生悲;满足欲望不可过度,过度就要成灾。宫殿修的再壮观,卧榻也不过是容身的一小块,而昏君(指夏桀和殷纣王)不知满足,却大修楼台宫室。山珍海味摆得满桌,所能吃下的也只能饱了口腹为止。所以,在宫内不要因色而荒政,在宫外不要因游猎而误国;不提倡难得之物,不要听亡国之音。不要说自己是最尊贵的,而傲慢对待贤士。不要以为自己是最智慧的,而主观臆断拒绝批评。要像汉光武帝那样,杀主犯而宽大随从;要如汉高祖那样,胸怀大度,心地坦荡。办事要小心谨慎,就像在深渊的一层薄冰上行走一样。众人都说坏的要惩罚,众人都赞扬的要奖励。既不要随波逐流,也不能脱离世情太远;既不能把自己蒙蔽起来,也不能对臣下清察过苛。皇冠上的冕旒虽然障目,却要求发现隐患于未萌;珥纩垂在耳旁,而要听到最细微的声音。只有做到这些,帝位才可以永固。"

魏徵忠心事主

当初,洗马魏徵经常劝说太子李建成趁早除掉秦王李世民,到了李建成败亡,李世民招来魏徵,对他说:"你为什么离间我们兄弟!"这时人人都替他感到危险担惊受怕,魏徵举止自若,对答说:"前太子如果事先听从我的话,一定没有今天的祸害出现。"李世民平素就器重他的才华,改变容颜,以礼待他,引荐他做詹事主簿。

魏徵受命安抚山东,走到磁州,遇到州县刑械枷锁送前太子千牛李志安、齐王护军李思行到京城去。魏徵说:"我接受命令的时候,对从前东宫、齐王府左右人员一概赦免罪过,不追究过问,如今再押送李思行等人,那么别人怎会不产生疑虑!虽然派遣了使者,人们有谁相信他!我不能因顾自身会被嫌疑,不替国家考虑。况且既已蒙受国士的礼遇,难道说敢不以国士来报答国家吗?"于是全部释放了他们。太子李世民得知消息后甚为高兴。

奠臣不忌日

贞观七年,襄州都督张公谨逝世。太宗听到消息很悲伤,到停丧处去致哀。掌礼官进言说:"按阴阳书上说,今天是辰日,不宜哭奠。这也是而今世俗所忌讳的。"太宗说:"君臣关系的原则,就跟父子关系一样。感情发自内心,还要回避什么辰日呢?"就去行了哭奠的礼。

惩办枉法人

唐朝人柳公绰任山东节度使,巡行到所属的邓县,有两个官员同时被捕,一个是接受贿赂,一个是玩弄法令。

县令听说柳公绰向来依法办案,心想他会判决贪污的人。柳公绰的判决是:贪污的官员虽触犯法令,然而法律还在;奸邪的官吏破坏法令,法律就灭亡了。

最后杀的是玩弄法令的人。

断狱不枉滥

青州有人聚众谋反,州县官员逮捕连及同案党徒,被收押的人塞满了监狱,朝廷命殿中侍御史崔仁师重新按验查证落实。崔仁师到了青州,全部解去他们的刑具,给他们饮食,热水洗澡,宽慰他们,只有他们中间的罪魁祸首十余人获罪,其余部全释放。复查结果,回去报告朝廷,朝廷敕命之使将要前往决案。大理寺少卿孙伏伽对崔仁师说:"你平反的人很多,人之常情谁不贪图生存,那些获罪者见到罪徒伙伴得到免罪,不肯甘心,很替你担忧。"崔仁师说:"凡治理刑狱案件,应当以公平宽恕为根本,怎么可以自己打主意免除罪责,知道他冤屈而不替他申冤呢?万一情况不明出了差错,有所误放,用一身换取十个囚犯之死,也是我所甘愿的。"孙伏伽惭愧地退去。等到朝廷敕命之使到青州,再次审讯各个囚犯,都说:"崔公仁师审案公平宽恕,案件的处理没有枉法越轨,请求迅速就处死刑。"没有一个人有不同词的。

言得大体 不敢遂非

御史大夫杜淹禀奏:"各个官署的公文案卷恐怕有失实和错误,请让御史到每个官署查核。"唐太宗以这个问题问封德彝,封德彝回答说:"设置官署分封职位,各有自己应该管理的事务。如果真有错误之处,御史自然应该检举纠正,但是要对各个官署普遍清查,搜索瑕疵,却太为麻烦琐碎。"杜淹沉默不语,太宗问他:"为什么不再争辩?"杜淹说:"天下的事务,应当尽量公正,好的意见就应当听从,德彝所说的话,言得大体,不敢遂非。我是由衷折服,不敢再说他不对。"太宗高兴地说:"你们每个人都能这样,朕还有什么忧虑呢?"

讨伐有罪者

漠北地区下大雪,平地积雪数尺深,羊马多数冻死,民众大为饥荒,颉利可汗恐怕唐趁着他的困弊进行入侵,就在朔州边境驻兵设防。鸿胪卿郑元璹出使突厥回还,对太宗言道:"戎狄的兴盛与衰败,专以羊马的情状作为征候。现在突厥百姓饥饿,牲畜瘦弱,这是将要灭亡的先兆。"众大臣劝说太宗乘机袭击突厥,太宗说:"刚刚与人家订盟却要背约,这是不守信用;利用人的灾祸,这是不仁义;乘人之危来取胜,这不是勇武的行为。即使突厥的各部落都叛离,牲畜所剩无几,朕还是不出击,一定要等到他们有罪过,然后讨伐他们。"

玄奘留学天竺

年轻时的玄奘,精通了很多佛教经典。但他并不满足,学问愈博,疑问也愈多。为了进一步研究佛教教义,求取更多的佛教经典,二十八岁的玄奘决心到佛教的发源地天竺去留学。

那时候,天竺分裂成很多国家。他先到北天竺游学,接着又到摩揭陀国的那烂陀寺学习。那烂陀寺是当时天竺最大的寺院,寺中收藏着大量佛经以及天文、地理、医学、技艺等方面的书籍。主持这个寺院的戒贤法师是著名的佛学大师。他年事已高,多年不讲经了。玄奘去后,戒贤法师特地为他开讲一部佛经,一连讲了十五个月。玄奘在这里学习了五年,终于通晓了全部经论。以后他又遍访天竺各寺院,钻研佛教经典,并同一些学者展开辩论,成了一个著名的佛学大师。当时,中天竺羯利沙帝国戒日王特地在曲女城为玄奘举行讲学大会。大会开了十八天,到会的六七千人,对玄奘的论述都很钦佩。从此他的名声传遍了全天竺。

公元643年,他带了六百五十七部佛教经典,动身回国。两年后,回到了长安。朝廷派大臣迎接,并举行欢迎大会。玄奘在弘福寺、慈恩寺专心翻译佛经,译书七十五部,一千三百三十五卷,并著有《大唐西域记》,记载他亲历的一百多个国家的情况。这部书已成为研究印度、尼泊尔、巴基斯坦及中亚等地古代史的重要资料。

为太后写碑文

唐太宗为长孙皇后写碑文说:"皇后一生节俭,遗嘱薄葬,认为盗贼的意图,只在寻找珠宝,既然没有珍宝,还寻找什么呢!朕的本意也是如此。君王以天下为家,何必将宝物放入陵中,才算为己所有。如今就借九纵山做陵墓,凿石的工匠只有一百多人,几十天就完工。不藏金银玉器,兵马俑和器皿都用泥土和木料做成,不过略具形貌罢了。这样可以使盗贼打消念头,活者和死去的人都没有负担。应当让后代子孙永远以此为榜样。"

富不易妻

太宗对光禄大夫尉迟敬德说:"朕想把女儿嫁给卿为妻,怎么样?"尉迟敬德叩头辞谢说:"臣的妻子虽然微贱丑陋,但是与他共同过贫贱的生活很久了。我虽然没有学问,听说古人富贵决不更易妻子,这不是我所愿望的。"太宗才罢了。

当修于可修之时

贞观十一年,侍御史马周上表章说:"夏、商、周三代和汉代,经历的年代多者八百年,少的不少于四百年,能够以恩惠结交人心,所以民众不能够忘怀。此后的王朝经历的年代多者六十年,少的只有二十多年,这些朝代对民众都没有恩惠,所以根基不稳固。我观察自古以来国家的兴亡,不是因为储备、积累的多少,而在于百姓的苦乐。百姓愁苦抱怨,聚集起来做盗贼,这样的国家没有不灭亡的,君主虽然想补救、改正,却已经来不及了。所以应当修于可修之时,不可悔之于既失之后。幽王、厉王曾经讥笑桀、纣,隋炀帝也讥笑周、齐,不要让后世讥笑今世就像今世讥笑炀帝一样呀!"

萧瑀忠正耿直

太宗说:"萧瑀这个人,不可用利益引诱,也不能以死相威胁,真是国家的栋梁之臣。"因而赐给萧瑀诗一首,诗中写道:"疾风知劲草,板荡识诚臣。"又对他说:"你的忠正耿直,古人也超不过你,然而是非善恶过于鲜明,有时也会出差错。"萧瑀拜谢。加封光禄大夫萧瑀为特进,又命他参与政事。

明堂针灸书

唐太宗读《明堂针灸书》说:"人五脏之系,都附着在背部。"由此,诏命从今以后,不得笞打囚犯的背部。

位高而俭朴

魏徵是唐太宗时期名臣,他在日常生活中对自己要求非常严格。他官至卿相,却身居陋室,保持着勤俭朴素的作风。唐太宗几次要为他建造新房,都被他拒绝了。

贞观十五年,魏徵由于操劳过度,一病不起。太宗派人探视,派名医诊治。他得知魏徵居处,连一个客厅都没有,下令限期为他临时建造了一个接待探视者和医生的客厅。魏徵弥留之际,太宗亲自探视,问他有什么要求,魏徵直说了一句话:"寡妇不愁织布的纱线少,只担心国家的兴亡。"太宗感动,为之流泪。魏徵去世后,太宗下令按一品官礼葬。魏徵升迁为二品官,他的夫人辞谢说:"魏征平生勤俭节约,今按一品官礼葬,花费自然要大,这不符合魏徵的遗愿。"太宗于是按照魏徵的遗志,改用薄葬。素车,白幨幄,不涂颜色,刍灵陪葬昭陵。

王珪品评诸相

诸位宰相陪同饮宴,太宗对王珪说:"你精通审识和鉴别,又擅长谈论,房玄龄以下诸位宰相,你可以都给予评论,并且说说你与他们几位相比怎样。"对答说:"勤勉奉国,知道的没有不去做的,我不如房玄龄;兼备文武之才,出战可为将军,入朝即为宰相,我不如李靖;陈述禀奏详细明确,出命纳言诚实可信,我不如温彦博;羞辱君主赶不上尧、舜,以进谏争执为自己的任务,我不如魏徵。至于荡涤污浊,播扬清明,嫉恨恶人,爱护善良,我与他们几位宰相相比,也有微小的长处。"太宗很以为然,众人也叹服他的准确评论。

不负恩情

起初,李大亮为庞玉的兵曹,被李密抓获。原来的同伙都被处斩,贼帅张弼见李大亮而将其释放,二人于是建立起交情。后来李大亮做了太子石卫率,身居显贵,开始寻找张弼,想报答他的救命之恩。张弼当时任将作监丞,自己隐匿不说。李大亮在道上遇见张弼,握住张弼的手哭泣,并将自己的家业送给张弼,张弼拒不接受。李大亮将此事上禀太宗,请求将自己的官职爵位全部授予张弼,太宗为了李大亮的缘故,提拔张弼为中郎将。当时人都称赞李大亮不负恩情,也赞扬张弼不自我炫耀。

天下奇士

太宗听说洛州刺史程名振善于用兵打仗,便召见他问以方略,赞扬他才思敏捷,慰勉他说:"你有将相之才,朕将要对你有所任用。"程名振失礼不拜谢,太宗假装恼怒,以观察他的态度,说道:"关东一个山村野夫,得到一个刺史职位,便认为是富贵之极了!你竟敢在天子面前,言语粗鲁,而且还不拜谢!"程名振谢罪道:"我本是粗疏之臣,未曾亲身恭奉过皇上的垂问,刚才只是想着如何应答,所以忘了拜谢了。"举止自如,应答更为清楚。太宗于是感叹道:"房玄龄在朕身边二十多年,每次看见朕斥责别人,脸色惶恐不能自持。程名振平生未曾见过朕一面,朕一时责怪他,竟会毫无惧色,言语没有差错,真是天下奇士!"当日即拜为右骁卫将军。

受吊不受贺

岑文本官拜中书令后回到家中,面有忧色。母亲问他什么缘故。岑文本说:"我不是功臣也不是故旧,不应当蒙此恩宠,职位高了责任重大,所以忧心忡忡。"亲戚宾朋中有前来庆贺的,岑文本说:"现在只接受吊问,不接受恭贺。"

处理告密者

太宗离开京师时,命令房玄龄相机处理政务,不必上奏请示。有人到留守处声称有密谋,房玄龄问密谋人是谁,回答说:"是你本人。"房玄龄用驿传把他送到皇上的行宫。太宗听说留守处有上表来告密人,发怒,派人问告的是谁,回答说:"房玄龄。"太宗说:"果然不出所料。"喝令将告密人腰斩。下玺书责备房玄龄不能自信,称:"再有类似情况,可以独自决断。"

祭奠魏太祖

唐太宗到达邺城,亲自撰文祭奠魏太祖曹操说:"临危制定应变策略,料敌设奇兵,作为一将之才智谋有余,但作为帝王则才智不足。"

笑解情怨

唐朝武将薛万彻,当年曾随高祖征战,后又远征外域,以军功深受太宗李世民赏识,将丹阳公主赐予为妻,成了皇家的驸马。但他终是武人出身,待人处事方面难免出错。有一次,太宗和别人说话时,不经意说了一句:"薛驸马村气!"这事被丹阳公主得知,觉得驸马露怯丢脸,一气之下,竟不和薛万彻同居。几个月后李世民才得知此事,便哈哈大笑说,这事由我引起的,还是由我来解。一天,太宗摆宴宴请丹阳公主和薛万彻。席间,太宗命薛万彻与自己玩"握槊",并将自己身上所佩宝刀作为赌注。玩时,李世民特意输给了薛万彻,并当即解下佩刀亲自给薛万彻佩挂起来。丹阳公主见了,觉得丈夫占尽风采,非常高兴。于是,夫妻俩和好如初。

太宗生日怜父母

太宗对长孙无忌等人说:"今日是朕的生日,对世俗人们这是个欢宴作乐的日子,在朕这里反成了伤感的事。如今朕当天下的君王,拥有全国的土地,然而承欢在父母膝下,却永远不可得到了,所以子路在双亲死后有不能再为他们背米的遗憾。《诗经》说:'可怜父母,生我辛劳。'为什么还要在父母辛劳的日子里饮宴作乐呢?"说完泪珠双流,身边的人都很悲哀。

文成公主入藏

贞观十二年,唐朝廷任命吏部尚书候君集为当弥道行军大总管,牛进达为前锋,率兵五万攻打吐蕃,大败吐蕃于松州城下。吐蕃赞普无力抵抗,率军撤退,派宰相禄东赞为使者,到唐朝廷谢罪,献上黄金五千两,并要求与唐通婚,唐太宗答应吐蕃赞普迎娶文成公主。

贞观十五年正月十五日,太宗命礼部尚书、江夏王李道宗带着符节送文成公主入藏。吐蕃赞普穿上唐朝的服装,用唐朝的仪仗把文成公主迎入布达拉宫。文成公主将汉族的碾磨、陶器、纸、酒等制作工艺及历算、医药等知识传入吐蕃。至今,大昭寺内有藏人为纪念文成公主入藏而造立的塑像。

佛牙应声而碎

唐贞观末年,京城长安来了一群印度僧人,扬言他们带了一颗佛祖释迦牟尼的牙齿,无比坚硬,世间任何东西也击不破。于是不少人拿上自己认为最坚硬的东西去试,果然如此。人们因此感到很神奇,纷纷奔走相告。印度僧人见状便设下斋场,规定击一次佛牙至少银一两,佛牙便成了他们发财的活宝。消息传到了当时卧病在床的天文学家、太史令博弈耳中,非常气愤,便对儿子说:"佛牙也是人牙,怎么会坚硬无比?听说世上最坚硬的东西是金刚石,其他东西均莫能敌,唯有羚羊角可以破亡。你取一只上等的羚羊角去试试,看那颗佛牙是否一粒金刚石。"傅子遵父所说,来到寺院,果然人山人海。他好不容易挤到跟前,屏声静气,手握羚羊角猛地一击,佛牙应声而碎。观者见状皆惊,纷纷围上前来。神气一时的印度游僧大惊失色,趁乱偷偷溜走了。

骆宾王续诗

初唐文坛四杰之一的骆宾王,因与大将徐敬业合谋反对武则天,兵败后被追杀,逃至杭州灵隐寺,隐姓埋名,躲避灾难。

一日,诗人宋之问因贬官回乡,路经杭州,特地拜佛来到灵隐寺。见此地建筑宏伟,环境清幽,风景秀丽,不禁诗兴大发,低声吟道:"鹫岭郁岧峣,龙宫锁寂寥。"吟了两句之后,再也想不出下句了。他徘徊于佛殿外,苦思冥想。时近深夜,有一个老和尚走进大殿,为佛像前的长明灯添油,看见客人深夜不眠,便问道:"已三更天了,施主还不睡觉,有什么心事吗?"宋答曰:"我想为佛寺题诗,刚成两句,却一时找不到下句。"老和尚让他说出已成的两句,随即说:"何不续'楼观沧海日,门对浙江潮'?"宋听后,茅塞顿开,当即吟完了一首《灵隐寺》五言诗:"鹫岭郁岧峣,龙宫锁寂寥。楼观沧海日,门对浙江潮。桂子月中落,天香云外飘。扪萝登塔远,刳木求泉遥。霜薄花更发,冰轻叶未凋。夙龄尚遐异,搜对涤烦嚣。待入天台路,看余度石桥。"

次日,宋之问觉得续诗的老和尚很不一般,便专程去拜访以表谢意,但老和尚已不知去向。了解内情的老和尚告诉他,此人就是赫赫有名的骆宾王。

张公艺与百忍堂

唐麟德二年,武则天陪同夫君唐高宗李治前往泰山封禅途中,经过寿张县,莅临张公艺家问他之所以能九世同堂的原因,张公艺一口气书写"忍"字一百多个进献。高宗为之流涕,赐以缣帛。百忍堂,因张公艺在唐高宗、武则天面前手书百余"忍"字,将九世同居归根于"百忍"而得其名,唐高宗旌表张公艺"百忍义门"。

张公艺活了九十九岁,他治家有一套法则:立义和堂,制订典则,设立条教,以戒子孙。是以父慈子孝,兄友弟恭,夫正妇顺,姑婉媳听,九代同居,合家九百人,每日鸣鼓会食。张公艺开拓性的实践,具有示范性的社会效应。

不勉强回答所不知

唐高宗来到濮阳,窦德玄骑马随行。唐高宗问他:"濮阳称为帝丘,为什么?"窦德玄不能回答。许敬宗从后边跃马向前说:"从前颛顼居住在这里,所以成为帝丘。"唐高宗称赞他。许敬宗退下后对人说:"大臣不能没有学问,我见窦德玄回答不上来,心里实在为他感到羞愧。"窦德玄听到后对他说:"人各有所能和不能的方面,我不勉强回答所不知,这正是我所能的方面。"李世勣说:"许敬宗见闻广,诚然很好,窦德玄的话也不错。"

教育不孝之子

太子太师李世勣病重,高宗把他在外的子弟全部召回,让他们来侍奉李世勣。他对弟弟司卫少卿李弼说:"我估计自己会一病不起,所以想和你们告别了。我见房玄龄、杜如晦平生勤苦,仅能立个门户,遇上不肖之子,把整个家族荡毁无余。我有这些子孙,如今全部交付给你。等把我下葬后,你立刻到我的家来,抚养孤幼,谨慎地察看他们。其中如有志气不伦、交游非类的,都要先或打或杀,然后再到灵前告知。"说完便再不言语,不久去世。

中宗被废

中宗即位后，太子妃韦氏被立为皇后，把皇后父亲韦玄贞从普州参军升为豫州刺史。过了不久，中宗想让韦玄贞做侍中，又想授给乳母的儿子五品官职，中书令坚决反对，中宗发怒说："我将天下给韦玄贞又有什么不可，还吝惜一个侍中吗？"裴炎害怕了，将此事告诉了皇太后，与她密谋废帝重立的事。二月戊午这天，太后在乾元殿召集百官，裴炎与中书侍郎刘祎之，羽林将军程务挺，张虔勖带兵进入宫廷，宣布太后旨令，将中宗废为庐陵王。中宗说："我有什么罪？"皇太后说："你要将天下送给韦玄贞，怎能无罪？"于是将他幽禁在其他处。

三改评语

雍州长史卢承庆负责考核官吏政绩，有一个官吏督办运粮事务。遭到风灾而丢失了米粮，卢承庆考核他说："监督运粮，而使粮食损失，考核定为中下。"那个人表情泰然自若，一句话不说就退下。卢承庆很看重他气度不凡，就改注评语说："不是他力量所能避免的，考核是为中中。"那个人既没有显露得意的样子，又没有表示惭愧的谦辞。卢承庆又改评语说："遭逢宠辱都能镇定不惊，考核为中上。"

宽容部下

礼部尚书、金牙道行军大总管裴行俭，令随从人员去取犀角、麝香，结果遗失了；高宗赏赐给裴行俭马和鞍，命礼部令史送去，因在路上让马跑得太快，结果马倒鞍破。这两个人都畏罪逃走，裴行俭派人将他们召回，对他们说："你们都错了，为什么这么过分的小看我呢？"仍然和从前一样对待他们。打败阿史那都支时，缴获玛瑙盘一个，宽二尺多，他让军吏王休烈捧着盘子，让将士观赏。上台时，跌了一跤，将盘子摔碎了，王休烈十分害怕，叩头流血。裴行俭说："你不是故意的，哪里至于这样！"同以前一样信任他。

罪不当死

有一次，武卫大将军权善才因误砍了昭陵的一棵树，被唐高宗判为死罪。狄仁杰据理力争道："罪不当死。"唐高宗道："他砍昭陵的树，陷我于不孝之境地，难道罪还不大吗？"狄仁杰道："我却以为不然。如生于桀时就难，生于尧舜时就容易。我今天幸逢尧舜之主，就不怕像比干那样被人杀掉。如果法令失常，那么百姓就无措手足，陛下如果一定要改变法令，因为昭陵的一棵树就杀一个将军，千百年之后，人们会说你是一个什么样的君主呢？"

唐高宗一听，觉得言之在理，权善才也因此免于一死。见狄仁杰敢于说真话，秉公执法,几天之后,唐高祖就提升他为侍御史。

开棺救"死"妇

有一天,唐朝名医孙思邈外出行医,看见一行出殡的队伍迎面而来。他停在路边观看,忽然上前一步按住棺材大喊:"且慢!且慢!"送殡的人以为他是疯子,要赶他走。他说:"人还没有死,你们怎么忍心埋了呢?"众人说:"人早死了,你不要在胡说。"孙思邈说:"人要死了,血会凝固的。你们看棺材低下正在流血,怎么说人死了呢?"众人一看,果然有血流出,就打开棺材请他看,只见一个妇人面黄如纸,小腹很高,裆部正向外渗着鲜血。这女子的丈夫哭着说:"我妻子婚后十年没有生育,这次怀孕快一年了,昨天才觉胎动,结果难产死啦。"孙思邈试了试妇人的鼻息和脉象,取出三根银针,一根刺入人中,一根刺入中脘,一根刺中极。三针扎下去,孕妇很快苏醒过来。

众人把孙思邈当成了神仙,一齐跪下磕头。孙思邈让他们起来,又送给病人的丈夫一剂药和一幅图,嘱咐他说:"赶紧把病人抬回去,喝下这剂药,再按图接生,保证母子平安。"结果,病人回去顺利地产下了一个大胖娃娃。

秦鸣鹤针灸

高宗苦于头重,不能看东西,召侍医秦鸣鹤诊视。秦鸣鹤请求用针刺头使它出血,可以痊愈。天后武则天在帘中,她不希望唐高宗的病治好,大怒说:"此人可以斩首!竟想在天子头上刺出血。"秦鸣鹤叩头请求保全生命。唐高宗说:"只管刺,不见得一定不好。"于是用针刺百会、脑户两个穴位。高宗说:"我眼睛似乎看见了。"天后武则天把手举在额上说:"这是上天的赐予!"亲自背负彩缎百匹赐给秦鹤鸣。

以恭顺节俭为美德

贝州刺史纪王李慎的女儿、东光县主李楚媛,年幼时就以孝顺恭谨著名,嫁议郎裴仲将,夫妻相敬如宾,婆婆有病,所用药物食品她都亲口先尝,接待姐娌,都得到她们的欢心。当时唐朝皇族诸王生的女子都以骄横奢侈相互争胜为时尚,他们讥笑李楚媛节俭朴素,说:"人所以看重富贵,是因为能满足欲望,现在你一人独自保持勤劳艰苦,追求的是什么呢?"李楚媛说:"小时候喜欢礼,现在付诸行动,不是满足欲望吗?综观自古以来的女子,都以恭顺节俭为美德,以放纵奢侈为丑恶。使父母感到耻辱是我所畏惧的,别的还有什么追求啊;富贵是无意得来的东西,有什么值得向别人炫耀的!"大家听后既惭愧又佩服。

献媚尝粪

宁陵丞庐江人郭霸非常机巧,善于谗媚奉承。他得知中丞魏元忠生了病,便前去探望,到魏元忠宅府就拿起魏元忠的粪便用嘴尝,尝完后欢喜地说:"大夫粪便甜就令人担忧;现在您的粪便苦,没有什么伤害。"既是如此,魏元忠从内心也瞧不起和痛恨郭霸的品行。

周兴入瓮

有人告发文昌右丞周兴与丘神勣勾结谋反,太后诏令来俊臣审问周兴。来俊臣与周兴正在商议事情,也正对面坐着吃饭,对周兴说:"很多囚犯不承认罪行,应当用什么方法呢?"周兴说:"这事很容易,拿一个大瓮,用炭火在四周烘烤大瓮,命令囚犯进入瓮中,还有什么事不承认?"来俊臣于是让人抬来大瓮,按周兴说的方法用火围烤,来俊臣就起身对周兴说:"有内部的一个诉状要审问你,请你进入瓮中。"周兴惶惑恐惧,叩头认罪。

剖腹明心

有人告发皇嗣李旦暗地里有阴谋,太后诏命来俊臣审问李旦周围的人,这些人受不住毒打,都自我诬枉自己。太常工人安金藏对来俊臣大声说道:"你既然不相信我的话,请把我的心挖出来以说明皇嗣没有谋反。"安金藏说着就拿起所佩带的刀剖开自己的胸口,五脏都露了出来,血流满地。太后听说这件事,诏令用车子运入宫里,派医生医治五脏,用桑皮线缝合伤口,涂上药,一昼过后,安金藏苏醒过来。太后亲自看望安金藏,感叹地说:"我对儿子不了解,致使你变成这个样子!"随即诏命来俊臣停止审问,唐睿宗因此避免了嫌疑。

模棱宰相

朝廷任命天官侍郎苏味道为凤阁侍郎、同平章事。苏味道在宰相任上前后数年,曲意奉迎,取悦于人,曾对人说:"处理事情不应当明白,只要模棱两可就可以了。"因此当时人称他为苏模棱。

让唾沫自己干

一天,娄师德的弟弟被任命为代州刺史,前来向哥哥辞行。娄师德告诫他说:"我们一家,享尽了荣华富贵,你现在又任代州刺史,妒忌我们的人肯定不少,你一定要注意谦虚谨慎。"

弟弟说:"哥哥您尽管放心,我当官一定竭力克制自己,即使有人吐唾沫到我脸上,我也只擦掉算了。"娄师德说:"不对,你当面擦掉,只能激怒对方,不能擦,要让它自己干。"

替兄受杖责

韦嗣立是韦承庆的同父异母弟弟。他母亲王氏，对待韦承庆很苛刻，每次杖责韦承庆，韦嗣立必定解开衣物请求代替韦承庆受杖责；母亲不允许，他即私下自己杖责自己，母亲因此逐渐宽容。太后武则天得知此事，认为韦嗣立孝义。韦承庆任凤阁舍人因病离职，韦嗣立当时任莱芜县令，太后将他召回，说："你父亲曾经说：'我有两个儿子，可以侍奉陛下。'你们兄弟在任上，确实像你们父亲所说的那样称职。朕现在用你接替你哥哥的职务，再不用别人。"当天即任韦嗣立为凤阁舍人。

贤德知人

娄师德，性情稳重忠厚，宽大平恕。狄仁杰任宰相，实际上是由娄师德所推荐，而狄仁杰并不知道，心中有轻视娄师德的意思，常想排挤他调外任。武则天察觉此事，曾经问狄仁杰："娄师德为人贤德吗？"回答说："任将能够严守边防，是否贤德臣不知道。"又问："娄师德有知人之明吗？"回答说："臣曾和他同事，未听说他能知人。"太后说："朕所以任你为宰相，就是娄师德所推荐的，也可说他是知人的啊！"狄仁杰出宫后叹息说："娄公盛德，我被他包涵容忍很久了，我却连他的涯际都看不到。"当时设圈套害人的事很多，娄师德长期出任将相，恭谨勤勉不懈怠，为人厚道，唯独能保全功名，人们因此敬重他。

自荐其子

则天皇后要宰相各推荐尚书郎一人，狄仁杰荐举自己的儿子司府丞狄光嗣，授予地官员外郎，不久就能胜任其职，则天皇后高兴地说："你足够继承祁奚了。"

论弥萨仰慕唐休璟

则天皇后在麟德殿宴请吐蕃大臣论弥萨。这时凉州都督唐休璟正好入朝，也参加了这次宴会。宴会期间论弥萨屡次偷看唐休璟。则天皇后询问论弥萨这样做的原因，论弥萨回答说："在洪源战役中，这位将军勇猛无敌，所以我想要认识他。"太后当即提拔唐休璟为右武威、金吾二卫大将军。唐休璟极为熟悉边境地区的军政事务，自辽东碣石以西直至安西四镇以外绵延万里的山川险要之处，他都能记住。

不想知道揭发我的人

武则天的酷吏来俊臣指使人诬陷丞相狄仁杰谋反，把他抓进监狱。狄仁杰经受不住严刑拷打，便承认自己谋反。武则天接到来俊臣的报告，心中疑惑："狄仁杰怎么会谋反呢？"就从狱中将狄仁杰提出来审问："你怎么也谋反？"狄仁杰道："我不承认就活不到今天了,怎么能见到陛下以澄清是非呢?"武则天点了点头,说:"你知道是谁告你谋反的吗?想不想知道这个人?"狄仁杰磕头道:"如果我有过错,我当立即改正;如果我没过错,是我的幸运。我不知道是谁在背后告我谋反,我们还可以共事,友善相处,所以我请陛下不要告诉我。"武则天听后,大为叹服,以后武承嗣等人屡次奏请要杀掉狄仁杰,武则天始终没有答应。

诚实君子

武则天作为一个女强人,不少朝中大臣担心她会篡唐自立,就劝皇帝废掉她。武则天听到这些议论后,就把丞相狄仁杰找来,用试探的口气问他:"外面大有非议我的言论,你听到了吗?"狄仁杰坦率地回答:"听到了。"武则天进一步逼问:"你怎么看这个问题?"狄仁杰回答说:"陛下乃大唐圣后,臣唯有遵旨而已,至于外面的议论,臣也不会参与,尊武也不非李。"武则天道:"谁在那里诽谤我,你能告诉我吗?"狄仁杰一听,连忙磕头道:"恕臣不能说,既然人家相信臣才说这样的话,现在把这些人说出来,不是出卖朋友吗?陛下要出卖朋友的不义之人何用?"武则天点了点头:"你还算个诚实君子。"从此对狄仁杰宠信有加。

桃李满天下

狄仁杰任相,德高望重,深受武则天赏识,被尊称为"国老"。他先后举荐了张柬之、姚崇等数十人,辅佐武则天执政。当时,朝中贤能之辈众多,因而有人就对狄仁杰说:"您德高望重,举贤任能,为朝廷输送了如此多的贤能之士,您门下的桃李,可以说是遍布天下了。"狄仁杰道:"我只是将他们举荐给朝廷,这不是我一个人的功劳,是他们实为可用之人。"后来,"桃李满天下"便被用来形容培养的优秀后辈或选拔过的学生遍布各地。

子败父名

起初,狄仁杰担任魏州刺史,因为他施政仁爱宽厚,所以魏州百姓为他建造了生祠。后来,他的儿子狄景晖担任魏州司功参军,贪婪残暴,成了百姓的祸害,于是百姓又捣毁了狄仁杰的塑像。

李迥秀休妻

夏官尚书李迥秀性情极其孝顺,他的母亲出身卑微低贱,他的妻子崔氏经常大声呵斥陪嫁使女,他母亲听了心中很不快,李迥秀便立刻将崔氏休弃了。有人对他说:"你的妻子为人处事虽有不避嫌疑的地方,但是她的过失并不属于休弃妻子的七条原则之中,为什么把她给休弃了呢?"李迥秀回答说:"娶回妻子,本来就是用来奉养双亲的,现在她竟然忤逆母亲,我怎么还敢将她留在家中呢?"结果还是将崔氏给休弃了。

赏其收罗人才之功

侍御史张循宪担任河东采访使，有件疑难的事无法决断，深感担忧，于是便向属下的官吏问道："我遇到了疑难问题，你们中有商议事情的杰出人才吗？"属下有人称曾担任过平乡尉之职的张嘉贞有特别的才干。张循宪便向他询问这件疑难之事的处理办法。张嘉贞替他分析，以理解决，非常清晰。张循宪随即请他代拟奏章，奏章内容均为自己所不曾考虑到的。张循宪回到朝廷，见到武则天太后，太后称赞他的奏章写得好。张循宪就将奏章为张嘉贞所拟的事全部禀告了太后，并且请求把自己所担任的职务授予张嘉贞。太后说道："我难道还没有一个官职来安置贤能之士吗？"于是召见张嘉贞，交谈之后感到十分满意，当即委任他为监察御史；同时提升张循宪为吏部司勋郎中，这是为了奖励他收罗到人才的功劳。

昭雪免罪

监察御史魏靖呈上奏疏，说："陛下既然知道来俊臣的奸邪，并且已经把他处死了。臣请皇上详细复核来俊臣等人主持审理过的重大案件，给那些蒙冤枉滥受刑的人平反昭雪。"则天皇后于是任命监察御史苏颋再审来俊臣等人所办的老案件，许多人因此而得以昭雪免罪。

郭元振镇守凉州

以前，凉州地域南北不超过四百多里，而突厥和吐蕃的军队连年来突袭抢掠，百姓为此饱受困苦。郭元振被任命为凉州都督、陇右诸军大使，他便在凉州南部边境的硖口筑起了和戎城，在北部边境的沙漠里设置了白亭军，控制着凉州的交通要道，把凉州的地域拓展了一千五百里。从此，突厥、吐蕃的军队就再没敢来侵扰。郭元振还委派甘州刺史李汉通开屯田。设屯户，充分利用水利和土地。过去，凉州粟麦一斛价值数千钱，到李汉通召民耕作后，一匹细绢可以买到几十斛，储备的军粮可供几十年。郭元振善于安抚控制军民，镇守凉州五年，各族百姓都敬畏他，有令则行，有禁便止，牲畜遍山野，路无拾遗。

以诚信招降叛军

始安的仡佬族人欧阳倩，聚集起数万兵众，攻陷了所在的州县，朝廷任命裴怀古任桂州都督、招慰讨击使。裴怀古率军到了五岭境内，首先传递书信给欧阳倩，晓示利害祸福。欧阳倩得知裴怀古是文才武略的名将，于是表示愿意投降，并说："被官吏侵凌威逼，因此才起兵自救罢了。"裴怀古轻骑简从前往，左右属吏劝阻他说："夷獠部族是不守信用的，不能疏忽大意。"裴怀古说道："我所仰仗的是忠信，忠信可与神明感通，更何况是人呢？"于是前往欧阳倩的军营。欧阳倩的部众很高兴，便归还了他们抢去的全部财物。平时一向对朝廷叛降不定的各洞酋长,纷纷前来归附效忠。岭外之地得到完全平定。

以献媚取容

杨再思做宰相,专门靠谄媚来讨好。司礼少卿张同休是张易之的哥哥,曾召集公卿宴会,酒喝得正酣,张同休戏弄杨再思说:"杨内史面貌像高丽人。"杨再思就高兴的当即剪纸贴巾,反披紫袍,跳起高丽舞来,全体在座的人都大笑起来。当时有人称赞张昌宗的美貌,说:"六郎面似莲花。"唯独杨再思说:"不像。"张昌宗问他的理由,他说:"是莲花像六郎。"

御史大夫李承嘉上奏:"张同休兄弟贪赃四千多缗,张昌宗按法律规定要免除官职。"张昌宗上奏说:"我对国家有功劳,所犯的罪不至于免官。"太后问各位宰相说:"张昌宗有功劳吗?"杨再思说:"张昌宗合成神药,圣上亲自服用有灵效,这就是莫大的功劳。"太后很高兴,免了张昌宗的罪,恢复了他的官职。

五步诗

唐玄宗开元初年,史青上疏,自荐能诗,并说:"子建(曹植)七步,臣五步之内可赛名昭。"唐玄宗便在除夕那天诏史青,并以"除夕"为题命他作诗。史青应口而出:

今岁今宵尽,明年明日催。
寒随一夜去,春逐五更来。
气色室中改,容颜暗里摧。
风光人不觉,已入后园梅。

气度恢宏

唐玄宗任命卢怀慎为吏部尚书兼黄门监,他心地美好,有容人的器量。别人有了本领,就好像他自己有本领一样;别人才华出众,他能做到不仅口头上对这个人表示称道,而且打心眼里喜欢这个人。所以与人共事,总是能谦虚谨慎。姚崇是唐朝的贤相,卢怀慎和他同心协力,共同促成了唐明皇太平盛世的大政。卢怀慎身为宰相,为官清廉,生活俭朴,从不去增值家产。他所得到的俸禄和赏赐随时分送给亲朋故友,结果他自己的妻子儿女不免要忍受饥寒,所住的房子竟难以遮风挡雨。

卢怀慎病情危急,他向唐玄宗上表推荐宋璟、李杰、李朝隐、卢从愿四人,称赞他们是太平盛世不可多得的杰出人才。这几个人曾有罪被罢官,卢怀慎在上疏中认为他们所犯的过错小,贬黜他们使朝廷受到的损失大,恳求玄宗对他们给予爱惜和重用。唐玄宗同意这一建议并予以采纳。不久,卢怀慎去世,家中没有任何余财,只有一位老仆人,这位老仆人请求将自己卖掉换钱为他办丧事。

不要效法僧侣

梁文献公姚崇去世前发出遗命,说:"佛家以清净慈悲为本,而愚昧的人却希望通过抄写经卷、修造佛像来求福。南北朝时,北齐与北周两国各据一方,北齐大量营造佛寺而放宽刑罚与政令,北周却毁弃佛经佛像而修造武器装备,后来两国发生战争,北齐灭亡,北周兴起。近来武氏家族和韦氏家族,大建寺院,所建之寺与所度之僧的数目难以计算,却未能挽救其家族诛灭的灾难。你们不要仿效他们,终身昏昧不觉醒,不要为我超度诵经祈祷死后之福!更不要把僧侣和道士请进家门。这是子孙后代应当永远遵从的家法!"

吴兢修史

著作郎吴兢撰修了《则天实录》,其中记载了宋璟激励张说为魏元忠作证的真实经过。张说在修史时见到了这段记载,心里知道是吴兢所写,嘴里却故意说道:"刘五(即刘知几)在修史时对我一点都不帮忙。"吴兢马上站起回答说:"这一段是我吴兢写的,所有的草稿都还在,我不能让明公您错怪了已经死去的刘子玄。"在座的同僚听了这话全都大惊失色。后来张说私下里请求吴兢将这段记载略改几字,吴兢始终没有答应,他说:"我要是曲从您的要求,《则天实录》就不再是秉笔直书的信史,将凭什么取信于后人呢?"

不置家产

工部尚书张嘉贞去世。张嘉贞在职期间,不经营家产,有人劝他买田地住宅,他说:"我身居将相高位,担忧什么饥寒!如果犯了法,即使有田地住宅,也没有什么用。近来我见到朝中的士大夫大量侵占良田,身死之后,这些只能成为无赖子弟贪恋酒色的本钱。我不做这种事。"

诤友可敬

韩休做宰相,为人耿直,刚正不阿,从不追求荣利。唐玄宗有时在宫中张宴作乐,或在后苑打猎游玩,只要略有差错,就忙问左右侍臣:"韩休会知道吗?"话刚说完,韩休的谏书就到了。玄宗曾经对着镜子闷闷不乐,左右侍臣说:"自从韩休做宰相,陛下可比从前瘦多了,为何不赶他下台!"玄宗感慨地说:"我的容貌虽瘦,天下的人必肥。萧嵩奏事常常顺着我的意,退朝后我老睡不好觉。韩休时常据理力争,退朝后,我倒睡得安安稳稳。我用韩休,是为了国家,不是为我自己。"

杜甫的少年游

公元731年，年届二十岁的杜甫出门远行，开始了他的少年游。

杜甫少年早慧，志向远大，他遵循"读万卷书，行万里路"的传统，开始漫游吴越。从苏州到南京，转杭州，过钱塘江到越州，向南直到台州。"归帆拂天姥，中岁贡旧乡"，漫游四年后，返京参加736年正月举行的进士科试，不幸铩羽而归。

杜甫的齐赵之游，开始了他"快意八九年"的美好时光。"春歌丛台上，冬猎青丘旁。呼鹰皂枥林，逐兽云雪冈。"驰马逐兽，呼鹰射鸟，与苏源明成为好朋友。结识雄心勃勃、怀才未遇的高适、豪侠张玠，写下了"会当凌绝顶，一览众山小"的诗句，表明他的少年心事和自我期许。这次游历到740年结束。

四年后的744年，杜甫在陈留遇到"赐金放还"，名满天下的李白，再加上已经交识的高适，开始梁宋之游。三人登高怀古，射猎游宴，赋诗论文："忆与高李辈，论文入酒垆……气酣登吹台，怀古视平芜。"秋末分手。第二年夏，杜甫再游齐赵，与北海太守李邕等人宴于济南历下亭，秋天与李白重逢于兖州，二人"醉眠秋共被，携手日同行"，结下兄弟深情。秋末，两个在兖州东石门饮酒告别，依依难舍。李白劝杜甫"飞蓬各自远，且尽手中杯"。后来又有诗思念杜甫："思君若汶水，浩荡寄南征。"杜甫后来有诗赠李白："白也诗无敌，飘然思不群……何时一樽酒，重与细论文。"这次分别，是李杜永远的分别，也是杜甫少年游的结束。

李白戏权贵

天宝元年，李白来到京城赶考，他听说考官是太师杨国忠，监官是太尉高力士，二人皆爱财之辈，倘不送礼，纵有天大的本事也得落第。李白偏偏一文不送。

考试那天，李白一挥而就，交了头卷。杨国忠一看卷头上李白的名字，提笔就批："这样的书生，只能与我磨墨。"高力士说："磨墨算抬举了，只配给我脱靴。"便将李白推出考场。

一年后的一天，有个番使来唐朝递交国书，上面全是一些密密麻麻的鸟兽图形，唐玄宗命杨国忠开读，杨国忠如见天书，一个字也不认识。满朝文武，亦无一人能辨认。唐玄宗勃然大怒："满朝文武，竟无一个饱学之士，为我分忧。这书认不得，如何发落番使？"

后来，有人推荐李白。他走上金殿，接过番书，一目十行，读完后说："番国要大唐割让高丽一百七十六城，否则就要起兵杀来。"玄宗一听，急问众大臣有何良策，群臣面面相觑，无人对答。无奈，玄宗转向李白。李白说："这有何难，明日我面答番书，令番国拱手来降。"

第二天，玄宗宣李白上殿。李白见杨国忠、高力士站在文武两班之首，便对玄宗说："臣去年应考，被杨太师批落，被高太尉赶出，今见二人押班，臣神气不旺。请万岁吩咐杨国忠给臣磨墨，高力士与臣脱靴，臣意气才高，方能口代大言，不辱君命。"唐玄宗用人心切，顾不得许多，就依言传旨。杨国忠气得浑身发抖，忍气磨墨，捧砚侍立；高力士强吞怒火,双手脱靴,捧着跪在一旁。

李白这才舒了一口气,写了一封陈述厉害的诏书,番使听了吓得魂飞魄散,连连叩头谢罪。玄宗大喜,拜李白为翰林学士,赐宴宫中。

杨贵妃被送回娘家

杨贵妃受到玄宗的宠爱。天宝五年,贵妃因嫉妒泼辣不恭逊,玄宗生气,下令把她送回她哥哥杨铦的家中。贵妃走后,一整天玄宗都不高兴,到了中午也不吃饭,左右的人无论干什么都不合玄宗的心意,无缘无故遭到棒打。高力士试探玄宗的心意,请将贵妃储备的物品送给贵妃。到了夜晚,高力士跪请玄宗迎接贵妃回宫。从此玄宗的恩宠礼遇更加隆重。

天宝九年,杨贵妃又因触怒了玄宗,被送回杨家。这时户部郎中吉温让宦官对玄宗说:"杨贵妃作为妇道人家,见识短浅,违背了皇上的心意,应让她死在宫中,怎么忍心把她弃置宫外蒙受耻辱呢?"玄宗也后悔了,派宦官赏赐御膳给她。贵妃对使者哭泣着说:"我没什么献给皇上,只有我的头发是父母所给的,把它进献给皇上留作纪念以表示我的诚意。"于是就剪下一缕头发献给玄宗,玄宗连忙派高力士召贵妃回宫,对她宠爱更深。

安禄山表忠

平卢节度使安禄山入朝,玄宗对他十分宠幸,随时可以进见。安禄山上奏说:"去年营州蝗虫吃禾苗,我焚香祝告上天说:'我如果心术不正,对君王不忠,愿让蝗虫吃我的心;如果未负神灵,愿使蝗虫自动散去。于是有一群鸟从北面飞来,立刻吃尽了蝗虫。希望能把此事交付史官记录。'"玄宗答应。

安禄山仗恃着玄宗对他的恩宠,常常肆意地编造虚妄的事情,进行献媚,取悦玄宗。为迎合玄宗以博取欢心,他就上奏说:"我是蕃戎贱臣,受皇上的恩宠太多太深,我没有什么特别的才能供陛下使用,我愿意以我的身躯代替陛下您去死。"玄宗虽没有回答,但心里却欣赏他,就叫皇太子来见他。安禄山见到皇太子后不礼拜,在场的大臣说:"你为什么不拜?"安禄山说:"我是胡人,不懂朝廷的礼仪,不知道太子是什么官?"玄宗说:"太子就是储君,朕去世之后,就把皇位传给太子。"安禄山说:"我愚蠢浅陋,只知道有皇帝陛下,不知道还有太子,臣真是罪该万死。"于是向太子下拜。玄宗更加喜欢,赞赏他淳朴忠诚。

杨贵妃最受玄宗的宠爱,居于六宫嫔妃之首,安禄山就请求做贵妃的养子。以后,安禄山每次进宫入见,就先拜杨贵妃,玄宗问他为什么这样做,他回答说:"我们胡人的习俗是不知其父,只知其母。"玄宗听了高兴,对他的恩宠越来越深。

华山金矿

李林甫因与左丞相李适之争权夺利而产生矛盾,李林甫怀恨他。一天李林甫对李适之说:"华山有金矿,如果加以开采,可以富国,皇上还不知道这件事,你可以上奏,皇上一定高兴。"李适之就借奏事之机向玄宗说了这件事。玄宗又问李林甫,李林甫回答说:"这件事我早已知道,但华山是陛下的本命,王气所在之地,不应开凿,所以我不敢说。"唐玄宗认为李林甫忠于皇帝,李适之考虑事情粗疏,对李适之说:"以后奏事,应该与李林甫商量,不要轻易建议。"从此,李适之失去恩宠,再不敢多论政事。

旖旎风光图

唐玄宗很向往四川嘉陵江山水的秀丽风光,便派吴道子去写生。吴道子自幼刻苦用功,学习绘画,对于家乡四川的山水又有浓厚的兴趣,这次欣然遵命重游旧地,饱览蜀中水川之美,将所见所感,一一铭记在心中。

回到长安,唐玄宗观赏心切,便要吴道子拿出画稿,吴道子回答说:"我没有画稿,要画的都记在心里了。"玄宗感到疑惑不解,命他当场在大同殿作画。吴道子早已胸有成竹,举笔挥毫,只用了一天的工夫,就在大同殿壁上画成了一大幅嘉陵江三百余里的旖旎风光图。唐玄宗看后,把这幅画与以前李思训画了几个月才完成的同一幅画相比,结果不得不赞叹说:"李思训数月之功,吴道子一日之迹,此极其妙。"

汪伦"骗"李白

唐天宝十四年,李白正在秋浦(今安徽池州市贵池区)逗留。泾川(今安徽泾县)豪士汪伦听到这个消息,立即修书一封,邀请李白前来泾川。汪伦在书信中诡称:"先生好游乎?此地有十里桃花。先生好饮乎?此地有万家酒店。"李白接到汪伦的书信后,欣然而至。王见李白应邀而至,便笑着告诉李道:"桃花者,潭水名也,并无桃花;万家者,店主人姓万也,并无万家酒店。"

李虽与汪素不相识,但感到汪待人真诚,慕贤若渴,不仅没见怪,反而大笑着原谅了汪伦投其所好设下的"骗局",领受了汪的一片真情。

李白在泾川逗留数日,临行时接受了汪伦赠给他的八匹良马,十缎官锦,并赋诗一首《赠汪伦》相送:"李白乘舟将欲行,忽闻岸上踏歌声。桃花潭水深千尺,不及汪伦送我情。"这位泾川豪士至今也名传千古。

怒斥叛贼

安禄山起兵反叛,常山太守颜杲卿率军夜以继日地抵抗,终于箭尽粮绝,城池失守。颜杲卿被押到洛阳,安禄山责备他说:"你原是范阳户曹,我上奏朝廷任命你为判官,几年后又升为太守,我有什么地方对不起你而你竟率兵反叛我?"颜杲卿圆瞪怒目大骂道:"你原本是营州的一个牧羊胡奴,天子提升你为三道节度使,恩宠没人能比,有什么地方对不起你而你竟起兵反叛?我世世代代为唐朝的臣子,高官厚禄都是唐朝给予的,虽然是你上奏的,我怎能跟随你反叛呢?我是为国家讨伐叛贼,遗憾的是没有杀了你,怎么能说是反叛呢？臭胡狗，还不快杀了我！"安禄山大怒，将颜杲卿杀死。

张兴大义凛然

饶阳裨将束鹿人张兴，力气大得可以举得起千钧，天性深明大义分辨时事。史思明攻破饶阳抓住了张兴，对他说："你真是一个壮烈的勇士，能投降和我一起享受荣华富贵吗？"张兴说："我是唐朝的忠臣，当然没有投降的道理。我现在只剩下几刻钟活着，希望让我说几句话再死。"史思明说："你说说看。"张兴说："皇上对待安禄山，就像父亲对待儿子一样有恩情，大臣中没有人赶得上他的，然而安禄山不懂得报答皇上恩德，反而起兵侵犯京城，使得活着的人受尽困苦。大丈夫不能翦灭扫除凶恶的叛贼，怎么能北面作为叛贼的臣子呢？我有一言，你能听吗？你跟从叛贼的原因是为了求得富贵罢了，这就像燕子在帷幕上筑巢安窝，怎么能长久安全？为什么不趁这个机会去杀死叛贼，把祸患转变为好事，长久地享受富贵，不是很美好的事吗？"史思明发怒，命令把张兴绑挂在树上，用锯子锯死了他，张兴一直不停咒骂，直到死为止。

五不可留

肃宗要李泌继续留在朝中辅佐国政，李泌说："我现在报答您的恩德已经足够了，重新做一个闲人，多么快乐！"肃宗说："我和你忧患多年，现在一起刚刚高兴，为什么就急着离去呢？"李泌说："我有五条理由不能留下来，希望陛下让我离去，免去我的死罪。"肃宗说："你这是说什么？"李泌回答说："我遇见陛下太早了，陛下任命我太重了，宠爱我太深了，我的功劳太高了，形迹太奇特了，这就是我不能留下来的原因。"肃宗说："暂时睡吧，以后再讨论这件事。"李泌说："陛下现在在我床上睡觉，还不准许我，何况以后在香案面前呢！陛下不让我离去，是要杀死我。"肃宗说："没有料到你怀疑我到了这种程度，我与你亲近得在一个床上睡觉，难道有像我这样待你会杀你的吗？你是把我比作越王勾践了！"李泌说："陛下没有下令杀我，所以我请求归去，如果我已经被法办了，怎么还敢说话！杀我的，不是陛下，而是'五不可'。"

李泌屡次请求归隐山中，肃宗执意挽留，不得已，才允许他返回衡山，并下敕书命令郡县官为李泌在山中建造房屋，给三品官的俸禄。

黄台瓜辞

武则天有四个儿子，长子叫太子弘，武则天刚刚图谋帝位，妒忌他聪明，毒死了他。立第二个儿子雍王李贤为太子。李贤内心惧怕担忧，写了《黄台瓜辞》："种瓜黄台下，瓜熟子离离。一摘使瓜好，再摘令瓜稀。三摘尚自可，摘绝抱蔓归！"武则天看了不听，李贤最后死在黔中。

张巡宁死不弃城

尹子奇包围了睢阳很长时间，城中粮食吃完了，有人提出抛弃睢阳城逃跑。张巡认为："睢阳是江、淮的保障，如果抛弃了它离去，叛军一定会趁着胜利直往前去，这就断送了江、淮。况且我们的军士都饥饿软弱，逃走可能不行。古代战国诸侯还崇尚相互援助，何况那些靠近我们的元帅们呢？不如坚持守卫等待救援。"茶纸吃完后，就吃马，马吃完了，又捕捉麻雀挖掘老鼠来吃，鸟雀老鼠吃光了，张巡杀死自己的爱妾给战士们吃，这以后又把城里所有的妇女吃完了。军士们都知道一定要死，没有叛逃的。张巡开始守卫睢阳时，士兵只有一万人，前后与敌人进行了大小战役二百多次，杀死敌人十二万人，这时只剩下四百人。叛军攻城，由于战士都饥饿有病，不能战斗，城于是被攻陷，张巡被杀。

救人危难

北京留守河东节度使王思礼在潼关作战时，他的马中箭而死。这时有一名骑兵，张光晟把自己的马给了他，王思礼问他的姓名，他没有告诉就走了。王思礼暗中记住了他的相貌，后来多方寻找，但没有找到。王思礼到了河东后，有人进谗言陷害代州刺史辛云京，王思礼十分愤怒，辛云京惧怕，不知如何是好。这时张光晟在辛云京的部下，知道辛云京是清官，就对辛云京说："我曾经帮助过王将军，向来不敢提起这件事的原因，是认为以这件事情来取赏是耻辱。现在你有危机，我知道是有人来诬陷，请我去见王将军，为你解难。"辛云京高兴地让他去了，张光晟见到王思礼，还没有说话，就被王思礼认了出来，说："你难道不是我的救命恩人么？为什么这样晚才能见到你呢？"张光晟就把实情告诉了王思礼。王思礼十分高兴，握着张光晟的手涕泣呜咽地说："我所以能有今天，都是因为你救我一命的功劳。我一直在寻找你。"张光晟借机谈了辛云京的冤情。王思礼说："辛云京也有罪，现在因你的情面而饶恕他。"当天，王思礼就提升张光晟为兵马使，并赠送给他许多钱财以及田地宅第。

安庆绪突围

唐肃宗时，叛军安庆绪从洛阳逃往相州时，士兵死伤惨重，只剩下步兵一千多人，骑兵三百多人。在路上正巧碰上河东节度使李光弼率领的平叛大军。李光弼将叛军紧紧包围，困于死地。安庆绪明知众寡悬殊，不能取胜，但他要作最后的挣扎。对部下说："我们的处境万分危急。打，也难以逃生；不打，只能束手待毙。不如拼死突围，说不定还能保全生命。"说罢，他把兵力分成八路，让他们从四面八方突围，并呼叫："我们胜利了！唐军失败了！"李光弼的军队一听，就乱了阵脚，安庆绪又聚集了数万人，死守相州，等待援军。几天后，史思明援军到，同唐军开展激战，唐军大败。这次战斗，唐军损失惨重，战马万匹只剩下三千，刀枪十万，几乎全部扔掉。

斥责叛逆子

河北副元帅、朔方节度使仆固怀恩策划谋反,就派他的儿子仆固玚率军进攻太原,军士们得知他的意图后,都不愿意违背朝廷,就将仆固玚杀死。仆固怀恩闻讯后,立即回家告诉他的母亲。他的母亲说:"我对你说过,国家对待你不薄不要谋反,现在士兵们已经变心,杀了你的儿子,祸害牵连到我们全家,这将如何是好?"仆固怀恩无言以对,就拜了两拜出门走了。他的母亲提着刀出来追赶他说:"我替国家杀掉你这个叛贼,挖出你的心来向三军将士谢罪。"仆固怀恩飞快逃跑,得以免死。唐代宗得知这一消息,就下令用车接仆固怀恩的母亲到长安,将她安置在长安,待遇丰厚。其母死后,代宗又按照礼节将她埋葬,功臣们都敬仰她。

仆固怀恩违抗王命三年,两度带领胡人入侵,成为国家的一大祸患,次年得暴病而死。

郭子仪进敌营

回纥、吐蕃联军包围泾阳,由于敌我数量悬殊,郭子仪命令众将坚守不出。第二天,敌军再次攻城,正当此时,回纥和吐蕃听说他们的统帅仆固怀恩已经去世,便开始互争尊长,不相和睦。郭子仪得知这一情况,便决定前去敌阵游说回纥,打算联合回纥共同攻击吐蕃。郭晞拉住郭子仪的马劝道:"他们是虎狼,您是一国元帅,怎么可以让自己成为敌人口中之食呢?"郭子仪回答道:"如今我们寡不敌众,难以凭借军事力量取胜,如果需要交战,国家就危险了。我前去以真诚劝说他们,或许能侥幸使他们听从我的劝说,那就是国家的福分了!即使不成功,也只是我一个人死去而保全了国家。"诸将请求选派铁骑兵五百人作随从,郭子仪说:"这样恰恰会害了我。"说完就同几名骑兵出了城。回纥的大帅合胡禄都督药葛罗正拉弓搭箭站在阵前,郭子仪脱去甲胄扔掉长枪进入敌阵。药葛罗看到郭子仪来到阵前,大吃一惊。郭子仪责备他说:"你们回纥对大唐有过大功,大唐酬谢你们也不薄,为什么要背弃前约,侵入我国境内。你们背叛恩德而帮助叛臣,是多么的愚蠢!况且仆固怀恩背叛君主抛弃生母,对你们国家有什么好处?现在我一人前来,听凭你们捉拿处死我,我的将士们定会拼死与你们作战!"药葛罗说:"仆固怀恩欺骗了我们。"郭子仪进一步说服他们:"吐蕃不行道义,乘我们因家内乱进行侵略,他们最终要失败。如果你们继续与我国友好,我们联合打败吐蕃,这一时机不可丧失。"药葛罗想到与唐联合对他们有利,就提出让郭子仪举酒发誓。郭子仪将酒洒在地上说:"大唐天子万岁!回纥可汗也万岁!有背弃盟约者,身死阵前,家族死绝。"药葛罗也将酒洒到地上说:"与令公的誓言相同。"吐蕃闻讯后,夜里便率领军队逃跑了。回纥派酋长石野那等六人入朝觐见唐代宗。

漕运之能人

自安史之乱以来,汴水荒废不治,漕运都从长江、汉水运抵梁州、洋州,绕道险阻,劳费财力。当时由于战乱,全国粮食匮乏,关中一斗米价值一千钱,老百姓摘取麦穗来供给禁军。代宗任命刘晏为河南、江、淮转运使,让其治理汴水。刘晏上任后,就筹划商议疏通汴水事宜,并上疏朝廷,要求有关郡、县水域予以配合整治,全国各地都积极回应,刘晏全力办理,使汴水得以疏通。从此以后,每年运米数十万石供给关中地区。终唐一代,掌管漕运之事最有才能的首推刘晏,后来者都遵循他制定的法令制度。

刘晏是个勤勉力行的人,无论事务清闲抑或繁忙,都一定在当天决断完毕,不让事情过夜,后来讲论财政的官员没有能够赶得上他的。

不痴不聋　不做家翁

郭暖曾经与升平公主争吵,郭暖说:"你倚仗你的父亲是天子吗?我的父亲不屑于做天子!"公主很生气,驱车飞奔回宫奏报此事。代宗说:"这事不是你能所知道的。他确实是不屑于做天子,假使他想做天子,天下哪里是我家所有呢?"安慰晓谕一番后就叫她回去了。郭子仪听说后,囚禁了郭暖,入宫等待皇上治罪。代宗说:"俗话说'不痴不聋,不做家翁'。儿女闺房中的话,哪值得听信呢?"郭子仪回去后,用棍子把郭暖打了几十下。

靠智谋取胜

凤翔节度使李抱玉派右军都将临洮人李晟率领五千兵士攻击吐蕃,李晟说:"凭实力五千人是不够用的,凭智谋又太多了。"于是李晟率领一千人,西出大震关。到达临洮后,李晟摧毁吐蕃的定秦堡,焚烧吐蕃囤积的军需物质,俘虏守堡将领慕容谷种而归。吐蕃得知李晟军至,就放弃对灵州的围困撤走了,由此,京师解除戒严。

郇模献字

晋州男子郇模用麻绳扎发辫,手持竹筐苇席,在长安东市痛哭。人们问他为什么这样做,他回答说:"我愿意向朝廷贡献三十个字,一个字反映一件事。如果我说的话一无可取,请求用苇席裹住我的尸体,装进竹筐中,抛弃在野外。"京兆府把这件事报告代宗。代宗召见郇模,赐给他新衣服,让他住在客省里。他说:"'团'字,是请求罢除各州团练使;说'监'字,是请求罢除各道监军使。"

对我亲厚

郭子仪曾报请委任州县官一人,没有得到批复。他的同僚互相议论道:"凭元帅您这么高的功勋和声望,报一个下级属吏也不被批准,宰相怎么这样不识大体?"郭子仪听说之后,对同僚说:"自从国家用兵以来,坐镇一方掌握兵权的武将大都飞扬跋扈,凡有什么要求,朝廷不同意也得委屈相从,这并不是因为别的,而是对他们存有疑虑。而今我呈报的事,皇帝殿下认为不可行而搁置起来这正表明是不把我当一般武将看待,而是特意对我亲厚。诸位应当祝贺,又有什么责怪呢?"听了这番话,大家都心悦诚服。

评猫鼠同乳

陇右节度使朱泚向代宗进献共同乳养而互不伤害的猫鼠,认为这是祥瑞吉兆,常衮率领百官表示祝贺。唯独中书舍人崔祐甫不表示祝贺,他说:"事物反常就是妖孽。猫捉老鼠,是它的天职,如今猫鼠同乳,分明是妖孽。有什么好祝贺的?应当告诫那些不明察奸邪的法官以及不抵御敌寇的边防官,以顺应上天的意志。"代宗称赞了他。秋季,朝廷任命崔祐甫主管吏部铨选官吏事务。

跪告实情

衡州刺史曹王李皋治理政务很有成绩,湖南观察使辛京杲妒忌他,便以刑法陷害,使他被贬为潮州刺史。当时,杨炎正在道州,知道李皋是无辜的。及至杨炎入朝出任宰相,再次提升李皋为衡州刺史。当李皋遭到诬陷,接受审讯时,他担心他的母亲年老,会受惊而悲伤,所以出门时穿上囚服去受审,回家后便穿上朝服,言谈笑貌一如平日。当初李皋即将被贬到潮州,他却以升迁向老母报喜。当他再次被任命为衡州刺史时,李皋才跪在老母面前认错,并将实情相告。

命家眷避客

郭子仪功高盖世,他南征北战,东征西讨,当时"天下以其身为安危者殆三十年"。到他晚年,四海晏平,朝廷让他退休隐居,唐肃宗特赏赐给他汾阳王府。那时,唐德宗时的宰相卢杞还未成名。有一天,卢杞来到府上拜访他,他听到卢杞来了,就让家眷及歌伎一律退到屏风后面回避,不许露面。郭子仪单独与卢杞谈了好久,等客人走了,家眷们才出来,七嘴八舌问他:"你平时接见客人,向来不避讳我们在场,说说笑笑,主客都很高兴。为什么今天接见一个书生,却这般慎重。"郭子仪说:"你们不知道啊。卢杞这个人,很有才干,但他心地狭窄,睚眦必报。此人长得像个鬼一样,半边脸是青的。你们女人最爱笑,平时遇莫名其妙的事也要笑一笑,假如见了卢杞那副尊容,你们只要有谁一笑,他必定要记恨在心。日后他一旦得志,你们和我的儿孙,就一个也活不成了!"

不久,卢杞果然作了宰相,凡是过去有看不起他、嘲笑过他的,一律没免掉杀身抄家之祸。唯独郭子仪一家,即使稍有不合法的事情,卢杞都要曲意周全,他认为郭令公器重他,大有知遇感恩之意。

卖女换军粮

田悦围攻临洺城,接连攻了几个月都没有攻下来,临洺城中的粮食将尽,府库中的储备已经用完,将士多半非死即伤。守将张伾将他的爱女打扮了一番,带着她出来向将士们下拜说:"各位坚守城池,连月与敌人苦战,我家里没有别的什么东西了,让我将自己的女儿卖了,以供各位将士们一天所需的费用。"在场的将士都感动得哭了,说:"我们情愿为坚守城池拼死力战,而不敢要求任何奖赏。"

袁光庭坚守伊州

袁光庭担任伊州刺史,吐蕃攻陷河西、陇右一带之后,袁光庭率领将士坚守伊州达数年之久,吐蕃想方设法地诱降他,都没有取得成功。最后粮竭兵尽,在城池马上就要被攻破的时候,袁光庭先杀了他的家眷,然后引火自焚而死。郭昕派的使者抵达首都,朝廷才知道这件事,因此朝廷追赠他为工部尚书。

李泌力保韩滉

有人上疏奏称:"韩滉得知天子迁徙在外,就让士兵修筑石头城,暗中在做反叛准备。"德宗也产生了疑惑,就问李泌,李泌回答说:"韩滉公正忠贞,清廉朴实。他镇守江东十五州,从无盗贼兴起。他所以修筑石头城,是因为中原丧乱,为迎驾护从陛下所作准备,是做臣子的一片忠贞之心。"德宗说:"外面议论纷纷,有关韩滉的奏事多如丝麻,你为何要替他开脱呢?朕正准备重用你,你不要自找麻烦。"李泌退下后,便写了奏章:"关中的粮食每斗值一千钱,现粮食储备消耗已尽,但江东却是丰收。我以我的一家百口担保韩滉无罪。"德宗当即批准了李泌的奏章,派人告知韩滉:"流言蜚语毫无根据,朝廷依旧信任你。"韩滉感激万分,高兴得流下了眼泪。当天,就发出一百万斛粮食运往京城。不久,陈少游听说韩滉向朝廷贡献粮食,自己也向朝廷贡献大米二十万斛。皇上对李泌说:"韩滉竟然能感化陈少游向朝廷进贡粮食!"李泌回答说:"韩滉感化的岂止是陈少游,各道都要争着向朝廷进贡了!"

淮南镇内的大将王韶,准备对地方实行大规模的抢掠,韩滉派使者告诉他说:"倘若你敢作乱,当天我就率领全军渡过长江杀你!"王韶因恐惧而放弃了原来的打算。德宗听说此事,高兴地对李泌说:"韩滉不止使江东安定,又使淮南安定,他真是有大臣的才具,你可以说是善于知人!"

陆贽上疏

监察御史陆贽给德宗上疏说:"我听说仲虺赞扬成汤时,不是称许他没有过错,而是称许他改正过错;尹吉甫歌颂周宣王时,不是赞美他没有缺失,而是赞美他能够多弥补缺失。可见,古圣贤的意思非常明白,他们只以能够改正过错为贤能,而不以没有过错为可贵。这大概是因为人们各自做自己要做的事情,必然会有过错,由上智到下愚,都不能避免,明智的人能够改正过错而移心向善,愚蠢的人耻于改正过错而因循前非,人的坏处就会越积越多。"

上疏说:"项羽接受了秦朝投降士兵二十万,担心他们会反叛,将他们全部活埋。汉高祖刘邦为人胸襟豁达,天下的士人都投奔到他这里。项羽因此而亡,刘邦因此而昌。心存怀疑和竭诚待人,其效果大不相同。秦始皇严厉苛刻,遇事猜疑,但荆轲却奋不顾身执行刺杀他的计划;光武帝刘秀为人宽宏大量,博爱仁厚,马援这样的人却能对他竭诚尽忠。这岂不是能够虚怀若谷地对待别人,而别人也就一心一意归附你;凭权术来驾驭别人,别人也就不会亲附的缘故吗?要想让人归附,就要感化他,虽然曾是仇敌,也能变为心腹;对归附的人不亲近,他就会害怕,进而就会排斥,这样即使是有骨肉手足之情,也会变成仇敌。"

与叛父同死

李怀光屯兵咸阳逗留不进,准备反叛朝廷。李怀光的儿子时任监察御史,就向德宗密奏说:"臣的父亲一定会做出背叛陛下的事来,伏望早做准备。臣也听说过事君事父应当一样的道理,只是以今天的情势来看,陛下待臣优厚,所以臣不忍心不对陛下说这些话罢了。"德宗惊讶地说:"朕知道你是怀光的爱子,你应当从设法消除隔阂,怎么来密奏此事呢?"李璀回答说:"臣并不是不敬爱父亲与宗族,但臣已用尽了力量,无法挽回父亲的心意,臣所以来进奏这事,也并不是为苟且求生,臣的父亲败亡,臣只有与他一块死罢了。"德宗说:"你不必死,替我再去劝醒你父亲,这样君臣父子都得以保全,不是很好吗?"李璀去了咸阳又回来对皇上说:"臣的父亲说:'我不贪慕富贵,只是怕死罢了,你怎么能陷我进入死地呢?'"后来李怀光败死,李璀先拿刀杀了他两个弟弟,而后自杀。

不孝被贬

李皋任襄州刺史,到某县视察,见一白发老婆婆在哭泣,李皋哀叹而问她,老婆婆说:"我是李家的夫人,有两个儿子李钧和李锷,他们求官奔走在外二十多年至今没有回来,家贫生活无法自给。"当时李钧在朝中任殿中侍御史,李锷为京兆府法官,都因文采而登第,名重当时。李皋说:"在家应该孝顺父母,在外应该善待朋友,然后再学文。像老太婆这两个儿子,怎能充居公卿之列?"因此向朝廷举报了这件事,唐德宗下诏,将其贬官。他俩这种不孝行为被人们不齿。

韦皋施政

韦皋任西川节度使二十一年,时蜀地赋税加位征收。送给皇帝很丰盛的财物来维系君主的恩宠,给士兵很厚的赏赐来安抚他们,士兵结婚、嫁女、家中有丧事,都供给他们费用,所以他能长久安稳地做西川节度使,而士兵也乐意为他效命,收服南诏,打败吐蕃。他的幕僚年久官高的就做刺史,做完刺史又回到幕府,始终不让他们回到朝廷,恐怕他的所作所为泄漏的缘故呀!府库已经充实,时时宽待百姓,三年里面有一年免除租税,蜀人心服他的智谋而畏惧他的威势,到现在还画他的像奉作土神,家家祭祀他。

白居易上奏赎魏徵老宅

魏徵的玄孙魏稠家境十分贫困,以祖传老宅作抵押向别人借了钱,平卢节度使李师道请求朝廷允许他用私人财产为魏稠赎回老宅。宪宗命令翰林学士、左拾遗白居易草拟认可的诏书,白居易上奏宪宗说:"这件事关系到臣下的激励和劝勉,这个事情应该由朝廷办理。李师道是什么人,竟敢抢这一美名?希望陛下敕令有关部门用官府的钱赎回魏徵的老宅,交给他的后人。"宪宗采纳了这一建议,拿出官中内库的钱二千缗赎回,赐给魏稠,还禁止典当和出卖这座老宅。

不以故人失公正

宰相裴垍仪表威武严峻,别人不敢在他那里谋私利。曾经有个老朋友从很远的地方到这里来,裴垍盛情地接待他,与他一起畅谈叙旧,并给了他很优厚的资助。老朋友知道他是当朝宰相,就提出担任京兆府的参军职务,裴垍完全有权利任命这个职务,但他对老朋友说:"你不胜任这一官职,我不能因为和你有老朋友的交情损害朝廷至上的公正。在官职问题上,你不要再提任何要求,我是不会给你的。"

徐晦为杨凭送行

御史中丞李夷简弹劾京兆尹杨凭在担任江西观察使时贪污受贿。宪宗将杨凭贬为临贺县尉。杨凭的亲朋好友没有敢给他送行的,只有栎阳县尉徐晦一个人到蓝田与杨凭道别,太常卿权德舆对徐晦说:"你给杨凭送行,实在是厚道的举动,但你不怕受连累吗?"徐晦说:"我曾在杨公府下干事,现在他被贬职到很远的地方,怎么能不同他道一个别呢?假如你有一天受诬陷放逐外地,我徐晦敢像路人一样对待您吗?"权德舆感慨良久,在朝廷中称赞他的品德。过了几天,李夷简上奏皇帝任命徐晦为监察御史。徐晦向李夷简道谢说:"我平生都没有得到机会见您一面,您根据什么任用我呢?"李夷简说:"你不辜负杨凭,怎么敢辜负朝廷呢?"

宪宗问理政

宪宗问宰相道:"治理国家宽和威严,哪一种放在前面?"权德舆回答说:"秦朝执政因为残酷狠毒而灭亡,汉朝执政因为宽和大度而兴盛。我朝太宗皇帝看了《明堂图》以后,下令禁止鞭打人的背。因此,安禄山、史思明叛乱以来,多次出现背叛朝廷的逆臣,但他们转眼间都灭亡了。这是因为列祖列宗施行仁义的政治,团结了天下的人心,人们不能忘却的缘故啊。那么,治理天下,宽和威严的先后次序就清楚了。"宪宗觉得他这话说得很好。

对授特权不奉诏

宪宗嘉许崔群的正直,任命为库部郎中、翰林学士。并命令翰林院学士:"从今以后,凡是奏请事由,一定要在取得崔群的签名连署以后,才能将奏疏进上。"崔群说:"翰林学士的任何行为都是要成为惯例的。如果一定这么办,万一后来有阿谀谄媚的人物担当翰林学士的长官,便会使官位处于下级的人们的直切进言无法进献上来了。"崔群坚决不肯接受诏命,经过三次上奏,宪宗才听从他的主张。

李光颜不迷恋女色

唐宪宗任命韩弘为淮西诸军都统。韩弘私自打算借助敌军来加重自己的地位,不愿意迅速平定淮西。李光颜在各将领中作战最为出力,且战绩突出。韩弘为了拉拢他,就在全大梁城中找到一个漂亮的女子,教会她唱歌跳舞,弹奏乐器,用珠宝玉石,金银翡翠将她打扮起来,价值数百万钱,派遣使者将她赠给李光颜,正值李光颜大宴将士。使者将歌妓进献上来,歌妓的容貌姿色冠绝当代,满座将士都惊呆了。李光颜对使者说:"韩都统把这么漂亮的歌妓赏赐给我一个人,可是我这里有数万战士,他们都是丢下家庭,在白晃晃的兵器中间冲撞战斗,我怎么能够忍心单独以娇声美色自娱呢?我已决心为国效命,难道一个美人能使我丧失斗志吗?"说完,将歌妓退还给使者。不久,李光颜率部在郾城打败三万多淮西军,郾城守将董昌龄与邓怀金率领全城归降,李光颜进驻郾城。

韩愈论佛

宫中宦官使者将释迦牟尼的手指骨迎回京城,并在皇宫中留了三天,然后送到各寺中让人们瞻仰。刑部侍郎韩愈向宪宗上表奏章极力劝谏这样做,说:"佛教,只是异族人的一种信仰。从黄帝到夏禹、商汤、周文王、周武王、都享有高寿,百姓们也安居乐业。那个时候还没有佛教。汉朝明帝时,中国才开始有佛教。这之后,天下大乱,王朝衰亡的事一件接一件,每个王朝的国运都不长久。南朝、宋、齐、梁、陈和北魏以来,君王信奉佛教渐渐谨慎,而且在位年数都很短促。只有梁武帝在位四十八年,先后三次将自身施舍给寺庙做奴仆,最后落得一个被侯景逼迫,饿死在台城的下场,国家不久也灭亡了。他信奉佛教是为了求福,却相反得了祸患。由此看来,可以知道佛教不值得信奉了!"

柳子厚设方赎人质

唐朝元和年间,柳子厚任柳州刺史。当地有个风俗,把子女当作抵押来借钱,约定如果不能按时赎取,等到利息与本钱一样多的时候,债主就把人质收为奴婢。柳子厚为此想方设法让他们都能被赎回去。对那些特别贫穷实在无能为力的,就让债主记下人质劳动应得的报酬,等到与抵押钱相等了,就让债主归还人质。观察使把这个办法推行到其他州,到了一年,免去奴隶身份得以回到自己家中的有近千人。衡山、湘江以南准备考进士的人,都把柳子厚当作他们的老师。

用人之得失

唐宪宗询问宰相:"玄宗朝政治,先治而后乱,是什么原因?"崔群回答说:"玄宗任用姚崇、宋璟、卢怀慎、苏颋、韩休、张九龄为宰相,则天下大治;但用字文融、李林甫、杨国忠为宰相,则朝政紊乱。所以,用人得失,关系重大。人们都以为天宝十四年安禄山叛乱是天下大乱的开端,我则认为开元二十四年罢除张九龄相位,任用李林甫主持朝政是治乱的分界线。但愿陛下效法玄宗开元初年,以天宝末年为鉴戒,如果陛下能这样做,那就是国家长治久安的福分!"

兄弟互让互尊

灵武节度使李光进与弟弟李光颜共同侍奉老母,李光颜娶妻在先,他们的母亲将家中事务都交给了李光颜的妻子。母亲去世后,李光进后来也娶了妻子,李光颜让自己的妻子捧着家门钥匙,登录好家中财物,交给她的嫂子。李光进将钥匙,账簿又退了回去,说:"弟媳赶上了侍奉已故的婆婆,已故的婆婆命令她主持家中事务,这是不能更改的啊。"兄弟俩握着手哭泣起来。

心正则笔正

唐穆宗看到夏州观察判官柳公权的书法墨迹,十分喜爱。便任命柳公权为右拾遗、翰林侍书学士。穆宗问柳公权:"你的字为什么写得这么好?"柳公权回答说:"写字运笔关键在于用心,心正则笔正。"穆宗听后默然不语,神色改变,知道柳公权是以笔作譬喻来规劝自己。

以忠义传家

唐穆宗的旧病复发病危,命太子监国,处理政事。宦官想请郭太后出来掌管国政,太后说:"从前武后主国政,几乎使国家灭亡。我家世代以忠义传家,不是武氏那一类人。太子虽年少,只要得到贤能宰相辅佐,你们这些人不要干预朝政,用不着担心国家不安定!从古以来难道有女子为天下君主而能使国家治理得如唐虞时代吗?"随即把制书拿来撕碎了。太后的兄长太常卿郭钊听到有要太后称制的言论,秘密给太后写信说:"假如真正答应了宦官的请求,臣请预先就带领诸子交出官爵回到家去。"太后流着泪说:"祖先的福庆集中表现在哥哥身上。"当晚,唐穆宗在寝殿上去世。几天后,敬宗李湛在太极殿正式即皇帝位。

贾岛吟诗

唐代诗人贾岛一天骑驴在路上吟诗,得句"鸟宿池中树,僧推月下门。"而又欲用"敲"字来代替"推"字,正在费心思索,不知用何字更为恰当,误闯入了当京城代理长官韩愈出行的队伍中。韩愈问明情况后,不仅没有责怪他,还认真地帮他斟酌一番,说还是用"敲"字为佳。这两句诗就是五律《题李凝幽居》的颔联。

官印被盗

裴度被任命为司空、同平章事。一天,左右的人忽然告诉他官印被盗了,听到这话的人都大惊失色。裴度神色自如,并不追究。隔了一会儿,左右的人又告诉他在原来的地方得到了官印,裴度也不说话。有人问他为什么这样,裴度说:"这一定是吏人偷去盖文书罢了,追查急了就会把印丢在水火中毁掉,不马上追究所以又回到原来的地方。"众人叹服他的见识和度量。

祥瑞之物

有官员报称,近期有白兔、驺虞出现,甘露降临,认为是祥瑞之物,百官都向文宗道贺。唯独工部尚书对文宗说:"古代黄河出图,伏羲用它画成八卦;洛阳出书,大禹用它制定九类大法,都是对人们有好处,所以值得称道。至于讲到禽兽草木的瑞征,什么时候又会没有?刘聪那么凶暴悖逆,黄龙还三次出现;石季龙那么残暴酷虐,还得到十六只苍麟,七只白鹿,用来驾帝王的车子。从这些例子看来,所谓的祥瑞之物哪里能反映出有德之君?玄宗曾任潞州别驾,后来即皇帝位,潞州奏上十九种祥瑞之物,玄宗说:'朕在潞州,只知道辛勤从事本职之事,此等样物,都不知道。'希望陛下专心把百姓的富足安定为国家的喜庆,其他都是不值得听取的。"文宗称赞他说得对。对宰相说:"时和年丰,这就是上瑞;嘉禾灵芝,实在是对于国家一点益处也没有!"宰相接着说:"《春秋》书中记载灾异之事是为了警戒人君的,而不记载祥瑞之事,就是这个缘故吧!"

刘白唱酬咏老诗

刘禹锡和白居易晚年都患眼疾、足疾,行动多有不便。面对这样的情景,白居易产生了一种消极、悲观情绪,并且写了《咏老赠梦得》一首给刘禹锡,诗曰:

与君俱老矣,自问老何如?
眼涩夜先卧,头慵朝未梳。
有时扶杖出,尽日闭门居。

>   懒照新磨镜，休看小字书。
>   情与故人重，迹共少年疏。
>   唯是闲谈兴，相逢尚有余。

刘禹锡读后，写了《酬乐天咏老见示》回赠，诗曰：

>   人谁不顾老，老去有谁怜？
>   身瘦带频减，发稀冠自偏。
>   废书缘惜眼，多灸为随年。
>   经世还谙事，阅人如阅川。
>   细思皆幸矣，下此便翛然。
>   莫道桑榆晚，为霞尚满天。

刘禹锡诗表达了对老朋友的真情关爱和真情劝勉，并且借日近黄昏却红霞满天的意象，表达了自己不畏衰老，更要老有所为的情感与愿望。全诗既洋溢着一位智者的达观和自信，也充满着诗人对生活的热爱和对生命价值的追求。

不以爱憎违背公论

起初，周墀为义成节度使，招聘韦澳为判官，及至周墀任宰相，就对韦澳说："我的能力很小，而任务很重，你将如何帮助我呢？"韦澳回答说："希望您没有权力。"周墀听后感到愕然，不知道韦澳指的是什么意思。韦澳解释说："对于官吏的赏赐和用刑处罚，您应该与天下人持相同的意见，不要以自己的爱憎喜怒来违背公论，这样天下就自然得到了治理，又有什么必要去谋求权力！"周墀听后深表赞同。

郑氏无劳而不取

右散骑常侍李景让的母亲郑氏，性格严厉精明，很早就守寡，家境清贫，居住在东都洛阳。三个儿子年纪都小，由母亲抚养教育。住宅后面的左墙因为下雨而倒塌，发现墙里藏有很多钱，足足能装满一船。郑氏在发现钱的地方烧起香祝告说："我听说不劳而获，会为自己带来灾害。上天一定是由于先君积下功德，怜悯他后人的贫穷而赏赐他，那么希望几个孤儿将来学问取得成就，这就是他的志向，这些钱不敢收用！"急忙命令把钱掩盖起，在上面筑上墙。她的三个儿子景让、景温、景庄，都考上了进士。李景让的官位最高，被朝廷任命为右散骑常侍，虽然头发已经斑白，哪怕犯了小错误，也免不了挨母亲的鞭打。

戒儿为官

户部侍郎、驸马都尉郑颢，谋求宰相的职位十分迫切。他的父亲郑祗德给他写信说："听说你已经掌握了户部，那是我必死之年；又听说你还想求得宰相，那就是我必死之日了！"郑颢畏惧了，屡次上表辞去户部的繁重事务，不久，朝廷任郑颢为秘书监。

循名责实

翰林学士刘瑑与宰相崔慎由一同在唐宣宗面前讨论政事。崔慎由说:"只有用心审定官员的品级和任职,以报答朝廷的大恩。"刘瑑说:"从前晋代的王夷甫崇尚浮华,妄自划分流品,使得国家战乱不止,社会经济遭到严重破坏。现在是盛明的朝代,应当循名责实,使百官各人都称职;而急忙以区别品流为首要任务,臣不晓得那一天能把国家的政事办好。"崔慎由无话可说。

自然受天遐福

唐宣宗李忱晚年很是喜欢神仙之术,派遣中使去浮罗山奉迎道士轩辕集。宣宗问道:"长生不死能学到吗?"轩辕集回答说:"做帝王的人屏除嗜欲,崇尚德行,那么自然会得到上天赐给的遐福,何必再追求什么长生不死呢?"停留数月,轩辕集坚决要求回到罗浮山去,于是打发他走了。

不称职被贬

新任建州刺史于延陵入宫辞谢唐宣宗,宣宗问:"建州离京城有多远?"于延陵回答:"八千里。"宣宗说:"你到那里去以后政事的好坏,朕都会知道,不要以为隔得远就不了解!万里之远像这阶前一样。"于延陵惊吓得乱了分寸,唐宣宗安抚他一番之后打发他上任去了。到任以后,终于以不称职被贬为复州司马。

培育蛮族子弟

韦皋在西川任职时,开辟清溪道作为蛮族通往内地的交通要道,好使他们通过蜀地向朝廷进贡。又挑选蛮族子弟到成都来,教给他们读书识字,用此法来引导约束他们,学好了以后就让他们回去,又让其他人的子弟继续来学习。这样做了五十年,蛮族的子弟在成都学习过的大概有数千人。蛮族持续向朝廷进贡,关系来往不断。

白敏中饶恕李龟寿

白敏中在唐宣宗朝再度出任宰相,他不肯与权势者相勾结,只以公正守信来主持朝政。各地向朝廷提出的请求,凡是违背道义德行的,他都不予批准。因此,各藩镇都很嫉恨他。白敏中喜好研习典籍,就在永宁里的府邸中专门建造了一个书斋,每次退朝之后,就独自进入书斋,钻研推究学问从不倦怠。

有一天,白敏中又去书斋,只有平素喜爱的名叫花鹊的短腿狗跟着他。他刚刚打开门,而花鹊就连声叫唤,咬着他的衣角往后退。白敏中把它呵斥走它就又回来。进了屋子之后,花鹊仰着头往上看,叫得更加厉害。白敏中感到情况异常,就从匣子里拔出千金剑,指着空中说:"这屋里若有神灵鬼怪,你就出来,我是个大丈夫,难道还怕你这老鼠一类东西的逼迫吗?"说完,果然有一个人从屋梁跳下来,身穿武士服装,相貌黝黑消瘦,跪在地上向白敏中叩头拜了两拜,直说:"死罪。"白敏中问他来历和姓名。回答说:"我叫李龟寿,是卢龙塞人。有人用重金贿赂我,让我来杀你。我被您的人行品德所感化,又被花鹊惊动,不能再隐藏下去。您若能饶恕我,我愿意用这所剩的余生来为您做事。"白敏中对他说:"我饶恕你不死。"于是叫来部下都押衙傅存初收留他。就这样,一直到白敏中故世,李龟寿才隐遁不知去向。

侄子继任

成德节度使王昭懿,在镇任职十年,主持政事宽大简约,军民都非常拥护他。他病危的时候,召见他的侄子都知兵马使王景崇说:"我兄长由于看到你年纪小,把军政大权交给了我。你现在长大了,我再将军政大权归还给你。你接任后,对上要忠于朝廷,对下要与邻藩和睦,将大业继承下去,这就是你的功劳。"说完就去世了。

刺史被逐

怀州民众申诉遭了旱灾,刺史刘仁规贴出布告禁止民众申诉,民众被激怒,相互发起变乱,赶走了刘仁规,刘仁规逃到乡村中躲藏起来。民众冲进州刺史的府宅,把刘仁规的家财抢走,又登上鼓楼击鼓喧闹,很久才平定下来。

李可及受宠

唐懿宗喜好音乐,在内廷殿前为他演奏的乐工经常有五百人。乐工李可及善为创制新的歌曲,受到懿宗宠爱,特授予左威卫将军。李可及儿子娶媳妇时,懿宗曾赐给两个银酒壶,打开酒壶盖,无酒而壶却是实的。神策军右军中尉西门季玄屡次向唐懿宗劝谏说不宜对李可及优宠太过,懿宗不听。李可及经常受到懿宗的财物赏赐,用官府的车子运载回私宅。西门季玄对人说:"李可及今后必定破家,这些财物必定还会用官府的车子送还。倒不可惜赐给他这么多财物,而是徒然耗费拉车的牛的足力!"后来,李可及因罪被流放岭南,籍没其家中一切财产,情况果然如西门季玄先前所预言的那样。

焚毁陪嫁

尚书右丞裴坦的儿子娶杨收的女儿为妻,陪嫁的资财很多,除金银首饰外,用品器物都装饰着犀牛角和玉石。裴坦看到后,愤怒地说:"要使我家破败了!"立刻命令将陪嫁物品焚毁。不久之后,杨收终于由收受贿赂而破败。

崔荛被贬

崔荛任陕地观察使,宴安骄矜不理政事,民众向他申诉说遭遇旱灾,他指着庭前的大树说:"这棵树上还长着叶子,有什么旱情!"民众被激怒了,聚集作乱,将他赶走。崔荛逃到平民家里,口渴了要水喝,平民拿来尿给他喝。不久,朝廷将他贬谪为昭州司马。

做袜履训儿

唐僖宗任命判度支崔彦昭为中书侍郎、同平章事。兵部侍郎王凝的母亲是崔彦昭的姨母。王凝和崔彦昭同时投考进士,王凝先考取了,便去会见崔彦昭,开玩笑对他说:"君不如去考明经科。"崔彦昭听了大怒,从此结怨很深,等到崔彦昭做了宰相,他的母亲对侍婢们说:"帮我做一些袜子和鞋子,王凝母子一定会被流窜放逐,我应当和妹妹一同去。"崔彦昭听了他母亲的话后,一面下拜一面哭泣着说:"我一定不敢报复王凝。"王凝由于这样才免遭打击。

黄巢之妾回话僖宗

黄巢败亡,时溥派遣使臣进献黄巢和他家人的头颅以及他的众妾,唐僖宗亲临成都大玄楼接受进献。僖宗向黄巢的众妾问话:"你们都是显贵人家的子女,世代接受国家的恩惠,为什么要跟随贼寇呀?"站在前面的一位回答说:"贼寇逞凶作乱,大唐王朝有百万军队,却不能固守祖庙,流落到巴蜀一带,今天陛下责备一个女子不能抗拒贼寇,那么朝中的王公大臣将军统帅们又怎么说呢!"僖宗不再问话,下令全部在集市杀掉。人们争着给黄巢的众妾送酒,其余的人都恐惧昏沉地喝醉了,唯独站在最前面回话的那位既不哭泣也不饮酒,到了处刑的时候,神态脸色肃穆坦然。

路岩自罹其祸

宰相路岩因犯渎职罪,被贬为荆南节度,不久,又被贬为靳州刺史。路岩走到江陵,又接到敕令削去官职,长期流放到儋州。路岩的仪表姿态很美,囚禁在江陵监狱有两个晚上,胡须头发一下子全部变白了。不久赐他自杀,没收全部家产。在路岩任宰相的时候,曾秘密上奏皇帝说:"三品以上的官员赐死,都要让使者割去其三寸长的喉咙管进呈朝廷,检验该人是不是死了。"到这个时候,路岩自己也遭到割取喉管的灾祸。

柳玭戒子

御史大夫柳玭,世代都因为孝顺父母,尊重兄长,重礼守法而为士大夫们所尊崇。柳玭告诫他家中的子弟说:"门第地位高贵,是可担心而不可仗恃的事情。门第地位尊贵的人,在处事上假如有一件事情稍有差错,招来的罪过就会比别人严重得多,辜负了祖父辈的训导,这就是所以可担心的原因;门第地位尊贵就容易产生骄傲的心理,家族兴盛就会被人嫉妒。他们美好的品行,出众的才学,别人不一定会信服,而稍有缺点毛病,大家都会去指责他,这就是不可仗恃的原因。因此富贵人家的子弟,学习应该更加勤奋,行为应该更加勤勉,这样也仅能和一般人相比而已!"

不敢忘本

江南储道行营都统杨行密率军到达泗州,泗州防御使台濛为杨行密大肆装饰营帐,杨行密看到太奢侈浪费,心中不高兴。杨行密启程离开泗州后,台濛在杨行密住过的卧室内发现一件补丁衣服,台濛骑马追赶把那件衣服送还杨行密。杨行密高兴地说:"我小时候家中贫寒,出身低贱,节俭惯了,到现在我也不敢忘本。"台濛感到十分惭愧。

盖寓谏诤有方

晋王李克用个性严厉急躁,身边左右的人稍有过错就被他处死,没有人敢违抗他。只有容管观察使盖寓灵敏聪慧,能够揣测出他的心意,用委婉的词语来劝说,李克用没有不听从的。李克用有错怪责罚手下将吏,盖寓必定会表面上使他火上加油,结果李克用常常消除了怒气放过他们。盖寓有所劝谏,一定举出近期发生的事情来做比喻,因此李克用很喜爱他,信任他,所辖境内的将领官吏也都依附他,权力几乎和李克用相等了。朱全忠多次派人来挑拨离间李克用和盖寓的关系,甚至扬言说盖寓已取代了李克用,然而李克用对待盖寓更加友好。

大话宰相

唐昭宗李晔为叛将李茂贞的兵势所迫,仓皇出京投奔华州。当时藩镇割据,处处作梗,他一心想求得绝世奇才委以重任,从而成就中兴大业。这时,北部郎中何迎上表举荐国子博士朱朴才能优异,可与东晋名相谢安相比。昭宗接连数天召见朱朴,与之谈话发现朱朴口才伶俐,非常欣赏。昭宗对天下动乱不休感到极为忧虑,朱朴便自告奋勇地说:"如果任命我为宰相,一个月后就可以使天下太平。"唐昭宗深信不疑,当即拜朱朴为相。《制诏》说:我遭逢多灾多难的乱世,渴望得到济世英才,现在果真得到了杰出的相才。朱朴学识渊博,见解深刻,他对国家的兴衰成败之道了若指掌,其见解是我从未听说过的,我决定委之以大权,以期重振朝纲,挽救大唐帝国正在衰落的命运。诏命下达之时,震惊朝野。其实,朱朴是用奸邪手段骗取信任,自称有挽救国家的才干,有消除战乱的妙术,上任后,只是安官贪禄,沽名钓誉,却无一日辅政之功,任宰相仅半年就被罢免。

宽易善御下

唐朝末年,杨行密参加地方上的农民起义,后募为州兵,先任庐州刺史,后拜淮南节度使。天复二年封为吴王。

杨行密的成功取决于他的用人之道。文人骆知祥、沈永昌写过檄文骂杨行密,后杨捕得二人,不加惩治,反而重用。骆知祥当了支计官,掌管财赋,沈永昌为节度牙推,居幕府右职。升州冯弘铎投奔杨行密,不久又反水叛逆,率众攻打宣州,后被打败,无面目再见杨行密,准备投海自尽。杨行密派人送信给他:"谁能没有糊涂念头,受了挫折,怎能寻短见?我量虽小,足以容君。"冯弘铎感动得痛哭流涕,杨行密亲自骑马将冯弘铎接回,封为副使。

杨行密一手提拔的庐州刺史蔡俦在归降孙儒期间,挖了杨行密家的祖坟。杨行密收回庐州后,有人请将蔡俦家的祖坟毁掉,杨行密说:"俦以此为恶,吾岂复为邪?"蔡俦闻知,羞愧自杀。刘信是杨行密的亲兵,一次挨骂,气不过,跑掉了,扬言去投奔杨行密的死敌,别人要去将他追回治罪,杨行密不许:"我不负他,明日定会回来。"次日,刘信果然回来了。与杨行密有过交往的人,人人怀恩。欧阳修在编《新五代史》时,称赞杨行密的为人:"宽易善御下,能得士死力。"

钟传赤手斗虎

江西节度使钟传,年轻时曾经打猎,有一次醉后遇见老虎,与之搏斗,老虎扑击他的肩膀,他也抱住老虎的腰不放,旁人共同把老虎杀死,才幸免于难。钟传显贵之后,对这件事很后悔,经常告诫诸子说:"士人处事要以智谋为贵,不要效法我赤手空拳与老虎搏斗啊。"

一字师

唐朝末年,一位名叫齐已的和尚带着自己作的一首《早梅》来到袁州,诚心向诗人郑谷请教。郑谷看后,指出"前村深雪里,昨夜数枝开"中"早梅"与"数枝开"不相符,若改成"一枝开"更为恰当。齐已听后,钦佩不已,整装跪拜。时人将郑谷视为齐已的"一字师"。

五代十国

直呼父名被母训斥

朱温被任命为汴州节度使,就派人回乡迎奉老母王氏来汴州,快到汴州时,朱温率部迎到郊外,大张礼乐。城中居民里三层外三层,前来观看这位大帅迎奉老母的仪式。母亲见到他,问他的二哥为什么没来,这时老夫人才知道自己的二儿子在战斗中牺牲了。

回到府中,朱温举行欢迎宴会为母亲接风。朱温此时志得意满,滔滔不绝夸耀起自己的功名来。朱温对母亲道:"朱五(朱温之父)辛苦一生,也未得到什么功名,不过如今有个当节度使的儿子,他也可以无愧于先辈了。"

儿子竟然直呼父亲的外号,自以为超过了老子,这是极不知礼的,王氏听了很不高兴。心想,儿子这么狂妄,将来会有好结果吗?就十分严肃地说:"你虽当了节度使,但仁义礼节未必比你父亲强。你二哥与你一同离家出来,他死于战场,你功成名就,得意满志,你为何没想到你二哥在异乡的孤魂呢?你回老家把我接来,为何留下你二哥那孤儿稚女在乡下不管,让你二哥那异乡的孤魂何得安宁?你这是无情无义,怎敢跟你父亲比呢?"

母亲的一番教训,使朱温感理亏,深觉愧对二哥。就跪在地上,向母亲谢罪:"儿知错,请母亲恕罪,我这就派人去老家接二嫂一家来汴州。"

严可求以智立幼主

淮南左牙指挥使张颢,专断军政事务,将弘农威王杨渥杀死,想取而代之。在节度使府庭院召集各将领、官吏大声喝问说:"嗣王(杨渥)已经去世,节度使府应当由谁来主持?"问了三次,没有人敢应答。只有幕僚严可求向前开导他说:"节度使府这么大,四方边境又多动乱,非要您来主持不可。但要在今天做决定恐怕太急了。"张颢生气地说:"怎么讲太急了?"严可求说:"刘威、陶雅、李遇、李简都是和先王杨行密同等地位的人,您今天如果自立为王,这些人会做您的下属吗?不如先立幼主辅佐他,各将领谁敢不听从?"张颢沉默不语。严可求立即带大家面见幼主杨隆演,跪在地上大声宣读杨渥母亲太夫人的教谕说:"先王杨行密创业艰难,嗣王杨渥不幸早早去世,杨隆演按照次序应当继位。各将领不要辜负杨氏,要好好地开导教诲他。"文辞意思明白恳切。张颢的气色很沮丧,因为教谕说的合乎道理,张颢无法强取,于是只得尊奉弘农威王杨渥的弟弟杨隆演为淮南留后,东面诸道行营都统。事情完了以后,副都统朱瑾对严可求说:"我十六七岁就横戈跃马，冲犯强大的敌人，从来没有害怕过，今天面对张颢，不觉流汗。而您当面指责他像没有人一样，这才知道我只是匹夫之勇，比您差得太远了。"

朱温攻城

唐朝末年，刘仁恭任卢龙节度使，他的儿子刘守文驻守沧州。朱温率兵围攻沧州，城中的粮食已经用尽了，但仍苦苦坚守，朱温派人劝说刘守文早日投降。刘守文回答说："我和幽州的卢龙节度使刘仁恭是父子关系，梁王你现在正用义理征服天下，如果当儿子的背叛了父亲而投靠你，你将如何任用他呢？"朱温听了刘守文毫不掩饰地直言，感到很惭愧，就撤离军队，临行前将各军营中的粮草烧为灰烬，河中的粮船也都凿沉在水中。刘守文写信给朱温说："沧州城中数万军民，已经好几个月没东西吃了，你与其把粮食烧成烟灰，沉没在水中烂成泥，倒不如让它们发挥点作用，请你把剩余的粮草留下，以便救济城中的军民。"朱温于是留下了几座粮仓，沧州城中的军民由此得以活命。

张承业终身称唐官

晋王李存勖连年出征在外，把军府中的事务一概委托给监军使张承业办理。张承业积极鼓励农桑生产，储备钱粮，招兵买马；他征收租税，执行法令，就是皇亲国戚也不例外，因此国家秩序井然，军粮供应丰足。晋王有时需要钱去赌博，张承业都舍不得给，因此晋王拿不到钱。于是晋王就在钱库里摆起了酒筵，让他的儿子李继岌给张承业跳舞，张承业赠送给他镶有珠宝的带子和一匹马作为答谢。晋王指着钱库里的钱说："继岌缺的是钱，宝带和马匹可不算厚礼啊！"张承业回答说："给公子的礼物都是从我的俸禄中支出的，这些钱是大王用来抚养战士们用的，承业不敢拿公家的财物作为私人的送礼。"晋王听了很不高兴，就借着几分酒意出言挖苦张承业，张承业生气地说："我只不过是个老差官罢了，我珍惜这些钱，也是为了帮助大王成就霸业，要不然的话，大王你自己拿去用好了，还来问我干什么？"晋王听后十分恼怒，拿起剑要砍杀张承业。张承业拉着晋王的衣服流着泪说："我受了先王的临终嘱托，发誓要为国家诛灭汴梁贼子，如果因为吝惜国库中的钱物而死在大王手中，我在九泉之下见到先王心里也无愧了，今日就请大王处死好了！"晋王的母亲曹太夫人听到这件事，急忙让人召晋王过去，并派人向张承业道歉说："小儿顶撞了特进，刚才已经责打了他。"第二天，曹太夫人和晋王一起来向张承业道歉。不久按先帝的遗旨，授予张承业开府仪同三司、左卫上将军、燕国公。张承业一再推辞不接受，一直到死都只称唐官。

罗绍威铸错

朱全忠留在魏州半年，魏博节度使，罗绍威根据需要供给，所杀的牛、羊、猪近七十万钱，物质粮食和这个相当，用来贿赂赠送的财货又近百万钱，到朱全忠离开时，积蓄贮藏全用完了。罗绍威虽然利用朱全忠的势力除掉了威胁自己的牙军，然而魏博的军队从此也衰弱了。罗绍威很后悔这件事,对亲信说:"聚集六州四十三县的铁,也铸不成这样的大错啊!"

钱镠的警枕

吴越王钱镠从小就在军旅中生活,夜里从未上床睡过觉,实在困极了就靠在一个圆木做的小枕头上,或者枕在一个大铃上休息,睡熟后小木枕或大铃一倾斜他就会醒过来,他把这种枕头叫作"警枕"。又在卧房内放置了一个粉盘,有什么需要做的事就写在盘子里,一直到老年都是这样的孜孜不倦。有时候睡得正熟,外面有人来报告事情,让侍奉着抖动一下纸张就会醒过来。一次他微服出行,半夜才回来要敲开北城门,守门的官吏不肯开门,说:"就是大王来了也不能开。"于是他只好从另一个城门进城。第二天,把守北城门的官吏招来,给了他很丰厚的赏赐。

钱镠主宰吴越

五代时期,吴蜀地区是中国最为偏僻的地方。钱塘又是吴地区的一个角落。在唐朝衰败之时,钱镠以其出身于平民百姓的英雄才略,创立并主宰了这片土地,他征伐民众修建钱塘江海塘,又在太湖流域督造堰闸,以时蓄泄,不畏旱涝,并建立水网地区的维修制度,有利于发展这一地区的农业经济。却不能自立为一国,经常向中原朝廷上贡以稳定自己的统治地位。等到宋朝确立政权,钱镠带领全家人进入京师而自献其领土。所以钱塘一带在整个五代混战时期,遭到兵火劫难是最少的,而且在二百年的时间内,人才与物产越来越多,于是就形成了东南一带最好的地方。

庄宗演戏

后唐庄宗李存勖年幼时就擅长音乐,所以很多艺人受到宠爱,经常在他身边侍候;庄宗有时也亲自粉墨登场,和艺人一起在皇宫中演戏,以讨刘夫人欢心。他自起艺名叫作"李天下"。有一次,他在演戏时自称"李天下、李天下",艺人敬新磨上去打了他一记耳光。后唐帝脸色一下子变了,其他艺人也十分惊愕,敬新磨慢慢地说:"理天下只有一个人,还有谁取这样称呼!"庄宗很高兴,赏给他很多东西。

不计前嫌

当初,梁军与后唐庄宗李存勖的军队在黄河边上对阵,后梁将军陆思铎英勇善战,参与攻打庄宗。他曾在箭杆上刻上自己的名字,一天射中了庄宗的马鞍,庄宗拔出箭来,看到是陆思铎的名字,记在心里把箭留存起来。庄宗灭梁后,陆思铎跟众人一块前来投降,庄宗拿出箭来让他看,陆思铎吓得趴在了地上。庄宗好言相慰,最终宽恕了他。

敬新磨拿县令定罪

后唐帝曾经在中牟县打猎,践踏了百姓的庄稼,中牟县令挡在马前规劝说:"陛下是百姓的父母,为什么毁坏他们的粮食,使他们流离失所,死无葬身之地呢!"后唐帝大怒,把他轰走,并准备杀死他。宫中艺人敬新磨追上去把县令捉回来,押解到后唐帝的马前,指责他说:"你做县令,就偏偏不知道我们的天子好打猎吗?为什么任由百姓耕种来妨碍我们天子驰骋呢!你应当定死罪!"便请求执行死刑,后唐帝笑着释放了他。

后唐帝做媒

后唐帝任命李绍荣为归德节度使、同平章事,并留他在宫中,担任警卫,给他的待遇十分丰厚。一天,李绍荣在宫中侍奉后唐帝,这时,李绍荣的妻子正好去世,后唐帝就问李绍荣说:"你还再娶妻子吗?我做媒为你去求婚。"后唐帝有个宠妾,长得很漂亮,还生了个儿子,刘皇后很嫉妒她。这时就乘机指着后唐帝的小妾对后唐帝说:"皇上很可怜绍荣,为什么不把小妾赏赐给他呢?"后唐帝难以拒绝,只是含含糊糊答应了。皇后赶快让李绍荣拜谢后唐帝,第二天一早,后唐帝去看他的宠妾时,已经被轿子抬出了皇宫。后唐帝因为这件事情托病,好几天都没吃饭。

秋　声

徐锴十岁时,应邀赴宴,一位老诗人以"秋声"为题,让他即席赋诗,他略加思索,便诵出"井梧纷堕砌,寒雁远横空;雨滴莓苔紫,风归薜荔红"诗篇。虽仅二十个字,却将"秋声"写得惟妙惟肖。他写的诗,多为《全五代诗》所收录。

李存审以箭伤诫子

新任的宣武节度使兼中书令李存审在幽州去世。李存审出身贫寒,他经常告诫他的儿子们说:"你们的父亲小时候手提一把剑离开家乡,四十年来,地位一直升到将相了,这期间出生入死也不止一次了,从我身上的骨头中挖出的箭头也有一百多个。"说着,把这些挖出的箭头郑重地交给了他们,让他们收藏好,并说:"你们都是生活在富足的环境里,应当知道你们的父亲,当年就是这样起家的。"

谨慎执辔与自逸放辔

后唐明宗与冯道在一起谈治国之道,冯道说:"臣常常记起往日在先帝府署任职时,有一次奉命出使中山,经过井陉的险要地带,臣担心所骑的马会跌倒,便很谨慎地拉住马缰绳,很幸运没有出什么差错;等到了平坦的大路,放开缰绳让马自己奔跑,不一会儿,就从马上摔了下来。凡是治理天下的人,也好像骑马一样。"后唐帝深以为然。

孟知祥以诚待部将

孟知祥的部属都指挥使李仁罕、张业准备置办筵席宴请孟知祥,有人密告说这两位将军准备在宴会之时谋杀孟知祥。孟知祥下令查究,也没有真凭实据。孟知祥如约前去赴宴,随从人员都不带,独自一人前往李仁罕的家中。李仁罕感动得跪地叩头,流着泪说:"老兵只有效死命才能报答您的恩德。"通过这件事,孟知祥部下的将领都亲附并且拥戴他了。

五不害怕　六种担心

大理少卿康澄上书给明宗说:"臣听说童谣不是祸福的根本,妖祥也不是兴衰的原因,所以殷王武丁的时候,有一只雉鸟飞到鼎上鸣叫,太戊时桑、谷一起生在朝廷之上,这两件事大家认为是不吉祥的,但并不能影响殷朝的两位君主把国家复兴起来;晋怀帝的时候,神马在南城门嘶叫,晋明帝的时候,张掖这个地方水中涌出石马、石牛、石龟,这两件事大家认为是吉祥的,也不能延长晋国的国运。所以我认为国家有五件事是不值得害怕,而有六件事是很值得人担心的:寒暑的变化不规则,这不值得害怕;日月星辰的运行乱了次序,这也不值得害怕;小人乱造谣言不值得害怕;山岳崩落、川河干枯,不值得害怕;害虫损害作物,这也不值得害怕。而如果贤人都隐居,不肯为国家效力,这值得担心;士农工商等百姓四处迁徙,不能安居乐业,这也值得担心;君臣上下,相随作恶,这值得担心;社会上大家都寡廉鲜耻,这值得担心;是非毁誉,淆乱真相,这值得担心;听不到臣下对皇上的直言劝谏,这值得担心。不需要害怕的,希望陛下把它摆在一边,不要理会;值得担心的,希望陛下能注意,不要有所差失。"明宗颁下优厚的诏书奖励他。

不要盲目效法

后唐秦王李从荣个性轻浮,喜欢儒学,经常聚集一些浮华放荡的文士高辇等人饮酒赋诗,多是标榜自夸。一次,从荣入朝谒见,明宗问他,"你主持军政后的休闲时间,学习什么事呀?"李从荣回答说:"闲暇的时候读书,或者和一些读书人一起作诗论道。"明宗说:"我也喜欢听儒生讲说经文大义,可以开发人的智慧。除此之外并不值得学习。你是将门之子,文章不是你的专长,万一作得不好,传入别人耳中,平白被当作笑柄,你不要效法他们。"李从荣不听,性情轻佻苛刻,刚愎自用,参与朝廷政事,骄奢不守法度,常常轻视侮辱朝中大臣。后来果然统兵谋反,事败被杀。

"儿皇帝"石敬瑭

后唐末帝清泰三年,河东节度使石敬瑭反叛,为借助契丹力量帮其称帝,就割幽、蓟

（今天津蓟县）、檀（今北京密云）、顺（今北京顺义）、瀛（今河北河间）、莫（今河北任丘）、新（今河北涿鹿）、妫（今河北怀来）、儒（今北京延庆）、武（今河北宣化）、云（今山西大同）、应（今山西应县）、朔（今山西朔县）、蔚（今河北蔚县）、涿（今属河北）、寰（今山西朔县东）十六州，包括了长城以南一线领土及今日的北京在内与契丹，每年还要向契丹输送金帛三十万。石敬瑭称耶律德光为"父皇帝"，契丹太宗封他为"儿皇帝"。

从此，燕云十六州便归契丹统治，中原的后晋也成了契丹的附庸。燕云十六州在战略上具有重要地位。十六州既失，整个华北无险可守，门户洞开，契丹利用幽州为据点，随时进入山西、河北、山东等辽阔地区。公元947年，契丹主耶律在开封举行即位仪式，正式宣布把契丹国号改称大辽。契丹对华北和中原进行了残酷的统治和掠夺，影响中国四百年。

闽主不礼

卢损作为后晋朝廷的册礼使到福州，闽主王昶称说有病，不予接见，对卢损很不礼貌。士人林省邹私下对卢损说："我的国主不侍奉其君，不爱护其亲，不体恤其民，不崇敬其神，不敦睦其邻，不礼遇其宾，这样的人他能够持久吗！我也将要穿上僧服而向北逃走，以后会同你相见在中原吧。"不久，闽主被汀州刺史王继业所杀。

长乐老自叙

五代时期的冯道做宰相经历了几个朝代，在后汉隐帝时，写有《长乐老自叙》一文，说："我先自幽州逃归河东，侍奉后唐庄宗、明宗、愍帝、清泰帝，后晋高祖、少帝、契丹主，后汉高祖以及当今皇上，三代赠官师傅，级别由将仕郎升到开府仪同三司，职务由幽州巡官升到武胜军节度使，官衔由试大理评事升到兼中书令，正官由中书舍人升至戎太傅、后汉太师，爵位由开国男升为齐国公。孝于家，忠于国，己中不说不道德的话，家里没有不义之财，下不欺骗地，中不欺骗人，上不欺骗天，我唯一不满足的是，不能为帝王一统天下，安定四面八方，诚然有愧于我所做的官职，怎样报答天地的施予？老而自乐，谁能比得上我呢？"

不独占军功

西面军前招慰安抚使郭威，率军攻克河中后，回到大梁，入朝拜见后汉隐帝，后汉隐帝慰劳他，赐给他金帛、玉带、鞍马、衣物等。郭威推辞道："臣接受命令一年，只攻克一座城池，有什么功劳！而且我率军在外，保卫、治理京城，供应军需物品，使军粮不缺，都是朝中众大臣的力量，我怎么敢独自接受赏赐！"后汉隐帝又要加授他藩镇，他推辞道："杨邠位置在我之上，尚且没有兼领藩镇之地；况且帷幄近臣不可以与史弘肇相比。"后汉隐帝决定特别赏赐郭威，郭威推辞说："作战的运筹策划，出于朝廷；发兵运粮，依靠藩镇；野外战斗，在于将士，而把功劳只归我，为臣的怎能受得了！"

郭琼以大义劝喻刘铢

平卢节度使刘铢,贪婪暴虐、骄恣蛮横,后汉隐帝想召他入朝,又怕他违抗命令,于是借着沂州、密州对唐用兵的名义,派遣沂州刺史郭琼率兵驻守青州。刘铢心里恐惧不安,摆设酒席,召请郭琼前来赴宴,在幕后埋伏士兵,打算要杀死他。郭琼知道他的阴谋,屏退所有的随从人员,不慌不忙地赴会,一点都没有害怕的神情,刘铢不敢发动。郭琼以善意分析利害祸福给他听,刘铢被他的诚意所感动,就听从他的话,后汉隐帝的诏书一到就起程入朝。

魏仁浦不因乱抱怨

后汉作坊使贾延徽受到隐帝的宠爱。他和魏仁浦是邻居,想吞并魏仁浦的房屋来扩大自己的居室,屡次在隐帝面前说魏仁浦的坏话,要把魏仁浦置于死地。这时,有人逮住了贾延徽并把他交给了魏仁浦,魏仁浦说:"趁着国家的动乱来报私仇,我不做这种事。"侍中郭威知道这件事后,更加优待魏仁浦。

后周太祖拜谒孔子祠

后周太祖前往曲阜,拜谒孔子祠。已献上供品,将行拜礼,左右侍臣说:"孔子是诸侯的大夫,不应当以天子的身份拜他。"太祖说:"孔子是百代帝王的老师,岂敢不恭敬啊!"于是行拜。又拜孔子墓,命令修缮孔子祠,禁止在孔林打柴采草。访求孔子、颜渊的后代,任命做曲阜县令以及主簿。

实行薄葬

后周太祖告诫晋王说:"从前我西征时,看见唐朝十八个陵墓没有一个不被挖开,这没有其他的原因,只是藏了大量的金玉的缘故。我死了以后,要给我穿纸做的衣服,用瓦棺盛敛遗体,尽快安葬,不要久留在宫中,墓穴里不要使用石头,用砖来代替它,修筑坟墓的工人,都出资雇用,不要麻烦百姓;不要修建地下室,不要安排守陵宫人,不要雕刻石羊、石虎、石人、石马,只刻一面石碑竖在陵墓前面,说:'周天子平生崇尚俭约,遗嘱使用纸衣、瓦棺,继位的天子不敢违背。'你们如果违背我的要求,我将不保佑你们!"

拓宽京城道路

大梁城中有不少居民侵占街道建筑房舍,能通大马车的路比较少,后周世宗命令整修,将城内街道全部取直并且拓宽,最宽的到三十步;又将城中坟墓迁移到标记以外。周世宗说:"因拓宽京城道路,给活人、死者骚扰大,出现了不少怨恨诽谤言语,这种后果,由朕自己承担,然而将来终究会对百姓有利。"

周世宗不询虚名

后周皇帝周世宗在位时,不夸耀功名,唯独以实在的志向取天下。当时,李璟想称帝,世宗就答应了,原来已经全部攻取了他的淮南之地,不在乎他是否称帝了。周世宗的文治武功加强了封建的中央集权,为北宋统一全国奠定了基础。在藩镇的时候,很注意隐匿声迹,不自炫耀;等到即位以后,打败高平的敌寇,人们才开始佩服他的英明勇武。

军法不可以徇私

后周军队围困南唐寿春,寿春守将刘仁赡率军奋力守城,使之不被攻下,但这时城中已耗尽了粮食。刘仁赡的小儿子刘崇谏黑夜时乘船渡淮河想去投降周军,被巡视士兵抓获,刘仁赡下令将其处以腰斩。监军使周廷构哭着要求赦免崇谏,刘仁赡不答应。周廷构又派人前去央求崇谏的母亲,夫人说:"我并不是不爱自己的儿子,然而军法不可以徇私,名誉和节操不可受损,假若对他姑息,那么我们刘家也就成了南唐的不忠之臣,我们又有什么脸面去见将士们呢?"催促士兵将崇谏推出处斩,之后再为他办丧事。将士们全部都为这种精神而感动得掉泪。

惩处贪污犯

莱州刺史叶仁鲁,是原周太祖的旧吏,犯了贪污一万五千匹绢,一千缗的罪,太祖赐其死罪。后周太祖派遣使者赐给他酒肉食物,说:"你自己触犯了国法,我也没办法!一定要抚恤你的老母亲。"叶仁鲁感动得流下眼泪。

对部下不猜疑顾忌

吴国武忠王杨行密与军中将士同甘共苦,推心置腹,毫不猜疑顾忌。有一天,杨行密外出,随行人员有人剪断驾辕马臀部的皮带,拿走上面镶的金银,被杨行密发现了,当事人很害怕,担心自己活不成了。但杨行密装没看见,回去后也不追问,当事人一切照常,如无事一般。将士们非常佩服他的度量。

长老问夫人

文昭王夫人彭氏,曾去报恩寺烧香。寺中长老问夫人:"你是谁家的媳妇?"妇人听了大怒,香未烧毕便匆忙返回宫中。文昭王感到惊讶问她:"怎么这么快就回来了?"夫人说:"今日好扫兴,被老秃驴问我是谁家的媳妇,媳妇是轻贱称谓,怎么能对我这样的人讲呢?"文昭王笑着说:"这是禅机之礼,夫人可以回答,弟子是彭家的女儿,马家的媳妇,长老立刻便明白了。"夫人说:"如此说来,是我缺少见识了。"

李氏断臂守节

五代时,虢州司户参军王凝,家住青州与齐州之间,因病死在任上。王凝家里一向贫穷,一个孩子年纪还小,他的妻子李氏,带着孩子,背着他的遗骸回家,向东经过开封,要在旅馆住宿,店主不接纳。李氏看天色已晚,不肯离去,店主就拉她的手臂让她出去。李氏仰天痛哭说:"我作为一个妇人,不能守节,而让这只手臂被人抓过啊!"立即拿起斧头,自己砍掉自己的手臂,看见的人都为她叹息流泪。开封尹听说这件事,就向朝廷报告,优厚地抚恤李氏,鞭打那个店主人。

李起生性刚直

后蜀主任命宰相李昊兼任武信节度使。右补阙李起上奏说:"旧例,宰相没有兼领方镇的。"后蜀主说:"李昊家里有许多繁杂的费用,只是拿丰厚的俸禄来优待他罢了。"李起是邛州人,生性刚直,好以直谏。李昊曾对他说:"以你的才能,如果能够谨慎沉默,将可以当翰林学士。"李起说:"等到我没有舌头了,我才能不说话。"

韩熙载夜宴图

南唐主李煜准备任韩熙载为宰相,有大臣检举他不拘小节,收养歌妓,放荡不羁。为了弄清韩熙载的为人,李煜就派长于写生的翰林待诏顾闳中和周文矩去参加韩熙载家的夜宴,然后将所见所闻绘成画呈上。

从韩府夜宴归来,顾、周二人就绘了一轴绢本设色长卷,叫《韩熙载夜宴图》,分五部分记录了韩熙载夜宴的真实场景:第一部分描写参加夜宴的人物在听琵琶;第二部分是观舞,韩熙载亲自击鼓伴奏;第三部分是夜宴小憩,四个歌妓在侍奉韩饮酒;第四部分是听"清吹";第五部分,宴会快结束时,韩熙载心事重重,歌妓却在同宾客密谈调情。李煜看了夜宴图,才知道人们对韩熙载的抨击所言不虚,只好打消任韩熙载宰相的念头。

李煜信佛

南唐主李煜信佛,当他看到北宋的国势日强,南唐越来越弱,走投无路时,便在国内大兴佛教,希望用自己的诚心感动佛祖,保佑南唐平安无事。赵匡胤乘李煜崇佛之机,率大军包围了南唐国都金陵,并派出大批内应潜入金陵,化装成僧侣刺探南唐虚实,为进攻南唐搜集情报。其中一个法号叫"小长老"的法僧借讲经之机,向李煜灌输轮回转世、因果报应之说,取得了李煜信任,提出为了表示对佛祖的诚心,应大修佛寺,广度僧尼。于是李煜就在牛头山营建禅房千间,剃度僧徒千人,并建造了"报慈道场"僧舍。一时间,南唐境内大兴土木,寺院如雨后春笋般建立起来,日本、朝鲜等国家的僧徒也慕名而来,众达数千人,当时供养的僧人达万人以上。这时,赵军开始攻城,"小长老"自称能借佛祖之力使宋军撤走,李煜信其真,就陪他登上城,双手合十,闭目连诵"阿弥陀佛",时间不长,宋军果然节节后撤。李煜一见佛法如此灵验,便下旨全城军民一律放下武器,专心礼佛诵经。谁知时间不长,宋军去而复来,猛烈攻城。李煜急召"小长老"时,"小长老"已完成了赵匡胤之使命,不辞而别,一走了之。

三天后,赵军攻陷了金陵,李煜率近臣亲眷肉袒出降。

南唐主李昪不受尊号

南唐国群臣请求南唐主李昪加上帝王的尊号,南唐主说:"帝王的尊号是一种虚美,而且也不合古制。"于是没有接受。以后他的子孙虽然在帝位的时间都比较长,但都效法他的做法,不接受尊号,不任用外戚来辅佐朝政,也不让宦官干预朝政,这些都是其他各国所比不上的。

李建勋坟墓不封土立碑

南唐司徒李建勋去世。临死之时,告诫他的家人说:"我死后埋葬时,不要筑坟头树墓碑,要听任别人在上面耕种,免得以后成为挖掘的目标。"到后来江南灭亡的时候,各个权贵之家高大的坟墓没有不被挖掘的,只有李建勋的坟墓没有人知道在什么地方。

宋

单取皇甫晖脑袋

滁州是南唐都城金陵的重要门户,由南唐大将皇甫晖的重兵把守。赵匡胤率精锐骑兵进逼城下,皇甫晖倚仗自己兵多的优势,便放下城门吊桥来与赵军决战。这时赵匡胤见吊桥落下,只身一人飞马迅速突入敌阵,高呼:"我单取皇甫晖一人的脑袋,别人都不是我的敌人!"唐军见状,一个个都惊呆了,皇甫晖正在愣神。一瞬间,已被赵匡胤一剑砍在头上。一拥而上的赵军活捉了被砍的皇甫晖,赵匡胤一举攻克滁州。

王事为上

滁州大捷后,赵匡胤的老父亲赵弘殷征战回归,半夜时途经滁州城下,传呼守城的儿子开放城门。赵匡胤在城上对父亲道:"父与子虽然是至亲,守城门却是王事,王事至上,更为重要。按规定得等到天亮才能开门。"赵弘殷这时已抱病在身,他深知"忠孝难以两全"的臣子之道,也只好忍病受冻等到天亮。

敬受教诲

宋太祖赵匡胤即皇帝位,尊奉母亲杜氏为皇太后。太祖在大殿上行拜礼,群臣朝见祝贺,太后忧惧反倒不高兴,左右官员进言说:"臣下听说母亲凭借儿子而尊贵,如今儿子已经贵为天子,为何不快乐?"太后说:"我听说做国君难。天子位居亿万民众之上,倘若治国得法,这地位确实尊贵;但如果治理不当或有失控,那是想做个平民都不可能了,这就是我忧虑的原因。"太祖连拜两次说:"敬受教诲。"

贤相范质

宋太祖在陈桥驿黄袍加身,被诸将拥立为天子,后周皇帝只好颁布诏书,宣布禅位。太祖仍让后周大臣范质、王溥、魏仁浦任宰相职务。

范质对太祖说:"您既然以礼接受禅让,就应当侍奉后周太后如自己的母亲一样,抚养少主如自己的儿子一样。"

太祖答应了他的要求,并因此对范质甚为敬重。在范质在世的时候,周太后和少主都一直安然无恙。所以,太祖和太宗每谈起宰相,一向认为范质能循规蹈矩,爱惜名节,清正廉洁,名列宰相之首。

杯酒释兵权

一天,宋太祖召石守信等人来宴饮。酒过三巡,宋太祖道:"如果不是你们拥戴,我哪能有今天呢?但我即位至今,没睡过一个安稳觉,当天子真不如当节度使自由快活啊。"石守信等忙说:"这是为什么呢?"宋太祖说:"这还不明白,我这个位置,有谁不想坐!"石守信等人一听顿时大惊失色,忙叩头道:"陛下怎么说这样的话呢?现在天命已定,谁敢再有二心!"宋太祖道:"不见得吧。你们虽然没有异心,但你们的部下难保没有贪图富贵的。有那么一天突然也给你们来个黄袍加身,那时候就是你们不想做,能办得到吗?"这一番话,直吓得石守信等人一个个顿首乞求:"我们愚蠢,没想到这些,请陛下指示一条生路。"宋太祖一看时机已到,就把底兜出来说:"人这一辈子苦心追求的无非是多积财产,吃喝玩乐,使子孙后代都过上好日子。你们现在功成名就,何不放弃兵权,安安稳稳做个地方官,颐养天年呢?"众将帅听罢,连连称谢而退。次日,石守信等禁军统帅个个都称病请罢兵权。宋太祖准奏,宣布罢去石守信侍卫都指挥使,高怀德殿前都点检,王审琦殿前都指挥使,张令铎侍卫都虞侯等禁军统领职务,分别派他们到外郡去任仅有虚名的节度使。这就是闻名于史的"杯酒释兵权"。

黄包袱

宋太祖即位后,确立了"先南后北"统一中国的策略。征伐荆南、南汉、南唐取得胜利后,对吴越争取了分化瓦解、恩威并施的战略。在南唐灭亡后的第二年春天,宋太祖召吴越王钱俶入朝,并表示一见面后即放归,决不食言。吴越朝廷一片惊慌,以为此去凶多吉少,为了祈求神明保佑钱王平安归来,臣僚们在西湖边宝石山上建造了"保俶塔"。钱俶进京后,太祖如约将他放归,临走赐他一个黄包袱,途中,钱俶打开一看,全是宋朝臣僚要求扣留钱俶的奏章,使钱王对宋太祖既感激又恐惧。此时的吴越,已是宋太祖的囊中之物,归入北宋的版图,只是个时间和形式而已。

皇帝怕史官

宋太祖赵匡胤即皇帝位后,仍然保留着武将时的一些习气。有一天,他在皇宫后苑用弹弓打麻雀,正玩得高兴,有位大臣声称有急事求见。太祖只好放下弹弓去见,一问只是一般的政务。太祖生气地责问他为什么谎称急事骗他,那人说:"这事也比陛下弹雀要急。"太祖大怒,随手拿起身边的斧柄向那人砸去,顿时打落了那人嘴上的两颗门牙。那人弯下腰,拾起牙齿放在口袋里。太祖怒气未消,问道:"你把打落的牙齿拾起来,难道还想告我吗?"那人从容回答说:"臣不敢讼陛下,自有史官书之。"太祖听到这话,立刻意识到自己的身份,便转为笑脸,让那人下去。事后特赏赐那位官员许多金帛。

太祖撕奏折

一次,宰相赵普推荐某人为某官,太祖不同意。赵普第二天又奏请那个人,太祖还是不同意。第三天赵普还是推荐那个人,太祖大怒,拿起赵普的奏折,撕碎扔到了地上。赵普不动声色,跪下拾了起来,次日把撕碎的奏折粘起来,继续推荐那个人。太祖拗不过赵普,终于同意了。

赵普奏请臣子立功

宋太祖在位时,有几个臣子立功,应该升官。太祖很讨厌他们,不给他们晋升。宰相赵普坚决为他们请求,太祖发怒道:"朕就是不同意给他们升官,你能把我怎么样?"

赵普说:"国家的刑赏法则是惩恶以刑,酬功以赏,这是古今的通例。而且刑赏是国家的刑赏,而不是陛下一人的刑赏,怎能以陛下一人之喜怒来决呢?"

宋太祖非常恼怒,站起来就走了,赵普就跟在后边走。太祖入宫,赵普就站立在宫门前,过了很久时间也不离去。

太祖息怒后醒悟过来,于是批准赵普的奏请。

不计旧恶

宋太祖身微位卑时,曾去投靠董遵诲而被拒之门外。之后,董遵诲恐惧害怕,惶惶不可终日,自以为罪责难逃。一日,太祖召见他,董遵诲伏地请死。这时董遵诲的部下,趁机揭发他十余件不法之事。董遵诲认定必死无疑,没想到宋太祖不计个人私嫌旧怨,照旧录用,不但仍然委任他当军事指挥官,还把他提拔为罗州史;同时,又设法将他的母亲从辽境统治下的幽州(今北京一带)赎了回来。董遵诲感激不尽,效命太祖,在平叛、捍边战斗中立了赫赫战功。

宋太祖的懊恼

宋太祖在近郊打猎,追逐野兔,马失前蹄,自己被摔落在地上,就拔出了佩刀刺马,杀死那马,事后懊恼此事说:"我作为天下的君主,轻率打猎,又为什么归罪于马呢!"从此以后就不再打猎。

拒绝《丹凤门赋》

宋太祖定都开封,重修丹凤门。刚完工,翰林学士梁周翰献上《丹凤门赋》。赵问左右:"何也?"身边的人告诉他:"梁是儒臣,歌颂国家的新建设新气象,是他的职责。"宋太祖听了不高兴地说:"不就是盖一个门楼么,还值得这样吹捧?这些文人也太会拍马屁了！"说完，就将此赋扔在了地上。

曹彬称病

宋太祖命曹彬率军进攻金陵城，并多次派遣使者告谕曹彬不得伤害城中的百姓，倘若他们仍然困兽犹斗的话，对南唐主李煜一家也千万不要加以伤害。到这时曹彬忽然称说生病不理军事，众将领都前来探问病情，曹彬说："我的病不是药物针石所能够治愈的，希望诸公共同立下信约誓言，攻破城池之日不许滥杀一人，那我曹彬的病就痊愈了。"众将领全部答应，于是众将共同焚香起誓。第二天，曹彬立即称说病愈。

金陵城被攻破，江南国主李煜率领文武群臣投降，曹彬率军入城，严厉申明禁止暴行，使城内民众及士大夫得以保全。

宋太祖欣赏忠臣

北汉将军卫融被擒，宋太祖责问卫融道："你唆使刘钧帮助李筠反叛，是为了什么？"卫融回答说："狗见了不是主人的人就叫，臣下实在不忍辜负刘钧。"并且说："陛下即使不杀臣下，臣下也不会为陛下效力。"太祖发怒，命令卫士用铁杖打他的头，血流满面。卫融呼喊道："臣下死得其所了！"太祖说："真是忠臣啊，放了他。"便让人用好药包扎他的伤口，让人送书信给北汉睿宗，要求归还周光逊等人，为表示诚意，将卫融送归北汉。北汉睿宗没有给予回复。过了一段时间，太祖任命卫融为太府卿。

督百姓种植

宋太祖下诏命令州、县长官督促百姓种菜种树，每县评定百姓户籍分为五等。第一等种植杂树一百株，每年递减二十株；桑树、枣树各占一半。男女到了十岁以上，每人种韭菜一畦，畦宽一步、长十步。没有水井的户，邻居要帮助凿井。并要求各县在春秋两季巡视种植的数目；县吏长官任满调离，朝廷要根据其课税多少的次序考核政绩。

遗嘱立君

皇太后杜氏病情危重时，召赵普入内接受遗命。太后问太祖说："你自己知道取得天下的原因吗？"太祖说："这都是祖宗和太后的遗恩啊。"太后说："不是这样。正是由于柴氏让幼儿做天子，众心不附的缘故罢了。你和光义都是我所生，你身后应当传位给你弟弟。天下四海至广至大，能够册立年长君主，是社稷的福分啊。"太祖叩首流泪说："怎么敢不按照太后教诲！"太后因而对赵普说："你也记下我的话，不可违背啊。"赵普立即在太后榻前写下誓书，在纸的末尾签署上："臣普记。"藏入金属书柜，命令谨慎细心的官员保管。

李筠侍母唯命是从

后周昭义军节度使李筠生性暴躁,但侍奉母亲却很孝顺。每当发怒,要杀人时,母亲在屏风后呼唤李筠,李筠立即快步赶到,母亲说:"听说你要杀人,可以刀下留情吗?为我们添点福吧。"李筠就马上释放了要杀的人。

王景重军命礼节

凤翔节度使王景行伍出身,生性谦恭,每次朝廷使者到达,即使地位卑下也都尽到礼节。有人说:"节度使官职为尊显贵,不应该自己贬低自己。"王景说:"人臣一定要尊重君命,理应如此,我只唯恐不恭谨。"这之后王景从秦州前来朝拜,宋太祖厚礼相待,对他宴请赏赐特地提高了规格,仍派遣他镇守凤翔。

沈义伦力主开仓赈灾

扬州、泗州灾民有很多人饿死,户部郎中沈义伦力主开仓借贷给灾民,到秋后用新粮还贷。有人反对说:"倘若今年连遭饥荒,就无处收回借贷的粮食,谁来承担责任?"宋太祖追问沈义伦,沈义伦说:"国家用仓库存粮食赈济百姓,自然应该感动天地招来风调雨顺,就会带来丰收,怎么还用忧虑水旱灾害呢!"太祖喜悦,所以发布了这一命令。

褒贬历代名将

宋太祖到武成王庙,依次观看两边回廊上所画的历代名将图像,用手杖指着白起的画像说:"白起坑杀已经投降的人,最没有武道精神,为什么在此接受享祭?"命令人把他去掉。左拾遗、知制诰高锡乘机上疏论说王僧辩不能保持善终,不应当进配享之列。宋太祖于是诏令吏部尚书张昭,工部尚书窦仪和高锡另外加以审定,选取功业从始到终没有污点的人,去掉不适宜祭享者。张昭等建议增加西汉的灌婴,后汉的耿纯、王霸、祭遵、班超,晋代的王浑、周访,宋代的沈庆之,后魏的李崇、傅永,北齐的段韶,后周的李弼,唐朝的秦叔宝、张公谨、唐休璟、浑王咸、裴度、李光颜、李愬、郑畋、梁葛,后唐的周德威、符存审等二十三人;撤去魏国的吴起、齐国的孙膑、赵国的廉颇、西汉的韩信、彭越、周亚夫,后汉的段纪明,魏国的邓艾,晋朝的陶侃,蜀国的关羽、张飞,晋代的杜元凯,北齐的慕容绍宗,梁朝的王僧辩,陈朝的吴明彻,隋朝的杨素、贺若弼、史万岁,唐朝的李光弼、王孝杰、张齐丘、郭元振等二十二人。宋太祖诏令在堂前塑建齐相管仲的像,在廊檐下画上魏西河太守吴起的像,其他的都按照张昭等人所议定的办。

取消任命

宋太祖决定让天雄节度使符彦卿掌握兵权,赵普认为符彦卿名声职位已经十分尊崇,不可再将兵权授予他,数次劝谏,太祖不听从。任命诏书已经发出,赵普又怀中揣着诏书请求召见说:"希望陛下深思利害关系,不要再后悔。"太祖说:"你苦苦怀疑符彦卿,为什么呢?朕对符彦卿极为厚待,符彦卿怎么能辜负我?"赵普说:"陛下为什么会辜负周世宗?"宋太祖于是沉默无语,任命之事就此中止。

赵普拒谢

有人诬陷殿前都指挥使韩重赟私下选取亲兵作为自己的心腹,宋太祖发怒,要处死他。赵普劝谏说:"如果韩重赟因为谗言而被诛杀,就会人人自危,谁还敢为陛下带领亲兵!"太祖于是作罢没有处罚韩重赟,将他调到地方担任彰德节度使。韩重赟听说赵普救了自己,他日,前往赵普宅道谢,赵普拒绝不见。

马士元辞官

给事中开封人马士元谒见枢密副使沈义伦,适逢有官吏来禀报事宜,沈义伦和他谈话,忘了顾及马士元。马士元立即告辞出门,回归宅第,对家人说:"我身为朝廷台省近臣,不被执政官所礼遇,可以离职了。"于是,马士元就辞了官职。

陶谷怨恨不被重用

翰林学士陶谷的文章冠绝一时,自己认为长久留滞没有得到升迁,希望得到朝廷重用。然而他为人狡诈多变、嫉妒狠毒,他在任翰林承旨时,极力排斥窦仪,窦仪因此没被任为宰相。陶谷有一天让他的好友利用其他事情讽喻太祖,说陶谷在起草朝廷文件上出力极多,太祖认为学士起草制书只不过是捡取前人的旧本稍加修改,是照葫芦画瓢罢了,陶谷因此作诗题字在翰林院的墙壁上,语句之间多有怨恨之意,宋太祖于是决意不加重用。

刘温叟清廉耿直

刘温叟性情温厚正直,喜好古风执着礼法、侍奉继母以孝闻名。他任中丞十二年,屡次请求解职,宋太祖因为难以找到取代他职位的人,始终没有允许。

开封府尹赵光义听说他为人清正耿直,赠送他五十万钱,刘温叟不敢推辞,却把钱存放在官署厅堂的西房里,并让府吏封缄标记后才离去。第二年,原送钱的府吏看到西房的封缄标记宛然如前,回去后就把这件事告诉了赵光义。赵光义说:"我的馈赠尚且他不接受，何况他人呢！"

刘温叟卧病，宋太祖知道他家中贫穷，派遣中使前往赐给他用器和钱币。

张昭不重功德

吏部尚书致仕陈国公张昭去世，张昭临终前告诫他的儿子说："我虽侍奉过几个朝廷，却没有功德惠及人民，我死后不要请求谥号和树碑来加重我的过失。"

许永七十五岁被任为县令

前郓州卢县县尉鄢陵人许永，年已七十五岁，通过甄院向皇上报告说："因为父亲许琼，年纪九十九岁，长兄年纪八十一岁，次兄年纪七十九岁，所以乞求在家乡附近有一个官职以便可以侍奉供养他们。"宋太祖在便殿召见许琼，问他近代事情，许琼逐一都能记得，因而给予他丰厚赏赐，当即任命许永为鄢陵县令。

公主谢罪

永庆公主曾经穿着绣花、铺缀着翠羽的外衣进入皇宫，太祖见到她，对公主说："你应当将这件袄衣给我，从今以后不要再穿这种装饰的衣服。"公主笑着说："这件袄衣所用翠鸟羽毛能值多少钱？"太祖说："公主穿这样的衣服，后宫嫔妃，亲戚邻里必定相互效法。京城翠鸟羽毛价格一提高，一些民众为了追逐利润，必定会去辗转贩卖交易，伤害百姓生计的范围就会日益扩大。你生长在富贵之中，应当想到珍惜幸福，怎么可以开这个坏事的头呢？"公主听后深感惭愧而谢罪。

田告拒授官职

黄河在潭州濮阳县大决口，又在大名阳武决口，宋太祖下诏，凡有熟悉河渠书籍、深明疏导方略的，向朝廷推荐。

当时有东鲁隐士田告，著述《纂禹元经》十二篇，太祖听说后，召他见面，询问治水之道。他的思路、决策很清楚，太祖很赞赏他，准备授给他官职。田告以父亲年迈为由坚决谢辞，请求回家奉养父母，太祖准从。

郭进宽容部下

郭进任西山巡检，率兵防御北汉的刘继元。一天，郭进部下的一名军校向皇帝告密说郭进与敌将刘继元相互勾结，图谋反叛。宋太祖不信，将此告密者捆绑送交郭进处置。

郭进为那个告密者解绑说："你敢在皇上那里告我，是甚有胆量。今天我饶你无罪，如果你能杀敌立功，我向朝廷举荐你；如果战败，你就自己投河自杀，不必再来见我。"那个军校深受感动,上阵奋力拼杀,英勇异常,大败北汉军队。

郭进向朝廷报捷,并特地向太祖奏明,请求给那个军校封赏。宋太祖认为,军校随意诬告,是陷害忠良,此次立功仅可抵罪,不可赏官。郭进再次向太祖请求说:"我已答应过不再追究他的诬告,许诺立功受赏,陛下不封官给他,使臣失信,以后我还怎么用人呢?"宋太祖终于封给那人一个官职。

希夷先生

宋太宗赵光义即位后,就派人去诏清华山的隐士陈抟到京进见,陈抟到京之后受到了厚重的接待。太宗对宰相宋琪说:"陈抟一心保持个人的节操,不追求功名利禄,看起来是一个讲神仙方术的人。"宰相等人就恭恭敬敬地向他求教:"先生深得修真养性之道,可以把它传授给别人吗?"陈抟坦诚地说:"我是个山野之人,对现时是毫无用处的,况且也不知道成仙得道,烧炼丹药点化金银一类事情;至于在呼吸吐纳,服食养生方面,也没有什么方术可传。即使我能在白日升天,对人对事也没有任何好处。现在皇上,博古通今,深究治政之理,是个贤明有道的圣主!现在正是君臣同心同德,致力教化以求天下大治之时,如果讲什么勤行修炼的话,那就没有超过这个的了。"宋琪把他这番话上奏给太宗,太宗更加敬重陈抟,并赐给他一个封号:"希夷先生。"以后他就又怡然自得地隐居于华山。

贾黄中廉洁守法

宋太宗诏命礼部员外郎贾黄中、左补阙程能,左赞善大夫冯王赞分别掌管左藏三库,在这之前财货钱币和金银绢帛合在一起掌管,随着储存的积蓄日益增多,朝廷开始命令分别管理。贾黄中查核府第仓库,看到一个房间门窗锁闭得非常严实,命令看管人拿出钥匙开门察看,里面存放了几十个大柜,内放全是金银财宝,计算它的价值达到几百万元,原是南唐李氏宫禁中的遗留之物,没有登录在簿籍上,贾黄中立即奏表上缴。宋太宗说:"没有贾黄中的廉洁守法,那么这些亡国的财宝就会玷污国法而贻害他人了。"于是,赏赐贾黄中二十万钱。

开卷有益

宋太宗生性喜好读书,诏令史馆将所编撰的《太平总类》每天呈进三卷。宋琪等人上言:"陛下一天阅读三卷,恐怕圣体疲倦。"太宗说:"开卷有益,不算辛劳。此书有一千卷,朕计划一年读完。"没多久将书改名为《太平御览》。

郑文宝的忠诚

当初,郑文宝在南唐主李煜朝任校书郎,李煜归顺宋朝后,不再担任旧职。郑文宝想见李煜一面,当时李煜正在警卫保护中,郑文宝顾虑守卫者会为难,就披上蓑衣戴上斗笠装扮成打鱼人,得以进入后,就劝说李煜,晓谕宋朝圣主宽大为怀的意思,应该按礼节恭敬侍奉皇上,不要再作其他考虑。议论此事的人都赞叹郑文宝的忠诚。

浪子回头

司空、兵部侍郎、参知政事薛居正去世。薛居正无子,养子薛惟吉,平时品行不端,这时宋太宗亲临其丧,伤感流泪。其妻出来拜见,太宗一再对她安抚,并问道:"那个不肖之子在哪里?品行改了一些了吗?"薛惟吉俯伏在遗棺下面,惊慌恐惧而不敢露面。从此发奋要改以前的不端品行,开始学习经史一类书籍,亲近贤士,谦谨向善。太宗得知他悔过向好,谨慎整饬,便派他去治理比较重要的州郡,多次委派,结果每到一地都治理得很好。太宗多次升迁他,一直做到左千牛卫大将军。当时的人认为薛惟吉恐惧修省,自强有为。

仗势害人者终当报应

卢多逊因与秦王赵廷美相互勾结,太宗下诏削掉其官职爵位,将其流放到海南崖州。卢多逊在赶赴贬黜之地的途中,到路旁的旅店进食,有个老妇人很能讲述京城的旧事,卢多逊因而和她交谈,老妇人原本不知道他就是卢多逊。卢多逊问:"你从什么地方来,怎么居住在这里?"妇人皱起眉头说:"我本来是中原士大夫之家,我的儿子做了官。有个叫卢多逊的做宰相,命令我儿子违背正道去做事。我儿子不顺他的意愿。卢某就怀恨在心,用违反法令来中伤我儿子,使全家被流放到这南国荒野。没到一年,亲人相继死去,只剩我这老婆子一人流落山谷之中。如今寄居在路旁,不是没有用意。那个姓卢的宰相,依仗权势陷害忠良,任意横行无法无天,我想他终究必当南下流放,有幸能在我没死之前,或许可以见到他。"卢多逊沉默无语,催促押送他的人赶快离去。

李穆至孝

左谏议大夫、参知政事李穆操行至孝,母亲曾经患病卧床多年,动至转侧,他全部都亲自搀扶。由于赵廷美之事牵连,李穆被交官吏收审,李穆让儿子李惟简欺瞒母亲,说因为接奉诏令在御史台院中审理案件。及至被贬回家,终究没将事情禀报母亲,每隔一天便出去探亲访友或者游逛寺庙,假装入宫值班,直至重新复职,母亲始终不知道。在他重新担任执政官一个多月之际,母亲病逝,李穆过度悲哀而损伤了身体,不久,李穆患中风而死。宋太宗亲临吊丧哀悼,说:"李穆操行纯正、正要对他重用,却突然身亡,这是朕的不幸啊!"

诵经如流

青州人王丛善参加"五经"科考试,年龄刚过二十岁,自称能通篇背诵"五经"文及注疏,宋太宗召见,一一举出原文考他,他背诵十分流畅。特赐其"五经"科及第,当面赐予绿袍、银带、钱两万。

宋太宗论罚如式

御史中丞弹劾奏告开封尹许王赵元僖,赵元僖愤愤不平,向宋太宗诉说:"我是皇帝的儿子,因为触犯中丞的缘故被审讯,请皇上赐予宽恕。"太宗说:"这是朝廷的礼仪法制,谁敢违背!朕如果有过错,臣下尚且加以纠举指摘,你自为开封府尹,可以不守法吗?"按规定赵元僖受到应有的处罚。

三步诗

寇准从小天资聪明,人谓"神童"。一日,家中摆宴,宾朋满座,酒至三巡,有人向主人提议:"闻令郎善诗,请即席吟一首。"寇准请客人出题。因此地离华山不愿,客人即以"华山"为题,让小寇准吟诗,寇准三步未出,一首绝句脱口而出:
　　只有天在上,更无山与齐。
　　举头红日近,回首白云低。
仅二十个字,便将华山之险雄、峭拔道出,举座皆惊!此时,寇准年仅七岁。

寇准奏事

枢密直学士寇准在宫殿中奏报政事,因语言不合,宋太宗发怒起身,寇准上前拉住太宗的衣服让帝坐下,直到事情决定后,才退下。太宗皇帝称赞了他。

士卒痛哭郭守文

郭守文性格沉着冷静有谋略,自从曹彬兵败以后,契丹军队乘胜深入北部边境,宋太宗任命郭守文坐镇常山来筹划指挥边防军事。郭守文去世后,有使者恰好从北部边境到达京城,奏报当地军营中的士卒,全部痛哭流涕。太宗问:"为什么会出现这样的情况?"使者回答说:"郭守文得到俸禄,都买牛买酒来犒劳军士,平时也爱护士卒,去世的时候,家中没有多余的钱财。"太宗叹息惋惜了很久,随即赐给郭守文家属五百万,并且录用他的儿子为官。

父子同日被赐五品官服

陈尧叟应举进士,考中甲等,向皇上口头道谢,遣词达意明白清晰。宋太宗问宰相:"这是谁的儿子?"吕蒙正等说是陈省华的儿子。陈省华当时任楼烦县令,太宗立即召见,提升陈省华为太子中允,任命陈尧叟为光禄寺丞,父子俩同日由太宗当面赐予五品官服。

勤勉不怠

盐铁副使谢泌上殿奏事，太宗对他说："所有任职人员一定要勤勉不怠。朕每次见到殿庭兵卒有能多扫一席之地，多打一瓶水的，必定记下他的姓名。"

只读《论语》

赵普十岁那年，其父为他请了一私塾先生教他辞章、计数之学。他没有兴趣，不学。父亲训斥他，他却说："大丈夫处于乱世，学辞章有何用？"后来又请人传授先秦纵横之学，赵普认为这是蛊惑人主为取富贵的诡诈之术，还是不感兴趣。不久，他读《论语》，却爱不释手，终日诵读、揣摩、研思，稍长，又钻研星历象纬之学。

一日，赵匡胤在与赵普谈论平天下之事时，问赵普为何对孔子的《论语》感兴趣并钟爱不已。赵普道："治国平天下少不了它，释、道及其他学问都不行。"赵匡胤道："那你在我这里，《论语》怎么用？"赵普道："半部为将军打天下，半部为将军治天下。"

淳化三年，赵普死，宋太祖罢朝五日以示哀悼，追赠赵普为尚书令，真定王，谥号"忠献"。他的家人在整理遗物时，发现他除《论语》二十篇外，一无所有。

赵昌言治耍奸谋利者

大名府豪富大户中有储备柴草，准备图谋厚利，就引诱坏人暗中在河堤挖洞破坏河堤，因此黄河连年决口漫溢。知府赵昌言调查此事，弄清原委。一天，河堤守吏告急，赵昌言命令直接去取富豪大户家囤积的柴草来堵塞决口。从这以后再也没有敢耍奸谋利的。

气量恢宏

吕蒙正刚任宰相不久，上朝时，有一个官员在帘子后面指着他对别人说："这个无名小子也配当宰相吗？"吕蒙正假装没有听见，就走了过去。他的同事为他愤愤不平，要求查问这个人叫什么名字任何职，吕制止了他们。吕说："如果一旦知道了他的姓名，那就一辈子忘不掉。宁可不知道，不去追究，这对我有什么损失呢？"当时的人都佩服他的气量恢宏。

不辩白　不道谢

吕蒙正初任宰相时，金部员外郎张绅为蔡州知州，因犯贪赃罪被免职。有人向太宗上言说："张绅是洛阳的富豪大户，怎么会去求索贿赂！而是吕蒙正没有考进进士时向张绅提过帮助不能如愿，罗织张绅成罪罢了。"太宗立即命令恢复张绅官职，罢免了吕蒙正宰相职务。吕蒙正始终也不替自己辩白，不久考课院获得了张绅贪赃旧事的真实情况，就废黜了张绅。这时吕蒙正才再度为相。太宗对他说："张绅果真犯下贪赃之罪。"吕蒙正对太宗也不道谢。

吕蒙正刚直

上元节，宋太宗赏赐众大臣宴饮，对大臣们说："晋、汉两代战乱，生灵凋敝死亡将尽，当时觉得不再有太平之日了。朕即位后，亲自视理各种政务，万事大致理清，常常思念上天的恩赐，达到现在这样繁荣昌盛，所以知道治乱的根本在于人。"宰相吕蒙正离开座位说："圣上所在的京城，士人庶民都来投奔，所以如此繁荣昌盛。臣下常常见到都城之外不到几里的地方，因饥寒交迫死去的人很多，不一定都像京城这样。希望陛下由近看到远，就是天下苍生的幸运了。"宋太宗脸色改变不再言语。吕蒙正坦然回到座位，在座的大臣都赞美他的刚直。

吕蒙正善于用人

宋太宗晓谕中书门下选择人出使朔方，吕蒙正将所选人名呈上，宋太宗不同意。日后，三次询问人选，吕蒙正三次仍将那人呈上，太宗发怒，将他的奏疏扔到地上说："何必太固执呢？"吕蒙正舒缓地回答说："不是我固执，而是陛下不信任罢了。那人可以出使，其余人不如他，臣下不想用谄媚之道来附和君王的意思来祸害国事。"说完，俯身拾起奏疏，慢慢装入怀中而退下。宋太宗退朝后，对左右侍从说："这老头的气量我比不上。"终于任用了吕蒙正所推荐的人。那人完成使命后回来报告皇上，非常符合旨意，宋太宗更加知道吕蒙正善于用人。

父死于忠　子死于孝

贼寇围攻开州，围困时间一久，城中缺粮，开州监军秦传序对士卒们说："拼死殉节坚守郡城是我的责任，我决不苟且偷生。"全部拿出自家的所有财产，换成酒肉，犒劳士兵而劝勉他们，众人都感动得流泪奋力而战。贼兵势力日益强盛，秦传序做成蜡丸帛书，派人走偏僻小路送到京城奏报皇帝，说："臣尽力死战，誓不降贼。"当敌人攻破城池时，秦传序投入火中自焚而死。

秦传序死后，其子秦奭逆江上行到开州寻找他父亲的尸首，等到了夔州，因翻船而死。人们都感叹他们是"父死于忠，子死于孝。"奏章到皇帝那里，宋太宗嗟叹悲恻良久，录用秦传序的次子秦煦为殿直，赐给他家十万钱作为奖赏。

折御卿抱病抗辽

永安节度使折御卿患病，被辽国侦探得知，辽将韩德威便率军入侵边境。折御卿就抱病上战场,韩德威就停止不敢前进。这时折御卿说:"世代受到国家恩宠,强敌没被消灭,这是我的罪过,面临敌人,怎能丢弃士兵以图自己活命!战死在战场,是自己分内的事。替我告诉太夫人,不要惦念我,忠孝不能两全。"他吃力地坚持着,到第二天就死了。宋太宗得知后,哀痛了很久,赠封为侍中,任命他的儿子折惟正为洛苑使,主管府州事。之前,折御卿率军与辽军在子河汉一战,边境敌人部落丧失士气,不敢深入。

吕端大事不糊涂

太宗决定任命吕端为宰相,侍臣中有人说:"吕端为人糊涂。"太宗说:"吕端小事糊涂,大事不糊涂。"于是任命吕端为相。

太宗驾崩,李太后妒忌太子,阴谋拥立潞王赵元佐为帝。李太后召吕端说:"皇帝不幸晏驾,立嗣当立长子,这是顺理成章的。"吕端说:"先帝生前立太子,目的正是为了今天,我们怎么能够违背先帝的遗命,而另立其他人呢?"于是迎太子赵恒即位。

真宗即位时,垂帘引见群臣。吕端直立于殿下,不肯跪拜,要求将帘子卷起来,他先走上大殿审视,看到真宗后才走向殿阶,率领群臣跪拜,高呼万岁。

宰相赵普对人说:"吕公上殿奏事,受到皇上的嘉赏,不曾喜形于色;遇到挫折,也不曾面有惧色。真是台辅之器呀!"

钱若水谏诤

北宋大将李继隆上奏说:"夷虏侵犯我边塞,转运司军需粮草供应不上,贻误了军机。"太宗看了奏章大怒,下令将转运使卢之翰、窦玭等三人处斩。丞相吕端、枢密使柴禹锡,在太宗盛怒的情况下都不敢讲话,只有枢密院副使钱若水向太宗谏诤,要先调查弄清情况再依法处置。太宗大怒,说:"你原来只是个小小的同州推官,朕重用提拔你,谁知你竟如此不才!"钱若水回答说:"陛下不知微臣不才,才使臣在枢密院待罪为官,臣当竭尽努力,不避杀头之罪,以求陛下能有所补益。李继隆是陛下外戚,贵重无人可比。陛下仅根据他一纸奏书,就下令杀掉三个转运使,实失慎重。进谏诤言,是愚臣的本分。愚臣在未获死罪之前,不敢擅自离岗。"

太宗听了钱若水这番话,怒气方消,然后召吕端等人商议都同意钱若水议事的意见,先令调查此三人的罪责,将三人贬为行军副使。

不久,调查证实夷虏将要入侵边塞的事都是假语,原来是李继隆与卢之翰关系不睦,就编造假军情来陷害他。于是朝廷罢免了李继隆的招讨使兼知秦州的职务。

一次,太宗与大臣们议事,有人说,在朝廷中确有一些朝臣是苟且荣禄,留恋官位,不够自重的。太宗问道:"士大夫要到朝廷所给予富贵显荣的待遇时,他们难道不竭诚尽责报国吗?"

钱若水回答说:"高尚的人,本来就不以功名地位作为自己的荣耀,忠正之士也不会因为穷困或通达来改变自己的志向和节操。那些受到爵禄和恩遇才效忠于皇上的,都是中人以下者的作为。"太宗对此话深以为然。

张咏断案

有一民户家的儿子与其姐因家财诉讼,其姐之婿状告:"岳父临终时,此子才三岁,因此让我掌管家里财产,而且有遗书,说将来把十分之三给儿子,十分之七给女婿。"张咏阅过诉状,将酒奠地说:"你岳父是个聪明人。因为儿子很幼小,所以托付给你,如果当时把十分之七的家产给儿子,这儿子就会死在你手里了。"马上命令把七分财产分给其儿子,余下三分给其女婿。当时人们无不佩服张咏的明断。

曹彬为人

曹彬任枢密使兼侍中,为人仁厚宽恕,清正严谨,穿着平素如同儒生。尤其看轻钱财,不聚家产,他曾先后率军攻伐金陵、后蜀、南唐等地,都取得大胜,但他对当地财物秋毫不取。他身兼将相,从不以官高威重自夸,凡到他家造访者,他都作揖待客。不直呼下属官吏的名,每逢他们进府禀告事情,没穿戴好衣冠就不接见。而在外做封疆将帅,路上遇到朝中官员,必定转车让道;如果穿街过市,就告诫车夫侍从不要传呼吆喝。当年他率军北征契丹失利,赵昌言上表皇帝请求对他按军法处置。后来赵昌言因事受到弹劾,不能入朝进见,曹彬时任枢密院,马上为他向宋真宗求情,赵昌言才准许入朝拜见。曹彬晚年告老还乡,闭门休养,门下没有闲杂宾客。保持功名,奉守法度,在当代良将中,称得上第一。曹彬逝世后,宋真宗亲往吊唁,悲痛不已,追封为济阳郡王,谥号"武惠"。

曹彬不夸功

宋太祖命曹彬为大将率兵去征伐江南。不到一年,唐主李煜投降,江南平定。他不曾妄杀一人,不曾妄取一物。回京复命,船中装的只是他的书卷、衣被。船头上竖牌一面,上写:"奉敕差往江南勾当公事,回。"绝不夸示一字。

寇准变通圣旨

辽国军队南下侵犯宋朝,宋军遭到失败。辽国提出把"关南"地区,割让给辽国。朝廷派曹利用去辽国谈判,皇帝当面告诫曹说:"土地绝不能割给他们,他们要求财货,可以答应。"曹利用当面请示皇帝岁赂金帛之数。皇帝说:"迫不得已,就是一百万也可以。"宰相寇准把曹利用召到帐篷里,对他说:"虽然有旨答应百万,但你去谈判时如果超过三十万,我就杀了你!"曹利用到辽国,辽方说,我们的军队所以南下,本意就是要谋取关南之地。曹利用说:"我奉命来此,就是为了专门解决这个问题,这个问题如若解决不了,我只有一死了之。如果你们不怕将来遭到祸殃而恣意谋求,那么不但关南之地得不到,而且要兵连祸结,没有止息了!"辽主听此言,同意以钱物充当。谈判结果果然以三十万达成协议而归。真宗皇帝非常高兴,给了曹利用特别优厚的封赏。

少年进士晏殊

抚州进士晏殊,年十四岁,以才华出众而闻名。宋真宗特予召试,晏殊写诗、赋各一首。晏殊用词敏捷丰丽,皇帝深为赞赏。两天后,再次召见晏殊考试诗、赋、论三项,晏殊说赋的题目自己曾经做过,要求另换题目,宋真宗更喜欢他的淳厚耿直。于是改考别的题目,做完后,宋真宗阅卷,每每称好。于是提升他为秘书省正字,秘阁读书,同时命令直史馆陈彭年照看他的学业和检察他所交往的人。

欧阳冕狂言遭贬

莱芜监判官欧阳冕,请求参加贤良方正科的考试,他口出狂言,自我推荐,自比武王、周公、皋陶与夔,并且说道:"如果让臣下日试万言,可以一字不改;如果让臣下日揽千字,可以一句不忘。"于是皇帝人把他召进宫来,令中书考试五论、三颂及诸诗四十首,共限万言。题目出来以后,欧阳冕万分惊恐,说道:"我只考贤良科,不考万言,希望宽限一下!"考官就把他自己上表的文字给他看,冕不敢再说什么了。从早晨到黄昏他只写成论文五篇、颂文一篇,总共三千字。上奏皇帝以后,皇帝命考官问他所上表中列出的那些条目,冕表示服罪,认为自己狂妄自大,轻举妄动。于是,皇帝贬谪他的官职,让他任下州司户参军。

张咏谓寇准

张咏在成都时,听说寇准当了宰相,就对他的下属官员们说:"寇公是个奇才,可惜他的学问不行。"后来,寇准被罢相,贬为刑部尚书、知陕州。当寇准去陕州上任时,张咏刚好从成都回来,寇准一直把张咏送到郊外,问他:"你有什么话要说并且作为对我的临别赠言呢?"张咏慢慢地说:"《汉书·霍光传》不可以不读。"寇准弄不清他是什么意思,回家以后读起《汉书·霍光传》,看到"不学无术"字样时,他笑了,说:"张公说我的就是这个了。"

宰相王旦自有体统

苏耆是宰相王旦的女婿,苏耆先前考取进士,到唱名发榜,却取在了诸科。知枢密院陈尧叟向宋真宗陈说此事,宋真宗回过头问王旦,王旦后退站着并不回答。苏耆说:"我愿意继续学习。"出殿后,陈尧叟对王旦说:"您一句话,苏耆就及第了。"王旦笑着说:"皇上亲自上殿考天下之士,这就表示了最大的公正。我王旦身为宰相,在皇帝面前推荐自己的亲属,能不失礼吗?"陈尧叟对人说:"王旦宰相真是自有体统。"

王旦的大女婿殿中丞韩亿,曾经呈献所撰诗文,宋真宗打算马上召试,王旦却极力推辞。韩亿按例应当出守边远州郡,宋真宗特别召见,改授太常博士,任洋州知州。王旦私下对女儿说:"韩郎进川任职,你只管回到我家,不要担心。我如果因为这件事情求皇上照顾,日后让人们指责韩郎靠岳丈奏请皇上免于远任,那样他受到的损害就太大了。"韩亿听说后,高兴地说:"岳丈待我太好了。"

王旦担任宰相十五年,去世的时候,他的儿子仍然穿着布衣服。他训导儿子们要靠自己的力量去生活。

王嗣宗捕杀狐狸

邠州城东边有一座灵应公庙,庙旁有一个山洞,洞里有许多狐狸,一些兴妖作恶的巫师便利用它来卜算人的祸福,凡是有水旱之灾和瘟疫之灾来到时,全都到此祈祷。等到王嗣宗来到邠州任职,毁掉了灵应公庙,用火去熏那个山洞,捕得数十只狐狸,全都杀了,淫恶的祭祀才停止了。

维护家教礼仪

朝廷三司建议民间有违反法规贩卖茶叶的,应鼓励家里人向官府告发。宋真宗说:"这样做违犯家教礼义,不是朝廷所应做的。"没有准许。

王禹偁文章天下无双

王禹偁七八岁时就已能写文章。毕士安当时任州郡从事,得知此事,便前去他家拜访。禹偁家以磨麦为生,毕士安因此让他以磨为题作一首诗,王禹偁不加思索便对答道:"但存心里正,无愁眼下迟。若人轻着力,便是转身时。"

毕士安感到非常惊奇,于是让王禹偁与自己的子弟一起读书。

一天太守席上,有人出诗"鹦鹉能言难似凤"求对,在座无人能对。毕士安将此句写在屏风上,王禹偁见了,在其下写上"蜘蛛虽巧不如蚕"。毕士安感叹道:"王禹偁真是经纶之才啊!"后来,毕士安当到宰相,王禹偁已经官至知制诰,为皇帝起草诏诰了。

王禹偁在翰林院任职时,宋真宗一有空闲就召他一起讨论改文章。王禹偁说:"进贤才,黜不肖,广泛开辟谏诤之路,写出诏诰于四海,延利于万世,这才是王者之文。"太宗曾称赞说:"禹偁的文章,当今天下无双。"

王禹偁去世,谏议大夫戚伦写文祭悼他说:"侍奉皇上不委曲逢迎,作为臣下不谄媚取宠,见善犹如已有,嫉恶甚于仇敌。"当时的人都认为这是知人之言。

林逋二十年足不入市

钱塘人林逋,少年孤苦致力于学问,性情恬淡喜好古文,不追求名利。在西湖的孤山建一草庐而居,二十年都从来不到城市里去。转运使陈尧佐将他的事报给朝廷。真宗皇帝诏令赏赐给他米粟布帛,命长吏经常去慰劳关心他。

杨延昭智勇善战

杨延昭智勇双全，善于作战，所得俸禄赏赐全都用来犒劳军士，不曾过问家事。生性耿直朴素，平时进出的随从骑士人数如同小将校一样的级别。号令严明，与士卒同甘共苦，遇到敌军必定身先士卒，克敌取胜便将功劳让给部下，所以将士乐于为他所用。杨延昭在边疆二十多年，辽国将领都很畏惧他，称他为杨六郎。他官至副都部署、英州防御使。他去世时，宋真宗嗟叹哀悼，派遣宫中使者主持丧事而送归遗体，河朔之人大多望见灵柩而哭泣。宋朝廷录用他的三个儿子为官。

敕书与废纸同放

雍丘人邢惇，以学术而闻名，隐居乡里不出。宋真宗到亳州，王曾荐举他。等到返回时，真宗将他招来应对，询问治国之道，邢惇不予回答。真宗追问其中原因，邢惇说："陛下东封泰山西祀汾阴，全都已经完毕，臣下还说什么呢！"真宗十分高兴，便任命他为许州助教，并派人送他回家。此后，邢惇的住所穿着，仍如平日一样，同乡人都没察觉他当了官。他去世后，才看见皇上任命他的敕书同废纸捆在一起放在屋顶的栋梁之间。

折惟昌受命忘家

朝廷组织河东民众往麟州运粮，派兴州刺史折惟昌出兵护援，当时折惟昌已经告病，有人请求军队暂驻十天，等他病情好些再出发。折惟昌说："古人是接受重任，往往忘却家事，死于官事，我也没有什么可遗憾的。"当即带领官兵冒着风沙行军，因此病情越来越严重。皇上派遣使臣带上医生去治他的病，但已经来不及了，折惟昌死于途中。朝廷命令入内供奉官张文质前往治理丧葬，一切费用都由官府供给。任命其弟折惟忠知州事，录用其二子为官。

蔡伯晞四岁被任为官

蔡伯晞跟随父亲蔡龟从由福州到达京城时才四岁，就能背诵诗一百多篇。真宗召蔡伯晞进宫进见，蔡伯晞应对周密详细，所诵习的学业精通熟练，真宗便任命他为秘书省正字。又因蔡龟从长期名列科场簿籍，善于教子，真宗下令召入中书考试，授予校书郎。

做官宜守常道

真宗任命慎从吉为开封府知府，任职时间不长，诋毁诽谤他的人很多，宋真宗因此询问辅臣，丁谓说："慎从吉好说别人的过错，所以招来众人的怨恨。"真宗说"做官应当遵守常道，如果强自为善以取虚名，那么毁谤就会随之而来。"

宋真宗益嘉秦翰

秦翰有武艺气力,又善于谋略,前后身受四十九处创伤。他看轻钱财喜欢施舍,所得俸禄赏赐,大多数都分给手下将士。宋真宗曾说:"秦翰对国家竭尽忠诚,既不妒忌陷害别人,也不随便称赞别人。刘承规去世,秦翰说:'刘承规不回避众人怨恨,如今必定有流言蜚语,希望不要听信。'朕越发的赞许他的为人。"

秦翰曾任昭宣使,平州团练使等职务。因病去世时,宋真宗非常痛惜,诏令杨亿为秦翰撰写碑文,赞许共功绩和处世为人。

冯元讲《周易》《泰卦》

宋真宗召见崇文馆检讨冯元讲解《周易》《泰卦》。冯元因此说:"君道极为尊崇,臣道最为卑下,然而必须以虔诚互相感应,才能做到'辅相天地之宜,财成天地之道'。"真宗高兴,特赐他五品官服。

范仲淹划粥为食

吴人范仲淹,出生两岁时丧父,母亲贫困,改嫁到长山朱氏家,范仲淹也从朱姓,名为说。他在寺庙中读书,每天煮一锅粥,分四块,早晚各取两块,切几根咸菜,加入少量的盐来食用,他苦读三年,参加科举考试,登科及第,被授予官职,才恢复原姓改换名字,迎接他的母亲回家供养。

陈昭衮伏虎

辽主在赤山打猎射老虎,由于他的坐骑跑得太急,箭还没有射出去,老虎就愤怒地跳了起来,眼看就要冲倒辽主的坐骑,左右随从都吓得往后退。敦睦宫太保陈昭衮跳下自己的马,抓住老虎的两只耳朵,骑上虎背,他的马惊怕地逃走了。老虎便往深山里跑,陈昭衮始终没有从虎背上掉下来。他找机会拔出佩戴的刀子,把老虎杀死,然后把它拖到了辽主的面前。辽主慰劳陈昭衮很长时间,当天设宴席,把酒桌上的金银器皿全都赏给他,还赐给他符节和斧钺,升迁他为围场都太师,赐姓"国",令张俭、吕德懋作赋,来赞美他。

王旦引咎自责

一次宫禁发生火灾,宰相王旦急忙入宫,真宗惊惶不安地对王旦说:"太祖两朝所积蓄的财帛,朕不曾挥霍浪费,而却一朝化为灰烬,真是太可惜了!"

王旦安慰道:"陛下富有天下,财帛的问题不足忧虑,值得担心的是政令之得失和赏罚的不当。为臣备位宰相,出现这样的天灾,理应罢免臣的宰相之职。"接着就上表请罪。真宗于是也下诏罪己。允许朝廷内外上密书批评朝廷得失。

后来,有关部门报告说,宫廷失火不是天灾,而是某王宫失火延及皇宫的,请朝廷将其治罪,罪行当斩。结果此事牵连数百人,王旦单独进见真宗,说道:"刚发生火灾之后,陛下就下诏罪己,我也上表待罪。如今反而把罪过处于他人,这如何能取信于人呢?火灾虽有可能是由他处延及宫禁,怎知这不是上天谴责和警告呢?如果真要按刑法处置,就先罚我吧,与其他人没有关系!"

真宗欣然听从王旦的意见,赦免了几百人的死罪。

王旦推己及人

当初,有个占卜者上书陈述宫禁秘事,被处死。查抄他家时,发现朝廷一些官员和他来往占卜询问吉凶的书简,宋真宗要把这些朝廷官员全部交给御史治罪。宰相王旦报告说:"这是人之常情,而且信中并没有涉及朝廷,不值得追究治罪。"顺便取出自己过去占卜的书信呈上,说:"臣年轻微贱时,也做过这种事;如果一定要治罪,情愿将臣下一同抓进监狱。"真宗说:"这件事已经公开,怎么好免除!"王旦说:"臣下担任宰相,执行国法,怎能自己也做过的事不追究,而去治别人的罪呢!"真宗的怒意缓解。不久,王旦到中书,将所查获的占卜信件全部烧毁,由此许多人幸免于难。

王旦荐寇准

寇准枢密使一职将被罢免时,曾经私下派人去宰相王旦家,要求做使相。王旦大惊道:"使相这样重要的职位,怎能够私下请求呢?况且我从不受私人的请托。"寇准因此对王旦怀恨在心。过了不久,诏书下来,任命寇准为武胜军节度使同中书门下平章事,寇准入朝朝见真宗,哭着说:"要不是陛下知臣,臣怎能受此恩宠!"真宗直言不讳地说:"这都是王旦推荐你担任此职的。"寇准这才感到惭愧,自叹比不上王旦。

王旦久病不愈,真宗问他说:"卿家万一有了三长两短,那以,朕能将天下之事托付给谁呢?"王旦拜谢道:"知臣莫若君。"当时张咏、马亮都是尚书,皇帝问道:"张咏怎么样?"王丹不回答。又问:"马亮怎样?"王旦又不答。真宗说:"不妨依照卿家的意思说吧!"王旦说:"以臣的愚意,都不如寇准。"真宗感到茫然,过了一会说:"寇准性格刚强褊狭。你再想一想,其次还有什么人?"王旦说:"其他人,臣就不知道了。"王旦死后一年多,真宗终究还是任命寇准为相。

王旦推荐寇准担任宰相,寇准却几次在真宗面前讲王旦的坏话。真宗一次对王旦说:"你虽然一直称赞他的长处,而他却总是说你的缺点。"王旦说:"这是理所当然的。臣在相位时间长了,在处理政事方面一定有不少缺失之处,寇准对陛下无所隐瞒,更显出他的忠直,这是我所以看重寇准的原因。"

王钦若进谗言

李士衡正在得到朝廷进用,宰相王钦若十分忌恨便对宋真宗说:"路振是文人,但却不识体统。"宋真宗问:"你为什么这么说?"回答说:"李士衡的父亲被诛杀,路振为他写赠别诰文,竟说世代有卓著之人。"宋真宗点头不再说话,李士衡因而没受重用。

善柔宰相

同平章事、山南东道节度使、判河南府王钦若有病了,多次上表请求回京师就医,没有得到答复。宰相丁谓秘密派人骗王钦若说:"皇上数次谈到您,很想与您见面;您只需上表后就直接回京,皇上一定不会见怪您。"王钦若听信了他的话,随即让他儿子向河南府转交了一份公文,王钦若就带病乘车返回京师。丁谓乘机上言说:"王钦若擅离职守,不遵守做人臣的礼法。"皇帝命人去查究此事,王钦若惶恐服罪。真宗下诏降职王钦若为司农卿,同时将这事宣告天下。

真宗皇帝劝学谕

宋真宗皇帝劝学谕:"为学好,不学不好。学者如禾如稻,不学者如蒿如草。如禾如稻兮,国之精粮,世之大宝;如蒿如草兮,耕者憎嫌,锄者烦恼。他日面墙,悔之已老。"

寇准不报私仇

宰相丁谓怀恨寇准,一定要将他置于死地。就命令宋绶草拟贬责寇准的文辞,宋绶请问寇准的罪名是什么,丁谓说:"《春秋》上的不得叛逆,汉法中的不道条文,都是根据。"寇准赶赴被贬地雷州,冒着暑热瘴气,每天行走近百里,左右侍卫都感动得哭了。不到半年,丁谓也被降了官,丁谓路过雷州,寇准派人用整只蒸羊在州境上迎候。丁谓要会见寇准,寇准没有同意。寇准的家仆听说丁谓到来,就谋划报仇,寇准得知后,于是关上大门让他们尽情赌博,不许出门,等到丁谓走远了才作罢。

鲁宗道对上不说谎言

右谏议大夫鲁宗道,住家离酒馆很近,一日身穿便装去酒馆饮酒。恰逢宋真宗有事召他速来,使者到他家等了很久,鲁宗道才从酒馆归来。使者要先回宫,问道:"如果皇上怪罪您来晚了,如何对答?"鲁宗道说:"就将实情报告。"使者说:"那样您当获罪。"鲁宗道说:"饮酒是人之常情,蒙惑君子是臣子的大罪。"使者回宫便将实情报告皇上。宋真宗追问鲁宗道,鲁宗道请罪说:"有老相识从家乡来,臣下家贫,没有酒具,因此就去酒家饮酒。"宋真宗认为他忠厚老实可以重用。

曹克明试药惩蛮夷

曹克明很有才略,宋真宗时一再立功,升任宜、融、桂等十州巡检。到任后,有一群蛮夷酋长来奉献一瓶药,说:"这种药凡是中箭的敷一敷,创伤立即痊愈。"

曹克明问:"用什么来试验呢?"酋长说,"请用鸡狗来试验。"曹说:"应当用人来试。"说完,就拿箭在酋长大腿上刺了一下,再用药敷,酋长立即死亡,其他酋长都惭愧惊恐地离去。

思母教诲

寇准少年时,不修小节,不思进取,常常玩飞鹰、走狗,外出游猎,母亲对他要求非常严格,对此十分恼火。一次,又见他在玩飞鹰,就拿秤锤掷他,不慎砸在他的脚上,流了很多血,从此以后,寇准便折节读书。

后来,寇准做了宰相,他的母亲已经亡故了,每当他抚摸到脚上的疤痕,就想起了母亲的教诲,便会恸哭一场。

寇准初任枢密直学士时,皇帝赏赐他的财帛很丰厚,乳娘哭着说:"太夫人(指寇母)真是不幸,她去世时,家里穷得连想求一匹缣做寿衣棺衬都没有,岂知道今日会有这样的富贵!"寇准闻听此言,又恸哭不止,此后便将财帛都散予他人,以此来怀念母亲。

功与祸

侍读学士宋绶讲《唐书》,仁宗皇帝听后说:"朕阅览四史,常见功臣很少有能善始善终的,像裴寂、刘文静都辅佐皇帝立下了头功,还是不可避免受到诛杀污辱。"宰相王曾说:"裴寂等人之祸,在很大程度上是由于他们功成之后不知道引退而造成的啊。"

诚笃孝子张知白

张知白九岁时,他父亲在邢州去世,灵柩停在佛寺。后来辽国军队进犯河北,寺庙大多崩塌,灵柩已经没法辨认。张知白登第做了工部尚书,他徒步寻访,发现佛寺的殿基,突然记得停灵柩之处,即刻开棺一看,衣衾都可证验不误。众人都钦佩他诚笃的孝心。

抗议侮辱轻慢先圣

孔道辅出使辽国,辽设宴请使者,辽国优伶拿文宣王(孔子)开玩笑,孔道辅当即退出宴会以示抗议。辽国主持宴会的人去请他返回座位,孔道辅正颜厉色地说:"中国与北朝交往友好,互相以礼仪对待,今优伶之人侮辱轻慢我国先圣而不被禁止,这是北朝的过错。"辽国特地表示歉意。

一代伟人张咏

张咏曾在蜀地任职,贼寇侵犯之后,他安定集聚那里的人民有功劳,当政贤明肃敬,远方百姓很安适,所以朝廷再次任命他出任益州知州。韩琦在作张咏神道碑时说:"张咏用杰出的才能,遇着时机自我发奋,智谋胆略神出鬼没,功业显耀,震惊当世,真是一代伟人。"道州所刻文告,有张咏给潭州知州的一封信,王安石题跋其后说:"张咏已经死去很久了,而士大夫至今仍在称赞他,岂不是因为像他这样刚毅正直而又有一世功劳的人太少了吗?"文彦博说:"我曾经出守过蜀地,目睹过张咏的画像,遗留下来的仁爱还在民间,钦佩极了。"黄诰说:"张咏教化与功业如此显赫,而没有达到宰相的职位,但是有张咏的才能,而没有宰相的职位,对张咏来说又有什么损失呢?如果有宰相的职位,而没有张咏那样的才能,对宰相来说又有什么益处?张咏虽然老死,怎肯用才能来换取宰相呀!"

吕夷简老成持重

当初皇宫失火,百官上早朝但宫门不开。宰辅大臣请求对策,宋仁宗升上拱宸门,百官在楼下跪拜,唯有宰相吕夷简不拜。宋仁宗询问这样做的原因,吕夷简说:"宫廷出现变故,臣希望看一看圣容。"宋仁宗举起帘子见他,吕夷简这才下拜。

王曾大度

陈尧咨与王曾有矛盾,王曾在代替陈尧咨的天雄军节度使职务时,发现政事中有不善的地方,就逐渐更改,更改之后并不见痕迹。等到王曾去后,陈尧咨继任王曾之职,见府署及器物都保留了陈尧咨的旧规,只修葺而没有什么变动。陈尧咨感叹地说:"王公的度量,我不如也。"

孙奭晚节勇退

太子少傅孙奭在宫中为皇帝、太子侍讲《周礼》《论语》等文共有二十多年,讨论典法礼仪,必选取前代中正合法事类陈述于皇帝,故朝廷奉行无疑。当宋真宗皇帝在泰山封禅时,独孙奭一人直言规劝,刚直不阿。他能保持晚节,勇于隐退。临死之前,迁入正寝,摒去婢妾,对儿子孙瑜说:"不要让我死于妇人之手啊!"

曹修古贫不能归葬

谏议大夫曹修古为人正直,具有风操气节。当刘太后垂帘听政时,有权势受宠信的人掌管国事,人人观望顾总,而曹修古遇事辄言,无所回挠。违反太后愿望,被贬为杭州通判,还没有赴任,又改知兴化军,在官任上去世,贫穷得不能归葬家乡。宾客僚佐赠送助葬费五十万钱,他的小女儿哭着向母亲说:"怎么能因为这事连累我父亲的清名呢!"终于没有受这些钱。宋仁宗皇帝念惜曹修古的忠诚,所以赠从优,同时抚恤他的家属。

晁迥的"三命"

太子少傅晁迥,做事专一,好研究更正经史中的疑点,标括字类,没有一天停止过学习。不喜欢阴阳五行占卜之术,曾经说:"自然形成的天赋,就是天命;乐于天命而没有忧愁,就是知命;推究万物的道理而安守最基本的恒常的道理,就是委命;何必去预测还没有发生的事呢!"

韩琦上疏说音乐

右司谏、直集贤院韩琦上言:"乐音起源于人心,所以,喜怒哀乐之情被外物所感染时,就会有或急促或舒缓的声音随而应和着,这不是乐器而是人心使它这样的。因此孔子说道:'音乐呀音乐,难道就是钟鼓吗?'孟子也对齐宣王说过:'今乐与古乐一样,只要能与百姓同乐,古今都是相同的道理。'臣认为应考究一下作乐的根源,作为修明政治的根本,使政令平实而简要,老百姓融洽和睦,海内之人击壤鼓腹而歌咏太平,这才是正理古代音乐的理由,这不仅仅从乐器的表象中能够得到的!"

张俭崇俭

辽国丞相张俭平时非常节俭,衣服只穿粗绸,做饭不用几种菜肴,每月俸禄有剩余,就周济亲戚老友。时值冬季,张俭到便殿奏事,辽兴宗看见他的衣袍有些破烂,密令近侍用火夹在他的衣袍上穿个小洞作标记,屡次来奏事也不改换衣袍。辽兴宗问他是什么原因,张俭说:"臣下穿这个衣袍,已有三十年了。"当时崇尚奢侈浪费,因此就用这话进行委婉的讽喻。辽兴宗怜悯他生活清贫,让他随意使用内府的财物。张俭尊奉诏命手持麻布三匹出宫,辽兴宗对他更加尊重。张俭有五个弟弟,辽兴宗打算都赐进士及第,张俭坚决推辞不受。

狄青不除面部刺字

宋仁宗下诏任命彰化节度使、延州知州狄青为枢密副使。御史中丞王举正说:"狄青出身行伍升任执政长官,本朝没有先例。"狄青面部刺字的墨迹犹存,仁宗曾经敕令狄青敷药将字除去,狄青指着自己的面部说:"陛下以功劳提升臣,不是根据门第。臣所以有今天,是因为面部刺字,愿意留下它用来鼓励将士,不敢受命。"

狄青假神道以提振军心

南方人迷信鬼神,有一次狄青带兵讨伐侬智高,大军前进到桂林时,狄青便焚香祝祷:"此次讨蛮不知胜负如何?如今我以一百个铜钱请示神明,倘若讨伐能获胜,这一百个铜钱正面就全部朝上。"手下将领都极力劝阻狄青,因为一百个铜钱都出现正面的概率实在太低了,恐怕会严重地影响军心士气。狄青不接受部将劝阻,在数万军士的围观注视下,只见狄青猛一挥手,一百个铜钱落满一地,每个铜钱都是正面朝上。一时间军士们欢声雷动,响彻山林。

狄青也高兴异常,命副将取来一百枚铁钉,将铜钱钉在原地,覆上青纱,并自己亲手加上封条,然后向神明祝祷:"等我凯旋回来,一定重谢神明,取回铜钱。"

在平定南蛮胜利归来后,狄青果然实践诺言,回来取钱,幕僚检视那些铜钱,才发现原来这一百铜钱都是正面。

狄青为人

泾州都监狄青,每临敌阵,都披散头发,面色像铜器一样,出入敌阵所向披靡,没有人能敢阻挡他。经略判官尹洙向副使韩琦、范仲淹推荐说:"狄青是个优秀的将领。"范仲淹授以《左氏春秋》说:"将领不懂得古今,只是匹夫之勇罢了。"狄青于是立志读书看史,全部精通秦汉以来将帅的兵法战术。

狄青一向谨慎少语,考虑事情一定要首先审知其中关键然后公布。军队行动之前,先整顿军队且赏罚分明,与士兵同甘共苦,即便敌兵冲击他,没有一人敢随意先后,所以他出师常常取胜。尤其喜欢功劳归于将领们。起初同孙沔一道讨伐叛军,谋略都出自狄青,叛贼平定后,讨伐残余之部都要托给孙沔,由孙沔立功。孙沔开始只佩服他的勇敢,后来又敬佩他的为人,自认为比不上他。尹洙因遭贬而致死,狄青全力照顾他的家。曾有人拿着狄梁公的画像和塑像拜见狄青,认为是狄青的祖先,狄青辞谢说:"我偶然被授任官职,怎敢自附梁公呢!"

狄青官致枢密使,护国节度使,同平章事。狄青去世时宋仁宗在苑中表示哀悼,赠中书令,谥号"武襄"。

一家哭怎比得上一路哭

庆历年间,范仲淹推行改革。当时,机构臃肿,人浮于事,好多官员又为非作歹,无恶不作。范仲淹为了贯彻新政,派了一批按察使,到各地方去视察。然后根据按察使送来的报告,把那些不称职的官员,从登记簿上除名。枢密副使富弼看到他勾掉很多官员的名字,非常吃惊地对他说:"勾掉一个名字容易,但被勾掉的一家人都得哭了。"范仲淹回答说:"一家哭怎比得上一路(宋代的'路'相当于现在的'省')哭呀!"

富弼三使辽国

庆历二年,辽国提出将宋朝晋阳旧有的属地和关南被割得郡县归还辽国,以此作为两国结为友好邻邦的条件。宋朝派遣知制诰富弼为使臣出使辽国谈判。富弼面见辽主,辽皇帝说:"我们得到了割地,两国就能长久的和好。"富弼转达仁宗皇帝的旨意说:"我作为人之子孙,怎么敢乱将祖宗之故地给予别人!北朝想要得到祖宗故有的土地,宋朝难道也愿意失去祖宗故有的土地吗?况且,北朝既然将得到土地视为荣耀,那么宋朝必定将失去土地视为耻辱。兄弟一样的两个国家难道可以让一国荣耀而一国耻辱吗?"富弼说:"宋朝立国已有九十年,在这之前两国都有丢失和占领土地的事件发生,如果双方都想要回前些朝代故有领土,难道只对你们北朝有利吗?"辽主无言以对。富弼先后三次出使辽国,都据理力争,维护了宋朝尊严。宋仁宗三次都要加封他的官职,富弼说:"国家有困难时,唯命是从,这是为臣的职责,为什么反而用官爵来赠送给我呢?"于是每次都坚决辞谢不受。此前,富弼数次在议论国事时与宰相吕夷简意见不合,发生冲突,吕夷简因此推荐富弼出使辽国,打算借机陷害他。而富弼在接受命令时一点也没有推辞。自从初次奉使时,女儿去世;再次奉使,一个儿子出生,都没有去看就走了。他接到家信时,不打开看就烧毁,说:"打开家信会扰乱我的心意,不看也罢。"

欧阳修作《朋党论》

谏官欧阳修作《朋党论》上献朝廷,其内容大略是说:"臣认为小人没有朋党,只有君子才有。小人所好的是利禄,所含的是财货。当他们有共同利益时,暂时结为一党,相互支援策应,及至他们见利而争相向前,或者利尽而交情疏远,就反过来相互攻击。君子却不是这样,所坚守的是道义,所实行的是忠信,所爱惜的是名节;以此来侍奉国家,就可以同心协力而共度艰难,始终一致,这就是所谓君子的朋党。作为统治天下百姓的君王,只应当黜退小人的假朋党,进用君子的真朋党,那么天下就能得到治理了。"

田况泣请终丧

知秦州事田况的父亲去世,他因办理丧事而停职。不久,朝廷让他官复原职,处理政务,田况坚决推辞。朝廷派人拿着诏书去敦促开导,田况无奈借口边防事务求见宋仁宗,哭泣着请求他守满丧期。皇帝同情他,同意他守满丧期。掌管军务的帅臣能守满丧期再复职的,是从田况开始的。

怀忠碑

吕夷简任宰相时间很久。西夏用兵,契丹遣使索要关南十县地,都由他筹划应付。他对国家大事凡进退兴革、宽松严紧,掌握恰当。然而增加岁币,增募军队,使支出大增,多次被进言人所诋毁，皇帝对他的器重仍没改变，授予司徒，后退休。吕夷简去世时，仁宗哭着说："有谁能像吕夷简那样一心忧公而忘私的！"并亲手写了"怀忠碑"赐给他家里。

刘涣单骑诛恶

沧州知州刘涣被调任为保州知州。刘涣到任后的一个月，保州云翼军就密谋叛乱。刘涣单身骑马到该军驻地，拘押并诛杀了他们的首要头领，整个云翼军于是又安定下来。

石元孙被宽赦

石元孙被西夏打败活捉，将他释放返回宋朝。谏官御史上奏说："石元孙战败不能死节是国家的耻辱，应把他在边塞处死。"宰相陈执中也说应当惩处。唯独贾昌朝进言道："在春秋之时，晋国俘获楚国将领谷臣，楚国俘获晋国的将领知䓨，也都释放回国而没有斩杀。"于是入朝进对，从袖中拿出《魏志·于禁传》上奏道："前代的将领，战败以后被遣返，多不对他们治罪。"皇帝于是宽赦石元孙。削除石元孙的官爵，贬到全州看管。

谗言贤良

宰相杜衍、枢密副使富弼因受到谗言，被贬外放任州刺史，上任后，夙兴夜寐，精心治理，深受百姓的拥护。仁宋派遣内廷使臣到山东巡视盗贼情况，回来后奏报说："盗贼不值得忧虑，但兖州的杜衍，郓州的富弼，山东地区的人们特别尊敬爱戴他们，这才是应当忧虑的事情。"仁宗准备把他俩再调到其他州，参知政事吴育上奏说："盗贼不足担忧；但小人乘机倾覆陷害大臣，这才是对国家更有害的事。"于是被调动的议论被搁置下来。

宋祁被贬黜

张美人进封贵妃，正值轮到翰林学士、知制诰宋祁起草诏命文书，他没等下达圣旨便写好诏命，直接由官诰院盖印后，立即封好进献。张贵妃正受宠爱，希望举行册封典礼，收到诏书后，勃然大怒，扔到地上不肯接收，宋祁因此被小觑削去官职，贬黜到外地。

依旧例，皇帝册命妃子，要由皇帝下达圣旨，经过一定的仪式，在受封者面前，宣读册文，连同印玺一齐授给被封人，称为册封。当初，宋祁起草了诏命文书，对是否直接进献不清楚，认为李淑熟悉朝廷的典制，因而前去询问，李淑心里知道他做得不对，却对他说："你只管进呈，不用怀疑！"宋祁果然因此获罪而被免职。议论的人都憎恶李淑倾轧他人的手段狡诈阴险。

师臣旧谊为重

太傅邓国公张士逊去世，宋仁宗要亲自去祭奠。第二天，仁宗对辅臣们说："昨天有人说庚戌是我的本命日，不适合亲自去祭奠死人。我因为和邓国公有师臣的旧谊，所以不避讳。"文彦博说："唐太宗在生日这一天哭吊张公谨，皇上远远胜过他了。"

治身治国之本

翰林侍读学士、右谏议大夫张锡，在宫中讲学，皇帝欣赏他的博学，赐给他"博学"二字，并向他询问治理国家的方法，张锡回答说："节制嗜好和欲望，是治身的根本；审慎刑罚，是治国的根本。"当时张贵妃正被宠爱，所以张锡就拿这作为劝告。皇上脸色大变，严肃地说："你说得很好，我只恨用你太晚了。"

范仲淹重道义主忠厚

颍州知州、户部侍郎、资政殿学士范仲淹少有大志，富贵、贫贱、毁誉、欢戚、没有什么使他动心，而慷慨昂然有治理天下的志向。他常说："士人应该先天下之忧而忧，后天下之乐而乐。"每次在朝廷议论天下之事都直言陈说，奋不顾身，一时间士大夫正直激励，崇尚风骨气节就是范仲淹所创始的。他天性至孝，因为母亲在世时家里贫困，以后虽然富贵，不是宴客便不用两个肉菜，妻子的衣食仅够自己用的，但他好施财给别人，在乡里设立义社，以赡养同族的人。他的兄弟儿子知道他要引退的意图，便请求在洛阳修造宅第。范仲淹说："人如果有道义的乐趣，身体都可置之度外，更何况居室呢！我担心的是所居官位太高而难以隐退，不担心隐退后没有住处。"范仲淹主持政事主张忠诚厚道，所至之处都施以恩惠，邠庆二州的百姓为他画像建立生祠祭祀。他去世时，归属的羌人首领数百人哭祭他如同丧父一般，斋戒三日才离去。

范仲淹逝世后，朝廷赠予兵部尚书，谥号为"文正"。仁宗皇帝亲自书写他的墓碑为"褒贤之碑"四字。

范仲淹为严光修祠

东汉余姚人严光，年轻时与汉光武帝刘秀一同游学，刘秀即帝位后，他改名隐居。光武帝派人找到他，授官谏议大夫，他不肯接受，又回富春山隐居，靠耕钓为生。

北宋范仲淹在严光的故乡桐庐任职时，修了一座祠堂并作记，来祭奠严光，赞扬了严光不图名利，不慕富贵的高尚情操；不受谏议大夫之职，归隐富春山，达到了圣人自然清净的境界，最后以歌结尾："云雾缭绕的高山，郁郁苍苍，大江的水，浩浩荡荡，先生的品德啊，比高山还高，比长江还长。"

敬业尽责

范仲淹曾对友人说："我在夜晚就寝时，就自己合计一天的饮食奉养之费与一天所做的事情。如果自奉之费与所为之事二者相当，就能打着鼾声熟睡；如果不是这样，就不能安眠,第二天一定要多做事补回来,使所作所为对得起朝廷的俸禄。"

范仲淹置义田

范仲淹刚显贵时,就买了一千亩靠近城郭能常年丰收的土地,称作"义田",用来赡养周济亲族。使那些亲族天天有饭吃,年年有衣穿,嫁女娶妻,死亡丧葬都有供给。选择亲族中年岁大而又贤能的人主持这件事,并且按时支出收入。粮食每人每天一升,衣服每人每年一匹,女子出嫁的给钱五十贯,改嫁的三十贯,娶妻的三十贯,续弦的十五贯。办丧事的和改嫁的数目一样,死了小孩的给十贯。亲族中聚居在一起的有九十人;义田的年收入是八百斛稻谷,用这些收入供给这些聚居的人,绰绰有余。退职在家,等待任用的人在供给之列,做官有职位的停止供给。

范仲淹去世之后,子孙后代经营他的产业,继承他的遗志,如同他在世一样。范仲淹虽然地位显赫,俸禄优厚,却度过了清贫的一生,死的时候连装殓遗体和子孙办丧事的钱都没有。范仲淹只把施舍贫困、周济亲族的道义,留给了他的子孙而已。

不求赏赐

大长公主,是宋太宗的第八个女儿。太宗曾经打开宝藏,让女儿们挑选,只有大长公主什么也没拿,因此太宗特别地钟爱她。她告诫儿子要以忠义之道约束自己,不要依靠父母亲而自己不勤勉,以免以后追悔莫及。到仁宗时,她得了眼病失明,仁宗去探望她,亲自为公主舔眼睛,问她的儿孙们想要什么,赐予白金三千两,公主说:"怎么可以借母亲的病来求取赏赐呢?"推辞不受。她失明后,只能依靠几案行走,但她安然自若。她对儿子们说:"你们父亲在遗嘱中交代,棺木中不要随葬金玉物品,只要放几套衣物就行了。我死以后,也要这样。"

贵在进谏

河北转运使吕公弼任职一年多,开通御河,漕运粮食充实边防。减少守边军队的数量,减轻老百姓的徭役,免除百姓沉重的赋税及偿还不起的欠债,而财政费用还很充足。仁宗认为他很贤良,就升任他为天章阁待制、河北都转运使。谏官陈旭进言,认为不应该这样快就授给这样的官职。吕公弼因此请求朝廷罢免自己。仁宗对辅臣们说:"古代的君子,贵在进谏,而现在一些官员却一定要揭发别人的隐私,以赚取正直的名声,朕不赞同。"维持吕公弼的任职不变。

不敢贪功欺上

大历国侬智高反叛朝廷,骚扰广南两路,提出只要得到邕、桂七州节度使便会投降。宣徽南院使狄青奉命征讨,率军击败侬智高,攻下邕州城后,在贼人的尸体中发现有着金龙衣服的,众将领以为侬智高已经被杀死,要向朝廷奏报,狄青说:"怎么能知道不是贼人的诡计呢?宁可失掉侬智高,也不敢欺骗朝廷以贪图功劳。"

自力为生

观文殿学士兼翰林侍读学士、尚书右丞丁度忠诚朴实,身边没有姬妾,常对儿子们说:"王旦担任宰相十五年,去世的时候,他的儿子仍然穿着布衣服。你们应该靠自己的力量生活,我不会为你们向皇上请求什么。"

激励成就后学

韩琦、宋祁一同召试中选,当时王德用为同中书门下平章事,按照惯例他们二人到王府拜谢。韩、宋二人在给王德用的感谢信中有"学问空疏"的谦辞,王德用说:"我看了你们二人的考卷,确实比较空疏。少年人应该增广见闻,虚心向学。"当时韩琦、宋祁都感到很难堪,事后宋祁说:"谁教我们要去拜见一个老衙官,这是我俩自取其辱啊!"韩琦对宋祁说:"王公虽然是个武人,但却有前辈激励成就后学之意,我们不该忘记他的这翻美意。"

后来,宋祁名声显赫,韩琦官至宰相,封魏国公。这时,王德用已去世了。

用兵之道

宋宝元、庆历年间,李元昊在河西叛变以来,西北用兵日久,师老无功,士大夫都争着进献计策,军事计划经常变动。枢密使王德用说:"为什么要变来变去呢?兵法不是这样的。使士卒明白应畏惧什么,应热爱什么,胆小的人便会变得勇敢,勇敢的人也不会骄傲;根据敌人的弱点,发挥我军的长处,从而战胜他们。用兵之道如此而已。"

重畜轻人

徐州录事参军路盛,他的马死了,怪罪马夫不按时喂粮草,就鞭打他,并且命令他抱石站立五昼夜。大理寺判决杖打路盛八十的私罪。宋仁宗认为路盛的行为苛刻残酷,重畜而轻人,给予降职处分。

欧阳修改变文风

当时读书人崇尚怪诞、奇异、晦涩的文体,号称"太学体"。翰林学士欧阳修对此极力抑制,痛加排斥。张榜通告以后,狂妄轻浮的文人,聚集在一起,在欧阳修早晨上朝的时候,对他诋毁和斥责他,还有人写了祭文送到他家里。对此,欧阳修神情坦然,态度坚决。文风从此以后却改变了。

张观以官授父

张观当初任秘书郎时,其父亲张居业在坊州任职,张观于是上奏说愿意把自己的官职给父亲,宋真宗赞许他这种行为,把张居业调到京城为官。张观飞黄腾达后,张居业也受仁宗的恩惠官至太府卿。张居业曾路过洛州,很喜欢当地的山川风物,说:"我能在这里养老就满足了。"张观于是就在这里购置田地房屋,营造园林楼阁以满足他父亲的意愿。张观早上起来先给他父亲送药送饭,然后再去府上办事,从来没有间断过一天。父亲去世他服丧期间,悲伤过度,服丧十一个月时因病去世。

祝绅为兄嫂服丧

吉州司理参军祝绅,当初请假期为其嫂服丧,被批准。祝绅自幼父母双亡,全靠兄嫂抚育,这时又请求辞官为兄嫂服丧,仁宗皇帝说:"近来有人隐瞒父母的丧事图求升官晋级,如今祝绅服丧虽然不合乎礼制,但不忘养育之恩,倒也值得鼓励,不妨准允他。等他服丧期满,再征召其为幕僚一类的官职、知县等职。"

民众为师旦立庙

赵师旦曾任江山县知县,断狱和治事他都详细调查,自主决断,没发生过冤案。他对部下要求非常严格,官吏不能收受百姓一文钱,东西丢在路上,也没有人去拿。他逝世后,丧车经过江山县,江山县民众哭着在路上为他祭奠,数百里路上人流不绝,康州则立庙祭祀他。在田瑜安抚广南的时候,也在封州为他立庙。

吴育侍读

资政殿大学士兼翰林侍读学士吴育在宫中侍读,皇帝因为论及臣僚诽谤赞誉,多出自于爱憎。吴育说:"皇上所言正中要害,但是知道后用语言表达,不如观察后付诸行动。自古以来国家君王,因为听信谗言导致祸乱,赏察奸险而达到太平盛世。至于安危万种,不出爱憎这两个字,明白了此理那么群书不足以观赏,否则即使博览群书也毫无益处。因为君主主事不可以不明察,如果不明察,那么谗言奸邪之人得逞,忠正难以确立,曲直难以分辨,爱恨难以形成。所以说偏听滋长奸佞,独断造成动乱,因此说皇帝行动,要光明坦荡,任用一人使天下都了解他的善行,罢除一人使知道他的罪过,那么邪恶者难以陷害,正直者可以立身,这是历代帝王的执政之道。"

吴育去世后,追封他吏部尚书称号,谥号"正肃"。

因材施教

胡瑗任保宁节度使推官时，在湖州办学教授学生，他制定了细密完备的条例，且以身作则施行，即使在盛夏酷暑时也一定身穿公服坐在堂上。他严格执行制度礼节，把每个学生都看作自己的子弟，学生们也像对待父兄一样敬重他。胡瑗教授课程，因材施教，使学生的才智品行都得到发展。人们看到他们，虽然并不认识，却都知道是胡瑗的学生，随从他求学的学生常有数百人。胡瑗担任学官之后，跟随他的学生更多。庆历年间，国家兴办太学，在湖州的学堂采纳他办学的方法，并将其制定为法令。

以恩抚下

王德用是将门之子，很熟悉军队的情况，以恩对待下属，所以在军队中深得人心，且闻名外国，即使是街巷中的妇女小孩也称他为"黑王相公"。

独坐其罪

当初，司马光建议修筑城堡，庞籍以檄书命令麟州依照司马光的建议筑堡。及至郭恩等人战败阵亡，诏令侍御史张佰玉审查，庞籍隐瞒了司马光的建议，所议司马光只以辞职而免受斥责。可庞籍却被御史上奏弹劾，罢免了节度使。司马光自己很感不安，三次上书请求独自承担罪责，皇上未予回复。

吕公弼断案

龙图阁学士、知成都府吕公弼刚上任时，人们怀疑他缺少威信不能决断，正巧有一个士兵犯法应当受杖刑。吕公弼再晓谕他，仍然不从，于是对他说："杖刑是国法，不可以不服从，以剑斩首，是你的请求，也不拒绝你。"命令先施杖刑，然后斩首。军中肃然。

包拯进谏立太子

一次，包拯上奏仁宗皇帝说："太子空出的位置已经很长时间了，天下人都为此担忧。万物都有个根本，而太子就是天下的根本，如果根本不立，祸害就没有比这个再大的了！"仁宗问："你想立谁为太子？"包拯回答说："我没有什么能力为官，所以奏请太子，是为了后继有人，时代接替。陛下问我想立谁，这是怀疑我有私心。我年已七十，没有儿子，不是想从这里为后代谋什么好处。"仁宗一听，高兴地说："过几天一定要好好商议这件事。"

取人之长

包拯生性峭刻严峻,任开封知府时,对待下属非常严格,威名震动京城。欧阳修取代包拯后,按照情理办事,处理公务简单明了,不求包拯那样威严。

有人拿包拯所作所为勉励他,他说:"凡是人才,性格、办事能力都不尽相同,只要用他的长处,事情没有不成功的;如果用他的短处,事情必然事倍功半。我也是用我的长处啊!"

免罪不谢恩

知制诰王安石纠察在京刑狱状况,发现一年轻人有一只斗鹌鹑,他的同伙向他索要,他不给,同伙硬是给抢走了,年轻人追上去将同伙打死,于是开封府判处年轻人为死罪。王安石批驳道:"按法律明取、偷取都是盗,年轻人不给,他的伙伴硬抢,这就是强盗。追而殴打,这是捕捉强盗。虽然打死也应不受追究。"于是弹劾开封府轻罪重罚。开封府府官不服。事交审刑院,审刑院认为开封府断案正确,宋仁宗下诏免去王安石弹劾不当罪。依照礼制,免罪的人应当到官门谢恩,而王安石说我无罪,不肯去谢恩。御史台对他检举上奏,仁宗放过不予追究。

宋仁宗找水壶

宋仁宗在一次出游中,口渴难耐,想喝水却怎么也找不到水壶。随行人问他在找什么,他连连说:"没找什么。"可是等他回到宫中,拿起水杯,一口气喝了好几杯。内侍见了不解地说:"看您渴成这个样子,刚才说一下不就行了吗?"仁宗说:"我渴一点没什么大不了的。倘若我说了,一定会有人因此获罪啊!"

清廉畏慎

宰相杜衍曾对他的门生说:"做官第一要清廉畏慎、不求人知。如果自己清廉的名声光想要人知道,同列中有许多忌恨者,很容易遭到暗害,上级又不加以明察,这样便会招来祸殃。大凡士君子行事为人一定要符合中庸之道。不要有所矫饰做作。矫饰得过分,就会近于虚伪。平时只要处于众人之间,不声不响地奉行正道,自己觉得无愧于心就行了。"

捐俸米施舍饥民

陈尧佐知寿州时,正逢荒年,陈尧佐主动捐出奉米,煮成粥,施舍给饥民。吏民都以陈尧佐为榜样,争相出米,结果救饥民几万人之多。

陈尧佐说:"我并非私行恩惠要人感激,实是因为下命令要求别人,不如自己带头,以身作则,使大家乐于跟从。"

好施而不妄施

侍读学士张环评价宰相杜衍说:"杜公乐善好施,这是人所能及的;而他不妄施,这是人所不能及的。"

朱回舍身救祖母

越州上虞县女子朱回,年方十岁,母亲很早去世,靠祖母养育。乡里有叫朱颜的和她祖母争执起来,持刀想杀死她的祖母,一家人大惊而逃,只有朱回哭喊着用身体遮挡她的祖母,手拉住朱颜的衣裳,说:"宁愿杀死我,不要杀我祖母!"便用身体迎着刀锋。朱回接连被砍了数十刀,手仍然拉住朱颜的衣裳不放,朱颜愤怒,砍断她的喉咙,将她杀死。事情被英宗皇帝知道,处决了朱颜,赏赐朱回家绢三十匹,米粮二十斛。

吕公弼为人厚道

朝廷命三司使、给事中蔡襄出京外任,任命龙图阁学士、工部侍郎吕公弼为权三司使。宋英宗对吕公弼说:"卿继蔡襄之后做三司使,蔡襄主持事务时,对于案件不能及时决断,遗留下来的事情很多,卿该怎么处理它呢?"吕公弼知道英宗对蔡襄不满,所以回答说:"蔡襄勤力处理公事,未曾有疏失,恐怕是传言的小人乱说吧。"英宗听后,越发认为吕公弼是忠厚长者。

贾似道专权擅事

度宗即位后,任贾似道为太师,格外宠信。贾似道上朝,度宗必定答拜,一些大臣溜须拍马,称贾似道为周公。因此,贾似道越来越狂妄,更加颐指气使,所有军国大事,一定要先告知他,才能办理,朝中大臣稍有指责,立即被他放逐。度宗稍有不满,他就称病辞职,度宗甚至下拜挽留,眼泪都流下来了。

一天上朝,度宗问贾似道:"襄阳被围已经三年,如何是好?"贾似道脸色一变道:"蒙古兵早就退了,此话从何而来?"度宗支吾说:"前两天有个宫女说起这件事,因此朕才问问。"贾似道又问宫女的姓名,度宗却不敢回答。贾似道又要辞官,度宗再三挽留,他还是不答应。度宗没办法,只好把那个宫女赐死。一个宫女只为了一句真话就平白无故丧了性命!大臣们见了这种情形,就没人再敢提打仗的事。

简易诚明

宋英宗曾经问端明殿学士、徐州知州张方平治国之道的大体纲要,张方平用"简易诚明"作答,宋英宗不觉移坐向前,说道:"朕每次参加朝会,看到侍从大臣,以为都是全国的杰出人才,现在看来大多不是。听了学士的话,才知道还是有人才呀!"

不以非礼名号报恩

宋英宗以对濮王称亲的事向天章阁待制兼侍讲王猎质询。王猎认为不可以,英宗说:"濮王对待你向来都很好,你为什么不同意呢?"王猎回答说:"臣受濮王的恩遇非常深厚,所以不敢以非礼名号加在濮王的身上,这就是对濮王的报答。"

怀丙巧浮铁牛

当初,河中府黄河有浮桥,用铁牛八只维系桥身,一只铁牛有数万斤重。以后河水暴涨冲断了浮桥,铁牛都沉没到河中,官府招募能把铁牛打捞出来的人。僧人怀丙用两艘大船装满土,夹住铁牛,用大木做成杠杆状钩住铁牛,逐渐去掉船上的土,船上升使铁牛浮出。转运使张焘将这件事上报朝廷,宋英宗特赐给怀丙紫衣以褒奖。

司马光论修身治国

司马光上疏,论修身的要点有三:仁、明、武。治国的要点有三:授官确当,有功者必赏,有过者必罚。并且说:"臣以前做谏官,就用这六句话敬献给仁宗,这以后又献给英宗,现在献给陛下。臣毕生努力学习的收获,全在这六句话之中了。"

公主行见公婆之礼

宋神宗下诏书说:"旧制规定士大夫之子娶皇帝女儿的,就提升行辈,来避开公婆之尊。这种积习行之已久,没有任何意义。朕常常想到这件事,日夜不能平静,难道可以因富贵的缘故,就不讲人伦长幼的秩序吗!可诏令有关官署改这种旧的制度。"于是就让陈国长公主举行见公婆之礼,驸马王师约不再提升行辈。公主施行拜见公婆的礼节就是从这时开始。

吕公著解迂阔

宋神宗问吕公著说:"司马光端方正直,如何有人说他迂阔呢?"吕公著回答说:"孔子是大圣人,子路还说他迂;孟轲是大贤人,当时人也说他迂。何况司马光这样的人,又怎么能避免迂阔这种名称！大抵上考虑事物既深又远，就近乎迂阔了。"

以远佞人为戒

开封府知府吕公著上疏说："君主要屏除偏听独任的弊病，而不以先入之语为主，就不会被邪说惑乱。颜渊问孔子怎样治理邦国，孔子以疏远奸佞之人为告诫。奸佞之人唯恐不符合君主的心思，那么他们容易被君主亲近；正直之人唯恐不符合正义，那么他们势必容易被君主疏远。只要君王先端正自己，再纠正不当，没有办事正确而天下不太平的。"

种谔担责

有人上奏举报种谔擅自生事，朝廷下令将种谔速捕囚禁在长安监狱。种谔就焚烧了所有朝中当权者给他的信件，审问时，没有一句话牵连别人，只是自己承担责任服罪。朝廷贬种谔官秩四等，安置在随州。

合纵连横

司马光进宫读他所编撰的《资治通鉴》，读到苏秦约六国合纵之事，神宗问："苏秦、张仪鼓动三寸之舌，就能这样吗？"司马光回答说："合纵连横的权术，无益于国家的治理。臣所以在书中记载这些历史事件，是想让后人看到当时的社会现象，专门以辩论游说互相显示高明，君主倾其一国的利益而听信这些人的游说，这就是人们常说的以伶牙俐齿消灭国家。"神宗说："听爱卿进宫读讲，终日不知疲倦。"

程颢答上问

神宗召见御史程颢，问怎样能作好御史，程颢回答说："让臣拾遗补阙，补益辅助朝政则能够办到；让臣拾取群臣短处过失来买取直言的名声则不可以做到。"神宗认为说到了御史一职的根本。

张载求学

张载年少时专爱谈论军事，投书拜谒范仲淹，范仲淹说："礼教中自有可乐之处，为何要学军事！"于是劝他读《中庸》。张载读了《中庸》，还认为不够，又访求佛、老之书，连续数年没有所获，反过来又求之于"六经"。后来与程颢兄弟谈论道学的要旨，涣然自信地说："我的道学已经自足了，何用他求！"由于御史中丞吕公著推荐，被神宗召见，向他询问治国之道，张载回答说："为政不效法夏商周三代，终归还是苟且之道。"宋神宗认为他说的对，于是任命张载为崇文院校书。一天，王安石对他说："新政正在推行，想听听您的见解。"张载说:"您与人为善,则人以善回报您。如果你去教琢玉的工匠雕琢玉石,那么就会有人不接受命令了!"

朱寿昌寻母

朱寿昌,是天长人。父亲朱巽,任京兆太守时,侍妾刘氏有娠而离开朱家,生了朱寿昌。数年后,朱寿昌才回到父亲家,从此母子不相闻长达五十年。朱寿昌行走四方,寻找母亲而找不到。神宗熙宁初,朱寿昌与家人诀别,丢弃官职到处找母亲,发誓不见母亲不回家。走到同州,找到其母,刘氏当时已经七十余岁了。永兴知军钱时逸将其事上奏,神宗诏令朱寿昌赴京。当时人们都议论攻击李定不为母亲服丧,王安石极力庇护李定,就只授予朱寿昌通判之职。过了数年,其母去世,朱寿昌哭泣几乎双目失明。士大夫多以诗歌赞美他,苏轼为之作序文,且激劝世人中的不孝者悔过自新,朝廷任命朱寿昌为河中府通判。

恳求赐姓氏

朝廷设置洮河安抚司,任命王韶管领其事。此时由于蕃部俞龙珂在青唐(吐蕃城名)势力最大,渭源的羌人与西夏人都想要控制他。因此王韶决定先安抚俞龙珂,于是就带领数名骑兵直抵俞龙珂营帐,以成败利害相告谕,当天就留宿在他的帐幕中。俞龙珂于是率领部属十二万人归顺朝廷,并上奏说:"平生闻知包中丞包拯是朝廷忠臣,恳求赐给我姓包氏。"宋神宗准其请求,赐他姓包,名顺。

王韶用兵很有谋略,每次开战前召集诸将领传授指令后,不用再去过问,所到之处都能立即告捷;他对部下,知人善任,奖罚分明,将士们都愿为他效力。

吕诲误服汤药致病

右谏议大臣吕诲当初请求退休时上表说:"臣本来没有旧病,偶遇医生诊治失误,乱下汤剂,纵情任意,虽差误不大,可是病延及四肢,渐渐地成为风湿,不仅受足掌扭曲之苦,又造成心腹的病变,虽然个人微小,可是疾病的痛苦,亲族的重托,颇以为忧。"后吕诲病情日益加重,不久就去世了。

释恩怨

欧阳修说:"我钻研道学三十年,收获是平心静气,对谁都没有恩怨。"

起初他因为范仲淹的事得罪宰相吕夷简,远贬三峡,在外漂流了很多年,吕夷简罢相,他才得到提拔。后来他为范仲淹作《神道碑》,叙述范仲淹主持西陲军事对付西夏时,吕夷简提拔范仲淹;大力称赞吕夷简是贤能的人,能丢开私仇而共同为国效力。

范仲淹之子范纯仁大不以为然,他在为父亲刻石碑时,删掉这件事,并说:"我父亲至死也没解开与吕夷简的仇怨。"

欧阳修叹息说:"我也曾得罪过吕夷简,我之所以肯定他,是因为他言论公道,能取信于后世。我曾经听范公说过,他对任何人都没有仇怨,而且他已和吕夷简解开仇恨,这些话现在都已收录在《范文正公集》中。哪里有父亲自己说对任何人都没有仇怨,而自己的儿子却不让他在九泉之下解开仇恨的道理呢?父子之间的性格,相差如此悬殊,无怪乎唐尧因儿子丹朱不当,把帝位传给舜。父子之间善恶差别真大啊!"

欧阳修多次引用王沂公(即王曾)的话说:"把恩惠都归给自己,仇怨归于何人?"

欧阳修理政

观文殿学士、太子少师欧阳修生性刚直,虽再三遭放逐,仍旧不改平常的志气。他治理地方政令宽简而不扰民,所到之处百姓安适。有人问他:"你治理政务十分宽松简约,又不耽误事情,这是为什么?"欧阳修说:"以放纵为宽松,以粗略为简约,政事就会耽误,百姓就会受害。我所谓的宽,是不搞苛急之政;所谓简,是不做烦琐的事罢了。"他非常重视提拔年轻人,曾巩、王安石、苏洵、苏洵之子苏轼和苏辙,在这些人还是寻常百姓而不为人所知时,欧阳修就到处为他们延誉,说他们将来一定会显赫于世。欧阳修写文章繁简适度、语言简单明快、准确流畅,五代以来,文风衰败,到他这里一变而恢复古风。欧阳修去世数日,宋神宗下诏搜求他所撰写的《五代史记》,后来与官修的《五代史》并行于世。

帐灯烟迹

范纯仁是宰相文正公范仲淹的儿子,天资聪颖,少年时非常勤苦好学,夜间把灯放在帐子里,每每读到深更半夜。后来中了进士,官至宰相。他的夫人把他的帐子收起开,那帐顶被灯烟熏成了黑墨色。夫人常把这顶帐子挂起来,对子孙们说道:"你祖父少年时这般勤学,你们不可不勉。"

范纯仁本是一个贵家公子,他却不因父亲显贵,有所依靠而荒废学业,及而勤苦发奋,后来果然腾达。有些弟子,因父辈做了官,便只思量自在受用,不再努力,日益堕落,不复再振作,岂不可怕,岂不可忧?

滕甫料敌

定州知州滕甫,于上巳节在郊外设宴,有人报告说辽国军队进犯,边境居民出现逃亡的情况,部将和属下都大惊失色,请求他马上调兵。滕甫照常饮宴,坦然说笑,派人告诉那些逃亡的人说:"有我在这,辽国人不敢乱动!"让他们各自照常营生。第二天,一问情况,果然是虚惊,诸将因此羞愧不已,从而更加佩服他。

社稷之臣

韩琦任相,事仁宗、英宗、神宗三朝,勋德光耀古今,且有高论。

韩琦平日常说:"成大事在于胆识。"

神宗问他有关政事之处理,韩琦因而进言道:"用人一定要辨明邪正,治理国家的根本以此为要。"

一次,英宗单独召见韩琦说:"太后待我无恩。"韩琦说:"自古以来,圣帝明王不在少数,却独称舜是大孝。难道其他的帝王都不孝吗?父母慈爱而儿子孝顺,这是常事,所以这种情况就不足称道。只有在父母不慈而儿子不失孝顺,其孝才可称道。现在,陛下侍奉太后没有尽心,父母哪里有不慈的呢?"英宗幡然醒悟,从此尽心孝敬太后。

韩琦曾对部下说:"忠义之心,人皆有之。惟其执之不固,勉之不力,所以才赶不上古人。"

韩琦为政,以便民利民为贵,他对同僚说:"处事不可有心,有心就不自然,不自然就会庸人自扰。太原的当地风俗是喜好射箭,所以当地民间有弓箭社的组织。我在太原时对此风俗既不禁止,也不提倡鼓励。所以他们人情自得,也可以寓万兵备于其间。后来宋庠继任,对射箭之武风想加以利用。他下令时当地之民列为部伍,让他们必须用角弓射箭。许多人家只好卖牛买角弓,搞得人心骚乱。这就是出于有心的缘故。"

赵抃贴榜

赵抃知越州时,两浙地区发生旱灾和蝗灾,米价飞涨,老百姓百分之五六十都饿死了。各州都在大路上张榜公告,禁止乱增米价,立赏让人告发。米价虽贱,然而贫穷的百姓还是买不到米,饿死的人尸骨成堆。而赵抃则在大路上贴榜,令有米者任其随便增价卖出。于是各州的米商都将米运到越州出售,米价反而更贱,穷困百姓中没有饿死的。朝廷嘉奖赵抃,升任他为资政殿大学士,知杭州。

吕公著论尧舜

神宗皇帝悠闲地与宰相吕公著谈论治国之道,进而涉及佛家与道家学。吕公著问道:"尧舜也知此道吗?"神宗说:"尧舜怎能不知!"吕公著说:"尧舜虽知此道,而他们是把知人、安民作为难事,所以才能成其为尧舜。"神宗又说到唐太宗能以权智驾驭群臣,吕公著说:"太宗之德,在于可以委屈自己听从劝谏。"神宗认为他说的很对。

谁是小人

守司徒、开府仪同三司韩国公富弼年届八十,报国胸怀不减当年,上疏论说治国之道,神宗见到分条陈奏后,对辅臣说:"富弼有疏奏来。"章惇说:"富弼都说了些什么事?"

神宗说："他说朕左右有很多小人。"章惇说："为什么不让他分析一下谁是小人?"神宗说："富弼本是三朝老臣,怎么能教他分析!"王安礼进奏道："富弼的话是对的。"退朝以后,章惇责怪王安礼说："右丞相在皇上面前自己承认是小人了。"王安礼说："我们这些人今天说'诚如圣谕',明天说'圣学非臣所及',怎么能不称之为小人!"章惇无语可答。

富弼为人忠义

富弼曾任三朝宰相,为人恭顺俭朴讲求礼法,与人讲话,即使对待年幼或官职卑微的人也一定保持毕恭毕敬,神色整肃,看不出喜怒的表情。他好善嫉恶的性格,像似出自天性。他常说："君子与小人相处,势必有一方不能占上风。君子不能占上风时,将会守身而退,乐守圣贤之道,而没有什么苦闷;但小人不能占上风时,就会相互勾结而进行造谣煽动,千方百计,必须占得上风而后肯罢休。等到他得志以后,于是肆意地毒害善良,想要求天下不乱,那是办不到的。"富弼忠义的性格,年老以后更为突出,退休在家闲居十二年,时刻不忘记朝廷,年届八十逝世,谥号"文忠"。

王安石生

王安石任右谏议大夫、参知政事,锐意变法,宋神宗对他愈加信任和支持,每当中书省遇到一些大事不能决定,神宗就让他们去问王安石。参知政事唐介去世,同僚中无一人敢与王安石抗争。曾公亮因年老多次请求退休,富弼称病不管政事,赵抃能力不敌,遇一事变更法度,叫苦数十次;所以当时人们说:"中书省有生、老、病、死、苦。"这是说王安石生,曾公亮老,富弼病,唐介死,赵抃苦。

范镇不求虚名之累

王安石变法,改常平法为青苗法。范镇多次上疏给神宗论变法之害。王安石大怒,亲自替天子草拟诏书罢去范镇翰林学士之职。王安石虽然竭力诋毁范镇,但人们却以朝中有这样的大臣为荣。

范镇退休后,苏轼前往庆贺说:"你虽然退休,但名声越来越高。"范镇不悦地说:"被称为君子的人,天子能对他言听计从,使祸患消失在尚未萌芽之时,这样天下便在无形中受其恩惠,用不着有智慧、名誉、勇敢、功劳的牵累。我却得不到这些,使天下受到损害,我享有名声,于心何忍!"

毕仲游致信苏轼

苏轼在翰林院时,经常批评当时的政治,毕仲游给苏轼写信说:"你常说话与写文章评论时势,却没有意识到这样会招来祸害。你自己认为好的就加以肯定,那被你肯定的人当然高兴;你觉得不对的就对它加以否定,那被你否定的人就会怨恨你。高兴的人不一定会帮助你谋划,但怨恨你的人却可能已经把你要做的事给破坏了。你做的官不是谏官也不是御史,却喜欢褒贬别人,这样就会危及自身,触犯忌讳,就会像抱石头下水救人一样了。"

奢侈倾险

司马光评论说:"圣人是以道德作为美好的东西,用仁义作为快乐的东西;所以即使住着茅屋,踏着土阶,穿着破衣,吃得简朴,也不因为简陋而羞耻,只担心自己吃用东西过分地辛苦百姓,浪费财物。唐明皇仗持着天下太平,奢侈无度,享尽了人间快乐,哪知灾祸就在眼前,糜烂的生活足以作为招引大盗(安禄山)的原因。"

做人应以圣人为师

司马光曾自称:"我没有超过别人的地方,只是平生所作所为,不曾有过不能对别人讲的事。"他孝敬尊友,忠义诚信,从不说虚妄不实的话。天下人都认为他是真正的宰相,野老村夫都称他为司马相公,妇人孩子也都知道他是司马君实。

右光禄大夫、知枢密院事孙固去世时,太皇太后和皇帝都失声痛哭。他为人心地诚恳,不喜欢装腔作势表现自己,他曾经说:"做人应该以圣贤为师,只有某一方面节操的人,是不足去学的。"

傅尧俞说:"司马公的高尚节操,孙公的淳厚品德,我们不用去说,人们都会相言。"世人都认为是很恰当的评论。

司马光通达不修怨

司马光反对王安石变法,司马光为相后,新法被废除。王安石逝世,司马光在病中获知消息,几次写信给吕公著说:"王安石的文章和节操,有很多过人之处,但他的脾性是不明白事理而喜欢做不该做的事情。现在我们正在矫正挽回新法的失误,革除新法的弊端,不幸王安石就辞世而去了,那些变化无常的人,一定会百般诋毁他。我认为朝廷应该格外地给予其优厚的褒扬和礼遇,借此振动轻浮淡薄的风气。"司马光就是这样通达不结怨仇。

司马相公

司马光在洛阳居住了十五年,天下人都认为他是真正的宰相,野老村夫都称他为司马相公,妇人孩子也都知道他是司马君实。辽国敕令他们边境的官员说:"中原地区的宰相是司马光,万万不要生事,挑起边境战事。"百姓们听说了他的死讯,纷纷罢市前往家中吊唁,用变卖衣服的钱去买祭奠之物,街巷到处是哭声,送灵的人成千上万。京城的百姓画出他的肖像,刻印出卖,每家每户都买一幅,吃饭前必先祷祝一番。司马光归葬其老家陕州时，四面八方前来悼念者达数万人。

司马光孝敬尊友、忠义诚信，从少到老，不曾说过虚妄不实的话。曾自称："我没有超过别人的地方，只是生平所作所为，不曾有过不能对别人讲的事。"他学问广博通达，只是不喜欢佛教和道教，他说过："佛道的精微之言，大意不能超出我的著述，其怪诞之处我更不相信。"苏轼曾议论过司马光之所以能够感动人心惊动天地，可以用两句话来概括：诚实、专一。有识之士认为是确当的评论。

傅钦之品行

司马光曾经对邵雍说："清廉、正直、勇敢这三种德行，人们难以兼而有之，但我在傅钦之身上看到了。"邵雍说："钦之清廉而不炫耀，正直而不偏激，勇敢而不鲁莽，这才是难得的呀！"钦之就是中书侍郎傅尧俞的字。

君臣论汉武

王安石评论汉武帝说："汉武帝所见低下，故而所用的将帅只是卫青、霍去病之辈，致使天下户口减少半数，但是也不能消灭匈奴。"宋神宗说："汉武帝自己多享受欲望。"王安石说："享受欲望并不能危害政治，譬如齐桓公也多享受欲望然而举措方略，不失为称霸于天下，这是能任用人的缘故。"神宗说："汉武帝极其不仁，因一匹马的缘故兴师动众万里征讨大宛，封侯者七十余人，视人命如草芥，所以户口减半。人命最尊贵，天地的大德就是生，岂可这样草菅人命！"

办大事才能得到历练

熙河经略司上报河州立功官兵的名单，王安石告诉宋神宗："士气现在更加振奋。"宋神宗说："古人说办大事的人才自能得到历练，这话是对的。"王安石说："办大事则人才不能够显露，缺少才能的人就受困窘，这就是没有才能的人不愿意做大事的原因。"

陆佃正直不媚

陆佃曾师从王安石学习经书，到这时入京参加科举考试，来见王安石。王安石询问新政推行的情况，陆佃说："新政并不是不好，只是推行起来不符合您起初的用意，转为侵扰百姓了。"王安石大惊道："怎么会弄成这样？"又询问朝廷外的议论怎样，陆佃说："您喜欢听取吹捧的话，古所未有，外面很多人认为您拒绝规劝。"王安石说："我哪里是拒绝规劝！但邪说不停，只是不值得听。"陆佃说："这正是招致非议的缘故啊。"

王安石改诗

王安石有一首绝句说:"京口瓜州一水间,钟山只隔数重山。春风又绿江南岸,明月何时照我还。"吴中士人家收藏有王安石的草稿,从草稿中看到,当初"春风又绿江南岸"一句作"春风又到江南岸";后来"到"字被圈掉,并加注文说:"不好。"改为用"过"字,但又圈掉改用"入"字,接着又改用"满"字,这样反复改了十几次,最后才确定用"绿"字。

王安石独游

王安石晚年罢相后,在江宁闲居。一天,他头上束着一幅绢巾,手拄一根拐杖,独自上山游览佛寺古刹。

在山上,他碰到几个书生,正在谈古论今,讲文说史。陈说时慷慨激昂,辩论声振得峡谷都有回音,仿佛世上只有他们最有学问。王安石在他们旁边悄悄坐下,静静听着他们的辩论。书生们谁也没去注意这个衣着朴素的老人。过了好一会,有一个书生打量着王安石,慢条斯理地问道:"你也懂得书么?"王安石谦虚地欠身说:"不懂,不懂。"那人又傲慢地问:"你能说出你的姓名么?"王安石拱一拱手说:"老夫姓王,名叫安石。"

王安石虽然只是轻声地说出自己的姓名,却像夏天的响雷一般,把几个书生震呆了。他们万万没想到,面前被他们瞧不起的老人,竟是当朝名声最高的学者、政治家、文学家、宰相!一个个羞愧满面,低下头,蹑手蹑脚地从王安石面前溜走了。

宰相肚里能撑船

相传王安石中年丧妻之后续娶了一个年轻的女子名娇娘。由于王安石身为宰相,公务繁忙,经常不回家,天长日久,娇娘就与一个仆人发生了私情。王安石得知后回家探访,果然撞遇此事,但他并没有发作,而是装作若无其事。过了些日子,到中秋节与娇娘赏月时,王安石才把这件事婉转地说出来,娇娘闻听,仓忙跪下吟诗一首说:"八月中秋月儿圆,小妾知罪跪桌前。大人莫见小人怪,宰相肚里能撑船。"王安石果然没有怪罪她,还给了一笔钱,令娇娘和那个仆人成了亲。

王安石其人

王安石,北宋政治家、文学家、思想家,是中国十一世纪最伟大的改革家。神宗时任宰相,推行变法(史称王安石变法),其散文雄健、峭拔,为"唐宋八大家"之一。对这样的人物,同时代人的微词不少。冯梦龙在《智囊》中列举了苏洵、鲜于侁、李师中、张方平对王安石的评论。苏洵作《辨奸论》判断王安石奸诈的理由是不近人情;鲜于侁认为王是矫情干誉;李师中认为王眼睛多白,张方平则认为王自能越位,四个人取决的方法不同,却都是从人品方面评价,如实恰当。

常秩迎合王安石

常秩名重一时，朝廷多次征召他，都不出来为官，世人认为他没有做官的欲望。等王安石变法，常秩独自认为正确，一召就起，任谏官之职，每次临朝，都低头屏气，没有什么建树，名望一天天降低。常秩本来擅长《春秋》，等到王安石废止考《春秋》，常秩于是就全部废弃自己所学来迎合王安石，当时社会舆论很轻视他。

曾巩评王安石

曾巩年轻时和王安石交游往来，王安石声名还没有树立起来，曾巩把他引荐给欧阳修，后来王安石得志了，他和王安石就分离了。宋神宗曾经问曾巩："王安石这人怎么样？"曾巩问答说："王安石的文章品行都不次于杨雄，但因为他为人吝啬，所以比不了杨雄。"宋神宗说："王安石把荣华常贵看得很轻，怎么吝啬呢？"曾巩回答说："臣所谓的吝啬，指的是他勇于有所作为，而吝啬于纠正错误。"

沈括出使辽国

辽国派使者萧禧来宋朝索要河东黄嵬这一片土地，宋朝廷不许可，他就留在住所不走，说："什么时候许可，我才返回辽国。"宋神宗派谴沈括访问辽国，去交涉这件事。沈括先到枢密院翻阅过去的文书档案，查得近年所议定的地界书中，是以古长城为国界的，现在辽国所争要的黄嵬，要超过界线三十多里。沈括又收集和准备了几十年有关边界问题的文件。沈括到辽国，契丹的丞相杨益戒出来谈判。在谈判中杨益戒提出各种问题，沈括全部给以回答。第二天，辽方又多次提问，沈括仍然对答如流。杨益戒无话可说，就只好诋毁说："连几里大的土地都不忍割舍，不是轻视我国要断绝友好关系吗？"沈括回答说："军队作战，理直士气就旺盛，理曲士气就衰退。如今北朝背弃祖先的信义，迫使自己的百姓拿起武器，这怎么是我们宋朝的不是呢！"经过六次谈判之后，契丹看出沈括的意志不可改变，就放弃了索要黄嵬的无理要求。

明道先生程颢

程颢十五六岁时，与其弟程颐听周敦颐论学，于是厌倦科举，慨然有求道之志，对诸子百家学说广泛涉猎，出入佛家、道家几十年，回过头来求诸"六经"而后大有收获。他说："道之不明，是异端邪说危害的结果。过去的危害浅而且容易了解。今天的危害深而且重难以分辨，过去迷惑人是利用人的迷暗。今天迷惑人是因他们高明。这都是正路的荒芜，圣门的闭塞，开辟它以后就可以入道。"程颢逝世，宰相文彦博题写墓碑说："明道先生。"他的弟弟程颐在所写序文中说："孟轲死，圣人的学说不传，先生生于一千四百年后，在圣人遗留下来的经学中得不传之学，从孟子之后，只有先生一人而已。"

史笔应使天下之大信

孟简对与他一起编史的官员说:"天下人最相信史书的记载,一句话说得恰当与否,百代之后的人都依从它,如果没有精到的见识,随着个人的好恶感情去写,就会引起大祸患;所以左丘明、司马迁、班固、范蔚宗,都遭到了灾祸,能不慎重吗?"

"三旨宰相"

王珪从担任执政到宰相,共计十六年,政绩上没什么建树,时人称之为"三旨宰相"。他上殿进呈奏章时说:"取圣旨。"皇帝认可或批驳后他说:"领圣旨。"退了朝他对申报有关事务的人更说:"已得圣旨。"

徐积论大禹、周公

楚州孝子徐积曾对苏轼说:"自古以来很多人建立了功勋,但后人却只称颂大禹的功绩;自古以来很多人有才干,但后人只称颂周公的才干,这是因为他们都有德行来配合他们的功勋、才干的缘故啊!"苏轼认为他讲得很对。

奇 才

一天晚上,苏轼在内东门小殿奏对,太皇太后问道:"爱卿前年做什么官?"苏轼回答:"臣前年做的是汝州团练副使。"又问:"现在做什么官呢?"苏轼答:"臣现在勉强充任翰林学士。"太皇太后问:"为何能这么快升到这个位置?"苏轼回答:"因为受到太皇太后、皇帝陛下的知遇赏识。"太皇太后说:"不对。"苏轼又回答说:"那难道是大臣推荐的吗?"太皇太后说:"说的也不对。"苏轼回答说:"臣虽然没什么功绩,但也不敢从别的途径来求取进身。"太皇太后说:"这是神宗皇帝的意愿。先帝每次读爱卿的文章,都会感叹说:'奇才,奇才!'只是没来得及提拔重用你呀!"苏轼情不自禁失声痛哭。

苏公堤

苏轼任杭州知州,杭州城临海,江湖进入内河,河水泛滥成灾,每三年一次,成为居民的一大祸害。苏轼就组织民力疏通茅山、盐桥两条河,用茅山河专门用来承受江潮,让盐桥专门承受湖水;又修治恢复唐代时期的六口井,使老百姓避害受益。苏轼说:"如果用淤积的草泥,堆积在湖中,做一条长堤以便南北往来,湖中的淤田就没有了,来往的人也方便了。"于是拿出救济饥荒的剩余款项,又向朝廷申请,得到度牒来招募民工。堤坝修成后,南北通长十三里,堤上种植芙蓉、杨柳,远看像画中景象一样,杭州人将此堤命名为苏公堤。

天下有大勇者

苏轼在《留侯论》中写道:"古之所谓豪杰之士者,必有过人之节。人情有所不能忍者,匹夫见辱,拔剑而起,挺身而斗,此不足为勇也。天下有大勇者,卒然临之而不惊,无故加之而不怒,此其所挟持者甚大,而其志甚远也。"

安焘论用兵

北宋熙宁年间,东北西北边境很少有安宁,而西部边塞更是苦于敌寇的侵扰。安焘向朝廷进言说:"治理国家的人既不能穷兵黩武,也不可以害怕打仗。穷兵黩武则会使百姓疲惫,害怕打仗则会留下后患。如今朝廷常常告诫边塞的官员,如果敌人不是动用全国兵力入侵,不要应战,则本意就是害怕用兵打仗。虽则仅仅是守疆卫土,实际上正好中了对方的计谋,希望朝廷重新讲求攻击策略。况且李乾顺年幼无知,梁氏专权,那些部族首领,大多左右观望,此时如果有人从中离间,未尝不会倒戈而重新结怨。这是出奇制胜之计。"后来西夏人各怀二心自相倾轧,前来宋朝修好进贡,全如安焘所讲的那样。

王岩叟论圣人之学

王岩叟对哲宗帝说:"圣人的学问靠积累,积累的关键在于专一和勤奋。排除其他杂事只干一件事、才可是说是专一;长时间学习而不厌倦,才能够说是勤奋。"哲宗帝认为他说得对。

女中尧舜

太皇太后高氏垂帘听政以来,招用名臣,废除王安石新法,废止苛政,临政九年,朝廷政治清明,国家安宁。她杜绝了由皇上、太皇太后直接降下诏书侥幸进身的门路,裁剪抑制了施予母家亲戚的个人恩惠,文思院进呈的器皿物品,不论大小,终身不取其一,大家都认为她是女中尧、舜。

士当以器识为先

刘挚教导子弟,先重品行才干而后才是文章技艺,他常说:"读书人才干见识是头一位,一被称作文人,便不值一提了。"

陈瓘智存《资治通鉴》

绍圣四年,朝廷有人加罪司马光,提出对司马光等人追贬。当时薛昂、林自请求毁禁

《资治通鉴》一书,陈瓘借朝廷策试的机会,把神宗皇帝给《资治通鉴》所写的序文拿来出题提问,他们两人不敢再言,《资治通鉴》一书于是得以保留不毁。

杨三变

知河中府事杨畏,在元丰时,其言论与朝廷都一致。到了元祐末年,吕大防、苏辙等人主持政务,转而阿附他们。绍圣初年,哲宗亲临国事,他却又要转向而曲意迎合以求容身,天下人称他为"杨三变"。不久被贬职到虢州。

梁焘重视人才

梁焘自从在朝廷任职,一向重视提拔引进人才,在鄂州时曾经编写《荐士录》,将所著之士载于其上。有客人看到他编的书,说:"阁下所种植的桃李树,顺时令而生长,只是没向外张扬啊!"梁焘笑着说:"我梁焘历任侍从之职,位至执政,八年之间所推荐的人,用之不尽,有愧的地方多了!"

以经造士

元符元年,有人建议用王安石的《三经义》出题以考试举人,右正言晋陵人邹浩说:"《三经义》这本书,是用以解释经书的,它本身不是经书,先帝主张以经造士,用经书培养学士,却拿不属于经书的题目来考他们,这样于先帝专用经书的思想甚为不符。"于是中止。

范纯仁论忠恕

观文殿大学士、尚书右仆射范纯仁尝言:"我平生所学到的,得益于忠、恕二字,一生受用不尽,在朝廷侍奉皇上,对待同僚朋友,关心友爱同族,一刻也不曾离开过它。"他经常告诫子女说:"即使是最愚蠢的人,斥责别人时都明白;人即便是很聪明,在宽恕自己时经常会糊涂。如果能用责备别人的心思来责备自己,用宽恕自己的心来宽恕别人,那就不用担心到不了圣人贤人的境地。"有个亲戚向他请教,范纯仁说:"只有简朴才能够达到清廉,只有宽恕才能够成就德行。"

章惇租不到民房

章惇任宰相,独揽朝政大权,因政见不同,就将户部侍郎、尚书、右丞苏辙罢职免官,贬谪到雷州,不许住官府房子,苏辙只得租民房。章惇就指责他强占民房,下令州官提审被租房的民户,想取证后治苏辙的罪,因为租房契约写得很清楚,才没有追究。宋徽宗即位后,将章惇罢相贬到雷州,章惇向当地居民打听租房,当地民户说:"以前苏公来这儿租房,因为章丞相差点儿毁了房东一家,现在不能出租了。"

苏东坡自改对联

　　宋代大文豪苏东坡,少年时即天资聪慧,博览群书,知识丰富,又擅长作文赋诗,常常受到人们的赞赏。因此,他年少气盛,颇有些飘飘然。一日,他乘兴在门前手书一联:"识遍天下字,读尽人间书。"

　　没想到,过了几天,门前来了一位老翁,手里拿着一本小书,称说特来向苏东坡求教。苏东坡满不在乎,接过书本一看,不觉愣住了,书上的字他大多不认识。苏东坡顿时面红耳赤,非常尴尬。他这才意识到老者是冲着他这副对联来的,知道自己犯了自大的错误。于是连忙向老者道歉:"请老人家原谅,小生一时狂妄,不知天高地厚。"老人含笑而去。苏东坡当即在那副对联的上下联前,各加了两个字,对联变成:"发愤识遍天下字,立志读尽人间书。"

拆字诗

　　苏东坡做官时,一次微服出访,遇到当地几个称霸的乡绅设宴祝寿,就去凑个热闹。宾客中有两个恶霸,一个叫王笔,一个叫杨贵。他两人自认为家里有钱,请过先生教学问,便在席间旁若无人地赋起诗来。

　　王笔先说:
　　　　　　一个朋字两个月,一样颜色霜和雪。
　　　　　　不知那个月下霜,不知那个月下雪?
　　杨贵接着道:
　　　　　　一个吕字两个口,一样颜色茶和酒。
　　　　　　不知哪张口喝茶,不知哪张口喝酒?
　　苏东坡听罢,笑了笑,说道:
　　　　　　一个二字两个一,一样颜色龟和鳖。
　　　　　　不知哪一个是龟,不知哪一个是鳖?
　　诗中龟,谐音杨贵的"贵";鳖,谐音王笔的"笔"。

苏东坡乱改菊花诗

　　一次,苏东坡拜访宰相王安石,未遇,偶然发现其书桌砚台底下压着一首未写完的诗:"西风昨晚过园林,吹落黄花满地金。"苏东坡想:"只有秋天才刮金风,金风起处,群芳尽落,但菊花有傲霜之骨,怎么花瓣四处飘落呢?王宰相真是'江郎才尽',铸成大错啊!"于是他挥笔写下:"秋花不比春花落,说与诗人仔细吟。"便拂袖而去。

　　王安石见到苏东坡诗句,暗自忖道:"真是少见多怪!"他建议皇上将苏东坡调往湖北黄州府当副团练使。东坡到任后,不理政事。一日他和好友陈季常到后花园赏菊饮酒。

这天正是刮了几天大风之后,园中菊花枝上一朵花也没有了。只见满地铺金,落英缤纷。苏东坡一时瞠目结舌。陈季常问:"你见菊花落瓣,怎么这样惊诧呢?"苏东坡讲了在王安石府中改菊花诗一事,好友大悟。苏东坡感慨万分:"去年我刚被贬谪来黄州,我还以为是荆公恨我揭了他的短处,他公报私仇,谁知这不是荆公之错,而是我错了。这使我受到教训:凡事要谦虚谨慎,千万不可自恃聪明,随便讥笑别人啊。"回城后,苏东坡向王安石"负荆请罪",承认了错误。

安民请求刻碑不署名

崇三宁年,宋徽宗下诏,重新勘定元祐奸党人名单,曾任宰相、执政的文官,有司马光等二十七人;待制以上官员,有苏轼等四十九人;其他官职,有秦观等一百七十六人;武官有张巽等二十五人;宦官有梁惟简等二十九人;为臣不忠曾任宰相的有王珪、章惇两人。诏令在朝廷大殿、各州县将以上元祐奸党人名刻石立碑。

长安府石匠安民,奉命刻碑,安民推托说:"小民是个愚昧无知之人,根本不懂朝廷立碑的意思;但像司马相公这样的好宰相,海内的人都赞扬他清廉、正直、勇敢,常常怀念他,现在说他是奸党,小民不忍心刻。"府官大怒,要治他的罪,安民知道不可抗拒,就哭着说:"朝廷命令我不敢不刻,请求免除在石碑最后刻上安民两个字,我怕被后世人唾骂。"听到的人都感到很惭愧。

晏殊　晏几道

北宋初年,抚州临川(今属江西),晏殊、晏几道父子二人,均为著名词作家,其词作相映生辉,闻名于当世,后世词话家称之为"二晏"。

晏殊是北宋前期婉约派词人之一。自幼以神童闻名,十四岁时就因才华横溢而被朝廷赐为进士,仕途顺畅,官至宰相。故其词作多表达出一种悠闲雍容的气度,于平静之中给人留下余韵。如《浣溪沙》:"一曲新词酒一杯,去年天气旧亭台。夕阳西下几时回?无可奈何花落去,似曾相识燕归来。小园香径独徘徊。"

晏几道在其父去世后,家境中落,故他的词一改父亲的雍容闲适,而表现为哀感缠绵的风格,常怀往事,抒写哀愁,笔调饱含伤感,伤情深沉真挚,词风接近李煜。如《菩萨蛮》:"相逢欲话相思苦,浅情肯信相思否,还恐漫相思,浅情人不知。忆曾携手处,月满窗前路,长到月来时,不眠犹待伊。"

以八行取士

宋徽宗下诏依照八种品行录取士人:对父母和善称为孝,对兄弟和善称为悌,对同姓族亲和善称为睦,对外姓姻亲和善称为姻,对朋友讲信义称为任,对乡里仁爱称为恤,懂得国君和大臣之间道义关系称为忠,明白道义和利益孰先孰后称为和,孝、悌、忠、和为上,睦、姻为中,任、恤为下。同时还制定了对待不忠、不孝、不悌、不和、不姻、不睦、不任、不恤这八种罪行的处罚办法。凡是触犯这八种刑律的,县令和知州通判把他们所犯的过失登记在名籍簿册上,报告给学校。士人入学,触犯不睦十年不得入学,触犯不姻八年,触犯不任五年,触犯不恤三年;能够改过自新不再犯罪,并且有表现出两种美好品行的实际行动的,让年老的邻居和联保的五户人家向县里提出申请,经审查批准,准许进学校学习;一年后,没有再犯第三等罪行,给予他官学学生的正式身份。

不久,宋徽宗下令各州学校将皇帝亲笔写的八种品行、八种处罚刻石立碑。

程颐以诚治学

程颐对于书籍无所不读,他的学说立足于一个"诚"字,以《大学》《论语》《孟子》《中庸》为指南而贯通"六经"。平时沉默寡言,以古圣人为师,他曾经说:"我没什么功业恩惠给人家,只是编集了一些圣人遗书,也许能对世人有所补益。"他平生诲人不倦,所以做学问的人到他门下学习,受他深厚的学问根基的影响,都成为一代著名的学者,谢良佐、游酢、吕大临、尹𫐓、杨时这几个人尤其名声遐迩。世人都称程颐为"伊川先生"。

林摅倨傲不恭被贬黜

朝廷在集英殿举行陈述召见进士之礼,林摅负责传唱进士姓名,不认识"甄盎"两字,宋徽宗笑着说:"爱卿是不是念错了?"林摅没有谢罪,反而辱骂左右大臣。御史认为他不学无术,倨傲不恭有失臣下之礼。宋徽宗下令将他贬黜,出任滁州知州。

陈禾进谏不惜碎首

童贯的权势一天比一天显赫,和黄经臣互相勾结掌握大权,中丞卢航也和他们互为表里,狼狈为奸,朝廷内外官员都敢怒不敢言。左正言陈禾说:"这关系到国家安危的根本,我肩负进言的职责,这种情况哪能不讲!"于是上疏揭发童贯和黄经臣倚仗皇帝宠爱滥用权力的罪行。陈禾上朝向皇上陈述的话还没说完,宋徽宗就掸掸衣服站起来要走。陈禾抓住宋徽宗的衣服,请求徽宗听完他的话,结果把皇帝的衣服大襟扯下来了。宋徽宗说:"正言官你把朕的衣服扯破了!"陈禾说:"陛下不吝惜扯破衣服,臣怎能吝惜碎首身亡来报答陛下!他们这些人现在享受富贵之利,可是陛下有朝一日会遭受国家危亡的祸害。"陈禾的言辞更加急切和诚恳。宋徽宗脸色缓和下来说:"爱卿能够这样忠心,朕还有什么可担心的!"内侍请宋徽宗换衣服,宋徽宗拒绝说:"留着这衣服以表彰敢直言的大臣吧!"

蔡薿谦和待寒士

建昌县士人李元亮,恃才尚气,从来不以言辞脸色让人。徽宗崇宁年间在太学就读,蔡薿担任太学学录,李元亮厌恶这个人,就不以事奉学官的礼节对待他。很多学子都被蔡推荐登上高第,而李元亮则失意还乡。徽宗大观二年冬,他又重赴太学求学,路过和州。这时蔡已被重用,官至给事中,出补外任,正巧担任和州知州。李元亮不肯前去拜谒他。蔡嶷得知李元亮来到和州,便先到李氏居住的旅馆拜访。见到蔡嶷前来,李元亮惊喜地出外迎接,感激地说:"学生来到此地,是为了专门拜谒先生。正在准备进见的礼物,准备明日前去打扰您,没想到先生卑恭谦和到这种地步,先前的礼物不能再用了,应当另作准备,然后再恭敬地拜谒您。"蔡走后,李元亮当即写了一篇启,天一亮就到蔡府去,启中写道:"在居住的馆舍而迎见长者大人,自古遭到人非议,放下官架子主动看望匹夫寒士,当今从无这种事。"蔡嶷读了这两句话嗟叹感激,一连几天设宴招待,又赠李元亮五十万钱,并向各位达官显贵写信举荐他,李元亮随即登上了大观三年的贡士科。

吕惠卿被世人鄙视

王安石任宰相时,对吕惠卿极为重用,到王安石被罢相,吕惠卿就罗列罪状极力贬低和打击王安石,所以朝中大臣都看不起吕惠卿,即使是章惇、曾布、蔡京执掌朝政,都憎恶这个人,不敢安排他在朝中做官,因此辗转在外地回来调动,一直到死去。

圣人之孝

苏辙上疏说:"至于先帝兴办的某些事有失误,这类事哪朝哪代没有呢?父亲在前边做的事不尽完善,做儿子的在后边补救,这才是圣人之孝啊!"

知己者之交

徽宗宣和年间,慈溪人蒋季庄,鄙视王安石的"五经新义",不参加科举考试,闭门考究经书,不轻易和人接触,高抑崇居住在明州城中,通常一年四五次到他家去拜访。蒋季庄听说高抑崇到了,急忙出去迎接,二人相对坐在小屋里,尽情谈论,自白天一直到夜里,几乎废寝忘食。高抑崇告辞时,蒋必送出数里之外,二人相得甚欢。有人问高抑崇说:"蒋季庄不多与别人交际,而独独与你交情甚厚,你也乐于与他交往,愿听其中的缘由。"高抑崇说:"我终年读书,或有疑问而不能决定的,与自己所缺乏而不知道的,每次都积累数十条,每次拜访他,没有不迎刃而解的。"而蒋季庄的渊博学问,其他的人未必能知道,世上所称道的知己正是这样的。

杨时拜师

杨时考中进士,听说程颢兄弟俩收徒讲学,就到颖昌用弟子拜师的礼节拜见了程颢。程颢死了以后,杨时又拜程颐为师。程颐有一次闭目静坐,杨时就站立着等候而不离开。程颐醒来后,门外积雪已深有一尺。国内各地的人都称扬时为龟山先生。

陈瓘预识蔡京

宋朝人陈瓘上朝时,见到蔡京看太阳,直视很长时间而不眨眼,便对别人说:"蔡京这种精神将来必定显贵,然而他自恃禀赋超众,敢与太阳对敌,这人得志之后,必定自私跋扈,放肆而目中无君。"

当时蔡京掌管皇帝诏命的草拟,奸恶尚未显露,众人都认为陈瓘的话太过分了,蔡京也以亲近的人来为自己解释。

蔡京为求提拔,颇投赵佶书画之好,受到赏识,官运亨通,很快就成为朝中权臣。他借改革之名,大力培植亲信,清除异己势力,使朝中遍布党羽。搜刮民财,奢侈无度,使无数百姓倾家荡产,社会生产受到极为严重的破坏,社会矛盾日趋激化。人们疾呼:"打破筒(童贯)泼了菜(蔡京),便是人间好世界。"果然,一场打破筒泼了菜的农民起义爆发了。

六如给事

金兵迫近汴京时,徽宗无计可施,就将帝位禅让给太子恒。钦宗即位后,派遣给事中李邺出使金国,告之新皇帝已即位,愿意与金国修好。金军不许,决意继续南侵。李邺是个胆小如鼠的投降派,求和不成,回到宋朝廷就渲染金强宋弱说:"金兵如虎,马如龙,上山如猿,入水如獭,其势如泰山,中国如累卵。"时号"六如给事"。

李邈守城

金军攻打真定府,知府李邈率军抵抗,边战边守,相持四十多天,城被攻破。金兵将领宗望胁迫他跪拜,李邈坚决不从,用火烧其须眉及两髀,亦不回头。宗望命令他换上金朝服饰,李邈愤怒,破口大骂,金人打他嘴巴,他就吭血唾金人,金人大怒,要残杀他,临死前,脸色不变,面向南方拜了又拜,被金兵所杀。后来,宋朝廷追谥为"忠壮"。

李刚论贤主之美德

宰相李刚上奏时事,说:"恭俭是人主常备的品德,英哲是人主完善的才干。继承大业循旧守典之人主,恭俭就可以使天下富足;至于使衰败的国家复兴,使混乱的国家平定,除了英武、明哲就不能担当如此重任。唯因英武,所以能用心刚强果断,可以决断大事而不因小节所动摇;唯因明哲,所以能敏锐地发现美好事物,可以任用君子而不被小人所离间。在过去的时代的国君中,只有汉朝之高帝、光武帝、唐朝之太宗,本朝之太祖、太宗,能体现这种美德,愿陛下效法。"

独行君子

信州永丰县人周日章,操行廉洁耿直,为县里的人所尊敬。他开门教授生徒,收入仅够自给,不义之财一毫不取。家中很贫穷,经常一天天断粮,邻里有时用微薄的东西相馈送。家中时常下顿不接上顿,宁愿全家忍饥挨饿,也终不求人。隆冬寒天披着纸一样的薄裘,有客人来访,也高兴地延请接纳。观察的他的容貌,聆听他的论议,无不使人尊敬。县尉谢生送他一套衣服,说:"先生未曾有求于我,是我自己的一片敬意,接受它没有什么妨害。"周日章笑着回答说:"一套衣服和万钟粮食一样,如果不明不白的接受,是不能分辨礼仪了。"最终还是推辞掉。汪圣锡也知道他贤能,认为他的行为接近古代的独行君子。

刘韐不苟活

金兵攻破汴京,对宋朝通奉大夫刘韐说:"我国宰相赏识你,只要你投降金国,就对你委以重用。"刘韐说:"苟活而侍奉异国皇帝,宁死我也不干。"金人命令仆射韩正威逼他,刘韐就拿纸写道:"贞女不事二夫,忠臣不侍二主,何况现在皇上被金兵扣留,主上受辱是臣子的最大耻辱,为臣应该为主上效命,这是我不敢苟活的原因。"于是他让人带信回去,告诉他的儿子刘子羽,就洗浴更衣自缢而亡。金人感叹他的忠心,把他埋在青城寺西边的山冈上,在窗户墙壁上到处题字,来标记他埋葬的地方。八十天以后,才入棺收殓,面容栩栩如生。

宗泽劝架

统制官杨进奉命屯兵在汴城之南,有一位叫王善的拥有兵卒两千多人,屯兵在汴城之北。杨进、王善二人争气互不相让,一天,各率领所属部下一千多人,在天津桥相对峙,都城的百姓十分恐慌。副元帅东京留守宗泽得知后,就写书信开导他们说"有报国之心应该这样吗?当在战场上立功之时,胜负自然分明。"二人看信后相互对望,深感惭愧而退兵。

剥皮诗

"剥皮诗"也称"拟古诗",是一种幽默诗体。这种诗通常运用有删节、增添、颠倒、改动或仿拟人之手法,使两首诗产生了鲜明的对比。

有一次,宋代诗人莫子山到寺庙游玩,不由得想起这样一首诗:

    终日昏昏醉梦间,忽闻春尽强登山。
    因过竹院逢僧话,偷得浮生半日闲。

这首诗是唐代诗人李涉所作的《题鹤林寺僧舍》。可是在莫子山与寺庙主持的交谈中，他发现这位主持不但才疏学浅，而且庸俗无聊。临别时主持人向莫子山求诗，莫子山灵机一动，题诗曰：

> 偷得浮生半日闲，忽闻春尽强登山，
> 因过竹院逢僧话，终日昏昏醉梦间。

经他这样一改，一首原本是抒发忙中偷闲，在暮春登山览庙时的闲情雅趣的诗就变成了一首讽刺庸僧的诗了。

徐徽言死难

忠州刺史徐徽言率军坚守晋宁，金兵包围晋宁城三个月，守军的箭只和炮石都已用尽，士兵困乏饥饿不能作战，金兵破城而入。徐徽言放火烧毁了自己的家，率军继续战斗，将士大多战亡，徐徽言被俘。金人让他下拜，他挺立不拜，金人给他酒喝，徐徽言将酒杯扔到金人的脸上说："你们不讲信用，侵犯我大宋领土，我还能喝你们的酒吗？"金人用刀刺他，徐徽言骂不绝口而死。后来朝廷赠他为晋州观察，谥号"忠壮"。

晏氏女自刎

金兵南侵，占领扬州，城中的仕女金帛，全被金兵抢完。南阳尉晏孝广的女儿，年龄十五岁，聪明漂亮，被金人掳去，打算娶她为妻，晏氏女即自刎而死，在场的人都认为她是烈女。

朱胜非以实绩荐人

宰相朱胜非请求辞职，宋高宗询问能够替代之人，朱胜非说："按时局而论，须吕颐浩、张浚。"高宗问："两人谁更好？"朱胜非说："吕颐浩练达事理，但粗暴；张浚辛勤敬业，但才疏学浅。"高宗说："人们都因张浚太年轻而轻视他。"朱胜非说："臣前时在苏州被征召，部队钱粮，全部交与张浚，后来援救朝廷之事，全靠他出力，张浚实际起了主导作用。"张浚被任命为中大夫，主持枢密院事，时年三十三岁。

胡邦衡被流放

高宗绍兴年间，胡邦衡被流放到新州。当时的军守叫张生，对待胡邦衡很是无礼，每次向他呈报情况时，必先命令胡邦衡像囚犯一样恭敬地立在厅堂下接受训斥。胡邦衡却始终以礼待他，即使如此，仍生命危险，朝不保夕。这时候，当地一个黎族首领，久闻胡邦衡的大名，就让自己的儿子向胡拜师求学，一天他邀请胡邦衡来到山里，胡邦衡发现那个军守，正身带木枷被绳子捆在院内。首领指着他对胡说："这个人贪婪暴虐太过分，我准备杀掉他，胡先生您以为怎么样？"胡邦衡说："他死有余辜，杀掉他足以快慰这一方百姓的怨恨之心。这个人固然无礼，但他毕竟是一州君主。如果惩治他的罪行，应该先告到海南安抚司,再告到广西经略司,如果这两个地方都不处理,再告到中央枢密院,你不应擅自做主杀人。"首领醒悟,立即释放了张军守,让他写了一张告示责备自己的罪责,然后离去。第二天,胡邦衡回到城里,张军守亲自登门悔罪谢恩,特别感激胡邦衡的救命之恩,从此以后待胡氏为座上客。

韩母促儿当行

韩肖胄的母亲文氏,听说儿子被朝廷任命为通问使,将要出使金国,便说:"韩氏世代为社稷之臣,你应当接到命令就动身,不要挂念老母。"宋高宗听说此事,下诏令特封她为荣国太夫人,以示奖励她的高风亮节。

不故作威仪

吴玠被任命为定国军节度使、川陕宣抚副使。简易如前,平素从不故作威仪。经常背着手步行出府,与士兵站着说话,幕客提醒说:"今大敌当前,到处都有刺客!万一发生意外,岂不是既对不起朝廷的委任之意,又对不起军民的期望吗?"吴玠致谢说:"你所说是实情,但我的用意不在这里。朝廷既命我为宣抚使,我就应广泛了解下情,军民间有冤屈无处申诉者,我及时处理,使人心归向朝廷,这样国家才有力量。"

岳飞戒酒

起先,岳飞在洪州与江南兵马钤辖赵秉渊喝酒喝得烂醉如泥,竟出拳几乎将赵秉渊打死,帅臣李回上奏弹劾岳飞。这时,宋高宗诫谕岳飞禁酒,岳飞从此不再饮酒。

满江红

岳 飞

怒发冲冠,凭栏处,潇潇雨歇。
抬望眼,仰天长啸,壮怀激烈。
三十功名尘与土,八千里路云和月。
莫等闲,白了少年头,空悲切。
靖康耻,犹未雪。
臣子恨,何时灭!
驾长车,踏破贺兰山缺。
壮志饥餐胡虏肉,
笑谈渴饮匈奴血。
待从头,
收拾旧山河,

朝天阙。

题新淦萧寺壁
岳飞

雄气堂堂贯斗牛，誓将直节报君仇。
斩除顽恶还车驾，不问登坛万户侯。

高风义气

朝廷任命吴玠为两镇节度使，吴玠上疏高宗推辞说："刘子羽连年从军作战，也有忠诚勤劳可取。念他的父亲刘格，在靖康年间为保全气节而死；今天刘子羽的罪过虽是自取，但被贬到万里之外的炎热荒野，受到毒物的熏蒸，只留老母在家，如何生活。我担心刘子羽被贬死在岭海，既无法孝敬母亲，又没有自新的机会，这也不是陛下照顾忠臣的子孙之意。诚望陛下特许我缴回对我的提升命令，用这赎一些刘子羽的罪，量情移至较近的地方，使他能够孝敬母亲并得以有改过自新的机会。"三省对此事进行审议，查得刘子羽给吴玠的信中谈论如何加强边事，向朝廷提出意见，表现有忠勇迹状，于是恢复刘子羽的原官职，并授予提举太平观官职。第二天，宋高宗下诏称吴玠有高风义气，特给予奖励。士大夫们因此称赞吴玠的仁义德行。

凡物得其要就不难辨

一日，宰相张浚对高宗说："我听说您听到马的脚步声就能知道它的好坏。"高宗说："对。听马的脚步声，我就是隔着墙壁也能分辨出来。无论什么事物，只要得其要领，就不难分辨。"张浚说："事物都具有形状颜色，也许还比较容易分辨，只是了解一个人就比较困难了。"高宗说："人的确是不容易了解。"张浚因此上奏说："人才虽然不容易了解，但是议论刚正不阿，脸色严肃，那么这个人便肯定不会为非作歹；阿谀奉承、争宠而害怕失势，那么这个人肯定不能用。"高宗认为他说得十分正确。

朱子家训

朱子曰："父要严，子要孝。兄要友，弟要恭。夫妇要和，朋友要信。见老者敬之，见少者爱之。有德者年虽下于我，我必尊之。不肖者年虽高于我，我必远之。勿谈人之短，勿夸己之长。仇者以义解之，怨者以直报之。人有小过，以量容之。人有大过，以理责之。勿以善小而不为，勿以恶小而为之。处公无私仇，治家无私法。勿损人利己，勿妒贤嫉能。见不义之财勿取，遇合义之事则行。读书循理，教子孙，宽奴婢。守我之分，听我之命。人能如是，天必相之。此常行之道，不可一日无也。"

惜　时

朱熹

少年易老学难成，
一寸光阴不可轻。
未觉池塘春草梦，
阶前梧叶已秋声。

牛皋退敌

金兵再次侵入淮右，宋军战败；岳飞派牛皋、徐庆率领二千人去救援。这天，牛皋、徐庆的随从骑兵数十人先到，还没有坐定，哨所传报金军五千骑兵将逼近庐州城。当时湖北军还未集合，庐州知州很紧张，牛皋说："不要害怕，我当为您去击退敌兵。"当即与徐庆率领随从骑兵出城，对金兵说："牛皋在此，你们为什么侵扰我境！"于是打开旗帜给金兵看，金兵大惊失色。牛皋挥舞着长矛冲向金兵，金兵怀疑有埋伏，即刻奔逃溃退，牛皋率众追赶，金兵自相践踏而死，剩下的全部逃去。

将帅和睦　社稷之福

淮南东路宣抚使韩世忠、淮南西路宣抚使刘光世入朝向宋高宗辞行。宋高宗说："有人告诉朕说刘光世、韩世忠因有小嫌怨而不相容。大丈夫当以情义相许，先国家之急而后私仇，小的恩怨有什么可以计较的！从前寇恂杀害贾复部将，贾复以之为耻辱，心中怀恨很深。光武帝说：'天下未定，两虎如何能私斗！'于是二人坐在一起，极为欢畅，结为好友才离去。光世、世忠纵有嫌怨，今日应该放弃前嫌，像以前一样友好。"二人感动地落泪，拜了两拜说："臣等一度错听，曾有过以言语相违之恨；至于国事，不敢分彼此。今日烦劳君父训斥，臣等怎敢不奉诏！"宰相赵鼎等顿首道贺。高宗说："将帅和睦，社稷之福啊。"不久，高宗下诏说："刘光世的妻子汉国夫人向氏、张俊的妻子华原郡夫人魏氏，全都特准给内中俸，和韩世忠妻子的先例一样。"

破湖贼夏诚

岳飞率军围剿洞庭水寇，预言八日之内将贼寇缴灭。岳飞周密侦察地形，精心部署，几乎将贼寇全部杀尽，只有夏诚水寨三面临江，背倚高山，官军从陆地攻击贼寇则入湖，官军从水路攻击贼寇则登岸。岳飞亲自前往，测量湖水浅处，于是选择善骂者二十人，夜里前去破口大骂，而且全体动手从上游运来草木，贼听到骂声，争相投掷瓦石进行攻击，草木被瓦石所压，一天之内填满湖水浅处，岳飞率军长驱进入水寨，将夏诚活捉，果然八天将湖寇全部平定，人称岳飞是神算。起初贼寇依仗险势说："能侵犯我们的除非岳飞来。"到此时人们把这句话看成是谶语。

不是为了争兵权

宰相张浚曾经和太尉、湖北京西宣抚使岳飞谈论淮西的事。张浚说:"王德是淮西军佩服的人,让他担任都统制,而任命吕祉作都府参议领导他,怎么样?"岳飞说:"王德和郦琼平时不相上下,一旦把王德放到上面,他们之间势必会争权夺利。吕祉虽然是全才,但是书生毕竟不熟悉军事,恐怕不能镇服郦琼。"张浚说:"张宣抚又如何?"岳飞说:"张宣抚暴躁而缺少谋略,郦琼一向不佩服他。"张浚说:"那只有杨沂中了。"岳飞说:"杨沂中把王德与自己同等看待,又怎么能够驾驭他。"张浚很不高兴地说:"早知道非太尉你不可。"岳飞说:"您拿正事来问我,我不能不完全表达我的愚见,我难道是想以此争兵权吗?"当天岳飞就请求解除现在担任的职务回家继续为母亲服丧,皇帝没有同意。

秦桧的"诚心"

吏部侍郎魏矸反对与金国议和,秦桧质问魏矸反对和谈的理由。魏矸说:"敌情不可测度,和谈难以保持永久。"秦桧说:"您是用智谋来揣度敌人,我是用诚心来对待敌人。"魏矸道:"相公确实是用诚心来对待敌人,但恐怕敌人不用诚心来对待您。"

冻死不拆屋　饿死不掳掠

岳飞治军非常严格,士卒如有随便拿百姓一根麻绳捆柴,岳飞马上下令将其斩首。因此士卒夜晚宿营,即使百姓自愿开门让他们进,也没有人敢进去。岳飞给军队定的口号是:"冻死不拆屋,饿死不掳掠。"士卒有人生病,岳飞亲自给他们调药。有的将士奉命到边远的地方防戍,岳飞的妻子出面慰劳他们的家属,凡阵亡的将士,首先举行哀悼,然后收养他们的幼子。朝廷凡有犒赏,岳飞总是将其平均分给部将官吏,自己秋毫无所侵夺。

杨再兴死得悲壮

岳飞派遣统制杨再兴、王兰、高林率骑兵袭击金人,杀敌二千多人。杨再兴、王兰、高林全部战死。岳家军得到杨再兴尸体,焚烧后,发现杨再兴身上箭头两升多。岳飞深感痛惜,将此事上奏朝廷。

张所受褒奖

宣抚使岳飞向朝廷上言说:"贪生怕死,是人之常情。左通直郎张所以忠许国,不顾身,每次作战都是奋勇当先。尽管敌人把刑具放在他的面前,他也面不改色,宁死不屈,颇具大义。请求朝廷特别加以褒奖,让天下的忠义人都知道朝廷倡导的是什么。"朝廷特此授给他一个儿子官爵,并赐给银两、丝绢。

撼山易　撼岳家军难

岳飞打仗擅长以少胜多。只要有军事行动,总是首先召集部下商定作战方案后才出兵作战,因此每战必胜。如果突然遇到敌军,就坚守而不轻易出动。因此敌人称呼岳飞的军队说:"撼山易,撼岳家军难。"金人徽猷阁待制洪皓在给金熙宗的上奏中说:"在宋朝的将帅中,只有岳飞最让金军所畏惧。"张俊曾经向他询问用兵之术,岳飞说:"仁、信、智、勇、严,缺一不可。"岳飞喜好贤良,礼贤下士,如和他们一起吟诗唱和,投壶游戏,谦恭的样子就跟读书人一样。每逢立功受奖时,他总是说:"这都是将士们效力,我又有什么功劳!"

岳飞饮恨撤军

绍兴十年,金国元帅完颜宗弼率兵侵犯中原,岳飞命令众将分路出击,进军势头迅猛。岳飞进军朱仙镇,在距离汴京四十五里处,列阵与完颜宗弼营垒对阵,岳飞派遣盾牌骑兵出战,军队士气高涨,英勇奋战,打败敌军。几次战斗,敌军屡战屡败,完颜宗弼只好退回汴京。

这时岳飞接到诏书,要他撤兵回朝。秦桧上奏说:"岳飞孤军一支,不可以久留在外,请求下令让他撤兵回来。"岳飞在一天之中,接到朝廷十二道金牌,命令其撤军。岳飞饮恨落泪说:"十年之功,废于一旦!"于是从郾城领兵回朝,百姓拦住岳飞的马哭道:"我们老百姓,头顶香盆,运送粮草,前来迎接你们,现在你们又撤兵离去,我们恐怕没有一个能活了!"岳飞取出皇帝的诏书给人们看,并且说:"我不能自作主张留下来呀!"百姓们的哭声震天动地。

当完颜宗弼败于朱仙镇,想要放弃汴京要撤兵时,有一书生牵住完颜宗弼的马说道:"岳飞马上快要退兵了。"完颜宗弼问道:"为什么呢?"书生说:"从古代时起就没有过权势的大臣在朝中专权,而大将能在外面立功的。岳少保也不能够避免。"完颜宗弼立即醒悟,便决定不再撤军。

天下太平

有人曾问岳飞:"天下什么时候才能够太平无事?"岳飞说:"如果文官不爱钱,武将不怕死,天下就太平无事了!"

"莫须有"罪名

岳飞的罪案审理完毕后,太子太傅、醴泉观使韩世忠愤愤不平,质问秦桧岳飞的罪名,秦桧说:"岳飞的儿子岳云给张宪写信一事,虽然案情还不明了,但谋反这件事莫须有。"韩世忠愤然说:"莫须有三个字,怎能让人心服!"一再和秦桧争辩,秦桧也不听。

岳家军战将传奇

在岳家军众多将领中,岳飞的长子岳云身份非常特殊。本来,岳家军赏罚分明,但岳云却唯一例外,他有功不赏,有过必罚。而在战场最险恶时,都是岳云身先士卒、舍命于枪林弹雨之中。自从绍兴四年,年仅16岁的岳云首次随父出征,岳云一直充当岳家军的先锋角色,冲锋陷阵,锐不可当,岳家军中都称岳云是"赢官人"。

牛皋,是一员智勇双全的猛将,绍兴四年,岳家军北伐金国傀儡伪齐盘踞的荆襄六郡时,张宪、徐庆带兵攻打随州,守将王嵩死守不出,岳家军连攻一个多月还是没攻下。岳飞得报后派牛皋去支援,临走时牛皋只带了三天的粮草,结果不待粮尽就救下随州,俘敌五千,活捉王嵩,牛皋善战,可见一斑。

杨再兴原本是盗匪曹成的手下,在岳家军进剿时,杨再兴曾杀死了岳飞的胞兄岳翻,但岳飞剿平曹成后不计前嫌,将杨再兴收为部下。得到岳飞如此宽待的杨再兴从此忠心耿耿,冲杀在前。在绍兴十年的北伐中,岳家军进逼临颍,杨再兴率领三百骑兵为前哨,前进到小商河与金兵主力猝然相遇,数万金军对他们进行包抄,杨再兴等毫不惧色,率三百骑士奋不顾身进行殊死战斗。金军箭如飞蝗,杨再兴每中一箭,都折断箭杆继续冲杀,最后不幸马陷小商河,被金军射成"刺猬",但他和战马依然在河中站立不倒。此战,杨再兴率军斩杀金军万夫长以下二千余人。岳家军在战场上找到杨再兴的遗体,火化之后,从中捡出铁箭头两升有余。

王忠植死不招降

庆阳被金兵围攻,形势紧急,正在这时,建宁军承宣使、河东经略使王忠植奉命率部奔赴陕西。王忠植行军到达延安时,被叛将赵惟清假传诏书捉拿,送交金国右监军完颜杲。完颜杲命人将王忠植押到庆阳城下,让他劝说城中将士出城投降。王忠植大声呼喊说:"我是河东步佛山的忠义之士,被金兵捉拿,他们让我前来招降。我希望城中将士不要辜负朝廷,一定要坚守城池,打退敌人。"完颜杲大怒,质问王忠植。王忠植把衣领拉开,大声说道:"我誓不招降,你们杀死我吧!"于是被杀害。

李兴坚守山寨

河南知府李兴驻守白马山寨,金将李成率蕃、汉数万兵马将山寨围住,日日围攻更加急迫,军心开始动摇。当时李兴的妻子儿女都住在襄阳,只有最年幼的儿子留在身边。李兴对将士们说:"我与各位死守山寨,决无二心,如果抵挡不住,我也不会被敌人所玷污!我就抱此儿朝南面投崖,以此来向天子谢罪。"众将士被感动得流下眼泪,于是把守山寨的意志更加坚定。金兵派使者携带黄榜来,委任他为奉国上将军、河南府尹。李兴根本不看檄书,就把来使给杀了,将檄书上报给朝廷。李成知道李兴守寨志向不可屈服,于是做了长期围攻的打算,李兴用计烧了他们的粮仓,李成大受挫折,只好撤兵。

高宗论古人读书

宋高宗说:"古人读书需要亲近师友,虽然不一定能学到圣人经典中全部精髓,然而也自有它的渊源。现在士大夫没有自己的心得,就做解释说明的事,以此来充当别人的老师,这是什么道理啊?"

食粥

陆游一生视粥为养生妙品,在古稀之年,不仅齿牙完坚,且耳聪目明,最终活到八十五岁,就与爱喝粥有关。他在《食粥》一诗中说:

> 世人个个学长年,
> 不悟长年在眼前。
> 我得宛丘平易法,
> 只将食粥致神仙。

姚岳被人鄙视

左朝散郎姚岳向朝廷上书说:"湖、湘、汉、沔一带,曾经是岳飞统辖的地方,且巴陵郡单单又叫岳州,与岳飞的姓氏相同,应该把此州名字改掉。"于是朝廷同意将岳州改为纯州,将岳阳军改为华容军。

姚岳曾经做过岳飞的幕僚,由于岳飞力主抗金,被秦桧诬陷成谋反罪而被害。到这时,姚岳说自己不是岳飞的幕僚,并且请求更改州名,当时评论这事的人对他很鄙视。

受金与拒金

秦桧病重的时候,招参知政事董德元、签书充枢密院事汤思退到卧室中,将后事托付他们,而且各赠黄金千两给他们。董德元认为如果不接受,那么今后秦桧病好了,就会怀疑我有二心,于是接受了所赠的黄金。汤思退认为秦桧生性多疑,今后他病好了,一定会说:"我用黄金试探他,就等于我一定会死吗?"于是没敢接受。

李焘撰史

南宋左宣教郎、双流县知县李焘,全力搜集正史、实录的资料,旁采私人文集、野史的记载,增加了记事的门类,上起建隆年间,下至靖康年间,分列新旧官制,终于继司马光之后,完成了《续皇朝公卿百官表》,全书共九十卷,宋高宗下诏御赐纸笔让他抄录全书送交史馆。之后,李焘又编著《续资治通鉴长编》,仿《通鉴》例,为编年体,记北宋九朝史事。连同举要目录计一千零六十三卷。自元代以来,世鲜传本。是研究北宋历史的基本史料。

仗义死节

使臣直龙图阁张邵从金国回来,入见宋高宗说:"自靖康年间至建炎年间,朝廷派使者到金国而被金国扣留不能返回的有多人,他们都被拘留在北方荒原,至死不屈,为国献身,表现出维护宋朝的民族气节,十分感人。使臣陈过庭宁死不答应金国的无礼要求,金人无情地折磨他,他宁死也不使国家遭受屈辱,十分感人。在他即将死去时,他的兵士自己割开肋骨,取出肝脏做成肉羹献给他。他死了之后,依照北方的风俗火化,他的兵士又自己割下大腿上的肉,投入火中,说:'让这块肉与相公一起焚毁吧。'这种仗义死节的精神真是感人至深。"

僧人为国献身

五台山僧人宝真,靖康年间朝廷曾经召他对策,让他集合兵众对付敌人。后来,宝真被金兵生俘,金人想让他投降,宝真说:"我已经对大宋皇帝以死相报,难道信口胡说的吗?"临刑之时,怒目金人,金人为之惊叹。

王伦拒受金国爵禄

端明殿学士、同签书枢密院事王伦出使金国,金人将他拘留在河间长达六年。这时金人想让他出任河间、平、滦三路都转运使。王伦说:"我是奉宋朝出使前来,不是来投降。大宋朝的臣子怎么能够接受金国的爵禄!"金国派遣使者前来催促,王伦就是不接受。金人下令勒死王伦,王伦整理物品,向南方叩拜,失声痛哭,被害而死。

无愧于祖宗

当和金国议和刚开始的时候,宝文阁直学士晏敦复极力指斥当权者委曲求全的错误。秦桧派人引诱他说:"你如果屈服顺从,两块地产朝夕可得。"晏敦复说:"我始终不会为自己打算而使国家受害;而且姜桂的本性,越到老越辣,请不要再劝我。"秦桧始终没能使他屈服。宋高宗曾当面说他:"卿刚毅正直严厉,直言无所忌惮,没有什么躲避的,真是无愧于你的祖宗啊!"

程师回勇猛

武信军承宣使程师回率军戍守赣江畔,当他乘船经过大孤山时,船夫告诉他不要奏乐，担心龙王发怒，程师回偏要下令奏乐。顷刻，黑云从四面合围，有一物腾游于波浪之间，程师回发箭射中他的眼睛，它就沉入江中，大风也平息下去。人们都叹服他的勇猛。

赵鼎绝食而死

赵鼎任职洛阳，绍兴四年拜相。他反对割三镇之地予金国，与秦桧之意不合，被罢相，外迁至吉阳居住。秦桧命令吉阳军每月向尚书省报告赵鼎的生死情况，赵鼎得知这件事后，就对儿子赵汾说："秦桧一定想杀掉我，我死了，你们就不会有什么祸患，我如果不死，他会诛杀我们全家！"于是他绝食而死，终年六十三岁。四方人士听说后，许多人为他痛哭哀悼。

李清照夫妇吟寿联

南宋著名词人李清照与她丈夫赵明诚，一次参加一位老寿星的一百五十岁寿宴，众人推举李清照夫妇做贺寿联，赵明诚随即吟出上联：

花甲重逢，又增而立岁月。

"花甲"为六十岁，"重逢"则是一百二十岁；"而立"为三十岁，两数相加，正好一百五十岁，众人正喝彩时，李清照的下联也已吟出：

古稀双庆，复添幼学青春。

"古稀"为七十岁，"双庆"自然是一百四十岁；"幼学"是十岁，加在一起，也是一百五十岁。上、下联可谓珠联璧合，天衣无缝。

巫伋被罢免

端明殿学士、签书枢密院事巫伋，与秦桧是同乡。一天，秦桧在尚书省都堂，偶尔向巫伋问道："家乡有什么新鲜事？"他担心万一说到时事，或许会引起秦桧发怒，就随意说些无关要紧的事来应付他，说道："近日有一位算命先生从家乡来，颇能论说命运。"秦桧当即一变脸问巫伋说："这个人说您什么时候当宰相？"巫伋惶恐没敢说话。不久，秦桧授意章厦弹劾他，章厦立即参奏巫伋包藏野心，动摇朝政；贪污纳贿，谋取私利。由此，巫伋被免去了官职。

朱熹少壮有志

朱熹年少父母双亡，师从延平人李侗学习。不满二十岁考中进士，被任为泉州同安县主簿，任期已满，知县对他很尊敬，不敢用对待下属官吏的方式去对待他。同安县的百姓不愿意让他离开，任职五年才离任。于是慨然产生了不再仕宦为官的志向，在武夷山中筑室隐居，各地的游学之士纷纷前来追随他。宋高宗听到了他的贤名，让他到京城任命其为左迪功郎，朱熹却一直没有去。

朱熹应对

宋孝宗召见朱熹问答,朱熹说:"古时候的先圣贤王所运用的攘外之道,其根本不在于威武强盛,而在于德业有成;其防务不在于边境而在于朝廷;其使用的东西不在于兵马粮草,而在于国家的纲纪。愿陛下开辟广纳谏言的道路,把那些邪佞小人黜逐到远方,疏远他们,杜绝堵塞幸门,安邦固本。这四方面是国家当务之急,若认真做好这些,那么国家力量强大,国土恢复就有希望。"

刘珙论圣人之学

一次,孝宗皇帝与翰林学士刘珙谈论学问,刘珙从容地应对说:"天下事无穷,而掌握做事的要领却在于自己,改变视听,动于意气,私念萌生,那么做事必然失去要领,无法适应事物的发展变化。因此古圣王无不学习,学习又一定力求多闻,必学古训,将以通晓道理正已之心来掌握万事要领。这样一来,即使事物千变万化,自己经常进行修正也不会紊乱。"

爱民如子

王悦主持衢州,待人和乐慈祥,爱民如子。这一年的春天,百姓缺少粮食,王悦下令开仓济粮,使百姓不会流离失所。自从五月缺雨,王悦竭诚祈祷,每日早晚食粥,直到一个多月以后,他在他的厅室墙壁上题写"乞为三日之霖,愿减十年之寿"祈祷语为百姓求雨。不久,他因病去世,当出殡到城外时,百姓号啕大哭,声震原野。宋孝宗皇帝得知后,下诏追授他为直龙图阁。

德才关系

守起居郎兼权中书舍人林机,谈到司马光曾经有君子的品德胜过才能,小人的才能高于品德的论述,希望宋孝宗能够体察其中的意义。宋孝宗说:"汉高祖因为善于知人用人而闻名,他曾经说陈平智谋有余,但不能独掌大权,周勃为人忠厚,能担负国家重任。可能是深切理解德才关系的个中滋味了。"

从政贵在品行端正

资政殿学士辛次膺始终以礼自律,虽处游荡离乱之世,贫困不足自养,但是一根草也不受于人。他在朝中为官十五年,正直敢言,从来没有关于他谋取官职的议论。他对亲友说:"从政贵在清静,贵在品行端正,不能荒诞放纵。"凡是他任过职的地方、部门,人们都对他的品行称赞不已。

滕瑞被降官

知光州滕瑞奏报:"过天申圣节,臣亲自书写了'圣寿万岁'四字,长约二丈有余,同时建造了三座祝寿的棚帐,高达三丈多,共用绢五十匹,裱糊之后上呈朝廷。"宋孝宗说:"滕瑞不治理州中政务,用这种办法来谄媚讨好,特此给以降官一级的处分。"

克敌制胜的方法

余端礼上言说:"克敌制胜的方法,有制造声势和实际备战两个方面。敌人处于弱小时,先造声势后实战来打击敌人的士气;敌人处于强大时,先进行实战准备后再制造声势来等待时机。汉武帝趁匈奴困扰时,亲临边境,从而威震汉朝的北方;而沙漠之南没有匈奴王庭的原因,是让他士气恐惧低落而降服,这就是所说的先造声势,后采取行动。越国图谋灭亡吴国却不是这样的。对外讲结盟友好,对内则积极备战,表面上依靠文种、范蠡,暗中联合齐国、晋国作为外援,训练军士的人一天天的增多,并且派人进献礼物给吴国次数更加频繁,因此能一战而成就霸业的原因,便是窥伺机会而图谋吴国,这就是所谓先采取行动后制造声势。"

鼓励直言之人

提点江东刑狱萧之敏请求担任宫观官,宋孝宗征求丞相虞允文的意见。虞允文说:"前几天萧之敏弹劾臣,是他分内的事。臣虽然不知道他弹劾的内容,我知道我有罪。承蒙皇上的恩惠,没让我外放且暂留在朝中,萧之敏为人正直,希望宣召他回到原来职位,以开辟敢于直言进谏之路。"于是宋孝宗就没有批准萧之敏的请求,对身边的人说:"丞相的话很宽厚,可记载到《时政记》中。"

听其言观其行

太常博士杨万里入朝上殿轮对,谈论人才。宋孝宗说:"人才必须辨明真伪,分别邪正,最不应该凭言语取人。孔子很圣明尚且说:'开始我认识人,除了他的话外就相信他的行为;现在我识别人,听了他的话还要看他的行为。'因为以言语取人,在识别宰予时就会失误。"

林机论大禹

给事中林机在侍讲《禹贡》时说:"孔子曾赞美禹说:'禹既能勤于国事,对家事也非常俭朴,禹平时的饮食很简单,穿着粗略的衣服,住的房屋也很低矮,常年在外修筑河渠。'《禹贡》篇中所确立的制度也把勤俭美德作为做人的基础。"此篇的结尾说:"人们都按照上中下三等田地的标准,来确定中国的赋税数量,按照品德高低排列先后次序,就不会有人反对我们的政令了,其中的意义是多么深刻啊。我们后人要引以为戒,时常想着大禹的勤俭美德,那么天下达到大治就没有困难了。"

朱熹应诏任职

朱熹辞谢召用诏命,请求担任监岳庙之职。宰相梁克家上言:"朱熹学问渊博,很有操守志节,而且安于静修退隐,屡次征召他入朝都不出来任职,执政官员都很称赞他。"也有人说:"朱熹学问渊博精深,但被所学的知识拘泥,欠缺变通。"宋孝宗说:"朱熹现在以有病为由辞职,但他安贫乐道,谦虚退让值得嘉奖。特此令他改任为宣教郎,主管台州崇道观。"朱熹因为本意要求退让却反而得以升官,于道义不合,于是再次提出辞职,直到又过了一年,才接受任命。

陈敏政被特赐旌表

汉州什邡县杨村进士陈敏政家,被朝廷特赐旌表门庐(朝廷用立牌坊或挂匾额等表扬遵守封建礼教的人)。陈敏政一直遵照高祖母王氏的遗训,到现在仍是上下五代同居一处,并且因为忠孝礼义而闻名。当初高祖母十八岁时就嫁到了陈家,一年多后,丈夫就去世了,但她守志不移,侍奉舅姑仍十分周全、孝顺,教育后代崇尚学业,众口皆碑。本州府因为她的事迹突出而上报于皇上,因而获此殊荣。

汤邦彦大话被免职

汤邦彦敢说豪言壮语,宰相虞允文极为器重他。后来,虞允文外任四川宣抚使时,聘请汤邦彦为官与他同行。汤邦彦返回朝廷后,宋孝宗也赞赏他敢于说话,就派他出使金国,去谈归还宋室陵寝所在地之事。汤邦彦到达金国都城,金人拒不接见他,过了十多天,才命令引见,通道两边都是箭上弦刀出鞘的士兵,汤邦彦大为恐惧,不敢说一句话就退出来了。他什么也没有谈成就返回,宋孝宗勃然大怒,认为他自高、妄大、虚伪,玷污了朝廷使命,将他免职流放到新州。

矫枉过正

右正言黄洽说赏罚必须要符合原则,宋孝宗说:"赏罚自然要公平适当。然而纠正过错时却产生新的过错;因此纠错达到正就可以了,过于正也就不正了。严厉本可以限制松缓,但是过于严厉,就像矫枉而过其正一样。想立表也是这样,身正则其影直,所立过中则影也随之。一赏一罚,决不能使其过度。"

听言当不厌其广

御史中丞上言说:"根据人之言论固然可以了解人,但轻信人之话也可以失掉人。所以倾听人言当不厌其广,广听就可以不受蒙蔽。听取人言应当不厌慎重,慎重就不会失误。"

张栻犯颜直谏

右文殿修撰张栻勇于追求道义,每次入殿对答都不为君王的意向所动。孝宗说仗义死节之臣难得,张栻奏对道:"应当从敢于冒犯圣颜而直谏中求得,如果平时不能冒犯圣颜而敢于直谏,那么将来怎么能够期望他信节死义呢!"孝宗又说难得能事之臣,张栻奏对说:"陛下应当访求明白事理之人,不应该求能事之臣,如果只求能事之臣,然而将来败坏陛下大事之人,不一定就不是这个人。"

郑丙为政

郑丙出任泉州知州,治理地方很残暴苛刻,有人规劝他施政多宽缓些,郑丙却说:"我历来疾恶如仇,岂能因为顾及晚节而改变了一生坚守的原则!"听到这话的人背后都嘲笑他。

人才之长短

宋孝宗和宰相议论人才时说:"平庸而没有才能和谋略的人很容易得到,我们需要的是要有才能而不苛刻,仁慈善良而没有差错的人。"王淮回答说:"一般来说有才能的人大多都苛刻,仁慈善良的人大多都可能出差错。"

不孝之名终身不可赎

太湖知县赵杰之,有人奏报他不为继守丧。宋孝宗告诫大臣们说:"士大夫一旦背负不为父母守丧的坏名声,终身不可以赎罪。在行遣的公文中要言辞委婉,不必言明其罪名。"于是降赵杰之一级官职,尔后免去他的官职。

悔不听黄洽之言

宋孝宗几次表示禅位,大臣都苦苦相劝,便将此事搁下了。一日,孝宗又提禅位之事,多数大臣表示赞成,只有同知枢密院事黄洽默不作声。孝宗问道:"卿为何一言不发?"黄洽道:"恕臣直言,如论太子之圣德,诚可继承您的皇位,然太子妃李妃却不为天下之母（即不配做皇后），望陛下再做慎重考虑。"孝宗听了，猛然醒悟，因他也知道李妃性格强悍，不温柔善良，多有失礼之处。有一次，孝宗曾指责李妃道："你应该像皇太后那样温恭，不然将废你为庶人。"孝宗的指责批评，不仅没有效果，反而从此与儿媳之间结下了怨恨。当年二月，孝宗仍将帝位禅让给了太子赵淳，是为光宗，自为太上皇。赵淳即位后，李妃对孝宗先前的指责仍怀恨在心，故她一当上皇后，便千方百计地离间孝宗和光宗之间的父子关系，且态度比当妃子时更加强悍。光宗听其谗言，竟在长达一年多的时间内不去孝宗住处问安。为此，孝宗每想起来，很是伤感，常常抚几叹道："悔当初不听黄洽之言！"

孝宗郁闷不乐，日久成疾。卧病期间，很想见儿子一面，然直到病危，光宗仍没去探望。

慎终先慎始

侍讲尤袤，给宋光宗讲《尚书》，说："天下万事开头错了，那么以后不可挽救，《尚书》说：'要慎终，只有先慎始。'"

不敢用私心来坑害国家

太师、魏国公史浩向朝廷荐举人才，提名陈之茂晋升帖职担任知州。孝宗皇帝知道陈之茂曾诋毁史浩，就问："爱卿难道要以德报怨吗？"史浩说："臣不知道我们之间有怨恨，假若认为有怨恨而以恩德回报，那是别有用心"莫济诋毁史浩尤其厉害，史浩照常推荐莫济职掌替皇帝起草制书，孝宗皇帝说："莫济不是经常诋毁你吗？"史浩说："臣不敢用私心来坑害国家。"次日，莫济就被任命为中书舍人兼直学士院。

医非相事

参知政事程辉辞官退休，程辉喜欢杂学，尤好医学。神童常添寿年方几岁，程辉召他闲谈，随手写了"医非细事"四字。常添寿涂去"细"字，改作"相"字，程辉看后非常惭愧。

以诚心纳谏

秘书郎黄裳上奏说："自古君主不能听从劝谏的，受三方面的蒙蔽：一是私心，二是胜心，三是忿心。事情假如不出于公心，而固执己见，叫作私心；私心生，就以进谏者作为心病而设法战胜进谏者。胜心生，就会把进谏者当作仇人而设法驱逐他。因为私心而生胜心，因为胜心而生忿心，忿心生，那么事情就有不合乎道理的结果。君主应当遇事静心体察，使心不受外物影响，那么听到进谏者的话就没有不高兴的感觉，而就无战胜对方的心；对待进谏者没有不诚之意，也就没有发泄愤怒的心思了。"

心术不正不可取

签书枢密院事罗点孝友正直,不做矫激傲慢之行。有人说天下事不是有才华的人不能办。罗点说:"应当论其心,如果他心术不正,才虽然过人,又有什么可取的呢?"

带泪诸葛亮

扬州守将郭倪性情轻躁,平日常以诸葛亮自称。金兵进攻军事要地六合县,郭倪派遣前军统制郭撰前去援助,结果战败,郭倪便放弃扬州而逃走。由于多次失败,郭倪自己估计不能再振作起来,接见客人时便流下泪来。法曹彭法当着客人面讥讽他说:"这位是带泪诸葛亮。"不久,郭倪被贬到康军安置。

朱熹处心诚敬

朱熹自小有志于圣人之道,他研究学问到达很深的含义求得理解,反省自身付诸实践,而以处心诚敬为主要观点。他曾经说圣贤道统的继承流传,分散在经典之中,自从经典被曲解,道统的传授才在隐晦中进行。这样,他更是竭尽精力用以研究圣贤的经典著述。他所著的书被求学者奉为经典。

惟至公以服人

吏部侍郎娄机,得知太师韩侂胄因专权谋私被杀,对同事们说:"唯有出以公心才能服人。专权之臣任意以权谋私,宰执、侍从、台谏、藩镇帅臣诸官,都出于他的门下,败坏国家,危害百姓。如果因私人间恩情没有报答,就推荐提拔,因为私仇没报,就阻止压抑,那么,一牵扯到私情,人心也就没法控制了。"

毕再遇以奇制胜

镇江副都统制毕再遇率军在楚州与金兵相持,金兵经常以水柜取胜,毕再遇在夜里绑草人数千个,给草人穿上甲胄,拿着旗帜戈矛,庄严站立成行。天刚亮,毕再遇命令鸣鼓,金兵看到惊恐地赶忙放水柜,这时发现是假人,却来不及了,这时出兵攻击,金兵大败。

毕再遇引诱金兵作战,边战边退直到傍晚,于是以香料煮豆,撒在地上,前去攻击敌人,又假装败走,金兵乘胜追赶,马饥,闻到香豆,全都吃豆,鞭打马也不走,毕再遇掉转马头攻击敌人,金兵大败,死者不可胜计。

以疾病为由推辞不任

崔与之任四川制置使,施政爱民有方,将士安定和睦,府库储备充实,人民安居乐业,朝廷下诏任命崔与之为礼部尚书,令其速回朝中任职,他却以自己有疾病为由推辞不任,单人回到广州安居,四川百姓为他修立生祠来怀念他。

为知己者死

蒙古君王计划夺取德顺,因德顺没有军队驻守,全城百姓非常恐惧。节度使海伸,深知凤翔进士马肩龙能够共同谋事,以书信招请他,有人认为德顺城肯定会失守,就劝其不要前往。马肩龙说:"海伸把我作为知己,我也知道德顺无法守住,去了必死,然而生为知己,不得不为之一死呀!"马肩龙来到德顺不久,城池就被蒙古军围困,而城中只有义兵、乡兵八千多人,海伸委任马肩龙为凤翔总管府判官,同心协力守城御敌。蒙古军大量汇集,连续攻城二十昼夜,城池终于被攻破,海伸战死,马肩龙自刎殉节。

崇拜德行

太学正徐介在进宫面见宋理宗论说《中庸》,提到君子独自一人时,更应该谨慎的意旨,宋理宗说:"这是把对德行的崇拜放在心中,在独行时也要做到没有可以惭愧的意思。"

王暨侍讲《尚书》

王暨在宫中侍讲《尚书》,宋理宗问他:"夏桀不道,成汤放逐了他,可以作为鉴戒,商纣为什么也要走他的老路呢?"王暨回答说:"惟上智与下愚不移。殷亡之鉴不远,在夏后之世,商纣不能引以为戒,于是导致灭亡,这就是后世的人们愚昧而不能改变的道理了。以古为鉴,这道理理解起来容易,做起来难。"

十位哲人配飨于孔庙

礼部尚书兼侍讲李植,上书奏说,胡瑗、孙复、邵雍、欧阳修、周敦颐、司马光、苏轼、张载、程颢、程颐十人,博学多才,为学者所宗仰,应该配飨在孔庙从祀之列。又奏请将子思一并提升予以祭祀,列于十位哲人之中。宋理宗采纳了他的建议。

君亲等天地 忠孝无古今

太学生黄恺伯、金九万、孙翼凤等一百四十四人上疏说:"君王恩情与天地等同,对父母的忠孝不分古今。只有对父母孝顺,才有可能对君王忠心。自古求忠臣必于孝子之门,没听说不孝之子可以期望他对君王忠心的,没听说父母生命垂危孝子不去看望问候的,没听说得知父母去世的消息孝子不去奔丧的,凡是知天理的人,必须这样做!在我朝的大臣中,像宰相富弼那样身系社稷危安,其进退关系着天下轻重的人,守丧未满而朝廷下令要其复职,前后派去了五个使臣,富弼都以三年守丧未满加以拒绝,终于没有从命,到现在天下还在传诵此事。我们之所以向朝廷进言,就是要朝廷向天下诏示,要时刻牢记纲常之礼,以泰山之重来重视名教,使天下后世为人臣、为人子的人,明白人伦道德都要为忠而死,为孝而死,来保全立身处世的大节。"

防患于未然事宜成

宣抚使郝经上言说:"天下的事,未雨绸缪,防患于未然就易于得手,容易成功,而事情已然之后再补救则难以如意了。已然之事中又包含有没发生的事,既要补救已然的事情,又要使未然的事情按照自己的愿望实现,这是最困难的啊!"

宋理宗严家教

宋理宗的家教很严,忠王赵祺被立为皇太子。理宗规定:皇太子在鸡叫头遍时,就要去皇帝处问安;叫第二遍时,必须回宫;叫第三遍时,皇太要去会议所参与裁定一般事情;退出以后,去到讲堂听讲经史;天将黄昏时,再到皇帝的寝宫问候一天来的起居。宋理宗问他今天讲的是什么经书内容,皇太子答复,答对了就赐坐赐茶,答错了就向他反复讲解。如果还不能理解,宋理宗便大怒,至明天仍旧要重讲,每天都这样,顺沿下来就成为制度。

安危和治乱都起于一念之间

陈宗礼为宋度宗讲读《孝宗圣训》,因此说:"安危和治乱,都是起于一念之间。念头稍有差错,祸乱随即发生,天下的祸乱,没有不是起源于细微而形成于显著。"又说:"不以个人的意志而损害国家的法度,是国家的福气。"

推崇仁义宽厚

知枢密院事马廷鸾上奏说:"君王要恢宏大度,对人予以宽容,用虚怀圣人之心而耐心等待,推崇仁义宽厚以帮助他人,忍耐于不易推行的事而听取意见并加以采纳,那么下情就会上达,道理就没有不尽善尽美的,邪恶不正派的人就会闻风丧胆,正直的人就会扬眉吐气,天下的人才可以有所作为。"

人才培养不在于速成

礼部侍郎李伯玉向朝廷建议说:"人贵在培养,而培养不在于速成,请求取消童子科,平息为追求名利而奔走争斗,以保护幼童的良心。"

廉希宪论戒律

蒙古国主问:"孔子有戒律吗?"廉希宪回答说:"做臣子的要忠诚,做儿子的要孝顺,孔子的戒律,如此而已。"

不以国家官爵报私恩

程元凤在朝廷任少保、观文殿大学士,有个官吏因他的祖父曾经举荐过程元凤的缘故,多次找到程元凤要求升官,程元凤不答应,对他说:"你的祖父往日举荐我,是因为我安于淡泊,忠于朝廷。现在你要求不按次序越级升官,难道会是令尊的意思吗?并且用国家的官爵来报答私人间的恩德,这是程元凤所不取的。"

都统密佑

元军逼近抚州,都统密佑率领部众在进贤坪迎战元军,元朝士兵大声叫喊说:"你们是投降,还是打仗?"密佑说:"是来打仗的。"元朝军队越来越多,将密佑的军队重重包围起来,射来的箭如同雨点一样密。密佑身中了四箭、三枪,因重伤被俘。元军要他投降,他始终不屈服,答应授给他官职,他拒绝不要。元军又让密佑的儿子来劝他说:"父亲死了儿子我将去哪里?"密佑斥责说:"你可以到街上行乞要饭,就说你是密都统的儿子,谁会不可怜你!"说完愉快地解开衣服请求受刑,于是被处死。元朝的士兵都被感动得流下眼泪。

金履祥献破敌之计

蒙古军围攻襄、樊,形势紧迫,城防有被攻破的危险。兰溪处士金履祥,进献牵制攻打敌军虚弱之处的计策,请求派遣重兵由海道直接进攻燕蓟,那么围攻襄、樊的元军不攻而可以自解。当时,朝廷中有人认为这不切合实际。但金履祥所讲的海船经由到哪县,以及大洋海岛,道路的难易远近,后来被验证都没有差错。

拒收谢礼

杨玠节家庭十分富有,守藏吏姚溶偷了杨玠节家的钱财,害怕事情被察觉,就诬告杨玠节暗中与广王、益王有来往。有司拷打杨玠节，杨玠节无辜而服了罪。罪案成立以后，杭州总管府推官申屠致远审理这桩案件，弄清了案件的真实情况，姚溶服罪。杨玠节向申屠致远赠送财务以致感谢，申屠致远很生气说："我依法公道审案，难道是为了接受财礼吗？"于是拒受谢礼。

李德辉诚信感动鬼国

罗施鬼国（今黔西地区）投降以后又叛变，朝廷下诏命令云南、湖广、四川联合出兵讨伐。军队将逼近罗施鬼国边境，正好李德辉在播州，就派人来阻止不要征讨，另派人告知鬼国马上投降。鬼国酋长阿察深知李德辉的名望，说："是救活合州的李公吗？他的话明信可靠。"立即率众到播州投降。李德辉将这件事上奏朝廷，于是改鬼国为顺元路，任命阿察为官抚使。

朝廷任命李德辉为左丞相，任命书还未到，李德辉已经去世，蛮夷人痛哭悲哀程度就像是亲人去世了一般，合州安抚使王立披麻戴孝率领官吏百姓拜哭，声音响彻山谷。鬼国和播州都立庙设立牌位来祭祀他。

廉希宪诫子

魏国公廉希宪告诫他的儿子说："大丈夫见义勇为，祸福于已在所不计。说皋、夔、稷、契、伊、傅、周、召为可望而不可及，这是自暴自弃。天下的事假若并没有什么制约，三代之业可以恢复。"又说："梁公狄仁杰具有大节，但是被不肖的儿子所毁坏，你们应该谨慎行事。"

皇后忧子孙

南宋灭亡以后，南宋幼主入朝拜见皇帝，皇后鸿吉哩不高兴。皇帝说："江南平定，从此以后不用再打仗了，人人都欢喜，为什么唯独你不高兴？"皇后说："自古以来没有长存千年的国家，不要让我们的子孙落到这种地步就算有幸了。"

《过零丁洋》

由于文天祥在江西、广东一带牵制了大量元军，忽必烈便调动军队包围，文天祥在转移南岭途中被俘。文天祥被押在船上，随元军出发。面对浩瀚的零丁洋，悲愤万分，挥笔疾书写下了著名的诗篇《过零丁洋》：

辛苦遭逢起一经，干戈寥落四周星。
山河破碎风飘絮，身世浮沉雨打萍。
惶恐滩头说惶恐，零丁洋里叹零丁。
人生自古谁无死？留取丹心照汗青。

惟其义尽　所以仁至

　　文天祥被囚禁在燕京,元世祖晓谕他说:"你用事奉宋朝的忠心来侍奉我,我就任命你为丞相。"文天祥说:"我受宋主之恩为宰相,怎么会肯事奉二主！情愿赐我一死就足够了。"

　　文天祥被押到菜市刑场,看望的有上万人,临刑前他很从容地问市人说:"哪边是南面？"有人指给了他,就向南下拜三次而死。当时他年仅四十七岁。他的衣带上有遗诗说:"孔曰成仁,孟曰取义,惟其义尽,所以仁至。读圣贤书,所作何事！而今而后,庶几无愧！"文天祥被处死的那一天,大风扬起尘沙,世祖感叹道:"真是个好男子,只是不为我所用,杀了他真是可惜！"

　　文天祥的妻子欧阳氏说:"我丈夫并没有辜负国家,我怎么能辜负丈夫！"于是也自杀而死。文天祥的两个儿子也全都死了。

　　庐陵人张千载是文天祥的朋友,文天祥显贵时,数次召他去做官都没去。临安被攻陷之后,文天祥被从广州押解回来,经过吉州城下,张千载来见他,说:"丞相这次去北方,我张千载应当同行。"到达燕京以后,就寄居在文天祥被囚禁之地附近,每天给他送饭,三年如一日。到文天祥受刑的那一天,张千载就用木匣子收藏了他的头颅,又找到文天祥的妻子欧阳氏骸骨,用双层囊袋包好,一起运回吉州,交给文家的人安葬。正好同一天家人也将文天祥母亲曾氏的灵柩从惠州运了回来,人们都以为这是忠孝所感,才会这样。

必有忍乃其有济

　　有人问怎样治理国家,签枢密院事赵良弼说:"定要忍耐才能使其成功。人性易发而难以控制的,以怒为第一,必须约束自己然后可以制怒,必须顺理然后可以忘怒,能够容忍那些难以容忍的事情,容所难容,事情就可以成功了。"

倪坚论兴亡之因

　　皇太子派遣使臣到开元征召宋朝工部侍郎倪坚。倪坚到达大都以后,皇太子向他询问古今成败得失之原因。倪坚说:"夏、商、周三代凭借着仁爱取得天下,也因为不仁而丢失天下。汉、唐因为外戚和太监专权而灭亡,宋由于奸党和权臣而灭亡。"太子赞许他的意见。

民富则国富　民安则国安

　　监察御史陈天祥上奏说:"国家和百姓,上下就像一体,百姓是国家的血气,国家是百姓的肤体。血气充实,则肤体健康强健；血气损伤,肤体就会羸弱多病,从来没有耗尽其血气却能使其肤体丰满强健的。因此百姓富足则国家富足,百姓贫困则国家贫困,百姓安泰则国家安泰,百姓困则国家困,道理就是如此。"

夫妻互忆回文诗

李禺

宋代李禺写了一首丈夫寻妻诗,也是一首回文诗。顺读倒读都是忆亲人,正读是夫忆妻父忆子;倒读是妻忆夫子忆父:

正读:枯眼望遥山隔水,
　　　往来曾见几心知,
　　　壶空怕酌一杯酒,
　　　笔下难成和韵诗。
　　　途路阻人离别久,
　　　讯音无雁寄回迟。
　　　孤灯夜守长廖寂,
　　　夫忆妻兮父忆儿。

倒读:儿忆父兮妻忆夫,
　　　寂寥长守夜灯孤。
　　　迟回寄雁无音讯,
　　　久别离人阻路途.
　　　诗韵和成难下笔,
　　　酒杯一酌怕空壶。
　　　知心几见曾来往,
　　　水隔山遥望眼枯。

辽 西夏 金 元

耶律德光狂言

公元947年，正月初一，契丹主耶律德光在开封登基，做了中原的皇帝。耶律德光进入开封城时，百姓一见皆惊呼而走，他借助"通事"用胡语向开封人民宣告他的胜利。他对晋臣说："中国的事，我皆知之，吾国事，汝曹不知也。"他纵容骑兵以牧马为名抢劫粮草、财物，名曰"打草谷"。开封三千里之间全遭契丹军抢劫，百姓四处流浪，人不聊生，内外怨愤，民间出现驱逐契丹之呼声。

耶律德光即位后不再继续任用后晋原有的地方官，换为契丹人。此时，刘知远在晋阳（今山西太原）称帝，各地反抗契丹的武装纷纷回应。相州（今河南安阳）民众自发组织起来，夺取了州城。武行德则趁崔廷勋送耿崇美上任而暂离河阳之机，率投降契丹的汉军反正进据河阳。契丹任命高唐英、耿崇美等出任节度使，代替原来的地方官，被各地军民驱逐。宋、亳、密三州也为起义的民众攻下，各地民众反抗契丹风起云涌，耶律德光深感已无法在中原立足，也不能在开封久留，便以回塞外看望述律太后为名，率部分蕃汉臣北返。947年四月，耶德德光返到临城，得病，及至栾城，病情加重，行至杀胡林，病死。他在离开开封时说："我不知中国人难制如此！"他再不狂言"中国事，我皆知之"了。

巾帼不让须眉

辽乾亨四年，耶律隆绪即位，是为辽圣宗，时年十二岁，萧绰以皇太后身份，奉遗诏摄政。

萧太后摄政，整顿吏治，选贤任能。她重用汉人，与契丹朝臣共掌国政。完善科举取士之制，吸收大批汉儒参政。要求契丹和汉官清正廉洁，"当执公方，毋得阿顺。诸县令佐如遇州官及朝使非理征求，毋或畏徇。恒加采听，以为殿最"。惩治贪暴残民者，荐拔清勤自持者，使辽廷政治日趋清明，吏治好转。史称其"明达治道，闻善必从"。每次战役，她都亲御戎车，指麾三军，"赏罚倍明，将士用命"。她几次雄心勃勃，发兵南征宋朝，竟数次打得宋军落花流水。在进攻宋朝瀛洲城时，她亲自擂鼓助威，契丹军气势益炽，奋力攻城，城墙上布满了射中的箭，如同刺猬一般。当契丹军抵达澶州，三面围城，使宋朝陷入极大地恐慌之中，宋帝派人主动请和，称萧太后为叔母，愿每年输银十万两，绢二十万匹，史称此为"澶州之盟"，萧太后撤兵北还。

萧太后摄政二十七年，使辽朝进入全盛时期。

史官萧罕嘉努

辽国修国史萧罕嘉努,见辽主耶律宗真行猎,常常劝谏。恰逢有关人员上奏,在秋山狩猎时,熊、虎伤害咬死几十人,萧罕嘉努就把这件事记载入册,辽主见到后下令划掉此事,萧罕嘉努出门后又重新写上。耶律宗真曾经问萧罕嘉努:"我国自创业以来,哪朝君主贤明?"萧罕嘉努回答说:"穆宗耶律璟最贤明。"耶律宗真感到惊讶,说道:"穆宗耶律璟嗜好喝酒,喜怒无常,你怎么认为他贤明呢?"萧罕嘉努回应道:"穆宗耶律璟虽然暴虐,但他减省徭役,减轻赋税,老百姓生活安乐,穆宗统治时期也没什么过失,而近日因秋山狩猎,熊、虎伤亡的人很多,因此我认为穆宗耶律璟贤明。"辽主耶律宗真沉默无语。

筐无储蓄 柜无新衣

辽国南院大王耶律罕班,身居高位,一生简朴。在去世的时候,筐中没有过去的储蓄,衣柜里没有一件新衣服。辽兴宗对他逝世哀悼惋惜,派遣使臣祭奠凭吊,特赐给下葬器具。

得勿喜 失勿忧

辽天祚帝任命枢密直学士马人望为参知政事。马人望平素品行端正,从来也不依附权势谋求升迁。这时人们来向他表示祝贺,他却忧心忡忡地说:"得到的时候不要高兴,失去的时候不要忧伤,抬得越高,别人打击他一定更残酷。"他始终是这样谨慎小心。

萧氏陪丈夫流放

萧氏是辽朝贵族之女,母亲是辽国胡独公主。萧氏成年后嫁给大臣耶律奴为妻。她为人注意品行修养,对人说:"处理夫妇关系,女人应该修养品德,为人贞洁,对夫家长辈要尊敬,对丈夫要温柔,对小辈和家臣要宽厚。这样,家庭、乡里才和睦。"

后来,耶律奴因与朝中奸臣耶律乙辛不和,被罢去官职,流放边远地区,皇帝因萧氏是公主之女,打算让她与耶律奴离婚,另配夫家。萧氏对皇帝说:"夫妇之义,生死以之,我很早就嫁给耶律奴,现因遭到意外事变,就同丈夫离婚,这与禽兽有何区别?甘愿陪伴丈夫流放。"在流放期间,萧氏亲自操持家务,生活艰难,但她对丈夫更是礼敬有加。由此,博得人们的尊敬。

倾慕汉族文明

西夏自景宗元昊建国以来,存在着"蕃礼"与"汉礼"之争。乾顺即位后,对高度发展的儒家文化与汉族文明十分倾慕,决定以提倡汉族文化,来改变夏国的社会风气。永安三年御史中丞薛元礼上疏说:"士人之行,莫大乎孝廉;经国之模,莫重于儒学。昔元魏开基,周齐继统,无不遵行儒教,崇尚诗书,盖西北之遗风不可以立教化也。"认为,只有重新提倡汉学,才能改变夏国的不良风气,挽救面临的危机。乾顺采纳了薛元礼的建议,下令在原有的"蕃学"之外,特建"国学",教授汉学。挑选皇亲贵族子弟,建立"养贤务"培养高级专门人才。并正式公布任用汉族儒士办法,对擅长文学的士人"尤以不次擢",给予特别的优待。

仁孝即位后,人庆三年三月,"尊孔子为文宣帝",令各州郡建立孔庙,祭祀孔子。在各州县设立学校,仿照宋朝制度,设立童子科,建立太学,并逐步完善科举取士制度。

元昊重视人才

夏景宗元昊非常重视人才,尤其特别重用宋朝投夏的儒士和文臣武将,或授以将帅,或任之公卿,推诚不疑,安排到重要岗位上。宋朝华州人张元、吴昊在宋朝"累试不第",科场失意后投降夏国,被元昊任为重要谋臣,凡国家大事,重大战争都让其参与谋划指导。后来,张元官至太师尚书令兼中书令,不久又升任国相。

进退有度

西夏与北宋议和,导致夏辽联盟的破裂,辽兴宗决定出兵讨伐夏国。天授礼法延祚七年十月,辽兴宗率骑兵十万,分路渡黄河,进攻夏境。夏景宗元昊承用诱敌深入之计,大败辽军于得胜寺南壁,俘虏辽驸马胡覩,辽兴宗逃走。元昊大获全胜之后立刻遣使同辽讲和,同时又向宋朝献俘。元昊在处理宋辽关系上,善于把握时机,进退有度。

《天盛律令》

西夏法典《天盛改旧新定律令》简称《天盛律令》,是西夏仁宗天盛年间制定和颁布的一部国家法典。共二十卷,分一百五十门,一千四百六十一条。《天盛律令》从思想、内容到编撰体例基本是借鉴或继承中原王朝历代传承的法律思想和法律体系。是具有民族、地域、社会等特殊背景下的发展和创新。其包含的经济法与军事法的内容极为丰富,它反映了西夏处在自然环境恶劣,生产力落后以及强邻包围下以图自强和防御的需要。

《天盛律令》是中国古代历史上第一部用少数民族文字编撰和颁行的王朝法典。据史载,在古代历史上,与西夏王朝同时期的契丹和女真先后建立的辽、金王朝都曾兼采唐、宋律令用汉文编纂律令,但都未能传世。因此,仅存的西夏文律令对中国多民族国家法律制度、法制史的研究具有重要价值。由于西夏文献史料的缺乏,《天盛律令》作为王朝综合性法典的性质,内容涉及西夏社会历史,生产生活的各个领域,诸如政治、经济、军事、文化、宗教、习俗、民族、婚姻、科技、生产、生活方式等,并且是使用本土本族语言的、规范的、多方位的记载,因而它是研究西夏社会历史文化的第一手资料。

马肩龙大义保从坦

金宣宗初年,有人诬告皇族子弟从坦杀了人,朝廷将要对他处以死刑。人们都因为害怕不敢说他受了冤枉,只有马肩龙上疏给宣宗,说:"从坦具有将帅的才能,没有人比他强,我是一个微不足道的书生,对社会没有多大用处,我愿代从坦去死,请留下他为皇上带兵作战。"宣宗见到这封信后,就召见他,问道:"你与从坦的交情十分深厚吗?"马肩龙回答说:"我知道有个从坦,可从坦未曾认识我。从坦受到冤枉,大家都不敢作声,我愿以性命来保他。"金宣宗被他的大义所感动,并有所醒悟,因此赦免了从坦,并任命马肩龙为东平府录事,被派到行省去试用。

金太祖处理谋反者

金太祖完颜旻听说耶律伊都和图喇谋反,就传召他们进见,从容不迫地对他们说:"朕得到天下,都是我们君臣同心而成大功,本来不是你等之力。现在我听说你们阴谋叛乱,如果确有其事,你们必不可少的鞍马、铠甲、头盔、兵器这类东西,我将全部交给你们,朕决不食言。但假如再让我抓住你们,则必不免一死。如果想留下来效忠朕,那就不要心怀异志,朕也不会怀疑你们。"耶律伊都等人都全身哆嗦不能答对。金太祖下令打图喇七十棒,其他人一并释放。

讥讽朝廷不为罪

金国有一个男子穿着麻衣,在承天门前又笑又哭,责问他,就说:"我笑,笑朝廷将相不堪其任;我哭,哀泣金国即将灭亡。"群臣要加重对他的处罚,金哀宗不允许,说:"新近诏令山野草民也可以率直陈言,即使讽刺朝廷也不犯罪,只不过朝廷宫门不是又哭又笑的场所,给以仗刑把他赶走就行了。"

刲股侍母

王震,宁海州文登县人,准备考进士时,母亲中风得病。王震便割下自己大腿上的肉和在食物之中给母亲吃,不久母亲的病就好了。母亲去世时,王震由于悲哀哭泣过度,眼睛生出了遮膜,等到母亲的丧期过去后,他的眼病不经治疗就痊愈了,人们都认为这是孝心感动神灵所致。因此他被朝廷特地赐为进士。

人心不可以王法惩治

金主完颜亮率军侵入中原,在中途被叛军杀死。这时,一部分金兵已度过淮河,有一位统领三百人的官员向千户官报告说:"我的部下都有回归之心,无法压服怎么办?"千户官说了:"国主虽然已经死了,难道就没有王法了吗?"他的弟弟说:"兄长的话说得不对了,他们的家中都有父母,人心是很难强留的,怎么能用王法惩治他们呢?"千户官不再说话了,于是士兵们各自上马,当即向北奔驰而去。

帝王不引用经典

金国有人请求罢免科举制,金世宗完颜雍说:"我要问问太师的意见。"张浩入朝拜见,金主问:"自古以来有帝王不引用文献经典的吗?"张浩回答说:"有。"金主又问:"是谁?"张浩说:"秦始皇。"金主回头看左右侍臣说:"你们怎么能让我成为秦始皇那样的国主呢?"于是议论终于停息了。

天理不容

金世宗完颜雍对近侍群臣说:"我朝的秦王宗翰为国建建立了大功,为什么竟然没有后代呢?"大家都不知道应该怎么回答。金世宗说:"朕听说宗翰在西京曾经活埋了一千已经投降的人,这是天理不容,莫非是对这件事的报应吗?"

直言进谏的人哪里去了

金世宗问宰臣说:"古时候官位低微却能忧国忧民,直言进谏不避忌讳的人,现在为什么没有了呢?"石琚回答说:"这样的人怎么会没有呢?只是没有能使君主得知罢了。"金世宗说:"应该努力去寻找和任用这样的人啊!"

奸臣贪官未尽除

子温任安化军节度使的时候,横行贪赃,不遵守法令制度,御史大夫李石上奏弹劾他。在李石开始参奏时,宰相退下殿来,站在那里等候了很长时间,等到李石也退下来,宰相似乎不经意的询问李石,向皇上奏事怎么会用这么长时间?李石严肃地说:"就是因为天下的奸臣贪官还没有全部扫除。"听到这话的人,也都感到恐惧。

亲睦九族

金世宗对宰相说:"宗室中有不担任官职的,倘若不加赐恩泽,在关怀亲属的道义上就有所不广。朕想授予他们以散官之职,适量地发给俸禄,不知道以前朝代是如何处理的?"左丞石琚说:"陶唐亲善九族,周朝使九族和睦,从《诗经》《尚书》的记载中可以知道,都是帝王可称美事。"

在丑不争谓之孝

金国尚书省奏报邓州百姓范三斗因杀人应当判处死罪,但父母年老无人侍奉。金世宗说:"处于耻辱之中而不与人争斗才算对父母孝,对父母孝才能奉养父母。这个人因为一时的愤怒而拼命与人斗殴,不能说他有奉养父母的孝心!可以按律论处。他的父母,由官府给以养活照顾。"

勉励孝子

金世宗来到泉清县,听说此地契丹人伊喇特尔额有一妻一妾。妻生六子,妾生四子。妻死后,其六子在墓旁边搭草房居住,轮换住宿守墓。其妾之子说:"她是嫡母,我们难道不应当守墓吗?"于是也轮流住宿守墓,坚持三年。金世宗当即赏钱五百贯给其妾之子,用以勉励孝子。

金世宗家教从严

金国有关部门上奏书请求将赵王之子完颜实古讷关入宫从侍,金世宗没有答应,对宰相说:"儿辈尚幼,如果奉承太过分,使他们滋长放纵之心,最终会难以节制,这个风气不可助长。要对他们严格要求,经常畏惧从而少有过失。"

八十三岁进士及第

金国尚书省奏称提刑司察举河中人胡光谦,年虽已八十三岁,还可以任用,召他赴京城,命学士院以杂文进行考试,合格,特赐胡光谦进士及第,授官太常寺奉礼郎,过去设置此职,未曾授予他人,胡光谦德才兼备,所以特别授予他。

应当慰问不应当庆贺

蒙古军队全力进攻汴京,连续攻城十六个昼夜,双方有百万多士兵战死,金哀宗提出议和,把自己的儿子曹王额尔克作人质送往蒙军中,蒙古军知道汴京难以攻下,于是退兵答应讲和,金国参知政事特嘉喀齐喀把守城的功绩据为己有,想要率领百官进朝中庆贺。皇族色埒说:"敌兵攻到城下,被迫签订和约,《春秋》都认为是耻辱,何况是敌人先停止攻城,没有什么值得庆贺的!"喀齐喀愤怒地说:"国家没有灭亡,君主与皇后幸免于难,你难道不认为是喜事吗!"于是令赵秉文作贺表。赵秉文说:"《春秋》记载新宫发生了火灾,还要哭哀三天,现在京城遭攻击,皇陵被糟蹋,按照礼仪,应当慰问,不应当庆贺。"祝贺的事才就此作罢。

歌女张凤奴

蒙古军向汴京发动攻击,箭石如雨,当时有一种大炮,名叫震天雷,威力很大,连续向城中发射。这时,军中有一女子在城下呼喊说:"我是歌女张凤奴,许州城攻破时,被俘获来到这里。蒙古军不久就会撤退,大家一定坚守城池,不要畏惧,不要被蒙古兵欺骗!"说完后,投入城壕而死。不久,蒙古兵果然撤退,金哀宗当即派人到张凤奴死的地方进行祭奠。

你是陈山可吗

蒙古军包围汴京,猛烈攻击。右司谏陈岢上疏请战,说:"事情发展到了今天这种地步,都是因为陛下优柔寡断,将相胆小懦弱,倘若仍旧不改,一旦事情到了没有办法收拾的地步,恐怕只有君臣相对哭泣了。"他的话切合事理,说出了当时的弊端。参知政事特嘉喀齐喀看到上疏,非常愤怒,把陈岢召到尚书省,叫着他的名字责备说:"你是陈山可吗?倘若真的像你所说的那样,能够打退强大的敌人,我就世世代代给你做奴仆。"听见的人都暗中发笑,笑喀齐喀不认识岢字,分为两个字。

拿着酒槽铁口进言

蒙古太宗素来嗜好饮酒,到了晚年更加厉害,丞相耶律楚材多次劝谏,蒙古太宗不听从,耶律楚材于是拿着酒槽铁口进言:"酒能够腐蚀物品,铁尚且能够这样被腐蚀,更何况是五脏呢!"蒙古太宗恍然大悟,对亲近侍臣说:"你们的爱君忧国的心意,能够像这样吗?"于是赏赐给耶律楚材金帛,命令亲近侍臣每天进酒三盅便停止。

安图二十一岁被任相

安图被任命为右丞相,时年二十一岁,他进宫推辞说:"如今东西北三方虽然已经平定,但是长江以南还没有平定,臣的年龄太轻,如果错误地接受重要的任命,恐怕天下各地会有看不起朝廷的意思。"蒙主说:"朕已征求过众大臣的意见,觉得其他的人没有能超过爱卿的。"

占领中原必行汉法

许衡向蒙古主上言说:"考查前代,凡是北方占领中原地区的,必须推行汉人的法令制度,这样才能长治久安,所以后魏、辽、金统治时间最长。而其他占领者不能这样做的,其统治都是混乱败亡相继不断。这些在史书中都有记载,清楚明白可以查考。"

习汉人礼制

中庶子巴拜带他的儿子阿巴齐入朝拜见,就晓谕他:"不要读蒙古书,一定要学习汉人文字。"行台治书侍御史王恽进呈《承华事略》二十篇,太子阅读,看到汉成帝当太子时不敢横穿天子专用的道路;唐肃宗当太子时改穿绛纱服为朱明服而不越礼制,心里十分高兴,说:"让我来做的话,也应该这样。"又读到邢峙不让齐太子吃邪蒿,皇太子对侍奉的近臣说:"菜的名字有'邪'字,就能邪人吗?"詹事张九思说:"正臣防微杜渐,按礼就应当这样。"太子称赞他的话,并令诸子传看这本书,学习汉人礼制。

不怀报怨之心则怨自释

蒙古汉军都元帅张弘范平时常说:"要求自己应该廉洁,那么公正明达自然就会产生;赏罚有信,那么人人就都能效忠;不怀有报复报仇怨的心,那么仇怨也就自然而然地消释了。"

皇后随行南征

成吉思汗西征胜利归来,不久,又要准备南征西夏,皇后也遂劝阻道:"主子西征才归来,又要南征,将士都很疲乏,总需要稍稍休息一下才好。"成吉思汗说:"我登上汗位已经二十年,西北一带总算平定了,只是南方一直没有收服,我必须亲自出马,就是今年冬天不出征,明年春天也一定要去讨伐。"也遂道:"明年主子亲征,一定要准我随行。"成吉思汗不解地说:"忽阑(贵妃)随我西征,曾经抱怨困乏得很,你的身体比她还要娇弱,何苦要随我南征呢?"也遂解释说:"主子出生入死,臣妾却安居深宫,良心上很是不安,如果主子允许我随行侍奉左右,就是跋山涉水,我也心甘情愿,怕什么劳苦呢?"成吉思汗听了,非常满意。翌年,元宵节一过,成吉思汗立即下令南征,也遂皇后身穿戎装,跟随南征。

用大黄治瘟疫

成吉思汗率军征讨西夏,获得全胜,进入夏都,将士们开始抢掠财物,掳掠男女,只有成吉思汗的谋臣耶律楚材专心收集书籍和大黄。后来军队在返回的途中染上瘟疫,靠耶律楚材收集的数担大黄,救活了上万人的生命。

和尚宰相刘秉忠

刘秉忠,名侃,出家到武安山南寺,法名子聪。随海云禅师,被忽必烈召见。忽必烈见其学识渊博,对时局了如指掌,从容应对天下大事,非常赏识,就要他留下,辅佐政事。于是他就成了一个身着僧服,参与谋划大政方针的僧人幕僚。

刘秉忠随从忽必烈远征南方大理国取胜立下大功,后来又奉命为营建大都总监,历时十年建成,被誉为"大都之善、美,未可言宜,世界罕有其匹"。并建议忽必烈废除蒙古国号,取《易经》中"大哉乾元"语意,定国为"元",意即大、吉祥之开始。忽必烈采纳,并拜刘秉忠为太保、参领中书省事,还俗姓刘、赐名"秉忠"。至此,刘秉忠正式告别了和尚生涯,还俗当了宰相。

刘秉忠任相后,以天下为己任,凡有关于国家大体者,知无不言;他善识时务,恪尽职守,进贤不懈;但他心如秋水,终日淡然,对朝廷大事谨慎守口,不与人争。至元五年,他主动辞去宰相职务,以作仙人之游。至元十一年,刘秉忠陪忽必烈回上都升平,准备在升平筑一草舍闲居,突然无疾端坐而终,终年59岁。

刘秉忠之死,忽必烈悲痛不已,对左右说:"秉忠事朕三十余年,心思缜密,不避艰险,毫无隐情。"下诏,追赠其为太傅,封赵国公,谥"文贞"。元仁宗时,晋封为常山王。

姚枢宽宏仁慈

翰林学士姚枢宽宏大度仁慈宽孝,从来不怀疑别人欺骗了自己,有人忘记了他的恩德,也从来不怨恨。面对忧患之事,也不在言谈脸色上表现出来,有来向他求教的,他准是诚心地给予解答。

道学君子许衡

忽必烈即大汗位后,召许衡咨询政事,许衡上疏《时务五策》,提出北方游牧民族入中原汉地,必须实行汉法,才能长久统治。他在上疏中说:"上古之圣君尧舜,得贤相稷、契辅佐,稷播百谷以厚民生,契施王教以善民心。由于重农重教,使道行、民富、兵强、国盛。诚能优重农民,勿扰勿害,殴游惰之人归之南亩,课之种艺,恳嘱而督行之,十年以后,粮粟满仓,非今日之比。"忽必烈听从许衡劝告,颁订《农桑辑要》,设立劝农司,下诏禁止占用农田、牧场,召回逃亡者,垦荒屯田,兴修水利,减免租赋,赈济灾民,使元朝初期的农业得到发展。

许衡把优农与重教置于同等地位。在上疏中指出:"自都邑而到州县,皆设学校,使皇室以下到庶民子弟,皆入学以明父子、君臣之大伦,自洒扫应对以至平天下之要道。"于是世祖下诏要求各地广立学校,培养人才,以备选用。

许衡是元代著名理学家,是唯一身居相位的"道学君子"。他辅佐元世祖忽必烈,推行汉法,使理学成为元朝的"官学"。他的治国思想和实践对蒙元适应历史发展趋势,加速封建化和巩固元朝的统治起了积极的作用。

因其为官惠能清正,为教诲人不倦,故其去世后,家乡"人无贵贱少长,皆哭于门。四方学士闻其故世,皆聚痛哭,且有教千里来祭哭墓下者"。

拖雷替死

窝阔台大汗得知金国违背和议杀掉使臣,于是再次率军来到居庸关,作为拖雷的后援。突然窝阔台汗得了暴病,昏迷不醒。招来巫师占卜,巫师说是金国的山川神灵见蒙古军屠杀金国兵民,尸体堆积如山,因此作祟,应当到各个山川祈祷祭祀。结果病情越来越重,巫师说:"现在必须由一位亲王代替大汗去死,才能免灾。"这时,拖雷说:"我出征多年,杀人无数,罪孽深重,神明要惩罚,理应罚我,与哥哥无关。"然后对巫师说:"我替哥哥死,你来祷告。"巫师取来一碗水,念了一番咒语,随即叫拖雷喝下,觉得头晕目眩,对窝阔台说:"我死了,留下孤儿寡妇,全仗哥哥关照教导。"窝阔台连声答应,拖雷当晚死去。拖雷共有六个儿子,长子叫蒙哥,次子叫末哥,三子叫忽都,四子即忽必烈,五子旭烈兀,六子叫阿里不哥。后来,蒙哥、忽必烈都继承过大汗之位,而且忽必烈统一了中原。

禅华善以身殉国

蒙古军统帅拖雷率军进攻中原,在郑州扎下行营,不久攻陷钧州,金国统帅完颜哈达被杀。拖雷下令招降金兵:"你们金国所倚仗的地理优势只有黄河,将帅完颜哈达已被我杀死。黄河被我夺了,此时不降,还待何时?"金军于是投降了一半,战死一半。

大将禅华善只身来到蒙古军前,大声喊道:"我是金国大将,要觐见主帅议事。"蒙古军带他去见拖雷,说道:"我是金国忠孝军统领,今日战败,愿以身殉国。只是我死在乱军中,人们会说我辜负国家,今天我清清白白地死,也算得轰轰烈烈,是个忠臣。"拖雷劝他投降,他却破口大骂。拖雷大怒,命左右砍断他的双足,他至死不屈,骂不绝口。蒙古将士很敬佩,用马奶祭奠,对着尸体说:"好男儿,来生一定要与我们做伴!"

赛音谔德齐赴宴

成都安抚使昝万寿镇守嘉定、兴元,和元朝的赛音谔德齐对阵,相持很长时间,双方约定的事都谨慎地执行,赛音谔德齐的军队也没有侵扰抢掠,昝万寿认为他守承诺。这时,元朝诏令赛音谔德齐回朝,昝万寿在他走以前请求设宴招待以表示友好,赛音谔德齐毫不怀疑径直赴宴。酒送上来以后,左右的人劝他不要喝,赛音谔德齐笑着说:"你们的见识为什么这样短浅!昝将军能够毒死我一个人,他能够毒死我们元朝所有人吗?"昝万寿为此感叹佩服。

廉希宪拒受宝物

元军攻克江陵后,元朝廷任命廉希宪镇守安抚。廉希宪就对投降了元朝的原宋朝官员按原任官职和才能大小授予官职,当时宋朝的旧官员按礼仪拜见廉希宪并送上珍奇宝物,廉希宪对他们说:"今天所馈赠的物品,如果不是你们自己的东西,我收了就是不仁义;如果是公家的,这样做就等于是盗窃,如果是从老百姓那搜刮来的,就是犯罪。应当禁止!"所以全部拒绝接受。

大戏剧家关汉卿

关汉卿是元朝最著名的戏剧家,他的突出成就在杂剧方面,其代表作是《窦娥冤》。

窦娥,是善良的民家女,平白受到无赖的陷害,反而被受贿的楚州太守桃杌判处死刑。窦娥临刑前,发出了义正词严的控诉:"为善的受贫穷更命短,造福的享富贵又寿延。地也,你不分好歹何为地?天也,你错勘贤愚枉做天!"

关汉卿通过《窦娥冤》剧本大胆地揭露了元朝统治下的黑暗现实,热情歌颂了人民的斗争精神,表现出作者的强烈的正义感。七百年来《窦娥冤》剧本一直上演不衰,一百多年前还被译成法文,传播到欧洲各国。

民众为孝子说情

签江南浙西道金事高源,弹劾常州路达鲁花赤马恕抢夺民田之事,马恕害怕,就贿赂左丞相阿哈玛,编造事实诬陷高源,高源被囚禁狱中。高源住处的邻居都知道高源侍奉母亲很孝顺,得知高源被无辜定罪入狱,全部都到阿哈玛那里说:"高源是个大孝子,不只是我们知道,上天必定也知道。何况陷害他的罪情不实,若枉杀好人,违背天意会招致不吉祥。"阿哈玛也被感动而醒悟,于是将高源释放。

不以害人求官

左丞相阿哈玛想要诬陷杀害秦长卿、刘仲泽、伊玛都木达这三个人,兵部尚书张雄飞极力反对。阿哈玛派人利诱他说:"如果能杀死这三个人,我让你当参政。"张雄飞说:"以杀害别人来求得高官,我不做这样的事。"阿哈玛发怒,就将他调出京城任澧州安抚使。后来,阿哈玛怕他的儿子呼逊担任江淮右丞,不被张雄飞所容纳接受,于是又将张雄飞改任陕西按察使。张雄飞还没到任,阿哈玛就死了,朝廷任命张雄飞为参政。呼逊因犯罪被逮捕,皇帝命令张雄飞等几位朝臣一起审问。呼逊依次指着审官说:"你曾接受过我家的钱财,怎么能审我?"张雄飞说:"我曾经接受过没有?"呼逊说:"公唯独没有。"张雄飞说:"如同你说的这样,那么我就应当审问你了。"经过审问,于是服罪。

穿白衣在炭穴行走十年

原丞相阿哈玛执掌大权,合并中书左右司为一,任命刘正为左右司员外郎。及至惩办阿哈玛的党羽,于是就逮捕了刘正及有关人员到宫前,元世祖问道:"你们都与阿哈玛结党,能没有罪吗?"刘正回答:"臣并没有阿奉依附任何人,唯独只有依法办事而已。"世祖说:"刘正是穿白衣在炭穴行走了十年,可以说是廉洁的人啊。"于是对其赦免。

后世会记载我这件事

由于左丞相阿哈玛祸乱国家坑害百姓，人们心里都愤恨他。王著素来疾恶如仇，就秘密铸造了大铜锤，发誓要用这个锤子击打阿哈玛的头。王著乘皇太子真金随从元世祖去上都之际，便联络策划，假借皇太子的旨意将阿哈玛诛杀，自己挺身而出请求囚禁自己。王著被判死罪，在临刑时大声说："王著为天下除害，如今死了！后世一定会有为我记载这件事的。"不久，元世祖彻底查清了阿哈玛的罪恶，对于冤判王著非常愤怒，对大臣们说："王著杀阿哈玛特实在是对的啊！"

圣人的后代

元世祖灭掉南宋以后，对册立谁为衍圣公犹疑不决，有人说孔氏子孙寄居在衢州的才是孔门嫡长子，于是袭封衍圣公孔洙入朝拜见，且拜命为国子祭酒兼提举浙东学校。孔洙赶赴京都以后，就将爵位逊让给居住在曲阜的孔门之后。元世祖说："宁肯不要荣誉也不能违背亲人，这可真是圣人的后代啊。"从此供给俸禄并护持孔府林庙。

元臣不自污

世祖将没收入官的那些权势之臣家中的妇人赐给后卫亲军指挥使伊喇元臣，元臣推辞说："臣家世代清白，不敢自己玷污自己的清白。"世祖赞叹不已。

教化超越国界

元大臣廉希宪对荆南之民全部安抚平定后，叹道："教育不可以延迟啊！"于是就大兴学校，选择教官，购置经籍，廉希宪还亲自到讲习之所去劝勉学生。从这以后，思州、播州土官田、杨二氏及西南溪洞地区的首领，都纷纷越界前来请求归降。元帝听说这件事以后感慨地说道："以前朝廷不用兵就不能得到土地，现在廉希宪能使数千里外的人越界赶来归降，其教化的作用可想而知了。"

文谦为人刚直稳重

枢密副使张文谦为人刚直稳重，他在皇帝面前陈述的都是有关尧、舜的仁义之道，屡次抵触权奸佞臣，对自己的是非得失一点也不计较，皇帝也看重他。为官清廉，家里只有几万卷藏书，政务中，常常以引荐人才为己任。

剥夺民众利益必垮台

占世荣因为说能增加国家的财政收入而被重用掌握大权,就提名王恽为左司郎中,来协助他。数次召王恽都不赴任,有人问他为什么,王恽说:"卢世荣的生财之道靠胁迫和侵夺民众的利益来获得,剥夺民众利益是不会保全的,必然垮台,远离他还恐怕被污染,更何况靠近呢!"不久卢世荣服罪被杀,民众把他的肉割下来喂给鹰獭吃。到这时人们都佩服王恽的远见卓识。

元世祖重用南方汉人

开始时,元世祖想任用程文海为御史中丞,御史台的大臣说,程文海是南方人,不可以任用,而且又很年轻。世祖大怒,说:"你没有用过南方人,怎么知道南方人不可任用?下令从现在起,省、部、台、院朝廷各部必须参用南方人(注:南方人,指南宋统治之下的汉族各地人民)。"并命程文海奉诏到江南各处去求贤。诏令原来用蒙古文书写,到这时特意命令用汉字书写。世祖早就已经知道赵孟适、叶李的名字,就晓谕程文海一定要将这二人请来。程文海又推荐了赵孟頫、任恁、万一鹗、张佰淳、胡梦魁、曾晞颜、孔洙、曾冲子、凌时中、包铸等二十多人。

父母有丧不应聘

程文海向元世祖推荐江西招谕使、知信州谢枋得。谢枋得正守制母丧,就写信给程文海说:"按照古礼,人子有父母之丧,国君的命令三年之内不进入他的门,这是为了教育天下的人尽孝。自从伊尹、傅说之后的三千年间,就是山林百姓,离开正常生活给父母守丧的很多,可从来没有听说过冒犯丧礼脱去丧服而去应聘的。从古至今,访求忠臣一定要到出孝子的人家去找。作为人臣,在家里不尽孝而能为国尽忠的,从来没见过;作为人君,不用尽孝道教育人而能使人尽孝的,从来没见过。枋得亲人死了还没有完葬,守丧未满三年,如果违背礼法,脱去丧服去任官职,这样做是最大的不孝。自古就有'君子成人之美,不成人之恶'。您能理解我的心思,假若有幸能免去不孝之名,这样成全我的恩德与救我一命是一样的。"谢枋得最终没有应诏。

鄂勒哲被公认为相

元世祖想任用博果密为宰相,博果密对世祖说:"朝廷中有功勋的老臣品级爵位在臣之上的人还有很多,如果不按正常等次任用人,就不足以服众。"世祖问:"那么谁可以呢?"博果密回答:"太子詹事鄂勒哲可以任用。过去抄没阿哈玛家产时,发现他送财物贿赂亲近大臣,都有纪录在簿,唯独没有鄂勒哲的名字。鄂勒哲还说过,僧格当丞相一定会败坏国家政事,现在僧格被罢相,正应验了鄂勒哲所说过的话,由此可知他可以任为丞相。"

世祖又分别问江淮行省参政燕公楠、上都留宁贺胜等人,都说,天下的公论都认为鄂勒哲可以胜任。于是鄂勒哲被任命为尚书右丞相,天下人都认为任用了贤能之人。

不可召见之臣

朝廷以集贤学士名义征召刘因,刘因以有病相推辞,并且上书宰相,恳求成全他。元世祖听到这件事说:"古代有所谓,不可召见之臣,这个人就是这类人啊!"因此就不再勉强召见他到朝廷任职。

不取非分之财

朝廷将都城种植苜蓿草的土地分给了居民,有权势的人趁机抢占,只有左丞马绍不去占有。丞相僧格奏请皇上将一个地庄赐给马绍,马绍推辞说:"我并非有特别才能和贡献,自己时常担心不能完成职责,怎能求取这并不是分内的福泽来加重我的过错呢!"皇上赞赏他的品格。

词臣不定罪

丞相僧格的罪行败露后,中书省官员上书说:"冯子振曾经写诗赞美僧格,应该将他遣返回家。"元世祖说:"词官有什么罪!如果因他们赞美僧格而定为有罪,那么在朝廷的各个官员,哪个没有赞誉过他?都要定罪吗?"

叶李贫寒简朴

叶李前后被皇上赐予的东西很多,但是自己的生活却很节俭,他告诫儿子说:"我家世代以读书为业,甘心安居于贫寒简朴节约的生活,你们要清廉谨慎自我约束,不要增加我的过错。"指着皇上赐予的东西说:"这些最终应该奉还给公家。"等到他去世,全都列表奉还,一毫也不作为自己的东西。

要小心的只有美酒和女色

巴延奉诏而回,皇孙为他斟酒举杯送行,说:"您走了,将拿什么教给我呢?"巴延举起斟满的酒说:"要小心的,只有美酒和女色啊。治军,既应该有严明纪律,而恩德也不可偏废。"皇孙完全接纳了他的建议。

强制自己戒酒

托克托是穆呼哩的曾孙，萨曼的儿子，幼年时他的父亲就死了，他的母亲专心一意地教育他。他稍一长大就在宫中宿卫值勤，世祖曾告诫他不要嗜酒。成宗眷顾他，但他出入宫中更加谨慎。对家里人说："过去先帝训诫我不要嗜酒，而今我还不能绝饮。岂有做人知过而不能改的！从今以后家里有人将酒放在我面前的，一定要狠狠惩罚。"成宗得知这件事，高兴地说："像托克托的没几个人，他能刚毅地强制自己戒酒，真是可以大用的人才。"不久，任命托克托为上都留守。

罪责有我承担

陕西发生旱灾、饥荒，行省右丞许赓要发放官府储存的粮食进行救济，同僚认为没有经过奏请，不能擅自这样做。许赓说："百姓乃是国家的根本，现在饥饿到这样程度，一定要等待命令下来，就来不及了。擅自放粮罪责有我来承担。"于是发放粮食赈济受灾人民，同时上疏朝廷请予批准。

真率斋铭
元　赵孟頫

吾室之中，勿尚虚礼。不迎客来，不送客去。
宾主之间，坐列无序。率真为约，简素为具。
有酒且酌，无酒且止。清茶一杯，好香一炷。
闲谈古今，静玩山水。不言是非，不论官府。
行立坐卧，忘形适趣。冷淡家风，林泉清致。
道义之交，如斯而已。

佛法如同灯笼

皇太子德寿逝世。皇后派遣人问西僧丹巴说："我夫妇信本佛法，以帝师的礼节待你，我们只有这一个儿子，难道不能够延长他的寿命吗？"丹巴回答说："佛法就如同灯笼，风雨来了可以遮蔽，如果是蜡烛燃烧完了，则拿它没有什么办法了。"一时人们称赞他对答敏捷。

暗中签名

中书右司郎中伊赫特雅尔鼎，曾经参与同事共同讨论罪案。一天，刑部有讼事投中书审议定案，已经做出定论，丞相在审察时觉察论断有误，归罪于右司主事者。伊赫特雅尔鼎因事没参与此案讨论,所以案卷上没有他的签名,这时他取出成案观看,暗中在下面补签上自己的名字。有人对他说:"这桩讼案归断失当,和阁下实不相干,丞相正在责备,而您反而在案卷上补上自己的名字,这是为什么呢?"伊赫特雅尔鼎说:"我只不过是偶尔没有参加审议这件事,怎么能使诸君同事担责我独自幸免呢!"丞相听说后称赞他德行好,同僚们因此而得以免于追究。

孝子禄孙

蔡五九叛乱,汀州宁化县百姓赖禄孙背着母亲,牵着妻子,随众人进山躲避战乱。盗匪来到时,众人都散乱逃走,禄孙以自己身体保护母亲,对盗匪说:"你们可以杀了我,不要伤害我的母亲。"当时母亲生病口渴,又找不着水,禄孙就用自己的睡液喂母亲,盗匪面面相觑,惊叹不已,不忍心对他加害,反而取来水给他。有人要抢掠他的妻子,众匪指责那人说:"怎么可以侮辱孝子的妻子!"让那人把妻子归还禄孙,皇上得知此事后,特地赏赐旌表来表彰他。

佛教为深　儒道为大

元仁宗通晓儒术,精通佛经。经常说:"摒弃世俗一切杂念,重视人的善良本性,这道理佛教讲得最为深刻;陶冶身心,涵养德行,治理国家,这些学问儒家学说最为博大。"

献七宝带

元英宗硕德八剌即位不久,有人向皇帝奉献七宝带。侍臣将七宝带送入皇宫,皇帝对侍臣说:"我当了皇帝后,还没有见你们给我推荐贤才,却替人进献宝带,这是用宝带来诱惑我,赶快将此物还给本人!"献宝带的人在外听得战战兢兢,只好携带而去。

给帝师敬酒

元文宗继位后,心中总想皈依佛教,忏悔一切罪恶,所以登基后不施行别的政策,首先建筑寺院,请西僧辇真乞剌思为帝师。新帝师从西域到来,文宗命令大臣出迎,凡是位列一品以下的都要参加。帝师大模大样乘车进京。帝师来到金殿,文宗恭立在大门口,亲自给帝师行礼,帝师傲然自若,不过略略合掌,便算答礼。帝师入座后,文宗命大臣俯身敬酒,帝师仍然傲慢不动。惹恼了国子祭酒富珠里翀,他大踏步走到帝师座前,满满地斟了一杯,递给帝师说:"帝师信奉释迦,是天下僧人的宗师;我们却供奉孔子,是天下儒生的宗师。彼此各有尊崇,各不施礼,想必帝师也能原谅。"帝师听完,无法驳辩,却起身一笑,一饮而尽,大臣们都惊出了一身冷汗,富珠里翀却从容退下。文宗不加斥责,君臣尽欢而散。

心怀止步

吏部尚书江浙行省参知政事王克敬,时年五十九岁,向朝廷上疏请求退休。他对人说:"如果基础空虚而又高俊的城墙一定危险,一年结两次果实的树木,必然会伤害它的根部。无功德而平添富贵,与这有什么不同?因此,我常心怀让自己止步的分寸,欲望不能太盛啊。"又说:"世俗之人经常爱说,做事不要太认真。这不算什么名言。临事不认真,难道是对国家的尽忠之道吗?"

彼自欺与我无干

河南、江北行省平章政事岳柱,心胸宽宏大量,有人欺骗他,他心神安适,一点也不介意。有人问他为何这样对待欺骗他的人。他却说:"是他自己欺骗自己啊,同我有何干系?"

人子事亲　有过规劝

元英宗驾临柳林,驸马许讷的儿子苏拉上诉说:"臣的父亲阴谋反叛,臣的母亲私奔从人。"英宗说:"人子应该侍奉亲人,有隐情,也不应该冒犯。现在亲人有过失,你不但不规劝,却反而来告发亲人的隐私!"下令杀了他。

盘圆则水圆　盂方则水方

英宗对中书平章政事拜珠说:"天下这么大,不是朕一人能够考虑周全的,你不要忘记经常规劝我。"拜珠进谏说:"当初尧、舜为君主,每次遇到事情都要询问众人,听到好的意见,就放弃自己的主张,而接受别人的意见,万世都称他为圣贤。桀、纣为君主,拒绝劝谏,自以为是圣贤,喜欢别人服从自己,喜欢接近奸邪小人。国家灭亡了,自身也难以保全,百姓到现在还称他为无道君主。我会竭尽忠心报答圣上,然而凡事说起来容易,做起来却非常难。"英宗说:"今天也有像唐代魏徵那样敢于直谏的人吗?"拜珠回答说:"盘子是圆的,盛的水形状也圆;盂具是方的,盛的水形状也方。有太宗这样能纳谏的君主,就有魏徵这样敢于直谏的臣子。"

拜珠母齐喇氏家教从严

拜珠的母亲齐喇氏,自从二十二岁起,就寡居守节。在家教子成人,遵循妇道。到拜珠担任太常礼仪使,年纪刚刚二十岁。一次,去请示公事,正赶上宫内人在花园嬉戏演艺,他便停下来看热闹,被母亲看见,厉声呵斥他道:"公事不办理,像你这种行为,这不是大臣应该做的啊!"拜珠由此深刻反省,严格自责。有一日,拜珠进皇宫内陪宴,英宗皇帝平时知道他不饮酒,这一天,却勉强要求他饮了数杯。回家后,母亲告诫他说:"天子是在试探你的胆量,所以让你勉强饮酒。你应该日益警戒恐惧,克尽职守,不要沉湎于酒。"拜珠又曾代表皇帝去祭祀睿宗宗庙,回来后,母问道:"真定官府待你如何?"拜珠回答说:"招待我十分隆重。"母亲说:"那是由于天子的威严和你父亲勋德卓著的缘故,你有什么呢?"

拜珠后来被任命为右丞相,振兴完善国家的法纪秩序,裁简政务,扶善惩恶,倡导农桑,受到民众高度赞扬。英宗皇帝倚仗他,励精图治,使天下太平,人民安居乐业。拜珠的贤德,是因为有他母亲的教诲。他的母亲后来被封为东平王夫人。

举贤能为己任

集贤大学士陈颢在朝廷任职几十年,喜好称颂别人的优点。他向朝廷推荐人才的呈文累计达几百篇。有人以这对他进行攻击,陈颢说:"我宁肯因为错举了人才而受罚,可是埋没了贤才是我绝对不能甘心的。"士大夫由于他的举荐而名扬爵显,有的终生都不知道这是谁推荐的自己。陈颢逝世后,被追封为蓟国公,谥号文忠。

皇帝为孝子立碑

靳昺是绛州曲沃人,其兄靳荣任奎章阁承制学士,在朝为官。侍奉母亲王氏,母亲去世,靳荣和靳昺护送棺木回家。到平定,遇上大雷雨,洪水突然冲来,靳昺伏在棺木上,靳荣叫他躲避水流,靳昺不忍心离开棺木,因此被大水冲走。后来在三里外找到王氏的棺木,在五里外找到靳昺的尸体。元顺帝得知此事,特下诏用自己的名义为孝子靳昺立碑作为表彰。

何苦倾轧别人

左丞相别儿怯花打算陷害原右丞相脱脱,就主动亲近现任右丞相阿鲁图,彼此很是亲密,有时随驾出游,二人同车出入。当时,人们以为二相和谐,天下可望太平。等相处融洽后,别儿怯花就将自己的私心告知了阿鲁图。阿鲁图却正色说道:"我们也有退休的日子,何苦要倾轧别人呢?"别儿怯花听后恼羞成怒,便暗地里勾结言官,唆使他们弹劾阿鲁图。

阿鲁图听说言官上奏弹劾自己,当即辞官出城,亲友全都替他鸣不平。阿鲁图却说:"我是功臣的后代,世袭王爵,区区一个相位何足留恋!去年因为奉主子之命,不敢推辞,如今御史弹劾我,我正好离去。"说完就离开京城而去。

大意丧命

察罕铁木儿奉命讨伐叛军,将大河南北失去的江山收复了一大半,又连连攻下了济宁、东平和济南,沿海郡县望风投降,只有益都还被贼寇占据。察罕铁木儿率大军将益都包围,并写信给益都守将田丰,劝其投诚,田丰自知难以抵挡,就出城投降。

田丰投降后,就请察罕铁木耳去检阅他的军营,众将纷纷上前谏阻察罕铁木耳出营以防不察。察罕铁木儿坦然道:"我以诚心待人,别人自然服从,如果发生意外,也是命运使然,无法预防。"众将又请他多带卫士,察罕铁木儿并不在意,只带了十一个随从前往。刚进入田丰大营,帐下伏兵便一拥而出,降将王士诚挺枪猛刺,刺入察罕铁木儿的小腹,察罕铁木儿从马上一跃而起,大叫一声而亡。

察罕铁木儿去世后,朝廷任命察罕铁木儿的儿子扩廓铁木耳为主帅,扩廓铁木耳率军攻下益都,便摆设香案,供起父亲的牌位,把田丰、王士诚推到案前,将其剖心祭祀。朝廷追封察罕铁木儿为颍川王,谥号"忠义公"。

义莫重于君亲

浙东宣慰副使舒穆噜宜逊的弟弟舒噜厚逊奉命守卫婺州,他的母亲也在婺州城中,这时婺州被吴军包围攻打,舒穆噜宜逊对他的弟弟说:"义,再也没有比皇帝、父母更加重要的了,吃着皇帝的俸禄而不去为皇帝办事,这是在眼中没有皇帝;母亲处在危难之中而却不前去拯救,这是眼中没有父母。不要君王不要父母,还能有面目活在天地之间吗?"他当即率军前去救援,在一次战斗中力战而死。

明

以诚取信

朱元璋任都元帅期间,从投降的军士中挑选了勇士五百人安置于自己身边。这五百人心中疑惧不安,朱元璋察觉出他们的想法。这一天,命令他们进去担任警卫,围着自己的床睡,而把老部下全部调到外边,只留下冯国用一个人睡在床边。朱元璋解下甲胄安稳睡觉一直到天亮,有疑惧的人这才安心下来。

马氏送饭

一天,朱元璋与郭子兴在军事问题上产生了激烈的争论,郭子兴一怒之下把朱元璋关了起来。他的两个儿子都想借机除掉朱元璋,就在郭子兴面前说朱元璋坏话,并暗中吩咐厨师不要给朱元璋送饭。朱元璋妻子马氏知道后,偷偷拿了蒸饼,准备给朱元璋送去。刚出厨房,正巧与郭子兴夫人张氏撞个满怀,马氏怕被瞧见,就把热气腾腾地蒸饼放进怀里。张氏看他慌慌张张的,觉得不对劲,就故意和她论长论短。马氏眉头紧皱,眼泪直流,连话都说不完整了。张氏仔细盘问,马氏伏地大哭起来,说明了原委。张氏急忙让她解开衣服,把饼拿出来。那热饼粘在马氏胸脯上,好不容易才取下来,胸脯也被烫伤了。张氏这时也心疼自己的义女,不禁流下了眼泪,一边给她敷药,一边命厨师去给朱元璋送饭。当天晚上,张氏劝说郭子兴不要听信儿子的话。郭子兴觉得朱元璋投靠自己以来,每次战斗都冲锋陷阵,屡立战功,且很有谋略,将来必有建树,这次是冤枉他了,就下令把他放了。

张子明传谕

陈友谅率六十万大军围困南昌,朱文正派千户侯张子明到应天告急。朱元璋让张子明回南昌转告朱文正,再坚守一月,援军就到。不料张子明到了湖回,竟然被陈友谅的巡逻兵抓住,送到了陈友谅军前。陈友谅得知朱元璋要亲率大军、来援,就劝张子明说:"你要是想得到荣华富贵,就去告诉朱文正,说应天无暇支援,让他速速投降。"张子明答应去说,陈友谅便命人将他押到城下,让朱文正答话。张子明高声喊道:"朱统帅听着,张子明出使应天回来了,主上令我传谕,一定要坚守此城,援军马上就到了!"陈友谅听了这话怒火中烧,当即杀了张子明。

杀抚之异

陈友谅他手下的左右金吾将军带领自己的军队投降了朱元璋,陈友谅听到这个消息,就下令:"凡是抓到朱元璋的士兵和将相,就地处决!"这时,朱元璋也下了一道命令:"凡是抓到陈友谅军的俘虏,一律好好对待,愿走的放行,负了伤的用好药给予治疗,对其阵亡的亲戚,请将进行祭奠。"陈友谅的将士听到后,对陈友谅极其不满,纷纷逃亡。

性格决定命运

朱文正是朱元璋亲侄儿,很会打仗,是个军事天才,被任命为大将,但他的性格乖张,心胸狭隘,品行不佳,经常惹祸。在守洪都之战中,他的功劳最大,朱元璋在封赏时问他有什么要求,他却说,你先封别人吧,我对这没什么兴趣。于是把好的位置封给了别人。朱文正对此极端不满,便联合张士诚反叛,最后在囚禁中死去。他的悲剧源于他的性格,性格决定命运。

使节的使命

西蜀主明升派遣使节向吴王(即朱元璋)通好,使者陈述他们国家的险固与富饶。吴王说:"西蜀人不以修养品德保全人民为根本,却另谈依仗蜀地的险固和富饶,这不是长久治理国家的办法。这个使节不能称颂他主上的德政,而只是夸耀他们国家的险要稳固,他失去了奉命出使的原则。我每派使节,都要告诫他们言语要谨慎,不要夸大其词,就是害怕被别人耻笑。像西蜀使者的荒谬妄说,应该引以为戒。"

取天下之方略

太祖朱元璋灭掉元朝,统一天下后,一天,对几位老臣从容地论起夺取天下的方略时说:"朕起于民间,本想保存自己,渡江以后,看到群雄争战,危害百姓。张士诚、陈友谅尤为大害。张士诚恃富,陈友谅恃强,朕独无所恃,只是不好杀人,布施仗义,实行节俭,与将士上下一心,同舟共济。最初与张、陈二寇相对峙,张士诚步步紧逼,有人建议先将其击破。朕以为陈友谅志气骄横,张士诚器量狭小,志气骄横则好生事,器量狭小则无远图,所以先破陈友谅。不这样打,我会腹背受敌!后来北定中原,不取秦、陇,先攻山东,后攻河、洛,是因为元军及另部不易攻战。采取出其不意,倒旗北上,拿下燕都,然后西征,便可胜券在握,统一天下而告成。"各位老臣听了,都赞叹不已。

刘基品评相才

朱元璋准备罢免丞相李善长,征求刘基的意见。在这之前,刘基曾处决了李善长的亲信李彬，李善长怀恨刘基，数次想与他过不去。尽管如此，刘基仍公正地说："国有大事，莫大于选拔任用丞相。换相如房子易柱，需要大材料，如果捆缚小树木代换，房子就会立即倒塌。李善长是一位德高望重的老臣，能调和诸将，不应更换。"

后来，李善长罢相，朱元璋想用杨宪代替他。刘基原本与杨宪私交很深，但却不赞成杨宪为相。朱元璋说："杨宪不是你的好友吗？"刘基说："用人一定要得当，要选贤士，量能以任之，揣力以劳之。'金玉其外，败絮其中'的人不能用。杨宪有相才无相器。当丞相的人，应该持心如水，宽宏大量，以条律为准绳，以义礼为权衡，杨宪不具备这些素质。"朱元璋又问汪广洋如何，刘基说："这个人心胸狭窄，才学浅薄，比杨宪还差一些。"又问胡惟庸，刘基说："更不堪任用。"朱元璋说："看来丞相一职，只有你才最合适。"刘基连忙答道："我这个人疾恶太甚，又不耐繁文缛节，让我当会辜负您的期望。天下何愁无才，愿明主仔细选求。"

朱元璋没听刘基的劝告，还是任用了杨宪、汪广洋、胡惟庸为相，结果都出了问题。刘基品评相材，不以恶己者为恶，不以亲己者为好，唯才是举，深谋远虑，堪称奇才伟识。

生民之道

朱元璋向刘基询问生民之道。刘基说："生民之道在于仁爱，在于以仁心行仁政。应该德政刑法并用，要以德治为主。首先是反对暴虐凶残，对百姓要有仁爱之心；但德政需有严明的法纪作保证。有法必依，执法务严，使人有所畏惧；整顿纪纲，颁布法典，然后仁政才可付诸实施。"

家有良妇如同国有良相

一天，太祖朱元璋罢朝回宫，对马皇后说："朕从布衣起家，能做上皇帝，外倚功臣，内靠贤后。每每想起从前与郭氏（指郭子兴）住在一起的艰难日子就暗自感慨，要不是皇后从中调停，偷偷接济朕，朕怎么能有今天？豆粥麦饭，铭记在心，永不相忘。皇后跟随朕东征西讨，亲手为朕穿上铠甲战靴，在朕被困，快饿死之时，你冒着生命给朕送饭。陈友谅进攻龙湾时，你捐出自己所有的首饰财务劳军，并组织妇女为军队缝补衣物，种种劳苦，数不胜数。古人称家有良妇，如同国有良相。如今我有如此贤惠的皇后，才深信古语不假啊！"太祖要给皇后族人封官，马皇后叩谢说："高官厚禄应该赏给贤臣，不应该私给外戚，陛下不要妄徇私恩啊！"太祖点头。

皇后重病，自知很难医好，居然拒绝医生为她医治，太祖问她原因，她回答说："人的生死是由命运决定的，求神拜佛是没有用的，医生只能医病，不能医命，如果让医生为我医治，服药无效，陛下一定会降罪于医生，这是我不想看到的。"她在病榻上留下给朱元璋的遗言："愿陛下求贤纳谏，得贤人共理天下。"

天下第一家

郑濂，明初浦江县人。他们家世世代代都住在一起，差不多有三百年。郑家的家法规定，每一代都由一个人来处理家族中的事务。

胡惟庸犯罪被处死，有人说郑家人与胡惟庸勾结，官吏抓捕郑家人，郑家兄弟六人争着要去，结果郑濂的弟弟郑湜去了。当时郑濂在南京，迎上去说："我是长兄，应当去承担罪责。"郑湜说："哥哥年纪大了，还是让我去申辩吧。"两个人争着入监。太祖召见他们说："这样的人，可能会跟着别人去犯罪吗？"就宽恕了他们。太祖问他如何治理这样大的家族并使之能维持长久？郑濂回答说："严格遵守祖宗遗训，不听妇人的话。"太祖很佩服他，封给他"天下第一家"的称号。

郑氏家族传到第六世，郑文融著有家训三卷，一共五十八条，到他儿子郑钦又增了七十条，孙子郑铉又增加了九十二条。到郑濂的弟弟郑涛与从弟郑泳、郑澳、郑湜等人这一代，又与郑濂、郑源一同商议删减《家范》，定为一百六十八条，将之刊刻印成书，流传于世。

玄素巧拒朱元璋

周玄素是明初一位宫廷画师，朱元璋让他在大殿墙上绘制一幅《天下江山图》，以显示自己的盖世伟业。周玄素虽然画技精湛，但他还是没有把握绘制偌大的《天下江山图》。但他又不能直接拒绝，不禁暗暗叫苦。

周玄素灵机一动，谢罪说："臣不曾游遍九州，不敢奉召。斗胆恳请陛下启动御笔，先勾勒草图，臣再润色一二，方可画出《天下江山图》。"言外之意，江山是陛下打下来的，陛下画这幅《天下江山图》最合适，既拍了朱元璋的马屁，又巧妙地把球踢给了朱元璋。朱元璋听后，觉得有理，于是亲自提笔画出了草图，命周玄素润色。

周玄素当即跪下启奏道："陛下江山已定，岂可再有改动。"周玄素的话一语双关，表面上是说这幅《天下江山图》已经画好，我不便改动，而深层的意思是陛下的江山永固，没有人能撼动。这话巧妙的迎合了朱元璋的心理。朱元璋龙颜大悦，不但没有归罪他，而且还重赏了他。

品尝百草的皇帝

太祖问陈君佐说："朕现在已经得天下。你说朕像以前的哪位君王？"陈君佐说："臣见陛下当初蛰伏的时候，常吃草根，啃树枝，等到行军打仗的时候，又和将士们同甘共苦，吃些粗粮野菜，臣以为陛下酷似神农氏，否则怎么一再品尝百草呢。"太祖鼓掌大笑。

天下奇男子

元朝灭亡后,明太祖朱元璋就招降元朝大将扩廓铁木儿,前后写了七封信,都石沉大海。扩廓铁木儿于洪武八年在哈拉那海病死。太祖在宴请群臣时,问天下奇男子是谁?群臣都说是常国公。太祖叹息道:"你们都认为常遇春是奇男子吗?常遇春虽然是个人杰,却臣服于我。只有元将扩廓铁木儿,始终不肯臣服,他才是真正的奇男子呢!"

杨士奇复姓

杨士奇,在一岁半时父亲去世,他母亲带他四处漂流,当时正是兵荒马乱的战争年代,她放弃了很多行李,但始终带着一本书《大学》,杨士奇到五岁时,就已经熟背《大学》全文。几年以后,他母亲改嫁给了一个叫罗姓的名士,进罗氏家不久,杨士奇就被强令改姓罗。罗姓官职在身,性格耿直,但生性高傲,瞧不起人。士奇在这个新的环境中,处处小心翼翼,尽量不去惹祸,以免给他的母亲带来麻烦。一天,罗家举行祭祀先祖的仪式,年仅八岁的士奇被触动了,他怀念已故去的父亲,也想祭拜自己的亲人,可罗家的祠堂绝不会有杨家的位置,而且如果他公开祭祀自己的亲人,恐怕继父罗姓会不高兴。于是他就到祠堂外边找到一个无人注意的角落,用土块做成神位的样子,郑重地向已故的父亲跪拜行礼。他这一行动被他的继父看到了,当时,他非常惊慌,他以为罗姓不再养他,会把他赶出门去,继父没有那样做,而是温和地告诉他:"从今往后,恢复你的杨姓。我的几个儿子都不争气,希望你将来照顾他们。你才八岁,却能够寄人篱下而不堕其志,不忘自己的祖先,你将来定成大器!必定不会辱没生父的姓氏。"果然,后来杨士奇官至礼部侍郎,兵部尚书,成为一代名臣,与杨荣、杨溥并称"三杨"。

朱元璋的井与警

明太祖朱元璋第一次向各地派任官员时,将他们带到皇宫的一口井旁说:"做清官,靠俸禄过日子,就像守着一口井,井水虽不满,但可汲取养活一家老小。如果从外面取水灌入井里,满了就要加高井台,一旦台破水溢,就会殃及你的乌纱。"许多官员到任后,便在府衙院中掘一口井,立碑示警。

也有总嫌自家"井水"不满,利用职权谋不义之财的贪官污吏。时任户部侍郎郭恒与各地征缴皇粮的官员相互勾结,采取多收少纳,瞒报截留等手段贪污侵占,使上缴国库粮食累计流失达四千四百多万石。朱元璋令吏部查实后,将以郭恒为首以及各郡、府的数百贪官统统处以极刑,人心大快。

不战而胜

洪武二十三年,朱棣奉命征讨北逃的元军,三十岁的朱棣第一次成了军队的主帅。

这次远征,难点不在于能否打败敌人,而在于能否找到他们。朱棣进行了认真的策划,他首先派出几支骑兵四处侦查,经过千辛万苦地探访,终于找到了元将(太尉)乃儿不花所率的元军主力所在的确切位置(即贝加尔湖)。朱棣的军队极其隐秘的行进,在军队即将到达捕鱼儿海,天突然降大雪,将士们认为风雪中不利于行军,要求停止前进,出现了一片哀怨之声。朱棣严令军队继续前进,他告诉将士们,风雪之夜,行军虽然辛苦,但敌人必然会丧失警惕,决胜的时机往往就在于出其不意之间。

果然,当大军到达乃儿不花的营地时,元军被惊呆了,如果这时攻击目瞪口呆的元军,一击即溃。朱棣没有下令发动进攻,却让军队安营扎寨,埋锅做饭。他派观童去元军劝降。观童到元营见到乃儿不花,开门见山,先讲了明军优待俘虏的政策,然后把形势讲给他,如果顽抗,死路一条。这时的乃儿不花已无路可走,不知所措,心里很清楚,生还的路只有投降了。就这样朱棣不费一兵一卒,俘获了北元的主力。胜利班师,创造了不战而胜的奇迹。

贾人渡河

济水的南面有个商人,一次在渡河的时候落入水中,趴在水中的浮草上呼救。有个渔人用船去救他,在还没有靠近的时候,他大声说自己是个大富翁,若救了他可赠予一百两金子。可是得救上岸后,商人却只给了渔人十两金子。渔人责备他不讲信用,他却说:"你一个打鱼的,一天能收入多少钱,一下子得到十两金子还不满足吗?"后来这个商人又在此处翻船落水,恰巧那个渔人又在这里,却未搭救,旁边的人疑问,他回答说:"是许金而不酬者也!"

宋濂举其善者

太祖向宋濂问朝中大臣们的优缺点,宋濂仅列举那些好的大臣来说。太祖问其缘故,他回答道:"好的大臣与我交好,因此我了解他们;那些不好的大臣,我不与他们往来,因此不了解他们。"

主事茹太素呈给太祖的奏章有一万多字。太祖非常生气,问朝中大臣该如何处理此事,有人就指着茹太素的奏章说道:"此处不恭敬,此处的批评不合乎法制。"太祖就问宋濂,宋濂答道:"他不过是对陛下竭尽忠诚罢了。陛下刚开放言论,博采众议,怎能怪罪、责罚他呢?"

负子图

太子朱标是马皇后的长子。太祖与陈友谅交战的时候,马皇后背着朱标一路随军前行。朱标被立为太子后,皇后画了一幅《负子图》交给他。后来丞相李善长被赐死,太子进谏说:"父皇滥加诛杀,恐怕会伤了和气。"太祖默不作声。第二天,太祖将一根荆条丢在地上,命太子拾起来,握在手中。太子面有难色,太祖笑着说:"朕如今杀戮群臣,正是为你除刺,你难道不明白朕的苦心?"太子说:"上有尧舜之君,下有尧舜之民……"话还没有说完,太祖忽然脸色大变,举起几案就朝太子丢去。太子急忙起身躲开,怀里的《负子图》不小心掉在地上。太祖拾起来一看,顿时号啕大哭,这才没有追究太子的责任。

朱元璋教子

朱元璋定都南京以后,准备修建皇宫。儿子们主张把宫殿建得富丽堂皇些,朱元璋没有同意。他对儿子们说:"宫殿只要坚固就行,不必过于华丽。当初尧住茅草屋,成为万世称颂的圣君。做皇帝的能注意节俭,臣子们就不敢奢侈。要知道珠宝不是宝,真正的宝是勤俭!"

朱元璋教子重德,他对师傅说:"教育子女,最重要的是正心,心正了,什么事都可好办;心不正,各种私欲便乘虚而入,很要不得。你们须以实学教导,不要学一般文士,只是背诵辞章,毫无用处。"他还立下两条家规:一是子孙除办公外,都要穿麻鞋,坐竹椅,睡藤床;二是出城到外地,十分之七的路程骑马,十分之三的路程步行。他要求子孙要"戒娇侈,恤民情,用仁义"。他对太子们说:"你了解农家的辛劳吗?农家勤四体,种五谷,身不离田间,手不释犁杖,一年到头勤勤恳恳,不得休息,而国家赋税都由之负担。所以,你要常想到农家的辛劳,取之有制,用之有节,使之不至于饥荒,才算尽到了为君之道。"

徐达功高更加谦恭

徐达英勇善战,战功卓著。他每次作战返回后总是立刻交还相印,皇帝赐其休假,摆宴接见他并与他畅饮,称他为布衣兄弟。一次,太祖若无其事地说:"徐兄功劳很大,但还没有合适的宅第,可将我的旧邸赐予你。"这里所说的旧邸,即太祖做吴王时所居之处。徐达毫不犹豫地拒绝了。一天,太祖和徐达来到旧邸,强行将他灌醉了,用被子裹起来,命人把他抬至正中的寝室里去睡。徐达醒来后,吓得慌忙跑下台阶,趴在那里高喊自己犯了死罪。于是,皇帝下令让有关部门给他在旧邸的前面盖一处封侯的宅第,并在表彰他的牌坊上题上"大功"二字。

传道听途说被罢免

明御史对人说,知制诰兼修国史陶安,曾隐瞒自己的过错,太祖反诘说:"陶安隐瞒过错,你从哪里知道的?"御史回答说:"在路上听人说的。"太祖大怒,立即将御史罢免。

王叔远妙手传神

王叔远是明代一个手艺极为精巧的人,他能用直径仅一寸的木头雕刻宫殿、房屋、器皿、人物以及鸟兽、树木、山石等,而且都是依照木头原来的纹样,模拟人物状,把自然形态,刻画成艺术品。

他常常到树林中,细心地观察各种鸟兽,就地把它们刻在树干上,石头上;所刻的各种鸟兽,都是栩栩如生,形态各异。凡是路过的人,都要欣赏他的雕刻艺术,赞不绝口。

他的作品很丰富,其中一件是在一枚桃核上雕刻了箬竹船篷、木桨、炉子、茶壶;刻有八扇玲珑的小窗;刻有对联、题名和篆文竟达三十四字;且刻有五个神态各异的人物:或是放眼长空,或是引吭长啸,或是谈笑风生,神态各异,惟妙惟肖。他的好朋友魏学伊看到后,无限赞赏,难以抑制心中的激情,挥毫写下了传世之作《核舟记》,留于后世。

杨卓断案

杨卓,洪武四年中进士,任广东行省员外郎。一农家妇女独自一人在山上行走,一群砍伐木材的人要强奸她,不从,被杀害。官方将砍伐木材的二十人全部拘捕。杨卓认为,拘捕如此多人,不可能都是凶手,必有善恶之分。他将这二十人召于厅堂,熟视良久,指着其中两人说:"杀人者是你们俩人。"两人大惊,当下服罪。

蓝玉功高傲慢骄横

蓝玉勇武而富有谋略,曾多次率领大军出征,立下很多战功,太祖对他非常厚待。后来,蓝玉逐渐变得傲慢骄横,收罗豢养了许多仕奴、义子,这些人依仗着蓝玉的权势横行霸道。先前,太祖打算封蓝玉为梁国公,因为他犯了错而改封凉国公,还将其过错镌刻在铁券上。蓝玉依然不知悔改,侍宴时出言不逊。在军中,蓝玉擅自罢黜及提升军官,专断独行,太祖令其担任太子太傅。蓝玉不愿意居于宋国公、颍国公之下,说道:"难道我担当不了太师一职吗?"洪武二十六年,锦衣卫指挥蒋瓛揭发蓝玉谋反。案件审理结束后,蓝玉被诛灭九族。

用神牌退敌

朱棣率军攻打济南,山东参政铁铉率众严密防守,朱棣连攻三个月,毫无进展,最终决定使用他的秘密武器——大炮。明代的大炮已经广泛应用于战场。正当朱棣准备好大炮和弹药准备炮轰济南城时,城头上出现的一幕让他目瞪口呆,他立刻下令不许开炮。是什么原因让朱棣如此投鼠忌器呢?原来铁铉让人做了十几个大牌子,上面工工整整地写着"大明太祖高皇帝神牌"几个大字,挂在城墙的四周。明太祖,这是朱棣的父亲啊!儿子哪敢打父皇呢?这时,城下的朱棣虽然大炮齐备,兵强马壮,只要命令开始进攻,济南唾手可得,朱棣气得暴跳如雷,有怒难发,就是不敢开炮,只好收兵撤退了。

人须立志

明成祖对大臣们说:"人须立志,志立则功就,天下古今之人,未有无志而建功。"

史事观览

海上使者

郑和本姓马,明洪武四年,诞生在云南昆明一个虔诚的穆斯林家庭。他的祖父和父亲曾长途跋涉去伊斯兰教圣地麦加朝圣,被当地人尊称为马哈只(意为巡礼人)。他的父亲常常在星辰满天的夜晚对围坐四周的儿女们讲述当年漂洋过海到麦加朝圣的故事。少年时代的郑和,好奇地倾听父亲讲述各种各样新奇的趣闻逸事。祖父辈勇敢、执着的精神,在郑和幼小的心灵里埋下了渴望探险的种子。他常常问父亲一个问题:"大海里有朋友吗?"父亲对他说:"大海就是你的朋友。"郑和接着问:"那大海里有海盗吗?"父亲没有正面回答,眼中带着刚毅和微笑说:"大海会帮你克服一切困难!"神秘莫测的大海从那时起就像磁石一样吸引着郑和。

15世纪初期,有一支规模庞大、气势恢宏的中国船队,屡次出现在烟波浩渺的太平洋西部和印度海洋海面上。这只船队从中国东海之滨出发,先后七次往返,远涉重洋三十年,开辟四十二条航线,抵达过三十余个国家,航程十万余里。比哥伦布到美洲和达·伽马绕好望角到印度,要早半个多世纪,为千余年闭锁海关的中国打开了通向外部世界的海上之路。这支船队的统帅,大明王朝的海上使者,却是永和年间一位普通的宦官,他的名字叫郑和。

传于后世的名胜古迹

郑和以其特有的智慧和才能,在海上搏击三十年,七下西洋,行程十万余里,抵达三十多个国家,比哥伦布发现"新大陆"早七十九年,比葡萄牙人发现欧、亚、非三海航道早八十四年,为千余年间闭锁海关的中国打开了通向外部世界的海上之路。当年郑和率领的船队停泊过的港口,军队驻守过的地方及他所游览过的山水,很多都已作为名胜古迹留传后世。像南京的龙湾,太仓的刘家港,福建泉州的行碑记,长乐的十里洋街、三宝岩,马六甲的三宝城、三宝井,爪哇的三宝垄,泰国的三宝庙和三宝塔,斯里兰卡的布施佛寺碑等,至今昭示人们一种勇于开拓、不断创新的人生气魄和友谊、和平、正义的精神追求。

解缙与打油诗

解缙号称是明朝第一才子,曾任内阁首辅,《永乐大典》总纂修等。

有一次,明太祖朱元璋约解缙一起钓鱼,解缙钓了好几条,太祖却一条也没钓到,他见皇上面有不悦,就乐呵呵地为朱元璋送上一首打油诗:

数尺丝纶落水中,金钩抛去永无踪。

凡鱼不敢朝天子,万岁君王只钓龙。

锦衣卫都督金事,常做风流事,一月之中纳三个妾,解缙作打油诗讥讽道:

一名大乔二小乔,三寸金莲四寸腰。

买得五六七包粉,打扮八九十分妖。

解缙为《虎彪图》题诗

明成祖出一《虎彪图》,命廷臣为其题诗。彪为虎子,图中一虎数彪,状甚亲昵,翰林学士解缙见图题诗一首:"虎为百兽尊,谁敢惹其怒?惟有父子情,一步一回头。"

《题画》诗
姚广孝

小小板桥斜路,深深茅屋人家。
竹屋夕阳似雨,桃源春暖多花。

此诗道出了山里生活的恬淡与真淳。

任职五朝

夏原吉,在洪武年间,被任为户部主事,由于"临政善酌",受到太祖朱元璋的信任。

建文元年,被升任为户部右侍郎,奉命出巡福建,凡所过郡邑,考核吏治,体察民情,博得百姓称誉。

永乐元年至永乐三年,浙西发大水,堤毁田淹,一片汪洋,夏原吉受命赴吴浙发动十万人治水,他反复勘察,日夜筹划,相度水势地势,筑堤疏道,使洪水得以治理。明人何良俊上疏说:"我朝唯夏元吉、周文襄有大功于江南。"

永乐十九年,明成祖准备大举北征,夏原吉极力谏阻,成祖勃然大怒,将其投入监狱,下令抄家。兵士冲进了当朝主管钱财的户部尚书夏原吉家,翻箱倒柜,只见除了皇上赐钞以外,仅布衣瓦器而已。室简家陋,别无他物。

仁宗即位后,恢复夏原吉户部尚书职务。原吉以为母亲守孝为由,请求退休,仁宗不允。不久,晋授为少保兼太子少傅,领取三职俸禄。原吉坚辞三职俸禄不受。

宣德二年,原吉随从宣宗北巡。一日,宣宗偶尔从原吉的粮袋中取食物吃,放嘴里嚼几口,又苦又涩,便问缘由,原吉回答说:"现在军中还有没粮食吃,忍受饥饿的士兵。宣宗醒悟当即下令犒劳将士。"

夏原吉历事洪武、建文、永乐、洪熙、宣德五朝,掌户部大权二十七年不衰,个人生活清廉寡欲,身居高位而不骄不奢。明人叶盛因此感叹说:"困极而节不移,宠极而色不矜。"乃是夏原吉一生真实写照。

不为敌国婿

明英宗被蒙古军俘获,押往北国,乜先把自己的亲妹妹送来,想将妹妹许配给英宗。英宗想,我是万乘之君怎么能做敌国的女婿呢?但如果拒绝,就会引起他们的不快。英宗便哄骗乜先说:"你的妹妹朕想娶她,但不能就这样野合,需等朕回国以后,按礼节来聘娶。"乜先便作罢,就又选了几个女侍来陪伴英宗,英宗又拒绝了,说:"留着等待以后,让她们做你妹妹的陪嫁,我把她们全都封为嫔御。"乜先对英宗的品德很敬重。

杨士奇舍身救物

明朝广东布政使徐奇要上朝拜见皇帝,带来一些岭南的藤席赠送给朝中的大臣。刺探宦情的人先得到一份受礼的名单呈给皇帝,皇帝发现名单上没有杨士奇的名字,就单独召见杨士奇问其原因。

杨士奇说:"徐奇受命到广东上任时,朝中众臣都作诗为他送行,所以得到这份赠礼。臣当时生病没有作诗,否则也免不了进入名单之内。如今众人的姓名都已列入名单,可是接受与否还不知道,而且礼物并不贵重,应当没有什么可疑。"皇帝明白他的意思,就把名单交给宦官,下令烧毁,一概不予追究。

比皇帝大十七岁的贵妃

正统十四年明英宗朱祁镇率军出征,在土木堡被俘,在大明王朝的最关键时刻,他的只有两岁的儿子朱见深被立为皇太子,并从宫中选了一个十九岁的万姓宫女侍奉他。三年后,明代宗废除了朱见深的太子地位,改立自己的儿子朱见济为皇太子。从此,周围的人对朱见深日见冷淡,这位万姑娘总是一直陪伴着他,无微不至地照料他的起居生活。后来,太监命他搬出宫去,当时,只有五岁的朱见深并不清楚发生了什么事,他疑惑地问宫女说:"你也要离开我吗?""不会的,我会一直在你身边陪伴着你。"幼年的朱见深,没有父母的照料和宠爱,身处不测之地,过着今日不知明日事生活,而且随时都有遇害的危险,每日挣扎在痛苦之中,这样的生活持续了整整五年,在这绝望的环境中,只有万姑娘始终守护在他的身边,相依为命,无论遇到什么困难和挫折,她从未动摇,总是尽心尽力照顾着他。

五年后,他的父亲朱祁镇又复帝位,朱见深又一次搬回了宫中,恢复了太子身份,这一年他十岁,她二十七岁。在担任东宫太子的日子里,日渐成熟的朱见深对这位比他大十七岁的女人产生了微妙的感情,深感这是一个最值得信赖、最善良、最可爱的女人。虽然他的父亲给他挑选了三个女子做皇后候选人,但他即位后,还是把这位万宫女封为贵妃。这一年,他十八岁,她三十五岁。

审案贵在通晓经书

朱允炆是太祖的第二个孙子,禀性聪颖,便立他为皇太孙。一次太祖发怒时,有所诛罚谴责,退朝后怒气未消。太孙从容的进言道:"《语论》说,你假如能审出罪犯的真情,便应该同情他,可怜他,切不要自鸣得意!这或许是一种解脱的办法。"太祖听了,就不再生气了。还有一次,巡逻兵抓住七个盗贼,太孙仔细观察后,对太祖说:"这六个人是盗贼,另一个不是。"经过审讯,果然如此。太祖问:"你怎的知道那个人不是盗贼?"太孙回答说:"《周礼》书上讲,断案要先察言观色,那人眼光明亮,仔细端详,知他一定不是盗贼。"太祖高兴:"审理案件贵在通晓经书,确实如此。"

坚守信念的传奇

正统十四年,王振挟帝亲征,在土木堡被蒙军包围,二十万大军崩溃,英宗被俘,五十余位大臣战死。乜先率军趁机南下,准备一举夺取明朝都城,由于京城的劲师精锐部队被歼,京城空虚,人心惶惶,朝中一些大臣纷纷议论南迁。兵部尚书于谦,力排众议,大声怒吼:"建议南迁的人,该杀!敌军兵临城下,国家到了危亡的境地,我等唯一的职责是抗击敌军,保卫京城。"又对将士们说:"诸位终日谈论忠义,又有何用,现在正是展现忠义之时殉国忘身,舍生取义报国杀敌,只在此时。"于是他颁布军令说:"凡守城将士,必英勇杀敌,战端一开,即为死战之时!""临阵将不顾军先退者,立斩!军不顾将先退者,后队斩前队!""敢违军令者,格杀勿论!"在他率部出城之时,向兵部侍郎吴宁下达了他的最后一道命令:"大军开战之日,众将率军出城之后,立即关闭九门,有敢擅自放入城者立斩!"于谦为作战将士和他自己留下的唯一选择:只能死战退敌,方有生路,如果不能取胜,必死无疑!秉持着信念的军队是不会畏惧任何敌人的,是不可战胜的。在于谦的英明指挥下,明军击退了敌军,大明帝国终于转危为安,北京保卫战制造了一个力挽狂澜的奇迹,留下了一个在绝境下始终坚守信念的传奇,而这个传奇的缔造人正是于谦。

于谦的石灰诗

"千锤百炼出深山,烈火焚烧若等闲。粉身碎骨浑不怕,要留清白在人间。"在杭州的于谦祠,依然保持着他那从容的神态,依然因他的正直无私、勇敢无畏、力挽狂澜、清正廉洁被世代传诵。

于少保

景泰八年,英宗发动夺门之变,夺回帝位,将兵部尚书、少保于谦诬以"谋逆罪"处死。锦衣卫抄家时,发现家里面没有多余的钱粮,只有一间正屋锁得很紧,打开一看里面都是皇帝奖赐的物件,连查抄的官吏也当场痛哭。都督同知陈逵将于谦的遗骸葬在杭州西湖,后人称为于少保墓。每年老百姓都来墓前祭拜,络绎不绝。万历年间追谥号"忠肃"。

郭登英勇胜敌

景泰元年,鞑靼可开乜先派兵侵略大同,总兵郭登率军抵御,敌兵一万多人,郭登手下只有八百名骑兵,因兵力悬殊太大,将士们有些胆怯,纷纷请求退兵。郭登厉声喝道:"临敌一旦退兵,人马疲倦,如果敌寇来追,肯定全军覆没了!"他拔出宝剑大声说:"敢言退兵者斩!",郭登连射两箭,射死了敌军两名头目,接着又砍死一名头目。郭登麾兵前进,呼声震天,敌兵转身逃跑。

自从土木堡兵败之后,边疆没有人敢与敌寇战斗。郭登竟以八百骑兵勇破敌寇万人,令军中士气大振。朝廷看到捷报,封他为定襄伯。从此边关将士奋勇当先,人人想着杀敌立功。

废除殉葬

明英宗朱祁镇在他即将离世时,对他的儿子朱见深说:"自高皇帝以来,但逢帝崩,总要后宫多人殉葬,我不忍心这样做,我死后不要殉葬,你要记住今后也不能再有这样的事情!"跪在床前的朱见深郑重的允诺说:"我一定会照办的。"

在这世界上,任何人都没有无故去夺取别人的生命和尊严的权力。朱祁镇在废除殉葬这件事情上,他理解了后宫那些无辜者的痛苦,他毅然违背祖制,去解救那些无辜的人,这是一个勇敢而伟大的行为,被历史学家称为"盛德之事。"

格物致知当自求诸心

王守仁十七岁到上饶拜见娄谅,与他讨论朱子探究事物原理的主要意义。他回家以后,每日端坐着,讲读《五经》,不有言笑。游九华山回来后,在阳明洞中建筑屋舍,忽然明白事物原理、知识应当在自己的内心中寻找而不应该在外物中寻找。认为心是天地万物的本原,也就是良知。其发之于亲则为孝,发之于君则为忠,发之于友则为信。断言心外无物,心外无事,心外无理,心外无义,心外无善。认为良知人皆有之,故愚夫愚妇都能成为圣人。

董沄求师

明朝著名学者董沄,擅长诗文,在江浙一带颇有名气。他六十八岁那年,到会稽去游览,听说王阳明在深山里讲学,便赶去听讲,一连听了几天,觉得王阳明很有学问,就决定拜王阳明为师。王阳明当年是五十三岁,认为年轻的人不能收年长的人为弟子,便再三推辞。董沄的朋友们也说:"你这样老了,何必那样用功呢?"董沄对他们说:"我的年岁虽老,但过去的六十多年中,我学的太少了,今天找到了这样好的老师,一定得从头学起。"

两年以后,董沄不顾众人的劝阻,自己背着铺盖,一跌一滑地赶往会稽去找王阳明。就这样,七十岁的董沄向五十五岁的老师行了礼,正式拜王阳明为老师。

请坐奉茶

明朝的唐伯虎和祝枝山都是有名的才子,两人往来很密切。一天,祝枝山到唐府串门,尚未进门,被唐伯虎看见,将他拦在门外。唐伯虎说:"祝兄来得正好,我刚做了一则灯谜,猜对了,请进;否则,请便。"祝枝山哈哈大笑,说:"猜谜,我倒要领教了。"唐伯虎念道:"'言说青山青又青,两人土上说原因;三人牵牛缺只角,草木之中有一人。'每句猜一字,四字两句话。"

祝枝山听罢,略一思忖,便大模大样走进屋中往太师椅上一坐,笑着对唐伯虎说:"唐老弟,先倒杯茶来再说,你看如何?"唐伯虎一听,知道他已猜中,只好恭恭敬敬捧上一杯香茶。祝枝山接过茶,两人对视,同声大笑。

原来这诗的谜底是:"请坐,奉茶!"

陈寿为官三不喜

陈寿于成化八年中进士,曾先后担任左佥都御史、陕西巡抚、南京兵部侍郎,几度升迁,后又被晋升为一品尚书,为朝廷六部之首。他一生遵循的信条是为官"三不喜":一不喜随意弹劾官吏;二不喜为子弟亲友争功、牟利;三不喜金钱财物。陈寿故世后,家中无钱装殓,同事朋友共同出钱,为他办了丧事。他为宫四十年,清正刚直,廉名尤著,深受世人敬佩。

王艮学圣人

王艮从壮年时才开始读《大学》《论语》,他拜王守仁为师。初见老师"便相与究竟疑义"王守仁讲及"致良知",王艮叹服,便拜王守仁为师。过后,又感到老师讲得有不如意的地方,觉得这样拜师过于轻率,又与老师论辩:"心大服,竟下拜,执弟子礼。"王守仁对王艮这种独立思考的顽强精神,深感惊奇且大加赞赏,说:"真学圣人者,信即信,疑即疑,一毫不苟,储君莫及也。"自此以后,王艮开始接受王守仁的洗礼,但王艮始终保持独立思考的思想风格。他提出"百姓日用即道"的命题,主张从日常生活中贯彻封建伦理道德。他说:"即事是学,即事是道。人有因于贫而冻馁其身者,则亦失其本而非学也。"认为"格物之物,及物有本末之物","格如格式之格,即后絜矩之谓"。吾身是"本",是个"矩";家国天下是"末",是个"方"。矩正则方正,强调身为家国天下的根本,以"安身立本"作为封建伦理道德的出发点,追求"人人君子"的社会理想,革新了阳明学,把原来以"破心中贼"为目的的阳明学改造成平民喜闻乐道的百姓日用之学,即以百姓为本,反映平民要求的思想学说。

夏言不结同党

嘉靖九年,兵科给事中夏言上疏,对太傅张璁的《仪大礼疏》提出了反对意见,招致张璁的无情打击。张璁为了整垮夏言,便暗中发展自己的势力,他拉了很多大臣,拥有无数爪牙,形成财雄势大的同党。朝中一些大臣认为夏言是个刚正不阿,不畏权贵,不拉帮结派,有良知,有原则的人,是真正有益于国家的忠良,他的上书是正确的。越来越多的人围绕在他的周围。可出乎所有人的意料,夏言竟然拒绝了大家的热情,却婉拒了所有的帮助,表示自己一个人战斗到底,不愿意连累大家。无数人被他的义举所感动。然而夏言陷入了孤军奋战的困境,结果被诬陷关进大牢。后来,经朝廷三法司(刑部、都察院、大理寺)的审案,证实夏言的罪名纯属诬陷,真相事实大白后,夏言被立即释放出狱。不久,被任命为太子太傅,授予武英殿大学士,进入内阁,成为首辅大臣。

王守仁的心学

王守仁对他的弟子们说:"为学者,要惟求得其心。夫万事万物之理不外于吾心,心明便是天理。心学之精髓,可以概括为四句话:无善无恶心之体,有善有恶意之动。知善知恶是良知,为善去恶是格物。"又提出"致良知"的学说:"天地虽大,但有一念向善,心存良知,虽凡夫俗子,皆可为圣贤。"认为心学之精要在"知行合一",必须处理好知和行的关系,懂得道理是重要的,但实际运用也是重要的。要实现崇高伟大的志向,必须得有符合实际、脚踏实地的方法。他的这样处世智慧,只要努力去实践,就能受用终身。

从王守仁之后,心学的风潮逐渐兴起,他吹响了人性解放的号角,引领了明代末期思想解放的潮流,他的思想流传千古,并远传到日本、韩国等国家。

唐伯虎巧判鹤案

宁王在南昌,权势显赫。家养一鹤,为皇帝赐。王府中不仅有专人服侍,而且经常陪它逛街。有一次路过东门,居民家一条狗将其咬伤。侍鹤者便到南昌府投递上状词。状词上写着:"鹤系金牌,系出御赐。"这可难坏了南昌知府。他是既怕宁王发怒,更怕朝廷怪罪;即怕民心不服,又慑于士林舆论。这时有人建议,苏州唐伯虎是个有名的才子,现在南昌,何不邀请他来商量商量,该如何解决。

唐伯虎应邀而至,挥笔便批:"鹤系金牌,犬不识字;禽兽相伤,不关人事。"寥寥数语,就把案子办了。

十字回文诗

唐伯虎作《十字回文诗》,诗中十个字:"悠云白雁过南楼半色秋。"可以有规律地重叠读成:

> 悠云白雁过南楼,雁过南楼半色秋。
> 秋色半楼南过雁,楼南过雁白云悠。

"四绝"全才文徵明

文徵明的父亲文林任温州知府,去世时,当地官民筹集了一千两银子为他办丧事,文徵明那时才十六岁,知道这件事后,全部谢绝接受。他师从吴宽学诗文,师从李应祯学书法,师从沈周学绘画,这些人都是他父亲的朋友。巡抚俞谏看他生活很节俭,打算送给他钱,指着他穿的蓝衫,说:"怎么这么破旧?"文徵明假装听不出来,说:"被雨淋了。"俞谏最终也没敢提送钱的事。

　　文徵明小时候不很聪明,但他非常勤奋,他与祝允明、唐寅、徐祯卿等人相互切磋书画技艺,名气越来越大,成为"吴门画派"创始人之一,是明代中期最著名的画家、书法家。文徵明对诗、文、书、画无一不精,人称"四绝"全才。他辞官后,各地前来讨要诗文书画的人,络绎不绝,但富贵人家却无法轻易得到他的一张画。尤其是王府以及宫里的人,他更不肯给。周王、徽王等王公贵族送给他珍宝古玩,他原封不动地退还给他们。外国使者经过苏州,都朝他的住处行礼,并因为得不到他的接见而感到遗憾。

蔽月山房

王守仁

　　山近月远觉月小,便道此山大于月。
　　若人有眼大如天,当见山高月更阔。

庚戌之变

　　嘉靖二十九年(庚戌年),蒙古鞑靼部俺答率军直逼北京城下。嘉靖皇帝下令兵部尚书丁汝夔反击,当时严嵩执政,战备废弛,他对丁汝夔说:"不能反击,一旦交战,我军可能战败,若在边界战败,还可以假冒胜仗报功,但在天子脚下,如果失败,皇上一定会知道,那时就不好办了。俺答是一群恶贼,现在任其抢夺,抢够了自然会走,我们便不用负任何责任。"果然,俺答军围攻北京城七天,攻不下城,就开始了大肆地抢掠,大量的财物、粮食和大批的百姓被掠走,带不走的就放火烧掉。俺答在大明京都眼皮下烧杀抢掠,无人可挡,北京郊区一片狼藉。事后,严嵩杀了执行他命令的丁汝夔以塞其责。这一耻辱被称为"庚戌之变"记入了史册。

丹心照千古

　　兵部武选司杨继盛上疏弹劾首辅严嵩贪污受贿,结党营私,列出十大罪状,指出:"严嵩好利,天下皆尚贪;嵩好谀,天下皆尚谄。方今外贼惟俺答,内贼惟严嵩,未有内贼不去,而可除外贼者,内贼既去,外贼自除。"严嵩看到奏疏后,立即将杨继盛打入大牢,给以廷杖一百的处罚。廷杖打折了他的腿骨,两腿肌肉被打掉,血肉模糊,他所被关的诏狱,由于肮脏潮湿,蝇虫滋生,很快他的伤口开始感染腐烂,他没有呻吟,没有哭叫,而是用碎碗片先往下刮腐肉,直到露出了骨头。他忍受着剧烈的疼痛,煎熬度日。既是这样,严嵩并不饶恕他,必置其死地而后快。嘉靖三十四年十月一日,杨继盛英勇就义,时年四十岁。临刑前,他赋诗一首:

　　浩气还太虚,丹心照千古。
　　生平未报恩,留作忠魂补。

　　杨继盛被害的死讯,很快传遍天下,很多人默默地流下了眼泪,并在保定专为他建祠纪念。七年后,严嵩败亡,穆宗为杨继盛平反,赠太常少卿,谥号"忠愍"。

严嵩老辣

　　夏言看不起溜须拍马、左右逢迎的严嵩。严嵩为了讨好夏言,决定拉近关系,请夏言吃饭。夏言接到了请柬,他想了一下,答应了。约定的时间到了,菜也上了,夏言却没到。等了一会,严嵩说:"我亲自去请。"他坐轿到了夏言的府邸,夏言推辞不见。门卫告诉他,夏言不在家。严嵩想,这摆明了是耍人不给面子,咱走着瞧吧。严嵩的随从开始嚷嚷,发泄不满,严嵩挥挥手,说了声:"回去。"他回到自己的家,面对发冷的酒席和满堂宾朋的嘲弄的眼神,严嵩拿出酒宴的请柬,他跪了下来,口中念出夏言的名字,将请柬的原文从头到尾念了一遍,最后大呼一声:"未能尽宾主之意,在下有愧于心!"表演结束,他站了起来,不顾众人惊异的目光,径自走到酒席前,开始吃饭。

太子的专职老师

　　朱翊钧(即后来的神宗)在当太子时,是有名的顽童,他非常害怕张居正。张居正时任侍讲学士,是东宫皇太子的专职老师。张居正为太子规定的读书书目及饮食起居的各种规矩,朱翊钧遵若圣旨,丝毫不敢违背。常常一连坐读几个小时,使朱翊钧苦不堪言,像坐牢一样难受。一旦张居正离去,朱翊钧就如释重负,才敢与宫人玩耍。
　　有一次,张居正辅导朱翊钧读《论语》,让朱翊钧朗读。当念到"子曰:学而时习之,不亦乐乎"时,没把最后一个"乎"字念出来,张居正便大声喝道:"还有'乎'字!"朱翊钧吓了一大跳,连忙说:"对,对!还有个'乎'字!"说完,已大汗淋漓。
　　后来,朱翊钧当了皇帝,对张居正不呼其官衔,只呼"元辅张少师先生",拜张居正为朝中第一宰相,史称首辅,并赐金币及蟒斗牛服,以示尊重。

张居正治吏

　　张居正整肃吏治,不避贵贱,一视同仁。神宗万历三年,黔国公沐朝弼犯法,按明律当斩。因沐朝弼的先祖沐英是朱元璋的养子,又跟随朱元璋立有大功,明朝开国后,沐英被封为云南王。由此,朝中有人认为王侯之家不能施以重刑。张居正驳斥道:"法不施于贵何以为法?何以治天下?"并对沐朝弼的儿子沐庶说:"汝速回昆明,抓汝父来治罪,限期不至者,立斩汝首。"沐庶不敢不从,只好将其父抓来,关在南京监狱,不久被处斩。
　　明朝的都察院是个有油水的部门,其官员外出公务,都得到大量贿赂。张居正得知后,对相关部门说:"吏不治则民慢,吏贪则民苦,要治天下当从吏始,不严,何以治之?"于是下令都察院的官员巡访回来后必须如实报告受贿情况,如主动实报,有死罪的改流放,不报者,流放罪改死罪。有一官员以为自己在朝中有后台而抗拒不报,张居正当即指示锦衣卫督办,将这位官员流放三千里,最后死在边所。

杨慎博学

杨慎在翰林供职时,武宗问钦天监和翰林:"有颗星叫作注张,又叫作汪张,是什么星呢?"众人答不上来。杨慎说道:"是柳星。"他一一举出《周礼》《史记》《汉书》来回答。当时大宦官张锐、于经被判死刑,有人说可以进献金银以获得赦免。杨慎讲《舜典》说:"圣人设立赎刑,那是施用于小的过错,让老百姓改过自新。假如是首恶大奸,那就没有赎免罪行的道理了。"

杨慎曾奉命出使路过镇江,拜谒杨一清,阅读他所收藏的书,得知杨一清对自己所藏之书都能背诵,杨慎非常惊诧,于是学习更加勤奋努力。他曾对人说:"个人天生的资质不值得仗恃。每天道德学业的更新,是从学问中得来的。"明代论识记之广博,著作之宏富,当推杨慎第一。除诗文之外,他的杂著多达一百多种,都流传于世。

文必西汉 诗必盛唐

王世贞与李攀龙交替为文坛盟主,李攀龙死后,王世贞独立文坛二十年,其才华最高,地位显赫,名扬四海。他主张文章应效法西汉,诗歌须以盛唐为楷模,唐大历以后的书,太重于辞藻,不要去读。

归有光作古文,以经学为本,推崇司马迁的《史记》,深得其要义。王世贞是当时的文坛领袖,归有光却认为他狂妄自大,才能平庸,徒有虚名。王世贞起初很恼火,但后来也被归有光的才学所折服,称赞他说:"韩愈、欧阳修之后,过了千年才出现了你这样的人才,继承他们的古文传统。我并非和你道不相同,只是感伤自己长期以来没有什么成就罢了!"

王世贞病重期间,刘凤去看望他,见他还在阅读苏轼的著作。

海瑞抬棺上疏

海瑞被调升到京城任户部主事,他看到明世宗迷信铅丹之术,长年不理朝政,就直言上疏说:"天下人对陛下的行为早就不以为然了。陛下所作所为,用父子、君臣、夫妻这些正常关系来衡量,可以说是既刻薄、又偏颇。陛下想求长生不死,难道不想一想尧、舜、禹、汤、文、武这些圣人有哪一个长生?汉、唐、宋以来传授长生术的炼丹士有哪一个活到现在,就是帮助陛下炼铅丹的道士不是也大多死了吗?"

明世宗看了这道奏疏后,气得浑身发抖,大声吩咐左右:"赶快把他抓起来,不要让他跑了!"宦官黄锦在侧旁说:"海瑞这个人向来有个'痴子'名声。听说他写这篇奏疏时,自己早料到顶撞了陛下,必死无疑,已买好了一口棺材,与妻子诀别,在家等死,他是不会跑的。"世宗想,海瑞既不怕死,死了反而成全了他的忠名,自己倒变成了杀害比干的纣王了。但他实在于心不甘,最后还是把海瑞关进大牢,让刑部拟判他死罪。

刑部官员尊重海瑞的为人,故意拖延,使海瑞的死一直未能判下来。这时世宗驾崩,几天之后，海瑞被释放，官复原职。

断头宴

户部主事海瑞，因世宗迷信道教，不理朝政，就独自上书力谏，世宗大怒，将其关进大狱。世宗驾崩后，提牢官事先得到消息，料到海瑞出狱后会得到重用，就带着酒菜来到狱中，请海瑞吃饭。海瑞认为是断头宴，也不恐惧，依旧谈笑自若，就吃起来，酒过三巡，海瑞与提牢官诀别，提牢官对他说："皇上已驾崩，先生很快就会出狱高升了，我是来向您祝贺的。"海瑞听说是皇上驾崩，顿时放声大哭起来，哭得撕心裂肺，喘不过气来，接着就开始吐，把吃的东西全部吐了出来，直到吐出黄疸水，晕倒在狱中，很久才苏醒过来。

海青天

隆庆三年朝廷又起用海瑞为应天巡抚，海瑞上任后，疏浚吴淞江，推行一条鞭法，下令让礼部尚书兼内阁大学士徐阶退田。在任南京右金部都御史和大理寺丞时，力主严惩贪污，对于安官贪禄，不务公事的官吏进行整顿、辞退，被人们称为"海青天"。海瑞为官三十年，始终两袖清风，最终病死在任上，死后身边概无他物。他死时对仆人留下最后的遗言："明天，你送六钱银子到兵部。"说完就去世了。这遗言说的是，每年冬天，由于没有暖气，兵部就给各部的高级官员送柴火钱，数量不多。而在他死之前那天，兵部送来了柴火钱，他发现多给了六钱银子，于是让老仆退回去。听说海瑞的死讯后，南京城的男女老幼无论见过海瑞与否，都在家自发为他守丧，号啕大哭。发丧那一天，农民辍耕，商人罢市，为他送葬的人群绵延百里而不绝。

中国医药学的宝贵遗产

李时珍，继承家学，随父学医。他经常上山采药，向农民、药农、铃医请教，并参考历代有关书籍，对药物加以鉴别考证，纠正古代本草书籍中药名、品种、产地等某些错误。有一天，一位老渔翁对他说，妻子得了急病，让一位江湖医生开了药方，不料，服药后病情加重，请他快去看看。李时珍到老渔翁家，问了病情，再查看药方，随即倒出药罐里的药渣，认真查看，发现药渣中有"虎掌"，方子上却没有此药；再看方子上有"漏篮子"，药渣里却没有。这就是说，药铺发错药了，老渔翁要去找药铺讲理，李时珍说："闹出这个乱子，不能怪药铺，要怪旧本草书。《日华本草》说漏篮子又名虎掌，药铺才配错了药。"

这件事对李时珍触动很大，他回到家里，对父亲说，旧本草的错误，害人不浅，不能这样延续下去，我要自己编写一部新本草，父亲说："重修本草，只靠私人的力量是办不到的，旧本草，是历代皇朝官家修成的。"李时珍没再说什么，但他感到责任重大，就暗暗下决心：一定要出一部新本草，以减少人民的痛苦。他继续亲自采药，分析辨别，并收集整理宋、元以来民间发现的药物，充实内容，收录原有诸家《本草》所记载药物一千五百十八种，新增药物三百七十四种，总结了16世纪以前中国丰富的药物学经验，历时二十七年，著成新的《本草纲目》，对我国药物学的发展做出了巨大贡献，成为祖国医药学的一份宝贵遗产。

演练新军

戚继光奉命抗击倭寇，在龙山之战打了败仗，他发现这支队伍全是"兵油子"，临阵作战，一触即溃，军事素养太差。于是他要求，征召新兵，由他训练。得到批准后，他招募了三千人，拟制了新的训练方案，他要求军队在作战时，"要疾如风，徐如林，侵掠如火，不动如山；难知如阴，动如雷震"；他教授的击刺法，长短兵迭用法，是一种非常独特的战法。他发明了火器、拒马器、战车营，创立新战法适用于训练、作战。将训练成绩分为九等，定期考核，考核的方式是实战，规则为：双方对打，你打赢了，就升级，奖赏；如果打输了，就降级，被罚五军棍，这样一天下来，几乎个个士兵都遍体鳞伤，士兵并没有埋怨情绪，而是认真总结，准备明天打赢。就是这样，他们每天训练，每天总结，总结一次，提高一次，取胜的信念增加一分。正是在这种残酷的环境中，使他们练就了非凡的意志和武艺，具有极强的战斗力而威震天下，令倭寇丧胆，"戚家军"从此闻名天下。

左光斗倡北方种稻

左光斗受理管理屯田事务，他向明神宗上奏说："北人不兴修水利，地种一年就荒废了，两年以后人民就又要迁徙，三年以后这个地方就没有土地和人民了。如今要做到天旱不成灾，雨涝不为害，只有兴修水利。随即列举陈述了三因十四议：三因是因天时、因地利、因人情；十四议是议治理河流，议疏通沟渠，议引水，议设坝，议建闸，议设坪岸，议考察地形，议筑塘，议招徕种田者，议择人，议择将，议兵屯，议力田设科，议富民拜爵。"他建议的方法全面具体，神宗皇帝下诏批准实行。于是大兴水利，北人从此懂得了种植水稻。邹元标曾说："三十年以前，都城的人不知道水稻是什么东西，现在到处种了水稻，种水田使人民得到了实惠啊。"

徐存斋督察学政

明朝人徐存斋以翰林的身份到江浙一带督察学政时，年纪还未满三十岁。有一名应考的人在文章中引用"颜苦孔之卓"的句子，徐存斋评为："编造，置于第四等。"这个书生受到徐存斋的指正，就拿着作品请示说："大宗师的指教实在很对，但'苦孔之卓'是出自杨雄《法言》，真的不是我捏造的。"徐存斋马上站起来说："本官得意得太早了，学问不足，承蒙你指导。"此举丝毫未损及主考官的威信，一时天下人都称颂他很有度量。

凯 歌

嘉靖四十年后，倭寇大肆入侵福建，其扩张力和战斗力十分惊人，短短一年之间，北到福清,南到漳州,全部陷入敌手。福建十几万军队,几十位将领,也束手无策,无力招架。戚继光奉命前去援战,他选择了横屿岛这个敌军最强、海潮最复杂(从退潮到涨朝间隙只有八个小时)作为攻击目标,在戚继光的指挥和激励下,只用了六个小时就将倭寇歼灭,并解救出大批妇孺百姓,首战告捷。在军士胜利返回时,一首高昂的吟唱响彻长空:

> 万人一心兮泰山可撼。
> 惟忠与义兮气冲斗牛!
> 主将亲我兮胜如父母,
> 干犯军法兮身不自由。
> 号令明今赏罚信,
> 赴水火兮敢迟留。
> 上报天子兮下救黔首.
> 杀尽倭寇兮觅个封侯!

此即千古传诵之《凯歌》,青史留传,余音不绝。

横屿之战的真正意义在于杀鸡给猴看,此战之后,福建各地倭寇皆闻风丧胆,戚继光乘胜追击,将敌寇全部歼灭,为祸中国数十年的倭患终于被平息。

刘玺以死严纲纪

明朝嘉靖年间,戚晼,郭勋等人仗恃受宠,常带领属下大肆收购南方珍玩,随后胁迫漕运官分派船只载运入京,从中获取暴利。当时水道运输不顺,多半都是由于这种原因所造成。

都督刘玺任漕运总官,为治理这一弊端,事先在船中准备一副棺木,然后右手拿刀,左手指着奸臣说:"若各位想胁迫我的船替你们载货,除非是我死,假如我为护船不得不杀各位,事后我也会躺在棺木中自尽,让世人明白你们怎样败坏纲纪,我不能为接送你们的船货而破坏法纪。"

贪官们听了,为免生事,只好悻悻然离去,自始至终,不能伤害刘玺。

只身闯敌营

努尔哈赤在辽东一连打败了明朝十二万大军,进驻抚顺。明朝任命熊廷弼接替杨镐为辽东经略。当他赶到辽东上任时,沈阳和辽阳已是一座空城。他一路走一路看,遇到逃跑的百姓,就劝他们回去,遇到逃跑的士兵,就收编他们,遇到逃跑的将领,就抓起来。就这样,到沈阳的时候,他已集结了上万平民,数千名士兵和几名逃将。第二天,他提出要去抚顺,侦控敌情,他手下的人都吓蒙了,连忙告诉他说:"努尔哈赤大军目前正在那里啊!"熊廷弼却说:"努尔哈赤认定我不敢去,所以我现在去,反而最安全的。"当他到了抚顺,又命号兵吹号角。努尔哈赤一时摸不准情况,下令军队不许乱动,熊廷弼在敌营转了一圈祭祀了阵亡将士,然后,大摇大摆地回去了。几天后,努尔哈赤才弄清了真相,他不仅没发动进攻,反而严令死守,不准出来。他认为新上任的熊廷弼能谋善断,且有大军支援。熊廷弼的到来,不仅稳定了辽东的局势,并组织军队游击骚扰敌方,且势头非常凶猛,使努尔哈赤疲于奔命,只好暂时停止了对明朝的进攻。

至死不改的信念

天启四年六月,左副都御史杨涟上疏东厂提督太监魏忠贤,列其二十四大罪状,魏忠贤恼羞成怒,将杨逮捕下狱。消息传出,士民数万人牵挽着上街,为他声援,道路都被堵塞了,人们焚香祈祷,要求释放杨涟,遭酷刑拷讯,肋骨尽碎的他,写下了绝笔遗书和血书:"仁义一生,死于诏狱,难言不得死所,何憾于天,何怨于人?唯我身副宪臣,曾受顾命,孔子云:'托孤寄命,临大节而不可夺。'持此一念终可见先帝于天。涟即身无完骨,尸供蛆蚁,原所甘心,但愿国家强固,圣德明,海内长享太平之福。此痴愚念头,至死不改。"他在狱中,甘受屈辱,受尽无人性的折磨,依就有慨然雄浑之气,万仞加身不改之志。杨涟死后,其节义感人,民众怀念追思他长久不绝。崇祯初年,赠杨涟为太子太保,兵部尚书,谥号"忠烈"。

宰相巧对状元

明朝天启年间,宰相叶向高一次外出,路过福州府,看望新科状元翁正春。在笑谈中,叶宰相说:"老夫今晚恐怕进不得西门了。"翁正春听了,心里明白他说的意思,便指着他家的房子笑着说了一联:"宠宰宿寒家,穷窗寂寞。"叶向高一听,翁出的上联,用的全是宝盖头,他略加思索,便对道:"客官寓宫宦,富室宽容。"

当晚,叶向高便住了下来。第二天吃过早饭,叶向高辞别,翁正春送行,经过一个池塘,见塘里鸭泳鱼跃,叶向高说:"状元昨夜讲'穷窗寂寞',实际并非如此。"他指着池塘说,"你看七鸭浮塘,数数数三双一只。"翁正春听了,也指着池塘,笑着说:"尺鱼跃水,量量量九寸十分。"

"数数"是动词,叠字,"数一数"的意思;"数"是名词。"数数数"即"数数鸭子数目"。"量量"是动词,叠字,"量一量"的意思;"量"是名词。"量量量"即量一量鱼的身长。这种对联技巧性很强,使人读了饶有兴味。

袁崇焕守城

天启六年正月二十四努尔哈赤率六万(号称二十万)大军向宁远发起进攻,守城者是右佥都御史袁崇焕。后金军由盾兵、箭手和骑兵三个战术系统协同攻城,战斗力非常强。袁崇焕指挥用红夷大炮将其击败,敌军又转攻南城,又被击退。天黑以后,努尔哈赤下令进行夜战,这时,袁崇焕已将所有预备队投入战斗,他自己亲自上阵,又负了伤。由于敌人是明军的几倍,又过于强悍,如果努尔哈赤要连续攻击,后果将不堪设想。袁崇焕想到了最后一个问题,既然必定失守,还守不守?袁崇焕的选择是:即使毫无希望,全军覆没,也要坚持下去,坚持到最后一个人。在夜间的作战中,明军将士异常奋勇,敌军又是大批伤亡,尸体越来越厚,再战下去就可以踩着尸体爬上去。这时,后金的士兵出现了异常,公开违抗命令,向后撤退,无论将领们怎么怒吼,威胁,士兵们竟然不买账,全军向后撤。努尔哈赤近乎疯狂了,他自万历四十六年起兵以来,几乎每一次战役都以少胜多,以弱胜强,战无不胜,攻无不克,从未吃过败仗。然而这一次却败在了兵力只有自己六分之一,且是个无名人物袁崇焕手中,铩羽而归。战无不胜的努尔哈赤终于迎来了他人生中的第一次战败(也是最后一次战败),他至死也不明白他的对手是用什么打败他的。袁崇焕在这次战争开始前,召集他的所有部下,向他们跪拜,在一片惊愕声中,他坦白地告诉部下,我们守的是一座孤城,城中只有一万多守军,我们不会有援兵,不会有帮手,我们所具有的只是勇气、坚守、无畏和信念,坚定的信念,必将战胜强大的敌人。梁启超曾说:"若夫以一身之言动,进退,生死,关系国家之安危,民族之隆替者,于古未始有之。有之,则袁督师(即袁崇焕)其人也。"努尔哈赤不知道,他的真正对手,是一种信念,袁崇焕在过去的几十年中,一直坚守着这样的信念。

袁崇焕谏拒谗

　　明熹宗时,大宦官魏忠贤把持朝政,袁宗焕曾受此人排挤而闲置十多年。他最担心此人破坏抗金大业,为防止魏在皇帝面前说自己的坏话,袁崇焕就预先提醒明熹宗不要听信谗言。

　　有一次,袁崇焕回北京向皇帝汇报边关军务时,明熹宗道:"只要能守先王之社稷,你有什么要求,只管奏于朕。"袁崇焕直言不讳:"臣无其他,只有一点,就是陛下不要听信小人之谗。"明宗道:"卿何出此言?"袁崇焕道:"臣拥兵在外,整天在陛下身边的都是您信任的人,如果我勇敢杀敌,敌人就要仇恨我;如果立下大功,其他人就要嫉恨我。这样一来,诽谤中伤的书信,就会装满箱子;诋毁我的言论,你就会天天听到。自古功臣功亏一篑的原因就在这里。只有英明的君主,才不会听这些谗言,君臣才会互相信任,国家才会安稳。"

　　明熹宗听后,很赞赏袁崇焕的忠直之言,说:"只要能固社稷北疆,朕岂能误听人言有误祖宗的基业。"当即任命袁崇焕督帅蓟、辽、登、莱、天津军务,让他独当一面。

边中送别

袁崇焕

　　　　五载离家别路悠,送君寒浸宝刀头。
　　　　欲知肺腑同生死,何用安危问去留。
　　　　杖策必因图雪耻,横戈原不为封侯。
　　　　故园亲侣如相问,愧我边尘尚未收。

　　明天启六年,袁崇焕在宁远之战,击败了努尔哈赤,他决意将一腔热血乃至生命都用来换取辽东失地的收复,但朝中的局势却总是成为掣肘的桎梏。所以他豪迈中带着一份苍凉,热血里浸着一份彷徨。《边中送别》正是反映出他此时的心情。

"七录"书房

张溥,太仓(今属江苏)人。他的伯父张辅之,是南京工部尚书。张溥年幼时就嗜学如命,他一定要将所读的书,手抄下来,抄好后朗诵一遍,然后烧掉再抄,反复六七次才算完。时间长了,他右手握笔的地方都磨出了老茧。冬天,他的手冻裂了,每天都得放在热水里浸泡好几次。后来,他把自己的书房命名为"七录"。张溥中进士,他看重气节,主张"兴复古学",革除弊政,联合正直的文人士大夫,将诗文应用于现实的政治斗争中。他与张采共同创立"复社",各地慕名而来的人争相投到他的门下,影响越来越大。

女将军秦良玉

明崇祯三年,皇太极率军直逼北京城外,在明朝的都城面临沦陷的危急之时,秦良玉奉诏勤王,她率数千秦家兵与清军激战,她的兵士人人手持丈长的白蜡杆(号称"白杆兵")训练有素,作战勇猛,以一当十,在明将孙承宗的配合下,大败敌军,后金军一溃千里,撤回关外,解救了明朝的危机。立下不世奇功的秦良玉受到了朝廷的赐爵封赏,崇祯帝一连赋诗四首表彰她,其中一首:

　　学就西川八阵图,鸳鸯袖里握兵符。
　　由来巾帼甘心受,何必将军是丈夫。

诗中的"巾帼"指的就是我国历史上唯一一位有官方正式任命的女将军——秦良玉。

一代名儒黄宗羲

黄宗羲,在明朝灭亡后,屡屡拒绝清朝朝廷的征召,隐居著述。对天文、算术、乐律、经史百家以及释道之书,无不研究。在哲学上,反对宋儒"理在气先"之说,认为"理"不是实体,只是"气"中的条理和秩序。以为"致良知"之"致"字即是"行"字,反对"测度想象,求见本体,只在知识上立家当,以为良知"。揭露了君主一人私有天下的罪状,做出"为天下之大害者,君而已矣"的大胆结论,认为"天子之所是未必是,天子之所非未必非"。肯定"天下之治乱不在一姓之兴亡,而在万民之忧乐"。主张改革土地、赋税制度。反对传统的农本工商末的观点,强调工商皆本。在学风方面,他的诚意慎独学说,即严密又实在,强调经世致用。他曾说,明朝学者讲学,总是只抄录一些只言片语,而将《六经》丢于一边,束之高阁,不切实际的游说清谈。所以,要求学就必须先读完经书,读经书目的是为了付诸实践。要不像迂腐先生,就要兼读史书。史书读少了,事物变化的道理就弄不清楚;读书虽多,但不用心思考,则只是一种庸俗学问。所以要对上下古今,诸子百家、天宫、地志各种书籍多读,用心思考才能有所收获。在文学方面,强调了诗文必须反映现实,表达真情实感。

郑成功七岁要求回中国

郑成功的父亲，郑芝龙原是一个从事海上贸易的商人，因经商有方，在海外发了大财，并在日本娶妻，生下郑成功。所以，郑成功是个混血儿。但是，郑成功从小的正统、忠君思想很浓，大汉族自豪感极强。七岁时，就要求回中国，其母田川枝子问他："国内多难，你回国能有何为？"郑成功道："吾乃明朝人，生为大明人，死为大明鬼！"强烈要求回国，田川枝子无奈，只好把他交给其父郑芝龙带回国内。

收下野草和泥土

有一天，郑成功带领将士去访高山族一个部落时，从欢迎的人群里走出四个人，他们各自端着一个盘子，里面分别放着金、银、野草和泥土，献给郑成功。郑成功看了看面前四个盘子里的物品，略加思索后笑着对高山族同胞说："我到台湾来是为了驱逐荷兰侵略者，收复国土，不是为了要金银的。"说完后，他只收下了野草和泥土，却将盛有金、银的盘子还给高山族代表。这个消息很快传遍全岛，使高山族同胞深受到感动。郑成功收复台湾后，开展大规模改造和开发，使台湾的经济、社会迅速发展起来。台湾人民把他看成"开台始祖""守护神"，几乎家家户户都供奉郑成功的神像，四时八节，香火不绝。

西子湖头有我师

杭州西湖有三处忠义墓，一处是南宋民族英雄岳飞墓，一处是明代名臣于谦坟，还有一处是明代张苍水墓祠。

张苍水又叫张煌言，号苍水。史可法在扬州殉难之后张苍水拥立鲁王朱以海监国，继续抗清，转战苏浙近二十年，后来联合郑成功从福建一直打到南京城下。最后不幸失败被俘，押到杭州，敌人劝他投降，他说："我是国亡不能救，父死不能葬的大罪人，今天死在你手里，已经嫌太迟了！"说完，张苍水举目眺望凤凰山，长叹说："好山色！"遂赋绝命诗：

> 家亡国破欲何之？
> 西子湖头有我师；
> 日月双悬于氏墓，
> 乾坤半壁岳家祠。
> 惭将赤手分三席，
> 敢向丹心借一枝；
> 他日素车东浙路，
> 怒涛岂必尽鸱夷。

张苍水仰慕埋在西湖上的岳飞、于谦，决心在杭州成仁，让后人也葬他在西湖上，好叫钱塘江的潮水常常激起人们爱国复兴的热情。后人果然在西湖南屏山麓修建了他的墓祠,与岳飞、于谦三足鼎立,供后世凭吊。

成勇因廉叙用

　　张玮上奏《风励台班疏》说:"处罚先前的过错正是为了给以后提供鉴戒。现在贪官是原任巡按苏州松江御史王志举,廉洁的官则是原任南京试御史成勇。成勇与臣从来不相识,我离职回乡时,听说成勇被逮捕,士人百姓流着泪送行的有几万人,百里路上络绎不绝。我后来任职南京,才知道原来成勇在御史台不随便听信讼词,不轻易收受罚金,不接受下属官员送礼,对于残害人民的劣绅恶吏从不宽贷,细致耐心地引导民众,孝敬父母,友爱兄弟。臣离开南京时,人们都拉住我的车辕希望再把成御史借给他们,让他为南方人谋利。成勇虽然此前受了严厉处罚,应当重新召用作为众御史的表率。"张玮上疏奏进,这正合了百姓心意,人们都称好。朝廷诏令逮捕王志举交法司惩办,于是成勇又重新上任。

田妃的绣花鞋

　　大学士周延儒被首辅温体仁所排斥,罢官回乡。后来,他得知皇帝专宠田妃,便买通内监,贿通田妃,要田妃在崇祯面前极力推举,便复得大学士之位。崇祯对复职的周延儒满怀希望,甚至下座礼敬说:"朕以天下托先生。"

　　崇祯以为得了周延儒好比得了大贤相,朝廷就有救了,所以下朝后回到西宫,满怀欣喜地同田妃一起饮酒。酒至半酣,他得意地托起田妃那双三寸金莲欣赏着,猛然看见那双绣有精致花鸟的绣花鞋上,用金线绣成一行楷书,仔细一瞧,竟是"周延儒恭进"五个字。他顿时大怒,斥责田妃道:"你在深宫内院,怎能不遵祖训,随意交接外朝大臣?真是不得了!"说着,再也不看跪在地上惊慌失措磕头谢罪的田妃一眼,大步拂袖而出。

　　不多时,一名内监手持皇帝诏旨,谴责田妃,令她谪居启祥宫,三个月不予召见。

曹鼎自过美人关

　　明朝有个叫曹鼎的地方官员,年轻时任山东泰和典史。一次,捕捉盗贼时,抓获一名绝色女子,来不及回县城,二人单独在一破庙中夜宿。这女子屡屡以色相诱之,曹鼎也春心荡漾,欲火中烧。自觉将要把持不住,他就用纸片写下"曹鼎不可"四字,贴在墙上,过了一会儿,又揭下用火烧掉。一会儿再写,再烧掉,如此这般十多次,好不容易盼到天亮,度过了"美人关"。

幼子申冤救亲人

　　马中锡的父亲马伟,任唐府长史,由于直言进谏触怒藩王,被戴上刑具押往京师,家人全部受到牵累。马中锡由于年幼获免,他便奔赴巡按御史处诉说冤屈。御史向藩王说情,释放了马中锡一家。马中锡又侍奉母亲到京师申诉冤情,他的父亲最终得以洗清罪名,并被任为处州知府。

高低分明

明朝末年有两个读书人,一个叫倪鸿宝,一个叫吕晚村,两人齐名,分不出高下。

一天,倪鸿宝去拜访李晚村,看见他的客厅上挂有一副对联:

　　　囊无半卷书,惟有虞廷十六字;
　　　目空天下士,只让尼山一个人。

倪鸿宝端详对联,脸上露出不以为然的神色。他知道:所谓虞廷十六字,指的是《书经大禹谟》中"人心惟危,道心惟微,惟精惟一,允执厥中",为宋代理学家看成修身养性的十六字诀。尼山,是指孔子。倪鸿宝摇摇头,心里暗想,吕晚村以圣贤自居,口气太猖狂了,哪有什么"允执厥中"的味道呢?骄傲乃无知的表现!他回家后,叹息一番,磨墨摊纸,自书一联:

　　　孝若曾子参,方足当一字可
　　　才如周公旦,容不得半点骄

倪鸿宝把对联挂在墙上,朝夕吟诵以自警。

不久,吕晚村来回访倪鸿宝,看见这副对联。他知道:曾子参,就是曾参,孔子的学生,以孝顺母亲著名;周公旦,是周武王的弟弟,有名的贤相。这副对联是说一个孝如曾参,只不过是做到了为人道德的一个方面;才能如周公,也不能有半点骄傲。由此看到倪鸿宝胸襟开阔,为己不如倪,深感内疚。

对联警己警人

明代户部右侍郎张津,任福建南安知府时,撰一联立于城内谯楼之上,用以警醒自己,其联:

　　　宽一分则民多受一分赐;
　　　取一文则官不值一文钱。

明代李廷机官至礼部尚书,他曾撰联警己警人:

　　　人重官非官重人;
　　　德胜才毋才胜德。

明代吏部尚书王恕,为官清廉,任人唯贤,曾撰联悬于吏部大堂:

　　　仕于朝者以馈遗及门为耻;
　　　仕于外者以苞苴入都为羞。

"馈遗""苞苴"皆指贿赂,此联提醒人们,不可行贿买官卖官。

清

不在口讲　惟务躬行

一日，康熙帝召翰林院学士傅达礼至御座前说："人处在世间，朋友之间相互切磋，不要过于绝对。如果太绝对了，就会失去和睦同心。"傅达礼说："朋友虽然不可无，但也不可滥，有益友，有损友。"康熙帝又问："你与熊赐履在一起共事，他与你讲过理学吗？"傅达礼回答说："我曾求教过他。他说：'理学不过是强调正心诚意，道德伦理方面的事理，没什么奇特。我平日虽有理学的虚名，但不曾立学传教，我辈惟务躬行，而不在口讲。'"康熙赞同他的观点。

必求人品端方

一日，康熙帝与经筵讲官牛钮、陈廷敬谈论人才。牛、陈两人奏称："有学问、有辩才的人不患没有，最重要的是选取人品端方、恪尽职守的人。"康熙帝深以为然，说："高尚的品德操守是不容易做到的。"又说："小人也有可用之处，关键在于用其长处。"牛钮说："宋代司马光曾经说过：'国家与其用小人，不若用愚人。'愚人会尽己所能，去做好自己应做的事，若让狡诈邪恶的小人掌了权势，就会流毒贻害国家，后患无穷。"

忠贞自是人臣事

张煌言自顺治二年追随鲁王监国，以后率众坚持抗清斗争十九年。后被浙江总督赵延臣所俘。临刑赋诗曰："生比鸿毛犹负国，死留碧血欲支天。忠贞自是人臣事，何必千秋青史传。"

立储造成"三无情"

康熙立胤礽为太子。由于胤礽从小娇生惯养，非常任性，动辄侮辱廷臣。常常顶撞老师，也顶撞皇父，后来发展到鸠聚党羽，图谋不轨的地步。康熙愤怒之下，宣布废掉太子。太子废掉之后，没想到竟又出现了诸皇子为太子之位争得残酷无情。他又复立胤礽为太子，时间不久，再次废掉胤礽。

从废立太子的这件事上，康熙看到：名义上是立太子，朝廷大臣在忙着投靠新主子，为自己的荣华富贵奔走,和他已无君臣之情;皇子们忙着与臣僚勾结,为储位争斗,和他已没有父子之情;宫中嫔妃们也在为他身后之事找依靠,忙着帮助儿子争皇位,与他已无夫妻之情。身为一国之君,至高无上的康熙皇帝英雄一世,这时,他却备感孤独,内心郁结。就这样,康熙帝就从接受立储的做法走回到清朝不立储的老路上去了。

千叟宴

康熙皇帝六十九岁寿诞时,在京举办过一次"千叟宴",来赴宴的都是耄耋长者,其中有儒生、道士、和尚、地方官、郎中、小说家、农夫、士兵、商人等代表。康熙笑眯眯地举着酒杯说道:"今天请诸位长者饮酒,人人都要行一个酒令,既要与本人身份相称,又要带一个'老'字。朕先起个头。"说罢,便吟出一首:

　　　　　　　　叟叟叟,今日欣逢,松朋鹤龙。
　　　　　　　　朕虽老矣,为你祝酒。愿君活到九十九。

康熙行令已毕,满座皆呼:"谢万岁恩典!"席间儒生摇头晃脑地吟道:

　　　　　　　　叟叟叟,三教九流,儒家为首。
　　　　　　　　耆宿元老,功成名就。愿君活到九十九。

道士则慢条斯理地说:

　　　　　　　　叟叟叟,恬淡无为,清虚自守。
　　　　　　　　前有老子,后有庄子,愿君活到九十九。

和尚笑容可掬地吟诵:

　　　　　　　　叟叟叟,阿弥陀佛,常开笑口。
　　　　　　　　积善聚德,老人长久。愿君活到九十九。

地方官一本正经地说:

　　　　　　　　叟叟叟,明镜高悬,刚正不阿。
　　　　　　　　狱讼平息,老幼夸口,愿君活到九十九。

朗中用手做了一个摇"串铃"姿势,说:

　　　　　　　　叟叟叟,走街串巷,祛病除忧。
　　　　　　　　妙手回春,老者益寿。愿君活到九十九。

小说家眉飞色舞地道:

　　　　　　　　叟叟叟,道听途说,广采博收。
　　　　　　　　老人谈资,茶余酒后。愿君活到九十九。

农夫做了挥锄的姿势,大声说:

　　　　　　　　叟叟叟,汗滴禾苗,躬耕田亩。
　　　　　　　　虽老犹健,精神抖擞。愿君活到九十九。

士兵立正挺胸说:

　　　　　　　　叟叟叟,为保社稷,执戟伐戈。
　　　　　　　　廉颇已老,尚能饭否? 愿君活到九十九。

最后一个轮到商人,他向大家拱拱手,做了个打算盘的姿势,说道:

叟叟叟,公平交易,不欺老幼。

近悦远来,财源富有。愿君活到九十九。

康熙帝一一听毕,不觉哈哈大笑。满座老人也都兴高采烈,今天来参加"千叟宴"的耆老者为九百九十七人,整个宴会上欢声笑语、此起彼伏。

胤禟不愿坐天下

康熙五十六年,皇太后病重,皇九子胤禟亦装病。对其亲信西洋人穆经远说:"朝中人都说我和八爷、十四爷三个人里头有一个立皇太子,且在我身上居多些。我不愿坐天下,所以我才装病。"

靳辅不欺上

康熙帝至费县巡视,召见河道总督靳辅说:"你负责修治河道十几年,恪尽职守,卓有成效,我已悉知。在你的下属官员中,谁最为清廉呢?"靳辅回答说:"蒙皇上器重,让我担任总督河务之职。治河工程浩繁,治河队伍庞大,所需物质、管理河工需费钱粮甚多。使之组织精密,支出精当,杜绝浪费,臣远没有做到,更不敢保证臣的属下个个清廉。然而非理安取,损公肥私,是臣断不可为的。"康熙帝笑着说:"此话足以见得你是不欺上啊。"

人须是顶天立地

张伯行在《困学录集萃》中说:"天地人号为三人,人须是顶天立地,不亏其分量方好。生要有益于世,为天地间不可少之人;死要有传于后,为千万世重有赖之士,方不负此七尺之躯,不至碌碌与草木同朽。"

黄宗羲做学问

黄宗羲的学问,师出刘宗周,继承了诚意、慎独的学说,缜密平实。他曾经批评明代学者讲学是照旧搬用语录中的糟粕,不以"六经"作为学问的根基,把书搁在一边而致力于空谈。做学问的人,一定要先专心研究经书和古籍,因为经书是可以用来治理天下的。如果不想成为迂腐的儒生,就必须兼读史书。史书读的少,就不能证实"理"的变化;读书多但不追求内心的领悟,所得的学问就只是世俗之学。

河工向陈鹏年敬茶

康熙帝南巡时,总督阿山要求江宁知府陈鹏年额外再增加钱粮供皇帝南巡费用,陈鹏年不与增加,阿山发怒,借故加罪,让其承办龙潭行宫差事。随行皇帝南巡的近侍也乘机向陈鹏年索贿,陈拒绝他们的要求。近侍便捏造流言蜚语加害他。康熙帝便召陈鹏年加以诘责。这时,大学士张英入见,帝问江南廉吏,张英首举陈鹏年,织造曹寅也力求宽赦,康熙于是免陈鹏年无罪。

康熙帝要检阅水师,阿山便命陈鹏年在江边垒造石梯,以此故意刁难他。这里的江流湍急,施工难度非常大,随员们都很恐慌,陈鹏年便亲自带领民工垒砌石墙,连夜施工,于次日清晨提前完工。

民工们对于知府大人能与他们一起连夜苦干,很是敬佩,主动给陈鹏年敬茶送水。康熙帝看到后,当场给予赞许。

天下第一廉吏

于成龙被任命为广西柳州府罗城县的县令。当时的广西柳州地区民风彪悍,自然环境恶劣,距离于成龙所在的山西永宁州(今方山县)有万里之遥,家人为他很是担忧,但于成龙做家人工作说国家所使,个人不应再拒难求易。他便雇了三个仆役一同前往,到了罗城县,才发现这里连个县衙也没有。于是他和仆役一起用湿土砌土台充当几案,用石块、树枝搭成简易房,住了下来。第二天,他就走访农民了解民情,首先组织民众修建住宅,兴建学校,构筑城墙,仅仅三年时间,罗城县的生产得到了恢复和发展。乡民们见到身为县令的于成龙生活非常艰苦,就主动给他送去食物和生活用品,于成龙不肯接受。后来,于成龙升任湖广下江陆道道员,驻地湖北新州(今新春县),同样是个非常贫穷的地区,虽然他的官职提高了,自己的生活水平并没提高。在这里几年,正遇上连年灾荒,他到灾区,访贫问苦,放粮济民,组织恢复生产自救,解决民众困难,他还是吃糠咽菜,将粮食节省下来救助灾民。康熙皇帝当面褒扬他是"今时清官第一"。于成龙死后谥号"清端",康熙帝亲自为他撰写碑文,赠太子太保。以"天下第一廉吏"名垂青史。

女婢答联

清初宰相张英,一次微服下乡私访。路过一片稻田时,见一农民用稻草捆秧,就主动上前与他攀谈起来。农民说:"看先生的模样,是个读书人,我有个上联,请先生出下联。"便即念道:"稻草捆秧父抱子。"张英许久答不出。回家后跟夫人谈起这件事,让侍女听到,说我可对出:"竹篮装笋母怀儿。"原来侍女是贫家女,在家时常提篮挖笋,便脱口说出。张英连声称赞。

居功自傲招致身败名裂

年羹尧是清朝康熙后期至雍正初年的显赫人物。他长期担任封疆大吏,主持一方的军政事务,在平定西藏、青海的叛乱中立下了汗马功劳。

但是,年羹尧恃才傲物,倚仗皇帝对自己的厚爱,骄傲放纵。他入京时,命令总督李维钧、巡抚范时捷跪在路边迎送,到达京城后,他直接穿过皇家专用通道,王公大臣们到郊外迎接他,他竟不还礼。更甚者,他在一次上疏中用了"夕惕朝乾"四字,雍正看后大怒,斥责他故意把"朝乾"与"夕惕"颠倒,说年羹尧不认为朕是"朝乾夕惕"的君主。

山西巡抚伊都立、川陕总督、河南巡抚、直隶巡抚等先后上奏揭发他的罪状。朝廷列出他犯大逆罪五条、欺罔罪九条、僭越罪十六条、狂悖罪十三条、专擅罪六条等共九十二条罪,当判死刑。雍正下谕:"念其有功,令其在狱中自尽。"

年羹尧居功自傲,招致身败名裂,家破人亡之悲惨结局。

金圣叹写祝寿联

金圣叹的舅父钱谦益,原是明崇祯帝的礼部尚书。后李自成攻下北京,他投靠了南明奸相马士英。清兵南下后,他又做了清朝的礼部侍郎。钱谦益过生日,金圣叹奉母命前去祝寿。寿宴上,一个宾客奉承说:"钱大人,令甥金相公乃江南才子,今日盛会,正好置酒论文。"金圣叹也不推辞,说:"盛情难却,就提一对联吧!"他提笔写道:"一个文官小花脸,三朝元老大奸臣。"写完,把笔一掷,拂袖而去。众人皆目瞪口呆,钱谦益脸色大变,气得七窍生烟。

梨儿腹内酸

金圣叹因参与哭庙案,被判死罪。儿子赶回来时,行刑在即。金圣叹安慰儿子说:"我出个上联你对对看,'莲子心中苦'。"儿子跪在地上,无心作对,只是痛哭。金圣叹思索一下,说:"别哭了,下联可对'梨儿腹内酸'。"听者无不唏嘘,上联"莲"与"怜"谐音,意为看到儿子痛哭心中可怜;下联"梨"与"离"谐音,意为与儿子永别,心中酸楚万分。

密　　折

雍正对大臣监督极其严密,且让文武百官互相监视,往往通过密折来了解大臣的一举一动。所谓密折,即秘密奏折。密折内容无所不包,从国家大事到老百姓街谈巷议,都可以写进密折。王云锦是康熙四十五年的状元,到雍正年间年纪已经很大了。一天他在家无事,便叫来几个朋友打牌,打了几圈之后却少了一张牌,怎么找也找不到。缺了牌,自然玩不成了,他就摆上酒席,和大家猜拳行令,喝酒取乐。

第二天,王云锦上朝结束时,雍正帝很随意地问他前天都做什么了,王云锦就把打牌未能尽兴,而后饮宴之事说了一遍。雍正听了并无不实之处,便笑眯眯地从袖筒里取出一张纸牌递给王云锦道:"你丢的是不是这一张?拿回去接着玩吧。"王云锦接过来一看,不禁惊出一身冷汗,这正是昨天没找到的那张牌。

雍正帝对臣下的情况了若指掌,靠的就是清朝特有的密折制度。

文字狱

翰林院庶吉士徐骏,一次在奏章里将"陛下"的"陛"字错字成"狴"字。雍正皇帝见到后,马上把徐骏革职,并继续审查,在徐骏的诗集里找出了这样的诗句:"清风不识字,何事乱翻书","明月有情还顾我,清风无意不留人。"雍正因此认为这是存心诽谤,照大不敬律处徐骏斩立决。

王柔受嘉奖

湖南辰沅靖道王柔,以"施药奸民"罪名将行医卖药之许英贤等逮治。徐英贤曾以张天师之叔张易珍名义施药,以其形迹可疑,连同其徒弟、挑药人等一行五人,均逮捕究治。经查,徐英贤等除卖药图利外,没有其他不轨之事。但雍正皇帝仍朱批嘉奖说:"官员遇到有伪诈良民之财等事,宁防不虞,不可大意玩忽。汝此赤心为国家留意之忠诚,实可嘉许。命将王柔养廉银增至五千两,加按察使衔,奖励其实心任事,才守兼优。"此案牵连被捕者三十一人。下谕将许英贤递解回原籍,严加看守,不许再出外生事。

尹继善虚心善学

尹继善三十多岁就被任命为清朝封疆大吏,他曾在一个月里兼任将军、提督、巡抚、河督等职,判牍如流,井然有序。雍正皇帝曾训他向李卫、鄂尔泰、田文镜学习。尹继善上奏说:"李卫,我学其勇,不学其粗;田文镜,我学其勤,不学其刻;鄂尔泰值得学习的地方很多,但我不学他刚愎自用。"雍正皇帝对此十分赞许。

江南大侠甘凤池

雍正年间,江南大侠甘凤池以其浑厚的武功闻名天下。他客居京城时,山东济南的力士张大义慕名来访,一定要与甘凤池较量较量。张大义身高八尺,腿力过人,并且在脚趾上裹有铁片,气势汹汹的扑将过来。甘凤池倚柱而立,观视对方招式,两人刚一交手,就听见张大义大叫一声,跌倒在地,血流了一靴子,解下靴子一看,铁片已深深地嵌入脚趾中。甘凤池除精于拳脚和剑法,且有很强的硬功,他手握锡器,能使溶为汁,从指缝中流出。

立　志

清代哲学家李颙说:"立志须做天下第一等事,为天下第一等人,志不如此,便是无志,志逊于此,便不成志。问如何是天下第一等事,即是为天地立心,为生民立命,为往古继绝学,为万世开太平。如何是天下第一等人?曰能如此,便是第一等人。"

扬州八怪

"扬州八怪"是清代乾隆年间的一批著名画家。他们的"怪",怪在于绘画风格与当时的"正统"大不相同，被视为画坛的"偏师""怪物"，故有"八怪"之称。他们的思想行为也与当时世俗大不一样。

"扬州八怪"通常指：汪士慎、黄慎、金农、高翔、李鱓、郑燮、李方膺、罗聘。但是，也有几种不同的说法。《天隐堂集》中是郑燮、金农、高凤翰、李鱓、李方膺、黄慎、边寿民、杨法。黄质《古画微》中是李方膺、汪士慎、高翔、边寿民、郑燮、李鱓、陈撰、罗聘。上述记载的不同，反映出"八怪"无固定的说法。这些画家，有的是扬州本地人，有的是来扬州卖画的外地人。总的来说，"扬州八怪"多画花卉，能诗，擅书法，讲究诗书画的结合，尤其他们的写意花卉对后人影响很大。

郑板桥智退说情人

郑板桥在潍县任县令时，抓了个纨绔公子。正欲将其正法，其伯父、舅父携着厚礼前来说情。郑板桥明白他们的来意，以酒相待。

席间，酒过三巡，身为进士的舅父为外甥说情道："我等相扰之事，劳大人'正月没初一'时办吧。"郑板桥听此语为"肯"字是在探他的口气，便说："老仁兄，桥为不才，上街时一不骑马，二不坐轿啊！"二人听答是步（不）行！又提新的花招，抽骨牌，捡字行令，做添减成诗来激将。

二人先推郑板桥捡字，郑捡了个"湘"字，随口吟道："有水念作湘，无水念作相，去水添雨变成霜，劝君自扫门前雪，莫管他人瓦上霜。"

尽管郑板桥这样开导他们，此人的伯父还是厚着脸皮捡了个"倌"字，吟道："有人念作倌，无人也念官，去人添竹念作管。为官对事当多管，多管才好来做官。"进士舅父自顾自检了"清"字，念道："有水念作清，无水也念青，去水添心念作精……"郑板桥一听念错了，急忙说："仁兄当罚，去水添心应为情。"郑此话正中进士下怀，他就接着吟道："我本有心来说情，大人头句说不行，送礼实为门生事，只盼大人开恩情！"

二人即是相继夹击，却丝毫未动郑板桥严明执法之心，他更加明白地告诉二人说："为若换心方讲情，板桥身为七品令，不为升官只为清。"酒席不欢而散。

郑板桥自寿联

清代郑板桥在六十寿时，自书一联：

常如做客，何问康宁，便使囊有余钱，瓮有余酿，釜有余粮，取数页赏心旧纸，放浪吟哦，心要闶，皮要顽，五官灵动胜千官，过到六旬犹少。

定欲成仙，空生烦恼，只令耳无俗声，眼无俗物，胸无俗事，将几枝随意新花，纵横穿插，睡得迟，起得早，一日清闲似两日，算来百岁已多。

竹 石

郑板桥

咬定青山不放松，立根原在破岩中。
千磨万击还坚劲，任尔东西南北风。

巧判赖婚案

潍县县内有一对男女青年，从小青梅竹马，感情笃深。双方大人便为他们订了婚。谁知几年后，男方家境败落，生活贫穷潦倒。女方的父亲就想赖掉这门亲事，男青年无奈，只好上告县衙。郑板桥听后，施出一妙计，把男青年留在衙内，传召了女方的父亲说："要退婚可以，只要付给男方一千两银子你女儿的婚事由我做媒。"女方的父亲一听，县官要亲自做媒，巴不得高攀县官，马上令家丁送来白银千两。于是，郑板桥叫出男青年，将银两交给他，说："你可以带着妻子回家去了。"此时，女方父亲才知自己中计了。

应声对联

一次，乾隆皇帝在北京城看到一店铺，上写"天然居"，乾隆帝就用它做联，上联是："客上天然居，居然天上客"；但下联却苦索不得。因为下联必须符合这样的条件：后五字是前五字的颠倒，语义通顺，是完整的句子，又要平仄协调。他于是令群臣属对。众人正在大伤脑筋之时，纪晓岚已应声对出下联："人过大佛寺，寺佛大过人。"一时传为佳话。

戴震问疑

戴震，十岁时才会说话，入私立学校读书，塾师传授《大学章句》，至"右经一章"以下问塾师说："此句怎么知道是孔子说的话由曾子叙述的？又怎么知道这是曾子的意思而由他的学生记载的？"老师解释说："这是由朱熹所注释的。"即问："朱熹是那个朝代的人？"老师说："南宋。"又问："孔子、曾子是那个时代的人？"老师说："是东周时代人。"又问："宋代离东周有多少年？"老师说："两千多年了。"又问："然而朱熹又怎么知道这是孔子说的又由曾子记述的呢？"老师回答不上来，认为戴震是个奇人。

乾隆不敢改穿汉装

乾隆皇帝想改穿汉装，被太后得知后，传入慈宁宫，问他道："你想改穿汉装吗？"乾隆帝不回答，太后又说："你如果要改穿汉装，就是不忠不孝，不仁不义，这次我也不会顺着你。"乾隆帝连忙称："不敢。"这事才算了。

尚猛与尚宽

康熙实行宽仁方针，以怀柔政策治国，开启了康乾盛世的序幕。但到晚年，由于吏治败坏，使国库亏空。雍正上台后，立刻要求吏部全面清理钱粮积欠，并责成各地官员限期追补缴纳。这一政策让上至皇亲国戚，下至知府县令，无不战战兢兢，人心惶惶。大批官员因此被革职、抄家、流放、杀头，引起了官僚的强烈不满。乾隆即位后，继承了康熙的"尚宽"思想，实施"宽严相济"的政策，下令将雍正十二年之前的亏空积欠钱粮，全部豁免，对于已经获罪的文武官员，一概赦免。此举彻底改变了雍正时期的"尚猛"政策，稳定了政治局势，使朝野气氛立刻为之一变。

纪晓岚辩释"老头子"

纪晓岚在四库全书馆内管理校书事宜时，正值盛夏，天气异常酷热，他便赤着膊，圈了辫，端坐着看书。巧逢乾隆帝跸入馆门，他来不及披衣，匆忙钻入案桌下，用帷幕遮住自己。不料被乾隆帝看见，传旨令馆中人照常办事，不必离座。乾隆便在纪晓岚座旁的位置坐下。纪晓岚伏了许久，汗流浃背，不免焦躁起来，听听馆中寂静无声，便展开帷幕，探头问道："老头子走了吗？"语刚脱口，转眼一瞧，座旁正坐着乾隆帝，对他说："纪昀不得无礼。"纪晓岚只得出来穿好衣服，俯伏请罪。乾隆说："别的罪可以原谅你，叫我'老头子'解释一下，说得好就保你一条生命，说得不好就立即处死。"众人都替他捏一把汗。纪晓岚却不慌不忙，从容奏道："'老头子'三字，是京中人对皇上的尊称。皇帝称万岁，难道不是'老'吗？皇帝居兆民之上，难道不是'头'吗？皇帝是上天之子，所以称'子'。这'老头子'三字，从此流传了。"乾隆帝捋须笑道："你真是聪明，朕免了你的罪，起来吧。"纪晓岚谢恩而起。

乾隆书对联

乾隆下江南时，碰到一位一百四十一岁的老者过生日，乾隆送老者一副对联：

花甲重开外加三七岁月
古稀双庆内多一个春秋

"花甲"是六十岁，两个花甲加三七二十一岁等于一百四十一岁；古稀是七十岁，两个古稀再加一岁，也是一百四十一岁。这副联写得十分巧妙。

因疏懒诗句丢官

乾隆有一次翻看礼部侍郎世臣的诗稿，看到"霜侵鬓朽叹途穷"一句，满心不悦，认为世臣是无病呻吟；当看到"秋色招人懒上朝"一句，更加不满，批评世臣作为朝廷命官，应该勤于公务，怎么能写这种疏懒的句子。不久，就因为这些诗句，世臣被罢免了官职。

金发塔

乾隆帝十分孝顺,他在慈宁宫为母亲六十岁诞辰举行盛大寿宴。他曾侍奉母亲三上泰山,四下江南,多次到避暑山庄。乾隆还用三千多两黄金做了一个金塔,专门用来存放供奉母亲梳头时掉下来的头发,所以叫"金发塔"。由此看来,乾隆对生母的感情很深。乾隆曾在谕旨中说:"朕巡视江南原因有四,其中之一是恭奉母后,游览名胜,以尽孝心。"

八十寿联

乾隆皇帝八十寿庆,纪晓岚献上的寿联是:

　　八千为春,八千为秋,八方向化八风和,
　　庆圣寿,八旬逢八月;
　　五数合天,五数合地,五世同堂五福备,
　　正昌期,五十有五年。

这一年既是乾隆八十寿诞,又是他即位第五十五年。上联贺乾隆八十寿辰,连用六个"八"字;下联写乾隆即位年数,紧紧扣住"五"字,全联气势酣畅,巧妙无比。

清风两袖返韩城

王杰在朝中为官,生活简朴,疾恶如仇,耿直清介。遭到和珅的妒忌,和珅便寻机弹劾他。一天,和珅听说王杰在其家乡盖有三王府、四王府,如获至宝,立即向乾隆报告,提出"罪当斩杀"。

乾隆派人到王杰家乡韩城调查,得知"三王府""四王府"是当地人就其姓氏及排行而作为一种玩笑的称呼。乾隆随即诏王杰、和珅进宫,对王杰说:"爱卿身为宰相,而家宅却非常简陋,特赏银三千两进行修缮。"王杰当时还不知怎么回事,和珅在一旁却又怕又悔,无地自容。

嘉庆帝即位后,和珅原形毕露,身败名裂,与此同时,王杰却被擢升为当朝首辅。嘉庆五年,王杰七十八岁,年迈体弱,提出退休申请,嘉庆帝恩准,且特赠他拐杖一只,诗两首。其中一首道:

　　屡蒙恩旨秉文衡,艺苑群瞻桃李荣。
　　直道一身立廊庙,清风两袖返韩城。

巧辞应变

乾隆皇帝的宠臣和珅与德高望重的刘墉不和,乾隆从中"和稀泥",希望两人消除隔阂,但两人仍是面和心不和。一天退朝后,和珅想难为刘墉,问道:"啥大啥小?啥低啥高?啥厚啥薄?啥乐啥笑?啥有恩当报?请赐教。"刘墉随口答道:"鹰大雀小,草低树高,脸皮厚白纸薄。鹰补食乐,得食者笑。羊有跪乳之恩,燕雀有反哺之报!"乾隆闻知后,一天早朝时,特意将上述话题当着满朝文武的面再次提出来,并指名让和珅答,以树其威信。和珅便鹦鹉学舌,把刘墉所答的话照说不误。不料,文武大臣一听,不禁发出鄙夷的笑声。乾隆不好收场,又让刘墉回答,看众大臣如何反应。刘墉立即答道:"国法大私情小,臣低君高,天厚地薄。万岁与民同乐,百姓安居乐业无不欢笑。君待臣有恩,臣当以死相报!"话音刚落,众文武大臣拍手叫好。事后和珅问刘墉:"你回答皇上与回答我的为啥不一样?"刘墉说:"小人与君子有天渊之别啊!"

阮元学寿

阮元是清乾隆、嘉庆、道光三朝重臣。一次,他向刘墉讨教良言,刘墉看他身体羸弱,就说:"我只送你五个字'第一先学寿'。"阮元听后想,是啊,天下之事,哪有比健康更为重要的呢?自己每日废寝忘食,茶饭不思,致使身体弱不禁风,也影响了政事,由此看,学寿第一,天经地义。

第二天,阮元再次拜访刘墉,请他题了"学寿宅"三个字,作为自己书斋的牌匾;后来,又请徐士燕为自己刻了一枚"学寿"印章,即是出巡,也随身携带,做到日日自警。

从此以后,他忙里偷闲,踏青、散步、爬山、赏花,从不间断。嘉庆八年闰二月,他到浙江一带检查海塘防堤,办完公事,特意从临平过半山,徒步上山,眺望桃花。面对遍野鲜花,情不自禁吟诗道:"江南江北花孰多,花多花少皆当歌,千红万紫不来看,花自春风人奈何?"

阮元学寿,使身体健康,精力充沛,业绩越发显著。道光帝称其为:"极三朝之宠遇,为一代之完人!"他寿逾八十五岁而终。

纪晓岚妙谈弥勒佛

一次,纪晓岚陪同乾隆皇帝来到承德的大佛寺。当看到一尊弥勒佛祖袒胸露肚对着他们憨笑时,乾隆就问纪晓岚:"这尊弥陀佛为什么看我来就笑?"纪晓岚答道:"此乃佛见佛笑也,因为圣上是当今之活佛,今日来到此地拜佛,不正是佛见佛笑也!"乾隆听了暗暗称许,又问:"那么弥陀佛看到你为什么也笑呢?"纪晓岚听后一怔,但立刻回答道:"圣上,弥陀佛见臣笑,是因为笑臣不能成佛啊!"乾隆哈哈大笑,赞道:"纪晓岚,才思敏捷,机智善辩,确实名不虚传!"

对联讨球

纪晓岚童年时,一次他和几个孩子在街上玩球。刚好遇到官轿经过,顽皮的小孩子不小心将球掷进了轿内。正当孩子们面面相觑时,不知如何是好,纪晓岚自告奋勇,独自一人壮着胆子上前讨球。

轿子里的官员,见是个孩童,便存心想戏弄他一下,于是出了一个上联,说如果他对得出下联就把球还给他,否则就不还了。他的上联是:"童子六七人,惟汝狡。"纪晓岚略一寻思,便道:"太守二千石,独公……"话未说完,却忽然沉默了。官员很好奇,催他讲完,谁知纪晓岚却说:"你要是还我球,就是独公廉,要是不还的话,就是独公贪。"官员先是一愣,接着哈哈大笑,把球还给了他,暗自惊奇于这个孩子的智慧,料他日后必大有作为。

邓石如草堂联

清代著名书法家邓石如自书草堂联曰:

容人却侮,谨身却病,少饮却愁,少思却梦,种花却俗,焚香却秽;

静坐补劳,独宿补虚,节用补贫,为善补过,息忿补气,寡言补烦。

上联说应"却"之事,下联说可"补"之物,全联从修身、饮食、起居、卫生等方面阐明养生之道。

皇帝审案

川东白莲教首领王三槐,被捕后押解到京城,嘉庆帝令军机大臣审问王三槐,却得到"官逼民反"四字供词。随后嘉庆帝亲自审问,王三槐仍咬定原供。嘉庆帝问他:"四川的官吏,难道都不按法律办事吗?"王三槐回答:"只有刘青天一人。"嘉庆帝又问:"哪个刘青天?"王三槐说:"现任建昌道台刘清。"嘉庆帝又问:"只有一个刘青天吗?"王三槐回答:"除刘青天外,就是巴县老爷赵华,渠县老爷吴桂,这两人虽然比不上刘青天,但还算是好官,此外没有了。"嘉庆帝听了这话,不由得感慨起来。随即下令将王三槐下狱,暂缓行刑。同时降旨改剿匪为招抚叛匪。

拾金不昧

庶民张自得于广宁汛道上拾得银四百两,原数交官归还失主。嘉庆皇帝闻知说:"该民拾金不昧,重义轻利,风俗淳良,深堪嘉予。命将原银内赏给一百两,再加赏官布一匹,并让地方官制给匾额,以表扬其品德,余银原失主领回。"

董诰忠贞清节

大学士董诰,先后任军机大臣,刑部尚书,太子太保,文华殿大学士等职。在朝廷任职四十年,恪尽职守,廉洁奉公,在原籍不置田宅,家无余资,死后无资丧葬。嘉庆皇帝致悼词说:"世笃忠贞清节坚,染翰枢廷四十年。自有文章传子孙,绝无货币置庄田。"下诏赏银两千两治丧,刻诗于墓碑,谥号"文恭"。

椿龄　敏学被处罚

嘉庆年间,四品旗员椿龄,不戴顶帽,出城看戏,且喝酒后耍酒疯,将一位乘轿的官员揪出来,令家人凌辱戏骂。被革职,重责四十板,发往新疆伊犁当苦差。

闲散宗室敏学,不戴顶帽不系腰带,在街上游逛,与卖红薯者打架斗殴,使对方受伤,又捣毁人家的门窗床架,被重责四十板,发往盛京,永远在彼地居住。

黄丕烈得书病愈

清代的黄丕烈以藏有宋版书而闻名。一次得影宋写本《周易集解》十卷中的首册,其余为友人陈鳣所得,黄为此急得生了一场大病,病危时不肯把首册转让给陈鳣。陈知此事后,为使其病愈,遂将该书的其余九册全部让给了黄丕烈。黄得书后大喜,病居然很快就好了。

不以书换官

清代著名的藏书大家瞿绍基,一生淡泊仕途,唯喜藏书。乾隆几次下江南,都到瞿家看书。光绪喜好古籍,多次派人到瞿家借书。有一部书,光绪很想要,以封三品官,给银三十万两作交换。瞿家人以先朝颁有诏书,不便出卖为由谢绝,光绪只好作罢。

陈连升的节马

1841年1月7日,英军进攻沙角炮台,守将陈连升无援战死,英军用刺刀刺其遗体泄恨。陈连升的坐骑黄骝马流泪了。黄骝马被掳至香港,英国士兵喂它草料,不食;英人走近它的就踢,骑上马背的就将其堕摇下来,刀斫不从;放置山中,草也不吃;中国人喂它,它就吃。每当华人围观,指着它说这是陈公的马,即泪涔涔而下。有人呼它说要带它回国去,它就摇着尾巴跟随走,英国人不肯放还,黄骝马最终饿死。节马死后二十一年,人们刻石立碑为之纪念。

这传颂百年的真实故事,说的是马,分明寄托着血肉铸就的民族感、手足情。

求尽于心

林则徐在关于考核下属的上疏中说:"要考核下属,必须先考察自己,必须逐一地、全面地了解下属各部门的大小政务,然后才能以此为依据来检验下属们办事是否尽心尽力。如果领导没有对下属各部门政务进行全面彻底的了解,又以什么依据去考察事情的真伪呢?臣只能抱着这种不敢不对政务进行全面了解的心态,事事都与同僚和下属们一同做到求尽于心。"皇帝下诏对此予以褒奖,并勉励他努力实践。

葛云飞抗英

鸦片战争中,定海总兵葛云飞扼守道头街一带,坚持孤军奋战。他先令用大炮轰击英兵,英兵冒死不退。便持刀与英兵交战,将英兵将领安突得斩杀,无奈英兵越来越多,他拼命作战,战刀都砍断三柄,迫使英兵后退。他又要去救援竹山门,刚要登山,一群英兵突然将他围住,被他们劈去半边脸,鲜血淋漓,仍坚持战斗。不料后面又飞来一弹,穿透胸膛,当场殉国。葛总兵的部下小兵晚上寻找尸首,见他直立崖石下,两手仍握刀不放,左眼睛炯炯有神。部下兵士想背他回来,那尸身兀立不动。兵士于是拜祷说:"请葛总兵回家见老母。"然后尸身才容兵士背负。两江总督裕谦得知后,当下前去祭奠葛云飞,并令大吏护丧还葬,并速报朝廷。

道光帝立太子

道光皇帝先想立皇四子奕詝为皇储,随后又钟爱皇六子奕䜣,一直犹豫不决。一天,道光皇帝命皇太子去南苑狩猎,猎了一天,回宫复命,各位皇子都有所获,唯有皇四子两手空空,一无所获。道光皇帝不禁生气说:"你出去狩猎一整天,为什么一点收获都没有?"皇四子从容禀道:"儿臣虽是不肖,但狩猎一天,怎么可能一点收获都没有? 只是眼下正值春和日丽,鸟兽都在孕育,儿臣不忍心伤害生命,且儿臣很不愿意就一个狩猎游戏与诸位弟弟争个胜负。"道光帝听了这话,转怒为喜道:"好! 好! 看不出你这么大度,将来管理国家,我才放心啊!"于是秘密写下皇四子的名字,封好藏在金匮里。

道光帝驾崩后,皇四子为皇太子,即皇帝位,以第二年为咸丰元年,称为文宗。

王仁福治河殉职

王仁福任东河通判,协助东河总督治理河渠事务。同治五年,新任东河总督苏廷魁把他调到河段最险的祥河同知任上,这里的河段残缺,水患不绝。王仁福到任后,"尽力修守,不避艰危",他经常在治水的第一线,亲自率领河工治河。同治六年八月,天降大雨,河水骤长,堤坝岌岌可危。王仁福奔走于风雨泥淖中,抢护堤坝整整七昼夜。当时护河材料短缺,供应不上,王仁福决定发动老百姓,以身护堤。当地居民被王仁福的无畏行动所感动,纷纷响应,聚集坝前。王仁福而对成千上万的百姓,感动得流下热泪,他高声说:"我为河道官,挤汝等于死,我之罪也,当身先之。"说罢,第一个冲上大坝,人们尾随而上,万众一心抢修大坝,这时,一个大浪打来,把王仁福卷入水中,人们奋力抢救,却未能得其尸,时年四十九岁。

王仁福以身殉职的精神感动了在场的官员和百姓,人们拼死与洪水搏斗,终于使残堤得保。事后,人们为纪念王仁福,将他的衣冠入殓。皇帝下诏依阵亡赐恤,并准附祀和神祠,后人纷纷来祭祀他。

治学不囿于一师

曾国藩天性喜好文学,即是在指挥战争期间,也没有中断吟诵诗文。他对文学一生研究不倦,而且拥有自己的风格,不囿于师法某一流派。他的学术观点融合汉代和宋代的儒家学说,认为历史上的明君统治国家方法虽然多种多样,但都以礼法贯穿始终。他为秦蕙田所著的《五礼通考》中缺少经济领域的内容而惋惜,便编辑补充了盐税、海运、货币、河堤这几个方面的内容,分成六卷;他又为古代的礼制缺少了"军礼"而感慨,认为"军礼"应当有独立的篇章,比如像戚敬元所记录的那样。

清代第一流人物

史学者对曾国藩的评价是"才大而谦,气宏而凝;才德具备,文武兼备。有宗教家之信仰,而无其迷妄;有道德家之笃实,而无其迂腐;有艺术家之文采,而无其浮华;有哲学家之深思,而无其凿空;有科学家之条理,而无其支离;有政治家之手腕,而无其权诈;有军事家之韬略,而无其残忍。"

中国传统教育以孔孟学说为标准,孔子之大学,即一贯之通才。曾国藩汇通各科,经世致用,是谓大儒,使孔孟教育之精神得以重见,是清代第一流人物。

困知勉行

曾国藩训导儿子说:"你不愿意为官,愿做读书明理之君子。富贵功名,皆由命定;学为圣贤,全由自己做主。功名是一种不应得而得到的东西,而学问道德则非困知勉行不可。即人的知识必须克服困难才能获得,人的德业必须勉励与强制自己去实践才能有成。"

知耻知足

清代学者石成金说:"德业常看胜如我者,则愧愤日增;福禄常看不如我者,则怨尤自息。要向上想就知耻,要向下想就知足。能体上句,则学问愈精;能体下句,则快乐无穷。"

何得君王私自专
洪秀全

道之大原出于天,谨将天道觉群贤。
天道祸淫惟福善,及早回头著祖鞭。
真道根源惟一正,皇天上帝的亲传。

享天福,脱俗缘,
莫将一切俗情牵,须将一切妄念捐。
开辟真神惟上帝,无分贵贱拜宜虔。
天父上帝人人共,天下一家自古传。
上古中国同番国,君民一体敬皇天。
试譬人间子事父,贤否俱宜侍养虔。
无人一气理无二,何得君王私自专!

让人三尺又何妨

何绍基在朝中做官,一天,收到家书,说家里为争执三尺地基与邻居闹得不可开交,眼看要动干戈,要何绍基速回帮助打赢这场官司。何复一函并赋诗一首:

万里家书只为墙,让人三尺又何妨。
长城万里今犹在,不见当年秦始皇。

家人看到家书,从中悟出道理,主动让出了三尺地基,邻居也深受感动,退地三尺,"六尺巷"由此而来,成为彰显中华民族和睦谦让美德的见证。

杨越翰致李鸿章

光绪五年,美国前总统格兰特游历来华,他在会见直隶总督李鸿章时,询问琉球一事原委。李说:"琉球自明朝洪武年间臣服中国,至今已五百余年,日本数年前,强行占领,并改为冲绳县,是违背国际法的,希望阁下能从中善言调处,这对我与贵国都有好处。"

事隔一个月之后,格兰特的随行人员杨越翰自日本致函李鸿章,谈在日本调处琉球归属之事说:"日本国内有一些人挑唆生事,扬言要与中国启衅战争。"杨越翰又说:"据我的看法,中国若不自强,外人必易生心欺侮。在日本人心中,认为中国软弱好欺,他们心里看不起中国。我听日本人说,不但琉球群岛可以占领,对台湾及各属地动兵侵占,中国亦不过笔墨口舌支吾而已。我以为,中国如愿真心与日本和好,不在条约,而在自强。中国大害在'弱'之一字,我心甚爱敬中国,实盼中国用好法除弊兴利,勉力自强,是天下第一大国谁能侮之!"

曾纪泽谈判伊犁事

光绪六年,中俄交涉伊犁事。这之前,中国代表崇厚按俄方要求已签了条约,此约中允诺付给俄国一大笔赔款,出让了所争议地的大约三分之二的领土。朝廷将其治罪。在这种形势下,曾纪泽奉命出使俄国,商议改订已成之约。曾到俄后会见俄外务大臣格尔斯,格尔斯说:"伊犁之事已与中国签约,伊犁归俄所有,不可更改。"曾纪泽明确表示,前约不是中国朝廷的决定,是无效的。他明确提出伊犁是中国之领土,详述中俄分界之理由以及可以商讨的设立领事,两国贸易税则议定问题。谈判达半年之久,终以非凡胆识和毅力,使俄国退还伊犁以南特克斯河流域大片领土,为国家做出卓越贡献。

赢得春风度玉关

左宗棠被任命为钦差大臣,督办新疆军务。这个时期,新疆地的封建主和宗教上层势力,占据了新疆大部分地区。中亚浩罕开国的统治者看到新疆局势混乱,便派兵侵入新疆,并公然宣称成立"哲德沙尔汗国"。沙俄和英国争相勾结,企图瓜分新疆,新疆的局势十分危险。

左宗棠率领大军进入新疆,下令"严禁杀掠",受到新疆各族人民的拥护,集中兵力将入侵的中亚浩罕汗国军队歼灭,随后收复乌鲁木齐、和阗,阻止了俄、英对新疆的侵略。

新疆平定后,左宗棠大力恢复农业生产、兴修水利、整建交通要道,使人民的生活安定下来。有人赠诗,表彰他的功绩说:

> 大将西征人未还,湖湘子弟满天山。
> 新栽杨柳三千里,赢得春风度玉关。

译界之王

精通古汉语但却无半点英文常识的文人,硬是依靠别人的口译,成功地用文言文形式翻译了将近两万种欧美小说。这个人就是晚清时期中国最为著名的翻译家、文学家之一的林纾。

光绪十五年,林纾用文言翻译的《巴黎花女遗事》即《茶花女》以素隐书屋刊本问世,在不到半年的时间内,"《茶花女》不胫走万本"。从此,作为"笔述"的林纾开始了其卷迭浩繁的翻译事业。他精心翻译世界名家作品和世界名著,如大仲马《玉楼花劫》、莎士比亚的《凯撒遗事》、美国欧文的《拊掌录》、英国狄更斯的《贼史》、法国巴尔扎克的《哀吹录》、希腊的《伊索寓言》、雨果的《双雄义死录》、英国笛福的《鲁滨孙漂流记》、挪威易卜生的《梅孽》、西班牙塞万提斯的《魔侠传》、俄国托尔斯泰的《现身说法》、日本德福健次郎的《不如归》等。将英、美、比、俄、法、瑞士、希腊、挪威、西班牙和日本等十几个国家的几十名作家的小说都被翻译为中文作品,许多人将其所做出的崇高成就比作哥伦布发现新大陆,在中国近代文学史上率先出现了西洋文学经典的代名词——林译小说,林纾遂得"译界之王"的美誉。

慈禧、光绪等仓皇离京避难

1900年8月14日凌晨,八国联军对北京发动总攻。俄军攻东直门,日军攻朝阳门,美军攻东便门,英军中午始达北京,攻广渠门。这一天,慈禧接连五次召见军机大臣等,决定"出京暂避之计"。15日清晨六时,慈禧率光绪及大阿哥溥儁等仓皇出逃。慈禧徒步涕泣而出,发不及簪,光绪素服及后随之。隆裕、瑾妃及大阿哥等一同登车,王公大臣或骑马,或徒步,跻跻跄跄,形成一支千余人的扈从队伍,由景山西街出地安门西行,上午八时出西直门。天忽下雨,从者皆未携雨具,悉被淋透,其状萧索凄苦。日暮,抵昌平贯市,皇上及太后,已一天无食,民妇献蜀黍食之;夜燃豆萁,人相枕藉而卧。甘肃布政使岑春煊自昌平来见,太后对之痛哭。

8月16日晚,八国联军攻占北京全城,各国司令官特许军队公开抢劫三日。各国洋兵,三五成群,身跨洋枪,手持利刃,在各街巷挨户踹门而入。卧房密室,无处不至,翻箱倒柜,无处不搜。凡见金银财钱,皆劫掳一空;杀人放火,强奸妇女,无恶不作,整个北京九城,火光冲天三昼夜。北京陷入空前的痛苦之中,这是中国首都数百年来首次为外国占领军洗劫。

慈禧令将珍妃投井

1900年8月15日晨,慈禧出逃前,将珍妃带出来,说自己与皇上就要离京了,现在兵荒马乱,万一出了什么事,丢了皇家的体面,对不住祖宗,让她快点自尽。珍妃说:"皇上应留在北京。"慈禧冷笑道:"你死在眼前,还胡说什么!"珍妃登时跪在慈禧面前哀叫:"皇爸爸,皇爸爸,饶恕了奴才吧,以后不再做错事!"慈禧喝道:"你死去吧!"太监崔玉贵上前将珍妃投入井内,临死前珍妃挣扎着呼唤:"李安达!李安达!"要李莲英救命。在场的光绪帝泪眼汪汪却一言不发。珍妃死时,年仅24岁。

演　　杠

慈禧死后,抬棺材的人就要几千人,每一班需一百二十八人,分几十班轮流扛运。在出殡前,杠夫在德胜门外"演杠"整十天,抬一块与棺材重量相同的大木板,木板中心放着满满的一碗水,直练到碗中水不溢时,演练才停止。

从北京到东陵,要走七天。途中没有可供食宿休息的行宫,每隔一段距离就用高级布料搭成芦殿、黄幄。芦殿专供棺柩暂时停放的,以黄绸围成内城,以白绫围成外城,每个芦殿,都是朱碧辉煌,仅葬礼就花费一百二十万两白银。

李鸿章之母显示大脚

李鸿章被任命为直隶总督时,将其母接到天津来住,各级官吏纷纷设家宴迎请,以示奉承。当时女人以小脚为"美",而李老太却天生一副大脚,她每当出门坐轿时,却总要将一双大脚伸出帘外"招摇过市",引得路人纷纷驻足观看。不久,"大脚"即成为坊间茶余饭后的笑料。

李鸿章听说后感到很不舒服,于是苦苦哀求母亲不要太"张扬"大脚。李母听后勃然大怒说:"你老爸当年也不敢说这般话,没有老娘这双大脚,谁供你们读书做官?"说罢倒头便睡,绝食三天,以示抗议。

李鸿章连跪三天赔罪告饶,此后任凭李母"显示"大脚。

不拘俗套

　　翁同龢4岁时,开始学习"四书五经",15岁考中秀才,于是进入了当时苏州最知名的紫阳书院学习。消息传到翁家,满门上下张灯结彩,欢天喜地地庆贺。开学的当天,按照紫阳书院的规矩,所有考上的学生在谒见老师之后都要跑出来,以表示其成绩会快速增长,而翁同龢却是慢条斯理地走了出来,丝毫不为这些陈规陋俗所动。满场人大为惊讶,唯独一个八十岁的老师认为,此子不拘俗套,将来必成大器。后来果然高中状元,成为同治、光绪两位皇帝的帝师。

俞樾呓语

　　晚晴国学大师俞樾在1907年临终前,忽然叫儿子端来笔墨纸砚,提笔写下七言绝句后,便阖然长逝。他告诉儿子,这首绝句是对今后二百年的国家和世界局势的预言。第一首是总论,二、三、四首是讲前一百年的局势,后五首则是对后一百年的预言。

　　如预言诗的第二首:"无端横议起平民,从此人间事事新,三五纲常收拾起,一齐都做自由人。"平民开始议政,封建礼教遭到反抗,这分明是指1919年的"五四"新文化运动。又如预言诗第三首:"才说平权便自由,谁知世界起戈矛;弱者之肉强者食,膏血成河满地流。"平权是孙中山先生的"平分地权","世界起戈矛""弱肉强食""膏血成河"简洁地描摹出第二次世界大战的惨状,好似亲眼所见一般。

　　二十多年以后,俞樾的祖孙红学大师俞平伯将这九首绝句刊刻出来,命名为《曲园先生病中呓语》,并请陈寅恪先生为之作跋。《疾中呓语》因与当时局而颇为相符,世人多惊以为奇。

明日歌

　　　钱鹤滩

　　　　明日复明日,
　　　　明日何其多。
　　　　我生待明日,
　　　　万事成蹉跎。
　　　　世人苦被明日累,
　　　　春去秋来老将至。
　　　　朝看水东流,
　　　　暮看西日坠。
　　　　百年明日能几何,
　　　　请君听我《明日歌》。

不气歌

清代光绪年间东阁大学士阎敬铭曾写过一首《不气歌》，歌词是：

他人气我我不气，
我本无心他来气。
倘若生气中他计，
气出病来无人替。
请来医生将病治，
反说气病治非易。
气之危害大可惧，
诚恐因病将命废。
我今尝过气中味，
不气不气真不气。

遇事敢言

起初，张之洞以文士儒生的身份被授予清闲而不重要的职位，但他敢于在发生重大事件的时候发表自己的言论。俄国人与清政府商议归还伊犁事宜，同清朝出使俄国的大臣崇厚签订了新约，张之洞上奏指出新约中的失误，奏请将崇厚处斩，废除他与俄国议定的新约。之后张之洞被任命为两广总督、湖广总督、军机大臣等职。他又上疏陈述在中俄边界设置边防、训练部队的方案。国内大饥荒爆发后，他率先对布政使葆亨、冀宁道、王定安等贪污纳贿的不法行为进行弹劾，并推荐了五位廉明官员。后来他又奏请自京城至湖北汉口修建铁路，开设矿务局，开设炼铁厂，创办兵工厂，开设学堂，废止科举制度。他提出的诸多举措都相继得以实行。对中国近代民族工业的发展做出了卓越贡献。

严复取旗

严复早年留学英国。一天，他乘坐英国舰船，猛地海风大作，四周卷起一道道白色水柱。英舰长为了显示威风，命一士兵冒着狂风爬上旗杆挂上英国旗，然后对舰上几个异国人傲慢地说："只有我们大英帝国的士兵，才能在十八级狂风中勇敢地爬杆挂旗！"他的话音刚落，严复迎着狂风，爬上旗杆拉下英国旗，走到舰长面前说："你们挂得上，我取得下，取得下，当然也能挂得上，舰长你以为如何？"那舰长目瞪口呆，一时语塞。

恭敬不如从命

清代杜文澜《古谣谚·卷四十二·人为孝妇谚二则》中《笋谱》讲述了这样一件事：从前，有个新媳妇，公婆不喜欢她，年底的一天，婆婆突然让他做笋羹，媳妇立即答应下来。

妯娌们感到不解,问她:"今腊月中,何处求笋?"媳妇回答说:"且应为贵,以顺攘逆责耳,其实何处求笋。"意思是不管怎样,违命总是不应当的,首要的是先应承下来,至于求笋,其实自己也没有办法。婆婆知道后,颇为后悔,此后对她倍加亲爱。因而留下谚语:"腊月煮笋羹,大人道便是,恭敬不如从命,受训莫如从顺。"

恭敬不如从命,为客套应酬之语,指一味谦恭礼让,不如遵其所命,也表示自己虽不敢当之,但不能违命。

张仲甫撰修身联

清代名士张仲甫自撰修身联:

    贪嗔痴,即君子三戒;
    定戒慧,通圣经五言。

此联把儒教的入世与佛教的出世兼收并蓄。其意是:佛经上说的贪婪,嗔恨,愚痴这三者和《论语》上说的君子有三戒是一样的,务必戒除;佛家所讲的"守戒、禅定、得智慧"和儒家《大学》所讲的"定、静、安、虑、得"是相通的,务必恪守。能做到这些,对身心健康大有裨益。

戒贪铭

刘孟扬在清末民初曾任天津《大公报》主笔,后改行从政,任河北省磁县、永年县知事。他为保持一生不贪,写了《戒贪铭》:

  财富人所羡,但须问来源。来源果正当,虽多不为贪。来源不正当,清夜当自惭。人皆笑我痴,虽痴亦自适。不痴何所得,痴又何所失。居官本为民,贪求非吾志。钱多终非福,人格足矜持。富贵等浮云,荣虚能几日?人生数十年,所争在没世。

清代廉政对联

清康熙年间,进士武承谟上任无锡知府之日,就在官衙门前贴了副对联:

    罔违道,罔拂民,真正公平,心斯无怍;
    不容情,不受贿,招摇撞骗,法所必严。

清代的潘光珍,任四川莲溪县令时,在县衙三堂题有一联:

    扪心自惭兴利少;
    极目只觉旷官多。

康熙年间,徐士林任山东任臬司时,自题一联于大堂之上:

    看阶前草青苔绿无非生意;
    听墙外鸦啼鹊噪恐有冤魂。

晚清　北洋军阀　民国

孙中山巧对张之洞

清光绪年间,孙中山留学归来,途经武昌总督府,想见湖广总督张之洞,便递上名片:"学者孙文求见之洞兄。"张之洞看到名片很不高兴,便写了一行字,叫门官交给孙中山。上面写道:"持三字帖,见一品官,儒生妄敢称兄弟。"这分明是一句上联。孙中山当即写了下联送上。张之洞打开一看,写的是:"行千里路,读万卷书,布衣亦可傲王侯。"不禁暗暗吃惊,急命门官大开仪门,迎接这位风华正茂,博学多才的读书人。

孙中山上书

1894年夏,一心想改良中国的孙中山从广州经上海去天津,准备求见清政府直隶总督兼北洋大臣李鸿章上书献策。孙中山在《上李鸿章书》中最主要的观点,是认为西方富强之本不尽在"船坚炮利",而在于"人能尽其才,地能尽其利,物能尽其用,货能畅其流";提出中国只要依此变法,则不难与欧洲并驾齐驱。在请愿书的最后一段,孙中山明白表示希望得到李鸿章的提携,恭顺地请中堂大人支持他去法国考察蚕桑新法,以便开发中国的贫穷地区。然而,他那充满热情与向往的谋国之策,像是"泥牛入海无有消息",李鸿章根本不接见,甚至连一句答复的话都没有。这使孙中山非常失望,挫折与失败,结束了他在改良与革命之间的游移状态,促使他下决心走以武装推翻清王朝为目标的革命道路。

状元实业家

1894年,张謇赴京参加殿试,考中了状元,大魁天下,得到了中国封建社会知识分子所能得到的最高荣耀。但他没走仕途之路,却选择了兴办实业,开办纺织厂。从此走上了艰难创业之路,整日奔波、四处求人、四处碰壁。在官绅们看来,他不过是个无职无权的"官状元",两手空空的穷秀才,认为他不会有什么作为。张謇却认为,做事犹豫不定就不会成功,行动迟疑不决就不会成名,要不怕困难,不怕讥讽,只要自己看准了的事业,就要百折不挠,去争取成功。他目光远大,深谋远虑,他对同事们说:一个人办一县事,要有一省的眼光;办一省事,要有一国的眼光;为一国事,要有世界的眼光。他这么说,也这么做。在他的有生之年,他领导创立了大生纱厂,并在此基础上创立了一个门类比较齐全,体系比较完整的大生实业集团——以轻纺工业为核心的企业群,成为东南实业界的巨子,成为近代中国纺织业的重要奠基人。

丁龙讲座

丁龙乃19世纪赴美山东华工,不识字的文盲。美国南北战争结束后,一位退休将军独居纽约。将军性格暴躁,好打骂人,凡用仆人,不久皆辞。丁龙也先雇后辞。丁龙辞后不久,将军家遭火灾,时无仆人,丁龙不请自到。将军问他何以复来,丁龙答道:"听闻将军受困厄,特来相助。因为我们中国孔子教人忠恕之道,我想应该来。"将军大惊,以为丁龙是落魄他乡的读书人:"我不知道您乃是读过书的,竟知古代圣人教训。"丁龙说:"我家积代为农,皆不识字。孔圣人的话乃历代口耳相传,是我父亲讲给我听的。"将军问:"你父亲是一位学者?"丁龙答:"我父亲也不识字,是我祖父讲给他听的。再上面,我也不清楚了。总之,我家都是不读书种田汉出身。"此后,主仆相处甚是融洽,犹如朋友。一日,丁龙得病,自知不起,瞩将军说:"我在美国只此一身,无一亲人,此前衣食之需得您照顾,十分满足,度过一生。现我将不久于人世,所积薪水,愿还回主人,这些钱本来也是你的。"将军大为感动,心想:"中国社会怎么会出这样的人?"丁龙死后,将军将丁龙留下的历年积薪,再加上自己的一笔巨款,捐赠给哥伦比亚大学,特设"丁龙讲座",专供研习中国文化之用。将军认为:遥远的中国能出此人,其文化传统必多可观,值得研习。

"丁龙讲座"乃美国大学首倡研究中国文化之第一处,延续至今。

孙中山伦敦蒙难

1895年,广州起义失败后,孙中山流亡海外,清政府把他视为"叛逆要犯",通令各国驻外使节将他缉拿回国处置。

1896年10月11日上午十时半,孙中山从伦敦在去看望康德黎老师的路上,突然被清政府驻英国公使馆人员强行绑架,囚禁在使馆,准备秘密运回国内处以极刑。

孙中山被幽禁在使馆三楼的一个房间里,窗户上装有铁栅,门外加锁,有专人日夜看守,和外界完全失去联系。由于看守很严,孙中山想让外界得知这一情况,都没成功。10月16日,当清洁工英国人柯尔(G. Cole)到房间进行清扫时,孙中山以恳切的心情向他简述了自己的经历和将要面临的危险,请求他帮助自己。孙中山的话打动了柯尔,答应了他的求救,暗中把孙中山求救信送到康德黎手中。

康德黎闻讯后,立即去找了孟生(孙中山老师),二人商定去要求英国政府干预此事,并向伦敦《泰晤士报》,请求舆论伸张正义。到了21日,《地球报》以显著的标题报道了清使馆非法绑架中国革命党领袖孙中山的消息,这一消息震动了伦敦各界,引起了英国各界人士对清朝公使馆的极大不满,一时间数以百计的同情中国革命的群众,聚集到公使馆门口,高呼"释放孙逸仙",甚至有的提出,不放人就捣毁清使馆。慑于舆论的压力,英国政府向清使馆提出按国际公法和国际惯例,迅速释放私捕的孙逸仙。23日下午,清使馆终于被迫将被羁囚了十二天的孙中山释放。

这一消息,英、美、澳、日本、新加坡以及香港、上海的《万国公报》等媒体作了报道和评论,"孙逸仙"成为与封建暴政作坚决斗争的英雄,被誉为"历史中之重大人物"。

孙中山谈革命的成功

孙中山自述说,我记得在伦敦时,有俄国革命党问我:"中国革命,几年成功方能满足。"我当时极为审虑,然后答他,谓中国革命三十年成功,便尔满足。他反谓未有如此之快。原本我说三十年是极让步的,我于是反问他,俄国革命如何?他谓俄国革命如百年成功,亦甚满足,但要从今日奋斗起。他如此说,足见俄国人魄力之雄厚。我每次革命失败逃至海外时,无不极力寻新同志。我记得一次到旧金山,有一位青年对我说,谓极佩服我每次失败,毫不灰心,而且精神更强。但我是相信革命事业要三十年成功者,如二三次之失败算得什么,何至令我灰心!但我谓三十年成功,他便佩服我,而俄国人谓成功待之百年,更足令我佩服。

笼络人心

袁世凯善于笼络人心,专门培植依属于自己的势力。他在天津小站编练新军时,有个叫阮忠枢的人,在袁的军中搞文牍。此人曾在太监李莲英弟弟的家中供事,袁靠他的关系结识了李莲英。袁认为这样的人很有用,就极力拉拢他。阮忠枢在天津妓院中爱上了妓女小玉,想纳为小妾,向袁提出,袁认为这样的事有损军誉,不予批准,阮也打消了这个念头。不久,袁世凯要到天津办事,就让阮忠枢一同前往。抵津后,马车径直来到一所深宅大院,里面张灯结彩,陈设华丽,酒宴齐备,红烛高燃,宛如一场结婚喜宴。一行人进门后,有个丫头一面喊:"新姑爷到啦!"一面从里间搀出一个新娘。阮还不知怎么回事,上前揭开头布一看,正是他要娶的小玉。原来,袁世凯虽然驳回了阮忠枢的请求,却派人来先将小玉赎出,安排好结婚事宜,今日让阮来完婚。阮忠枢感激涕零,对袁忠心不二,袁称帝时,阮忠枢一直追随左右。

梁漱溟忆庚子年

梁漱溟在回忆1900年(庚子)八国联军侵略中国时说:8月14日,八国联军攻陷北京时,我已八岁,还能记得一些事情。八国联军进北京后,把北京城分成八个区域,一个国家管一个地区,凡德国和日本管辖的地区,中国老百姓受害最深,因为他们极力报复。八国联军统帅瓦德西住进紫禁城,会说外国话的妓女赛金花陪住,她还骑着高头大马在东西长安街上行走,大人都骂她。当时我家居住在宣武门外米市胡同,属美国兵管辖范围,整个北京城都在外国侵略者的统治之下,外边风声鹤唳,老百姓终日惶惶,都不敢轻易外出。我家也大门紧闭,足不出户。因为年纪小,这种坐牢般的日子,印象极深。有天,忽然大门被敲得嘭嘭直响,进来几个外国兵,还有一位中国翻译。他们气势汹汹地在家里搜了一通,没有查出什么,偏偏在我的房间里,砸坏了我的儿童玩具枪和剑,使我十分伤心。然后盘问我的父亲,像查户口似的,最后命令:"不许外人留宿,违者受罚。"

《革命军》

1903年5月,邹容的《革命军》由章炳麟作序,革命党人集资,由上海大同书局出版,立即轰动全国,被视为中国的"人权宣告"。先后翻印二十余版,各地为之纸贵,销售量达一百一十万册,为当时第一大畅销书。许多青年竞相传抄,偏远地区竟卖到十两银子一本。孙中山说:"《革命军》为排满最激烈之言论,华侨极为欢迎,其开导华侨风气为力甚大。"鲁迅说:"倘说影响,则别的千言万语,大概都抵不过浅近直截的革命军马前卒邹容所作的《革命军》。"吴樾说,他得到这本书后,"三读不置"。《革命军》如振聋发聩的霹雳,读之令人热血沸腾。

邹容,年仅十八岁,四川巴县人。富商的儿子,自幼读经史,不肯应科举,常"薄尧舜,非周孔"。1903年5月,发起中国学生同盟会,想于学界成一绝大合法团体,以鏖战于中国前途竞争逼拶之中。与章炳麟、章士钊、张继结为兄弟,被视为小弟。

赋诗见志

邹容听说章炳麟自愿被捕,已知其志,于是毅然自投捕房,抱必死之心,以与章炳麟结伴,挽手牺牲。

章炳麟、邹容立决死之志,已无畏惧之心,对薄归来,吟哦唱和,赋诗明志。章炳麟赠诗邹容:

> 邹容吾小弟,被发下瀛洲。
> 快剪刀除辫,干牛肉作粮。
> 英雄一入狱,天地亦悲秋。
> 临命须掺手,乾坤只两头。

邹容答曰:

> 我兄章枚叔,忧国心如焚。
> 并世无知已,吾生苦不文。
> 一朝沦地狱,何日扫妖氛?
> 昨夜梦和尔,同兴革命军。

慷慨悲歌,尽在豪情满溢之中,囹圄之诗,莫此为快。当日传出,人们捧读之时,不禁泣下。

《猛回头》

1903年12月,陈天华著《猛回头》印刊发行。全书近两万字,书中字字血泪,声声控诉,痛言列强瓜分中国和清廷卖国。指出清廷已是洋人朝廷,号召推翻其统治,呼吁同胞速醒。此书刊行后,广为流传。读者无不动容泣下。《猛回头》中有诗曰:

> 大地沉沦几百秋，峰烟滚滚血横流。
> 伤心细数当时事，同种何人雪耻仇！
> 瓜分豆剖逼人来，同种沉沦剧可哀！
> 太息神州今去矣，劝群猛省莫徘徊。

孙中山发起同盟会

1905年7月19日，孙中山抵达日本横滨，受到程家柽等百余名留日学生的热烈欢迎。随后经宫崎寅藏介绍，孙中山、黄兴首次会面，孙中山建议把革命小团体联合起来，得到黄兴的赞同。7月30日，各省革命志士聚集到东京赤坂区桧町三番黑龙会会所，共同讨论发起新的革命团体。与会者有孙中山、黄兴、陈天华、张继、程家柽、冯自由、宋教仁、马君武、朱执信、刘道一、李四光等七十余人，分别来自十个省。其中有兴中会、军国民教育会、青山军事学校、华兴会、科学补习所、光复会等团体参加。

孙中山作了长篇讲话，提议将分散的革命力量组成一个大团体，协力从事反清革命，这个建议获得一致赞成。孙中山被推为会议主席，主持讨论新团体的名称和宗旨。有人提议将新成立的组织定名为"对满同志会"。孙中山说，革命的目标不专在排满，还要反对君主专制，创建共和，因此应叫"中国同盟会"。"以驱鞑除虏，恢复中华，创立民国，平均地权"作为同盟会的宗旨，大家接受了孙中山的建议。8月13日，中国留日学生召开会议，欢迎孙中山。孙中山作了演说，提出"抛弃君主立宪，择地球上最文明政治法律来救我们中国，把中国建成20世纪头等的共和国"。8月20日，同盟会召开成立大会，会上通过了孙中山起草的《同盟会宣言》以及由黄兴等起草的会章。会上，孙中山被一致推选为同盟会总理。由此，中国同盟会正式成立。

三民主义

1905年11月26日，同盟会机关刊物《民报》在日本东京正式出版发行。孙中山在《民报》发刊词中，对他的十六字纲领进一步明确阐述，首次提出了"民族、民权、民生"三大主义的革命号召，鲜明地树起了三大主义的革命旗帜。

所谓民族主义，其基本内涵是反对外来民族统治，争取本民族独立。其目标是要通过武装斗争，推翻腐朽卖国的满清贵族集团所把持的清朝反动统治，重建汉族人当权的政府。孙中山指出，我们并不是恨满洲人，是恨害汉人的满洲人，是不甘心满洲人因腐朽卖国而灭亡我们国家。民族主义不是种族复仇主义，我们反对清王朝同时也包含了打击帝国主义，争取民族独立的内容。

所谓民权主义就是反对帝制专政，争取民主立宪政体。民权主义的目标，是要铲除封建君主专制政治制度，建立民主共和国。孙中山说，中国数千年来都是君主专制政体，皇帝把国家当作他私人的财产，彼此相争，弄得国家四分五裂。君主专制主义是恶劣政治的根本，要去掉这一恶劣的政体，必须推翻君主专制，故必须要把政治革命同民族革命并行。

所谓民生主义是产业革命时代为解决日见严重的经济问题而实行的社会革命。民生主义的目标是用"平均地权"的办法,改变陈腐的土地制度,解决土地问题,以防止资本主义制度下贫富分化的对立。在西方资本主义国家,富者极少,贫者极多,善果被富人享尽,贫民反食恶果,故此形成不平等的世界。他主张核定地主土地的现有地价,而将此后地价中因经济发展而增长的部分收归国有,这就是"平均地权"。只有用这种办法才能杜绝少数富人把持垄断的弊端。

孙中山将三民主义概括为"因不愿少数满洲人专制,故要民族革命;不愿君主一人专制,故要政治革命;不愿少数富人专制,故要社会革命"。

丈夫团

在日本留学的黄兴代理同盟会总理,他提出由在日留学的陆军同学在同盟会员中选一批坚贞可靠的同志组织一个团名曰"丈夫团",以孟子所说的"富贵不能淫,贫贱不能移,威武不能屈",作为团员应具的品德,培养一批日后回国能掌握兵权的骨干。到后来辛亥武昌起义后,在南北各省举兵响应,充任都督及军、师、旅、团长的人,大多是丈夫团的人,发挥了重要作用。

鉴湖女侠

为了寻求救亡图存的革命道路,自号"鉴湖女侠"的秋瑾于1904年4月东渡日本留学。1905年她先后加入了光复会和同盟会,入会后,她被推为同盟会评议员及浙江分会长。此后,她就经常到东京曲田区神乐坂武术会练习骑射,为回国革命作准备。在回国前,日本友人铃木将祖传的一柄系七百年前由古名匠所铸的匕首赠给秋瑾,秋瑾作《宝刀歌》赠予铃木。1905年,因为反对日本颁布《清国留学生取缔规则》而回到上海,为发愤回国的同学安排学业,在吴淞创办了"中国公学"。次年创刊了《中国女报》提倡女权,宣传革命。在中国近代史上,秋瑾是第一个提出把两万万妇女组织起来,成立"中国妇人协会"的创始人。后来,秋瑾回到家乡绍兴主持大通学堂,她多次到金华等地进行联络,组织光复军,与徐锡麟分头准备在皖浙两省起义,被清政府发觉后被捕,英勇就义。

秋瑾,是我国近代史上一位杰出的民族、民主主义革命家和革命女诗人,是民族解放和妇女解放的革命先驱,也是近代史上中日两国人民友好交往的一位杰出的女使者。

秋瑾作感愤诗

秋瑾为日俄战事感愤赋诗。诗前有言:"日人银澜使者索题并见日俄战地早见地图有感。"

万里乘风去复来,只身东海挟春雷。
忍者图画移颜色,肯使江山付劫灰!
浊酒难销忧国泪,救时应仗出群才。

拼将十万头颅血，须把乾坤力挽回。

秋风秋雨愁煞人

1907年7月7日，浙江巡抚张曾扬得知徐锡麟刺杀恩铭消息后，下令绍兴知府贵福速捕秋瑾。10月，秋瑾已知安庆起义失败消息，在室内忧泣。并知清兵将到，指挥众人掩藏枪弹，焚毁名册，疏散大通体育学堂学生。有人劝秋瑾躲避，秋瑾不走，决心殉难。

14日午后，山阳县令李钟岳接到将秋瑾就地正法的命令。李钟岳平素对秋瑾学问极为称许，常持她的"驰驱戎马中原梦，破碎山河故国羞"诗，示其子道："以一女子而能诗，胜汝辈多矣！"今日，在正法前审讯，破例为秋瑾设座，授予朱笔，令录供词，秋瑾提笔写下"秋风秋雨愁煞人"七字，即举世传颂的绝命之言。

15日凌晨三时，李钟岳将秋瑾提出，告曰："我本欲救你一命，但巡抚必欲杀你，我已无能为力。我位卑言轻，杀你非我本意，汝可明白？"秋瑾说道："公祖盛情，我深感戴，今日我惟求三件事：一、我系一女子，死后万勿剥我衣服；二、请求为备棺木一口；三、我欲写家信一封托之转交。"李钟岳一一应允。秋瑾遂不再言语，从容步行轩亭口，于7月15日早四时就义，终年三十一岁。

鲁迅弃医从文

鲁迅在日本仙台医专求学期间，正值日俄战争爆发。鲁迅在上课时，从幻灯片上看到俄国侦探被斩首，其中被定为俄国侦探的有四名中国人，被日军砍头示众。而镜头里围着观看"示众"的中国人流露出麻木的神情。讲堂里看幻灯片的日本学生却拍掌欢呼"万岁"，这声音像利刃似的绞割着鲁迅的心。由于"幻灯事件"的刺激，鲁迅毅然决定弃医从文。他当时认为，中国民众的麻木不是医学可以疗治的，要改变他们的精神状态必须运用文艺的利器。治疗中国人民的精神麻木症比治疗他们的身体疾病更为要紧，因此他毫不犹豫地从振兴中华的需要出发，重新选择了自己的志愿和人生道路。

1906年3月15日，鲁迅正式从仙台医专退学，开始了他新的文艺生涯。

义助革命

1905年夏，孙中山从英国开往法国的轮船上，正在为革命活动经费奇缺而着急。突然一个体弱、腿跛的中国人来到孙中山面前，很有礼貌地对孙鞠了一躬，以地道的上海口音问道："君不是实行革命的孙文吗？"孙中山细看此人并无恶意，便点头称是。此人说道："久闻大名了，我深信非革命不能救中国。我在法国经商赚了钱，很希望能对您的事业有所帮助。"在交谈中得知，此人是在巴黎中国驻法使馆任商务参赞的张静江。张给孙中山留下地址，并约定了互通电报的暗号。张对孙说："当您需要钱的时候，我一接到电报，立即将钱寄去。"1907年，孙中山领导的西南四次起义连遭失败，经济拮据，一筹莫展，无奈之中，只好求助于张静江，先后三次求助，张如数将款寄与孙。孙中山在困难时得到张的慷慨资助,于是对张产生了信任。辛亥革命后,南京临时政府成立,孙中山拟张静江担任财政部长,张坚辞不任,并说:"革命政府财政如发生困难,我依旧帮助不误。"

张静江是浙江吴兴人,家庭富有,得巨额遗产。后来又在法国经营古董生意,获利甚丰。他受时代民主潮流的影响,十分赞成孙中山领导的革命,由此甘愿慷慨捐助。后来张静江加入国民党政府,帮助蒋介石反对共产党,成为人民的罪人、时代的落伍者。

张伯苓提出中国应参加奥运会

1907年10月24日,在天津第五届校际运动会颁奖仪式上,一位青年、天津南开大学的缔造者张伯苓在发言中激昂地说道:"我国应立即成立奥林匹克运动代表队!"成为中国提出参加奥运会的第一人。此时,是国际奥林匹克运动进入第二个十年之时。

张恨水巧对四字联

张恨水天资聪颖,六岁就入学启蒙,熟读《三字经》《百家姓》《千字文》。有一次,老师出对联,上联是"九颗韭菜",众学生都说下联好对,有的说"三个苹果""六个梨子"等,老师直摇头。唯有张恨水不假思索答"十个石榴",老师大为赞赏。这个对子看起来简单,对起来并不容易,因为上联"九"与"韭"音同字不同,张恨水以"十"与"石"相对,且平仄工整,颇不简单,老师称他为文学奇才。

血性男子

宫崎寅藏是孙中山的老朋友。他认为"东洋问题的结局取决于中国的兴亡","吾辈身处当世,应该以中国为根据",所以他主张"中国革命主义"。1908年云南河口起义失败后,黄兴由安南(今越南)到日本,生活难以维持,宫崎这时家境穷困,反以卖唱糊口,决然把黄兴接到他家居住。日本警官当局以重金诱惑收买他监视中国革命党在日本的活动,宫崎愤然加以拒绝。黄兴称赞他"困穷不滥,廉节可风,真为血性男子"。由于宫崎支持中国革命,被日本警视厅列为"甲号社会主义者监视对象"。1910年6月孙中山由檀香山抵横滨,却被当地警署着令离境。宫崎特地赶到横滨,同警署交涉,并帮助孙中山化名潜往东京,住在他家里。这样,才使孙中山能同黄兴等人共同商议中国革命问题。1911年12月20日孙中山回国途经香港时,曾同宫崎在丹佛号轮上合影,特地为宫崎题词,纪念这次重逢和他对中国革命的贡献。

文明的偏颇

鲁迅在1908年出版的《河南》月刊上发表了《文化偏执论》的文章。"偏执"就是"偏颇"。鲁迅认为,19世纪的西方文明主要有两个偏颇:一个是片面崇尚物质,导致"唯物极端"而忽视了精神和信仰;另一个是专制势力打着尊重"群众"的招牌,忽视和压抑独具个性的少数。于是,不少民众为物质欲望所蒙蔽,社会日渐凋零,进步因之停顿,一切诈骗虚伪的行为应运而生,致使人的精神光辉付趋暗淡。这种文化上的偏颇非常明显,就好比一个只断了一条胳膊和跛了一只脚那样。为矫正这种偏颇,鲁迅针锋相对地提出了"掊物质而张灵明,任个人而排众数"的主张,即抨击物质至上主义,张扬人的崇高精神;尊重人的个性和尊严,反对借多数的名义压制少数明哲之士。这里的"个人"绝非害人利己的极端个人主义,而是人的正当权益和创新精神。鲁迅强调说,在世界各国的激烈竞争中,首要任务就是培养人才,有了人才,什么事都可以兴办,而培养人才的办法就是尊重个性和发扬精神。"角逐列国是务,其首在立人,人立而后凡事举;若其道术,乃必尊重性而张精神"。在民众精神状态偏于麻木和愚昧的清朝末年,鲁迅的这种主张对于摆脱封建主义的思想束缚,催促"精神界之战士"的产生,无疑产生了振聋发聩的效应。

与日本友人对话

一次,孙中山的日本友人犬养毅问孙中山:"您最喜欢什么?""革命!推翻满清政府。"孙中山毫不犹豫地回答。犬养毅接着问:"除了革命之外,您最喜欢什么?"孙中山说:"女人。"犬养毅拍着手说:"很好!"并问:"再其次呢?""书。"犬养毅由衷敬服地说:"这是很老实的说法。我以为您最喜欢的是看书,您总是手不释卷,结果您却把女人排在前面。您这样忍耐对于女人的爱好而拼命看书,实在了不起。"孙中山见犬养毅误解了自己的意思,说道:"我认为,千百年来女人不过是男人的随属品或玩物,充其量做个贤内助。然而我认定,她和母亲应该是同义词。当妈妈把她身上最富有营养的奶汁喂给了孩子,当妻子把她真诚的爱献给了丈夫,她们的贡献是那么无私和高尚,这难道不值得爱吗?可惜的是,我们好多人却不懂得这种爱,不珍惜这种爱,践踏这种爱。"

黄兴预作《中华民国国歌》

黄兴在民国成立前筹备军事起义时,曾预作《中华民国国歌》。广州黄花岗起义前,黄兴居无定所,随身携带的文件,交由湖南桂阳革命元老李国柱保管。因黄兴在国内外奔波,会见很难,无法物还原主。直至黄兴逝世很多年后,才由李国柱提供,公布于世。
黄兴所撰国歌:

> 巍巍中华,风云浩荡。
> 地大物博,长发其祥。
> 四万万五千万生民共同王业,
> 亿万世统绪,永垂无疆。
> 西望喜马、昆仑,蜿蜒壮丽,
> 东临太平洋,辽阔苍茫,
> 五岳高万仞,长城万里长。
> 九万里河山锦绣,五千年文化辉煌。
> 中华!中华!源远流长。

圣德道统,尧、舜、禹、汤。
为人类文明启钥,为世界和平导航。
飘扬青天白日满地红旗帜,
以民主、共和建国,奋发光芒。
中华!中华!国泰民康,
与天地同在,与日月同光。
中华!中华!国泰民康,
与天地同在,与日月同光。

做学问做事业的三境界

王国维在《人间词话》里,提出"三境界说":"古今之成大事业、大学问者,必经过三种境界:'昨夜西风凋碧树,独上高楼,望尽天涯路'。此第一境也。'衣带渐宽终不悔,为伊消得人憔悴'。此第二境也。'众里寻他千百度,回首蓦见,那人正在,灯火阑珊处'。此第三境也。"

著名铁道工程师詹天佑

詹天佑,生于广东南海。十一岁时考取清政府幼童出洋预备班,官费留学美国,1881年美国耶鲁大学毕业,中国铁路工程专家。1905年任京张铁路总工程师。1905～1909年主持修建我国自建的第一条铁路——京张铁路(北京至张家口)。在修建中采用新工程技术,因地制宜运用"人"字形线路,减少工程数量,并利用"竖井施工法"开挖隧道,缩短了工期,在修建过程中,培养了中国第一批铁路工程师。后任汉粤川铁路督办。

以《豫卦》取名

蒋介石的名和字是根据《周易·豫卦》而起的。《豫卦》的"六二"爻辞曰:"介于石,不终日,贞吉";"不终日,贞吉,以中正也"。意思是说,夹在石缝中出不来,这是没有料到的意外事故,幸而不到一天就为人救了出来,算是吉利。之所以如此,乃是因为"六二"居中得正。"介石""中正"由此而来。《豫卦》卦辞说:"利建侯,行师。"即建侯封国、行师打仗是两件大事,占筮的结果是吉利。青年时期的蒋介石有兴师征战、统一中国的志向,他在日本"振武学堂"学军事时曾给表兄寄了一张戎装照片,在背面题了一首诗:"腾腾杀气满全球,力不如人肯且休;光我神州完我责,东来志岂在封侯?"足见此人志气不小。他取名于《豫卦》,或许是为了表示自己兴师封侯,光复神州的鸿鹄大志。

唐　僧

苏曼殊通晓英、法、中、日、梵等多种语言,与陈独秀合译的《悲惨世界》,在《国民日报》上连载,当时,引起轰动。他首次将拜伦、雪莱、歌德等人的诗歌作品翻译成中文,后来他与严复、林纾被并称为清末民初三大翻译家。

苏曼殊爱吃糖,自称"糖僧"。最喜欢吃西洋摩尔登糖,次则苏州酥糖,又好糖炒栗子。他自己曾说:"日食酥糖三十包。"一次囊空如洗,床头糖尽,他就取锤敲碎自己的金牙,拿去典当换糖而食。章士钊曾就此事写诗调笑:"齿豁曾教金作床,只缘偏嗜胶牙糖;忽然糖尽囊羞涩,又脱金床付质房。"

咏　　蛙

1910年秋天,十七岁的毛泽东离家到东山小学读书,新到学校,一些顽皮的同学,看他是乡下来的,没见过什么世面,就欺负他,讥讽他是"乡巴佬"。

对此,作为血性男子汉的毛泽东,心里感到愤愤不平,但又不好发作。有一天,老师出了一道抒发自己情感和志向的作业题,要求所有同学都要根据自己的所见所闻写一首诗,以抒胸臆。

毛泽东写了一首《咏蛙》诗:

独坐池塘如虎踞,
绿杨树下养精神。
春来我不先开口,
哪个虫儿敢作声?

老师看到这首充满王者之气的诗句,心里非常惊讶,连连说:"了不得!了不得!这个学生将来必定是国家的栋梁之材。"

学生们看到后,感到他气魄宏大,自感弗如。自此后,同学们再也不敢看不起他了,谁也不敢再戏弄他了。

黎元洪被逼做都督

新军武昌起义成功,很快攻占了武汉三镇,建立起军政府。当时参加咨议会议的人认为:中国人心理重视偶像,军人尤其重视军阶地位,倘不以一有名望的人出来号召,则不易成。于是就议论推举新军第二十一混成协协统(相当于旅长)黎元洪来当都督。当请黎元洪出任时,黎感到很害怕,面色惨白,张皇失惜,畏缩舌颤地说:"莫害我,莫害我。"革命军李翊东见黎拒绝接受,就用手柄长枪对着他说:"你做满清这大的官,应该杀的。我们今天不杀你,反举你做都督,你还不干,你这生成的奴性,还想戴满清的红顶子,我把你杀了,再来举人。"黎益瑟缩不语,在场者均色变,群起阻止。哄声言曰:"不要放枪。"李翊东又说:"不管他承认不承认,把告示用都督黎元洪的名字张贴出去就是了。"于是将告示贴出,产生的影响很大。一些人看后吃惊地说:"想不到黎协统也是革命党。"这在当时起了一定的安定人心的作用。

后来,黎元洪利用职权,排挤革命党人,把湖北军政府的权利集于一身,大干坏事,武昌起义在湖北取得的成果被他断送了。这是十分惨痛的教训。

黄兴到

武昌起义爆发,革命军战领武昌。湖北都督府通电全国,宣告武汉光复;又电黄兴、宋教仁速来鄂;又请黄兴转电孙中山回国主持大计。

其时,因北洋军主力进攻,汉口之革命军正处不利地位,此时黄兴来到武汉,黎元洪即下令做了一面大旗,上写"黄兴到"三个大字,派人举着大旗,骑马在武昌城内和汉口没有被清军攻陷的地方跑一圈。前线将士听到黄兴来了,士气高涨,军心大振。

黄兴抵武汉后,被推为总司令,即到汉口指挥保卫战。

孙中山就任临时大总统

1911年12月29日,在南京的十七省代表,正式选举临时大总统。有候选资格者三人:孙中山、黎元洪、黄兴。十七省代表依次投票。孙中山得十六票,黄兴得一票,选举结果揭晓时,众呼"中华共和万岁"三声,是时音乐大作,在场军学各界互相祝贺,喜悦之情,达到极点。

1912年1月1日晚十一时,举行孙中山大总统受任典礼。孙中山宣读誓词说:"……颠覆满洲专制政府,巩固中华民国,图谋民生幸福,此国民之公意,文实遵之,以忠于国,为众服务。至专制政府既倒,国内无变乱,民国卓立于世界,为列邦公认,斯时文当解临时大总统之职。谨以此誓于国民。"同时发布《临时大总统宣言书》和《告全国同胞书》。宣言毕,即接受大总统印。之后,孙中山下令定国号为"中国民国",同时改用阳历。2日,孙中山通电各省改历,并以1912年1月1日作为中华民国建元的开始。

中华民国的诞生,结束了二百六十多年的清朝统治,也结束了两千多年的封建帝制。孙中山感慨叹息:"予三十年如一日之恢复中华,创立民国之志,于斯竟成。"

孙中山争取外交

1911年10月武昌起义时,孙中山在美国科罗拉多州的丹佛,他认为此时自己的责任在争取外交,以断清政府后援。孙中山认为:"列强之与中国最有关系者有六焉:美、法二国,则当表同情革命者也;德、俄二国,则当反对革命者也;日本则民间表同情,而其政府反对者也;英国则民间同情,而其政府未定者也。是故吾之外交关键,可能举足轻重为我成败存亡所系者,厥为英国。倘使英国右我,则日本不能为患矣。"于是孙中山兼程赶赴伦敦,11月11日到达。他与英、法、德、美四国银行团主任磋商停止对清政府借款事。同时与英国外交大臣交涉,要求英国政府:"(一)止绝清廷一切借款;(二)制止日本援助清廷;(三)取消各处英属政府之放逐令,以便予取道回国。"英政府同意,并停止给清政府川汉铁路和币制借款各1亿元。

第一首中国国歌

1911年10月4日,清廷将禁卫军官傅侗、海军部参谋官严复共同创作的一首《巩金瓯》定为国乐。歌词为:

> 巩金瓯,
> 承天帱,
> 民物欣凫藻。
> 喜同胞,
> 清时幸遭,
> 真熙皞,
> 帝国苍穹保,
> 天高高,
> 海滔滔。

此为中国第一首国歌。

姊妹顾问

1911年11月4日,民国革命军的"先锋敢死队"在杭州发动起义。敢死队把巡抚衙门包围起来,但清兵以院墙为屏障,负隅顽抗。就在这生死关头,两个巾帼英雄大声喊道:"让开!让开!"她俩对手高举土制炸弹投向虎头大门,"轰轰"两声巨响,大门被炸塌,两姊妹率先冲入巡抚大堂,敢死队紧跟在她俩后面进入大堂,将浙江巡抚曾韫活捉。人们这时都以赞叹的眼光看着这年轻、英勇无畏的姊妹俩,姐姐叫尹锐志22岁,妹妹叫尹维峻17岁。她俩曾是秋瑾的部下。

革命党成立了军政府,任命汤寿潜为浙江都督,不久,汤又被聘为交通部长。此事,激怒了尹锐志姊妹俩。原来,汤寿潜曾参与了杀害秋瑾的罪恶行动。姊妹闻讯怒火满腔,为此由浙江来到南京,要求见孙大总统评理。提出:"汤寿潜这种人当交通部长,我们不服,这交通部长我们要当。"孙中山事先已得知这姊妹俩在光复会有出色的成就,且是秋瑾的忠诚部下,就立即在政务会议上提议两姊妹为大总统顾问,顺利通过。这样,尹氏两姊妹成为总统府中唯一的两名年轻女顾问。

拒兄之请

孙中山的大哥孙眉,对孙中山有重大影响,他是孙中山革命事业的极力拥护和支持着。为在经济上支持孙中山,他变卖了全部家产为革命捐款,几乎到了赤贫的地步。他还是承担照料孙中山家小的任务,使弟弟得以专心致志从事革命。辛亥革命成功时,革命党内有许多领袖人物都推荐孙眉为广东都督,孙眉本人也向孙中山提出要求。孙中山却力劝其勿任粤督仍办理实业,并坦诚地对大哥说:"在家事上你是兄长,应听你的。在国事上我是总统,应听我的。"孙眉无奈何,只好服从。

扣留手令

孙中山任非常大总统期间,胡汉民是他的总参议兼文官长,是当时孙中山最为得力的助手和谋臣。一天,孙中山来到胡汉民的办公室,他无意间顺手打开了一个公文箱,取出几件公文来看。原来这些都是他的手令,有的时间已很长了,没有颁发下去。孙中山顿时火冒万丈,严词责问胡汉民为何擅自扣留他的手令。胡汉民辩解说:"您的手令有毛病,如果颁下去,非但无益,甚至还会给革命带来危害。纠正您工作上的失误,是我应尽的责任。"孙中山说:"说来说去还是你对,我说不过你。"胡汉民动了气,大声说:"先生应该说'你是对的,我错了',方才合理,说什么'我说不过你',这是理屈词穷,无法自解而已。"

本来胡汉民擅自扣留手令,本身就不对,正确做法应该积极提出建议,争取大总统收回手令。现在胡汉民反而动气,把话说得太绝,孙中山更无法接受,因此办公室的气氛显得尴尬而紧张。幸好办公室里还有一个李宗黄,他为了缓和这难堪的气氛,便说:"十二点钟了,可容我做小东,一道渡过河去吃肥鸽?"孙中山毕竟有革命家的胸怀,就顺势笑着说:"我们就一齐去,不过该我做东,因为今天是我不该发火。"孙中山既已给台阶下,胡汉民气也消了,一切风波就此平息了。

孙中山请辞临时大总统

1912年2月13日,孙中山向南京参议院提出辞职咨文:"本总统被选为公仆,宣告、誓书实以倾覆专制,巩固民国,图谋民生幸福为任。誓至专制政府既倒,国内无变乱,民国卓立于世界为列邦公认,本总统即行解职。现在清帝退位,专制已除,南北一心,更无变乱,民国为各国承认旦夕可期。本总统当践誓言辞职引退。"15日,参议院举行临时大总统选举会,一致选举袁世凯为临时大总统。

蔡元培创立美育教学

蔡元培任教育总长时,重视美育教学。"美育"这个专有名词是民国元年蔡元培从德文的Asthetische Erzie hung译出的,为中文前所未有,但如今已跟智育、德育、体育等同样引起了教育家的重视。

蔡元培推行的美育包括:一、造型美术。二、音乐。三、文学。四、演剧。五、影戏。六、留声机与无线电播音机。七、公园。

鲁迅与京师图书馆

民国初期,鲁迅在教育部任职,为改组、发展当时的国家图书馆——京师图书馆付出了很大的精力。京师图书馆于1912年8月27日正式开馆,当时图书馆的藏书(善本书和阅览书)总数仅有五千四百二十五部。为了充实馆藏,鲁迅就以教育部的名义调各省官办书局所刻书籍入藏该馆。次年,又以教育部名义将一部铜活字印的中国大型图书——《古今图书集成》调拨给京师图书馆。1916年,他又通知各省:凡经内务部立案的出版物均应分送京师图书馆一份庋藏。同年,他又以教育名义为京师图书馆征取各省最近修刊的志书和各种著名的碑碣石刻拓本。尤其是《永乐大典》(残本)与文津阁《四库全书》这两部举世闻名的重要典籍,是经过鲁迅的据理力争才移藏于京师图书馆,免遭散失的厄运。此外,鲁迅还四处奔走,为京师图书馆及其分馆择址及京师图书馆的年度预算等累得"头脑涔涔然"。鲁迅苦心孤诣地保护我国重要典籍与历史文献资料,奠定了今天北京图书馆丰富馆藏的基础。

袁世凯下尊孔令

1913年11月9日,黎元洪以"定孔教为国教,祀孔配天实为国家万年根本至计",请袁于宪法未定以前,通令京内外各学校,一律崇祀孔子。

26日,袁世凯下尊孔令。内称:"溯二千余年,历史相沿,率循孔道,奉为至圣。现值新邦肇造,允宜益致尊崇。"并谓:"所有衍圣公暨配祀贤哲后裔,膺受前代荣典祀典均仍其旧。"

本月,威海卫英国租借地官员庄士敦,在《十九世纪杂志》上发表《中国宗教之将来》一文,主张中国应以孔教为国教,说:"四书五经之于中国教育,所谓布帛菽粟不可一日须臾离者也。"

贪嘴的报应

谭延元在光绪年间中进士,授翰林院编修。清政府预备立宪期间,他被推为湖南咨议局局长。在袁世凯任临时大总统期间任要职,后来,又在南京任国民政府主席。仕途上可以说是左右逢源,官运亨通。但他最出名的是讲究吃,他爱吃的脱骨鸡、鸭、鱼,入口酥化,味极佳美,名扬海内。后来,患了高血压病,身体越来越差,乃接受医生劝告,每天做温水浴和电疗各一次。他自嘲地对朋友们说:"我生平好吃,现在自身每天被清蒸一次,烧烤一次,大概是对我贪嘴的报应吧。"

龙云击败法国拳师

19世纪后半期,英、法想把中国的西南地区划为自己的势力范围,于是,云南成了英、法列强争夺的主要对象,派了各式各样的"代表团"进入云南。其中一名自称是"法国大力士"的人,来到昆明,大言不惭地声称自己的武术"天下无敌手",要在昆明摆擂台三天,如果没有人打败他,他就留在昆明开馆传教,如有人打败他,他就立刻离开昆明。

打擂开始前两天,法国拳师获得了胜利。第三天,直到下午太阳偏西的时候,仍然没人上台,法国拳师认为没人敢来对擂,已取得全胜,正准备收台,不料一个小伙子跳上了擂台,此人身高只有一米六几,比法国拳师整整矮了一头,身穿一件白色衬衣,草绿色的长裤,竟然穿着一双普通的草鞋,法国拳师用轻蔑的眼光看着他。裁判的哨音一响,拳师伸拳直抵小伙子的胸口,小伙子伸拳挡回;由于拳师的臂长,交了几个回合,小伙子总是无法主动进攻,于是改变策略,用腿平扫,想不到小伙子脚上的草鞋绳索被甩开,草鞋从拳师的头上飞过,拳师大吃一惊,以为是飞刀突袭,急忙躲避,小伙子乘机飞去另一脚,拳师站立不稳,这时,小伙子用"和尚撞钟"的拳式,势如猛虎向拳师腹部撞去,拳师一下子被撞翻在地,约两三分钟时间才翻身起来。问小伙子尊姓大名,小伙子说:"我叫龙云,是云南陆军讲武堂的在校学员。"拳师认输,比完武的第二天,这位"法国大力士"不声不响地离开了昆明。

哲学家与轿夫

1914年,20世纪最具有影响力的英国哲学家罗素,来到中国四川。他们一行人提出要上峨眉山,便顾了竹轿子被抬着上山。当时,正值夏季,天气炎热,几个轿夫个个都累得大汗淋漓。作为哲学家、文学家的罗素,此时已无心思观景,只在想轿夫的心情。他在想,轿夫一定非常恨这些坐轿子的人,他便思考着用什么方法安慰一下轿夫。走了一段路,陪同的人让轿夫停下来休息,罗素就想乘机去安慰一下。当他下轿后,看到轿夫们已坐下来,拿出烟斗,有说有笑,讲着很开心的事,毫无抱怨天气和坐轿子人的意思,并饶有兴趣地给罗素讲自己家乡的笑话。其中一位轿夫还给罗素出了一道智力题:"你能用十一画写出两个中国人的名字吗?"罗素说:"不能。"轿夫笑呵呵地说出答案:"王一、王二。"罗素陡然感到惭愧和自责:我凭什么去安慰他们? 我凭什么认为他们不幸福?

后来,罗素因此得出一个著名的人生论点:用自以为是的眼光看待别人的幸福或痛苦是错误的。

李大钊批评陈独秀之厌世观

李大钊在《甲寅》杂志上发表《厌世心与自觉心》一文。文章"申独秀君言外之旨",认为"自觉之义即在改进立国之精神,求一可爱之国家而爱之,不宜因其国家之不足爱遂致断念于国家而不爱,更不宜以吾民从未享有可爱之国家遂乃自暴自弃以侪于无国之民,自居为无建可爱之国之能力者也。"李大钊表示不同意陈的"恶国家甚于无国家"观点,认为"国之存亡,其于吾人,亦犹身之生死";"中国至于今日,诚已濒于绝境。但一息尚存,断不许吾人以绝望自灭。"

人权与科学两面大旗

1915年9月15日,陈独秀在上海创办《青年杂志》,他在《敬告青年》一文中指出:"自人权不平等之说兴,奴隶之名,非血气所能忍受。世称近世欧洲历史,为'解放历史'。破坏君权,求政治之解放也;否认教权,求宗教之解放也;均产说兴,求经济之解放也;女子参政运动,求男权之解放也。解放云者,脱离夫奴隶之羁绊,以完全自主自由之人格之谓也。"关于科学,陈独秀指出:"举凡一事之兴,一物之细,罔不诉之科学法则,以定其得失从违;其效将使人间之思想云谓,一遵理性,而迷信斩焉,而无知妄作之风息焉。"陈独秀疾呼:"国人而欲脱蒙昧时代,羞为浅化之民也,则急起直追,当以人权与科学并重。士不知科学,故袭阴阳家符瑞五行之说,惑世诬民,地气风水之谈,乞灵枯骨。农不知科学,故无择种去虫之术。工不知科学,故货弃于地,战斗生事之需——仰给于异国。商不知科学,故惟识罔取近利,未来之胜算,无容心焉。"

梁启超劝袁世凯不要当皇帝

1915年4月初,梁启超致函大总统袁世凯,对他欲改帝制一事不以为然。他在信中说:"我大总统何苦以千金之躯,为众矢之鹄,舍磐石之安,就虎尾之危,灰葵藿之心,长萑苻之志。启超诚愿我大总统以一身开中国将来新英雄之纪元,不愿我大总统以一身作过去奸雄之结局。"他恳切要求"袁稍捐复古之念,力为作新之谋"。但袁世凯对他一番劝言置之不理。

毛泽东征寻朋友

1915年9月,在湖南第一师范学校读书的毛泽东以"二十八画生"的署名写了一则《征友启事》,分寄长沙各校,有目的地寻找志同道合的进步青年。不久,在毛泽东的周围聚集了二十多个具有进步思想的挚友,其中有蔡和森、何叔衡、陈昌、罗学瓒等人。他们在一起谈论个人与社会国家的前途,讨论"如何使个人及全人类的生活向上"等问题。并决定"集合同志,创造新环境为共同的活动"。

"新青年"的六条标准

1915年9月15日,陈独秀在《青年杂志》上发表文章,热情讴歌"青年如初春,如朝日,如百卉之萌动,如利刃之发于硎,人生最可宝贵之时期也"。并提出具有"自觉而奋斗"精神的"新青年"的六条标准:
(1) 自主的而非奴隶的;
(2) 进步的而非保守的;
(3) 进取的而非退隐的;
(4) 世界的而非锁国的;
(5) 实利的而非虚文的;
(6) 科学的而非想象的。

孙中山发表讨袁宣言

1915年12月,孙中山发表《讨袁宣言》,痛斥袁世凯复辟帝制种种罪行。他在文中说:"世界自有共和国以来,殆未有此万恶之政府,危亡祸乱至于此极者也。""今袁背弃前盟,暴行帝制,解散自治会,而闾阎无安民矣;解散国会,而国家无正论矣;滥用公款,谋杀人才,而陷国家于危险之地位;假名党狱,而良懦多为无辜矣。有此四者,国无不亡,国亡则民奴。"他表示"誓死戮此民贼,以拯吾民"。虽肝胆涂疆场,膏血润原野,亦在所不辞。

陈独秀倡导青年要有个性

1916年1月15日,陈独秀在《青年杂志》发表文章指出:"儒家三纲之说,为一切道德、政治之大原。""缘此而生金科玉律之道德名词,曰忠、曰孝、曰节,皆非推己及人之主人道德,而是以已属人之奴隶道德也。"他号召国人从头忏悔,改过自新,一新其心血,以新人格,以新国家,以新社会,以新家庭,以新民族。号召青年为三个目标而奋斗:自居征服地位,勿自居被征服地位;尊重个人独立自主之人格,勿为他人之附属品;从事国民运动,勿囿于党派运动。

庆幸负伤

护国战争时,李宗仁在护国军中任连长。在讨伐广东军阀龙济光时,他擎旗而上,当向前冲锋大约三百米时,突然感觉脑壳猛震了一下,右腮血如泉涌,满嘴都是碎牙,向外一吐,全是骨渣和血水,他用手往右颊一摸,方知是子弹穿透了右颊。军医给他检查后,说:"非常巧,子弹没有留在你的头部,而从你的右鼻孔穿出去了。"李宗仁担心开刀会破相,一听大喜,庆幸自己好运气。

在护法战争中,李宗仁升为代理营长。湘中战争打得很激烈。敌人屡向他们营的防线冲击,李命令吹起冲锋号,自己举起营旗,跃出战壕,冲上前去,全营战士杀声震耳,势不可挡,敌人溃退。李军缴获四门大炮。李宗仁身中四弹,其中一弹射入大腿,其他三弹只穿破了皮。军医在做手术时发现子弹从骨膜左侧穿过,若稍偏一点,则腿骨必断无疑。李宗仁说:"我这是不幸中之万幸啊。"

协议离婚

孙中山十七岁时,由家庭做主选择了比他小一岁的姑娘卢慕贞结了婚。卢夫人和孙中山生了三个孩子。孙中山作为一个漂泊无定的革命者在家里时间很少,绝大部分时间是由他的兄长照料她。1915年,孙中山与宋庆龄在日本相遇,共同的理想和崇高的抱负,使他俩之间产生了爱情。但是孙中山反对纳妾,他认为需征求卢夫人意见,是否同意离婚才好办。于是,孙中山写了一封信给卢夫人,申明离婚的理由。卢夫人毅然同意离婚,并对人说:"对孙先生,我确实帮不了手。我学识不够,更不认英文。我又缠脚,行走也不方便,我怎样可以帮先生呢。"可见卢夫人是个深明大义的人。

惟知跃进　惟知雄飞

李大钊把民族的复兴,国家的富强,寄希望于青年,他对青年人说:"青年者,国家之魂。""青年之字典,无'困难'之字;青年之口头,无'障碍'之语。要冲决过去之网罗,破除陈旧学说之囹圄,怀抱乘风破浪之气魄,打掉民族自卑感。""前进而勿后顾,背黑暗而向光明。""惟知跃进,惟知雄飞!以青春之我,创建青春之家庭,青春之国家,青春之民族,青春之人类,青春之地球,青春之宇宙。""为世界进文明,为人类造幸福!"

龙袍入殓

袁世凯虽然宣布了称帝,但始终没有举行登基仪式,因此给他定制的那领龙袍,生前一次也没穿过。后来蔡锷发起护国讨袁战争,贵州、广西、广东、浙江等省响应。袁世凯整日少言寡笑,饮食锐减。以后因为感冒,又患肾结石,小便不通,医治无效,郁郁而死。

袁世凯死后,身体浮肿起来,家中所有衣服都穿不上了,有人建议,衣库中还存有龙袍,非常肥大。于是由家人取出,给袁世凯穿上。

陈独秀论《新青年》

《新青年》的前身是1915年9月15日创刊的《青年杂志》,陈独秀任主编。之所以以"青年"为刊名,陈独秀在《敬告青年》中说:"青年如初春,如朝日,如百卉之萌动,如利刃之信发于硎,人生最可贵之时期也。青年之于社会,犹新鲜活泼细胞之在人身。"由于倡导新文化运动,提倡新文学,因此受到了进步青年的欢迎,产生了巨大的社会反响。

从1916年9月1日出版的二卷一号记,《青年杂志》更名为《新青年》,陈独秀在《新青年》一文中解释说:"'新青年'与'旧青年'在生理上和心理上都存在'固有绝对之鸿沟'。旧青年在生理上'美其貌'而'弱其质',是白面书生,东方病夫;在心理上是'以做官发财为人生唯一之目的'。而'新青年'在生理上应该壮健活泼,为武陵人;在心理上应该有'真实新鲜之信仰','内图个性之发展,外图贡献于其群',以身体强健、职业正当为幸福。"

真不愧为英雄

1916年3月20日,刘伯承在丰都城外阻击北洋军。激战中,他右眼和颅顶受了重伤,多亏一位士兵将他背出城外,在一户人家里隐藏起来。因为没有医药,就用烟丝堵住伤口,结果右眼发炎。后来,他被送到重庆就医。一位德国籍医生检查之后告诉他,右眼保不住了,必须立即挖去,装上假眼球。但手术没有麻药。刘伯承坦然自若,让医生只管动手术。进行手术时,刘伯承头上豆大的汗珠直往下滚,却一声不吭。手术完毕,医生一边擦着汗,一边跷着大拇指说:"真不愧为英雄。"

蔡元培就职北大校长

1917年1月9日,四十九岁的蔡元培任北京大学校长,他在就职演说中说,他上任后,首先做的事情是清积习,除昏聩,为此要确立三种理念:一曰抱定求学之宗旨,二曰砥砺严谨之德行,三曰敬爱师友之情宜。此言既出,全校一震。他延揽诸方英才,为此不拘一格,一时群贤毕至;他独尊教授治校,为此开罪官僚,却得传道有道。凡此种种,俱化为他为北大注入的灵魂:思想自由,兼容并包。蔡元培治下的北大,从此成为中国教育史上的一部不朽史诗。

不要崇洋媚外

1917年3月29日,蔡元培在清华学校高等科发表演说说:"吾国学生留学他国者,不患其科学程度之不若人,患其模仿太过而消亡其特性,所谓特性,即地理、历史、家庭、社会所影响于人之性质者是也。""能保我性,则所得于外国之思想、言论、学术,吸收而消化之,尽为我之一部,而不为其所同化。"认为往者学生赴外国留学,"其志行稍薄弱者,即捐弃其'我'而同化于外人,所望后之留学者,必须以'我'食而化之,而毋为被所同化"。

胡适发起文学改良运动

1917年1月1日,胡适在《新青年》上发表《文学改良刍议》一文,主张破除旧的文学规范,创造一种全新的文学面貌。主张从八事入手。

一曰须言之有物。吾国近世文学之大病,在于言之无物。吾所谓"物",约有二事:情感与思想。所谓"思想",盖兼见地、识力、理想三者而言之。文学无此二物,犹如无灵魂之美人,虽有浓丽富厚之外观,抑亦未矣。近世之文人,既无高远之思想,又无真挚之情感,文学衰微,此其大因矣。

二曰不模仿古人。文学者随时代而变迁者也。一时代有一时代之文学。此非吾一人之私言,乃文明进化之公理也。

三曰须讲求文法。今之作文作诗者,每不讲求文法之结构,尤其作骈文律诗者为尤甚。

四曰不作无病之呻吟。今之青少年往往作悲观,是作无病呻吟之状。

五曰务去滥调套语。今之学者,胸中记得几个文学的套语,便称诗人。累累不绝,最可憎厌。其流弊所至,遂令国中生出许多似是而非,貌似而实非之诗人。

六曰不用典。用典之弊,在于使人失其所欲譬喻之原意。若反客为主,使读者迷于使事用典之繁,而转告其所为设譬之事物,则为拙矣。

七曰不讲对仗。排偶乃人类言语之一种特性,故虽古代文字,如老子孔子之文,亦间有骈句。今日而言文学改良，当"先立乎其大者"，不当枉废有用之精力于微细纤巧之末。

八曰不避俗语俗字。吾惟以施耐庵、曹雪芹、吴趼人为文学正宗，故有"不避俗语俗字"之说也。

毛泽东谈体育

1917年4月，毛泽东以"二十八画生"的笔名，在《新青年》上发表了一篇体育论文——《体育之研究》。文章说："体育者，人类自养其身之道，使身体平均发达，而有规则次序之可言者也。"他指出，知识和道德诚然可贵，但身体也很重要。身体犹如"载知识之车""寓道德之舍"，"无体是无德智也"。他强调说，密如牛毛的繁重课程，对学生能起到"蹂躏其身而践贼其生"的严重危害作用。他提出一个口号："欲文明其精神，先自野蛮其体魄"。因为体育锻炼有强筋骨、增知识、调感情、强意志等许多好处，而"意志也者，固人生事业之先驱也。""体育于吾人实占第一之位置，体强壮而后学问道德之进修勇而收效远"。

兼容并包

蔡元培先生1917年任北京大学校长，提出"兼容并包"的主张，他聘请了当时在政治上或学术上具有革新思想的大批学者到北大任教，如李大钊、陈独秀、马寅初、周鲠生、马叙伦、钱玄周、沈尹默、刘半农、胡适、丁西林、李四光、王星拱等。他们在介绍世界学术成果、传授科学研究方法、提高学术水平、活跃学术空气等方面，都发挥了积极的作用。

李大钊创办的《每周评论》，陈独秀主编的《新青年》，宣扬革新思想，阐述革命真理，唤醒群众觉悟，在全国产生了巨大的影响。经学有今、古文学派的不同，蔡先生同时聘请了今文学派的崔适，也聘请了古文学派的刘师培。在文字训诂方面，既有章炳麟的弟子朱希祖、黄侃、马裕藻，还有其他学派的陈汉章、马叙伦。在旧诗方面，同时有主唐诗的沈尹默，尚宋诗的黄节，还有不宗汉魏的黄侃。在政治方面，同时有英美法系的王宠惠，也有大陆法系的张耀曾。章士钊创立逻辑的学名，蔡先生就请他开逻辑课；胡适和梁漱溟对孔子的看法不同，蔡先生就请他们同时各开一课，唱对台戏。蔡先生请著名画家陈衡恪讲《清朝的画法》课，后来又聘请贺履之、汤定之、徐悲鸿为导师。又请古琴家王心葵来演奏古琴，还聘请了拥护清室的辜鸿铭和拥护袁世凯称帝的刘师培等人在北大任教。

正是蔡元培先生张对新旧思想"兼容并包"，才使北大成为新文化运动的发祥地。

毕业照

1918年，北大的一个毕业班，师生照合影相，老师们坐在前一排，学生们站在后边，陈独秀和梁漱溟坐在一起。梁漱溟很谨慎，把脚收在椅子下面，陈独秀很随便，把脚一直伸到梁漱溟的前面。相片出来以后，毕业班的一个学生给陈独秀送去一张，他一看，说："照得很好，就是梁先生的脚伸得太远一点儿。"学生说："这是你的脚。"从这里看出，陈独秀有一种豪放的"气象"。

钱穆的家教

　　钱穆,没有大学文凭,只是师范学校毕业,原是一位小学教师。他之所以成为首屈一指的国学大师,与他小时候所受的教养有很大的关系。打从钱穆懂事起,直到入学前,每次只要父亲从外面夜归,必定会携带蛋糕酥糖之类的食物回来,搁置在钱穆床前的案几上,以供钱穆早起时食用。有一天早上钱穆发现夜晚留置的食物不见了,他就去问母亲,母亲说:"现在你已七岁,是个小学生了,从此后需慢慢学着做大人样子,跟哥哥姊姊一样用心于学问,不要再只挂念点心才是呀!"钱穆虽不完全懂,但他把母亲的话记在心里。
　　一次,他随父亲一起会见许多客人,有客人问他:"听说你能背诵三国演义?"钱穆点头默认,几个客人一齐围来起哄说:"你背诵诸葛亮舌战群儒,我们听听。"于是钱穆以背诵兼表演,博得满堂喝彩。第二天,父亲忽然问他:"你认识'骄'字吗?"钱穆说:"认识。"又问:"'骄'字怎么写?"他答:"马字旁加乔字。"父亲轻轻地挽着他手说:"'骄'字的意义,儿想必也知道,你昨天是否有接近此'骄'字呢?"钱穆闻言才如梦初醒,恍若雷震般,俯首默言不语。此后,他时时以父亲之言为戒,处处谦虚谨慎。钱穆先生曾对人说:"做一大官,绝不能如当一大师之受人尊敬;做一大官,乃随时事,当一大师,乃千古的中国人。"这话俨然就是钱先生个人生命的写照。

鲁迅发表小说《狂人日记》

　　1918年5月15日,鲁迅在《新青年》杂志第四卷第五号上发表小说《狂人日记》。这是国内首次发表的以白话形式写成的小说。小说主人公"狂人"说:"凡事总须研究,才会明白。古来时常吃人,我也还记得,可是不甚清楚。我翻开历史一查,这历史没有年代,歪歪斜斜的每页上都写着'仁义道德'几个字。我横竖睡不着,仔细看了半夜,才从字缝里看出字来,满本都写着两个字'吃人'!"
　　鲁迅的《狂人日记》运用"杂取种种人,合成一个"的典型化手法,以一个既有狂人病理特征又有反封建战士精神的独特形象,对封建家族制度和礼教的弊端进行了剥肤见骨的揭露,体现了对旧家族制度和旧礼教的怀疑精神。狂人从封建史家在每页上都写着"仁义道德"几个字的历史,看到了字缝中隐藏着的"吃人"二字。发出了"将来容不得吃人的人活在世上"的愤怒警告,发出了"救救孩子"的呼号。这篇题为《狂人日记》的小说,在形式上借鉴了俄国作家果戈理的同名小说,但内容远比果戈理的作品忧愤深广,因而为中国新文学奠定了第一块基石,像号角一样震醒了封建"铁屋子"里沉睡的人们。这是中国现代文学史上第一篇彻底反封建的白话小说。

进德会

　　1918年1月19日,蔡元培在北京大学发起组织进德会,发表为该会所撰写的《旨趣书》。会员分三种:"甲种会员:不嫖、不赌、不娶妾;乙种会员:于前三戒外加不作官吏,不作议员二戒;丙种会员:于前五戒外,加不吸烟、不饮酒、不食肉三戒。"进德会成立后,当公定罚章,并举纠察若干人执行之。蔡元培、陈独秀、李大钊等列为甲种会员。

新民学会

1918年4月14日,毛泽东等人发起成立新民学会,参加成立大会的有毛泽东、蔡和森、何叔衡、萧三等十三人,基本会员共二十一人。会议讨论通过了毛泽东、邹彝鼎起草的会章。会章规定,学会以"革新学术,砥砺品行,改良人心风俗"为宗旨。会员纪律为:(1)不虚伪;(2)不懒惰;(3)不浪费;(4)不赌博;(5)不狎妓。

会议选举萧子异为总干事,毛泽东、陈书农为干事。学会总部设在长沙。会章还规定了严格的入会手续,要求会员生活严肃、人格光明,思想向上,有为国家民族做事的远大志向。学会成立后,陆续在长沙各学校的进步学生和青年教师中发展会员。

山中即景

李大钊

1918年8月

是自然的美,是美的自然;

绝无人迹处,空山响流泉。

云在青山外,人在白云内;

云飞人自还,尚有青山在。

北大由"三个兔子"而成名

胡适对人说,北大是由"三个兔子"而成名的,一个"老兔子"是蔡元培(蔡生于清同治六年丁卯,按十二属相,卯是属兔的);一个是"中兔子"陈独秀(陈生于清光绪五年己卯,也是属兔的);一个是"小兔子"即是胡适自己(胡生于清光绪十七年辛卯,也是属兔的)。胡适是想利用蔡元培、陈独秀的名气来抬高自己。他的这话,一时被传为笑谈。

良师益友

一个刚从欧洲留学归来的青年,看到在反动、腐败的军阀统治下,人民大众穷苦不堪,就愤愤地对李大钊说:"像我们这样一个国家,上上下下,国没能治,民不能生,长此这样如不改好,我就只有去入外国籍!"李大钊对他说:"一个青年志士到外国去留学,无非是想给危亡的祖国寻求一条出路,你盼望祖国强盛起来是好的,不愿做中国人的想法,却绝对要不得。"最后,李大钊语重心长地对他说:"这个国家还是由我们来改造它吧!"一度话,深深感动了这位青年,他决心留了下来。

顾维钧在巴黎和会作强硬发言

1919年1月18日,举世瞩目的巴黎和会在法国外交部大厅举行会议,和会最高机构由美、英、法、意、日五国代表组成。会上,日本代表牧野伸显提出:"中国山东胶州租借地、铁路及其他德国在山东所享有之各种权利应无条件让与日本。"中国代表顾维钧,在发言中阐述中国对于山东有不容争辩的主权,他撇开中日一切密约不提,果断地说:"三千六百万之山东人民,有史以来,为中国民族,用中国语言,信奉中国宗教。""胶州为中国北部之门户,亦为沿岸直达国都之最捷径路也,于国防上中国亦断然不容他国之争执也。以文化言之,山东为孔、孟降生、中国文化发祥之圣地;以经济言之,人口既已稠密,竟存已属不易,其不容他国之侵入殖民,固无讨论之余地。是以如就本会承认之民族领土完整原则言之,胶州交还中国,为中国当有之要求权利。"他坚定地表示:"本全权绝对主张,大会应尊重中国政治独立、领土完整之根本权利。"

日本代表牧野伸显改变态度说,日本愿将山东交还中国,但须先由德国交给日本,再由日本交还中国。顾维钧立即表示"归还手续,我中国愿取直接之办法。中国对德国宣战之文,其已显然声明中、德间一切约章,全数因宣战地位而消灭,约章既如是而消灭,则中国本为领土之主,德国在山东所享租借地暨他项权利,于法律上已经归中国,德国已经没有将山东转交他国之权。"

环跪车站送代表

1919年4月,巴黎和会上山东问题交涉失败的噩耗传至国内后,全国各地人民愤慨万分,首先是暴发了著名的"五四"运动,紧接着导致许多省、市、工、商、铁路大罢工。6月19日,山东省议会等七团体公推的八十五名代表从济南车站起程进京请愿。这天,数万山东人民,上至白须老翁,下至垂髫孩童,环跪车站,泣不成声,纷纷叮嘱代表,请求不遂,不得生还。代表们心潮澎湃,表示一日请愿不成,一日不回来见山东父老。

山东请愿团到达北京不久,其他各省代表也陆续到达北京,掀起了全国请愿浪潮,在全国拒签运动的强大冲击下,北洋政府电告巴黎中国代表团拒绝签字。"五四"爱国运动取得了彻底胜利。

许德珩的囚牢诗

"五四"这天,许德珩等人组织和参加了学生的集会和游行,痛打卖国贼,火烧赵家楼,有三十二人被段祺瑞政府警察关入监房。许德珩对当政者这一举动极为愤怒,赋诗道:

(一)

为雪心头恨,而今作楚囚。

被拘三十二,无一怕杀头。

痛殴卖国贼,火烧赵家楼。
锄奸不惜死,来把中国救。

(二)

山东我国土,寸草何能让?
工农兵学商,人民四万万。
为何寡欺众,散沙无力量;
团结今日始,一往无前干。

毛泽东创办《湘江评论》

1919年7月14日,毛泽东在长沙创办《湘江评论》并发表创刊宣言,指出:"世界什么问题最大?吃饭问题最大。什么力量最强?民众联合的力量最强。"宣言提出"由强权得自由"的号召,主张以平民主义来打倒强权。在学术方面,主张彻底研究,努力追求真理。

《湘江评论》创刊号寄到北京后,李大钊认为这是全国最有分量、见解最深的刊物。《晨报》也予以介绍,说它"内容完备""魄力非常充足"。创刊号当天全部销完,重印两千份,仍不能满足群众需要,从第二期起改印五千份。

怎样做父亲

1919年11月1日,鲁迅在《新青年》上发表《我们现在怎样做父亲》一文。文章指出,父亲必须正确地教育孩子,使今后的孩子超越自己,超越过去。"超越便须改变,'三年无改于父之道可谓孝矣',当然是曲说,是退婴的病根。"鲁迅号召说,"先从觉醒的人开手,各自解放了自己的孩子。自己背着因袭的重担,肩扛住了黑暗的闸门,放他们到宽阔光明的地方去;此后幸福的度日,合理的做人。"

匪徒颂

郭沫若

1919年12月

一

反抗王政的罪魁,敢行称乱的克伦威尔呀!
私行割据的草寇,抗粮拒税的华盛顿呀!
图谋恢复的顽民,死有余辜的黎塞尔呀!
西北南东去来今,
一切政治革命的匪徒们呀!
万岁!万岁!万岁!

二

鼓动阶级斗争的谬论,饿不死的马克思呀!

不能克绍箕裘,甘心附逆的恩格斯呀!
亘古的大盗,实行"共产主义"的列宁呀!
西北南东去来兮,
一切社会革命的匪徒们呀!
万岁!万岁!万岁!

三

反抗婆罗门的妙谛,倡导涅槃邪说的释迦牟尼呀!
兼爱无父,禽兽一样的墨家巨子呀!
反抗法王的天启,开创邪宗的马丁路德呀!
西北南东去来兮,
一切宗教革命的匪徒们呀!
万岁!万岁!万岁!

四

倡导太阳系统的妖魔,离经叛道的哥白尼呀!
倡导人猿同祖的畜生,毁宗谤祖的达尔文呀!
倡导超人哲学的疯癫,欺神灭象的尼采呀!
西北南东去来兮,
一切学说革命的匪徒们呀!
万岁!万岁!万岁!

五

反抗古典三昧的艺风,丑态百出的罗丹呀!
反抗王道堂皇的诗风,饕餮粗笨的惠特曼呀!
反抗贵族神圣的文风,不得善终的托尔斯泰呀!
西北南东去来兮,
一切文艺革命的匪徒们呀!
万岁!万岁!万岁!

六

不安本分的野蛮人,教人"返自然"的卢梭呀!
不修边幅的无赖汉,擅与恶疾儿童共寝的丕时大罗启呀!
不受约束的亡国奴,私建自然学园的泰戈尔呀!
西北南东去来兮,
一切教育革命的匪徒们呀!
万岁!万岁!万岁!

道德是变化的东西

李大钊在《新潮》上发表《物质变动与道德变动》一文。文章用达尔文的"进化论"和马克思的"唯物史观",说明道德的本质及其变动的原因。

李大钊说:"道德是一种社会的本能,它是社会物质生活的反映,因此必将随着社会物质生活的变动而变动,一代圣贤的经训格言,断断不是万事不变的法则。什么圣道,什么王法,什么纲常,什么名教,都可以随着生活的变动,社会的要求,而有所变革,且是必然变革。"

他又说:"道德即是同时同地而常有变动,那么道德就也有新旧的问题发生。适应从前的生活和社会而发生的道德,到了那种生活和社会有了变动的时候,自然失去了它的命运和价值,那就成了旧道德了。这新发生的新生活新社会必然要求一种适应他的新道德出来,新道德的发生就是社会的本能的变化,断断不能遏抑的。"最后,他说,我们所要求的新道德,就是适应人类一体的生活,世界一家的社会之道德。从前家庭主义、国家主义的道德,今日不但应该废弃,并且必然废弃。我们今日所需要的,首先不是神的道德、宗教的道德、古典的道德、阶级的道德、私营的道德、占据的道德,乃是人的道德、美化的道德、实用的道德、大同的道德、互助的道德、创造的道德!

阎锡山擅长耍手段

阎锡山擅长耍手段,连一代枭雄袁世凯也被他耍得团团转。1912年,袁世凯当了大总统,对手握重兵的山西都督阎锡山很不放心,就设了一计,要阎去消灭土匪王英。阎的部下都说让堂堂都军去剿匪,实在欺人太甚,不能去。阎锡山看出这是袁世凯设的计,专门找茬的,不能不去。就马上回电:"即日率部清剿。"袁世凯认为阎很听话,就把阎视为亲信。后来,袁世凯称帝,阎表示拥护,还送了两万大洋。当全国纷纷反对袁世凯称帝时,阎锡山立即翻脸,率军北上。便发电报给袁世凯:"我军北驶,已抵保定。"袁看到电报,大吃一惊,阎锡山这不是要打北京吗?从此一病不起。所以后来,人们说,阎锡山一封电报,气死了袁世凯。

阎锡山和蒋介石交往,也耍了蒋介石。1930年的中原大战,阎锡山兵败下野。出于稳定山西政局的需要,蒋介石又重新任用了阎锡山,但两人是貌合神离。有一年,蒋介石要到太原视察,阎锡山与幕僚讨论在哪里接待,有人说在运城,阎心想:"'运城'和'运成'谐音,让你蒋介石'运成',我不是要倒霉吗?"他就改在一个叫"介休"的地方接待——让你"介石"在此休矣。

南陈北李 相约建党

1920年2月,北京的反动军警准备逮捕陈独秀,李大钊闻讯后,决定亲自护送陈独秀前往天津。2月中旬的一天,李大钊、陈独秀化装成春节前夕下乡讨账的先生,雇了一辆骡车出朝阳门去天津。在路途上的几天中,他们一起商讨了有关建立中国无产阶级政党的问题,从而留下了"南陈北李,相约建党"的佳话。陈独秀对李大钊非常钦佩,十分敬仰。他曾说:"李大钊生平的言行,诚如日月之经天,江河之行地,光明磊落,肝胆照人。"有人问陈独秀:"人们说'南陈北李',你比他如何?"陈独秀回答:"差之远矣,南陈徒有虚名,北李确如北斗。"无论陈独秀是否自谦,这些话表明他和李大钊的革命情宜确实是很深的。

就叫共产党

1920年5月,在共产国际的帮助下,陈独秀、李达、李汉俊等人在上海先组织了一个马克思主义研究会的秘密团体,为筹建党的组织做准备。但关于党的名称,是叫社会党还是叫共产党,陈独秀写信征求李大钊的意思,李大钊复信明确回答:"就叫共产党。"8日,以陈独秀为首的中国第一个共产主义小组在上海成立。经陈独秀联系,北京、武汉、湖南、山东、广东、日本东京、法国等地相继建立了共产主义小组。1921年6月,上海共产主义小组通知各地,共产主义小组选派两名代表于7月间到达上海,7月23日,中国共产党第一次全国代表大会在上海举行。以共产主义为目标的、统一的中国工人阶级政党——中国共产党正式成立。

离于众庶　则无英雄

李大钊作为一个伟大的爱国主义者和无产阶级革命家,从他投身革命事业起,就以挽救国家民族的危亡,为国家民族寻找出路为己任,"勇往奋进以赴之,殚精瘁力以成之,断头流血以从之",坚定不移地去实现这一理想。

李大钊生活的年代,中国已经沦陷为半殖民地,正面临着被进一步瓜分的危险。十岁那年,八国联军侵入他的家乡;在日本,他目睹了日本从中国掠去的物品,摆放于陈列馆中引为国荣;日本提出的"二十一条",表明了先生要宰割学生,灭亡中国。他深深地体验到国家坏到了极处,人类苦到了极处,社会黑暗到了极处,"空山已无歌哭之地,天涯不容漂泊之人"。这使李大钊产生了强烈的忧国忧民思想。他深深地思索着中国的出路,他从亲身体验和十月革命胜利中看到了,中国要独立和富强,前提条件就是要战胜帝国主义对中国的侵略、压迫、宰割和奴役。要做到这一点,别的学说都不行,只有选择马列主义,实行社会主义,消灭少数剥削者压迫大多数,解放劳苦大众,这是"只可迎,不可拒"的客观真理。

李大钊在为中国选择道路,是以能否导致人民的幸福解放而不是以个性的解放作为弃取标准的,是从"置重众庶"的观点出发的。"离于众庶,则无英雄",只有唤醒人民大众,把他们组织起来,才能推翻旧世界,建设崭新的国家。正是他最早认清了这一点,并勇往直前走在潮流的最前面,于是成为时代的巨人。

清贫教授

李大钊任北大图书馆主任、教授,月薪为一百二十银圆,按当时的情况,他完全可以过舒适的生活,但他治家俭约,生活清贫。

1920年10月,北京共产主义小组正式成立,但缺乏活动经费,李大钊当场宣布,从他每月一百二十元的薪金中,拿出八十元做小组的活动经费。曹靖华在北大俄文系当旁听生,因交不起学费不能再听下去了,李大钊听说后立即给北大会计科写了一张条子,请从他的薪金中给曹靖华解决学费问题。因为李大钊非常关心学生的疾苦,一些同学遇到问题和困难都愿意找他谈。这样,每月发薪的时候,会计科总是给他送来一大沓借条,扣除借款后就所剩无几了,以至于李夫人常为油盐柴米而焦心。蔡元培校长听说了不得不"干涉"这件事,他让会计科发薪水时,先把李大钊的薪水扣下一部分直接交给李夫人,解决吃饭问题。

李大钊牺牲后的几天里,中外记者纷纷到李大钊家中来访李夫人,到了家里一看,家中空无家具,只有几件破烂桌凳,李大钊"茹苦食淡,冬一絮衣,夏一布衫,不吸烟,不喝酒,没有任何嗜好,上下班来回走十多里,天天步行,从不坐洋车"。一些记者一边采访一边流泪,没想到这样中外著名的教授,却过着这样的清贫生活。

陈独秀评书法

"五四"运动以前,陈独秀在他的一个朋友家里,看见沈尹默(1883～1971,中国书法家,诗人,北平大学校长,中华人民共和国成立后任中央文史馆副馆长)写的字,批评说:"这个人的字,其俗在骨,是无可救药的了。"沈尹默听到这个批评后,就更加发愤写字。从"其俗在骨"看出陈独秀对于书法评说的标准,不在于用笔、用墨、布局等技术问题,而在于气韵的雅俗。如果气韵雅,虽然技术方有些问题,是可以救药的;如果气韵俗,即使在技术方面没问题,也不是好书法。

陈独秀评论书法,不注重书法的形态,而注重书法所表现的气韵,这不仅是他对于书法理论的根本思想,也是他对于一切文艺理论的根本思想,是他的美学思想。

同享一个命运

1920年冬,二十七岁的毛泽东与杨开慧结婚。杨开慧生于1901年11月6日,比毛泽东小八岁。杨开慧后来回忆说:"自从听到他许多事,看了他许多文章、日记,我就爱了他。"毛泽东也有许多信给他,表示爱意。还写过一首《虞美人》寄给杨开慧,上阕是:"堆来枕上愁何状,江海翻波浪。夜长天色总难明,无奈披衣坐起薄寒中。"大概只有在热恋中的深情男子,才会写出这样温柔缠绵的词句。

杨开慧还说:"我看见了他的心,他也完全看见了我的心。""不料我也有这样的幸运,得到了一个爱人。""从此我有一个新意识,我觉得我为母亲所生之外,就是为了他。假设有一天母亲不在了,他被人捉住了,我要去跟着他同享一个命运。"

这些话写于1929年6月20日。杨开慧牺牲前把它藏于长沙板仓住所的墙缝里,直到1983年才被发现。

要创立大家信守的主义

1920年11月25日,毛泽东分别给罗章龙、向警予、李思安等人写信。信中说:"湖南政治界暮气已深,腐败已甚,政治改良一途可谓绝无希望。吾人惟有不理一切,另辟通路,另造环境一法。""中国坏空气太深太厚,吾们诚哉要造成一种有势力的新空气,才可以将他换过来。我想这种空气,固然要有一般刻苦励志的人,尤其要有一种为大家共同信守的'主义'。'主义'譬如一面旗子,旗子立起来,大家才有所指望,才知所趋赴。"

知有学问从此始

钱穆爱读史文,读小说,已使他在平辈之中脱颖而出。国文老师顾子重,听说学生中有一位姓钱的幼年生,善读水浒,便找他来,随口问了水浒中几件事,钱穆都能对答,顾师对他说:"你读水浒只看大字,不看小字,因此所知仅此而已。"钱穆当下心惊不已,读书之隐私居然被老师一语道破,于是回去重读,从头到尾一字不敢遗漏,才知道小字皆金圣叹批语,逐字细读乃至反复六七遍。此后再读其他小说,都觉得没有水浒好,自幼喜读小说的积习,从此霍然而去,遂改看翻译本小说,关心西洋文字。钱穆曾自言:"余之正式知有学问,自顾此一语始。"其实那时他不过才是个几岁的孩子而已。

小学教师责任大于总统

1921年2月24日,蔡元培在湖南作《对于师范生的希望》的讲演。他说:"小学教员在社会上的位置最重要,其责任比大总统还大些。你们在学校中如有很好的预备,就能担负这责任,有益于社会真不浅啊!"他又说,小学教师的各种科学都完善,才能得良好的小学教育。所以师范生须兼长并进,不能选此舍彼。

立志真实

青年时代的毛泽东,十分重视个人的思想修养,就这个问题,他在给朋友彭璜的信中自我剖析说:"天下惟至柔者至刚,久知此理,而自己没有这等本领,故明知故犯,不惜反其道而行之,思之悚栗! 略可自慰者,立志真实,自己说的话自己负责,自己做的事自己负责,不愿牺牲真我,不愿自己以自己做傀儡。待朋友:做事以事论,私交以私交论,做事论理论法,私交论情。"

歧 路

周作人
1921年4月

荒野上许多足迹,
指示着前人走过的道路,
有向东的,有向西的,
也有一直向南去的。

这许多道路究竟到一同的去处么?
我相信是这样的。
而我不能决定向那一条路去,
只是睁了眼望着,站在歧路的中间。
我爱耶稣,
但我也爱摩西。
耶稣说:"有人打你的右脸,连左脸也转过来由他打!"
摩西说:"以眼还眼,以牙还牙!"
吾师乎,吾师乎!
你们的言语怎样的确实啊!
我如果有力量,我必然跟耶稣背十字架去了。
我如果有较小的力量,我也跟摩西做士师去了。
但是懦弱的人,
你能做什么事呢?

华侨旗帜　民族光辉

　　陈嘉庚是一位卓越的华侨实业家,也是一位伟大的爱国者。陈嘉庚生于清代,长于乱世,深知教育事业的兴衰关系到国家民族的兴亡。他认为:"吾国今处于列强肘腋之下,成败存亡,当务之急在于发展实业,而教育不振则实业不兴,故而必须大力发展教育。"本着这种想法,1894年当他第一次回国省亲时,就自己出资开办了"惕斋学塾"。以后数十年间,他捐资不辍,兴学不已,先后在家乡和南洋等地办学多所,其中颇具名望的当数1913年创办的"集美学校"和1921年创办的"厦门大学"。他独立担负厦门大学的全部经费长达十六年之久。尤为可敬的是,当他的橡胶王国已如江河日下,面临倒闭的极端困境时,有人提出停办厦大,他坚定地说:"我宁可吃稀粥度日,而厦大和集美学校不能关门,一经停办,则恢复难望。"有人统计过,陈嘉庚兴办教育所用的钱,以现在的币值计算,至少在一亿美元以上。尤其在他处于绝境中,宁可使自己的企业破产,也不愿作洋人的附庸,表现出崇高的民族气节和伟大的人格。毛泽东曾赠其八个字:"华侨旗织,民族光辉。"实乃当之无愧。

刘仁静的感慨

　　刘仁静在回忆1921年自己参加党的一大时,感慨地说:"当时我只有十九岁,是与会代表年龄最小的一个。在会上我就无产阶级专政问题大发议论,主张中国革命一定要实行无产阶级专政。实际上我对这个问题的认识是很肤浅的。会议的最后议程决定建立党的中央局,我被选为中央局候补委员。大会结束后,我被留在上海等待新成立的中央分配任务。当我与回到各地去的代表握于告别时,毛泽东语重心长地对我说:'你以后要多做实际工作。'这是针对我在会上夸夸其谈不结合实际而说的。历史证明,当年我高谈阀论,又没听进毛泽东的忠告,结果被革命所抛弃。"

自强必先自信

邵力子著文说:"自强不息,是个人成功的秘诀,也是社会进化的总纲。然而自强必先自信。所谓自信者,即抱定一宗旨,百折不回,不以成功而喜,不以失败而悲,不以众誉而骄,不以共毁而沮。"

赵元任的婚礼

赵元任与杨步伟,都是民国时期新派人物,主张改革陋俗。俩人自由恋爱,决定在1922年6月1日这一天正式结婚。他俩认为,结婚就结婚,要简单,不要任何仪式,不收诗书以外的其他礼物。

结婚那一天,新郎、新娘请胡适、朱征吃晚饭。胡适在康乃尔大学和赵元任是同学,朱征是新娘的同学。朱、胡二人都不知道他们要结婚,吃完晚饭后,赵元任对朱、胡二人说:"今天我们有事要麻烦你们二位,请你们俩在我们结婚证书上做证人签字。"签字后,胡适拿出一部自己圈点过的《水浒传》作为贺礼。

后来,赵元任夫妇庆祝五十年金婚时,杨步伟写诗一首,送给赵元任。诗云:

> 吵吵争争五十年,
> 人人反说好姻缘;
> 元任欠我今生业,
> 颠倒阴阳在团圆;

赵元任读罢,即兴回赠一首:

> 阴阳颠倒又团圆,
> 犹似当年蜜蜜甜;
> 男女平等新世纪,
> 同偕造福为人间。

周恩来的诗《生离死别》

1922年3月,周恩来写信给国内觉悟社成员李锡锦、郑季清,对黄(黄爱)、庞(庞人铨)被湖军阀杀害,极为愤慨,说:"黄爱的事,真是壮烈而又悲惨,这不仅在中国为创见,便在世界劳动运动中也是仅见。"信中表达了他成为共产党人后的坚定革命信念:"我认为的主义一定是不变了,而且很坚决地要为他宣传奔走。"信中还附了一首诗《生离死别》:

> 壮烈的死,苟且的生。
> 贪生怕死,何如重死轻生。
> 没有耕耘,哪来收获?

没播革命的种子,却盼共产开花!
梦想赤色的旗子飞扬,
却不用血来染他,
天下哪有这类便宜事?

政治婚姻

宋美龄在与蒋介石谈论婚事时,曾提出三个条件,作为双方共守的标准:
一是蒋介石必须信奉上帝,要洗礼成为基督教徒。因宋美龄是虔诚的教徒,两人必须有共同的宗教信仰。
二是宋美龄不生孩子,以保持身材,一心为"革命事业"奋斗。
三是宋美龄不担任政府公职,只愿以蒋介石私人秘书的身份,对外从事政治活动。
蒋介石表示完全同意。

张作霖创办东北大学

1922年春,张作霖命奉天省长王永红筹办东北大学,校址暂设在沈阳高师旧址内,校长由王永红兼任。原沈阳高等师范学校改办为东北大学理工科,原文学专门学校改办为东北大学文学科。经费由奉、黑两省分担。文学科设中国文学系、英文学系、俄文学系、法律学系、政治学系;理工科设数学系、物理系、化学系、土木工学系、机械学系。学生480人。该校经费充裕,教职人员待遇优厚,超过国内各公立私立大学。

你们不同共产党合作 我就解散国民党

孙中山诚挚地希望中共党员加入国民党,帮助他一起完成通过改组国民党来振兴中国革命的任务。围绕这个问题在国民党内引起了非常激烈的争论,国民党右翼势力的代表邓泽如、林直勉等十一人向孙中山联名提出反对书面报告,制造障碍,反对国共合作。孙中山当即斥责他们说:"你们不同共产党合作,我就解散国民党,加入共产党。"那些顽固分子还是不肯放弃自己的主张,孙中山毫不迟疑地对他们说:"那么好,开除你们的党籍!"

毛泽东率领工人罢工请愿

长沙泥木工人,在中国劳动组合书记部湖南分部主任毛泽东领导下,成立了长沙泥木工会。毛泽东提出"改进工人生活,拥护工人权利"为泥木工会的宗旨。10月6日,泥木工会提出增加工资及营业自由等项要求,并发表罢工宣言,宣布全部罢工。粤汉铁路,安源路矿及长沙的织造、印刷等各业工人,纷纷予以声援。23日,四千多泥木工人举行示威游行,到长沙省署、县署请愿,迫使湖南省长、军阀赵恒惕接受谈判。24日,毛泽东被推为工人方面的谈判代表,迫使军阀政府答应增加工资,同意营业自由。25日,罢工结束。泥木和其他行业工人一万五千人集合庆祝胜利。

李立三给工人讲课

李立三被派往安源开展工人运动,他创办了工人夜校,教工人识字,宣传革命道理。一次他给工人讲"天""地"两字,说:"大家看'工'字上面一横是天,下面一横是地,中间一竖就是我们工人,工人顶天立地。再看'工'字与'人'字结合,不就是个'天'字吗?一人两手擎青天,我看,工人将来是要坐天下的!别说翻个身,就是上天揽月,下海擒龙,我们也做得到。问题是大家要团结,要齐心。至于说到生意,哪家店的东西不是工人做的?哪个铺里的货不是农民产的……"

在讲"一人两只手,两手十个指"时,说:"我们做工的,种田的,两只手一年到头忙不赢,累死累活做不停,种出谷来,挖出煤炭,我们反倒没吃没穿。财主,资本家也是两只手,可是从来不劳动,吃的是山珍海味,住的是高楼大厦。同样两只手,为什么有的白,有的黑?有的忙穷,有的闲富?"李立三用这种朴实易懂的讲解方式,使工人心里逐渐亮堂起来,觉悟不知不觉地提高了。

宋庆龄随"乐士文"号试飞

1923年7月中旬,宋庆龄以非凡的勇气登上"乐士文"号飞机试飞,飞机起飞,在机场上空盘旋一周后,安然返回地面。

"乐士文"号军用飞机由广州飞机工厂费时三个月试制成功,是广东省制造的第一架飞机。该机为双翼双座侦察教练机,木质结构,装有一台九十马力的活塞发动机,最大时速为一百二十公里。7月,孙中山偕宋庆龄莅临参加该机命名典礼,宋庆龄随机试飞。试飞员是广东空军"中山飞行队"队长黄光锐。孙中山根据宋庆龄英文学名Rosamonde的译音,将该机命名为"乐士文"号。

纸　船

冰　心

1923年8月

我从不肯妄弃了一张纸,
总是留着——留着,
叠成一只一只很小的船儿,
从舟上抛下大海里。

有的被天风吹卷到舟中的窗里,
有的被海浪打湿,沾在船头上。

我仍是不灰心的每天的叠着,
总希望有一只能流到我要他到的地方去。

母亲,倘若你梦中看见一只很小的白船儿,
不要惊讶他无端入梦.
这是你至爱的女儿含着泪叠的,
万水千山,
求他载着她的爱和悲哀归去。

鲁迅出版小说集《呐喊》

1923年8月,新潮出版社推出了鲁迅的小说集《呐喊》。在这本小说集中,人们仿佛看到一个骑着战马,手持盾牌与长矛的武士从天际一路劈杀过来,一边用嘶哑的声音呐喊着,孤独地狂奔。这部集子收入了鲁迅的十四篇小说。他在小说集的序言中这样诉说他的孤独:

我感到未尝经验的无聊。我想,凡有一人的主张,得了赞和,是促其前进的,得了反对,是促其奋斗的,独有叫喊于生人中,而生人并无反应,既非赞同,也无反对,如置身毫无边际的荒原,无可措手的了,这是怎样的悲哀呵,我于是以我所感到者为寂寞。

只是我自己的寂寞是不可不驱除的,因为这与我太痛苦了。我于是用了种种法,来麻醉自己的灵魂,使我沉入于国民中,使我回到古代去,后来也亲历或旁观过几样更寂寞、更悲哀的事,都为我所不愿追怀,甘心使他们和我的脑一同消灭在泥土里的,但我的麻醉法却也似乎奏了功,再没有青年时候慷慨激昂的意思了。

但这麻醉并没有泯灭疯狂,他终于还是要喊叫了。他说,在我自己,本以为现在是已经并非一个切迫而不能已于言的人了,但或者也还未能忘怀于当日自己的寂寞的悲哀罢,所以有时候仍不免呐喊几声,聊以慰藉那在寂寞里奔驰的猛士,使他不惮于前驱。

俗人才是文学家

1923年11月17日,《中国青年》发表署名秋士的文章《告研究文学的青年》文章中说:"你真有意做文学家么?朋友,那你不应仅知道怎样才算一个文学家,应该去实行你所知道的。你应该像托尔斯泰一样,到民间去,应该学佛一样,身入地狱,应该到一切人到了的地方去,应去吃一切人吃了的苦,应该受一切人受了的辱!文学不是清高的事业,不是'雅人韵事','雅人'是平民的仇敌,'雅人'是真文学家的仇敌,真'俗人'才是真文学家!

"你真热心于社会问题解决的事业么?朋友,快快抛去你锦绣之笔,离开你的诗人之宫,诚心去寻实际运动的路径,脚踏实地一步一步走下去!"

国民党需要新血液

孙中山提出"联俄、容共、扶助农工"的三大政策,提出共产党可以加入国民党。宋庆龄问:"为什么需要共产党加入国民党呢?"孙中山明确地说:"国民党正在堕落中死亡,因此要救活它,就需要新血液。"在孙中山看来,共产党人就是使国民党起死回生以推进国民革命的新血液。所以他视国共合作如生命,用一切办法来维护国共之间的团结,捍卫两党的革命联盟。

黄埔军校训词

1924年6月16日,黄埔军校举行隆重开学典礼,孙中山为军校制订了训词,训词曰:

三民主义,吾党所宗。
以建民国,以进大同。
咨尔多士,为民前锋。
夙夜匪懈,主义是从。
矢勤矢勇,必信必忠。
一心一德,贯彻始终。

黄埔军校校歌

莘莘学生,亲爱精诚,三民主义,是我革命先声。
革命英雄,国民先锋,国民先锋,再接再厉,继续先烈成功。
同学同道,乐遵教导,终始生死,毋忘今日本校。
以血洒花,以校作家,卧薪尝胆,努力建设中华。
怒潮澎湃,党旗飞舞,这是革命的黄埔! 主义须贯彻,纪律莫放松,预备做奋斗的先锋! 打条血路,引导被压迫民众。携着手,向前行;路不远,莫在惊。亲爱精诚,继续永守,发扬本校精神,发扬本校精神。

鲁迅的悲悯之心

1924年3月,《东方杂志》发表鲁迅的短篇小说《祝福》,再次表现出这位文学家思想家的悲悯之心情。这篇小说描写不愿再嫁的新寡妇祥林嫂,逃到鲁镇鲁四老爷家帮佣。不久又被婆家劫回,卖到深山被迫再嫁。刚有一个孩子,丈夫却死于伤寒,孩子又被狼叼走,只得重回鲁家帮佣。因再嫁又寡被视为伤风败俗的不祥之物,祝福时一切祭器、供品都不许她沾手。在极度的精神恐惧中,为赎罪,倾其所有到土地庙捐了一条门槛做"替身"不料冬至祭祀时,主人仍大声呵斥,不许她沾手。从此,她失魂落魄,惴惴然如"白天出穴游行的小鼠"一样。最后,她被鲁家逐出,沦为乞丐,在"祝福"的爆竹声中惨死在雪地里。

梁启超挥泪写诗祭夫人

梁启超出生于一个世代务农的农民家庭。他八岁应童子试,即有神童之称,十一岁考中秀才,十七岁参加乡试,榜列第八名举人。主持会试的主考官李端棻慕其才华,当即把堂妹李惠仙许配给梁启超。李惠仙是京兆公李朝仪的女儿,真可谓大家闺秀,却甘愿下嫁一个穷书生为妻。从此跟随丈夫走南闯北,远渡日本,与他患难风雨,漂泊同舟。

1924年9月,爱妻李惠仙去世,梁启超悲痛欲绝,涕泪纵横,步行好几里护柩回灵,挥泪写下《祭家夫人文》,为后人留下一首真情实感的爱妻诗:"我德有阙,君实匡之;我生多难,君将扶之;我有疑事,君榷君商;我有赏心,君写君藏;我有幽忧,君噢使康;我劳于外,君煦使忘;我唱君和,我揄君扬;今我失君,只影彷徨。"

以诗讥讽朝政

一次,于右任游马嵬坡杨贵妃墓时,突发国家民族兴亡之慨,写了一首诗:

误国谁哀窈窕身,
唐惩祸首岂无因?
女权滥用千秋戒,
香粉不应再误人。

以此来鞭挞慈禧太后。

哈佛大学考古团盗窃敦煌文物

1924年12月,美国哈佛大学博物馆系教师华尔纳等人以"哈佛大学考古调查团"的名义,到中国进行"考古"调查。他们到了甘肃敦煌的千佛洞,在第323号石窟里,用他们新研究出来的方法,用化学胶水和布匹粘去了著名的唐代壁画三十六方,其中包括"汉武帝遣博望侯张骞出使西域迎金佛"等珍贵的历史故事画。被盗后的壁画,留下了一大块一大块的空白,致使第323号石窟里的完整的壁画艺术被全部破坏。第328号石窟一座唐朝的彩塑菩萨,其面部丰满,神态肃穆,也被华尔纳盗去。在抵达敦煌以前,他与学生等在甘肃泾州下王母庙石窟进行偷盗,盗走了七个菩萨立像及一段异常精美的唐代菩萨躯体;在潜往居延黑海城子时,又盗走了一只彩色塑像和几方壁画。

孙中山的三份遗书

一是《致苏联遗书》。其内容是:"亲爱的同志,当此与你们诀别之际,我愿表示我热烈的希望,希望不久即将破晓,斯时苏联以良友及盟国而欢迎强盛独立之中国,两国在争取世界被压迫民族自由之大战中,携手并进以取得胜利。"

二是国事遗嘱。遗嘱中说:"余致力国民革命,凡四十年,其目的在求中国之自由平等。积四十年之经验,深知欲达到此目的,必须唤起民众,及联合世界上以平等待我之民族,共同奋斗。"

三是家事遗嘱。孙中山说:"余因尽瘁国事,不治家产,其所遗之书籍、衣物、住宅等,一切均付余妻宋庆龄,以为纪念。余之儿女已长成,能自立,望各自爱,以继吾志,此嘱!"

挽联、横幅评价孙中山

孙中山逝世后,收到五万九千多幅吊唁挽联和五万余件吊唁横联,其中有曰:

"四十余年,殚心瘁力,誓以青天白河,一色红旗,唤起自由独立之精神,诚为人间留正气。"

"只手创共和,勋劳不让华盛顿;主义标民生,学理精通马克思。"

"推翻专制历史,独为革命导师,伟烈丰功,真驾秦皇明祖而上;挟持弱小民族,抵抗帝国主义,平等博爱,当在列宁、林肯之间。"

"横览太平洋,宪法五权,补华盛顿所不足;纵谈新社会,民生主义,较马克思为尤精。"

"树弱小民族解放先声,列宁而还,公真继者;与帝国主义奋斗救世,斯人已往,谁其嗣之。"

"继往开来,道统直承孔子;吊民伐罪,功业并美列宁。"

陈赓救蒋介石一命

1925年10月中旬,东征军在向华阳进军途中,第三师遇到优势敌军的猛烈抵抗。东征军总指挥蒋介石亲临前线督战,该师虽奋力苦战,但无法挡住敌军的冲击,全线崩溃。蒋介石心力交瘁,万念俱灰,几欲杀身成仁,被时任连长的陈赓竭力劝止。此时追兵逼近,蒋介石因受伤而不能走动。陈赓背起蒋介石后撤。最后来到一条河边。陈赓命令部下占领滩头阵地,掩护蒋介石坐船渡过河去,脱离危险。

民国以来最黑暗的一天

1926年3月19日,鲁迅在《语丝》上发表《无花的蔷薇》,称3月18日为"民国以来最黑暗的一天"。他说:

中华民国十五年三月十八日,段祺瑞政府使卫兵用步枪、大刀在国务院门前包围虐杀徒手请愿,意在援助外交之青年男女,至数百人之多。还要下令,诬之曰"暴徒"!

如此残虐险狠的行为,不但在禽兽中所未曾见,便是在人类中也极少有的,除却俄皇尼古拉二世使哥萨克兵击杀民众的事,仅有一点相像。

中国只任虎狼侵食,谁也不管。管的只有几个年轻的学生,他们本该安心读书的,而时局飘摇得他们安心不下。假如当局者稍有良心,应如何反躬自责,激发一点天良?

然而竟将他们虐杀了!

假如这样的青年一杀就完,要知道虐杀者也绝不是胜利者。

中国要和爱国者的灭亡一同灭亡。

如果中国还不至于灭亡,则以往的史实示教过我们,将来的事便要大出于屠杀者的意料之外——这不是一件事的结束,是一件事的开头。

墨写的谎说,决掩不住血写的事实。

血债必须用同物偿还。拖欠得愈久,就要付出更大的利息!

不用鲁迅著作代替爱人

一次,鲁迅去中山大学演讲,在鲁迅演讲结束时,有一位听众发言说:"我得到了鲁迅先生的作品,如同得到了爱人。"鲁迅随即打断他说:"爱人是爱人,鲁迅的著作是鲁迅的著作。有了爱人是不能革命了,若以鲁迅的著作来代表爱人,恐怕不太好。有了爱人的人,只管看鲁迅的著作,这是不要紧的,看了以后,再去恋爱也可以,否则,用鲁迅著作代替爱人,那恐怕于现代青年有害。"鲁迅幽默的回应,在现场引发了一阵笑声。

雪中送炭

民国14年,齐白石参加一次应酬宴会,座中皆冠裳显贵,只有齐白石穿得像个乡下土老儿一般,周围座客都很藐视他,使他十分窘迫。一会儿,梅兰芳来了,他看见齐白石也在座中,连忙过来打招呼,高呼齐先生,对齐白石执礼甚恭,满座为之惊讶。为了感谢梅兰芳替他争回面子,他事后特地画了一幅"雪中送炭"送给梅兰芳,并在画上题诗一首:

曾见先朝享太平,
布衣蔬食动公卿;
而今沦落长安市,
幸有梅郎识姓名。

齐白石刻印章

自称"三百石印富翁"的齐白石,刻印的造诣极高。他取法汉代凿印,布局奇肆,刀法劲健,而且刻前不打样,刻时也不回刀,功夫极深,堪称绝技。不过,他在初学时却总是刻不好,曾向他的一位叫钱安的老师说:"我该怎么办呢?"钱安笑着说:"南泉坪有的是楚石,你挑一担回去,随到随磨,等它们都成了石浆,就刻好了。"齐白石立刻省悟道:"天下无难事,只怕有心人。"从此发愤苦学,终于成为一代名家。

高价买赝品

齐白石成名后,伪造他的赝品不断出现。有一天梅兰芳称赞他的朋友花二百两银子买的《春耕图》,真是出群拔萃笔笔神通。齐白石奇怪,借来一看,方知是伪造的。他说:"不能让好人受到损失,我把这伪品买下,还给他一幅真迹吧。"二十分钟之后,一幅新的《春耕图》画好了,盖上一个印章,他登报声明,以后之画,必有此钤为证。

我们的中国

郑振铎

1925年7月

我们的中国,
我们的中国!
是你在召唤我们么?
是的,我们来,
我们将放下一切而来!

我们的中国,
我们的中国!
是谁将你的光荣蔑辱?
我们的刀为你而拔,
我们的生命将为你而舍弃。
我们的中国,
我们的中国!
那张忧郁悲闷的脸是你的么?
不,不,你将不再颓唐自放!
我们将为你除去了一切忧闷之原。

李大钊从容就义

1927年4月6日,李大钊被捕,轮逼审讯,严刑拷打,无济于事,张作霖就派李大钊的同乡来劝降,用高官厚禄收买。李大钊驳斥道:"大丈夫于世间,宁可粗布以御寒,晚食以当肉,安步以当车,就是断头流血,也要保持民族气节,绝不能向卖国军阀讨残羹剩饭,做无耻的帮凶。"

李大钊被捕,在社会上引起极大的震动和广泛的同情。北京二十五所大学校长,联名发表声明,要求将此案移交法庭处理。学生、群众、社会名流,都设方营救。北方的铁路工人组织了劫狱行动。李大钊得知后,坚决不同意这样做。他说:"我个人为革命而牺牲,是应当的,我不能再要同志们来做冒险,不要使革命力量再遭损失。"李大钊被捕期间,写了《狱中自述》,他为了挽救一同被捕的青年同志们,他把一切责任都承担在自己身上,要求当局,"对于爱国青年,宽大处理,不事株连"。反动军阀不顾社会舆论的强烈反对,对李大钊处以绞刑,他神色不变,从容就义,时年三十八岁。

宋庆龄声明脱离武汉政府

1927年7月14日,国民党左派代表宋庆龄发表《为抗议违反孙中山的革命原则和政策声明》,强烈抗议武汉国民党中央违反孙中山的革命原则和革命政策,推行反革命的"新政策",严正宣布:"本党若干执行委员对孙中山的原则和政策所作解释,在我看来,是违背了孙中山的意思和理想的。因此,对于本党新政策的执行,我将不再参加。"

宋庆龄在声明中指出:"三大政策是实行三民主义的唯一方法","如果党内领袖不能贯彻他的政策,他们便不再是孙中山的真实信徒,党也就不再是革命的党,而不过是这个或那个军阀的工具而已"。

蒋介石下野　待机而动

1927年,国民党的宁、汉、沪各派之间,为争夺谁来继承国民党的"正统",进行了激烈的斗争。汪精卫抨击蒋介石是破坏党权的罪魁祸首,挟持军队,实行个人独裁,使国人知有蒋中正,不知有党。唐生智通电讨蒋,历数蒋介石"以军治党,以党窃政,跋扈专横"。蒋介石亲赴前线指挥北伐军反攻徐州失利,他将责任诿过于第十军军长王天培,将王天培逮捕秘密处死,引起舆论大哗,个人威信骤降。这时,武汉又以"倒蒋"为必要条件,这使蒋十分尴尬。蒋在多种不利因素的制约下,无奈地表示,一定要我下野,那我下野就是了。蒋介石在日记中写道:"当时,时局纷扰,内部复杂,南北皆同;只有静镇谨守,持之以定,则待机而动。"于是宣布辞去国民革命总司令等本兼各职,即回奉化老家去了。

林巧稚为医终身不嫁

1927年7月,林巧稚以优异的成绩从厦门女子师范学校毕业,父亲林良英问女儿毕业后打算做什么,林巧稚说想考协和医学院。

继母听了,在一旁大声嚷起来:"啊,八年,每年总要四五百个大头(银圆)吧。上大学干什么?女孩儿家,嫁个好人家才真的,你现在已经是二十出头的人了,再上八年学,还嫁给谁呀?"

林巧稚倔强地回答:"那我就不嫁,一辈子也不嫁!"傍晚,父亲林良英敲了敲女儿的门,走了进来。林巧稚忧伤地说:"为什么女人就一定得嫁人?为什么女人就不能有自己的抱负,自己的事业?阿爸,我晓得家里困难,可是我还是想上大学!我不想依赖男人,更不想成为男人身边的一个摆设!"

后来,林良英反复地劝说妻子,让林巧稚去读协和医学院。1927年8月,林巧稚顺利考取了协和医学院,获医学博士学位,又先后赴英国、奥地利和美国进修考察,1940年成为北京协和医院第一位中国主任。她终身未嫁,为医学事业奉献了一生。主要著作有《妇科肿瘤病学》《妇科学进展》《家庭卫生顾问》,主编《家庭育儿百科全书》。

愿意继续革命的跟我走

1927年10月,朱德率领的部队到达江西安远县天心圩。由于大革命失败,当时部队思想非常混乱,大量官兵私自离队。朱德对部队进行了耐心的说服教育工作。在全体军人大会上,他把大革命的失败比作1905年的俄国革命,认为黑暗是暂时的,中国革命也会有个1917年的。朱德说:"我们只要留得一点人,这些人就是骨干,在将来的革命中,就能起很大的作用。"他说:"愿意继续革命的跟我走,不愿意革命的可以回家,不勉强,我是不走的!"陈毅也激励大家要经得起失败的考验,要做失败时的英雄,"只有经过失败考验的英雄,才是真正的英雄"。

中西婚俗

王宠惠在伦敦时,有一次去参加英国外交界的晚宴,席间有位贵妇人问他:"听说中国男女的婚姻是凭媒人说合,没经过谈恋爱就做了夫妻,那怎么过呀!我们英国的夫妻,都是经过恋爱后才结婚的。"

王宠惠听后淡淡地回答说:"这好比两壶水,我们的一壶冷水,放在炉子上就渐渐热起来,而最后沸腾了。所以中国家庭间夫妻的感情,起始是很冷淡的,渐渐处得久了,慢慢就好起来,因此很少有离婚的事情。至于你们呢? 就好比一壶沸腾的水,谈恋爱时很热,结婚后渐渐就冷了下来。据说英国的离婚案件特别多,莫非就是这个原因吧!"

宋庆龄成立国民党临时行动委员会

1927年蒋介石发动上海"四一二"政变,屠杀和拘捕大批的工人和共产党人。11月1日,宋庆龄、邓演达等在莫斯科成立国民党临时行动委员会,发表《对中国及世界革命民众宣言》。宣言说,中国现在已进入到一个新的局势,南北新旧军阀、地方土豪、绅士、买办对工农群众加紧杀戮和剥削,形成新的黑暗时代。革命的民众,由希望解放的空想而进入于实行斗争,由依靠"好政府"盼望真命天子的残梦惊醒,在血泊中进行新的解放自己的工作。宣言说,民众之痛苦,根本原因,在帝国主义与封建军阀、地主豪绅及大部分与他们联合的资本家的共同勾结所构成的中国政治经济势力的统治。宣言宣告,本会之责任,在宣告南京政府的伪党部中央之罪过,以革命手段中止其受第二次大会委托之职权,并临时行使革命指导之机能。本会职权,到全国各省市代表大会成立日起,即行取消,以明责任。

文人的操守

1927年,钱基博先生(钱钟书的父亲)任南京东南大学国文系主任,梅光迪任文学院院长。一天,梅光迪领来一位男子来见钱先生,介绍说:"这是支伟成先生,蒋委员长介绍给张校长,要求进东南大学当教员。"一看,这位支先生是有来头的,是当时中国最高统帅介绍给校长的,又是文学院院长亲自领来的。无疑是必进不可了。不料钱先生说:"蒋委员长给校长的信,我不敢看!不过我觉得蒋委员长可以委任一军长、一部长,而没有资格任一大学教员,因为不在他职位之内;并且大学教员需要哪一种人和哪一种知识,做委员长的并不了解。"

支先生感到很窘,怫然而怒,追问道:"国文系能否聘我为教授?"钱先生说:"正在拟订聘用条例,如果先生符合条件,即使没有蒋委员长的信也会聘用,如果不符合条件,有委员长的信也难以从命。"支先生一听大怒而去。后来,钱基博先生终因人事上的权利掣肘,留下一信,不当这国文系主任,提着皮箱走人了。

《偶感》

秋收起义后,毛泽东带领队伍上了井冈山,他用暗语给妻子杨开慧写了一封信,说他们出门后,开始生意不好,亏了本,现在生意好了,兴旺起来了。这封信经过许多周折,直到1928年初,才辗转到了杨开慧手中。

杨开慧留在长沙板仓,开展地下革命工作,在这腥风血雨的日子里,工作既险恶又艰苦。他与毛泽东关山远隔,音讯不通,杨开慧担心最多的是毛泽东的安全问题。她写了《偶感》一首词,表达她对远方的毛泽东的关心和思念:

> 天阴起朔风,浓寒入肌骨。
> 念兹远行人,平波突起伏。
> 足疾已否痊,寒衣是否备?
> 孤眠谁爱护,是否亦凄苦?
> 书信不可通,欲问无人语。
> 恨无双飞翮,飞去见兹人。
> 兹人不得见,惆怅无已时。

刑场上的婚礼

1928年2月6日,中共党员周文雍和未婚妻陈铁军一起被国民党杀于广州黄花岗,周文雍1927年12月11日,参加组织和领导广州武装起义,任中共广州市委工委书记兼赤卫队总指挥。起义失败,于上月被捕。今日,与未婚妻、共产党员陈铁军一起被害。刑前,周文雍留下绝笔诗:

> 头可断,肢可折,

革命精神不可灭。
志士头颅为党落，
好汉身躯为群裂。

咏毕，周文雍、陈铁军在刑场上举行了婚礼，然后从容就义。

毛泽东降职任师长

1928年3月上旬，中共湘南特委派代表周鲁到井冈山革命根据地，传达中共中央撤销毛泽东临时中央政治局候补委员的决定，并指责边界"行动太右、烧杀太少"，将毛泽东任书记的中央前敌委员会改组为不能过问地方工作的师委，由何挺颖任书记，改任毛泽东为师长，同时强令工农革命军开往湘南。

结拜盟兄弟

1928年2月17日，冯玉祥陪蒋介石到郑州检阅部队。蒋、冯换贴结拜为盟兄弟，冯给蒋的手书为："结盟真意，是为主义，碎尸万段，在所不计。"蒋给冯的手书是："安危共仗，甘苦同尝，海枯石烂，死生不渝。"

蒋介石下令不准抵抗日本

1928年5月9日，蒋介石就济南惨案发出"避免冲突"通令，命令全体军人务须仰体中央意志，忍耐处置，所有民众集会及游行，应绝对禁止参加。如有故意玩视禁令者，一经查实，是以军法从事。同时，派全权代表何成濬赴济南与日军交涉。日方蛮横地提出，必须在日军面前，将曾抵抗日军的方振武、贺耀祖、陈调元三个军团全体解除武装，并将肇事军官处以严刑。何成濬认为日方条件太苛刻，谈判终未取得任何结果。10日晚，蒋介石电令守城士兵"暂行让步"，退出济南，不留一兵一卒。

张学良宣布东三省易帜

1928年12月末，张学良宣布东北三省和热河归顺南京国民政府。29日，张学良、张作相、万福麟、翟文选等联名通电全国，宣布东三省自即日起"遵守三民主义，服从国民政府，改旗易帜"。统治热河的奉系军阀汤玉麟列名张学良的"易帜"通电，并正式宣布从同日起，热河省各机关团体、企事业居民一律悬挂青天白日旗，归属南京国民政府。

30日，南京国民政府根据张学良的推荐，任命汤玉麟为热河省政府主席。31日，南京国民政府任命张学良为东北边防军司令长官。

游击战十六字诀

1928年5月,毛泽东总结井冈山工农革命军和游击队的作战经验,将游击战争的基本原则概括为:"敌进我退,敌驻我扰,敌疲我打,敌退我追。"即著名的"十六字诀"。

井冈山武装斗争的经验

1928年11月25日,中共红军第四军前委书记毛泽东给中共中央写了报告,总结1927年下半年和1928年井冈山根据地和其他地区的武装斗争经验。

毛泽东指出红军和红色政权发生、存在和发展的原因和条件是:

第一,地方性的农业经济和帝国主义划分势力范围的分裂剥削政策,造成了"白色政权间的长期的分裂和战争,使一小块或若干小块的共产党领导的红色区域,能够在四周围白色政权包围的中间发展和坚持下来"。

第二,经过第一次大革命影响和锻炼的工农兵士,为建立革命军队和红色政权准备了良好的群众条件。

第三,"中国革命形势是跟着国内买办豪绅阶级和国际资产阶级的继续的分裂和战争,而继续地向前发展的",这样,"不但小块红色区域的长期存在没有疑义,而且这些红色区域将继续发展,日渐接近于全国政权的取得"。

第四,有相当力量的红军存在,是红色政权存在的必要条件。

第五,共产党组织的有力量和它的政策的正确,是红色政权长期存在和发展的最重要的条件。

毛泽东强调武装斗争对于坚持长期割据局面的极端重要的意义,指出:"工农武装割据的思想,是共产党和割据地方的工农群众必须充分具备的一个重要的思想。"

三民主义歌

1929年1月10日,国民党中常会,通过新党歌《三民主义歌》。歌词为:

三民主义,

吾党所宗,

以建民国,

以进大同,

咨尔多士,

为民前锋,

夙夜匪懈,

主义是从,

矢勤矢勇,

必信必忠,

> 一心一德,
> 贯彻始终。

恢复毛泽东前委职务

1929年6月,中共红四军第七次代表大会发生争论,毛泽东受到攻击。会议进行选举时,毛泽东落选,陈毅当选为前委书记。会后毛泽东离开红四军主要领导岗位,到闽西养病。10月下旬,去上海向中共中央报告工作的陈毅返回红四军,带来周恩来主持起草的中共中央9月28日给红四军前委的指示信。信中特别强调,要维护朱德、毛泽东的领导,明确指示,毛泽东仍为前委书记。11月中旬,陈毅去请毛泽东,11月26日,毛泽东由陈毅陪同,由闽西回到长汀,主持红四军前委工作。

黄侃交友

1929年冬,黄侃的老同学居正因参加反蒋活动被捕入狱,软禁于南京汤山。因担心受牵累,许多朋友都借故躲开了。只有黄侃经常去探望他。后来居正获释,当上了司法部长,黄侃反而避而不见,倒是居正经常到黄家串门。一天,居正不解地问:"你怎么不来我家了。"黄侃说:"朋友落难应该帮助,朋友得势,何必相求。"

《啼笑姻缘》

1929年,上海《新闻报》副刊《快活林》主编严独鹤约作家张恨水给《新闻报》写一个长篇。他答应了,就将自己的新作《啼笑姻缘》第一部分寄去,结果给搁置了五个月,才开始刊载,没想到受到读者的喜爱,《啼笑姻缘》很快就成为家传户诵的读物。

《新闻报》是在国内颇有影响力的报纸。刊登《啼笑姻缘》后,销量猛增,广告客户,纷纷要求自己的广告靠近《啼笑姻缘》的位置。张恨水成为《新闻报》的财神、读者的偶像。1931年,上海明星电影公司抢先购得《啼笑姻缘》摄制权,拍成中国第一部彩色电影。

《啼笑姻缘》的主要情节是写军阀司令刘德柱和沈凤喜的故事。在北京,一个退出政治舞台的老官僚的两个女公子,经常出入交际场合,一次两位女公子坐着自己的小汽车到东安市场购物,突然一辆更豪华的小汽车停在她俩的身旁,几个军士硬把两位小姐掳上车抢走。大军阀将两位小姐强奸,三天后将人送回,并给老官僚写了一封感谢信,此事风传整个北京城,纷纷猜测这个大军阀到底是谁?1931年《啼笑姻缘》出单行本后,张学良曾派副官专程到北京把张恨水请到奉天,因为他怀疑书中的大军阀刘德柱司令员是影射他的父亲张作霖。到奉天后,张学良设宴招待张恨水,问到《啼笑姻缘》中的人物背景,张恨水说,刘德柱将军是在许多军阀中抽取其共性进行塑造的,不是一个特定人选。张学良听罢,一笑了之。

学习朱德、毛泽东经验

1930年1月15日,中共中央军委主办的《军事通讯》在上海创刊。创刊号全文刊登了陈毅写的《关于红四军历史及其情况的报告》。周恩来写了编者按,指出"这是很值得我们宝贵的一个报告",认为毛泽东、朱德领导的红军在编制、筹款、政治军事训练、官兵平等、开支公开与群众关系等方面的经验,"都是在中国别开生面,在过去所没有看过听过的"。要求"各地红军、各地党组织,都要学习朱德、毛泽东红军的经验,坚决执行红军游击战争的任务和战术原则"。

杨开慧被害

1930年秋,国民党公开悬赏捉拿"毛泽东的妻子杨氏",10月,杨开慧被捕。她和八岁的儿子毛岸英被押到长沙警备司令部受讯,对她施以抽皮鞭、扎竹签、踩杠子等毒刑,但无法得到毛泽东的实情,最后审讯者逼杨开慧和毛泽东脱离夫妻关系,她答:"要打就打,要杀就杀,要我与毛泽东脱离关系,除非海枯石烂!"何健于是下令将杨开慧处以极刑。毛泽东得知噩耗,悲痛地说:"开慧之死,百身莫赎。"

杨开慧1920年与毛泽东结婚,1921年加入中国共产党,牺牲时,年仅29岁。

天兵怒气冲霄汉

蒋介石在中原大战中取得胜利后,立即调集了十万大军"围剿"红军。毛泽东确定了"诱敌深入"的作战方针,率领红军向根据地内退却,依靠民众的支持和有利地形,在运动中歼灭敌人。

毛泽东召开军、民誓师大会,进行了深入动员,并为大会写了副对联:"敌进我退,敌驻我扰,敌疲我打,敌退我追,游击战里操胜算;大步进退,诱敌深入,集中兵力,各个击破,运动战中歼敌人。"

10月28日,国民党第九路军总指挥鲁涤平命令向红军发动总攻击。一向骄横的第一纵队司令兼第十八师师长张辉瓒想抢头功,率部由龙岗向五门岭推进,当进入红军设伏圈时,突然遭到红军的猛烈袭击,战斗从上午十时激战到下午六时,全歼了第十八师和两个旅近一万人,活捉张辉瓒。

战斗胜利后,毛泽东以兴奋的心情写了一首《渔家傲》:

> 万木霜天红烂漫,
> 天兵怒气冲霄汉。
> 雾满龙岗千嶂暗,
> 齐声唤,
> 前头捉了张辉瓒。

> 二十万军重入赣,
> 风烟滚滚来天半。
> 唤起工农千百万,
> 同心干,
> 不周山下红旗乱。

十个人不当一个人用

1930年10月,中原大战结束,蒋介石便下令"围剿"红军和苏维埃区域。以1930年10月至1931年9月,蒋介石先后投入六十万大军围剿湘、鄂、赣的红军,当时,红军只有三万余人参战,毛泽东、朱德采取"避敌主力,击其虚弱,乘退追击"的战术,在运动中各个消灭敌人,粉碎了蒋介石的三次"围剿",俘获了敌军大批俘虏及枪支弹药。蒋介石十分沮丧地说:"从这三次'围剿'中反观我们的军队,还远不如土匪。我们国民党,政府自政府,人民自人民,军队自军队,各不相谋,甚至省政府和县政府之间,也不能组织好、配合好,所以,共军一个人能当十个人用,我们十个人不能当一个人用。"

败在一字之差

1930年4月,阎锡山、冯玉祥结成反蒋联盟,发动了对蒋的中原大战。阎、冯所部预定在豫、晋交界处的沁阳会师,以求一举聚歼驻河南的蒋军。谁料想,冯的参谋在拟制命令时,误将"沁阳"写阳"泌阳",正巧河南南部有泌阳一地,与沁阳相隔数百里。结果冯部误入泌阳,贻误了聚歼蒋军的有利时机,使阎冯联军处处陷入被动,导致联合作战的失败。难怪后人戏称这场中原混战是败在一撇上的战争。

将我巾帼裳　换你征衣去

"九一八"事变后,何香凝对国民政府的绝对不抵抗,深感耻辱和沉痛,遂取出自己的裙子,并写诗一首,一起送给蒋介石。诗道:

> 枉自称男儿,甘受敌人气。
> 不战送山河,万世同羞耻。
> 吾侪妇女们,愿往沙场死。
> 将我巾帼裳,换你征衣去。

鲁迅愤怒揭露杀害左联作家

1931年2月7日深夜,国民党当局在没有公开审判的情况下,将二十四名男女青年集体枪杀于上海龙华荒郊。这些烈士大多是共产党人,其中四人是左翼作家联盟负责人。

鲁迅得知烈士牺牲的消息,立即编辑了《前哨·纪念战死者专号》。并为"专号"撰写了《中国无产阶级革命文学和前驱的血》等文章,揭露国民党当局的卑劣行径。表达对烈士的哀悼和铭记。

鲁迅将一篇题为《黑暗中国的文艺界的现状》文稿,交给以特派记者身份来中国采访的德国《法兰克福日报》记者史沫特莱,请她译成英文,拿到国外去发表。鲁迅在文章中,愤怒揭露了当局用诬蔑、压迫、囚禁和杀戮来压制左翼文艺,用流氓、走狗、刽子手来和左翼作家对立的行径,并满怀信念地预言:左翼文艺现在和无产者一同受难,将来当然也将和无产者一同起来。鲁迅力逾千钧的文字强烈地感染了史沫特莱。但她担心这样写会危及鲁迅的安全,便劝告说:"如果发表出来,你一定会被杀害的。"鲁迅毫不迟疑地回答说:"那有什么关系?中国总得有人出来说话!"接着,鲁迅又跟史沫特莱一道起草了宣言,题为《为纪念被中国当权的政党——国民党屠杀大批中国作家而发出的呼吁书和宣言》,要求世界舆论给在死亡和比死亡更为可怕的刑罚威胁之下坚持战斗的中国革命者以迅速和坚决有力的声援。

鲁迅和他的战友们抗议的呼声,在国内外引起了强烈的反响,国际革命文学家联盟为此发表了敬告全世界革命作家宣言,号召全世界一切革命文学家和艺术家共同起来反抗国民党对于我们同志的压迫。这一宣言,得到许多国家的响应,德国、英国、日本等无产阶级作家纷纷发表了抗议书。

送蒋北上

"九一八"事变爆发后,蒋介石采取不抵抗政策,拱手让敌,使东北大好河山转瞬沦陷。全国各地举行声势浩大的游行示威,愤怒声讨日本帝国主义的侵略罪行,呼吁全国同胞奋起抗日,强烈要求国民政府对日宣战。11月26日,南京学生召开"送蒋北上"大会,南京、上海、杭州各地学生结队到国民政府门前示威,要求蒋介石签署出兵抗日日期。下午二时,南京十九所学校两万多学生在体育场召开"送蒋北上"大会,来自上海、杭州、苏州、北平等地的学生代表也加参加了大会。会后,万余名学生汇集到国民政府门前,继续要求蒋介石签署出兵抗日日期。学生们冒雨静候一夜。27日,蒋介石被迫接见学生代表,但对学生提出的问题避而不答,只用"读书救国"之语搪塞。

蒋介石宣称
宁亡于帝国主义　不亡于共产党

1931年8月16日,蒋介石以东北中日外交问题日趋严重,是日由南昌致电张学良:"无论日本军队此后如何在东北寻衅,我方应不予抵抗,力避冲突。"8月22日,蒋介石又在南昌宣称:"中国亡于帝国主义,我们仍能当亡国奴,尚可苟延残喘,若亡于共产党则纵肯为奴亦不可得。"

身处逆境

从1931年赣南会议到1934年10月长征开始,毛泽东的处境是十分艰难的。尽管他出任中华苏维埃政府主席,实际上一直身处逆境,遭受着接连不断的批判和不公正对待。

当时,以王明为代表的"左"倾教条主义在中央占统治地位。1931年11月,在中央苏区第一次党代表大会上,对毛泽东坚持从实际出发的思想理论指责为"狭隘经验论",把在根据地实行的"抽多补少""抽肥补瘦"按人口分配土地的政策说成是"富农路线";把他"傍着原有根据地发展"的方针说成是"右倾保守";随后,解除了毛泽东的总前委书记的职务。1932年为粉碎敌人的第四次"围剿",在讨论作战方向和方针上,毛泽东和中央领导人发生分歧。在10月召开的宁都会议上,又对毛泽东进行了更激烈的批判。指责他对夺取中心城市的方针"消极怠工",把他的"诱敌深入"指责为"守株待兔"。决定他回后方主持临时中央政府工作,剥夺了毛泽东在红军中的领导职务。1933年初,临时中央又开始反对"罗明路线",实际上是反对毛泽东在苏区的正确路线,进一步推翻毛泽东为代表的正确路线和正确领导。

尽管屡受打击,处境十分艰难,但毛泽东一直表现得十分从容沉着。他一方面坚持原则,不放弃自己的正确主张,另一方面又顾全大局,遵守纪律,尽可能地在力所能及的范围内多做自己的贡献。他坚持三条:"一是少数服从多数;二是不消极;三是争取在党许可的条件下做些工作。"

这段不平常的艰难经历给毛泽东的印象很深。三十年后,他在一次中央工作会议上说:"我认为那时对我的批判,调动降职,不论正确与否,都是有益处的,可以锻炼革命意志,可以调查和研究许多新情况,增加有益的知识。我就有这方面的经验,得到很大的益处。"

中国人的象征

"九一八"事变时,美国记者斯诺,多次采访宋庆龄。斯诺说:"采访宋庆龄,使我领悟到:中国人民能够彻底改变他们自己的国家,并能够迅速地提高他们国家在世界上的地位。"斯诺提到蒋介石是基督教徒时,宋庆龄愤怒地说:"蒋介石使中国倒退了许多年,使中国革命蒙受了重大损失,他总归是要失败的。"斯诺提到1932年六位中国青年作家牺牲的事件,知名女小说家冯铿被活埋。宋庆龄气愤地说:"作为基督教徒的蒋介石,就是这样把我们优秀青年活埋了。"斯诺问道:"你认为他个人晓得这件事吗?"宋庆龄说:"他对所有杀害事件都要负责。"斯诺对人说:"宋庆龄对真诚的人交往,态度平易近人,但对于伪君子,她锋棱闪闪。"斯诺在《活的中国》一书中写道:"宋庆龄相信中国将是一个自立于世界的中国。'尚未成功的革命'孙夫人时系心头,她所关心的是四万万人民的利益。她坚贞不屈,勇敢忠诚和她的精神的美,是活的中国最卓越而辉煌的象征。"

辽宁抗日义勇军

1931年12月下旬,黄显声发起组建"辽宁抗日义勇军"。这支抗日武装,是在他带领由沈阳撤出的部分警察和公安队,向锦州且战且退中,他以原辽宁警务处长名义发布命令,组织各县民团、警察队,收编胡匪,消灭张学成、凌印清汉奸武装,统一改编而成。设立总指挥部,下辖二十二路义勇军,每路人数不等,多者万人,少者一二千,共六万余人。在此期间,黄显声和东北民众抗日救国会联合行动,在绥中、北镇、黑山新民、沈阳沿北宁路分别组织武装,纷纷抗敌,四面主动出击,使日本侵略军昼夜不安,终日疲于奔命。

张少杰的诀别词

1931年12月6日,上海青年三百多人组成"赴东北援马(即马占山)抗日团"。团长张少杰在火车站向欢送群众致悲壮的诀别词:"除非我们死,我们决不回来!"(注:马占山,黑龙江省代主席兼军事总指挥,11月4日,他率部奋起抗日。)

冼星海报考巴黎音乐院

巴黎音乐院是世界最高音乐学府,也是当时世界音乐中心。在世界各地,许多考生为有机会报考巴黎音乐院引以为荣。在这些考生中,就有来自中国的冼星海,他按规定答完各科试卷,最后来到考试大厅,这里是由巴黎音乐院会同法国音乐界名流组成的主考席,席上坐着杜卡斯·拉威尔、里昂古特等名教授与作曲家,正中坐着巴黎音乐院院长昂利·彪塞先生。担任作曲课考试的里昂古特教授,向主考席教授汇报说:"我已看完试卷,中国考生冼星海无论作品分析、旋律写作、配置和声以至音乐理论,成绩都出类拔萃,同时,他的作曲成绩也是所有考生中最理想的一个,现在就请各位教授验看他的报考作品《风》。"

主考席的教授们都清楚,在报考前,《风》这首作品经杜卡斯教授推荐,破例入选巴黎音乐院新作品音乐会,经梅耶女士演唱并由巴黎电台录音向法国全国播放。冼星海的名字从此在巴黎音乐界盛传一时。教授们看过《风》,进行讨论后宣布:冼星海被正式录取为巴黎音乐院作曲班。由于考试成绩优异,特向冼星海颁发考试荣誉奖。1931年盛夏,冼星海进入巴黎音乐院学习。

阎氏铁路

阎锡山提出"建设山西十年计划",其中一项是大修窄轨铁路。科技人员反对,他解释说:"修铁路需要大量的钱,南京政府不给钱,全靠我们自己,只有少花钱,修窄轨。"不只同蒲新线窄轨,就连已有的石太线也由标准轨改为窄轨。被称为"阎氏铁路"。他下令,将窄轨车的车轮设计成能调节宽窄,既能在山西境内跑,又能出省上标准轨道,而外面的标准轨道没此设备,就进不了山西。遇有战争,可运兵外出,而一旦形势不利于己时,则尽可将机车、车皮拉回,敌人却无法利用山西铁路,这是他制敌的"高招"。

勤能补拙是良训

1931年在清华的讲台上,破天荒地出现了一个没有大学文凭的教师,这就是华罗庚。华罗庚原来是个小学徒,凭着不屈不挠的顽强毅力,以惊人的数学成就显露头角。由于亲身经历,有感而发,他写诗一首:

神奇妙算古名词,师承前人沿用之。
神奇化易是坦道,易化神奇不足提。
妙算还从拙中来,愚公智叟两分开。
积入方显愚公智,发白才知智叟呆。
埋头苦干是第一,熟练生出自巧来。
勤能补拙是良训,一分辛苦一分才。

宋庆龄三赴前线慰问将士

1932年2月12日,宋庆龄第三次冒着炮火到吴淞前线慰问。淞沪抗战爆发后,宋庆龄、何香凝深为第十九路军捍卫国土的爱国精神所感动,在战火纷飞中,亲临前线慰劳抗日将士。1月30日上午,她们同赴真如第十九路军前线指挥部慰问,宋庆龄在炮声隆隆的阵地上对抗日健儿发表了讲话:"你们抗战的枪声一打响,海内海外,男女老幼,都觉得出了一口气!亿万同胞声援你们,支持你们!"她在与第十九路军军长蔡廷锴亲切交谈时,一再勉励第十九路军将士要奋勇杀敌。

2月6日,宋庆龄一行又携带许多慰问品到真如前线劳军,慰勉官兵奋勇杀敌。2月12日,宋庆龄赶到战斗甚为激烈的吴淞前线,向战士们致意。她鼓励翁照垣旅长:"守吴淞之功极伟,而尤望继续奋斗,不使中国有一寸土地入于敌人之手。"翁旅长当即代表所部官兵表示:"决以卫土之责……使敌人无越雷池一步之机会。"在前线巡视中,宋庆龄还手捧一枚炮弹,在战后的断垣残壁前留影,以表示她与第十九路军一道抗战到底的决心。

宋庆龄创办伤兵医院

宋庆龄亲临前线慰问,目睹将士们的生活给养很差,医护奇缺,于是便和何香凝一起为部队筹饷和建立伤兵医院。鉴于上海现有的伤兵医院工作散漫,效率甚低,宋庆龄决定单独筹建专门医院。她的提议立即得到各界同胞的热烈响应。原孙中山的好友,交通大学校长黎照寰借出部分校舍,新加坡著名华侨胡文虎捐款一万元,光施、永安、新新三大公司的资方也都踊跃出钱出物。在国立中央研究院总干事杨杏佛的具体帮助下,迅即办起一所拥有三百张床位的"国民伤兵医院",宋庆龄和何香凝等人担任医院理事。一时名医云集,慰劳品和医药品源源而来,以致宋庆龄不得不把自己的部分住宅辟为临时仓库。

宋庆龄在医院中接见记者时明确表示:"对于抗日战争,我们要积极抵抗到底。十九路军明知众寡悬殊,器械财力均不如人,而能不顾一切,以血肉为中国争一线之生机,使世界知中国尚有不可侮之军队与民气,不特为军队之模范,实为革命之武力与反帝国主义之先锋。"

阿毛与日寇同归于尽

1932年2月26日,上海"暗杀大王"王亚樵的司机胡阿毛在执行任务时,被日军截获,强迫他把一辆满载军火的卡车开到日军的阵地。阿毛佯装应允,当他驾车驶至黄浦江边时,突然加足马力,调转车头,将一车军火连同押车的日军一齐埋葬于波涛滚滚的黄浦江中。

胡阿毛壮烈牺牲后,各界人士举行了隆重的公祭大会,王亚樵亲诵自撰的祭文,泪流满面,泣不成声。其祭文为:

> 阿毛阿毛,泉台相望。
> 哀哀孤儿,戚戚惶惶。
> 铁臂锄奸,赤胆心肠。
> 一门孤苦,冥冥无疆!
> 飞车黄浦,杀倭身亡。
> 哭居西台,酹酒一觞。
> 春秋义名,忠国何伤!
> 忠毅阁部,史册传芳。
> 哭君弱冠,妻别离肠。
> 八荒有感,魂梦西厢.
> 慈母倚闾,血泪沾裳!
> 君骨有灵,享荐蒸尝。

何香凝赋诗激励将士

1932年3月,淞沪停战后,何香凝往常熟县东塘市慰问参加过淞沪抗战的张治中第五军部队,题诗激励将士坚持抗战:

> 倭奴侵略,野心未死,
> 既据我东北三省,
> 复占我申江土地,
> 叹我大好河山,
> 今非昔比,
> 焚我多少城市,
> 残杀我多少同胞

奸淫我多少妇女。
你等是血性军人，
怎能咽得这口气！

二我图

1932年，"一·二八"事变发生，胡厥文全力投入抗战，由于连吃饭、睡觉的时间都得不到保证，所以顾不上刮胡须，胡须越长越长，有人问他是否偏爱蓄须，他回答说："未逐倭奴，不容剃除，蓄须明志。"

1945年8月15日，日本无条件投降，胡厥文立即到小龙坎一家照相馆，先照了一张留须的半身像，然后剃去蓄了十四年的长髯，又照了一张半身像，让把二张半身照并列印在一起，看似两人，实为一人，名为"二我图"，并题词曰："抗战胜利，父子昆季，勿忘勿怠，岂以为戏。"作为纪念用以自勉。

为了庆祝抗战胜利，胡厥文特别宴请在重庆的亲朋好友，当场征诗二百余首作为留念。胡厥文也即席赋诗："悒悒十四载，一夕去长髯，吾髯何时长？敌氛方炎炎，吾髯何时去？敌焰已消潜。""雪耻欢难已，除髯亦快哉！有酒方新酷，愿与诸君狂饮三百杯。共庆和平彼岸同登乐，尤喜老大离乡少小回。"

诚虽不敏　独生为羞

1932年12月30日，蒋介石下达第四次"围剿"江西红军的命令，决定兵分三路向江西中央苏区进击。共投入兵力五十万人，任命陈诚为中路军总指挥，共十二个师，约十六万人，为"进剿"军主力。陈诚采取外线作战，分进合击战术，向苏区黎川、建宁、泰宁地区包围，结果在黄狮渡遭红军袭击，第五师的第十三旅被歼，旅长周士达被俘。

陈诚利用南丰的险要地势，作为"进剿"赣南的支撑点，把主力部队集中在南丰，在城墙上增筑了坚固的工事，决定在此阻击、歼灭红军。后又错误地把开往黎川的红十一军当成主力，令三个纵队来包剿红军，不料红军在黄陂发起战斗，一举歼灭敌第五十二、第五十九两个师，两个师长李明、陈时骥被俘。

黄陂战斗后，陈诚断定红军主力在广昌一带，就下令两个纵队分头向广昌推进，寻机歼灭红军主力。当两个纵队距离拉开后，红军在草岗一带突然发起攻击，当日第十一师大部、第九师一部被歼，师长萧乾及两个旅长重伤，三个团长毙命。此次战斗结束后，陈诚指挥的中路军纷纷后撤，第四次"围剿"以失败告终。

蒋介石对他精心扶植的嫡系部队三个师被歼懊丧不已，他在给陈诚的手谕中写道："惟此次挫败，惨凄异常，实有生以来唯一之隐痛！"陈诚接读手谕后，惶恐地写道："诚虽不敏，独生为羞！"

吴稚晖不在家

有一次,蒋介石与宋美龄一块去拜访民国元老吴稚晖,这时,吴稚晖正在生气,一见打扮得花枝招展的宋美龄就不痛快,他命令老伴把门窗关好,不见。

卫兵们排列两边,蒋介石亲自去叩门:"吴老在家吗?"没人搭腔。宋美龄紧跟着喊了一声:"吴老,我们看您来了。"依旧没有搭腔。这时侍卫官前来叫门:"吴老,请开门,委员长来了!"这时窗户忽拉一声猛地开了,吴稚晖像个发怒的狮子一样,用手指着蒋介石连声喊:"吴稚晖不在家!吴稚晖不在家!"蒋介石夫妇讨个没趣,只好悻悻而退。

歪审偷牛案

1933年,韩复榘被蒋介石任命为山东省主席和第三路军总指挥。他上任后每周三下午要亲自审案。这一天审的是偷牛案,他斥问丢牛者:"你粗心大意,那么大的一条牛你都看不住,还来告什么状?打他二十棍!"丢牛的疼得嗷嗷叫,一阵乱棒之后,被轰出大堂。

偷牛的见丢牛的挨打,知道不妙,吓得连声喊"冤"。这时韩喝了两口茶,心情突然舒畅了,脱口而出:"你不要怕。他连个牛都看不住,实在没用,下次你继续偷他的牛。"偷牛的获释,喜出望外,高兴地往外走。韩复榘大喝一声:"站住!"偷牛的吓得丧魂落魄,扑通一声跪在地上,颤抖地说:"省长饶命!"韩复榘笑眯眯地说:"再赏你二十块大洋!"

博古交权

1934年10月中旬,中革军委总部从瑞金出发,开始长征。国民党军队处处围追堵截,部队只能沿途消极避战,勉强通过了敌人三道封锁线。12月,当红军突破敌人第四道封锁线——湘江时,红军损失惨重,过了湘江,仅剩下3万余人,这时,部队的士气低落,普遍地滋生了怀疑和不满的情绪。红军遭到的惨重失败,这时作为中共中央的总书记及野战军司令部政治委员的博古,痛心疾首,感到自己责任重大,无法向党交代,可又一筹莫展。1935年1月,中共中央在遵义召开了政治局扩大会议,博古在会上做了第五次反"围剿"的总结报告,承认了自己军事路线的错误是失败的主要原因,自己要负领导责任。会议期间,个别坚持"左"倾错误的人让博古顶住,不让博古交权。博古严正地拒绝了别人的意见,表示服从集体的决定,交出了自己的指挥权。

武修权回忆遵义回忆时说:"博古同志虽然是会上主要批评对象,他主持会议,却不利用职权压制不同意见。会后,他又坚决服从和执行中央的决定,并严正地拒绝了别人的挑拨性意见。这些都体现了一个共产党人应有的品质。"

社会即学校

1934年10月13日,《新生》杂志登载陶行知《教育的新生》。提出要将学校与社会中间造的一道高墙拆去。他在文中说:"我们承认'社会即学校',这样学校是以青天为顶,大地为底,二十八宿为围墙,人人都是先生都是学生都是同学。"又说:"不运用社会的力量,便是无能的教育;不了解社会的需要,便是盲目的教育。"文章还对"教学做合一""工学团""劳力上劳心"等作了阐述。

林语堂论幽默

林语堂在谈到幽默时说:"一般人认为幽默就是俏皮讽刺,虽然幽默与讽刺相近,却不是以讽刺为目的。欲求幽默,必先有深远之心境,而带一点我佛慈悲之念头,所写文章火气不要太盛,读者得淡然之味。幽默只是一位冷静超远的旁观者,常于笑中带泪,泪中带笑。其文清淡自然,不似滑稽之炫奇斗胜,亦不是郁剔之出于机警巧辩。幽默的文章在婉约豪放之间得其自然,不加矫饰,读下去会使你心灵启悟,胸怀舒适而已。其缘由乃因幽默是出于自然,机警是出于人工。幽默是客观的,机警是主观的。幽默是冲淡的,郁剔是尖利的。世事看穿,心有所喜悦,用轻快笔调写出,无所挂碍,不作滥调,不忸怩作道学丑态,不求士大夫之喜誉,不博庸人之欢心,自然幽默。"

国破尚如此　我何惜此头

1934年11月24日,察哈尔民众抗日同盟军第二军军长、北路前敌总指挥兼张家口警备司令吉鸿昌,在北平陆军监狱被枪杀。临刑前,他慷慨陈词,历数蒋介石的卖国罪行,并在地上疾书绝命诗一首:

恨不抗日死,
留作今日羞。
国破尚如此,
我何惜此头!

蒋介石推行新生活运动

1934年初,蒋介石在南昌发起"新生活运动",以人们的衣食住行日常生活习惯的"清洁""规矩"入手,用"礼义廉耻"等传统的伦理纲常、四维八德,与生活军事化的要求相混合,来统一人们的思想,规范人们的言论行动。

蒋介石认为"忠孝仁爱、信义和平(八德)"和"礼义廉耻(四维)"是中华民族固有的德行,是社会生活中不变的常理,能提高国民性与民族精神,使国家复兴。他把"礼义廉耻"作为新生活运的准则,认为"礼是规规矩矩的态度,义是正正当当的行为,廉是清清白白的辨别，耻是切切实实的觉悟"。其中，最要紧的是"礼"要求人们"学礼、知礼、行礼"。要求国民从衣食住行日常生活中来体现礼义廉耻固有的道德，做到循规蹈矩、安分守己、严守纪律；并要求以生活的"军事化、生产化、艺术化"为追求目标，以"军事化"为最终目标。"使反乎乱邪昏懦之行为，求国民生活之军事化；使反乎争盗窃乞之行为，求国民生活之生产化；使反乎粗野卑陋之行为，求国民生活之艺术化"。

贺子珍受伤

毛泽东指挥的红军主力，四渡赤水，南渡乌江，跳出国民党军队的包围圈。在奔袭云南途中，贺子珍所在的干部休养连突然遭到国民党飞机的袭击。她因掩护伤员而被炸得遍体鳞伤，鲜血直流，昏迷过去。经检查，发现挂花十七处。她苏醒后对赶来的毛泽民夫妇说："我负伤的事情，请你们暂时不要告诉主席。他在前线指挥作战很忙，不要再分他的心。请你们把我寄放在附近老百姓家里，将来革命胜利了，再见面。"毛泽东赶到，她又说："润之，把我留下，你们前进吧！"毛泽东对她说："子珍，你不要那样想。我和同志们绝不会把你一个人留在这里！"

陈毅请求跟红军主力一起突围

在第五次反"围剿"中，由于共产国际派来的军事顾问李德的错误指挥，使中央苏区根据地大面积丢失，使苏区缩小到只有瑞金、于都、石城、长汀等几个县。在这种形势下，中央红军不得不放弃根据地，进行战略转移。

在反围剿战斗中，陈毅身负重伤。一天，陈毅躺在担架上被抬到红军总司令部作战室，陈毅对朱德说："红军主力非转移不可了。总司令，我正式向你提出，我请求跟红军主力一块突围。我的伤是大腿被敌人的炮弹炸伤了，流了不少血，不用多长时间就会好，我还要继续指挥作战，请不要把我留下。"陈毅又说："总司令，我怕做了决定再来说就晚了，所以叫担架员抬到你这里，这样做不算过分吧？"朱德听了，心里很不好受，背过身了半天没有说话。

实际上，中央已经决定陈毅与项英留下，率领一万六千红军继续在苏区坚持斗争。但这一决定要由组织上找陈毅正式谈。

特殊的重大贡献

1934年11月下旬，中央红军主力突破蒋介石第四道湘江封锁线，跳出了包围圈，使蒋介石消灭红军于湘江东岸的计划归于失败，但红军自身却付出了沉重的代价，由出发时的八万六千多人锐减到三万多人。

这时红军又处于新的危急关头，博古、李德不顾敌情，仍坚持原定计划，准备北上，同红二、六军团会合。这就将进入蒋介石已布置好的包围圈，有全军覆没的危险。毛泽东提出，应放弃原定计划，改变战略方向，立即转向敌人力量薄弱的贵州进军。这就发生了北上和西进之争。张闻天、王稼祥、周恩来等支持毛泽东西进的主张,反对北上,于是会议决定西进贵州。

1935年1月中旬,在遵义会议上,张闻天作了批判错误军事路线的报告(史称"反报告"),比较系统的批评了李德、博古的错误。会议改组了中央领导机构,选举毛泽东为中央政治局常委,取消了在长征前成立的"三人团"(博古、李德、周恩来)。会议指定张闻天起草决议,2月8日,在扎西召开的中央政治局会议上,审查通过了张闻天起草的《中央关于反对敌人五次"围剿"的总结决议》。决议总结过去正反两方面的经验教训,批判了博古、李德的错误军事路线及其战略战术,肯定了毛泽东的正确军事路线及其战略战术。决议被通过之后,张闻天、毛泽东、陈云即分别到各军团干部会议中进行传达,均受到积极拥护。

从以上可以看出,张闻天是在遵义会议上首先批评博古、李德的错误军事路线,肯定毛泽东的正确军事路线的发言人,又是《遵义会议决议》的起草人,确是对遵义会议的胜利完成做出了特殊的重大贡献。

欢迎"苏维埃先生"

毛泽东说,红军长征是宣传队,红军所到之处受到农民的欢迎,因为他们知道红军是"穷人的军队"。在长征途中,常有被压迫的农民派人来请求红军绕道去"解放"他们的地区。还有一个农民代表团跑来欢迎"苏维埃先生",军阀卢兴邦,更无知,在他所统治的地区到处张贴布告,悬赏"缉拿苏维埃,不论死活"。卢兴邦还宣布说:"苏维埃这个家伙常常沿路'没收'地主、官僚、豪绅的财物分给当地的穷人,必须将地处决。"

叶剑英在长征中的两件事

1935年8月,中共中央在毛儿盖附近的沙窝召开政治局会议,做出红一、四方面军北上抗日和创建川陕村根据地的战略任务。为此决定把红一、四方面军混合编成左右两路军,共同北上。左路军由总司令朱德,总政委张国焘,总参谋长刘伯承率领;右路军在中共中央、毛泽东直接领导下,由前敌总指挥徐向前、政委陈昌浩、参谋长叶剑英指挥。张国焘反对中央这一决定,坚持南下。中央对张国焘进行了耐心说服和严肃批评,张表面上同意,私下背着中央率军南下,并给陈昌浩发电令说:"南下,彻底开展党内斗争。如果毛泽东、王稼祥、张闻天、周恩来、秦邦宪等中央领导人不同意南下,就把他们软禁起来。"叶剑英将此电报内容立即告诉毛泽东,毛泽东果断决定率一、三军团单独北上。并致电张国焘:"只有北上是出路,你们应迅即北上。"

在这种情况下,叶剑英想,张国焘执意南下,但不能把中央直属机关留给他,我要想法带走。可是这么大一支队伍怎样才能带走呢。他就利用张国焘发给陈昌浩"南下"的电报,向陈昌浩说,我带支队伍出去"打粮",以备南下。得到同意后,他立即召集中央直属队的领导干部开会,部署以"打粮"为名,立即北上。当时,有人说,我们这是开小差跑出来的。叶剑英说:"我们这不是开小差,是开大差,是执行中央北上的方针。"

毛泽东率军爬雪山

红军过了泸定桥,继续北上,要翻越海拔四千九百多米的夹金山。山上经年积雪,气候变化无常,空气稀薄,人迹罕至。6月17日早晨,毛泽东身穿夹衣夹裤,手持木棍,沿着前面部队走出的又陡又滑的雪路,向山顶攀登。他把马让给伤员使用,并且说:"多一个同志爬过雪山,就为革命多保存了一分力量!"走到半山,气候骤变,冰雹劈头打来。他拉着战士的手前进,同时嘱咐大家:"低着头走,不要往上看,也不要往山下看,千万不要撒开手!"一会儿,冰雹停止,但越近山顶空气就越稀薄,一些体力弱的战士一坐下去就再也没有起来。毛泽东对坐在雪地里休息的戴天福说:"你坐在这里非常危险,来,我背你走。"警卫员吴洁清抢先把戴天福背起,在毛泽东帮扶下爬上山顶。

《清平乐·六盘山》

1935年10月,毛泽东率领红军第一方面军继续北上,攀登海拔三千米高的六盘山,冲破了国民党军队最后一道封锁线,陕北苏区已经在望。毛泽东登上六盘山顶峰时,心潮澎湃,写下了《清平乐·六盘山》词:

> 天高云淡,
> 望断南飞雁。
> 不到长城非好汉,
> 屈指行程二万。
>
> 六盘山上高峰,
> 红旗慢卷西风。
> 今日长缨在手,
> 何时缚住苍龙?

《七律·长征》

毛泽东率中央红军主力于1934年10月从江西瑞金出发,开始长征,突破敌人四道封锁线。1935年沿途强渡乌江、飞夺泸定桥,强渡大渡河,越过雪山,跨过草地,天上每日几十架敌机侦察轰炸,地下几十万敌军围追堵截。在这种形势下,长驱行程两万余里,纵横十一个省,完成了震惊中外的战略大转移。毛泽东的这首诗,是史无前例的伟大革命诗篇:

> 红军不怕远征难,
> 万水千山只等闲。
> 五岭逶迤腾细浪,
> 乌蒙磅礴走泥丸。

金沙水拍云崖暖，
　　大渡桥横铁索寒。
　　更喜岷山千里雪，
　　三军过后尽开颜。

唯我彭大将军

毛泽东率领的红军，刚越过六盘山，就遇到一个新的对手，东北军和马鸿宾的三个骑兵团又尾追而来，毛泽东提出要"砍尾巴"，下令彭德怀出击。彭率第一、二纵队，果断地击溃了这股敌人，使他们在一段时间里不敢再来侵扰。毛泽东兴奋地赠诗一首：
　　山高路远坑深，
　　大军纵横驰奔。
　　谁敢横刀立马？
　　唯我彭大将军！

剖腹抗蒋卖国

1935年冬，国民党在南京召开第五次全国代表大会。当时任国民党中将总参议的续范亭将军，怀着极大的希望，风尘仆仆地从兰州赶到南京，他想借此机会向国民党当局呼吁抗日。

续范亭去见蒋介石，劝蒋以国家和民族利益为重，不要打内战，一致抗日。蒋介石板着面孔反倒把续范亭训斥了一顿，坚持他的"攘外必先安内"的卖国政策。续范亭感到自己身为军人，一腔热血却无处报国。

12月26日下午，大雪纷飞，续范亭冒雪来到中山陵。他脱下礼帽，恭恭敬敬地向孙中山塑像行了三鞠躬礼。他来到祭堂，堂内空无一人。他望着"天下为公"的匾额和"革命尚未成功，同志仍需努力"两行大字，无法抑制自己的感情，他决心以自己的血唤醒国人，讽谏当局。他从怀里拔出佩剑，向自己的腹部刺去，鲜血染红了祭堂。

续范亭将军后来没有死，他决心投奔共产党。他几经辗转来到延安，加入了中国共产党。1947年9月12日，他在临县辞世。追悼会上，毛泽东亲笔书写了挽联：
　　为民族解放，为阶级翻身，事业垂成，公胡遽死？
　　有云水襟怀，有松柏气节，典型顿失，人尽含悲。

教条有功

博古（秦邦宪），1931年至1935年为中华临时中央主要负责人，同王明一起犯了"左"倾冒险主义错误，造成了红军作战史上罕见的大失败，被迫进行两万五千里长征。1945年5月3日，博古检查自己的错误，他用二十个字形容自己在中央苏区反对毛泽东造成的严重后果："教条有功，钦差弹冠相庆；正确有罪，右倾遍于国中。"此处的"右倾"，指他当时动不动给人扣上"右倾"的大帽子。

梅兰芳的演出轰动莫斯科

1935年3月,梅兰芳剧团应邀到苏联莫斯科演出。梅兰芳在苏联主演六部戏和六种舞。六部戏分别为:《汾河湾》《刺虎》《打渔杀家》《宇宙锋》《虹霓关》《贵妃醉酒》。六种舞为:《红线盗盒》《西施》《麻姑献寿》《木兰从军》《思凡》《抗金兵》。其他演员所演的有:《青石山》《盗仙草》《嫁妹》等剧。

3月23日,在莫斯科高尔基街的音乐厅进行首场演出,音乐厅分别装有中国和苏联国徽。舞台大幕黄缎幕上绣着"梅兰芳"三个大黑绒字。演出剧目是《舞剑》《刺虎》。演出结束后,掌声热烈,经久不息,观众如醉如痴,梅兰芳谢幕达十次之多。

梅兰芳原定在莫斯科演出五天,在列宁格勒演出三天,后因观众强烈要求,又在莫斯科加演一天,在列宁格勒加演三天。一向深居简出的斯大林亲临观看。在演出期间,苏联掀起了一股中国热,许多太太、小姐都穿起中国古装绣花衣服,以此为自豪。有许多戏迷买不到票,就等在剧院门口,想一睹梅兰芳风采,苏联警察为维持秩序,不得不骑着马驱赶,方能辟开一条路,让梅兰芳通行。许多女子大声高喊:"梅兰芳,我爱你!"许多在马路上的小孩子,一看到中国人就喊:"梅兰芳。"苏联的《真理报》《消息报》《莫斯科晚报》等报刊,刊登了梅兰芳演出的新闻和照片,塔斯社发专门消息,莫斯科电台请梅兰芳播音,苏联电影制片厂将梅氏演出摄成影片播放。在莫斯科及列格勒街谈巷议,梅兰芳成为最热门话题。

彭德怀改诗

彭德怀回忆说,红军长征胜利到达陕北后,将一方面军改为抗日先遣队(即陕甘支队),我任司令员。由哈达铺东进时,马步芳、马鸿逵、马鸿宾的部队阻击红军,我率军将其击败,在六盘山高峰又消灭了邓宝珊的一个团。经过二十余天的艰苦奋斗才到吴起镇,刚停留一天,敌骑兵五个团又追到。毛主席说:"打退追敌,不要把敌人带进根据地。"我军英勇作战,又取得了胜利。毛主席写诗道:"山高路险沟深,骑兵任你纵横。谁敢横刀立马,唯我彭大将军"。这是毛主席对我们取得胜利的夸奖,我把最后一句改为"唯我英勇红军",将原诗退还给毛主席了。

祭岳飞文

1935年11月1日,冤狱赔偿运动委员会在杭州召开第二次委员会议。沈钧儒任主席。会前,委员们以宋朝岳飞和明朝于谦皆因含冤屈死,为表示他们的敬仰,特全体赴西湖岳墓参谒致祭,并由沈钧儒宣读祭文。祭岳飞文曰:

呜呼鄂王,南宋一人,兵法孙吴,志虑忠纯。
复仇大义,尝胆卧薪。朱仙一役,奋不顾身。

斩将搴旗,气夺强邻,贼臣误国,乃创和亲。
金牌十二,毒计密陈,莫须有狱,三字成因。
主其事者,万俟与奉。风波亭上,屈抑难伸,
于公冤狱,后先同伦,国无人兮,纳币称臣,
东南半壁,长此沉沦,墓前凭吊,血泪沾巾。
神其不昧,起扫故尘。

凭吊古人,是为了现实的需要,在当时"爱国有罪,冤狱通于国中"的情况下,沈钧儒祭奠和歌颂历史上的民族英雄和爱国忠良,鞭笞秦桧一类卖国贼臣,显然是有针对性和现实意义的。

沁园春·雪

毛泽东
1936年2月

北国风光,
千里冰封,
万里雪飘
望长城内外,
惟余莽莽;
大河上下,
顿失滔滔。
山舞银蛇,
原驰蜡象,
欲与天公试比高。
须晴日,
看红装素裹,
分外妖娆。

江山如此多娇,
引无数英雄竞折腰。
惜秦皇汉武,
略输文采,
唐宗宋祖,
稍逊风骚。
一代天骄,
成吉思汗,
只识弯弓射大雕。
俱往矣,

数风流人物，
还看今朝。

劝说请愿学生

西安万余名爱国青年学生纪念"一二·九"运动一周年，游行请愿要求抗日。他们冒着凛冽的寒风从西安步行去临潼，要求见蒋介石。蒋闻讯后，立即派军警在十里铺架设机关枪拦阻游行队伍。张学良赶到灞桥附近，劝说学生们不要再往前去，告诉学生说："前面不是坦途。"学生们悲愤陈词，高呼："我们愿为救国而死，让我们前去吧！"张学良深为感动，热泪盈眶，恳切地对学生说："我和你们是一样的心，你们的要求就是我的要求，一星期内，我保证用事实回答你们的要求。"当晚，张学良向蒋介石陈述了学生的要求，蒋斥责张说："你是代表学生还是代表我？对于那些青年，除了用枪打，是没有办法的。"

哭　谏

1936年12月7日，张学良到临潼华清池向蒋介石"哭谏"："国家民族的存亡，已到最后关头，非抗日不足以救亡；非停止内战，不足以抗日，继续剿共，断非出路。"张学良痛切陈述共产党的政策是从民族抗日利益出发，红军问题可以用政治方法解决；当前形势只有对外，才能安内，一旦抗日，即能统一。他还说明现在部队抗日情绪高涨，不可压制，并表示他对蒋一片忠心，所以才敢在是非、全局问题上誓死力争。

蒋介石听到张的抗日议论，并涉及部队情绪，勃然大怒，骂张年轻无知，受了共产党的迷惑。两人争议长达三小时。最后，蒋介石拍桌喊道："你现在就是拿枪把我打死，我的剿共政策也不能变！"

12月12日，张学良、杨虎城，实行"兵谏"，拘捕蒋介石及其随员，西安事变爆发。

张学良送蒋介石回南京

张学良在谈到"西安事变"后，自己为什么要亲自送蒋介石回南京时，说："我是个军人，我自己做的事情，我自己负责任。我送蒋先生回南京，我是请罪。并且简单地说，后事我都预备了。我是准备被处死刑的。临走我把家都交给了我的一名部下，自己物品都收拾好了。作为一个军人，对我自己做的事情负责，我没有别的意思。同时我是反对内战的，我不这样做内战恐怕会更扩大。为了制止内战，我决定牺牲自己。"

张学良南京受审

1936年12月12日，张学良发动西安事变，扣留了蒋介石，提出"停止内战，一致抗日"的要求。蒋介石终于接受联共抗日，释放政治犯，保证内战不再发生等条件。同月25日，张学良陪送蒋介石飞返南京。按照蒋介石的意旨，将张学良交由军事委员会处置，并任李烈钧为军事委员会高等军法会审的审判长。

12月31日,大法庭开庭,张学良被带进法庭,法庭赐以座位,而张学良始终鹄立,没有就座。李烈钧问:"你何以竟敢出此举动?"张学良答:"完全出自于团结御侮抗日救国的要求。"李问:"你知道你的这种举动是为国法所不容吗?"张答:"我不知道犯了什么条款。"李给张出示陆海空军刑法,并给他指出所犯的"胁迫统帅"有关条款。李问:"你胁迫统帅,是受人指使呢抑自己所为?"张答:"完全出于我个人所为,自作自当,我决非任何人能指使的人。""我在西安的所为,正是对中央的专政独裁,冀求有所谏正耳。"李厉声问道:"你在西安所为的根本目的是否有颠覆政府的意图?应该据实招供,否则,将会对你不利……"张直言不讳地说:"我在西安发动事变,确有颠覆政府的意图,而根本目的仍无非要蒋委员长团结御侮抗日救国。"进行至此,法庭宣告结案,将记录分别签署后呈送蒋介石核示。最后,由法庭宣布判决:张学良处十年有期徒刑。蒋介石又下令特予赦免。

从此,张学良虽被特赦,而蒋介石却以"严加管束"为名,把张学良无限期地拘禁起来,剥夺了自由。

弱者无生存余地

1936年5月5日,中央大学校长罗家伦在中央广播电台发表演说:"今天是国耻纪念日,在我们国内,许多人只是叹息、怨恨、叫嚣,这样做是无用的。孔子说:'君子不怨天,不尤人,下学而上达。'怨天是无用的,我们最好的是反省。我们有这么多人口,这样大的土地,为什么处处受日本人的压迫、欺凌、侵略到这个地步呢?

"前清有人作诗,以吴越比较,有两句是'台畔卧薪台上舞,可知同是不眠人'。大家知道,当时吴国的实力比越国强,一个不眠的是卧薪,一个不眠的是跳舞。现在我们的敌人强盛,我们是弱者,敌人尚且卧薪,我们却在跳舞,正是敌人台畔卧薪,而我们在台上跳舞了。现代,弱者是无生存余地的!我希望大家团结起来一致向前,打破弱者的地位,建设起主人的道德,自强不息,从奋斗中夺取民族的生存!"

鲁迅的遗嘱

鲁迅在逝世前,给妻子许广平写下了如下遗嘱:

(1)不得因为丧事收受任何人的一文钱。但老朋友的,不在此例;
(2)赶快收殓,埋掉拉倒;
(3)不要作任何关于纪念的事情;
(4)忘记我,管自己的生活。倘不,那就真是糊涂虫;
(5)孩子长大,倘无才能,可寻点小事情过活,万不可去做空头文学家或美术家;
(6)别人应许给你的事物,不可当真;
(7)损着别人的牙眼,却反对报复,主张宽容的人,万勿和他接近。

做人最小限度

黄炎培在《留告四川青年同学书》中说："做人最小限度，须让我做一世清清白白，堂堂正正的人。知识尽管有高低，但既经根据我的认识，见得该这样做，便得这样做。环境任何严重？须用我定识和定力去变化它，为变化环境，先求适应环境则可，随环境转变则不可。孟子说：'富贵不能淫，贫贱不能移动，威武不能屈。'备具这三个'不'字，才成一个人。"

周恩来与蒋介石相见

西安事变发生后，中共中央派周恩来到西安共商抗日救国大计，处理捉蒋后的善后事宜。

12月24日晚，周恩来会见了蒋介石。周恩来先对蒋说："蒋先生，我们有十年没见面了，你显得比从前苍老些。"蒋点点头，探口气，说："恩来，你是我的部下，你应该听我的话。"周恩来回答："只要蒋先生能够改变'攘外必先安内'的政策，停止内战，一致抗日，不但我个人可以听蒋先生的话，就连我们红军也可以听蒋先生的指挥。"

周恩来向蒋介石阐述了中共的政策和西安方面的意图后，指出：坚持内战，自速其亡。蒋介石作了三点表示：子，停止剿共，联红抗日，统一中国，受我指挥。丑，由宋、张全权代表我与周解决一切。寅，我回南京后，周可直接去谈判。

周恩来是个大人才

华北事变后，侵华日军节节推进，已逼近山西东北边境。山西境内，人心惶惶，不可终日，对阎锡山构成严重威胁，他感到：降日、靠蒋都不是出路，只好暂时向共产党求助。

在这种形势下，中共中央派周恩来到山西，同阎氏谈判，推动阎氏抗日。周恩来向阎锡山分析抗战形势，说明日本军国主义是可以打败的，只要中国坚持抗战，日本必然一天天弱下去，中国一天天强起来，鼓励阎锡山坚持抗战。阎氏听后，解除了许多顾虑，对薄一波说："周先生对抗战前途看得非常清楚。"他请周恩来帮助写一个第二战区作战计划。周恩来用一天时间就写出来了。阎锡山看后，吃惊地说："写得这样好，这样快！如能这样打，中国必胜。周先生确是个大人才，国民党是没有这样的人才的！"

周恩来在山西

1936年9月，日军兵分两路，从北面和东面以大迁回的姿态夹攻山西。由于国民党实行片面抗战，消极防御的方针，七十万军队抵挡不住日军三十万人的进攻；出现了"兵败如山倒"的溃退局面，不久，太原失守。目睹国民党军队溃退惨状，周恩来提出，坚持华北抗战，必须将游击战争确定为中心任务。

11月16日，周恩来在临汾各界群众大会上，发表《目前抗战危机与坚持华北抗战的任务》的演讲，强调发展华北游击战争的意义。说日军虽然占领了太原，但它的兵力没有可能统治全华北，不仅乡村占不了，城市也占据不了太多，即使铁路公路要道，也不能普遍占据。我们只有发展游击战争，来袭击、截断敌人大道交通，劫夺敌人辎重弹药，消灭汉奸武装。以游击战争为主体，坚持持久战，在持久战中壮大自己。

经过周恩来、中共中央北方局和八路军总部的共同努力，八路军在华北敌后的游击战争不失时机地猛烈发展起来，武装力量迅速壮大，它像燎原烈火，八路军已成为山西抗战的主导力量，被人们视为全国抗战的希望所在。周恩来对华北敌后游击战争的发展是立了大功的。

宋庆龄发起"救国入狱运动"

1936年12月4日，全国各界救国联合会的领导人沈钧儒、邹韬奋、章乃器、李公朴、王造时、史良和沙千里，被国民党非法逮捕，押往苏州江苏省高等法院，囚禁在吴县横街看守所，引起全国各界人士强烈抗议。国民党当局无视人民意愿，竟指示江苏省高院提起公诉，以"危害民国而组织团体，并宣传与三民主义不相容之主义"的罪名，将沈钧儒等继续羁押。

宋庆龄联合各界著名人士，为营救"七君子"出狱而奔走呼号。便于1937年6月25日与何香凝、胡愈之等十六人发起"救国入狱运动"。他们向新闻界发表书面谈话，并具状呈送江苏省高等法院，坚决表示愿与"七君子"同服"爱国罪"。具状送出十天，不见批答，宋庆龄再次请求入狱，与"七君子"并案处理。消息传出，全国各界人士踊跃响应，纷纷呈状江苏省高院，请求与七君子并案处理。7月的一天，宋庆龄不顾体弱病痛，率领何香凝、陈波儿、王统照等十余人，由上海奔赴苏州，同省高院进行说理斗争。宋庆龄义正词严地说："如果他们七位因主张抗日救国有罪入狱，则我们十余人亦应共同负责，一同坐牢；如果爱国无罪，则应同享受自由，立即释放他们七位。"

宋庆龄等发起的"救国入狱运动"，给了国民党反动当局以沉重打击。"七七"事变后，在全国人民的压力下，沈钧儒等终于在7月31日获释出狱。

毛泽东给宋庆龄的亲笔信

1936年9月18日，毛泽东亲笔写信给宋庆龄，商谈实现国共合作，建立抗日民族统一战线问题。其内容是：

庆龄先生左右：

武汉分别，忽近十年，每从报端及外来同志口中得知先生革命救国的言论行动，引起我们无限的敬爱。一九二七年后，真能继续孙中山先生革命救国之精神的，只有先生与我们的同志们。目前停止内战联合抗日之呼声虽已普及全国，然而统率大兵之蒋氏及国民党中央迄今尚无彻底悔过之心。这种违反孙中山先生革命的三民主义与三大政策之行为，实为国民党大多数党员所不容许而应立即纠正才是。因此，我想到要唤醒国民党中枢诸负责人员，觉悟于亡国之可怕与民意不可侮，迅速改变其错误政策，是尚有赖于先生利用国民党中委之资格作具体实际之活动。兹派潘汉年同志前来面申具体组织统一战线之意见，并与先生商酌公开活动之办法，到时敬求接洽，予以指导。付上我们致国民党中央的信以做参考。同时请先生介绍与先生比较接近的诸国民党中枢人员，如吴稚晖、孔祥熙、宋子文、李石曾、蔡元培、孙科诸先生，与汉年同志一谈，不胜感幸。

顺问

近安

毛泽东

"九一八"五周年纪念日

毛泽东的信使宋庆龄进一步认清了国内的形势和自己肩头的责任。她按照毛泽东的信中要求，热情指导潘汉年同国民党中枢要员的接触；当周恩来、秦邦宪、林伯渠等正式谈判国共合作的中共代表南来时，她又积极主动会见，为促成国共第二次合作做出了光辉的贡献。

宋庆龄选送国际友人去陕北

1936年，中共上海地下党组织曾恳请宋庆龄选送两位国际友人到陕北去，宋庆龄认真地按要求物色人选。当时在上海的美籍医生马海德，曾经不止一次地向她吐露过要到红军中去的愿望，就把他作为人选之一。在这之前，《世界日报》记者埃德加·斯诺把"寻找促进中美人民之间的友谊作为自己毕生的事业"，当听到中国红军长征到达陕北的消息，就下决心到"河的彼岸"去了解那"未知之地"——中国革命根据地的情况。为此，他曾专程由北平来到上海，请求宋庆龄帮助他到红军去访问，宋庆龄答应满足他的愿望。为此，宋庆龄作了精心安排，对于出行路线，与谁接头，怎样化名，以及沿途注意事项等都做了交代，并指定董健吾负责护送马海德和斯诺两位国际人去陕北。

宋庆龄著文抨击国民党

1937年3月20日，宋庆龄发表《中国不亡论》一文，批评国民党违背孙中山遗教，"耗费了数的生命，巨量的物质、精力与金钱"，进行内战，"忘掉了在日本侵略之下保卫中国"。并说："目前虽然内战已经停止，但是对共产党的妥协却一点也没有听到。"

宋庆龄发表《国共统一运动感言》

1937年9月25日，宋庆龄发表《国共统一运动感言》："读了中共赴国难宣言和蒋委员长团结御侮的谈话，我异常感动。在这民族危机千钧一发的今日，一切过去的恩怨，往日的牙眼，自然一笔勾销，但是过去国共分裂这一段悲惨历史，却仍值得我们的汲取，国民党同志应该谨记着：要是不顾先总理遗教，抛弃了工农大众利益，将成为民族的罪人，等与国民党自杀。共产党同志也应该记住:只有在孙总理遗教领导之下,和中国国民党真诚坦白合作,才能完成反帝反封建使命。我相信两党同志,经过惨痛教训,再加上日寇无情的残酷的进攻,一定能本'兄弟阋墙,外御其侮'的古训,友爱地团结成一体。唯有这样,才能是中华民国走上独立解放的胜利途径,孙中山先生死而有知也应该含笑九泉了!"

许广平的《献词》

鲁迅逝世后,夫人许广平一直默默地流着泪,她给鲁迅的《献词》是:"鲁迅夫子,悲哀的氛围笼罩了一切,我们对你的死,有什么话说!你曾对我说:'我好像一只牛,吃的是草,挤的是奶、血。'你不晓得,什么是休息,什么是娱乐。工作!工作!死的前一日还在执笔。如今……希望我们大众,锲而不舍,跟着你的足迹!——许广平敬献。"

我不戴青天白日帽徽

卢沟桥事变后,中国工农红军改编为国民革命军第八路军,一五师独立团团长杨成武按照中央军委的指示,安排部队换装,在换装的这一天,通讯连有几个战士一看帽徽是青天白日的标志,就将它扔到地上,踩到泥里去。三营有几个战士和干部争吵起来,气呼呼地说:"这不是国民党的帽徽么?和蒋介石头上戴的东西一样,我不戴!"一营二连的一个班长,一边哭一边说:"和国党打了这么多年仗,没想到今天自己倒成了国民党军,改编改编,这是什么改编,我就不改,我至死都是红军!这样改编下去,敌人欠我们的血债还不还了?我们一块从村里出来投红军的有十几个,如今只剩下我了,我要是戴上这玩意儿怎么对得住那些牺牲的同志啊?"

第二天,几个营先后报告:有的战士乘夜擅自离队,武器也带走了。看来,不会回来了。这几个人中,其中有一营二连的那个班长,他走时留下一个纸条说:"坚决不当国民党,回江西苏区闹革命!"

几天以后,离队的那个班长和另外几个人又回来了,团长杨成武亲自找他们谈话,那个班长说:"我们想来想去还是抗日重要。回到家乡,乡亲们一旦问:'日寇打进来了,你们怎么不跟红军去抗日?'我们没法回答。我们在队伍后面跟随了两天,看部队确实是要东渡黄河,打日本鬼子去,我们就回来了。"杨团长当即向他们表示欢迎,让他们各自返回原单位。并告诉原单位连首长说:"虽然他们有过失,但不要处分,还要像以前那样信任他们,让他们担任原来的职务。"

《绝命诗》被改

辛亥革命爆发后,汪精卫曾到北京什刹海旁的石桥下埋地雷,谋刺摄政王载沣,遭到逮捕。入狱后汪精卫就写了一首《绝命诗》:"慷慨歌燕市,从容作楚囚。饮刀成一快,不负少年头。"后来,汪精卫被释放。1937年日本发动全面侵华战争,汪精卫组织了"低调俱乐部"，宣扬对日作战无望胜利的论调，此后不久，便投敌叛国，甘当日军扶植的汪伪政权头目。后来有人就把汪精卫当年在社会上流传的《绝命诗》拿出来，把诗中每句前各加二字重新刊出，以讽刺汪精卫："曾经慷慨歌燕市，当年从容作楚囚，恨未饮刀成一快，终惭不负少年头。"

凛然自守

1937年"七七"事变以后，日本策划建立华北伪政权。日本侵略者考虑到徐世昌是北洋元老，资历甚高，又当过民国总统，富有政治经验，现在退休在家，正是出任华北伪政权首脑的最佳人选。于是就派徐世昌的得意门生章楼、金梁二人前往游说。章、金二人对徐说："日本人非常敬重您，特请您出任华北领袖，请您接受。"徐世昌一听，才明白这二人是来为日本侵略者做客，劝自己当汉奸，于是严正拒绝。章、金又以学生的身份，关心地说："我们是为老师的晚节着想，这是个千载难逢的机会，您千万不要错过。"徐世昌听了，非常气愤，双唇颤抖，厉声说道"你们知道什么是晚节？贪于一时利益，出卖国家民族，违背天理良心，这算是晚节吗？你们太浑。"徐世昌不为利诱，凛然自守的态度，使章、金碰了一鼻子灰，就不辞而别了。

宋庆龄批评反共政策

1937年2月15日，国民党五届三中全会召开，宋庆龄从1927年7月以后第一次出席国民党中央全会。她在大会上发表演说，批评国民党的反共政策说："令人万分遗憾的是，直到今天，政府中仍有个别人士不了解救国必先结束内战的道理，在今天居然还可以听到抗日必先剿共的老调，这是多么荒谬！我们要先打断一只手臂之后再去抗日吗？我们内战期间，国力都耗费在内战上面，日本军阀将我们的土地一块块地割去，使我们的国家受到蹂躏。每一个中国爱国志士现在庆幸政府在这些痛苦，经验之后已开始了解，救国必须停止内战，而且必须用包括共产党在内的全部力量，以保卫中国国家的完整。"

只配穿妇人衣服

1937年6月的一天，杨虎城带着新娘（杨第三任妻子）去拜望何香凝（廖仲恺夫人）。当时上海已进入伏天，可廖夫人还穿着春装。她一看客人有些不解，就说："我把衣服都送给蒋介石了。'九一八'事变时送去一套；长城抗战，热河沦亡，我又给他送去一套，喻示他的不抵抗行为如弱女子一般，只配穿妇人衣服；'一·二八'淞沪抗战，十九路军英勇抵抗，结果却签订了《淞沪停战协定》，十九路军退出上海，屈辱卖国，我又给蒋介石送去一套。这样我可换的衣服就不多了，只能穿着旧衣服见客了。"何香凝在会见谈话中，充满着豪情正义，体现出国民党左派人士爱国爱民的忠贞情操。

八女投江

　　1938年10月上旬,东北抗日联军第二路军第四、第五军主力西征,进入日军控制较严的中心地区。西征各部队与日军连续苦战后伤亡较大,即转入五常县境内分散活动。第五军第一师进至牡丹江支流乌斯浑河岸边时与日军遭遇,展开激战。随该师行动的第五军妇女团的八名女战士,指导员冷云、班长胡秀艺、杨贵珍、战士郭桂琴、黄桂清、李凤善(朝鲜族)、王惠民、被服厂厂长安顺福(朝鲜族),主动承担掩护大队突围转移任务,她们在弹尽援绝的情况下,毅然背起重伤的战友,一同跳下激流奔腾的马斯浑河。

童歌：只怕不抵抗

麦新词　冼星海曲
1937年1月

吹起小喇叭,嗒嘀嗒嘀嗒!
打起小铜鼓,得隆得隆咚!
手拿小刀枪,冲锋到战场;
一刀斩汉奸! 一枪打东洋!
不怕年纪小,只怕不抵抗。
只怕不抵抗。

总司令打篮球

　　康克清进入抗日军政大学学习,成为抗大第二期正式学员。
　　一次,朱德总司令给抗大学员讲完课后,到女生队去打篮球。康克清不和他一个队。开赛后,双方争夺激烈,康克清见球传到朱德的手里,就高声喊:"老总,快! 快把球传给我。"朱德看也不看,就把球传过去,康克清正在篮下,接过球就投篮,球一进篮,跟朱德一个队的人就埋怨起来:"总司令,你怎么把球传给康大姐,她跟我们不是一边的!""啊,啊! 我忘记了,上了她的当,下回注意!"朱德有些不好意思的回答。可是等到争夺激烈的时候,他只顾抢球,一听见康克清喊:"快,把球传给我!"朱德又飞速地把球传过去,同康克清同队的队员乐得哈哈大笑。
　　后来,与朱德同队的队员见他很难改过来,就不再传球给他,这样一来,所在队就等于少了一个队员,又觉得吃亏了,就要求重新编队,将朱德与康克清编在一个队里。这样谁也没意见了,开心地赛球。

领导要有预见能力

　　毛泽东说:"正确的领导,在于能有预见。坐在指挥台上,如果什么也看不见,就不能叫领导。坐在指挥台上，只看见地平线上已经出现的大量的普遍的东西，那是平平常常的，也不能算领导。只有当着还没有出现大量的明显的东西的时候，当桅杆顶刚刚露出的时候，就能看出这是要发展成为大量的普遍的东西，并能掌握住它，这才叫领导。"

朱德与卫立煌交朋友

1937年10月，八路军配合国民党友军，在太原北面的忻口抗击日军。朱德指挥八路军切断敌军后路，袭击日军运输线及后方基地，特别是八路军袭击了日军的阳明堡机场，击毁日军飞机二十余架，使忻口日军之粮食、弹药、汽油等供应困难，日军之机械化部队几乎全部失去作用。当时卫立煌是该战役的前敌总指挥，他看到在华北前线这么多国名党军队都吃败仗，只有八路军打胜仗，觉得八路军了不起，因此，也就非常仰慕朱德总司令。

1938年1月，卫立煌晋升为第二战区副司令长官，他以这个身份陪同朱德乘火车去洛阳参加蒋介石召开的作战会议，这是他俩人第一次见面。一路上两人谈得很投契，朱德所讲的关于抗日救国的道理，给卫立煌留下了非常深刻的印象。洛阳会议结束后，正逢春节。卫立煌率领他部下将领到八路军驻地向朱德拜年，并向八路军学习。卫立煌提出，要求朱总司令介绍一些人到他的部队工作，朱德欣然同意。卫将六个团交给朱德指挥。朱德嘱咐刘伯承、贺龙要关心这支部队，诚恳地对待他们。康克清曾回忆说："朱老总与卫立煌的关系不同一般，每次见面都是无话不谈。"卫立煌始终与八路军友好相处，并在力所能及的范围内给八路军以帮助。

糟糠之妻

吴玉章的夫人游丙莲，是个普通的四川农家女子，自幼缠脚，也不识字，年长吴玉章两岁。于1898年由父母之命结婚，这样的婚配在共同生活之前，自然谈不上什么感情。婚后生育一女一子，吴玉章留学日本，接着又参加了革命，很少能顾及家庭，游丙莲一人在家含辛茹苦，抚孤成长，表现了中国劳动妇女勇于自我牺牲的传统美德，受到吴玉章的敬爱。

1938年，吴玉章回国，历任延安鲁迅艺术学院院长、延安大学校长、华北大学校长、中共四川省委书记、中国人民大学校长、中国教育工会主任、全国人大常委等职。有人赞美他夫妻幸福，他说："我有一儿一女，家里又穷，在日本留学时，家曾断炊数日，任凭妻子丙莲贤惠使儿女长成。她一生勤俭，我三八年回家时，老伴拿出块香皂让我洗脸，我一看还是辛亥年我从日本带回来的。一块香皂，她竟然用了二十几年还在。古人说：'贫贱之交不可忘，糟糠之妻不下堂，何忍负之！'"

朱德论《抗战的战略与战术的变迁》

1938年9月7日，朱德总司令在延安干部会议上作《抗战的战略与战术的变迁》之报告,他指出:"日本侵略者根据他们的条件,订出速战速决的战略和采取中间突破的战术。中国根据自己的条件,战略上应是持久战,战术上应是运动战、游击战,并辅之以阵地战。华北抗战开始时,国民党军队却在日军进攻面前节节抵抗,结果很快被日军突破,直到八路军到敌后,消灭了大量敌人,解放大片国土,敌人的战略战术开始有了改变,利用伪政权,采用'以华制华'的办法,在军事上被迫采用迂回和包围的战术,但不管敌人的战略战术怎样改变,由于得不到群众的支持,是不会有好的效果,我们广泛的发动群众,建立抗日根据地,又灵活的运用我们的战略战术,必能最后战胜敌人。"

宋庆龄指责美国助日

1938年8月21日,宋庆龄在广州对在纽约召开的世界青年大会发表广播演说,指出在日本侵略下,中国只有一条路可走,那就是拼死的战斗,坚持抗战,直到最后胜利。她指责美国把军火供给日本进攻中国是可耻的行径。

非有斋

黄炎培给自己的书房取名"非有斋",借用庄子"吾身非吾有也"之意,以为吾身已非吾之所有,何况身外之书斋。不料这块"非有斋"匾额悬上不久,竟不翼而飞,杳如黄鹤。于是他写了两首风趣而含哲理的诗以纪其事:

> 身外我何有?何尝有我身。
> 林荫容小住,"非有"当斋名。

> 君子梁上来,赏奇负之走。
> 语我以真理,非有非非有!

三姐妹走到一起

1938年6月14日,正当中国抗日战争处于紧张的阶段,宋庆龄在香港组织成立了保卫中国同盟(以下简称保盟),并亲自担任保盟中央委员会主席,为了团结一切抗日力量,宋庆龄抛嫌释怨,以革命家的博大胸襟,团结在政治上长期跟她分道扬镳的亲兄弟宋子文(时任国民党政府财政部长),孙科(时任国民党政府行政院长),让其作为保盟发起人,邀宋子文担任保盟会长,并吸收了不少国际友人在保盟任职。

1940年2月,宋美龄到香港治病,住在宋蔼龄在香港沙逊街的宅第里,宋庆龄也从半山区摩通道21号寓所搬到这里来住。宋美龄知道,在西安事变的第二天,宋庆龄为了粉碎何应钦轰炸西安,扩大内战的阴谋,曾准备飞往西安,说服张学良释放蒋介石。二姐在关键时刻所表现的这种不计较个人荣辱恩怨的胸怀,使宋美龄受到感动。这次宋美龄来香港疗养,三姐妹暂时摒除了政治上的分歧,一起闲聊,一起下厨,说着外人难以了解昔日家中的笑话,相互试穿着彼此的衣服……成了一个小"联合战线",快乐地度过了一段十余年来从未有过的家庭生活。

我们退避三舍　并非怕你们

1940年1月19日,八路军一二九师师长刘伯承赴冀西同国民党冀察战区司令长官鹿钟麟和国民党第九十七军军长朱怀冰谈判,说:"国民党军队总是想消灭共产党军队,为了共同抗日,我们接受改编,缩小根据地,我们已经退避三舍了,现在实在无地可退,你们总得让我们抗日有地! 八路军一个师抵抗了十万日军、十万伪军,并非怕你们,我们从抗日的大局出发,为了团结,不忍国共自相残杀。"鹿钟麟等经刘伯承劝说,当即表示中立,但朱怀冰执迷不悟,继续攻击八路军,到本年3月,九十七军万余人全部被一二九师歼灭。

出太行

朱　德

1940年5月5日

1940年5月5日,在太行前线指挥八路军整整三个年头的朱德总司令要返回延安。朱德一行到达河南济源,他面对黄河,想起三年来日夜在一起的战友和太行人民,内心激动,难以平息,因赋《出太行》诗一首:

群峰壁立太行头,

天险黄河一望收;

两岸烽烟红似火,

此行当可慰国仇。

名将以身殉国家

1940年秋天,日本侵略军调动大批兵力,向我太行山区进行报复性的大"扫荡"。八路军副总司令彭德怀和副参谋长左权直接部署和指挥,参加这一战役共一百○五个团约四十万人的兵力,经过了三个半月大小一千八百余战,毙、伤、俘日伪军共计四万五千多人,给日军以沉重的打击,获得辉煌的战果,给全国军民以极大的鼓舞。1942年,左权在指挥作战时,壮烈牺牲,时年三十七岁。太行人民为纪念左权将军的不朽功绩,把他以身殉国的辽县,改名为左权县,修建了左权将军纪念馆。

朱德总司令为左权写了悼诗:

名将以身殉国家,

愿拼热血卫吾华。

太行浩气传千古,

留得清漳吐血花。

我中国不亡于倭奴之手

第五战区三十三集团军总司令张自忠在给部下诸将领书中说:"根据最近之情况,日军又要发动进攻,只要敌人来犯,兄即到河东与弟等共同战斗。国家到了如此地步,除我等为其死,毫无其他办法。只要我等报必死决心,我五千年历史之中国,就决不会亡于区区三岛倭奴之手。为国家民族死之决心,决不半点改变,愿与诸弟共勉之。"1940年5月16日,他奉命率部渡过襄河,侧击南撒的日军。在襄河东岸宜城的南瓜店,由于无线电报被日军破译,他率领的军队被日军包围,他身中七弹,前胸后背鲜血直流,他高呼"杀敌报仇"在激战中壮烈牺牲。

陈嘉庚考察国共抗战

1940年,中国的抗日战争进入了最艰难的与敌军相持阶段。这一年3月中旬的一天,著名爱国华侨领袖陈嘉庚老先生,带着数万南洋华侨的重托回国慰劳抗战将士,并考察国内情况。

蒋介石指定由宋子文组织一个接待班子,专门接待。陈嘉庚到了重庆,被安排住进豪华宾馆,每顿酒宴要花掉800元。陈嘉庚对此非常不解,现在举国抗战,国力维艰,前方将士流血牺牲,缺吃少穿,武器弹药都供应不足,在这种情况下,后方理应节衣缩食,用好每一分钱支援前线,怎么能这样奢侈浪费呢? 为了谢绝宴请,陈嘉庚只好在重庆的报刊上发表了一则声明,慰劳团一切费用已经带来,不需政府耗费财力,敬请谅解!

两个月后,陈嘉庚等几经辗转到延安,受到延安军民的热烈欢迎。毛泽东亲自接见,将晚宴设在杨家岭的办公窑洞外,露天里仅一张旧桌子,有些地方还残破不平,毛泽东让人取了一张报纸铺在上面遮盖。不一会报纸被风吹走,毛泽东当时非常抱歉。晚宴的主食是二米饭,菜是自己院子里种的几样蔬菜,唯一拿得出手的是一罐鸡汤,是邻居大娘听说有贵客来访,就把下蛋的母鸡杀了送了过来,这一餐饭算下来,仅花费一块五毛钱。

后来,陈嘉庚在谈到延安之行时说:"延安共产党必胜,是中国未来之希望,是我大中华民族之庆幸。"

毛泽东论学习方法

1941年5月19日,毛泽东在延安干部会上,作了《改造我们的学习》的报告。指出,党的干部在学习马克思主义理论方面有两种态度、两种学习方法。

一种是主观主义态度。这种态度,不是为了解决中国革命的理论问题,策略问题到马克思主义那里找立场、找观点、找方法,而是为了单纯地学理论而去学理论。在学校的教育中,在在职干部的教育中,教哲学的不引导学生研究中国革命的逻辑,教经济学的不引导学生研究中国经济特点,教政治学的不引导学生研究中国革命的策略,教军事学的不引导学生研究适合中国特点的战略和战术,诸如此类。所学理论完全脱离了实际。这

种态度,拿了律己,则害了自己;拿了教人,则害了别人;拿了指导革命,则害了革命。有一副对联,是替这种人画像的:

> 墙上芦苇,头重脚轻根底浅;
> 山间竹笋,嘴尖皮厚腹中空。

对于没有科学态度的人,对于徒有虚名无实学的人,你看,像不像?

一种态度是马克思列宁主义态度,这种态度就是应用马克思列宁主义的理论和方法,对中国国情,对周围环境作系统的周密调查和研究,不是单凭热情去工作,而是有目的地去学习马克思主义,把马克思主义同中国的实际结合起来,是为着解决中国的实际问题而去从它找立场、找观点、找方法的。这种态变,就是有的放矢的态度。"的"就是中国革命,"矢"就是马克思列宁主义,"是"就是客观事物的内部联系,即规律性,"求"就是我们去研究。中国革命的实践证明,马克思列宁主义的普遍真理一经和中国革命的具体实践相结合,就使中国革命的面目为之一新。

叶挺挥笔写囚诗

1942年11月21日,被蒋介石囚禁的新四军军长叶挺在狱中挥笔写下囚诗:

> 为人进出的门紧锁着,
> 为狗爬走的洞敞开着,
> 一个声音高叫着:
> 爬出来啊!
> 给尔自由!
> 我渴望着自由,
> 但也深知人的躯体哪
> 能由狗的洞子爬出!
> 我只能期待着,那一天
> 地下的火冲腾把这活棺材和我
> 一齐烧掉,
> 我应该在烈火和热血中得到永生。

贺　　寿

1942年11月14日,被国民党囚禁的新四军军长叶挺写信给郭沫若。祝郭沫若五十大寿。信中说:"在囚禁中与内子第二次聚会,彻底长谈廿四小时,曾说及十五日将往祝郭沫若兄五十大庆,戏以香烟罐内圆纸片制一'文虎章',上写'寿强萧伯纳,骏逸人中龙'两句以祝。别后自思,不如改为下二句为佳:寿比萧伯纳,功追高尔基。"

叶挺在狱中困难的条件下自制"文虎章"作为礼物;并由夫人李秀文送到重庆赖家桥郭沫若家中。对此,郭沫若说:"这样一个宝贵的礼物,实在使我怀着深厚的谢意和感激。我感激得泫着了眼泪。"

说吾孬者是吾师

中华人民共和国成立前,戏剧大师梅兰芳在一大戏院演出京剧《杀惜》。剧场内,戏迷们喝彩声不绝。戏场里有一位老人却连声说:"不好!"梅兰芳听到后,戏一下场,他来不及卸妆更衣,就让人用车把这位老者接到家中,待如上宾。用茶毕,他恭恭敬敬地说道:"说吾孬者,是吾师也。先生言我不好,必有高见,定请赐教,学生决心亡羊补牢。"

老先生严肃又认真地指出:"惜姣上楼和下楼之台步,按'梨园'规定,应是上七下八,博士为何八上八下,请问这是出于哪位名师所传?"

梅兰芳一听,恍然大悟,深感自己的疏漏。纳头便拜,连声称谢不止。

此后,梅兰芳凡在当地演戏,都要请这位老者观看,并常请他指正。

群鼠群鼠　何多如许

1937年"七七"事变后的一天,我国著名书画家齐白石在家门口贴出一张别具一格的"告白":"画不卖与官家,窃恐不详,告白。"告白上说:"从来官不入民家。官入民家,主人不利。谨此告知,恕不接见。"

一群日本宪兵看到这张告白,顿时恼羞成怒。他们全副武装,闯进了齐白石的画室,翻箱倒柜,没收了他多年靠作画积存的一笔巨款。齐白石在愤怒中,全部砍掉了住宅内亲手栽植的花木,砍掉葡萄藤,连根都挖掉了。

齐白石对日本军阀、特务和汉奸更加充满了憎恨,他常常借诗画影射和咒骂敌人。在一幅"群鼠图"中,他题诗写道:"群鼠群鼠,何多如许?何闹如许?既啮我果,又剥我黍。烛地灯残天欲曙,严冬已换五更鼓。"尖锐地斥责了日寇"群鼠"对中国的侵略罪行。

林伯渠拾粪

1942年,陕甘宁边区在日军和国民党军以的夹击封锁下,进入空前的困难时期,毛泽东主席号召开展大生产运动,自力更生,克服困难。作为陕甘宁边区政府主席的林伯渠带头参加生产。一天有个姓惠的农民见林伯渠每天早上拾粪,便领着自己的儿子挑起两篓筐粪倒在林老的粪堆上,说:"你老年纪那么大了,又是政府主席,政府的事又多,以后我们帮你拾了。"林伯渠说:"你的好意我理解,但我还要坚持每天拾类。参加大生产运动,我也是一个普通的老百姓。"

林伯渠严格要求自己,给自己定了生产、节约计划:一、自己坚持参加生产劳动,完成细粮二石交粮食局(用变工合作方法);二、收集废纸交建设厅;三、从1月25日起戒绝吸外来纸烟;四、今年的棉衣、单衣、衬衣、鞋林、被褥、手巾、肥皂,完全不要公家供给,全由自己生产劳动解决。

任弼时获纺线比赛第一名

20世纪40年代初,党中央号召边区开展大生产运动,任弼时积极带头参加。有一天,中央机关和警卫人员在延安开出了一大片荒地,却没有种子下地,正在发愁时,任弼时从自己的挎包里拿出一个布包来,打开一看,里边装着萝卜、白菜、茄子、黄瓜、辣椒等种子。对大家说,这是我从太行山回来时,老乡送我的新种子,咱们种上,精心管理,争取获得丰收。

一次,王震来延安汇报三五九旅在南泥湾开展大生产情况,任弼时听了非常满意,并表达自己想学纺线,让王震给他解决个摇纺车。他收到纺车后,也像女同志那样盘腿而坐,一有空就练习,很快就掌握了技术要领,纺的线又均又细。1943年3月,他和周恩来一起,参加了中央书记处在杨家岭举行的军民纺线比赛。在参加比赛的二百名干部、群众中,他纺的线获得第一名,被送到生产成果展览会上展览。这件事当时在陕北老区被传为美谈。

狱中题壁(节选)

戴望舒

1942年4月

如果我死在这里,
朋友啊,不要悲伤,
我会永远地生存,
在你们的心上。

你们之中的一个死了,
在日本占领土地的牢里,
他怀着深深仇恨,
你们应该永远地记忆。

当你们回来,从泥土
掘起他伤损的肢体,
用你们胜利的欢呼,
把他的灵魂高高扬起,

然后把他的白骨放在山峰,
曝着太阳,沐着飘风,
在那暗黑潮湿的土牢,
这曾是他唯一的美梦。

水牛赞

郭沫若

1942年4月

水牛,水牛,你最最可爱.
你是中国作风,中国气派。
坚毅,雄浑,无私,
拓大,悠闲,和蔼,
任是怎样的辛劳,
你都能够忍耐,
你可头也不抬,气也不喘。
你角大如虹,腹大如海,
脚踏实地而神游天外.
你于人有功,于物无害,
耕载终生,还要受人宰。
筋肉肺肝供人炙脍,
皮骨蹄牙供人穿戴
活也牺牲,死也牺牲,
丝毫也不悲哀,也不怨艾,
你这殉道者的风怀,
你这革命家的态度,
水牛,水牛,你最最可爱。

以戒为师

弘一法师,近代著名的律学大师,重兴南山律宗的第十一代祖师。他对日军侵华极为愤慨,说道:"吾人吃的中华之粟,所饮的是温陵之水,身为佛子,于此时不能共纾国难于万一,自揣不如一只狗子!"曾书写"念佛不忘救国,救国不忘念佛"字幅,还加跋语云:"佛者,觉也。觉了真理,乃能誓舍身命,牺牲一切,勇猛精进,救护国家。"他发愿弘扬律学。在佛教诸多宗派中,律宗是最重修持的。弘一身体力行,持戒甚严,每月只吃早午二餐,且过午不食;衣物无过三件,寒冬亦是如是。他遗下的一件百衲衣,有二十二个补丁,皆亲手自补。

1942年10月13日,弘一大师圆寂。弥留之际,书"悲欣交集"四字,是为绝笔。马一浮曾挽诗云:"若行头陀重,遗风艺苑思。自知心是佛,常以戒为师。"

郁达夫夫妇为孩子起名

小说家、散文家,诗人郁达夫与妻子王映霞生有两个儿子,老大起名郁飞,老二起名郁云。此后不久王映霞又有了身孕,郁达夫便对她说:"但愿能生一女,我将给她起名叫银瓶。"王不解:"此言何意?"郁说:"岂不闻岳飞抗金故事,岳家军的岳飞、岳云皆武艺非凡,还有一女将是岳飞的女儿叫岳银瓶,我给孩子分别起名余曰'飞'曰'云'曰'银屏',岂不是全套岳家军,兵强马壮。"王映霞听了笑了笑说:"如此看来,如果生的是男孩,我将给他起名'郁亮'。"郁达夫问:"此言何意?"答曰:"张飞、赵云、诸葛亮,这套人马更厉害,文武双全。"

据郁达夫在《记耀春之殇》一文中说:"长子飞,次子云,是从岳家军里抄来的名字;同时三国志里也有飞、云两位健将。"从给孩子起名字看出,他对历代忠勇名将的敬慕,并以他们的功绩来期望自己的孩子。

王稼祥首次提出"毛泽东思想"

1943年7月5日,王稼祥发表文章,纪念共产党成立二十二周年和抗战六周年,在这篇文章里,王稼祥率先提出了"毛泽东思想"的概念,王稼祥认为中国共产党二十二年的历史,是为争取中国民族解放的斗争史,也是寻找、确定和充实中国民族正确道路的历史。中国民族整个过程中的正确道路,就是毛泽东在其著作中或实践中所指出的道路。毛泽东思想就是中国的马克思列宁主义,中国的布尔什维克主义,中国的共产主义。一个政党应有革命的理论,共产党应有马列主义与本国的革命经验、本国现实相结合的革命理论,在中国,它就是毛泽东思想,没有它的领导,革命运动无法胜利。

毛泽东论领导方法

1943年6月4日,中共中央发表由毛泽东起草的《关于领导方法的决定》。《决定》指出,在我们党的一切实际工作中,凡属正确的领导,必须是从群众中来,到群众中去。将群众的意见集中起来,又到群众中去做宣传解释,化为群众意见,使群众坚持下去,见之于行动,并在群众行动中考验这些意见是否正确。然后再从群众中集中起来,再到群众中坚持下去。如此无限循环,一次比一次更正确、更生动、更丰富。

李有源编唱《东方红》

1943年1月,陕北佳县著名秧歌的领唱者李有源用《骑白马》调编了几段新词歌唱中国共产党及其领袖。接着,他又带领移民队去延安开荒时,用这几段新词为头,续编成长达十余段的《移民歌》。这首歌随他的移民队到处传播,深受群众欢迎。延安文艺工作者听后将它整理了段词,改名为《东方红》,在延安《解放日报》上发表。以后,在全国传唱开了。

《南泥湾》

　　1943年5月,由贺敬之作词,马可作曲的《南泥湾》在陕北传唱,成为一首脍炙人口的名曲。歌词是:

　　　　　　花篮的花儿香,
　　　　　　听我来唱一唱,
　　　　　　唱呀一唱,
　　　　　　来到了南泥湾,
　　　　　　南泥湾好地方.
　　　　　　好呀地方。
　　　　　　好地方来好风光,
　　　　　　好地方来好风光,
　　　　　　到处是庄稼,
　　　　　　遍地是牛羊。
　　　　　　往年的南泥湾,
　　　　　　处处是荒山,
　　　　　　没呀人烟,
　　　　　　如今的南泥湾,
　　　　　　与往年不一般,
　　　　　　不呀一般。
　　　　　　如呀今的南泥湾,
　　　　　　与呀往年不一般,
　　　　　　再不是旧模样,
　　　　　　是陕北的好江南。
　　　　　　陕北的好江南,
　　　　　　鲜花开满山,
　　　　　　开呀开满山,
　　　　　　学习那南泥湾,
　　　　　　处处是江南,
　　　　　　是呀江南。
　　　　　　又学习来又生产,
　　　　　　三五九旅是模范,
　　　　　　咱们走向前,
　　　　　　鲜花送模范。

董必武怒斥何应钦

1943年9月18日至27日,国民党在重庆召开国民参政会,国民党参谋总长何应钦作军事报告,百般诬蔑中国共产党和八路军、新四军不遵守国民党的军令政令,擅自挺进敌后,扩大防区,与国民党军队造成摩擦等任意编造的罪名,想利用这次会议通过反共决议。这时,在重庆的我党参政员只有董必武一人,何应钦报告一结束,董必武立即按照会议规则提出口头质问,用事实举例说:"共产党其军队在极端困难的条件下坚持抗日,国民党政府四年多没补充他们一颗子弹,三年没给他们一文钱,纵然如此,十八集团军牵制了日军十几个师团的兵力,粉碎了日军的多次'扫荡'……这些战绩,何总长在报告中一字不提,这是对十八集团军几十万人抗战的抹杀,是对敌后几千万人民抗战的无视!"随后,董必武对何报告中的种种诬蔑逐条批驳。董必武的长篇发言,有理有据,整个会场鸦雀无声。何应钦听着,面红耳赤,色沮神慌,不能对答。国民党的老议员谷正纲感叹地说:"董必武讲话,会场那样安静,连掉颗针也能听得到。为什么共产党有这种老头子,而国民党没有?"当时有人写了一首诗,赞扬董必武:

为国谋团结,奔驰大后方。
只凭三寸舌,胜过万条枪。
暴露言辞尽,从容任务偿。
声明离议席,理直气宇昂。

梅兰芳蓄须明志

1943年3月,京剧表演艺术家梅兰芳蓄须明志,并将此照片登载在各大报纸上。上海沦陷后,梅兰芳即罢歌息舞,在沪杜门谢客,表示不与日伪合作,以此保持民族气节。

懂英语者被活埋

1943年春节时,山西大同日军宪兵司令以请客的名义找来了当地三百九十九名知识分子,他们拿出几本商务印书馆出版的《模范英语读本》,令他们每人念一遍,凡会念的站一边,等到所有的人都念过后,日军特务机关长田中一则宣布:凡懂英语的都是亲英美派,是"皇军"的敌对分子,应杀掉。说完,便将这三百九十九名知识分子带到郊外,全部活活地埋到深沟里。

郭沫若发表《甲申三百年祭》

1944年3月22日,郭沫若的《甲申三百年祭》已在重庆《新华日报》连载四天了。目前抗日战争已由战略相持转入战略反攻,郭沫若为配合这一形势,在纪念李自成领导的农民三百周年的时候,撰写了《甲申三百年祭》,对李自成领导的农民起义的原因、经验教训做了总结。全文分三个部分。第一部分说明明朝末年,政治腐败,灾荒严重,崇祯昏聩,结果引起民变,弄出亡国之祸。第二部分叙述李自成起义队伍由小到大,直至推翻明朝统治,占领北京,其中特别详细考证了知识分子李岩的历史及其重要作用。第三部分说明李自成占领北京之后,不听李岩的主张,被胜利冲昏头脑,忽略敌人,不讲政策,若干首领生活腐化,发生宗派斗争,最后终于失败。文章发表四天来受到毛泽东和中共中央的重视。毛泽东指出,要从李自成起义的历史中汲取经验教训,并批示将《甲申三百年祭》作为中共整风的文件之一。

共产党可亲可靠

1944年,日军实行"一号作战"的计划,国民党军队望风而逃,河南、湖南、广西等大片国土沦丧,当地人民迫切期待有人领导他们起来反抗侵略者。毛泽东当机立断,确定由共产党领导的军队开辟河南,发展苏浙皖,进军湘鄂西。毛泽东说:"国民党一点希望都没有了。中国人民要解放,中国要得救,只有共产党才有办法。蒋介石丢到那里,我们就到那里。全国老百姓都仰望着我们。""共产党好像柳树一样,到处插下去就可以活,长起来。但柳树也有缺点,容易顺风倒,所以还要学松树,挺而有劲。柳树有机动性,松树有原则性,柳树可亲,松树可靠,我们共产党人就是要可亲、要可靠。"

毛泽东为张思德致悼词

1944年9月5日,中共中央首长警卫员张思德在陕北安塞山中烧炭时因炭窑崩塌而牺牲。中共中央主席毛泽东得知后亲自交代:"一、给张思德身上洗干净,换上新衣服;二、买一口好棺材;三、要开追悼会,我去讲话。"

9月8日,中央警备团和中央机关部分同志一千多人,在延安枣园操场上,为张思德——一个普通的士兵召开隆重的追悼大会。毛泽东亲笔写下"向为人民利益而牺牲的张思德同志致敬"的挽词。

大会向张思德默哀后,毛泽东站在一个土墩上,为张思德致了悼词。毛泽东在悼词中说:"人固有一死,或重于泰山,或轻于鸿毛。为人民利益而死,就比泰山还重;替法西斯卖力,替剥削人民和压迫人民的人去死,就比鸿毛还轻。张思德同志是为人民利益而死的,他的死是比泰山还要重的。"

王明公开向中共中央作检查

1945年4月20日,中共六届七中全会通过了《关于若干历史问题的决议》。前中共领导人王明给任弼时写了一封长信,并请转给毛泽东及七中全会各位同志。信中说:"我对《决议》中对我所犯的错误的批评完全同意和拥护。我之所犯教条主义的'左'倾路线错误,也不是偶然的,这是由于我丝毫不懂马克思主义理论及基础,完全不懂中国社会和中国革命的实际情况,全不研究中国政治、军事、文化的历史事实和历史经验,以及简直不懂国际经验和民族传统的结果。尤其是由于没有群众工作经验和没有群众观点。""我郑重声明:决心在党所指定的任何下层工作岗位上,向毛主席和中央各同志学习,向劳动人民学习,一切从头学起,一切从新做起,以多少补偿由于自己错误缺点而造成的党的工作的重大损失于万一!"

王明被担架抬进七大会场

1945年4月23日,中国共产党在延安召开了第七次全国代表大会。前中共领导人王明仍在病中,他是被担架抬进大会会场的。参加完开幕式后,王明就离开了会场。这是王明一生中第一次以正式代表身份,出席中国共产党的全国代表大会,出席时间大约十五分钟。王明在七大上以三百二十一票再次当选为中共中央委员,在四十四名中央委员中排在倒数第二位,列博古之前。大会投票时,毛泽东端坐台上,一直等王明票数超过半数时才离开会场。

斯大林不承认中共

1945年4月美国驻华大使赫尔利在赴华途中路经莫斯科,同斯大林和莫洛托夫进行了会谈。赫尔利在会谈后给美国参议院外交委员会的报告中说:"请把中国共产党和苏维埃社会主义共和国联盟区别开来,因为二者是不同的。在这次会谈中,斯大林和莫洛托夫反复告诉我,俄国根本不承认武装的中国共产党是共产党。据我所知,在我们所经历的整个变化多端的时期中,他们对我是说话算数的。俄国不支持中国共产党。俄国不希望中国内战。俄国不希望中国分裂和建立两个政府。俄国希望同中国建立更为密切和协调的关系。"

延安归来

1945年7月,黄炎培等五位国民参政会参政员访问延安,受到了毛泽东等中央领导人热情欢迎。黄老返回重庆后,发表了著名的《延安归来》。其中一段是这样写的:

"有一回,毛泽东问我感想怎样?我答:'我生六十多年,耳闻的不说,所亲眼看到的,真是所谓"其兴也勃焉,其亡也忽焉",一人,一家,一团体,一地方,乃至一国,不少单位都没有能跳出这周期率的支配力。大凡初时聚精会神,没有一事不用心,没有一人不卖力,也许那时艰难困苦,只有从万死中觅取一生。既而环境慢慢好转了,精神也就慢慢放下了,有的因为历史长久,自然的惰性发作,由少数演变为多数,到风气养成,虽有大力,无法扭转,并且无法补救。也有为了区域一步步扩大了,它的扩大,有的由于自然发展,有的为功业欲所驱使,强求发展,到干部人才渐见竭蹶,艰于应付的时候,控制力不免趋于薄弱了。一部历史,"政怠宦成"的也有,"人亡政息"的也有,"求荣取辱"的也有。总之没有能跳出这周期律。我希望中共诸君能找出一条新路,来跳出这周期率的支配。'

"毛泽东答:'我们已经找到新路,我们能跳出这周期率,这条新路,就是民主,只有让

人民来监督政府,政府才不敢松懈,只有人人起来负责,才不会人亡政息。'

"我想这话是对的,只有大政方针决之于公众,个人功业欲才不会发生。只有把每一地方的事,公之于每一地方的人,才能使地地得人,人人得事。用民主来打破这周期率,怕是有效的。"

毛泽东看望陈立夫　戴季陶

毛泽东在重庆四十三天,除主持谈判外,还同各界朋友进行了广泛的接触。就是对一向坚持反共的陈立夫、戴季陶也前去看望。

9月20日,他在秘书王炳南陪同下看陈立夫。见面后,毛泽东用回忆往事的口气,谈起大革命初期国共合作的情景,然后在谈笑自若中批评国民党后来实行的剿共政策。他说:"我们上山打游击,是国民党剿共逼出来的,是逼上梁山。就像孙悟空大闹天宫,玉皇大帝封他为弼马温,孙悟空不服气,自己鉴定是齐天大圣。可是你们连弼马温也不给我们做,我们只好扛枪上山了。"陈立夫表示,要对这次国共和谈"尽心效力"。

另一次,毛泽东由王炳南陪同去看戴季陶,出来时正好在小路上同蒋介石相遇,蒋问他去哪里,他说去见了戴季陶。蒋先是一怔,然后说:"好,见见好,见见好。"

朱德回复蒋介石令

1945年8月10日,日本宣布无条件投降,蒋介石企图独占抗战胜利的果实,便连下三道命令:要求解放区第十八集团军就原地驻防待命,不得擅自接受日军投降,要求国民党各部队积极推进,勿稍松懈,要求日伪军只准接受国民党军队的收编。

面对严峻的内战危险,朱德、彭德怀以延安总部正、副总司令名义致电蒋介石,指出:"你的命令不但不公道,而且违背中华民族的利益,仅仅有利于日本侵略者及背叛祖国的汉奸们,这个命令你是下错了,并且错得很厉害。我们不得不坚决拒绝这个命令!"

8月15日,朱德命令侵华日军总司令冈村宁次投降,命令宣布:"你应下令你指挥的一切部队,停止一切军事行动,听候中国解放区八路军、新四军及华南抗日纵队的命令,向我方投降,不得接受八路军、新四军及华南抗日纵队以外的命令。"

8月16日,朱德总司令又致电蒋介石,提出六项制止内战的主张并要求蒋介石公开收回他在11日的错误命令,电文说:"内战危险空前严重,制止内战的办法是凡被解放区军队所包围的敌伪军,由解放区军队接受其投降,你的军队则接受被你的军队所包围的敌伪军投降。(这时,蒋的军队在抗战期间大多退到西南西北大后方了)这不但是一切战争的通例,尤其是为了避免内战,必须如此。如果你不这样做,势将引起不良后果,我现在向你提出严重警告,请你不要等闲视之。"

毛岸英上劳动大学

1945年12月初,毛岸英从莫斯科大学毕业,回到延安。毛泽东为了让毛岸英多了解些中国的社会情况，尤其是中国的农村情况，就在1946年2月春耕快要到来的时候，把毛岸英送到农村，接受劳动锻炼，学习农业生产知识，熟悉农村情况。毛泽东对毛岸英说："你在苏联大学毕业了，但学到的只是书本上的知识，只是知识的一半，这是不完全的。你还需要上另外一个大学，去学另一半知识。这个大学中国过去没有，外国也没有，它就叫'劳动大学'。"毛泽东还告诉毛岸英："你要老老实实地锻炼，要和群众打成一片，生活上不要有任何特殊，要多做调查研究工作，通过实际的调查，了解中国农村和中国农民的情况，学习书本上学不到的东西。"

梅汝璈揭露日军在南京大屠杀

1946年1月9日，盟国最高司令部在东京设置远东国际军事法庭，审判与惩处日本法西斯首要战犯。出席远东国际军事法庭的中国法官梅汝璈用大量血淋淋的事实，揭露日军攻陷南京后，进行了长达六周的狂虐残暴的血腥大屠杀。

梅汝璈揭露说："1937年12月13日，日军攻陷南京，日本兵在市内完全像一群被放纵的野蛮人似的来污辱这个城市，日军士兵单独地或二三成群地在全市游荡，任意杀人、强奸、抢劫和放火，他们看到中国的男女和小孩任意地屠杀，大街小巷遍地是被杀害者的尸体。并进行大规模的集体屠杀，在占领的第三天，日军对我已放下武器的军警三千余人，用机枪密集扫射，然后用火焚化；占领的第四天，对五千多男女难民，双手反绑，排列成行，用机枪射杀，弃尸江中；占领的第六天，将被拘囚于幕府山的男女老幼共五万七千四百十八人，全部用铅丝捆扎，用机枪密集扫射，然后往尸骸上浇上煤油焚化，目的是为了灭迹。

"在大量'集体屠杀'同时，又实行活埋，有好几处'万人坑''千人冢'，成千上万的人被活活埋死。

"更残忍的是，日军实行绝灭人性杀人方法：砍头、劈脑、剖腹、挖心、水溺、火烧、割生殖器、砍去四肢、刺穿阴户或肛门等极端残忍手段。

"在南京沦陷后持续六个星期之久的时间里，日军每天要杀成千上万的无辜同胞，累计超过三十万人。"

叶挺获释

1946年3月4日，国民党迫于政治形势，同意恢复新四军军长叶挺的自由。叶挺于1941年皖南事变中被扣，已囚禁五年，先后关押在上饶、重庆、恩施、桂林等地，在狱中写《囚歌》一诗，坚贞不屈。5日，叶挺致电中共中央，要求加入中国共产党，请求中共中央审查他是否合格。7日中共中央回电答复叶挺的入党申请，电文说："亲爱的叶挺同志，欣闻出狱，万众欢腾，你为中华民族解放事业进行了二十余年的奋斗，经历了种种严重考验，全中国都已熟知你对民族与人民的无限忠诚。兹决定接受你加入中国共产党为党员，并向你致热烈的慰问与欢迎之忱。"

蒋介石最相信的是武力

朱德总司令在评价蒋介石时说:"蒋介石最相信的是武力,如果你打不过他,他就让你下不了台;如果打败了他,他就老老实实坐下来与你谈判。"

事实正是如此,1945年,毛泽东到重庆与蒋介石谈判,签订了《双十协定》。到1946年,蒋介石却撕毁《协定》发动了内战。原因是他认为自己强大,能一举消灭共军。蒋介石当时拥有兵力为四百三十万,中共军队只有六十一万,加上地方武装中共为一百二十七万。蒋介石军队武器精良,他有陆军、空军、海军,美军援助他飞机九百三十六架,军舰一百三十艘,又接受了侵华日军一百万人的武器装备。共产党军队是小米加步枪。蒋介石对他们的将领们说:"我们有特种兵以及空军、海军,而共产党没有。我们一定能速战速决,把共军消灭。"结果,辽沈战役,中共东北野战军一举歼灭国民党军队四十七万两千人,小米加步枪的人民解放军打败了美式装备的国民党精锐之师。这一仗,是对国民党统治集团的致命一击,引起了全国战局的急转直下。蒋介石两次吐血,他悲丧地说:"东北一经沦陷,华北乃即相继失守,而整个形势也就不可收拾了。"

宋庆龄说国民党不能取胜

1946年7月22日,宋庆龄在上海发表《对目前时局的主张》指出:"国民党不能在内战中取胜,何以反动者还要发动一个他们所不能取胜的内战呢?因为他们希望中国的内战会引起美苏战争!从而在最后摧毁中国共产党。"她要求制止内战,立即成立联合政府,并呼吁美国停止军用物资运华。

朱德六十大寿

1946年12月1日,是朱德六十寿辰,延安以特殊的方式为总司令祝寿。《解放日报》发表了中共中央祝贺朱德六十寿辰的祝词及《朱德将军年谱1886~1945》从11月29起,延安全城悬旗三天,各界人士纷纷举行庆祝活动。毛泽东为此题词"朱德同志六十大寿,人民的光荣",刘少奇的题词是"朱总司令万岁",中共中央在祝词中称:"人民庆祝你的六十年生活,因为你是中国人民六十年伟大奋斗的化身,中国人民解放军的佳节,是解放区和全国人民的佳节……你的寿辰正是战斗的号召,胜利的号召,全解放区的军民,一定要用胜利的自卫战打退和粉碎反动派的进攻,作为替你祝寿的纪念!"

11月30日,祝寿活动达到高潮。晚上在中央大礼堂举行祝寿晚会。朱德在晚会上深情地讲:"我是一个农民的儿子,所有农民的儿子都是要革命的,那时不成功是摸不到路,后来找到了,加入了中国共产党。反动派一定失败,中国人民一定胜利,我相信我可以亲眼看到中国革命获得成功。"

生的伟大　死的光荣

1947年1月12日，刘胡兰在山西文水县云周西村从容就义。刘胡兰于1946年6月加入中国共产党，任村妇救会秘书、区妇救会干事。本月12日，阎锡三军队突袭云周西村，因叛徒出卖被捕，面对阎军的威胁，刘胡兰坚贞不屈。阎军将同时被捕的六个农民当场用铡刀铡死。刘胡兰从容躺在铡刀下，痛斥敌人，最后被敌以铡刀残酷杀害，年仅十五岁。毛泽东亲笔题词，赞扬她"生的伟大，死的光荣"。

五大书记让新房

1947年3月，根据形势的发展，中央政治局决定，毛泽东、周恩来、任弼时留在陕北，主持中共中央和中央军委工作，刘少奇、朱德等东渡黄河，前往华北，组成中央工作委员会，担负中央委托的任务。刘少奇、朱德等于1947年5月到达河北平山县西柏坡，开始中央办公地建设。

1948年，在毛泽东尚未到达西柏坡时，刘少奇和朱德便为他专门准备了住处，房子是用大青石新砌的窑洞，是连在一起的三眼石窑洞（一间办公、一间住宿、一间会客），坚固安全，宽敞明亮，在西柏坡是首屈一指的好房。其他四位书记，全都是土坯垒的民房。

可是毛泽东考虑到自己要出访苏联，不知何时才能返回，到他回国的时候，也许不用再到这儿来住，于是暂住城南庄晋察冀军区大院。这时刘少奇找到周恩来说："主席不来了，你到后院住那几间窑洞吧。"周恩来说："你和朱老总两家住在一个院子有点挤，朱老总岁数大了，让他去住，如他不愿再搬动，你就搬过去。"其实周恩来住的是五大书记最差的一处，刘少奇知道他的脾气，你把好事给他，他是不会答应的。

刘少奇就去动员朱德住进去，朱德说："我住的挺好，就不动了，恩来不去，弼时的身体不好，就让弼时去吧。"任弼时在五大书记中年龄最小，比朱德小16岁，他当然不会接受："说句老百姓的话，我们好比亲兄弟，好房子兄长不住让小弟，这不合情理啊。谁也不用再谦让，朱老总最该住。"大家左推右推，朱德只好住进去了。

朱德搬进去不久，斯大林致电毛泽东，考虑到中国战局和途中的安全，建议他推迟访苏。18日，国民党飞机轰炸城南庄军区大院，击中毛泽东的住房，当晚毛泽东转移了住地，不久，离开花山村，乘车来到西柏坡。

朱德对毛泽东说："后院三件窑洞是我们为你盖的，你一定要住进去，明天你就搬进来吧。我在陕北住窑洞住腻了呢！"朱德说住腻了当然是推辞。毛泽东笑着说："我就住前院那农家小院。朱老总啊，我们当中数你年长了，有好房你不住谁住？不用推辞，就这么定了！"

于是，中共中央五大书记齐聚西柏坡，居住在几个相邻的小院里。然而，就在这个世界最小的司令部里，导演了规模最宏大的战略决战。

全国土地工作会议

1947年7月,受中共中央的委托,刘少奇在河北平山县西柏坡主持召开了全国土地工作会议。

西柏坡地处太行山东麓,全村只有四百多人口。山沟里的村子,有一小块平地,会场就设在这里,搭起一个简易布棚作为会场,地上放着一些石头作为凳子。刘少奇在开幕式上讲话,他说,至去年中央发出《五四指示》一年多来,许多地方满足了农民要求,但许多地区仍没有做好工作。他强调,土地问题是解决一切问题的根本环节,"左"了一切就"左","右"了一切就"右",会影响到各种问题。会议通过了刘少奇起草制订的《中国土地法大纲》。它规定,废除封建半封建剥削的土地制度,实行耕者有其田的制度,按农村人口平均分配土地。刘少奇在讲话中说:"解决土地问题是直接关系到几百万、几千万人的问题,就全国来说,是几万万人口的问题。这直接是农民的利益,同时也是全民族的利益,是中国人民最大最长远的利益。"

全国土地工作会议后,各解放区都开展了轰轰烈烈的土改运动,广大农民分得了土地,主动积极支持解放战争,使中共获得了广泛的支持。

叩头拜寿

蒋介石在上海交易所当职员时,由虞洽卿介绍,拜上海流氓头子黄金荣为先生,并正式举行拜师仪式。1926年至1927年期间,蒋介石当了北伐军总司令,到上海去看望黄金荣,黄认为蒋已飞黄腾达,便改变了师徒称呼,并将门生帖子退还给蒋介石。1947年,黄金荣八十寿辰时,蒋介石亲自从南京到上海为黄金荣拜寿。蒋介石到黄金荣所在的客厅,亲自搬了一只红木椅,把黄金荣扶到木椅上坐下。黄金荣连忙说:"不敢当,不敢当,行个鞠躬礼吧!"可是蒋介石已跪下,向黄金荣行了叩拜礼。

作为国民党的总裁,却向上海的流氓头子叩头,实为怪事,一时传为笑谈。

宋庆龄在孙中山遗像前哭诉骂蒋

1948年3月12日,孙中山先生逝世二十三周年,蒋介石率国民党文武官员谒陵,当在孙中山像前默哀时,宋庆龄走向前去,指着孙中山遗像大声哭着说:"你真的死了哇,你死断气了哇,现在的国家让一些狐群狗党在那儿胡作非为,弄得乌烟瘴气,民不聊生,你一点也不管呵?你真死了哇!"蒋介石等感到恼火,但不敢发作。

你们家开银行啊

朱德从华东回到西柏坡,康克清正在布置窑洞房间,朱德见门口放着一双破棉鞋,看样子是警卫员准备丢弃的。朱德用清水洗干净,晒干,戴上老花眼镜缝起来,准备再穿一冬。

邻居的老太太见这位大官也缝缝补补，心里转不过劲来，问警卫员，警卫员笑而不答。老太太纳闷："共产党的大官也是穷人啊！"

当时，中央决定准备发行第一套人民币，共发行从一元至五万元十二种面额，六十个票种。一天，林伯渠为发行中央货币写好了"中国人民银行"几个字，请朱德过目。这时，恰好邻居的老太太走过来，听说是印钞用的，便问，你们家开银行啊？这下子，老太太更加纳闷了，管银行的还这么穷啊？一双破棉鞋还补了又补，舍不得丢？

在进北平的这一天，朱德在离开之前，他又回到屋里。看见墙角那双补了又补的棉鞋，便问警卫员："棉鞋还可以穿，怎么要丢了呢？"警卫员告诉他，后勤供给部门，考虑到北平天气还很冷，每人补发了一双棉鞋。朱德一听，说："我这双鞋虽然破了点，补一补还可以穿嘛！你把这双新鞋退回去吧，我们的战士在前方，比我更需要新鞋！"就这样，朱德穿上他补的棉鞋踏上进北平路程。

最好的通行证

按照中央在城南庄会议决定，朱德代表党中央和毛主席去河南濮阳华野部队研究作战计划，进行战前动员。

5月10日一早，朱德由陈毅、粟裕陪同，分承两辆吉普车和一辆卡车，由西柏坡出发赴濮阳。

过了邯郸，进入国民党统治区，只能在夜间赶路。月光下，吉普车没有开灯缓缓前行，突然发现一支国民党的军队走来，警卫员向朱德报告，说前面发现敌人，我们赶快疏散躲避。朱德让停车，他观察后，说："这支队伍约有200多人，不用管他，我们做好战斗准备，没有命令不许开枪！"他指指自己乘坐的美制小吉普车和同行的大卡车，说："这是我们打石家庄时刚刚缴获的战利品，有了它，就是最好的通行证。"

说完，朱德上车，告诉司机："把车灯打开，只管放心大胆地往前开。"车的灯光把路面照得如同白昼一般，司机又频繁地按着喇叭，前面的国民党军队见车来到，都纷纷往路两边闪开，还以为是自己的长官，齐刷刷地在"立正"声中行注目礼。他们做梦也没想到，中国人民解放军总司令就在他们面前一闪而过。

朱德一行安全通过了国民党统治区，大家都松了口气，打心眼佩服总司令胆识和妙算。

敌机轰炸城南庄

1948年5月18日的早晨，国民党飞机突然来袭炸城南庄。晋察冀军区司令员聂荣臻，快步来到毛主席房间，由于毛泽东通宵工作，现在正躺在床上休息。聂荣臻用急切的声音说："主席，敌人飞机来轰炸，请您快到防空洞去。"毛泽东坐起来，若无其事，非常镇静，风趣地说："不要紧，没什么了不起！无非是投下一点钢铁，正好打几把锄头开荒。"

因为情况紧急，聂荣臻让警卫人员取担架来，将毛泽东扶上担架，一溜小跑进入房后的防空洞。刚进入防空洞,敌人的飞机就投下了炸弹,击中了毛泽东的住房。显然,国民党方面已经获得毛泽东住处的情报。当天晚上,毛泽东就转移到离城南庄二十多里的花山村。

蒋介石戏弄李宗仁

1948年5月20日,蒋介石与李宗仁要宣誓就任正副总统。就职典礼的服饰问题,李宗仁事先请示蒋介石,蒋说应穿西装大礼服,李宗仁便让人到上海赶制一套高冠硬领的燕尾服。岂料宣誓前夕,蒋介石又传出手谕,要穿军用便服,李宗仁虽莫名其妙,但只好照办了。

宣誓就职这一天,赴会的文武官员皆着礼服,各国使节及眷属也都穿着高贵的大礼服,一时间钗光鬓影与燕尾高冠相互辉映,一派节日气氛。当礼炮响过二十一响,赞礼官恭请正、副总统就位时,李宗仁身穿军队便服走上前台,他却看到蒋介石穿的竟是长袍马褂。李宗仁当即醒悟,自己被蒋介石戏弄了。因为竞选之前,蒋劝李不要参加副总统竞选,李执意要参加,结果李宗仁当选,蒋介石很不满意,现在有意出他的洋相。蒋介石打扮得像一名绅士名流,李宗仁就俨如跟随绅士的马弁了。

草菅人命

一次,蒋介石在途中,遇到一个青年军官驾驶着摩托车,车上坐了四人,这是违反规定的。他当即让随行的侍卫兵去查问。查明驾车人为防空学校的一名姓何的中尉。蒋介石勃然大怒,随即责令防空学校校长黄镇球拘押该军官,并批示执行枪决。黄镇球认为,超载当然违反规定,该处罚,但罪不至死。但又不敢直面违抗蒋介石,只是诚惶诚恐的表示自己教育无方,希望能免姓何的一死,但蒋不答应。时任委员长侍从室主任的张治中主管治安,看到批示后,并未立即去执行,在蒋的批示上签上了"交军法总监部依法办理"。由此,挽救了这个青年的一条命。

陈布雷的"死谏"

陈布雷任国民党中央政治委员会秘书长、总统府国策顾问,追随蒋介石二十余年始终忠贞不贰,一切听命于蒋介石,被蒋视若股肱。当他看到国民党政府腐败无能,官员贪污腐化日益严重,曾向蒋介石谏言;对蒋介石独断专行,固执己见,任用亲信,排斥异己,更是忧伤不已。蒋以强制手段推行的币制改革酿成社会动乱和辽沈战役的大溃败,是他神智沮丧,孤愤难抑。他时常独诵"瓶之倾兮,十佳罍之耻"之句,抑抑不可终日。他一连写了十几篇遗属后服毒自杀。他在给蒋介石的遗书中,充满了绝望的心情,并引用韩愈的两句诗"中朝大官老于事,讵知感激徒婵娟"痛切陈言蒋介石不要只听左右那些人的阿谀奉迎、维诺取宠的大小官僚。陈布雷的自杀,使蒋介石恼羞不已,感到最亲信的人,也背叛了他。此事在国民党执政集团中引起了很大震动,时人认为这是陈对蒋介石的"死谏"。

乌鸦叫祸

上党战役打响后,史泽波战败。阎锡山派彭玉斌率两万人驰援上党,命令他:"不战败共军,收复长治,别回来见我。"结果这两万人全部被歼,彭玉斌自杀身亡,史泽波也战败被俘。

阎锡山的精锐之师不到三个月的时间就被歼三万五千万人,阎锡山七窍生烟,躺在床上反思,为何败得如此之快,如此之惨?突然他大叫一声:"哎呀,我太糊涂了!原因找到了。"他叫来副官问:"我决定往上党派援军时,是不是有一群乌鸦在园里大树上呱呱叫了一阵子。"副官说:"是。"阎锡山后悔地说:"这就对了,乌鸦叫祸啊!谁家一死人,他们就出来了,'乌鸦叫,棺材到'。我总是这样糊涂啊,鸣鸦叫得那样凶,我还决定派兵,没救出史泽波,连增援的两万人也白白送给了共产党!""啪啪!"阎锡山狠狠地打了自己几个耳光。

傅作义接受和平解放北平

天津解放后,人民解放军兵临北平城下。为了维护古都风貌,使人民免遭战火涂炭,平津前线司令部林彪司令员向北平守军最高长官华北"剿共"司令傅作义发出关于和平解放北平的公函。迫于解放军的强大攻势,傅作义同意和平解放北平。22日,傅作义率部按协议撤离北平市区,人民解放军入城接受防务,北平和平解放,保护了历史文化名城,避免了人民生命财产的损失。

2月22日,毛泽东,朱德在西柏坡接见了傅作义,傅说:"主席,我有罪。"毛泽东说:"谢谢你为人民做了一件大好事,人民是永远不会忘掉你的。"毛的话使傅作义很受鼓舞。他表示要在中国共产党的领导下,多做一些对人民和国家有益的事情,以弥补以前的过错。

猴子的诱惑

刘斐在广州问李宗仁,为什么不按自己的诺言在国共北平和谈协议上签字?又要离开职位去桂林呢?李说:"你们谈下来的条款,简直等于投降,这叫我怎么能签字呢?签了字又怎么能执行呢?一切都被蒋介石控制死了,我发号施令没人听,要兵没兵,要钱没钱,什么事都办不成。"刘斐又问:"那你现在为何自投罗网来广州呢?"李宗仁说:"蒋氏给我一封亲笔信,说:'现在党国处在危急存亡的最后关头,你身为代总统,对党国负有不可旁贷的责任,岂能儿戏视之一走了事。'"又说:"只要你来广州负责,一切军、政、财权都归你掌握,他一定要做到使李要钱有钱,要人有人,要军队有军队,决不致有任何掣肘之处。"

刘斐听后对李宗仁说:"你像童话故事里的那只猴子。有只猴子蹲在树上,有个提猴子的人想把它捉住,就从怀里取出一只苹果,向猴子再三诱惑,示意要把苹果给她,那猴子看见苹果,果然垂涎三尺,在树上徘徊瞻顾,跳来跳去,终于经不起诱惑,下树来取那只苹果,刚想抓苹果,却被捉猴子的人抓住套上了锁链。蒋所说的给你军、政、财权,就等于是那只苹果嘛。现在薛岳控制了广州,就是蒋氏手上的锁链,你有什么办法呢?"

新中国的国体和政体

毛泽东在绘制新中国建设蓝图时,明确指出:"资产阶级的共和国,外国有过的,中国不能有,因为中国是受帝国主义压迫的国家。""唯一的路是由无产阶级领导的,以工农联盟为基础的人民共和国。我们采用民主集中制,而不采用资产及议会制。议会制,袁世凯、曹锟都搞过,已臭了。在中国采用民主集中制是很合适的。我们提出开人民代表大会……不搞资产阶级的国会制和三权鼎力。"1949年1月,苏共中央政治局委员米高扬来华访问,毛泽东对他说:"我们之所以采用这样的国体和政体,是由新中国的经济条件,政治条件和群众条件诸因素所决定的,符合中国的国情。"

希望考个好成绩

毛泽东和中共中央其他领导人在开完七届二中全会后,于1949年3月23日离开西柏坡,进驻北平。在进行出发的准备工作时,毛泽东对周围的人说:"我们就要进北平了。我们进北平,可不是李自成进北平,他们进了北平就变了。我们共产党人进北平,是要继续革命,建设社会主义。"出发前,他对周恩来说:"今天是进京的日子,不睡觉也高兴啊。今天是进京'赶考'嘛。"周恩来笑着说:"我们应当都能考及格,不及格要退回来。"毛泽东说:"退回去就失败了。我们决不当李自成,我们都希望考个好成绩。"

刘少奇访苏

1949年6月,刘少奇率中共代表团出访苏联。7月11日,在克里姆林宫,刘少奇出席了苏共中央政治局会议,双方进行了第一次高层正式会谈。苏方表示,新中国一旦成立,便立即给予承认。并提出可以修改1945年中苏条约(即苏同国民党政府签订的条约)。

经过一个多月的会谈,代表团与苏共交流了看法,听取了苏共对建设新中国的意见,同时签订了贷款协定,还落实了几个军事经济合作项目。

回国前,斯大林又一次在孔策沃别墅设宴招待了刘少奇。期间,斯大林问:"你们打算什么时候宣布成立中央政府?"刘少奇回答:"我们目前正在集中力量解决华南各省的问题,成立中央政府要到明年1月,可能是1月1日。"斯大林说:"解决重大问题时,固然要稳妥,要掌握时机,但更重要的是不可错过时机。我想提醒你们注意防止敌人可能利用所谓无政府状态进行干涉。这是毒辣的招,不能不防。"

刘少奇访苏,获得了极大的成功。

1949年8月中旬,刘少奇回国,同行的有数十名苏联专家。

1949年10月1日,一个伟大的日子,这一天,中华人民共和国成立了。

胜利者是不能被审判的

1949年6月至8月,刘少奇受中共中央委托访问苏联,主要是向斯大林介绍中国国内的情况,今后的任务,以及对帝国主义国家的外交方针;陈述中国对1945年国民党政府与苏联政府签订的中苏条约的处理意见;争取苏联对新中国的支持和帮助;刘少奇还转达了毛泽东准备访苏的意向。斯大林说,中国新政府成立,两国建交以后,毛泽东即可来莫斯科。斯大林对中国革命的胜利,对中国共产党在具体运用马克思主义方面取得的成就,给予高度评价。斯大林还对于他在1945年日本投降后,要求中国共产党与国民党实行妥协的错误,主动作了自我批评,说:"胜利者是不能被审判的,凡属胜利了的都是正确的。"

等全中国解放了 我们再也不搬家了

1949年3月23日,毛泽东率中央机关离开西柏坡,向北平出发。行车途中,毛泽东同警卫人员谈笑风生。他说:"今天又是3月份,为什么老在3月份咱们有行动呢。你们记得这几次行动的时间吗?你们说说。"警卫排阎长林说:"1947年3月18号撤离延安啊。""去年3月份呢?""去年3月22日,由陕北来脂县的杨家沟出发,向华北前进啊!"毛泽东接着说:"今天是3月23日,与去年3月22号只差一天,我们又向北平前进了。三年三次大行动都是在2月份。明年3月份应该解放全中国了。等全中国解放了,我们再也不搬家了。"他又说:"进北平是要进的,但是没有想到有这么快。你们想到了吗?"阎长林说:"我们也没有想到撤离延安两年就进北平了。"毛泽东说:"咱们没有想到,蒋介石更没想到。他天天想消灭我们,反而被我们消灭了。人心向背,这就决定了我么必定胜利,蒋介石必定失败。"

一件好的衣服都没有

在新政协筹备会期间,一天,毛泽东准备会见张澜先生,事前盼咐卫士长李银桥说:"张澜先生为中国人民的解放事业做了不少贡献,在民主人士中享有很高的威望,我们要尊敬老先生,你帮我找件好衣服换换。"李银桥在他仅有的几件衣服里选了半天也没找到一件没有补丁的衣服,李银桥心里很不是滋味,对他诉苦道:"主席,咱们真是穷秀才进京赶考,一件好衣服都没有。"毛泽东说:"历来纨绔子弟考不出好成绩,安贫者能成事,嚼得菜根百事可做,我们会考出好成绩!"李银桥说:"现在做衣服也来不及了,要不先找人借一件穿?"毛泽东说:"不要借,有补丁不要紧,整齐干净就行。张先生是贤达之士,不会怪我们的。"毛泽东就是穿着补丁衣服会见张澜。接着会见过许多民主人士。

七　　律
人民解放军占领南京

毛泽东
1949 年 4 月

  1949 年 4 月 20 日,国民党南京政府复电,断然拒绝接受《国内和平协定》第二天,毛泽东、朱德联名发出《向全国进军的命令》。4 月 23 日,人民解放军占领国民党的统治中心南京。下午,毛泽东从《人民日报》号外上得知这一消息,他当即给刘伯承、邓小平写了贺电,并写了一首《七律·人民解放军占领南京》

       钟山风雨起苍黄,
       百万雄师过大江。
       虎踞龙盘今胜昔,
       天翻地覆慨而慷。
       宜将剩勇追穷寇,
       不可沽名学霸王。
       天若有情天亦老,
       人间正道是沧桑。

中华人民共和国

中国人民站起来了

毛泽东在中国人民政治协商会议第一届全体会议开幕词中说:"我们的工作将写在人类的历史上,它将表明占人类总数四分之一的中国人从此站立起来了。中国人从来就是一个伟大的勇敢的勤劳的民族,只是在近代落伍了。这种落伍,完全是被外国帝国主义和本国反动政府所压迫和剥削的结果。一百多年以来,我们的先人以不屈不挠的斗争反对内外压迫者,从来没有停止过,其中包括伟大的中国革命先行者孙中山先生所领导的辛亥革命在内。我们的先人指示我们,叫我们完成他们的遗志。我们现在是这样做了,我们团结起来,以人民解放战争和人民大革命打倒了内外压迫者,宣布中华人民共和国成立了。我们的民族将从此列入爱好和平自由的世界各民族大家庭,以勇敢而勤劳的姿态工作着,创造自己的文明和幸福,同时也促进世界的和平和自由。我们的民族将再也不是一个被人侮辱的民族了,我们已经站起来了。我们的革命已经获得全世界广大人民的同情和欢呼,我们的朋友遍于全世界。"

毛泽东撰写碑文

毛泽东主席为人民英雄纪念碑写的碑文是:"三年以来,在人民解放战争和人民革命战争中牺牲的人民英雄永垂不朽!三十年以来,在人民解放战争和人民革命战争中牺牲的人民永垂不朽!由此上溯到一千八百四十年。从那时起,为了反对内外敌人,争取民族独立和人民自由幸福,在历次斗争中牺牲的人民英雄们永垂不朽!"

碑文由周恩来总理书写后镌刻在人民英雄纪念碑上。

开国大典时的北京城

陈再道回忆说:"我作为代表参加了1949年10月1日举行的开国大典,当时安排我住在东交民巷附近的六国饭店。那时北京称北平,北京城古老而陈旧。东单西单都有牌楼,前门里外都卧着不少骆驼,拉洋车的人穿来穿去。最高建筑是北京饭店,最好的剧院是长安大戏院。市民们多是吃的玉米面窝窝头,街上不少讨饭的和捡煤球的城市贫民。总之,旧中国留给我们的是一个古老而又贫困的烂摊子。"

毛泽东首次访苏

1949年12月16日,毛泽东首次访苏到达莫斯科,他见到斯大林第一面,两人互致问候,寒暄几句后,毛泽东马上就提出说,关于中苏1945年条约(指1945年蒋介石和斯大林签订的中国同意外蒙通过公投分离出去,同意把旅顺港租给苏联,还牵扯到大连港的行政权等)修改的事,话还没说完,斯大林就说,我们认为1945年的条约不能变,必须保留,就把毛泽东的话给顶回去了。毛泽东心里很气愤,但想刚来如果硬谈效果也不好,于是转了话题。

因为斯大林七十大寿,好多国家领导人都来祝寿。等到祝寿完了各国领导人都走了,就剩毛泽东一人,他就待在宾馆里,也不出来,在那里发脾气,因为他不愿睡沙发床,只睡硬板床,他就把宾馆的沙发垫拉出来,扔在地上。按原来的安排,要去访问列宁格勒,集体农庄和参观地铁,他说身体不舒服不去了。斯大林感到非常尴尬,劝他出来参加些活动,露露面也好。

没有几天外面传开了,谣言四起,说毛泽东被斯大林软禁了,中苏发生了严重分歧。这样弄得斯大林非常被动。1950年1月2日,莫洛托夫去找毛泽东,说斯大林同意按照中国的条件签订新的同盟条约。毛泽东立即让周恩来来莫斯科。直到23日,苏方拿出了他们修改的条文,毛泽东一看发火了,说这是换汤不换药,只是1945年的条约换了个名字,中长路还是中苏共同占领、经营,旅顺港是等到对日合约签订以后再还给中国,对于大连港的事根本没有提。

毛泽东对苏方提供的新的同盟条约,十分不满意,对周恩来说:"你重新搞一个。"周恩来按照毛泽东的意见重新起草了一个条约,提出旅顺港的归还不能等对日合约,最迟在1952年底以前归还中国;中国对大连港的行政立即收回,所有租给苏联的物资全部无偿还给中国;中国无偿收回中长路的主权。

当把中方的方案交给苏联,斯大林看后异常愤怒,在文件上,不是画杠杠就是打叉子、画问号、叹号,但最终还是同意了中国的方案。

斯大林劝国共以长江为界

汪东兴回忆说:"毛主席在第一次访苏,在同斯大林会谈时,斯大林坚持中国人民解放军不要打过长江,要以长江为界,先与国民党谈判,实行南北而治。然而恰在这时,美国代替日本反对中国人民的解放。谈判休息时,毛主席对我说:'斯大林坚持不要我们打过长江去,实质上是对中国共产党的能力有怀疑,对国民党存有希望。同时,斯大林还担心美国干涉,爆发新的世界战争。在这种时候,如果我们表示软弱,退让不前,不敢坚决地用革命战争反对反革命战争,中国将不会解放,将变成黑暗世界,我们民族的前途就将被断送。'毛主席在接着的会谈中,坚持独立自主的立场,以大量事实证明中国共产党有力量解放全中国,也有能力管理统一全中国,我们对中国任何一块土地都有不容置疑的主权。我们在管理方面有不懂的地方可以请求苏联老大哥帮助我们,但自主权是绝对不能放弃的。通过几次会谈,斯大林很佩服毛主席的雄才大略,对毛主席以及中国共产党加深了解,为新中国在国际舞台上树立了良好形象。"

陈云理财

新中国刚刚诞生时,面临着国民经济严重衰退和全面萎缩的严峻形势。农业减产,工厂倒闭,交通梗阻,物资奇缺,物价飞涨,失业众多。1949年夏季的特大洪水,更使得经济困难局面雪上加霜。在大工业城市的上海,全市煤的存量只够用一个星期,粮食和棉花的存量不足维持一个月。在物价暴涨时,出现了商店拒收人民币的情况。有些人说:"共产党在军事上得了满分,在政治上是八十分,在经济上恐怕要得零分。"

面对这样严峻的经济形势,需要立即下力解决。毛泽东把这一重任交给了有理财之能的陈云,成立了以陈云为主任的中央财政经济委员会。陈云组织实施了两个"战役":一是"银圆之战"。刚刚解放的上海,金融投机分子就掀起了一次银圆涨价风,每枚银圆的黑市价,从人民币的600多元上涨到1800多元,带动了整个物价上涨。陈云经过深入调查发现,近期连续出现的几次大的物价波动,都是由金融投机资本比较集中的上海领头带起来的,只有先稳住上海,才能稳住全国。于是采取断然措施,查封金融投机的大本营上海证券大楼,沉重地打击了破坏金融的非法活动,取得了"银圆之战"的胜利。二是"粮棉之战"。"银圆之战"后,上海投机资本不甘心失败,很快转向粮食、棉纱和煤炭市场,利用战后全国物资极其匮乏的机会,大做投机生意,又引发了全国性涨价狂潮。一些人发出狂言,说:"只要控制了两白一黑,就能置上海于死地。"针对这种情况下,陈云按中央的统一部署,大批粮食、棉纱、煤炭从全国各地紧急调往上海、北京、天津等大城市,同时采取敞开抛售紧俏物资,使暴涨的物价迅速下跌和收紧银根,征收税款两手。这样一来,投机商资金周转失灵,囤积物资贬值,两头失踏,纷纷破产。这些措施,有效地控制住通货膨胀,到1950年3月,全国的物价就完全稳住了,国民党统治时期留下的通货膨胀的严重后遗症完全消除。经过"银圆之战"和"粮棉之战"两次交锋,民族资产阶级对中国共产党的治国理财能力有所认识,甘愿接受中国共产党和人民政府的领导。

要搞五湖四海

中华人民共和国成立,在组建中央人民政府时,毛泽东说:"组建中央人民政府,要有非党人士参加,共产党和进步人士还是一半一半好,要搞五湖四海,共产党要永远与非党人士合作,这样就不容易做坏事和发生官僚主义。"对于谁担任什么职务,毛泽东考虑得很周到。对于政府中非党人士的生活也很关心。每个月给程潜五万斤小米,补贴帮助他。毛泽东说,程潜应酬多,开销大。傅作义当了水利部长,毛泽东对有关人员说:"傅作义和平起义,是有功的,应该让他自己挑一个副部长,有职有权。"那时政务院有十个以上的部长都是党外民主人士。

解衣赠恩师

中华人民共和国成立初期,毛泽东邀请二十年前的老师徐特立先生来北京。徐老到中南海后,毛泽东准备了两样家乡菜为老师洗尘。席上一碗湘笋,一碗青椒,都是两人爱吃的。他抱歉道:"没有好菜吃。"徐老笑着说:"人意好,水也甜嘛!"

上桌前,徐老对毛泽东说:"您是全国人民的主席,应该坐上席。"他马上谦让道:"您是主席的老师,一日为师,终身为父,您应该坐上席。"

徐老在北京几日,将要回南方,毛泽东见徐老穿着还像当年那样简朴,联想到徐老为革命牺牲的爱子,就将自己的一件呢子大衣送给徐老。徐老接衣在手,老泪纵横,激动不已。毛泽东拉着老师的手,送了一程又一程。

徐老十分珍惜这段师生之情。回家后,他把大衣交给老伴收藏好,只是去庄重的场合才穿。

零敲牛皮糖

1951年,在抗美援朝实施第五次战役时,双方兵力都在百万左右。但是"联合国军"在武器装备方面占有绝对优势,它不仅有技术精良的装甲兵、炮兵,而且美军的制空权机动性很强。中国人民志愿军对美军一个团的兵力曾多次进行合围,却始终不能消灭它,至多消灭一个营。毛泽东在给彭德怀的电报中说:"目前打美、英军不要贪图打大仗,只实行战术小包围,打小歼灭战,只要求我军每一个军在一次作战中,歼灭美、英、土军一个整营,至多两个营。用'零敲牛皮糖'的办法,一口一口地吃掉敌人,积少成多,合起来就是一个很大的数字。"不久,毛泽东又详尽地谈到这种战术,说:"每次作战,都须集中我军优势兵力采取突然动作,对成排成连成营的敌军,给以全部或大部歼灭性的打击;然后在敌人向我军举行反击的时机,又在反复作战中给敌人以大量的杀伤;再依情况对于被我攻克的据点,凡可以守住者固守之,不能守住者放弃之,保持自己的主动,准备以后的反击。用此种战法,继续实行下去,必能制敌于死命。""零敲牛皮糖"作战法,成为志愿军战胜敌人的一个法宝。

彭德怀为巴金改文稿

1952年春天,作家巴金率领一批新闻、文学工作者赴朝鲜战场对中国人民志愿军官兵进行采访,采访中写了一篇散文《我们会见彭德怀司令员》。原稿中有一句描写了彭总的和蔼可亲的话是:"他像长者一样对子弟讲话。"应该说,这个比拟对于位年逾半百且统兵数十万的战功赫赫的开国元勋来说,并不过分。然而,彭总看后,却感到不妥。他立即给巴金写了这样一封信。

巴金同志:

"像长者对子弟讲话"一句改为"像和睦家中亲人谈话似的"吧。我很希望这样改一下，不知允许否？其次，我是一个很渺小的人，把我写得太大了一些，使我有些害怕！

  致以

  同志的敬礼！

彭德怀

这几句平易而朴素的话，显现出一位老革命家的谦逊而伟大的人格。

黄敬为刘青山、张子善说情

  在公审宣判大贪污犯刘青山、张子善大会之前，当时担任天津市委书记的黄敬找到薄一波（时任中央人民政府节约检查委员会主任）说："刘青山、张子善错误严重，罪有应得，当判重刑，但考虑到他们在战争年代出生入死，有过功劳，在干部中影响比较大，是否可以向毛主席说说，不要枪毙，给他们一个改造的机会。"当薄一波向毛泽东转达了黄敬的意见后，毛泽东说："正因为他俩的地位高，功劳大，影响大，所以才下决心处决他们。只有处决他们才可能挽救二十个、二百个、两千个、两万个犯有各种不同程度错误的干部，黄敬同志应该懂得这个道理。"

  2月10日，在河北省省会保定市举行了公审刘、张二犯大会，刘青山、张子善受到了法律的严厉制裁。

不要逞英雄

  毛泽东针对高岗、饶漱石结成反党集团的教训，说："不要逞英雄。事业是多数人做的，少数人的作用是有限的。应当承认少数人的作用，就是领导者、干部的作用，但是没有什么了不起的作用，有了不起的作用的还是群众。""没有你，地球就不转了吗？地球还是照样地转，事业还是照样地进行，也许还要进行得好些。"他特别告诫说："要夹紧尾巴做人，戒骄戒躁，永远保持谦虚进取的精神。"

拒收礼

  1953年，彭德怀从海南岛沿海自南而北视察防务，在舟山群岛视察完毕后到杭州住进招待所，晚上招待所工作人员给他斟酒时，彭德怀说："我是能喝几口的，但通常不喝。"工作人员说："因为这是周总理故乡的名酒，您来到了浙江，所以才请您喝点品尝品尝。""嗬，原来是绍兴老酒，那倒应当尝一尝。"彭德怀喝了两杯，连声称赞："酒味醇厚，名不虚传。"

  几天后，彭德怀要回北京，在彭总上车前，负责接待的领导，把一坛酒送上专车，并当面托付给他的参谋和警卫员。可是，当彭总上车时，他还是知道了。他对前来送他的几位同志说："我在杭州喝了几口绍兴酒，说起来还是小事，接受你们的礼物，那就是大事了，不能这样做，你们把酒拿回去。"送行的同志被彭总严于律己的品德所感动，立即将酒搬了下来，目送专车离开。

要保持谦虚态度

1953年8月，毛泽东在全国财经会议上讲话，提出要保持谦虚态度，他说："一曰不做寿。做寿不会使人长寿。主要是把工作做好。二曰不送礼。至少党内不要送。三曰少敬酒。一定场合可以。四曰少拍掌。不要禁止，出于群众热情，也不泼冷水。五曰不以人名作地名。六曰不要把中国同志和马、恩、列、斯平列。这是学生和先生的关系，应当如此。遵守这些规定，就是谦虚态度。"

秦基伟戒烟

一代名将秦基伟，战争年代九死一生，战功赫赫。1955年被评为上将。其实，他是一员儒将，豁达优雅，曾给溥仪和国民党高级将领做报告，使与共产党为敌的达官贵人也为之感动。

秦基伟还是个有名的"烟筒子"，一天没有两包烟下不来。上甘岭战役第一阶段，他的烟一支接一支，几乎昼夜不断。可后来，他戒烟了。1953年，秦基伟从朝鲜回国后，奉命向毛主席汇报上甘岭战斗情况。他刚到中南海毛主席的住处，毛主席就从房间里出来，握着他的手向他问好，随即拿出香烟并递了一支给他。秦基伟觉得在毛主席面前抽烟不好，一时又不知道该怎么拒绝，便脱口而出，向毛主席报告说："我不会抽烟。"他这样一说，毛主席就没有再劝。在谈话中，主席关切地询问了志愿军部队的情况，从干部战士的情绪，问到吃穿问题，一直谈了许久。

秦基伟回到驻地后，他身边的人发现他只喝茶不抽烟，心里挺纳闷：军长平时烟不离手，今天是怎么啦？他很严肃地对身边的人说："我在毛主席面前讲了'不会抽烟'，怎么能言而无信呢？"从此以后，秦基伟果真戒烟了。

四勉一戒

张澜是民盟主席，四川省省长，中华人民共和国成立后，被任为国家副主席，但他的老母亲和妻子依旧住在乡下，养猪种田。他自己的座右铭是："人不可以不自爱，不可以不自修，不可以不自尊，不可以不自强，而断不可以自欺。"他将此概括为"四勉一戒"。

将军专管经济

李先念是中国人民解放军的高级将领，长期在军队工作，被毛泽东称为是"将军不下马的人"。

1954年夏，李先念调到中央工作，第一届全国人民代表大会选举他为国务院副总理兼财务部部长。在调来中央之前，毛泽东主席找他谈话，要他当财务部长，他没有思想准备。回答说:"我是外行,干不了,还是请别人来干吧!"毛泽东风趣地说:"你要是不干,我就请宋子文来干!"李先念一听,说:"那还了得!主席还是别请宋子文吧,一定要我干,我就试试看!"

当时,大规模的经济建设已全面铺开,需要相当于七亿两黄金的巨额资金。李先念到任后,兢兢业业,刻苦学习,虚心求教,积极研究和探索第一个五年计划期间财政、金融、贸易等方面的情况,提出财政工作应实行"收入打足,支出打紧"的方针,调整中央和地方、国家和企业、农民的关系,改变中央管得过多,体制过分集中的做法,扩大地方财政管理权限,恢复城乡集市贸易,允许农民自由买卖,方便城乡人民生活,保护和调动了工人农民的生产积极性。在制定1957年经济计划和预算时,他坚持实行"保证重点,适当收缩"反对冒进的方针,从而保证了1957年的经济工作稳步前进,成为中华人民共和国成立以来经济效益最好的一年。

请求降衔

许光达是我军著名的将领之一。1955年8月1日,他在庆祝解放军建军二十八周年的宴会上,得知自己被授予大将军衔的消息时,一连几天,他寝食不安,心事重重,于是他给毛主席和中央军委写了一份《降衔申请书》,内容如下:"授我以大将军衔的消息,我已获悉。这些天,此事小锤似的不停地敲击我的心鼓,我感谢主席和军委领导对我的高度器重,论德、才、资、功,我佩戴四星,心安神静吗?此次,按新民主主义革命时期功绩授勋,回顾自身历史,对中国革命的贡献,实事求是地说,是微不足道的。不要说同大将们比,心中有愧,就是与一些资深的上将比,也自愧不如。为了心安,为了公正,我曾向贺龙副主席商请授我上将军衔,另授功勋卓著者以大将。"

毛泽东主席接到此申请,对朱德、彭德怀、贺龙等军委领导人说:"这是一面明镜,共产党人自身的明镜啊!五百年前,大将徐达,二度平西,智勇贯中州,五百年后,大将许光达,几番让衔,英明天下扬。"

这封《降衔申请书》虽没得到批准,但它充分显示了这位革命前辈的胸怀,表现了一个共产党人的高贵品德和情操。

资本家头头座谈会

1955年下半年,全国各地出现了农业合作化的高潮。许涤新回忆说:有一天毛主席的秘书通知我到中南海去。主席问我:"资本家在开会吗?"我说:"是资本家头头正在开会。"主席说:"我想约他们来中南海见见面。第二天在颐年堂召开了座谈会,陈叔通、黄炎培、荣毅仁等资本家代表人物参加了会议。"毛泽东和风细雨的对他们说:"现在农业合作化的浪头正在席卷全国。工商界面对这种情况,一定是心中十五个吊桶,七上八下的。为什么,因为你们现在自己掌握不了自己的命运,要掌握自己的命运,只有接受社会主义改造,走社会主义道路。"

1956年1月,工商界便要求全行业公私合营。这首先是在北京发动起来的,接着天津、上海等城市也行动起来了,资本家在敲锣打鼓,放鞭炮声中,实现了全行业的公私合营。之所以会进行得这么顺利,主要是党中央、毛泽东对资本家做了大量说服教育工作,并采取了正确的政策,资本家都拥护。从 1957 年起,我国开始进入社会主义,从而完成了向社会主义过渡这一伟大的历史任务。

董必武纠正错案

1955 年 10 月,时任最高人民法院院长的董必武由新疆返京途中抵达兰州时,听取了甘肃省法院和检察院的汇报,得知由于乡干部强行制止农民为求雨唱戏拜神遭群众殴打,省院认定群众殴打干部是现行反革命,将四个农民判了死刑,一个判无期徒刑,两个判长期徒刑。董必武认为此案是重大错案,必须立即纠正,他指出农民有封建迷信思想,只能靠细致的思想工作去消除,而不能靠政府下令制止。干部强行干涉是不对的,怎么能把农民当成反革命分子判处死刑和徒刑呢?并对省院负责人说,法院办案要注意两个界限,一个是要弄清有罪还是无罪,不能把无罪当有罪;一个是要弄清该杀还是不该杀,不该杀的杀了,错误就难以挽回了,我们必须要以高度的责任感为人民负责。董必武坚持实事求是,严肃认真的精神,不仅使错案得到纠正,也使广大政法干部深受教育。

我对未来抱有无穷的美好希望

在资本主义工商业改造革命开始后,荣毅仁在毛泽东召开的全国工商联座谈会上发言,说:"我是一个资本家,我家从 1905 年办工业到现在已经五十多年,我家办的上海申新棉纺厂也有四十多年。中华人民共和国成立后,响应党的号召实行了公私合营。开始时,我们怀疑共产党搞不了经济。事实证明,共产党很有办法。现在百分之九十的工厂接受了新中国的加工订货。第一个五年计划投资七百六十六亿元,私营工商业的资产只不过三十三亿,相差很大,我的上海申新资本不过七千万,连千分之一都不到。我虽然很珍视我的企业,但如果只看到自己的企业,抱住私有制不放,未免目光太小。新中国还要进行几个五年计划的建设,使我们的国家更发展,生活更美好。所以,我对未来是抱有无穷的美好希望的。大家都好,我也在内,我又何必对私有制恋恋不舍呢?人总要有志气。祖国在共产党领导下,已经站起来了,在国际上翻了身,还要建成一个富强的国家。这中间有我一份。所以我的企业虽然已经公私合营,但我并不满意,我还要走上全民所有制,向社会主义道路前进。"

百花齐放　百家争鸣

1956 年 4 月,毛泽东在中央政治局扩大会议上提出:"艺术问题上的百花齐放,学术问题上的百家争鸣,我看应该成为我们的方针。'百花齐放'是群众中间提出来的,人们要我题词,我就写了'百花齐放,推陈出新'。'百家争鸣'这是两千年以前就有的事,春秋战国时代,百家争鸣。讲学术,这种学术,也可以讲,那种学术也可以讲,不要拿一种学术压倒一切。你讲的如果是真理,信的人势必就会越来越多。"

要把我国建成先进的工业化国家

毛泽东在中国共产党第八次全国代表大会开幕词中说道:"要把一个落后的农业的中国改变成为一个先进的工业化的中国,我们面前的工作是很艰苦的,我们的经验是很不够的。因此,必须善于学习。我们绝不可有傲慢的大国主义态度,绝不应当由于革命的胜利和在建设上有了一些成绩而自高自大。国无论大小,都各有长处和短处。即使我们的工作得到了极其伟大的成绩,也没有任何值得骄傲自大的理由。虚心使人进步,骄傲使人落后,我们应当永远记住这个真理。"

蝶恋花·答李淑一

毛泽东
1957年5月11日

1930年8月,反动派到处搜捕杨开慧,地下党组织劝杨开慧离开板仓,到井冈山毛委员会那里去,她却说:"没有见到毛委员的亲笔指示,我不能擅自离开自己战斗的岗位。"每次遇到紧急情况,杨开慧总是设法通知其他同志安全转移,自己则与敌人周旋。1930年10月中旬,杨开慧被捕入狱,她八岁的儿子毛岸英也随母亲住进了监牢。敌人威逼利诱说:"只要你与毛泽东脱离关系,马上就可以获得自由。"遭到她的严词拒绝。她对前去探监的亲友说:"死不足惜,但愿润之革命早日成功!"11月4日,杨开慧在长沙浏阳门外被枪杀,时年29岁。

1957年5月11日,毛泽东赋《蝶恋花·答李淑一》
词曰:

> 我失骄杨君失柳,
> 杨柳青飏直上重霄九。
> 问讯吴刚何所有,
> 吴刚捧出桂花酒。
>
> 寂寞嫦娥舒广袖,
> 万里长空且为忠魂舞。
> 忽报人间曾伏虎,
> 泪飞顿作倾盆雨。

后来,当友人章士钊请教该词中"骄杨"作何解释时,毛泽东说:"女子革命而丧其元(头),焉得不骄!""骄杨"是毛泽东对杨开慧的礼赞和怀念。

一副对联

中华人民共和国成立后,曾任苏南行政公署副主任的民族实业家荣德生,在他的私家花园梅园内有一副对联:

发上等财,结中等缘,享下等福。

择高处立,就平地坐,向宽处行。

其意是:靠辛勤劳动,诚实经营,科学技术而发财,称"上等财";靠投机钻营,孤注一掷,碰碰运气,谓之"中等财";用坑蒙拐骗,虚假伪劣手段属"下等财"。专交权贵,拍马逢迎,为"上等缘";与平民百姓、同事朋友结交,为"中等缘";与地痞流氓为伍为"下等缘"。享不尽的荣华富贵,要啥有啥是"上等福";雇佣仆人,大鱼大肉是"中等福";粗茶淡饭,自己动手为"下等福"。

下联更富哲理。"择高处立"是指要站得高,看得远,不计较眼前得失;"就平地坐"是指做人要诚实勤恳,脚踏实地地做人做事;"向宽处行"是指心胸开阔,容人善处,不与人计较。

对犯错误的人要讲辩证法

毛泽东在莫斯科共产党和工人党代表会议上发表讲话说:"在团结问题上也要讲辩证法。什么叫辩证法?就是对一切加以分析,承认人总是要犯错误的,不因为一个人犯了错误就否定他的一切。列宁讲过,不犯错误的人全世界一个也没有。任何一个人都要有人支持。一个好汉也要三个帮,一个篱笆也要三个桩。荷花虽好,也要绿叶扶持。这是中国的成语。中国还有一句成语,三个臭皮匠,合成一个诸葛亮。单独的一个诸葛亮总是不完全的,总是有缺陷的。辩证法的基本观点就是对立面的统一。承认这个观点,对犯错误的人怎么办呢?对犯错的人第一是要斗争,要把错误思想彻底肃清。第二,要帮助他。一曰斗,二曰帮。从善意出发帮助他改正错误,使他有一条出路。"

气功三步骤

章乃器在谈到气功时,归纳为三个步骤:自我失重、自我催眠和自我消亡。

1. 自我失重:这是从已经掌握的重力(地心引力)作用理论发展起来的,国外在宇宙航行实践中,发现了失重疗养的好处,提出了设立宇宙空间疗养院的创意。我在练功中体会到,只要学会了气功中最基本的放松功,就可以就地得到失重疗养。只要全身肌肉,尤其是内脏,完全顺从重力放下去,就可以达到轻松愉快的境界,这就是我说的自我失重。佛道二家"一切放下"的说教,不过如此而已。

2. 自我催眠:催眠可以把人的本能提高好多倍。一个普通人进入催眠状态,可以变成大力士。静坐、静卧或静立,放松意守丹田,细长呼吸,呼吸特别注意沉气,意、气皆入丹田后,气功而意尽可能不再动,稍久便可入静,真正的入静就是似睡非睡的催眠状态。

所以,入静就是自我催眠。

3.自我消亡:佛家说圆寂,道家说坐化,都是自我消亡。羽化和白日飞升是谎言,是没有的事。自我消亡一般都要先经过绝食的过程,让体内污浊排尽,体力消耗几尽,然后停止呼吸。自我消亡当然是可以预定日期的,死后也不易发臭。

谢谢农民瞒产私分

1958年农业大丰收,到1959年1月,特别是2月,全国发生了缺粮、缺油风潮,大中城市蔬菜供应很少,肉也很少。毛泽东得知这种情况后,感到很意外,几天都睡不着觉,反复考虑,但他百思不得其解。正在这时,一个材料送到他手里,是广东省委书记赵紫阳关于雷南县去年农业大丰收,年底却出现了粮食问题紧张的不正常现象,结果查出瞒产私分的粮食七千万斤。这一现象证明,目前农村有粮食,出现粮食紧张,完全是假象,是生产队瞒产私分造成的。

毛泽东看了材料后,认为是个大问题,对于为什么会丰年闹春荒,发生瞒产私分,他要追根究底弄个明白。他带着这个问题,分别到天津、山东、河南等地进行调查,又把山西、湖北、安徽、湖南、广东、四川、上海等省的第一书记请到郑州,向他们了解情况,还找了一些地、县、社的干部开座谈会。毛泽东得到的材料是:瞒产私分是公社成立后,一些县、社搞"共产风",进行"一平二调",人为的抽肥补瘦,搞大平均。基层干部和农民惧怕集体所有制很快变为国有制,拿走他们的粮食和自己劳动的财富,便用瞒产私分的手段来反抗。

毛泽东进行认真分析,发现原因是高度集中,统得过死的大规模公社制度所造成,根子在所制问题上。他在中央政治局扩大会议上说:"农民瞒产私分是合理的,没有错。我要感谢农民瞒产私分,他们的抵抗,推动了我,让我冷静地反思问题,价值法则,等价交换,这是客观规律,我们与农民唯一的办法是等价交换,买卖关系。六中全会决议,缺了这一部分,这个责任我担当起来。"于是,在这次会上,把"统一领导,队为基础;分级管理,权力下放;三级核算,各计盈亏;分配计划,由社决定;适当积累,合理调剂;物资劳动,等价交换;按劳分配,承认差别"作为整顿和建设人民公社的基本政策。

七律二首·送瘟神

毛泽东
1958年7月1日

1958年6月30日《人民日报》报道了江西余江县消灭了血吸虫病的消息,毛泽东读后,兴奋不已,"浮想联翩,夜不能寐。微风拂煦,旭日临窗。遥望南天,欣然命笔":

其一

绿水青山枉自多,华佗无奈小虫何!
千村薜荔人遗矢,万户萧疏鬼唱歌。
坐地日行八万里,巡天遥看一千河。

牛郎欲问瘟神事,一样悲欢逐逝波。
其二
春风杨柳千万条,六亿神州尽舜尧。
红雨随心翻作浪,青山着意化为桥。
天连五岭银锄落,地动三河铁臂摇。
借问瘟君欲何往,纸船明烛照天烧。

这首富于浪漫色彩的瑰丽诗句,不仅是对消灭血吸虫病这一奇迹的赞叹,还是对新旧社会两重天的无限感慨,也是对"大跃进"中人民群众表现出来的精神风貌的颂扬。

国有流亡愧此生

1958年10月26日,毛泽东在湖北孝感车站的专列上召开座谈会,参加会议的有省委书记王任重、省政府工作人员梅白以及孝感地、县、区、乡、大队书记和孝感地区的全国劳模官木生以及妇女代表晏桃香。梅白说:"王任重同志现在发低烧,我代表他向主席汇报。主席这次来要对湖北今年年产四百五十亿斤粮食摸个底,允不允许讲真话?"毛主席说:"你为什么不敢讲真话呢?"梅白说:"我带队从黄梅回来,我们调查了六十个生产队,根本不可能达到这一个数字,这里平均每人每天只有四两二钱粮食。从调查的情况,我经过测算,全省1958年能产粮食二百亿斤左右,至多二百二十亿斤。"梅白讲完了又问主席:"是否要一个一个讲?"主席说:"要讲,如果我只听从你一个人讲,就成了偏听偏信。"

在座的地委书记王家吉说:"梅白同志说的符合我们孝感的实际情况。"县委书记王振民说:"高指标是中央压省委、省委压地委、地委压县委。"说到这里,妇女代表晏桃香来了,她是一个农村小姑娘,正闹感冒打喷嚏,叶子龙怕她传染给主席不让她进来,主席知道了,说:"怕什么,我要听听妇女代表的意见。"主席问晏桃香:"你为什么感冒?"晏说:"报告主席,昨晚通宵我们在地里锄棉梗,天亮通知我开座谈会,一直打喷嚏,来之前我先吃了药的。"毛主席问:"你们开夜车点灯吗?"晏答:"三百瓦电灯、二十盏气灯。"她刚说完不料打了一个大喷嚏,喷得主席和梅白满脸,我们参加会的人顿时都紧张起来。然而主席和蔼地说:"不要紧,我是六十多岁的老头子,不怕死,你的一个喷嚏打得死吗?"毛主席这样说,气氛缓和了。主席又问:"你认为你所在的生产队粮食产量能达到指标吗?"晏回答很大胆:"差十万八千里。"主席问:"那么你想如何办呢?"晏很恳切地说:"希望上面实事求是。"官木生接着说:"现在的生产指标不造假不见报,省委书记都有责任,省压地方,地方压县,县压到我们头上。我当劳模,不能带这个头。老百姓担心'算盘一响,眼泪一淌'。事实上有的老百姓已经开始饿饭,我要求中央实事求是。"

毛主席听着流下了眼泪说:"你们要求我实事求是,我就看你们实事求是。我不该同意给湖北四百五十亿的意见,这都怪我这个中央主席是官僚主义啊。"

主席当时没有擦脸,并且说:"不要同叶子龙讲打喷嚏的事。对主席脸上打喷嚏,他会看成是了不得的事。我毛泽东是经过战争考验的嘛。"这件事,晏桃香回家说了,全家人都流泪了。

当时,毛主席反复三次说:"多好的人民啊!我们对不起人民。"又说:"唐代诗人钱起说'邑有流亡愧俸钱',我现在的心情是国有流亡愧此生。"

李达与毛泽东的一场争论

1958年,武汉大学组织中文系部分学生到农村搞党史调查,调查报告中引用了当时农村的口号,其中有一句是"人有多大胆,地有多高产"。李达认为,这是唯心主义,属于哲学,于是就让兼任武汉大学中文系教授的梅白陪他去见毛主席。李达一见到毛泽东,就火气十足地问:"润之,'人有多大胆啊,地有多高产',这句话通不通?"梅白在一边赶紧说是武大学生在调查中发现的。毛泽东看后说:"这个口号同一切事物一样也有两重性。一重性不好理解,一重性是讲可以发挥人的主观能动性。"李达说:"你说有两重性,实际上是肯定这口号是不是?"毛泽东当即反问:"肯定怎样?否定又怎样?"李达气冲冲地说:"肯定就是认为人的主观能动性是无限大,人的主观能动性的发挥离不开一定的条件。现在人的胆子太大了,润之现在不是胆子太小,你不要火上加油,否则可能是一场灾难。你脑子发热,达到了39℃高烧,下面就会发烧到40℃,41℃,42℃……这样中国人民就要遭大灾大难,你承不承认?"毛泽东听到这话就坐不住了。

当时,天色已晚,毛泽东说,咱们先吃饭。李达执意要走,说:"我不吃饭,我是校长,'大跃进'饿不了饭。"毛泽东只好说:"梅白,你送老校长回家。今天他火气很大,我火气也不小。"

在送李达的途中,李达对梅白说:"毛主席'两论'(指矛盾论、实践论)都好,却想不到现在把主客观颠倒至如此程度。毛泽东思想的价值就在于它充满矛盾而善于找出解决矛盾的方法。因而能够认识世界和改造世界。但如果不能正确地说明世界,就不能正确地改造世界。"

送李达回来,毛泽东对梅白说:"今天我们两个老家伙很不冷静,我肝火大,但是我还是压制,差点与李达干起来。我和李达的争论,我是错误的。孔子说过,六十而耳顺,我今年六十三,但耳不顺,听了李达的话很逆耳。这是我的过错。你转达我的话,我们找时间再谈,感激他的帮助。"

洗 澡

著名学者、哲学家金岳霖,在谈到1953年知识分子思想改造运动时说:"我是个旧知识分子,我这个人没有改造世界的要求,更没有打破旧世界的要求,只有了解世界、理解世界的要求。共产党搞革命,打破了旧世界,但在我的头脑中,仍然在'了解世界'上绕圈子。我是个搞抽象思维的人,所以不愿意搞政治,也不愿意自我改造,但我们在一起的一些老知识分子,有一个共同点,就是反对共产党,说的不搞政治,可是这又是搞政治。到了1953年,对知识分子开展'洗澡'运动(即思想改造运动),经常组织学习,以小组为单位进行学习、讨论。我开始反思:我虽是只搞学问,研究抽象思维,但我终究还是个活生生的、具体的人,离不开社会,离不开组织。共产党推翻了旧世界,建立了新中国,我也成了新中国一分子,不能不承认这是事实。我有了自知之明,于是就开始争取加入民主党派，成了民盟会员，后来又加入了共产党。

"共产党对旧知识分子进行'洗澡'，经常进行小组学习、讨论，开展思想改造，这种组织形式，好得很，我收益很大，使我转变成一个新人。新中国之'新'，是从社会主义改造后才名副其实。"

我决不做蠢人

周恩来总理召见时任全国工商联副主任章乃器谈话，说："你犯的错误严重，要撤你职，马上要交国务会议讨论，你可以出席会议进行申辩。"章乃器问："撤职的事是否最后定了？"总理说："党中央决定了。"章乃器说："那还申辩什么呢？撤职倒没什么，但给我扣上反党、反人民、反社会主义的罪名，这不符合事实，我宁死不能承认。我是全心全意投向党的，党给我处分，我愿积极接受下来，作为党对我的锻炼和考验。我和党共事已经三十年了，仍然没有被了解，那就请再看五年吧，五年不够，也可以看十年，到那时我也不过七十岁；我现在开始就好好地锻炼身体，充实头脑，准备到时再为党工作十年。"总理笑着说："你倒真乐观呀。"章乃器慎重地对总理说："我是永远不反党的；我要使那些诽谤的流言彻底地破产；我决不做为亲者所痛、仇者所快的蠢人。"

借名帖按期奉还

1958年，毛泽东从著名民主人士黄炎培那里借得一本王羲之书法真迹。由于是稀世珍品，因此分手时黄炎培再三叮嘱要好好珍惜，并相约借期一个月。毛泽东借得此帖，大喜过望，爱不释手，一有空便展卷临摹，如醉如痴。而黄炎培的日子可不好过了，刚过不了几天就有些惶惶不可终日，寝食难安，心里七上八下像丢了魂儿一样，于是便频频打电话询问。毛泽东幽默地在电话中说："任之先生，一个月的气也沉不住吗？"黄炎培的"逼债"使毛泽东办公室的工作人员有些不理解："不过一本字帖，中间还打电话催问，是不是有点不够朋友。"毛泽东听了说："朋友交往要重信义，讲好一个月就一定按期还，决不能失信。"

一个月借期将满，毛泽东将王羲之的那本真迹用木板小心翼翼地夹好，放在案头，并特别嘱咐工作人员必须在当天零点前送到黄炎培先生处，不可早也不可晚。此真可谓"重信义守时间"的一段趣话。

多谋善断

毛泽东在八届七中全会最后一天讲话，其中讲到要多谋善断，说："现在有些同志不多谋，也不善断，是少谋武断。"他举例说："我召集会议研究1959年钢产量指标，定为一千八百万吨，陈云发言说，指标太高，估计完不成，结果有人批评他是右倾机会主义；在12月武昌会议上定了粮、棉、钢、煤四大指标，要公布，陈云说，暂时不要公布，再看一看。这些话，那个时候我不知道，结果公布了。在这个问题上，正确的就是陈云一个人。所谓善谋，就是先进行调查，多听听其他人的意见。多谋，就是多找其他人谈，谋于秘书，谋于省、地、县委书记，谋于公社书记，谋于人民，谋于车间主任，谋于不同意见的同志。这就叫多谋。然后是善断。多谋，各方面的意见集中了，各方面的分析明确了、恰当了，然后才能得到善断。"

不能多端寡要

毛泽东在讲整顿和建设人民公社的基本政策时，强调要注意工作方法问题。他从一个三国故事讲起：郭嘉是曹操的一名谋士。他给曹操献计说，先打吕布，后打袁绍。他说，袁绍这个人多端寡要，多谋寡断，见事迟，得计迟。毛泽东解释说，所谓见事迟，得计迟，就是形势已经出来了，他还不能判断，处处被动。曹操听了郭嘉的话，结果先打败了吕布，又打败了袁绍。毛泽东说："我借这个故事来讲，人民公社党委书记以及县委书记、地委书记，要告诉他们，不要多端寡要，多谋寡断。谋是要多，但是不要寡断，要能够当机立断；端可以多，但要抓住要点，一个时候有一个时候的要点。这是个方法问题。这个方法不解决，每天在混混沌沌之中，什么没有功劳也有苦劳，什么辛辛苦苦的官僚主义，该断要断，得计迟是很危险的。"

不要作假

1958年11月在武昌召开的中央政治局扩大会议上，毛泽东专门讲了"作假问题"。他说，这次会议要在关于人民公社的决议里把反对作假问题专门写一条。建议跟县委书记、公社党委书记切实谈一下，要老老实实，不要作假。本来不行，就让人家骂，脸上无光，也不要紧。不要去争虚荣。比如扫盲，说什么半年、一年光，我就不太相信，第二个五年计划期间扫除就不错。绿化，年年化，年年没有化，越化越见不到树。如果群众确实做出了成绩，你样样都不相信，那就是机会主义，但作假也要犯错误。

毛泽东复胡志明电

中国人民解放军炮击金门不久，胡志明给毛泽东发来电报，询问说："鉴于台湾情况之紧张，美帝态度之顽固，请您告诉我们：（甲）可能不可能发生美华战争？（乙）我们越南应该有什么准备？"毛泽东回复说："九月八日来电收到，谢谢你。我认为：（甲）美国人怕打仗，就目前说，很少可能大打起来，（乙）贵国可以照常工作。"

朋友早逃跑了

1958年8月23日，我军炮击金门，时任福州军区前线指挥叶飞讲，我军炮击金门时，金门向台湾告急，蒋介石紧急请求美国军舰护航。当蒋舰在美舰掩护下进至金门港口卸货时，解放军将一艘蒋舰击沉，美舰不但没有还击，反而掉转头就跑，撤离了金门海域，使蒋舰完全暴露在我军炮火之下。蒋舰遂向台湾告急。台湾方面问："朋友呢？"蒋舰说："什么朋友不朋友，早就逃跑了。"他们互相指责，骂美国人混蛋。

事后，叶飞说："当决定炮击金门时，毛泽东主席指示：'只准打蒋舰，不准打美舰。'当时我们不理解，事后才明白，毛主席的意图是要摸美国的底。美国人表面上气势汹汹，究竟敢不敢和我们打？原来美国是只纸老虎，一打起来就跑了。"

毛泽东给彭德怀的复信

1959年8月，八届八中全会在庐山举行，主要议题是修改生产指标和路线问题。重点是批判彭德怀的右倾机会主义思想。彭德怀等人在会议上多次被批评和作检查。9月9日，彭德怀给毛泽东写了一封信，表示决心继续彻底反省自己的错误。毛泽东当即将此信印发各级党组织，并加批语，写道："我热烈地欢迎彭德怀同志的这封信，认为他的立场和观点是正确的，态度是诚恳的。倘从此彻底转变，不再有大的动摇，那就是'立地成佛'，立地变成一个马克思主义者了。我建议，全党同志都对彭德怀同志此信所表达的态度，予以欢迎。一面严肃地批评他的错误，一面对他的每一个进步都表示欢迎，用这两种态度帮助这一位同我们有三十一年历史关系的老同志。"

毛泽东与赫鲁晓夫会谈

1959年10月2日，毛泽东在北京与来访的赫鲁晓夫举行会谈。赫鲁晓夫在谈到中印边界冲突问题时，指责中国为什么开枪？毛泽东、周恩来向他说明真相：第一、是印度军队越境；第二、印度方先开枪；第三、他们打了十二个小时之久，中国士兵才开枪的。毛泽东说："这是局部的纠纷，是双方士兵打的，不是双方政府下命令打的。"可是赫鲁晓夫不顾这些事实，只咬定被打死的是印度人，偏护印度一方。毛泽东对赫鲁晓夫说："在中印边境问题上，你们做得不对，做的不公平，你们公开的表明了我们两党的分歧。"彭真接着说："我不知道你们苏联是什么原则，难道别人越境，先开枪十二个小时之久，还不还枪吗？"这次会谈后，中苏两党之间的裂痕进一步扩大。

不要碰得头破血流还不回头

1959年6月25日下午，毛泽东回到阔别三十二年的韶山。在他住地院子里，谈起开创井冈山根据地的时候，政策很"左"，我亲手点火烧毁一家地主的房子，以为农民会鼓掌赞成，但是农民不但没有鼓掌，反而低头而散。革命才开始的时候，没有经验是难免要犯错误的。去年（指1958年）刮"共产风"，也是一种"左"的错误。没有经验，会犯错误，碰钉子。不要碰得头破血流还不肯回头。

不可理不直气不壮

1959年至1961年,全国农业严重减产,工业生产完不成计划,农村发生了灾年饿死人等现象,毛泽东听到和看到的尽是困难和问题,他的心情感到很压抑。他带头并号召全党领导干部深入调查研究,解决问题。在调查研究的基础上,他从解放生产力这个根本入手,下决心改变人民公社体制,调整农村生产关系,缩小社、队规模,取消食堂供给制,改变基本核算单位。这对于恢复和发展农业经济,稳定农村秩序,改善人民生活起了至关重要作用。当他到江苏农村考察,听了江苏省委汇报,得知江苏的工业、农业、财贸等形势很有起色,农民的积极性也高涨起来,生产有很大发展,使他耳目一新。于是他专门讲了如何看形势的问题,他说:"对形势要从积极方面看,有困难要想办法战胜它。缺点可以有几千条,但这是可以克服的。不可理不直气不壮,不要灰溜溜。潜力是很大的,有困难、有办法,无论如何要抓好工作,争取主动。久卧思起,现在是起床的时候了。"

卜算子·咏梅

毛泽东
1961年12月

风雨送春归,
飞雪迎春到。
已是悬崖百丈冰,
犹有花枝俏。

俏也不争春,
只把春来报。
待到山花烂漫时,
她在丛中笑。

毛泽东做自我批评

"大跃进"的失误,连续三年的自然灾害加上苏联单方面中止经济援建合同,使我国的经济建设遭受严重挫折。到1960年底,全国人民的吃饭、穿衣都成了大问题,不少地方发生浮肿病,人口的外流,非正常死亡等严重情况。毛泽东得知这些情况后,忧心如焚,一连几天吃不下饭,睡不着觉。他对自己宣布三不:即不吃肉,不吃蛋,吃粮不超定量。他曾连续七个月没有吃一口肉。在最困难的日子里,他甚至很多天不吃粮食,工作一天只吃一盘马齿苋或菠菜。他的心情十分沉重,多次做自我批评。1960年12月8日,他在为中共中央起草的一个发给全党的文件的批评语中,以中央的语气写道:"毛泽东同志对这个报告看了两遍,他还想看一遍,以便从中吸取教训和经验。他对自己说,他是同一切愿意改正错误的同志同命运、共呼吸的。他说,他自己也曾犯了错误,一定要改正。"

毁家兴学

爱国华侨陈嘉庚和黄炎培是挚友。在黄炎培创建中华职教社时,陈嘉庚就曾捐一万元,1919年,陈嘉庚对南洋侨界公开发表谈话说:"此后本家生理及产业逐年所得之利,虽至数百万元,亦尽数寄归祖国,以充教育费用,乃余之大愿也。"黄炎培深受感动,就著文《陈嘉庚毁家兴学记》,发表于《申报》之上,使黄炎培没想到的是,陈嘉庚的"毁家兴学"居然延续几十年之久。

陈嘉庚早先是在自己的家乡创办了集美学校,包括小学、中学、师范、商业、水产、航海、农业等学科及幼儿园、医院、科学馆、图书馆,使集美学校的规模逐步扩大。又创建了厦门大学和新加坡华侨学校,当他加大投资办学之时,世界经济发生危机,对华侨企业打击非常严重。在这种形势下,陈嘉庚毅然卖掉自己企业的三座大厦,作为维持办学的经费。有人认为,陈嘉庚以如此大规模的投资办学,他的财力一定很雄厚。事实上,陈嘉庚的事业在最顶峰时,拥有资金也不过两千万元。他的一生过着简朴的生活,他为集美学校和厦大兴建数十座雄伟的高楼,自己的住宅却是一所简朴的二层小楼,既小且暗,他使用的写字台、沙发、蚊帐等都是旧物,所穿的外衣、裤子、鞋子、袜子全部打补丁。晚年的陈嘉庚给自己规定的伙食标准是一天五角钱,经常吃番薯粥、花生米、豆干、腐乳和当地的海鱼,他的座右铭是:"应该用的钱,千万百万不要吝啬,不该用的钱,一分也不要浪费。"正因为如此,黄炎培评价说:"发了财的人,而肯全拿出来的,只有陈嘉庚先生。"

两个"三七开"

1962年1月召开的中央工作会议(史称"七千人大会")刘少奇在讲话中提出"三七开"的观点:一是成绩与缺点三七开,七分成绩,三分缺点与错误;二是困难与原因三七开"三分天灾,七分人祸"。

要主动自觉地去认识客观世界

毛泽东在"七千人大会"上发表讲话,当讲到如何认识客观世界的问题时,他说:"人对客观世界的认识,由必然王国到自由王国的飞跃,要有一个过程。例如对于在中国如何进行民主革命的问题,从1921年党的建立直到1945年党的第七次代表大会,一共二十四年,我们全党的认识才完全统一起来。现在进行社会主义建设,我们还缺乏经验。在中国建设强大的社会主义经济,五十年不行,需要一百年,或者更长的时间。资本主义的发展,从17世纪到现在,已经有三百六十多年,才有了现在这个样子。社会主义比资本主义,有许多优越性,发展要快。可是中国人口多,底子薄,经济落后,要使生产力很大的发展起来,要赶上和超过世界上最先进的资本主义国家,没有一百多年的时间是不行的。为了这个事业,我们必须把马克思列宁主义的普遍真理同中国的社会主义建设的具体实际,同世界革命的具体实际,尽可能好一些地结合起来,从实践中一步一步地认识斗争的客观规律。要准备由于盲目性而遭受失败和挫折,从而取得经验,取得最后的胜利。

"我在这里反复强调的是,我们对于客观世界的认识,要有一个过程,先是不认识或者不完全认识,经过反复的实践,在实践中翻过筋斗,碰了钉子,然后取得了胜利,有了成功和失败的比较,然后才有可能认识或者比较完全的认识,到这个时候,我们就比较主动了,比较自由了,就变得比较聪明了。自由是对必然的认识和对客观世界的改造。只有在认识必然的基础上,人们才有自由的活动。这是自由和必然的规律。所谓必然,就是客观存在的规律性,在没有认识它以前,我们的行动总是不自觉的,带有盲目的,这时候我们就是蠢人。最近几年我们不是干过许多蠢事吗?"

即使骂自己的话也要让讲

1962年,毛泽东在"七千人大会"上讲话说:"要让群众讲话,哪怕是骂自己的话。骂的结果,无非是自己倒台,降到下级机关工作。这种下降和调动,不论正确与否,都是有益的,可以锻炼革命意志,可以调查和研究新鲜情况,增加有益的知识。司马迁说过:'文王拘而演周易、仲尼厄而作春秋。屈原放逐,乃赋离骚。左丘失明,厥有国语。孙子膑脚,兵法修列。不韦迁蜀,世传吕览。韩非囚秦,说难孤愤。诗三百篇,大抵贤圣发愤之所作也。'"

毛泽东勇于担责

1962年,党中央召开"七千人大会"期间,毛泽东带头作自我批评,对几年来工作中的缺点和错误,承担了主要责任。不久在召开的最高国务第十八次会议上,刘少奇又将几年来工作中的缺点和错误一一列出,并指出缺点、错误由中共中央负责,各民主党派人士没有责任。对此,与会者反应十分强烈,对中国共产党勇于承认错误,承担责任的精神深受感动。张治中深有感触地说:"我这个人跟国民党蒋介石的关系二十五年之久,我作为国民党中央常委也有十几年之久,我就没听过蒋介石讲过自己的缺点错误。不论在大会上、小会上,他总是骂街,骂这个人不对,骂那个人不行。当时会场上不晓得什么人写了一个条子,上边是《书经》上的两句话:'万方有罪,朕躬有责。'蒋介石看后把它改成'朕躬有罪,万方有责'。这句话立即传遍了全场。"

郭沫若改联救姑娘

1962年10月,郭沫若在游览普陀山"梵音洞"时,拾到一本日记,扉页上写着一副对联:"年年失望年年望,处处难寻处处寻。"横批是:"春在那里。"再翻一页,是一首绝命诗,并署着当天的日子。郭老说:"不好,这个人要寻短见,赶快找。"找到后,经了解,这位姑娘叫李真真,参加高考三次落榜,爱情上也遭受挫折,于是决心"魂归普陀"。郭老耐心的开导她说:"这副对联表明你有一定的文化水平,不过太消沉了,这不好,我给你改一下好吗?"姑娘点头表示同意。郭老改道:"年年失望年年望,事事难成事事成。"横批:"春在心中。"接着挥笔写了一联:"有志者事竟成,破釜沉舟,百二秦关终属楚。苦心人,天不负,卧薪尝胆,三千越甲可吞吴。"下面写着:"蒲松龄落第自勉联。"李真真看后,感到这幅联正是"事事难成事事成"的最好注释,于是就请郭先生题名。郭老写上:"郭沫若,六二年秋。"姑娘这时才知道是赫赫大名郭老,惊喜万分,表示要永远铭记郭老的教诲,振作起来,再奋斗,再努力。并大胆写诗一首,感谢郭老:"梵音洞前几彷徨,此身已欲付汪洋。妙笔竟藏回春力,感谢恩师指迷航。"

毛泽东还债

　　1920年,毛泽东为筹备党的成立、湖南革命运动以及一部分同志去欧洲勤工俭学,急需一笔数量较大的银款。当时在上海的毛泽东只好向老乡章士钊告急。章士钊当即在上海工商界名流中筹集了两万银圆,全部交给了毛泽东。随后,毛泽东将这笔巨款一部分给了赴法勤工俭学的同志,一部分带到湖南开展革命活动。

　　1963年初,毛泽东向他的"英语教师"章含之说:"我欠了你父亲一笔债没还呢。"章含之是章士钊的女儿,要章含之转告她父亲:"从今年春节开始,要还这笔欠了近五十年的债。一年还两千元,十年还完。"几天之后,毛泽东派秘书果然送来了两千元,并说,主席安排今后每年春节送上两千元。

　　对此,章士钊嘱咐章含之说:"告诉主席,不能收此厚赠。当时的银圆是募集来的,自己也拿不出这笔巨款。"章含之将父亲的话转告给毛泽东。毛泽东说:"你也不懂,我这是用我的稿费给章老一点生活补助啊。他给我们共产党的帮助,哪里是我能用人民币偿还得了的呢?我要是说明给他补助,章老是不会收的。所以我说是还债。"从1963年春节起,毛泽东每逢春节初二这天,总是派秘书给章士钊送去两千元,直到1972年送满两万元。

七律·冬云

毛泽东
1962年12月26日

　　1962年冬,赫鲁晓夫带头攻击中国共产党,拉拢兄弟党反华,制造分裂。在苏联纵容下,美国公然派遣飞机、军舰连续侵犯我领空、领海,进行战争挑衅。在这种反华反共逆流下,毛泽东写下了《七律·冬云》:

雪压冬云白絮飞,
万花纷谢一时稀。
高天滚滚寒流急,
大地微微暖气吹,
独有英雄驱虎豹,
更无豪杰怕熊罴。

> 梅花欢喜漫天雪,
> 冻死苍蝇未足奇。

为学术而学术

冯友兰提出"为学术而学术"的主张。他说:"为什么研究学术呢? 一不是为做官,二不是为发财,为的是求真理,这就叫'为学术而学术'。古今中外在学术上有所贡献的人,都是这样的一些人。就中国的历史说,那些在学术上有所贡献的人,都是在做官的余暇做学问的。他们虽然是业余做学问,可是成功以后,他们的成绩对于国家、人民和人类都大有好处。学问这种东西也很奇怪,你若是有所为而求它,大概是不能得到它。你若是无所为而求它,它倒是自己来了。作为业余的学术爱好者,为学术而学术,苟且可以得到成绩,有所贡献。如果有人能够把为学术而学术作为本业,那他的成绩必定更好,贡献必定更大。我认为,从学术界方面说,社会主义的优越性之一就是能保证有一些人,能够在不求名,不求利而能生活的条件下,'为学术而学术'。大学就是这样的一种机构。它的作用,在社会主义的制度下,才能发挥出来。"

悲　　歌

国民党政府委员兼审计院长和监察院长于右任,跟蒋介石去了台湾,在辞世前几年,思乡怀旧,盼望祖国统一的心情非常急切。1962年元月,在病中的他,写了一首《望大陆》,全文是:

> 葬我于高山之上兮,
> 望我故乡;
> 故乡不可见兮,
> 永不能忘!
> 葬我于高山之上兮,
> 望我大陆;
> 大陆不可见兮,
> 只有痛哭!
>
> 天苍苍,
> 野茫茫,
> 山之上,
> 国有殇!

陈毅为母亲洗尿裤

1962年,担任国务院副总理兼外交部部长的陈毅出国访问回来,路过家乡,抽空去看望身患重病的老母亲。此时母亲已经瘫痪在床,大小便不能自理。陈毅进家门的时候,母亲非常高兴,刚要向儿子打招呼,忽然想起刚换下来的尿湿的裤子还在床边,就示意身边的人把尿裤藏到床下。陈毅见到了久别的母亲,心里非常激动,上前拉住母亲的手,亲切地问这问那。过了一会他问母亲:"我进来的时候,你们把什么东西藏到了床下了?"母亲看瞒不过儿子,只好说出实情。陈毅听了,说:"妈,您久病卧床,我不能在您身边侍候,心里非常难过,这裤子应当我来洗,何必藏着呢?"母亲听了很为难。陈毅接着说:"我小时候您不知为我洗过多少次尿裤子,今天我就是洗上十条、百条裤子,也报答不了您的养育之恩呀!"说完,陈毅就把尿湿的裤子和其他脏衣服拿起来放在盆里,边洗边和母亲聊天,直到把衣裤洗得干干净净,母子俩都开心地笑了。

周恩来直接领导核武器研制试验

1962年11月,中央决定成立以周恩来为主任的专门委员会,领导研制核武器。周恩来就任后,以高屋建瓴的气势,组建起庞大的全国大协作体系,统一调度二十多个部、委、院、所和二十个省、市、自治区的九百多家工厂、科研机构、大专院校组成科研队伍,开展研制工作。

当时,我国国民经济正处在极度困难时期,核试验基地设在青藏高原、荒无人烟的戈壁大漠中,年均温度在零度以下,高寒缺氧,参加研制工作的科技工作者、解放军官兵的生活条件十分艰苦,周恩来尽最大努力从人力、物力、财力等方面优先保证,并亲自从全国各地调拨生活用品及治疗浮肿的药品,发现问题及时解决。

1963年3月,理论物理研究所正式拿出第一颗原子弹的理论设想方案;1964年1月,兰州浓缩铀厂攻克种种科技难关,生产出原子弹装料的合格的高浓铀产品;科技工作者,在极端困难条件下,经过顽强努力,已经掌握了研制原子弹的理论、试验、设计和制造的一整套高难技术。

1964年10月16日,一座由八千四百六十七个构件组成,重七十吨,高一百〇一米的铁塔,傲然挺立在大漠中,在它的顶端金属结构里,几十万人心血凝聚而成的第一颗原子弹就安置在这里。十五时整,指挥员发出"起爆"命令,只见罗布泊戈壁大漠深处出现一道红色强烈闪光,一个巨大火球腾空而起,瞬间形成蘑菇云,一个威力两万吨梯恩梯当量的原子弹爆炸成功了。

钱学森曾形象地说:"那个时候,周总理领导我们核试验,得到全国的支持,全国的通讯电路将近一半要由我们占有,可见规模之大。在我国工业、科技都很薄弱的情况下搞'两弹',没有社会主义制度,没有毛主席、周总理的领导,是研制不出来的。"

满江红
和郭沫若同志

毛泽东
1963年1月9日

小小寰球,
有几个苍蝇碰壁。
嗡嗡叫,
几声凄厉,
几声抽泣。
蚂蚁缘槐夸大国,
蚍蜉撼树谈何易。
正西风落叶下长安,
飞鸣镝。

多少事,
从来急;
天地转,
光阴迫。
一万年太久,
只争朝夕。
四海翻腾云水怒,
五洲震荡风雷激。
要扫除一切害人虫,
全无敌。

赵朴初的"啬"

著名诗人、书法家、全国政协副主席赵朴初,毕生考究着"啬"字,且身体力行。他在《祝贺中国道教学院成立》一文中写道:"'啬'字,就是一般口语中的'吝啬'的'啬'。'啬'并不是坏字眼,它的意义是培育和积蓄。越王勾践十年生聚,'啬'字的字义相当于'生聚',不仅是节约,而且是生聚,就是不断地培蓄自己的能量,不断加厚加固自己的根基,充实自己的生命力。所以老子说'啬'之一字是'深根固柢,长生久视之道'。这对于一个人来说是如此,对于一个国家来说也是如此。老子讲的这个'啬'字,可以说是道教养生之道的精髓。"

"治人事天莫如啬贵",这是赵朴初先生终生信守的感言。他的生活极其俭朴,"两菜一汤"而已,他在诗中说:"不知肉味七十年,虚度自惭已九十;客来问我养生方,无他奉告惟蔬食。"他是全国政协副主席,按规定有关部门要给他换大房,他坚辞不受;给他配警卫员,他不要;换红旗车,他也不要。人们都敬佩地誉他为"三不副主席"。

宽心谣

赵朴初

日出东海落西山,愁也一天喜也一天。
遇事不钻牛角尖,人也舒坦心也舒坦。
每月领取养老钱,多也喜欢少也喜欢。
少荤多素日三餐,粗也香甜细也香甜。
新旧衣服不挑拣,好也御寒赖也御寒。
常与知己聊聊天,古也谈谈今也谈谈。
全家老少互慰勉,贫也相安富也相安。
早晚操劳多锻炼,忙也乐观闲也乐观。
心宽体健养天年,不是神仙胜似神仙。

李苦禅谈神品

　　国画大师李苦禅先生画的鹰是极其动人心弦的,画得最生动的是鹰的眼睛,在他的笔下,鹰的眼睛棱角分明,洋溢着一种逼人的英武之气。对于自己画的鹰属于精品之说,李苦禅先生却并不满足,他说:"画有精品,有神品。精品可以功力得之,神品则功力不逮者固必不可得,而功力即具者亦不可必得。神品是画家在意兴所至,信手挥洒,心纸无间,笔墨契合,才情风发,妙造自然的状态下创作的,最为难得。神品是生命与艺术的最高境界,既是功力深厚的人,也是不可必得的。"

无可奈何花已开

　　1963 年 7 月,赫鲁晓夫挑起了中苏大论战。当论战进行到 1964 年 7 月,中共中央发表《九评》后不久,北京时间 1964 年 10 月 16 日,苏共中央全会发表公报,宣布解除赫鲁晓夫苏共中央第一书记、苏共中央主席团委员和苏联部长会议主席的职务,也在这一天,中国第一颗原子弹试爆成功。这件事巧合地遇在一起,整个北京,整个中国处在一个欢腾之中。

　　当时,毛泽东用两句话来描述这两件事:"无可奈何花落去,无可奈何花已开。"前句是指赫鲁晓夫下台,后一句是指中国成功爆炸原子弹。当时,毛泽东正在主持召开中央政治局常委会,会议中议论到能否争取到十年和平时间抓紧我们的建设。毛泽东说:"有可能。再有十年,我们原子弹、氢弹、导弹都搞出来了,世界大战就打不成了。"

周总理任总导演

为庆祝建国十五周年,文化部给国务院打报告,请示组织文艺演出事宜,周恩来当即批示要组织大型歌舞剧演出,并同意定名为《东方红》。他对创作组成员说:"《东方红》通过歌舞剧的形式来真实地再现中国共产党在民主革命时期二十八年艰苦卓绝的奋斗历史,必须努力做到政治和艺术的统一、内容和形式的统一。"他提出:"要具有新鲜活泼的、为中国老百姓所喜闻乐见的中国作风和中国气派。要采用史诗的写法,既是粗线条的,又要很深刻,能打动人。要有艺术风格,艺术手法要多样化,让人看了不仅能受到教育,又能得到艺术享受。"

在《东方红》创作过程中,从总体构想到具体内容,直到每一句歌词,每一段解说,周恩来亲自把关修改,常常搞到半夜。一次他拿着剧稿问创作组长乔羽:"这个问题查到没有?毛主席著作中是怎么讲的?"乔说:"还没查到,正在查。"总理说:"我已经查到了,你就这样照着去改。"

由于周恩来亲自抓,辛勤的劳动终于换来了丰硕的果实。国庆节期间,在灯火辉煌的人民大会堂,有三千多全国优秀的音乐家、舞蹈家、诗人参加的大型歌舞《东方红》拉开帷幕。毛泽东等中央领导观看了演出。此后,连续上演了十四场,场场火爆,盛况空前。陈毅在向外国朋友介绍《东方红》时说,这台大型歌舞剧"是周总理任总导演的"。日本芭蕾舞代表团的松山树子看了演出后,对陪同她的中国朋友说:"你们是幸福的,只有你们中国有这样的总理。"

我很感谢您指出我的错误

1964年,新疆兵团农学院的一位名叫郝天护的年轻人,给当时任中国科学院力学研究所所长的钱学森写信,指出钱学森新近发表的一篇关于土动力学的论文中一个方程的推导有误。已是学术权威的钱学森收到这位素不相识的年轻人的来信后,亲笔给他回信,承认自己粗心大意。他在和郝天护探讨了具体的科学问题后说:"我很感谢您指出我的错误!也可见您是一位很能钻研的青年,这使我很高兴。科学文章的错误必须及时阐明,以免后来的工作者误用不正确的东西而耽误事。所以我认为您应该把您的意见写成一篇几百字的短文,投到《力学学报》刊登,帮助大家,您认为怎样?"

根据钱学森的提议,郝天护后来写了一篇名为《关于力学基本方程的一个问题》的论文,由钱学森推荐,刊登在1966年9卷1期的《力学学报》上。

毛泽东同斯诺的谈话

斯诺在采访中问毛泽东:"你已经从根本上改变了中国的环境。但很多人发生疑问,在比较安逸的条件下成长起来的年轻一代将做出什么来。你对这个问题是怎么想的?"毛泽东说:"我也不知道。有两种可能。一种可能是革命继续向着共产主义发展。另一种可能是青年人否定革命而干坏事。我不希望发生反革命,但将来的事情是由后代去决定的,而且是按照我们不能预见的条件去决定。从长远来看,将来的后代应该比我们更有知识,正像资产阶级民主时期的人比封建时期的人更有知识一样。他们的判断,而不是我们的判断会起决定作用。今天的青年和未来的青年将按照他们的价值标准来评价革命的工作。"

在采访中,毛泽东谈到抗日战争和解放战争,他追述说:"日本、美国'帮助'了中共。1937年同蒋介石达成共同抗日的协议之后,中共的军队尽量避免同敌人的主力部队作战,而是集中力量在农民中间建立游击根据地。日本人帮了很大的忙,他们占领和焚烧了华东广大地区的村庄。他们教育了人民,激起了中国人民进行战斗。日本人创造了条件,使共产党领导的游击队能够增加兵源,扩大领土。后来在内战时期,美国政府站到蒋介石一边,这也'帮助'了中共。在解放战争时期,解放军主要依靠蒋介石的军队转交给的美国武器。实际上,正是蒋介石和日本军阀直接教会解放军怎样打仗,而美国则是中共的间接的'教员'。"

周恩来关于中国对美国政策的四句话

(一)中国不会主动挑起对美国的战争。中国没有派兵去夏威夷,是美国侵占了中国领土台湾省。尽管这样,中国仍然努力通过谈判要求美国从台湾省和台湾海峡地区撤走它的一切武装力量,并且已经先后在日内瓦和华沙同美国就这个绝不让步的原则问题谈了十多年。这就是一个很好的证明。

(二)中国人说话是算数的。那就是,如果亚洲、非洲或世界上任何国家遭到以美国为首的帝国主义的侵略,中国政府和中国人民是一定要给以支持和援助的。如果由于这种正义行动引起美国侵略中国,我们将毫不犹豫地奋起抵抗,战斗到底。

(三)中国是做了准备的。如果美国把战争强加于中国,不论它来多少人,用什么武器,包括核武器在内,可以肯定地说,它将进得来,出不去。既然一千四百万越南南方人民对付得了二十几万美军,那么六亿五千万中国人民也肯定对付得了一千万美军。美国侵略者不管来多少,必将被消灭在中国。

(四)战争打起来,就没有界限。美国有些军事家想依靠海空优势轰炸中国,而不打地面战争。这是一厢情愿。战争既然以空战或海战开始,那么,战争如何继续进行,就由不得美国一方做主了。你能从空中来,难道我们不能从陆地上去吗?因此,我们说,战争一旦打起来,就再没有什么界限。

李富春最后一次交党费

1968年,李富春被错误地定为"二月逆流黑干将"受到批判,身心健康受到严重摧残。到1974年,李富春开始咳嗽,大口大口的吐痰,发低烧。经检查发现肺部有癌灶,不久后又发现心脏扩大。一些医护人员受政治形势的影响,对他的病不精心治疗,不采取必要的医疗措施,致使病情日渐恶化。他在病危期间,对夫人蔡畅说:"为了培养孩子的自力更生、艰苦朴素的能力和作风,就将我们两人工资节余下来的钱上交党组织。"蔡畅就以他俩人的名义,将节省下来的 10 万元人民币作为党费上交中央,表示他们对国家建设做出的最后的也是毕生的贡献和支持!

林彪"第一个号令"

1969 年 10 月 18 日,刚到苏州的林彪向在北京的军委办事组长、总参谋长黄永胜,发出"关于加强战备、防止敌人突然袭击的紧急指示",要求"立即组织精干的指挥班子,进入战时指挥位置"。这个指示,由军委办事组以"林副主席指示"(第一个号令)名义正式下达,全军立刻进入紧急临战状态,引起极大震动。

林彪这个"紧急指示",是在事先没有得到军委主席毛泽东批准的情况下,私自发出的。命令下达后的第二天,林彪才用"电话记录"(急件传阅)的方式报告住在武昌的毛泽东。当汪东兴拿此急件送给毛泽东,毛泽东立刻敏锐地意识到问题的严重性,做出了强烈反应,拿起火柴将传阅件烧掉了。

当天晚上,周恩来问汪东兴,主席看过林彪的紧急电话通知没有?汪回答说:"主席看后不高兴,给烧了。"总理惊诧地说:"烧了。"再也没说其他的话。

林彪采取这种"先斩后奏"的做法,确实是一件非同小可的事情。此例一开,就造成一种既成事实:副统帅可以不经过统帅而在一夜之间调动全军进入临战状态。

毛泽东批驳天才论

1970 年 8 月,中央在庐山召开九届二中全会,陈伯达根据林彪设立国家主席的图谋,大讲"天才论",整理出一份恩格斯、列宁、毛泽东以及林彪论述"天才"的语录材料,发给部分参加会议人员,要他们宣传"天才论",坚持要求设立国家主席。

毛泽东看到这份材料后,当即写了《我的一点意见》,批驳了所谓的"天才论"。毛泽东说:"'天才'这个命题,是历史家和哲学家争论不休的问题,即通常所说的,是英雄创造历史,还是奴隶们创造历史。人的知识、才能是先天就有的,是唯心论的先验论,还是唯物论的反映论。我并不是不说天才,天才就是比较聪明一点,天才是靠群众路线、集体智慧。按照马克思主义观点是说主要的不是由于人们的天才,而是由于人们的社会实践。这就是马克思主义的认识论。我们只能站在马克思主义立场上,去实践马克思主义。近几年来,我们的一些领导干部,不读马列的书了,你不读马列的书,很多人不知道什么是唯物论,什么是唯心论,就要上了这些黑秀才的当,在庐山闹出大笑话。这个材料是陈伯达搞的,欺骗了不少同志,我们决不要跟陈伯达的谣言和诡辩混在一起。"

是第三世界兄弟把我们抬进去的

中国是联合国的创始会员国,也是安理会五个常任理事国之一。1949 年 10 月 1 日中华人民共和国成立当天,毛泽东就向全世界郑重宣告:中华人民共和国中央人民政府是代表全中国人民的唯一合法政府。然而,在美国为首的西方势力操纵下,中国在联合国的合法席位却一直被台湾当局窃据。中华人民共和国成立以后,中国政府始终不渝地坚持一个中国的原则,坚决反对"两个中国""一中一台"的论调。毛泽东曾在许多场合表示,台湾当局的"代表"继续留在安理会是完全非法的,应将它驱逐出联合国,同时恢复中华人民共和国在联合国的合法席位。

1971年10月,第二十六届联合国大会为恢复中华人民共和国在联合国的一切合法权利,驱逐台湾蒋介石集团代表问题的提案进行表决,10月25日晚,当联合国会议大厅里的电子统计牌显示该提案以七十六票赞成、三十五票反对、一票弃权的压倒多数通过时,整个会场立刻沸腾起来,许多国家不顾原定议题,纷纷登台发表贺词,欢迎中华人民共和国成为联合国成员国。毛泽东高兴地说:"能够恢复中国在联合国的席位,这主要是第三世界兄弟把我们抬进去的。"

毛泽东出席陈毅追悼会

1972年1月6日,陈毅因患癌症去世,1月10日举行追悼会。就在陈毅的追悼会举行前一个多小时,毛泽东突然决定要去出席,毛泽东是带病去参加的。因他到追悼会会场时间很早,谁都没想到主席会来,除了陈毅家属和闻讯以最快速度赶来的周恩来外,还没有多少人到达。毛泽东一下车便要见陈毅夫人及其子女。张茜等人进入休息室时,坐在沙发上的毛泽东由工作人员搀扶着站起来迎接。张茜上前握手,哽咽着问:"主席,您怎么也来了?"看看神情悲切的张茜,毛泽东也凄然泪下。他请张茜坐在自己身边,说:"我也来悼念陈毅同志嘛!陈毅同志是个好同志。"在询问了陈毅的几个子女的近况后,毛泽东勉励道:"要努力奋斗。陈毅同志对中国革命和世界革命是做出贡献,立了大功的,这已经作了结论了。"

张茜说:"主席,您坐一下就回去吧。"毛泽东摇头说:"不,我也要参加追悼会,给我一个黑纱。"身边工作人员立刻把一块黑纱戴在他的大衣袖子上。追悼会由李德生主持,周恩来总理致悼词。致完悼词,毛泽东向在鲜红党旗覆盖下的陈毅的骨灰盒深深的三鞠躬。毛泽东离开八宝山时已无法自己上车,他的腿明显无力,几次迈步都登不上汽车,不得不依赖工作人员的帮助,才勉强上了汽车。

毛泽东提出关于"三个世界"的理论

1974年2月,毛泽东在会见赞比亚总统卡翁时说:"我看美国、苏联是第一世界。中间派日本、欧洲、加拿大是第二世界。咱们是第三世界。"又说:"第三世界人口很多。亚洲除了日本都是第三世界,整个非洲都是第三世界,拉丁美洲也是第三世界。"4月10日,中国国务院副总理邓小平出席联合国大会第六届特别会议时发言,全面阐述了毛泽东关于"三个世界"的理论。发言指出:"世界上各种力量经过长期的较量与斗争,发生了急剧的分化和改组。一系列亚非拉国家纷纷取得独立,在国际事务中起着愈来愈大的作用。在战后一个时期内曾经存在的社会主义阵营,因为出现了社会帝国主义,现已不复存在。

由于资本主义发展不平衡的规律,西方帝国主义集团,也已四分五裂。从国际关系的变化看,现在的世界实际上存在着互相联系又互相矛盾的三个方面、三个世界。美国、苏联是第一世界。亚非拉发展中国家和其他地区的发展中国家,是第三世界。处于这两者之间的发达国家是第二世界。"

"三个世界"的理论是我国对外战略的基础,它意味着最终抛弃了两大阵营对峙的基本观点和以社会制度和意识形态定亲疏的态度,转到以推动世界反霸斗争和维护国家利益作为国际活动的出发点。这个理论的提出,鼓舞着全世界人民维护世界和平、为实现国际的持久和平有着重大推动作用。

客散主人安

1974年10月13日,毛泽东到长沙养病。这些日子里,毛泽东的健康状况继续下降,步履蹒跚,行动艰难,他那两腿和双脚浮肿得像发面馒头,没人搀扶就走不了路。

在长沙期间,毛泽东本想再去离这里不远的家乡韶山看看,拜访一下父老乡亲,到父母墓前再祭扫一次。但出于健康的原因,毛泽东没能如愿。

1975年2月3日(农历腊月二十三),毛泽东结束了在长沙长达一百一十四天的休养。这天早晨,他启程东进前往江西南昌。他临走时对大家说:"我在长沙住了一百多天,你们已经很辛苦了。'客散主人安'。我走后,你们好好过个春节吧!"一席话,说得周围的人们热泪盈眶。

深深眷恋着故土的毛泽东也许没有想到,这一次,竟是他同"生于斯,长于斯"的湖南的最后诀别。

军队要整顿

邓小平在解放军总参谋部机关团以上干部讲话中提出"军队要整顿"。他说:"我们这个军队有好传统,从井冈山起,毛泽东同志就为我军建立了非常好的制度、树立了非常好的作风。我们这个军队是党指挥枪,不是枪指挥党。在长期地革命斗争中,军队内部很团结,联系群众也很好。可是从1959年林彪主管军队工作起,军队被搞得相当乱。现在好多优良传统丢掉了,军队臃肿不堪,这些年军队又出现了闹派性,有的单位派性很严重,这个问题主要在干部。总参谋部、总政治部、总后勤部的责任很大,三个总部本身首先要整顿。军队的总人数要减少,编外干部太多要处理,优良传统要恢复。每个干部都要把党性放在第一位。原来搞派性的,要觉悟,要改正,改正了就好。今后的干部使用、提升,一条重要的原则,就是不能重用派性严重的人,不能重用坚持派性不肯改正的人。军队的整顿,一个是提高党性,消除派性,一个是加强纪律性。"

九十初度

1975年3月5日,时任全国人大常委会副委员长的董必武,九十高龄,写下《九十初度》自寿诗：

> 九十光阴瞬息过，
> 吾生多难感蹉跎。
> 五朝敝政皆亲历，
> 一代新规要渐磨。
> 彻底革心兼革面，
> 随人治岭与治河。
> 遵从马列无不胜，
> 深信前途会伐柯。

阐明自己对马列主义的坚贞信念，对党对祖国前景的坚定信心，以及生命不息，战斗不止的无所畏惧的乐观胸怀。

毛泽东看电影 老泪纵横

从1975年，毛泽东的健康状况继续恶化，他以顽强的毅力同疾病做斗争。1976年春节，工作人员一勺勺地给他喂年饭，但只吃了几口米饭和一点鱼肉就不吃了。为了分散疾病折磨的痛苦，工作人员给他放映了电影《难忘的战斗》，当银幕上出现人民群众热烈欢庆解放，迎接解放军进城的镜头时，毛泽东禁不住老泪纵横，无法控制自己的情感，电影也看不下去了，医务人员只好扶他去休息。

毛泽东酷爱读书

毛泽东酷爱读书，读书伴随着他度过了一生，成为他生活中不可离开的一部分。在古今中外的政治家、革命家当中，像他那样酷爱读书，读过那样多的书的，恐怕不多。他曾说过（那是一九三九年他四十六岁的时候）："年老了也要学，我如果再过十年死了，那么就要学九年零三百五十九日。"毛泽东实践了自己的诺言，直到一九七六年病危的时候，也没有中止读书。他最后读书的时间，有病历可查，是一九七六年九月八日晨，也就是临终前一天的五时五十分，是在医生抢救的情况下读的。毛泽东离开人世间的那一刻，也就是他读书生活结束的时刻。

我一生干了两件事

1976年5月起，毛泽东的病情加重，身体极度衰弱。6月初，他突患心肌梗死，经过及时抢救，才脱离危险。这一年6月的一天，在他的住地召见华国锋等，谈到自己一生中的两件大事。他说："人生七十古来稀，我八十多了，人生总想后事。中国有句古话叫'盖棺定论'，我虽未'盖棺'也快了，总可以定论吧！我一生干了两件事：一是与蒋介石斗了那么几十年，把他赶到那么几个海岛上去了；抗战八年，把日本请回老家去了。对这些事持异议的人不多。另一件事你们都知道，就是发动'文化大革命'。这事拥护的人不多，反对的人不少。这两件事没有完,这笔'遗产'得交给下一代。"

胡耀邦三句话

粉碎"四人帮"的第六天,叶剑英派儿子叶选宁去看胡耀邦。胡耀邦对叶选宁说:"请帮我捎三句话给叶帅和华主席,一句是停止批邓,人心大顺;二句是冤案一理,人心大喜;三句是生产狠狠抓,人心乐开花。"

邓小平的三落三起

1931年夏,邓小平到达江西中央革命根据地,先后担任瑞金县委书记,会昌中心县委书记,江西省委宣传部长。这个时期,中共临时中央推行"左"的土地分配政策及"城市中心论"。邓小平、毛泽覃、谢唯俊、古柏等人坚持从实际出发,主张向敌人力量薄弱的广大农村发展;反对军事冒险主义,主张诱敌深入;反对用削弱地方武装的办法来扩大红军;反对"左"的土地分配政策。临时中央对邓、毛、谢、古进行斗争。邓小平被撤销省委宣传部长的职务,受党内严重警告处分。不久,被调到总政治部担任秘书长。

邓小平第二次被打倒是在"文化大革命"初期。当时,身为中共中央政治局常委、中央委员会总书记的邓小平,被作为"刘少奇、邓小平资产阶级司令部"的第二号人物遭到错误的批判和斗争,被剥夺一切职务,1969年被下放到江西新建县拖拉机修造厂劳动。1975年,邓小平再次得到毛泽东的信任,被任命为中共中央副主席、国务院第一副总理、中央军委副主席兼解放军总参谋长。

1975年,邓小平针对"文化大革命"以来所造成的严重混乱局面,进行了大刀阔斧的整顿。这样的整顿,事实上是在系统地纠正"文化大革命"的"左"倾错误。毛泽东是不允许他这样做的,因而又发动了"批邓反击右倾翻案风"运动,加上1976年4月又发生了天安门事件,根据毛泽东的提议,中央政治局决定:撤销邓小平党内外一切职务,保留党籍,以观后效。到了1977年7月,党的十届三中全会,一致通过《关于恢复邓小平同志职务的决议》这一年,他七十三岁。在此后的二十年里中国党和国家的历史及命运就同"邓小平"这个名字紧紧联系在一起了。

最高兴和最痛苦

有一次,邓小平接见外宾,一位外宾问邓小平,你一生中最高兴的是什么,最痛苦的是什么?邓小平说:"在我一生中,最高兴的是解放战争的三年。那时候我们的装备很差,却都在打胜仗,这些胜利是在以弱对强,以少对多的情况下取得的。建国以后,从1956年起我就当总书记。那时候我们中国挂七个人的像,我算是一个。所以在'文化大革命'前工作搞对的有我的份,搞错的也有我的份,不能把那时候的失误都归于毛主席。我一生中最痛苦的是'文化大革命'的时候。当时很多老干部受迫害,包括我在内。我是刘少奇之后第二号'走资本主义道路的当权派'。其实即使在那个处境,也总相信问题是能够解决的。"

郭沫若解寿谜

1978年初,郭沫若曾和数学家华罗庚有过一次关于寿称的谈话。华罗庚提到古人对高寿的人给予美称,如称七十为古稀,八十九十为耄耋,百岁为期颐。如果未到整数,只有七十七、八十八、九十九岁,应该怎么称呼呢?

郭沫若说:"解决这个问题就要求助于数学和文学了。有人把七十七称为喜寿,八十八称为米寿,九十九称为白寿。"华罗庚问道:"这是为什么?"

郭沫若解释道:"原来这是个字谜。'喜寿'可猜七十七岁,因为'喜'字的草体便由'七十七'组成;'米寿'一看形体就知道;'白寿'可猜九十九岁,因为'白'字是'百'字短一。"

恢复高考制度

恢复高考制度是邓小平复出后做出的一项重要决策。到1976年10月粉碎"四人帮"时,高考制度已经整整废除了十年,国家出现了严重的人才断档。

邓小平在一次谈话时指出:"我国要实现现代化,关键是科学技术要能上去。发展科学技术,不抓教育不行。靠空讲不能实现现代化,必须有知识,有人才。"1977年7月,邓小平刚一复出就自告奋勇主管科技和教育。他深入调查研究,多次召开座谈会,听取各方面意见和建议。他明确表示,今年就要下决心恢复高考制度,并阐述了招生政策和招生条件,提出要从应届高中毕业生中直接招收大学生,这样才能早出人才,早出成果。不久,国务院正式批转了根据邓小平指示精神制定的《关于1977年高等学校招生工作的意见》,恢复统一考试制度。这一年的冬天,五百七十万考生走进了考场。当年全国高等学校录取新生二十七万三千人。1978年,六百一十万人报考,录取四十万二千人。七七级学生于1978年春天入学,七八级学生秋天入学,两次招生仅相隔半年。

邓小平提出全党工作着重点转移

1978年9月16日,邓小平在考察东北听取中共吉林省委汇报时说:"我们是社会主义国家,社会主义制度优越性的根本表现,就是能够允许社会生产力以旧社会所没有的速度迅速发展,使人民不断增长的物质文化生活需要能够得到满足。按照历史唯物主义的观点来讲,正确的政治领导的成果,归根结底要表现在社会主义生产力的发展上,人民物质文化生活的改善上。生产力发展的速度比资本主义慢,那就没有优越性,这是最大的政治,这是社会主义和资本主义谁战胜谁的问题。生产力总是需要发展的,我们要把党和国家的工作着重点转移到四个现代化建设上来。"

邓小平提出的全党工作重点转移到确立以经济建设为中心的思想,为今后全党的工作方针,做出了决策。

三步走设想

邓小平提出，从 80 年代初到下世纪中叶分三步走的设想：第一步，从 1981 年到 1990 年，人均国民生产总值翻一番，解决人民的温饱问题；第二步，到本世纪末再翻一番，人民生活达到小康水平；第三步，到下世纪中叶，人均国民生产总值达到中等发达国家水平，人民生活比较富裕，基本实现现代化。

中共十三大确认了这一发展战略。

邓小平主持起草历史决议

粉碎"四人帮"后，中国共产党开始在指导思想上进行拨乱反正。这时，在我们党内和社会上出现了一股贬低甚至否定毛泽东思想的错误思潮，西方的报刊更是推波助澜。如何评价毛泽东和毛泽东思想，历史第一次将对一个领袖的评价，与国家、民族的前途、命运紧紧地绑在一起，推到了中国共产党的面前。

在这种形势下，邓小平主持进行《关于建国以来党的若干历史问题的决议》的起草工作。他多次召开起草《决议》工作会议，对于指导思想、基本原则、重点内容，表述了个人意见；在多种场合，对于如何评价毛泽东及毛泽东思想作了精辟的论述。

邓小平说："毛泽东是中国共产党和中华人民共和国的主要缔造者，他多次从危机中把党和国家挽救过来。没有毛主席的领导，不进行新民主主义革命，不建立社会主义制度，今天我们国家还会是旧中国的样子，至少我们中国人民还要在黑暗中摸索更长的时间。没有毛主席就没有新中国，这丝毫不是什么夸张。毛泽东思想培育了我们整整一代人。"

邓小平在讨论《决议》稿时说："尽管毛主席在过去有段时间也犯了错误，但在他的伟大一生中的这些错误，怎么能够同他对国家、对人民的不朽贡献相比呢。要说犯错误、不是一个人，当时的中央政治局的几个常委都有责任。如果我们写的《决议》，对毛主席评价不准确，否定了毛主席，就是否定了党的历史，否定了中华人民共和国。这样，我们的工人、农民就不接受，就通不过。如果这样做，比赫鲁晓夫否定斯大林带来的后果还要严重，直接损害了我们的国际威望。"

邓小平在中央政治局常委讨论《决议》修改稿时，说："如果我们把《决议》修改好了，恰如其分地评价了毛泽东的历史功绩，就会统一党的认识，凝聚力量，一心一意搞四个现代化建设。"

在邓小平的直接主持下，《关于建国以来党的若干历史问题的决议》，于 1981 年 6 月 27 日召开的十一届六中全会上，获得一致通过。

建设中国特色的社会主义

邓小平在中共第十二次代表大会开幕词中说："我们的现代化建设，必须从中国的实际出发,把马克思主义的普遍真理同我国的具体实际结合起来,走自己的路,建设有中国特色的社会主义,这就是我们总结长期历史经验得出的基本结论。中国的事情要按照中国的情况来办,要依靠中国人自己的力量来办。独立自主,自力更生,无论过去、现在和将来,都是我们的立足点。中国人民珍惜同其他国家和人民的友谊和合作,更加珍惜自己经过长期奋斗而得来的独立自主权利。任何外国不要指望中国做他们的附庸,不要指望中国会吞下损害我国利益的苦果。"

党的十二大根据邓小平提出的"建设有中国特色的社会主义"的思想,制定了实现社会主义现代化建设的宏伟纲领。中国的改革开放和现代化建设,就是在这个思想指导下取得伟大成功的。

万里与中央五个一号文件

万里担任副总理期间,一个历史性的重大贡献是1982年到1986年间,连续五年每年领导制定一个一号文件,人们称五个一号文件。

1980年,在我国的边远和穷困地区实行包产到户,引起了姓"社"还是姓"资"的争论。万里是主管农村工作的副总理,他组织了全国性的大规模调查研究,认为包产到户,是建立在土地公有制基础上的,它不同于合作化以前的小私有个体经济,而是社会主义农业经济的组织部分。在1981年12月,召开的全国农村工作会上经进行讨论审定,将调查报告写成初稿,1982年中共中央作为一号文件发出。文件说:"目前实行的各种责任制,包括承包联产计酬,包产到户等,都是社会主义集体经济的生产责任制。"这就为包产到户正了名,为几年来的姓"社"姓"资"作了结论。

1983年的第二个中央一号文件,提出扩大农民自主权,克服管理过分集中,强调分散经营与统一经营相结合,使经营方式既能适应当前手工劳动的特点,又能适应农业现代化的发展需要,使联产承包责任制成为全国性的主要责任制形式。

1984年的第三个中央一号文件,明确提出,在完善生产责任制的基础上,多渠道经营,大力发展商品生产。并宣布:土地承包期在十五年以上,给亿万农民吃了"长效定心丸"。

1985年的第四个中央一号文件,宣布取消农产品统购派购制度,取消了对农民下达指令性计划。

1986年的第五个中央一号文件,决定全面调整农村产业结构,按市场需求安排生产。

五个一号文件是把以家庭联产承包为主的责任制推向全国,指导中国农村改革取得成功的一套重要历史文献。都是来自亿万农民的实践,构成一幅有中国特色的社会主义农业的画图,使我国农业和农村经济取得举世瞩目的成就,万里为中国农业改革,做出了举世公认的巨大贡献!

倡办经济特区

集中精力搞经济建设,形成共识以后,如何尽快缩短与发达国家的差距,能不能找到

史事观览

一条快速发展经济的捷径？是邓小平复出以后反复思考的一个问题。

1978年10月，邓小平在会见联邦德国新闻代表团时说："一个国家要发展，关起门来，故步自封，夜郎自大，是发达不起来的。我们要实现四个现代化，就要善于学习，取得国际上的帮助，引进先进技术，先进装备，作为我们发展的起点。"

在邓小平对外开放的战略设想中，把兴办经济特区作为快速发展的重大步骤，他首先选择深圳、珠海为试点，鼓励他们大量利用国外资金、技术、管理经验进行崭新的实验。当深圳蛇口工业区拟聘请外籍人士当企业经理，遭到某些领导人的责难时，邓小平立即拍板说："可以聘请外国人当经理，这不是卖国。"

1979年4月，在中央工作会议期间，当时担任广东省委主要领导工作的习仲勋、杨尚昆向中央汇报工作，提出一个建议：广东临近港澳，可以发挥这一优势，在对外开放上做点文章。邓小平对他们说："过去陕甘宁就是特区嘛。中央没有钱，你们自己去搞，杀出一条血路来！"

1980年3月，中共中央在广东、福建两省召开会议，决定在深圳、珠海两市试点的基础上，再扩大到厦门、汕头，设置经济特区，并进一步要求将深圳特区建成兼营工业、商业、农牧业、住宅、旅游等事业综合性的经济特区。在邓小平的直接关怀和指导下，我国的经济特区，从无到有，从一片空白到初具规模，到走向繁荣，为中国经济的腾飞闯出了一条新路。

1984年1月24日，在深圳特区诞生后的第五个春天，邓小平到深圳视察，他说："经济特区是我的提议，中央的决定。五年了，到底怎么样，我要来看看。"当时的市委书记、市长梁湘站在特区规划图前，介绍深圳的自然状况，五年来引进外资、基建进展情况。梁湘说，几年来特区工农业产值、财政收入增长很快，1982年工业产值为三亿六千万元，1983年达七亿二千万元。邓小平问："那就是翻了一番喽？"梁湘答："是翻了一番，比特区前的1978年增长了十倍多。财政收入也比四年前增长了十倍。"听完汇报，邓小平又参观了几个地方，非常满意，在离开时，他为深圳特区题词："深圳的发展和经验证明，我们建立经济特区的政策是正确的。"他回到北京，在与几位中央领导谈话时说："我们建立特区，实行开放政策，有个指导思想要明确，就是不是收，而是放。特区是个窗口，是技术的窗口，管理的窗口，知识的窗口，也是对外政策的窗口。从特区可以引进技术，获得知识，学到管理。特区将成为开放的基地，不仅在经济方面、培养人才方面得到好处，而且会扩大对外影响。"深圳特区发展的路子是成功的，邓小平在这里找到了中国的发展道路。

一个国家　两种制度

1984年6月22日、23日，邓小平在分别会见香港工商界访京团和香港知名人士钟士元等人谈话时说："中国政府为解决香港问题所采取的立场、方针、政策是坚定不移的。我们多次讲过，我国政府在1997年恢复行使对香港的主权后，香港现行的社会、经济制度不变，法律基本不变，生活方式不变，香港自由港的地位和国际贸易、金融中心的地位也不变，香港可以继续同其他国家和地区保持和发展经济关系，这种政策五十年不变，我们说这个话是算数的。

"我们的政策是实行'一个国家、两种制度'。具体说,就是在中华人民共和国内,十亿人口的大陆实行社会主义制度,香港、台湾实行资本主义制度。这一构想是我们根据中国自己的情况提出来的。中国有香港、台湾问题,解决这个问题的出路何在呢?是社会主义吞掉台湾,还是台湾宣扬的'三民主义'吞掉大陆?谁也不好吞掉谁。如果不能和平解决,只有用武力解决,这对各方都是不利的。实现国家统一是民族的愿望,一百年不统一,一千年也要统一的。怎么解决这个问题,我看只有实行'一个国家、两种制度'。世界上一系列争端都面临着用和平解决方式来解决还是用非和平方式来解决的问题。总得找出个办法来,新问题,就得用新办法来解决。香港问题的成功解决,这个事例可能为国际上许多问题的解决提供一些有益的线索。

"要相信香港的中国人能治理好香港。香港过去的繁荣,主要是以中国人为主体的香港人干出来的。中国人智力不比外国人差,中国人不是低能的,不要总以为只有外国人才干的好,要相信我们中国人是能干得好的。"

我是个乐观主义

1985年7月15日,北美洲的特立尼达和多巴哥总理钱伯斯来中国访问,邓小平与他会谈。他感触最深的:一是中国几年来的改革开放,产生了令人振奋的变化;二是八十一岁高龄的邓小平,竟如此身体硬朗,精神饱满。他问邓小平:"我想请教一下,您保持身体健康的秘诀是什么?"

邓小平笑了,说:"许多客人问过我,我的回答是四个字:'乐观主义。'天塌下来不要紧,有人顶着。"他说:"我是三上三下的人,对什么问题都持乐观的态度,相信自己的信念总会实现。如果没有这样的信念,我是活不到今天的。"

总设计师

在中国,邓小平的名字是同改革开放紧紧连在一起的,人们亲切地称他为"总设计师"。

他大力支持和推动了以家庭承包责任制为主的农村政策,当有人对安徽凤阳小岗村十八位农民签订"协议",把土地承包到户进行责难时,邓小平明确表态:只要能提高产量,包产到户就是正确的,致富不是罪。正是有了邓小平的首肯,始自这个改革第一村的星星之火,迅速以燎原之势燃遍全国。

邓小平的南行讲话,指导中国的改革开放进入一个新的发展阶段。1992年初,邓小平南行,他对广东省领导人提出,要把握当前时机,"尽快把经济建设抓上去"。他对深圳市市长朱良玉说:"有条件的地方要尽可能搞快点,只要是讲效益,讲质量,搞外向经济,就没有什么可以担心的。"他在与广东和深圳市领导谈话时又说:"改革开放胆子更大一些,敢于试验,不能像小脚女人一样,看准了的,就大胆地试,大胆地闯,希望广东能在20年内赶上'亚洲四小龙'。"就在他即将离开深圳时,在码头上,他向深圳市委书记李灏叮嘱说:"你们要搞快一点!"

在上海和武汉，邓小平号召："思想更解放一点，改革开放的胆子更大一点，建设的步子更快一点。"强调坚持以经济建设为中心，加速我国改革开放的步伐，使我国经济迅速跨上一个新台阶。

要做出贡献　还是回国好

1992年，邓小平在南行讲话中说："科学技术是第一生产力，经济要发展快一点，必须依靠科技和教育。要提倡科学，靠科学才有希望。在高科技领域中国也要在世界占有一席之地，我要感谢科技工作者为国家做出的贡献和争得的荣耀。大家要记住那个年代，钱学森、李四光、钱三强那一批老科学家，在那么困难的条件下，把两弹一星和好多高科技搞起来。应该说，现在的科学家更幸福，因此对他们的要求会更多。我希望所有出国学习的人回来。不管他们的过去和政治态度怎么样，都可以回来，回来后妥善安排。这个政策不能变。告诉他们，要做出贡献，还是回国好。希望大家通力合作，为加快发展我国科技和教育事业多做实事。对我们的国家要爱，要让我们的国家发达起来。"

每一滴眼泪都有重量

1994年，时年九十四岁高龄的冰心决定撰写一部纪念甲午海战一百年的作品。她收集了好几个不同版本的《中国海军史》，还请来了海军官兵为他讲解相关情况。可是，冰心几次动笔都没写成——因为哭。她每次提笔，看到材料便大哭，哭得很厉害。她每次哭，都是双手捂住脸，号啕大哭，声泪俱下，一边哭一边说："气死我了，日本帝国主义侵略者真可恨。"

老舍之子舒乙，几次都在场，亲眼看到这种情况。舒乙著文说："在一次次泪流满面中，我触摸到了眼泪的重量，面对多难的中华民族所遭受的屈辱和却难，冰心先生所落下的眼泪，就是她的诗，字字都铿锵有声。"